Les Poëtes Français, Recueil Des Chefs-d'oeuvre De La Poésie Française Depuis Les Origines Jusqu'à Nos Jours Avec Une Notice Littéraire Sur Chaque Poëte Par Mm. Charles Asselineau - Hippolyte Babou - Charles Baudelaire - Théodore De Banville -...

Eugène Crépet

PARIS. — IMPRIMERIE DE J. CLAYE
RUE SAINT-BENOIT, 7

LES

POËTES FRANÇAIS

RECUEIL DES CHEFS-D'ŒUVRE

DE LA POÉSIE FRANÇAISE

depuis les origines jusqu'à nos jours

AVEC UNE

NOTICE LITTÉRAIRE SUR CHAQUE POËTE

PAR

MM. CHARLES ASSELINEAU — HIPPOLYTE BABOU
CHARLES BAUDELAIRE — THÉODORE DE BANVILLE — PHILOXÈNE BOYER
CHARLES D'HÉRICAULT — ÉDOUARD FOURNIER — THÉOPHILE GAUTIER
JULES JANIN — LOUIS MOLAND — A. DE MONTAIGLON
LÉON DE WAILLY, ETC.

PRÉCÉDÉ D'UNE

INTRODUCTION PAR M. SAINTE-BEUVE

DE L'ACADÉMIE FRANÇAISE

PUBLIÉ SOUS LA DIRECTION DE M. EUGÈNE CRÉPET

TOME DEUXIÈME

DEUXIÈME PÉRIODE : DE RONSARD A BOILEAU

PARIS
GIDE, LIBRAIRE, 5, RUE BONAPARTE

1861

LES

POËTES FRANÇAIS

SEIZIÈME SIÈCLE

PIERRE DE RONSARD

1524 — 1585

En tête de l'édition de 1623, publiée par Nicolas Buon, on voit encadrées dans une bordure de rinceaux sur lesquels retombe élégamment une lourde guirlande de fruits et de fleurs, les effigies de Pierre de Ronsard et de sa Cassandre. L'amante du poëte est, comme lui, représentée de profil. Elle est coiffée, ainsi qu'une hétaïre de Corinthe, d'une manière compliquée et savante, avec des bandeaux en ondes qui se terminent par une frisure très-crêpée, tandis que la chevelure, disposée par derrière en rouleaux et en torsades relevés en l'air, se pare d'un diadème à plaques oblongues délicatement ciselées et d'une féronnière de perles. La belle Cassandre, avec son long col héroïque, avec sa gorge nue que laisse voir une draperie ouverte, donnerait à peu près l'idée d'une femme grecque, si l'œil beaucoup plus grand, la lèvre plus charnue, la ligne droite du nez un peu plus inclinée que dans les statues, n'offraient ce caractère d'étrangeté naïve qui n'a manqué à aucune des figures de la Renaissance. Sur la noble poitrine de celle que le poëte nomme sa guerrière, tombe un éclatant joyau suspendu à une chaîne d'or, comme l'insigne de quelque ordre d'amour chevaleresque. Telle, en effet, devait être représentée la première muse de Ronsard. Pour lui, vêtu à l'antique d'une sorte de cuirasse d'or niellé sur laquelle se drape fièrement un manteau à dentelures, coiffé d'un grand laurier, posé comme un triomphateur et comme un demi-dieu, il apparaît dans cette estampe avec l'attitude que lui conserveront, malgré tout, les âges futurs. Après avoir été l'idole de la France entière, Ronsard a pu trouver l'oubli et l'indifférence; sa statue, renversée du haut piédestal sur lequel elle semblait avoir été dressée pour jamais, a pu être traînée dans la fange et y rester ensevelie pendant des siècles, mais du jour où une main pieuse l'arrachait à l'infamie, elle s'est relevée idole. Car ce ne peut être en vain que Ronsard a été sacré prince des poëtes, et que Marguerite de Savoie, Marie Stuart, la reine Élisabeth, Charles IX, Le Tasse, Montaigne, de Thou, L'Hospital, Du Perron, Galland, Passerat, Scaliger ont reconnu à l'envi cette royauté. Mais, soit à ses heures de martyre, soit à ses heures de victoire, il ne sera jamais un poëte populaire, précisément à cause de ce costume triomphal sous lequel il se présente orgueilleusement à notre admiration. Une telle allure est toute hostile au génie français, qui voit dans son poëte non pas un combattant victorieux, mais un affranchi d'hier bernant ses maîtres et les dominant par la fine raillerie, tout en ayant l'air de leur obéir. C'est ce que prouve notre comédie, où l'imagination, l'esprit et le talent de l'invention appartiennent exclusivement aux valets, tandis que les maîtres, de Valère à Almaviva, sont toujours de superbes niais dont tout le mérite consiste dans un habit brodé. En ce qui touche la poésie, nulle nation plus que la France n'est haineuse de l'étranger et ennemie de toute tentative de renouvellement par un élément extérieur. Aux époques mêmes dont le retour est fatal, et où la séve poétique usée mourrait nécessairement sans une transformation salutaire, la France ne pardonnera pas aux courageux novateurs qui l'auront sauvée par ce secours antinational. Elle a beau reconnaître sa mère spirituelle dans la Grèce antique, elle ne veut rien devoir même à cette mère si riche; elle aime mieux languir, périr s'il le faut, en restant elle-même. Il faut que son poëte s'appelle Jean Bonhomme, qu'il ait la malice et l'aimable ironie du prolétaire, mais elle ne le reconnaîtra jamais sous l'ambitieuse figure d'un Pindare. Ce rôle impérieux, nécessairement voulu par celui qui le joue, d'un poëte s'assimilant aux rois et aux dieux, ayant la conscience de sa haute mission et traitant d'égal à égal avec les grands de la terre, lui est particulièrement hostile, car toujours courbée sous un maître, elle sent que son véritable avocat est le railleur, en apparence naïf, qui cache ses armes terribles sous une bonhomie d'emprunt. Pour réussir chez elle, il ne suffit pas qu'Apollon exilé du ciel se fasse berger, il faut encore qu'il se fasse peuple, et ne réclame sa place dans aucune aristocratie. Ses favoris se nommeront Villon, Marot, Rabelais, Régnier, La Fontaine, Molière, et non pas Ronsard, Baïf, Du Bellay, Desportes, Belleau, Corneille, Racine; roi et peuple, chacun fait, d'instinct et sans se tromper jamais, le triage de ses soldats.

Après trois siècles d'intervalle, rien n'a changé; les successeurs de Marot et ceux de Ronsard sont en présence, et il n'est pas besoin de demander de quel côté se rangent les sympathies de la foule. Nulle part ailleurs que chez nous n'existe cette tradition d'une poésie qui représente le génie populaire de la patrie; le bon sens public affirme que tout emprunt à une littérature étrangère est pour elle une menace de destruction, et aussi chaque tentative de ce genre soulèvera-t-elle une réprobation générale, comme nous l'avons vu en 1830, malgré l'immense talent des hommes qui essayaient alors de rajeunir notre art épuisé aux grandes sources de la poésie lyrique et dramatique. Par la même raison, les héroïnes d'amour idéales et sublimes, les Cassandre, les Marie, les Hélène de Surgères, les Laure, les Éloa, les Elvire ne réussiront jamais devant notre public. Il sent très-bien que cette exaltation de l'amour élevé menace dans son existence la vieille farce gauloise au gros sel, le joyeux conte des commères aux francs ébats, grâce auquel il proteste contre les idées de renoncement et de sacrifice dont tous les gouvernements se sont fait un moyen de répression. Alix, Isabeau et Alison seront toujours chez nous les bonnes amies du populaire, et il ne pardonnera jamais à Béatrix la dédaigneuse allure de sa silhouette aristocratique, découpée en plein azur.

D'autre part, et par une antithèse dont la logique est absolue, les poëtes devinent que cette tension perpétuelle vers un but défini, cet acharnement à se nourrir de sa propre substance, impliquent la mort même de leur art, la négation de toute poésie lyrique, et aboutissent forcément à la satire, au pamphlet, à la prose et à tout ce qui a pour effet nécessaire de remplacer la lyre par un paquet de plumes et la chanson par une poignée de verges. Aussi leur persistance à retourner vers le courant épique et lyrique est-elle pour le moins égale à celle que la nation met à repousser cette révolution toujours imminente. De là entre le poëte et son public un dissentiment nécessaire et inguérissable; cette divergence d'idées explique bien des choses dans notre littérature, mais elle explique surtout le succès et la chute de Pierre de Ronsard, succès fait par les érudits, par les reines, par les grands seigneurs, chute amenée par l'antipathie profonde dont nous poursuivons l'art élevé, la langue des images, la poésie pindarique. Et cette question serait mal comprise si l'on ne se rendait un compte exact de l'action prodigieusement exceptionnelle de Boileau, qui, en attaquant Ronsard et ses émules, est allé directement contre son rôle de poëte classique; mais une telle injustice s'explique de reste par l'impuissance lyrique du grand écrivain qui a pu composer l'ode sur la Prise de Namur et le sonnet sur la Mort de la jeune Oronte. Même en des matières où sa partialité ne saurait être mise en doute, le jugement de ce critique a fait foi, et la postérité a pris au sérieux son prétendu mépris pour « le clinquant du Tasse. » Il serait aussi raisonnable de dédaigner les raisins sur le témoignage du renard, et aussi une pareille confusion n'aurait jamais pu s'établir si la haine de Boileau ne se fût trouvée justifiée par un merveilleux accord avec le sentiment national. Ronsard a été un lyrique, le premier et le plus convaincu de nos lyriques; de là sa gloire et son opprobre; de là les honneurs qui en ont fait un demi-dieu; de là aussi les injustices qu'il a subies et le mépris où il est tombé. Nul ici-bas ne porte en vain les insignes d'une royauté; il n'est guère de triomphe qui ne doive être expié un jour par des affronts cruels. Ce retour nécessaire et forcé des choses de ce monde a été exprimé dans une forme impérissable par cette strophe d'un grand poëte :

> Leurs mains ont retourné ta robe, dont le lustre
> Irritait leur fureur :
> Avec la même pourpre, ils t'ont fait vil, d'illustre
> Et forçat, d'empereur!

Le crime de Ronsard, celui qui ne pourra lui être pardonné, c'est d'avoir fait le personnage d'un prince des poëtes sans avoir été en effet un homme de génie. Son excuse, c'est qu'il accomplit une œuvre nécessaire, indispensable, fatale; fatale plus qu'on ne pense, car on ne sait pas assez comment chaque poëte vient à son heure, pour remplir une mission définie d'avance et à laquelle ni les circonstances ni lui ne peuvent rien changer. Les uns, et ceux-là sont les heureux entre tous, ont été élus pour achever les poëmes définitifs et durables; d'autres n'apparaissent que pour préparer la venue de ceux qui suivront, et nul travail humain ne modifierait cet ordre providentiel. La poésie de Ronsard et de Du Bellay ne pouvait pas plus donner les résultats définitifs que le drame réalise au XVIIe siècle et l'ode au XIXe, que la monarchie de Charles IX ne pouvait être celle de Louis XIV. Les faits de l'histoire littéraire s'enchaînent aussi impérieusement que les faits de l'histoire politique; et biffer, à l'imitation de Malherbe, l'œuvre poétique de Ronsard, ce serait renoncer à sa succession littéraire, c'est-à-dire à tout ce que notre époque a produit de plus beau. Malherbe le pouvait, lui qui à aucun titre ne fut un prophète, et qui n'eut pas même l'instinct des choses à venir; mais nous, qui avons pu recueillir la moisson mûre, comment oserions-nous proscrire celui qui fut le laboureur et le semeur? Il n'est plus temps de nous contenter d'opinions toutes faites par les deux cruels critiques, puisque l'histoire, le temps, la voix universelle ont jugé après eux et mieux qu'eux. Mais pour certains esprits routiniers, l'affirmation d'un vers proverbe prévaudra toujours même sur le dernier mot donné par les événements, et Boileau dont ses admirateurs n'apprécient le plus souvent ni le talent d'observation ni la verve comique, est surtout glorifié par eux, parce qu'il leur évite la peine de penser.

Un immense effort avorté, un prodigieux élan d'enthousiasme stérile, tel est en effet le caractère sous lequel nous apparaît la vie de Ronsard, si nous ne voulons pas comprendre combien de récentes victoires lui sont dues. Il nous a donné le nom de l'Ode, et l'ode elle-même; pour cela seulement ne mériterait-il pas des statues, comme un roi? Ronsard arrive et trouve table rase; la corde de Villon est rompue à jamais, le plaisant Marot ne chante plus, la frivolité des poëtes français oblige les grands esprits à écrire en langue latine; qui donnera la formule d'un art nouveau? Cette formule, ce n'est rien et c'est tout; elle se résume à ceci : n'écrivons pas en latin, mais imitons les Latins eux-mêmes en nous désaltérant comme eux à la source grecque! Ce n'est pas assez de traduire l'Iliade, comme l'a fait Hugues Salel; faisons nous-mêmes des Iliades? Reprendre la tradition poétique à son aurore et la rendre vivante par une originalité toute actuelle, c'est le vrai, l'unique procédé pour produire des chefs-d'œuvre. N'est-ce rien que de l'avoir proclamé et prêché d'exemple? Une telle vérité est en tout temps si audacieuse, si difficile à faire entrer dans les cerveaux rebelles, que les littératures périssent toujours du même mal, c'est-à-dire en retombant dans l'imitation des imitateurs. Quand tout est perdu, quand il n'y a plus rien, le poëte, comme Antée, est sûr de retrouver toutes ses forces en touchant la terre de poésie, en demandant le principe de vie aux génies originaux. Homère! Pindare! s'écrie le jeune Ronsard qui cherche un monde, et qui pourra tout au plus entrevoir le rivage du nouvel univers. Il écrira une Iliade impossible, des odes pindariques incomplètes et toutefois bien supérieures au jugement que les critiques ont porté sur elles; mais il donnera une saveur homérique à ses élégies et surtout à ses sonnets, où il croit n'imiter que Pétrarque; mais il sera pindarique et lyrique dans ses odelettes amoureuses; mais il aura dessiné une forme de grande strophe que le XIXe siècle trouvera toute armée pour le combat. De la vieille poésie indigène il ne laisse pas tout, bien loin de là; il lui prend le trait naïf, la grâce familière, le tour rapide, mille qualités qui sont comme le duvet et la fleur de sa poésie brillante. Mais il demande à l'antiquité le secret d'un art qui, tout en prenant l'homme pour son sujet, n'en fait pas une figure isolée dans la nature vivante; l'image renaît, le paysage, non pas copié chez les Latins ou chez les Grecs, mais vu et étudié directement par un observateur sensible au pittoresque, s'associe à la passion humaine; avec la voix du chanteur le ruisseau gémit, l'arbre soupire, l'oiseau chante, et les soleils couchants, les rayons du jour, les aurores prêtent leurs flammes aux jardins émus où passent les belles Grecques, vêtues, à la façon du XVIe siècle, d'étoffes aux larges flots, retenues par quelque lien superbe. Les ors, les pierreries, l'azur du ciel, l'écarlate et la pourpre des fleurs apparaissent dans le vers en même temps que les lèvres et la chevelure de la bien-aimée auxquelles ils prêtent leurs vives couleurs, et animent ces descriptions où resplendissent à la fois une femme souriante et l'Éden verdoyant qui nous entoure. Comme dans la Léda de Vinci, l'hymen entre la nature et la race humaine est de nouveau consommé; de l'embrassement qui unit une femme avec le cygne mélodieux va naître la nouvelle Hélène, pour jamais rajeunie dans un flot d'éternité. Elle se nommera Cassandre, Marie, Hélène, immortelle figure à la fois idéale et réelle, que les neveux de Ronsard célèbrent encore sur la même lyre, dont l'harmonie enchantée ne peut plus s'éteindre! Homère et Pindare! en les sentant là sous nos mains, assurés que nous sommes de les posséder à jamais, pouvons-nous deviner l'ivresse de ceux qui les arrachaient à l'épouvantable nuit du moyen âge! Retrouver non plus les Iliades apocryphes de Darès le Phrygien et de Dictys le Crétois, non pas les romans troyens de Benoît-Saint-Maure et de Columna, non pas la version byzantine, non pas les essais de Jehan Samson et de Jean Lemaire, mais la vraie Iliade léguée aux âges par Périclès et Alexandre le Grand, mais l'Iliade de Rabelais et de Budé, celle que Pétrarque éperdu rend à l'Italie, celle qui ne périra plus jamais, revoir non plus le chevalier Hector mais le fils de Priam lui-même dans tout l'éclat de sa gloire farouche, quel triomphe et quelle joie! Qui ne serait saisi de respect en se représentant Baïf, Ronsard et Turnèbe étudiant, commentant, devinant le texte sacré et lui demandant l'initiation, l'intelligence du beau! Sans doute il eût mieux valu ne pas s'en inspirer pour écrire *la Franciade*, mais nous en parlons bien à notre aise dans un siècle où la Critique, parvenue à son âge viril et appuyée sur des renseignements innombrables, découvre enfin les solutions les plus ardues! La chaîne des vérités est dans nos mains et se déroulera sans effort, mais qu'il a fallu de peines pour en découvrir le premier anneau! Grâce aux investigations de poëtes critiques, dont les travaux si vastes nous permettent d'embrasser à la fois et d'un seul coup d'œil toute l'histoire de l'art, le plus mince écolier sait aujourd'hui quels obstacles invincibles s'opposent à l'éclosion d'un poëme épique en dehors des âges primitifs d'un peuple, et comment, si, par impossible, nous devions tenter de créer aujourd'hui une épopée française, ce serait en remontant aux poëmes d'Arthur ou à ceux du cycle carlovingien. Placé à la tête d'une pléiade qui avait pris pour sa devise le mépris du profane vulgaire, entouré d'érudits qui se préoccupaient des origines troyennes de la France, Ronsard put croire à la nationalité de son sujet; et, à cette cause d'illusion se joignait l'orgueil de race, car une des branches de sa famille habitait encore non loin de Sycambre, où il fait aborder son héros Francion. Son épopée eût-elle été acceptable, il lui aurait encore manqué, pour la mener à bonne fin, un Auguste, car c'est en vain qu'il tâche de réveiller pour elle l'indifférence des rois. Quant à demander son argument à nos chroniques, des étrangers seuls ont dû croire que Ronsard le pouvait, au XVIe siècle. On sait que lors de la publication des œuvres inédites de Ronsard, recueillies par M. Prosper Blanchemain, et aussi à propos d'une étude sur notre poëte considéré comme imitateur de Pindare et d'Homère, par M. Eugène Gandar, ancien membre de l'école française d'Athènes, le plus illustre de nos critiques a donné sur Ronsard une nouvelle appréciation, composée, comme sa première et si célèbre étude, avec infiniment de tact, de goût et de mesure. Dans ce récent travail, M. Sainte-Beuve réfute péremptoirement, mais, ce me semble, avec un peu de complaisance, le reproche fait au poëte de *la Franciade* par les Schlegel et par Miskiewicz. Il se donne la peine, selon moi superflue, d'expliquer comment il fut impossible à Ronsard de puiser dans nos anciens poëmes de chevalerie. « Au moment où s'essaya Ronsard, dit-il, la tradition du moyen âge était chez nous toute dispersée et rompue, sans qu'il eût à s'en mêler; ces grands poëmes et chansons de geste, qui reparaissent aujourd'hui un à un dans leur vrai texte, grâce à un labeur méritoire, étaient tous en manuscrit, enfouis dans les bibliothèques et complétement oubliés; on n'aurait trouvé personne pour les déchiffrer et les lire. » Rien à répondre à un raisonnement si juste. Et d'ailleurs qu'importe si Ronsard n'a pas pu puiser *lui-même* aux véritables sources de notre poésie épique? Il aura fourni sa langue colorée, sa versification éclatante et solide à celui de nos écrivains à venir qui fera pour nous l'œuvre rêvée par Brizeux et exécutée en Angleterre par Tennyson, de la renaissance chevaleresque. Il ne faut pas voir chaque homme comme un tout fini et isolé dans cette grande famille solidaire des poëtes où chacun hérite de l'autre, et où le vainqueur d'aujourd'hui peut devoir ses plus brillants faits d'armes à l'armure solide et impénétrable qu'il a héritée de son aïeul.

Pour moi, je ne saurais songer sans admiration au moment où, selon la belle expression de Du Verdier [1], on vit une troupe de poëtes s'élancer de l'école de Jean Daurat comme du cheval troyen. Page de cour à neuf ans, après avoir suivi le roi Jacques en Écosse, Lazare de Baïf à Spire et Langey en Piémont, Ronsard, atteint de cette bienheureuse surdité tant célébrée par ses contemporains, trouve à dix-huit ans le courage de s'enfermer avec Baïf, Belleau et Muret, au collége Coqueret, sous le savant Jean Daurat. Pendant sept ans entiers il étudie, renonçant aux succès de cour, aux aventures galantes, à tous les amusements de la jeunesse. Il revient à la cour, fameux déjà, proclamé par les jeux Floraux prince des poëtes. Comblé de bienfaits par Charles IX, universellement loué et admiré, il crée sa pléiade poétique où brillent, à côté du sien, les noms d'Antoine de Baïf, de Daurat, de Du Bellay, de Remi Belleau, de Jodelle et de Pontus de Thiard. Marguerite de Savoie et Marie Stuart l'ont accueilli, la France l'acclame, il s'avance résolûment vers les conquêtes futures dont Du Bellay a sonné la belliqueuse fanfare en publiant son *Illustration de la langue françoise*. Chose étrange! c'est au nom de la langue française que Ronsard organisait la révolte, et c'est au nom de la langue française que le XVIIe siècle l'a condamné.

[1] Cité par M. Sainte-Beuve.

Il a été victime d'un malentendu qui peut se perpétuer encore faute de bon sens et de bonne foi, et surtout il a été victime de sa fécondité, car une des premières conditions du succès est d'avoir écrit en tout un petit volume. Les trois manières de Ronsard, ses *Amours de Marie*, commentés par Belleau; ses *Amours de Cassandre*, qui demandaient pour être expliqués la plume plus grave de Muret; son *Bocage Royal*, sa *Franciade*, ses *Églogues*, le *Discours sur les Misères de ce temps*, les *Gaietés*, les *Mascarades*, cette œuvre innombrable, ce labeur d'un demi-siècle épouvantent la critique paresseuse. Combien notre auteur ne serait-il pas loué s'il n'eût écrit que l'ode à L'Hospital ou les fameux vers aux calvinistes, approuvés par M. Nisard lui-même :

Christ n'est que charité, qu'amour et que concorde...

En mainte de ces pages, inspirées par les déchirements de la patrie, il se montre courageux et lucide penseur; mais dans les odes nous retrouvons un poëte aussi grand, uni à un artiste prodigieux. Tant de rhythmes créés pour ainsi dire du néant, reproduisant l'aspect, le mouvement général des rhythmes latins et grecs, mais tout à fait appropriés à la langue française, ces strophes dont la forme est trouvée à mesure que le poëte en a besoin, effraient l'esprit par la quantité de travaux que leur arrangement a demandés, surtout par la force créatrice, par le rare instinct qui a présidé à des combinaisons si diverses! On n'ose y songer; depuis Ronsard, nous n'avons réellement rien imaginé en fait de rhythmes d'ode; à peine avons-nous retourné, défiguré, inutilement modifié ses créations savantes. Bien plus, nous n'avons même pas su nous approprier toutes les coupes de ce grand métrique; beaucoup de ses strophes, et des plus belles et des plus riches en effets harmoniques, ont été abandonnées à tort ou par impuissance, car il est plus difficile qu'on ne pense de toucher adroitement à ces armes si légères! On sait que le prince des poëtes décréta la suppression de l'hiatus et l'entrelacement régulier des rimes masculines et féminines; mais, par malheur, on a été plus royaliste que le roi en se privant de certains rhythmes exquis, ou composés seulement de rimes d'un seul sexe, ou offrant des rencontres de rimes diverses du même sexe. On est devenu timoré, hésitant, timide, faute d'habileté. En ouvrant le livre des *Odes*, ne croit-on pas entrer dans un de ces ateliers d'orfévres florentins où les buires, les bassins, les amphores, les chandeliers fleuris, les élégants poignards accrochent la lumière sur les fins contours de l'or ciselé? Mais Ronsard ne nous a pas donné que des rhythmes! Il nous a appris, et le premier de tous depuis les anciens, que la poésie peut arrêter des lignes, combiner des harmonies de couleur, éveiller des impressions par les accords des syllabes. Grâce à lui, nous avons su qu'elle est un art musical et un art plastique, et que rien d'humain ne lui est étranger. Tout l'art lyrique moderne, cet art profond et terrible qui ne s'en tient jamais à la lettre, mais qui émeut l'âme, les fibres, les sens, avec des moyens de peinture, de musique, de statuaire; cette magie, qui consiste a éveiller des sensations à l'aide d'une combinaison de sons et qui rend une forme visible et sensible comme si elle était taillée dans le marbre ou représentée par des couleurs réelles, cette sorcellerie grâce à laquelle des idées nous sont nécessairement communiquées d'une manière certaine par des mots qui cependant ne les expriment pas, ce don, ce prestige, c'est à Ronsard que nous le devons. A en croire la critique routinière, qui agite d'âge en âge le même flambeau éteint, le bagage de Ronsard se composerait justement de dix-huit vers; il y a dans le seul recueil des Odes quarante pièces égales à la fameuse odelette *Mignonne, allons voir si la rose*, autant de diamants purs, autant de perles exquises, autant de chefs-d'œuvre taillés de main d'ouvrier dans une matière durable. L'abus de la pompe, du grandiose, de l'image, en un mot, tel est le grand reproche adressé sans relâche à Ronsard.

Ce style figuré, dont on fait vanité,
Sort du bon caractère et de la vérité.

a dit Molière en deux mauvais vers, qui eux-mêmes sortent autant que possible du bon caractère. De quel bon caractère? de quelle vérité? Le désordre apparent, la démence éclatante, l'emphase passionnée sont la vérité même de la poésie lyrique. Notre vers de théâtre du XVIIe siècle, si pur, si net, si habile à exprimer la passion dramatique, ne sera que froideur et néant si vous l'appliquez à l'ode. Ronsard tombe dans l'excès des figures et de la couleur; le mal n'est pas grand, et ce n'est pas par là que périra notre littérature. Nos meilleurs critiques, prosateurs par profession, se sont trompés là-dessus du tout au tout. Chose inouïe à dire, ils ont péché par ignorance, car en français, ce qui est vrai pour la prose ne l'est jamais pour la poésie. Aux plus mauvais jours, quand elle expire décidément, comme par exemple sous le premier empire, ce n'est pas l'emphase et l'abus des ornements qui la tuent, c'est la platitude. Le goût, le naturel sont de belles choses assurément moins utiles qu'on ne le pense à la poésie. Elle vise à émouvoir le cœur et les sens, bien plus qu'à satisfaire l'esprit. Et, pour accepter même le terrain du drame, le *Roméo et Juliette* de Shaespeare est écrit d'un bout à l'autre dans un style aussi affecté que celui du marquis de Mascarille; celui de Ducis brille par la plus heureuse et la plus naturelle simplicité. La différence reste chez nous si grande et si absolue entre la langue parlée et la langue chantée que ce qui est dans l'un des genres une qualité précieuse devient, dans l'autre, une infirmité déplorable. Ronsard n'a pas connu le doute railleur, l'esprit incisif et ironique; il est tout enthousiasme, et par cela même il prouve qu'il est né poëte. N'oublions pas pourtant que son plus chaud défenseur a relevé chez lui par milliers des traits exquis de naturel et de naïveté qui font songer involontairement à Marot et à La Fontaine. Mais avec l'allure fière de sa strophe, avec l'élan de son vers toujours gracieux et superbe, il aurait pu se passer de ce mérite, et rester encore un puissant créateur, un ouvrier accompli. Et pourtant, des qualités si magistrales ne l'ont pas sauvé.

La croisade entreprise par Pierre de Ronsard et par ses amis ne pouvait pas aboutir, c'est convenu, et ne suffit-il pas de dire qu'elle devait se terminer comme toutes les croisades? On s'élance vers l'Orient pour y conquérir le tombeau d'un dieu; on en rapporte des fleurs, des fruits, une architecture, des arts de loisir et d'élégance, rien de ce qu'on allait y ravir. Ainsi Ronsard cherche l'ode olympique, l'épopée; mais comment pourrait-il créer des iliades? les iliades sont achevées par ceux qui les font sans s'en douter, sans vouloir les faire; le génie est éminemment insouciant; ni les Homère ni les Dante ne font leur programme. Lui, au contraire, il en a fait un; il s'est proposé un but, cela montrait assez qu'il ne l'atteindrait pas. Les conquérants eux-mêmes, ceux que Dieu a marqués du signe impérieux, n'accomplissent jamais l'œuvre qu'ils avaient rêvée, mais à leur insu, malgré eux, ils en accomplissent une autre, car à la Providence seule il appartient de faire des plans. A ce moment-là, tout étant épuisé, il fallait un grand homme dont la vie fût employée à l'ébauche d'une langue nouvelle, et qui entassât les trésors au hasard, n'ayant pas le temps de choisir; ce héros martyr, sacrifié d'avance, fut Ronsard. Tel rêve de découvrir une Amérique et trouve un passage nouveau pour aller aux Indes; tout en l'ignorant, il marchait vers sa destinée. Ronsard n'a pas ressuscité les Pythiques, et toutefois le luth de Cherouvrier, celui de Marie Stuart et ses chansons mises en musique par Jean de Maletty peuvent lui faire croire à la renaissance de la poésie chantée, comme les déesses du Louvre et de Fontainebleau peuveut lui donner l'enivrante illusion d'un Olympe. Il n'a pas ressuscité les Pythiques, mais il nous a légué la langue actuelle, la *pâte* même de la poésie élevée. L'argile que nous modelons, le marbre que nous taillons sont tout à fait siens, le marbre et l'outil! Il eut *la grecque fureur,* l'amour de Dieu, l'enthousiasme de la gloire, une âme pindarique plus que ses œuvres. Mauvais flatteur et trop indépendant pour se concilier longtemps la faveur des cours, Ronsard finit disgracié, revenu aux grandes pensées, et après avoir trouvé des plaintes éloquentes sur les malheurs des Français châtiés par leurs mains. Il termine sa vie par une belle mort chrétienne digne de l'antiquité, à Saint-Côme, entouré des religieux et dans les bras de son ami Galland. Il expira en héros, en sage, pardonnant à tous et n'ayant jamais nui à personne. A peine est-il couché dans le cercueil, c'est dans toute la France comme un long cri de douleur et d'angoisse. Du Perron, Claude Binet, Daurat, Baïf, Amadis Jamyn, Scaevole de Sainte-Marthe, Galland, Bertaut, Claude Garnier, tous les poëtes les plus éminents se piquent d'émulation pour élever à Ronsard un tombeau qui brave les âges, et, en grec, en latin, en italien, on le chante, on le glorifie pour recommander à la postérité équitable le soin de sa renommée. La postérité n'a pas accepté le legs; elle a renié ce créateur sans lequel elle n'aurait eu ni Corneille, ni Malherbe, ni Chénier, ni les modernes! Un jour, redevenue plus juste, elle lui rendra sa place, et son buste majestueux apparaîtra, comme au frontispice de ses œuvres, élevé sur de puissantes architectures, couronné par les vieux maîtres de la lyre, pleuré par un héros armé et par une muse éclatante et nue qui laisse ruisseler sa chevelure blonde avec les flots épanchés de son urne de marbre. Quand Ronsard se déclarait immortel et se couronnait de ses propres mains, il n'était pas guidé par un vain orgueil! Il continuait, réclamait, affirmait le rôle du poëte. C'était le vieil Hésiode, c'était son maître Pindare et surtout les poëtes à venir qu'il couronnait sur son propre front. Quel doit être celui qui parle aux âmes, voilà ce qu'il voulait enseigner à la France en l'entraînant, loin de Marot et de Saint-Gelais, vers le vol des grandes muses. En ses maîtresses, il adorait surtout la beauté impérissable que de tout temps les dieux ont fiancée au génie; il ne se montra si fier, que comme le fils et comme le père de ceux dont la voix ailée voltige parmi les hommes. Laissons-lui donc ce laurier qu'il usurpait non sans justice, et, s'il le faut, rattachons-le sur son front d'une main pieuse, car ce front a porté la fortune même et l'avenir de la poésie. Dix années d'études ardues, l'intuition vague mais certaine de l'avenir, l'ambition de ressusciter la Grèce parmi les brumes du nord et dans un pays déchiré par les guerres civiles, quarante ans de travaux, l'ennui des cours et la disgrâce des rois, le nom de l'amour glorifié, la France chantée et consolée, une renommée universelle dignement portée, puis la disgrâce, les longues souffrances, l'interminable agonie, une mort chrétienne et stoïque, n'est-ce pas de quoi mériter le noir rameau toujours arrosé de sang et de pleurs? Il n'aura manqué à Ronsard ni l'aspiration vers les infinis du beau, ni le désir de la perfection, ni le martyre, ni l'insulte; ne lui refusons donc pas sa place dans l'Olympe des poëtes, où il a le droit de porter la pourpre, sinon près de ceux à qui il tentait de ressembler, du moins à côté de Virgile et d'Horace, dans ce groupe qui, loin des aveuglantes splendeurs d'Homère, de Pindare et d'Eschyle, traîne après lui une douce lueur d'étoiles et de crépuscule.

Théodore de Banville.

SONNETS

Je fuy les grands chemins frayez du populaire,
Et les villes où sont les peuples amassez :
Les rochers, les forets, desjà sçavent assez
Quelle trempe a ma vie estrange et solitaire.

Si[1] ne suis-je si seul, qu'Amour, mon secrétaire,
N'accompagne mes pieds debiles et cassez ;
Qu'il ne conte mes maux, et presens et passez,
A ceste voix sans corps[2] qui rien ne sçauroit taire.

Souvent plein de discours, pour flatter mon esmoy,
Je m'arreste, et je dy : Se pourroit-il bien faire
Qu'elle pensast, parlast, ou se souvinst de moy?

Qu'à sa pitié mon mal commençast à déplaire?
Encor que je me trompe, abusé du contraire,
Pour me faire plaisir, Helene, je le croy.

Je vous envoie un bouquet que ma main
Vient de trier de ces fleurs epanies[3] :
Qui ne les eust[4] à ce vespre[5] cueillies,
Cheutes[6] à terre elles fussent demain.

Cela vous soit un exemple certain
Que vos beautez, bien qu'elles soient fleuries,
En peu de temps cherront[6] toutes fletries,
Et, comme fleurs, periront tout soudain.

[1] Pourtant, je ne suis pas si seul qu'Amour... — [2] L'écho. — [3] Pour : épanouies. — [4] C'est-à-dire : si on ne les eût... — [5] Ce soir. — [6] Tomberont.

Le temps s'en va, le temps s'en va, ma dame,
Las! le temps non, mais nous, nous en allons,
Et tost serons estendus sous la lame:

Et des amours desquelles nous parlons,
Quand serons morts, ne sera plus nouvelle:
Pour ce [1], aymez-moy, ce pendant qu'estes belle.

Genèvres herissez, et vous, houx espineux,
L'un hoste des deserts, et l'autre d'un bocage:
Lierre, le tapis d'un bel antre sauvage,
Source, qui bouillonnez d'un surgeon [2] sablonneux;

Pigeons, qui vous baisez d'un baiser savoureux,
Tourtres [3], qui lamentez d'un eternel veufvage,
Rossignols ramagers, qui, d'un plaisant langage,
Nuict et jour rechantez vos versets amoureux;

Vous à la gorge rouge, estrangere arondelle,
Si vous voyez aller ma nymphe en ce printemps,
Pour cueillir des bouquets par ceste herbe nouvelle,

Dites-luy, pour neant, que sa grâce j'attens,
Et que pour ne souffrir le mal que j'ay pour elle,
J'ay mieux aimé mourir que languir si longtemps.

Vous mesprisez nature: estes-vous si cruelle
De ne vouloir aymer? Voyez les passereaux
Qui demenent l'amour, voyez les colombeaux;
Regardez le ramier, voyez la tourterelle:

[1] C'est pourquoi. — [2] Flot. — [3] Tourterelles.

Voyez, deçà delà, d'une fretillante aile
Voleter par les bois les amoureux oiseaux;
Voyez la jeune vigne embrasser les ormeaux,
Et toute chose rire en la saison nouvelle.

Icy, la bergerette, en tournant son fuseau,
Desgoise[1] ses amours, et là, le pastoureau
Respond à sa chanson : icy, toute chose aime,

Tout parle de l'amour, tout s'en veut enflamer:
Seulement vostre cœur, froid d'une glace extrême,
Demeure opiniastre et ne veut point aimer.

Je mourrois de plaisir, voyant par ces bocages
Les arbres enlacez de lierres espars,
Et la verde lambrunche[2] errante en mille pars
Sur l'aubespin fleuri près des roses sauvages.

Je mourrois de plaisir, oyant les doux ramages
Des hupes, des coqus[3] et des ramiers rouhars[4]
Dessus un arbre verd, bec en bec fretillars,
Et des tourtres, aux bois, voyant les mariages.

Je mourrois de plaisir, voyant, en ces beaux mois,
Debusquer[5] un matin le chevreuil hors du bois,
Et de voir fretiller dans le ciel l'alouette ;

Je mourrois de plaisir où je languis transi,
Absent de la beauté qu'en ce pré je souhaite :
Un demy-jour d'absence est un an de souci.

1 Raconte. — 2 Vigne vierge. — 3 Pour : coucous. — 4 Roucoulants. — 5 Sortir brusquement, déboucher.

Il ne faut s'esbahir, disoient ces bons vieillars[1],
Dessus le mur troyen voyant passer Helene,
Si pour cette beauté nous souffrons tant de peine,
Nostre mal ne vaut pas un seul de ses regars.

Toutesfois il vaut mieux, pour n'irriter point Mars,
La rendre à son espoux, afin qu'il la remmeine,
Que voir de tant de sang nostre campagne pleine,
Nostre havre gaigné[2], l'assaut à nos rampars

Peres, il ne falloit, à qui la force tremble,
Par un mauvais conseil les jeunes retarder;
Mais, et jeunes et vieux, vous deviez, tous ensemble,

Pour elle, corps et biens, et ville hazarder.
Menelas fut bien sage, et Paris, ce me semble,
L'un de la demander, l'autre de la garder.

Quand vous serez bien vieille, au soir, à la chandelle,
Assise auprès du feu, devisant et filant,
Direz, chantant mes vers, en vous esmerveillant :
« Ronsard me celebroit du temps que j'estois belle. »

Lors, vous n'aurez servante oyant[3] cette nouvelle,
Desjà sous le labeur à demy sommeillant,
Qui au bruit de mon nom ne s'aille reveillant,
Benissant vostre nom de louange immortelle.

Je serai sous la terre, et, fantosme sans os,
Par les ombres myrteux[4] je prendray mon repos;
Vous serez au foyer une vieille accroupie,

Regrettant mon amour et vostre fier desdain.
Vivez, si m'en croyez, n'attendez à demain;
Cueillez dès aujourd'huy les roses de la vie.

[1] Allusion à un célèbre passage de l'*Iliade*. — [2] Notre port envahi. — [3] Entendant. — [4] A l'ombre des myrtes.

Marie, levez-vous, vous estes paresseuse,
Ja la gaye aloüette, au ciel, a fredonné,
Et ja le rossignol doucement jargonné,
Dessus l'espine assis, sa complainte amoureuse.

Sus debout, allons voir l'herbelette perleuse,
Et vostre beau rosier de boutons couronné,
Et vos œillets mignons ausquels aviez donné,
Hier, au soir, de l'eau, d'une main si soigneuse.

Harsoir [1], en vous couchant vous jurastes vos yeux,
D'estre, plus tost que moy, ce matin, esveillee :
Mais le dormir de l'aube, aux filles gracieux,

Vous tient d'un doux sommeil encor les yeux sillee [2].
Ça, ça, que je les baise et vostre beau tetin,
Cent fois, pour vous apprendre à vous lever matin.

ÉLÉGIE

CONTRE LES BUCHERONS

DE LA FOREST DE GASTINE

Quiconque aura, premier [3], la main embesongnee [4]
A te coupper, forest, d'une dure congnee [5],
Qu'il puisse s'enfermer de son propre baston,
Et sente en l'estomac la faim d'Erisichthon
Qui coupa de Ceres le chesne venerable,
Et qui, gourmand de tout, de tout insatiable,
Les bœufs et les moutons de sa mere engorgea,
Puis, pressé de la faim, soy-mesme se mangea :

[1] Pour : hier au soir. — [2] C'est-à-dire : les yeux encore fermés. — [3] Le premier. — [4] Embesognée, c'est-à-dire : occupée. — [5] Pour : cognée.

Ainsi puisse engloutir ses rentes et sa terre,
Et se devore apres par les dents de la guerre!

Qu'il puisse, pour venger le sang de nos forests,
Tousjours nouveaux emprunts sur nouveaux interests
Devoir à l'usurier, et qu'en fin il consomme
Tout son bien à payer la principale somme!

Que tousjours, sans repos, ne fasse en son cerveau
Que tramer pour-néant quelque dessein nouveau,
Porté d'impatience et de fureur diverse,
Et de mauvais conseil qui les hommes renverse!
Escoute, Bucheron, arreste un peu le bras:
Ce ne sont pas des bois que tu jettes à bas;
Ne vois-tu pas le sang, lequel degoute à force,
Des Nymphes qui vivoient dessous la dure escorce?
Sacrilege meurtrier, si on pend un voleur
Pour piller un butin de bien peu de valeur,
Combien de feux, de fers, de morts, et de detresses
Merites-tu, meschant, pour tuer nos Deesses?

Forest, haute maison des oiseaux bocagers!
Plus le cerf solitaire et les chevreuls legers
Ne paistront sous ton ombre, et ta verte crinière
Plus du soleil d'esté ne rompra la lumiere.

Plus l'amoureux pasteur sur un tronc adossé,
Enflant son flageolet à quatre trous persé,
Son mastin à ses pieds, à son flanc la houlette,
Ne dira plus l'ardeur de sa belle Janette:
Tout deviendra muet; Echo sera sans vois;
Tu deviendras campagne, et, en lieu de tes bois,
Dont l'ombrage incertain lentement se remuë,
Tu sentiras le soc, le coutre, et la charruë,
Tu perdras ton silence, et Satyres et Pans,
Et plus le cerf chez toy ne cachera ses fans.

Adieu, vieille forest, le joüet de Zephyre,
Où premier j'accorday les langues de ma lyre,
Où premier j'entendi les fléches resonner
D'Apollon, qui me vint tout le cœur estonner;
Où, premier admirant la belle Calliope,
Je devins amoureux de sa neuvaine trope,
Quand sa main sur le front cent roses me jetta,
Et de son propre laict Euterpe m'allaita.

Adieu, vieille forest, adieu, testes sacrées,
De tableaux et de fleurs en tout temps reverées,
Maintenant le desdain des passans alterez,
Qui, bruslez en l'esté des rayons etherez,
Sans plus trouver le frais de tes douces verdures,
Accusent tes meurtriers, et leur disent injures!

Adieu, chesnes, couronne aux vaillans citoyens,
Arbres de Jupiter, germes Dodonéens,
Qui, premiers, aux humains donnastes à repaistre;
Peuples vrayment ingrats, qui n'ont sçeu recognoistre
Les biens receus de vous, peuples vrayment grossiers,
De massacrer ainsi leurs peres nourriciers!

Que l'homme est malheureux qui au monde se fie!
O Dieux, que veritable est la philosophie,
Qui dit que toute chose à la fin perira,
Et qu'en changeant de forme, une autre vestira!

De Tempé la vallée, un jour, sera montagne,
Et la cyme d'Athos, une large campagne :
Neptune, quelquefois, de blé sera couvert :
La matiere demeure et la forme se perd.

ODES

Mignonne, allons voir si la rose
Qui, ce matin, avoit desclose
Sa robe de pourpre au soleil,
A point perdu, cette vesprée,
Les plis de sa robe pourprée
Et son teint au vostre pareil.

Las! voyez comme, en peu d'espace,
Mignonne, elle a, dessus la place,
Las, las, ses beautez laissé cheoir!
O vrayment marastre Nature,
Puisqu'une telle fleur ne dure
Que du matin jusques au soir!

Donc, si vous me croyez, mignonne,
Tandis que vostre âge fleuronne
En sa plus verte nouveauté,
Cueillez, cueillez vostre jeunesse:
Comme à cette fleur, la vieillesse
Fera ternir vostre beauté.

A LA FOREST DE GASTINE

Couché sous tes ombrages vers,
Gastine, je te chante,
Autant que les Grecs, par leurs vers,
La forest d'Erymanthe.
Car, malin, celer je ne puis
A la race future,

De combien obligé je suis
A ta belle verdure.
Toy qui, sous l'abry de tes bois,
Ravy d'esprit, m'amuses;
Toy qui fais qu'à toutes les fois,
Me respondent les Muses;
Toy par qui, de l'importun soin,
Tout franc je me delivre,
Lors qu'en toy je me pers[1] bien loin,
Parlant avec un livre;
Tes boccages soient tousjours pleins
D'amoureuses brigades
De satyres et de sylvains,
La crainte des naïades.
En toy habite désormais
Des Muses le college;
Et ton bois ne sente jamais
La flame sacrilege!

Bel aubespin florissant,
Verdissant
Le long de ce beau rivage,
Tu es vestu, jusqu'au bas,
Des longs bras
D'une lambrunche sauvage.

Deux camps de rouges fourmis
Se sont mis
En garnison sous ta souche :
Dans les pertuis[2] de ton tronc,
Tout du long,
Les avettes[3] ont leur couche.

[1] Pour : perds. — [2] Trous, ouvertures. — [3] Abeilles.

Le chantre rossignolet,
Nouvelet,
Courtisant sa bien aimée,
Pour ses amours alleger,
Vient loger,
Tous les ans, en ta ramée.

Sur ta cyme il fait son ny
Tout uny,
De mousse et de fine soye,
Où ses petits esclorront,
Qui seront
De mes mains la douce proye.

Or, vy, gentil aubespin,
Vy sans fin,
Vy sans que jamais tonnerre,
Ou la coignée, ou les vents,
Ou les temps,
Te puissent ruer par terre!

La belle Venus, un jour,
M'amena son fils Amour,
Et l'amenant, me vint dire :
Escoute, mon cher Ronsard,
Enseigne à mon enfant l'art
De bien jouer de la lyre.

Incontinent, je le pris,
Et soigneux, je luy appris
Comme Mercure eut la peine
De premier la façonner,
Et de premier en sonner
Dessus le mont de Cyllene;

Comme Minerve inventa
Le haut-bois, qu'elle jetta
Dedans l'eau, toute marrie;
Comme Pan le chalumeau,
Qu'il pertuisa du roseau
Formé du corps de sa mie.

Ainsi, pauvre que j'estois,
Tout mon art je recordois[1],
A cet enfant pour l'apprendre;
Mais luy, comme un faux garson,
Se moquoit de ma chanson,
Et ne la vouloit entendre.

Pauvre sot, ce me dit-il,
Tu te penses bien subtil!
Mais tu as la teste fole
D'oser t'egaler à moy
Qui, jeune, en sçay plus que toy,
Ny que ceux de ton escole.

Et alors il me sourit,
Et en me flattant m'apprit
Tous les œuvres de sa mere;
Et comme, pour trop aimer,
Il avoit fait transformer
En cent figures son pere.

Il me dit tous ses attraits,
Tous ses jeux, et de quels traits
Il blesse les fantaisies
Et des hommes et des dieux;
Tous ses tourmens gracieux,
Et toutes ses jalousies.

[1] Je me rappelais tout mon art, pour l'apprendre à cet enfant.

Et[1] me les disant, alors,
J'oubliay tous les accors
De ma lyre desdaignée,
Pour retenir, en leur lieu,
L'autre chanson que ce dieu
M'avoit par cœur enseignée.

Les Muses lierent un jour,
De chaisnes de roses, Amour,
Et, pour le garder, le donnerent
Aux Graces et à la Beauté
Qui, voyant sa desloyauté,
Sur Parnasse l'emprisonnerent.

Si tost que Venus l'entendit,
Son beau ceston[2] elle vendit
A Vulcan, pour la delivrance
De son enfant, et tout soudain,
Ayant l'argent dedans la main,
Fit aux Muses la reverence.

« Muses, deesses des chansons,
Quand il faudroit quatre rançons
Pour mon enfant, je les apporte;
Délivrez mon fils prisonnier. »
Mais les Muses l'ont fait lier
D'une chaisne encore plus forte.

Courage donques, amoureux,
Vous ne serez plus langoureux,

[1] Et, pendant qu'il me les disait. — [2] Ceinture.

Amour est au bout de ses ruses ;
Plus n'oseroit ce faux garçon
Vous refuser quelque chanson,
Puisqu'il est prisonnier des Muses.

Le petit enfant Amour
Cueilloit des fleurs à l'entour
D'une ruche, où les avettes
Font leurs petites logettes.

Comme il les alloit cueillant,
Une avette, sommeillant
Dans le fond d'une fleurette,
Lui piqua la main douillette.

Si tost que piqué se vit,
Ah! je suis perdu (ce dit),
Et s'en-courant vers sa mère,
Lui montra sa playe amère :

« Ma mère, voyez ma main,
Ce disoit Amour tout plein
De pleurs, voyez quelle enflure
M'a fait une égratignure ! »

Alors Venus se sourit,
Et en le baisant le prit,
Puis sa main lui a soufflée
Pour guarir sa playe enflée :

« Qui t'a, dis-moy, faux garçon,
Blessé de telle façon?
Sont ce mes Grâces riantes
De leurs aiguilles poignantes ?

— Nenni, c'est un serpenteau
Qui vole au printemps nouveau,
Avecque deux ailerettes,
Çà et là, sur les fleurettes.

— Ah! vraiment je le cognois,
Dit Venus; les villageois
De la montagne d'Hymette
Le surnomment Melissette.

Si donques un animal
Si petit fait tant de mal,
Quand son alène [1] époinçonne
La main de quelque personne,

Combien fais-tu de douleur,
Au prix de lui, dans le cœur
De celui en qui tu jetes
Tes venimeuses sagettes? »

CHANSON

Quand ce beau printemps je voy,
J'apperçoy
Rajeunir la terre et l'onde,
Et me semble que le jour
Et l'amour,
Comme enfans, naissent au monde.

— Le jour, qui plus beau se fait,
Nous refait
Plus belle et verde la terre;
Et l'amour, armé de traits
Et d'attraits,
En nos cœurs nous fait la guerre.

[1] Dard.

— Il respand de toutes parts
Feus et dards,
Et domte sous sa puissance
Hommes, bestes et oyseaux;
Et les eaux
Luy rendent obéissance.

— Venus, avec son enfant
Triomphant,
Au haut de son coche [1] assise,
Laisse ses cygnes voler
Parmy l'air,
Pour aller voir son Anchise.

— Quelque part que ses beaux yeux,
Par les cieux,
Tournent leurs lumières belles,
L'air, qui se montre serein,
Est tout plein
D'amoureuses estincelles.

— Puis, en descendant à bas,
Sous ses pas,
Naissent mille fleurs escloses;
Les beaux lys et les œillets
Vermeillets
Rougissent entre les roses.

Je sens, en ce mois si beau,
Le flambeau
D'amour qui m'eschauffe l'ame,
Y voyant de tous costez
Les beautez
Qu'il emprunte de ma dame.

[1] Char.

Quand je vois tant de couleurs
Et de fleurs
Qui esmaillent un rivage,
Je pense voir le beau teint
Qui est peint
Si vermeil en son visage.

Quand je voy les grands rameaux
Des ormeaux
Qui sont lacez de lierre,
Je pense estre pris ès laz
De ses bras,
Et que mon col elle serre.

Quand j'enten la douce vois,
Par les bois,
Du gay rossignol qui chante,
D'elle je pense joüyr
Et oüyr
Sa douce voix qui m'enchante.

Quand je voy en quelque endroit,
Un pin droit,
Ou quelque arbre qui s'esleve,
Je me laisse decevoir,
Pensant voir
Sa belle taille et sa greve.

Quand je voy dans un jardin,
Au matin,
S'esclorre une fleur nouvelle,
J'accompare le bouton
Au teton
De son beau sein qui pommelle.

Quand le soleil tout riant
D'Orient

Nous monstre sa blanche tresse,
Il me semble que je voy
Devant moy
Lever ma belle maistresse.

Quand je sens, parmy les prez
Diaprez,
Les fleurs dont la terre est pleine,
Lors, je fais croire à mes sens
Que je sens
La douceur de son haleine.

Bref, je fais comparaison,
Par raison,
Du printemps et de ma mie;
Il donne aux fleurs la vigueur,
Et mon cœur
D'elle prend vigueur et vie.

Je voudrois, au bruit de l'eau
D'un ruisseau,
Desplier ses tresses blondes,
Frizant en autant de nœus,
Ses cheveux,
Que je verrois friser d'ondes.

Je voudrois, pour la tenir,
Devenir
Dieu de ces forests desertes,
La baisant autant de fois
Qu'en un bois
Il y a de feuilles vertes.

Hà! maistresse, mon soucy,
Vien icy,

Vien contempler la verdure !
Les fleurs de mon amitié
Ont pitié,
Et seule tu n'en as cure.

Au moins, leve un peu tes yeux
Gracieux,
Et voy ces deux colombelles
Qui font naturellement,
Doucement,
L'amour du bec et des ailes.

Et nous, sous ombre d'honneur,
Le bon-heur
Trahissons par une crainte;
Les oyseaux sont plus heureux,
Amoureux
Qui font l'amour sans contrainte.

Toutesfois, ne perdons pas
Nos esbats
Pour ces loix tant rigoureuses;
Mais, si tu m'en crois, vivons,
Et suyvons
Les colombes amoureuses.

Pour effacer mon esmoy,
Baise-moy,
Rebaise-moy, ma deesse;
Ne laissons passer en vain,
Si soudain,
Les ans de nostre jeunesse.

L'ALOUETTE

Hé Dieu, que je porte d'envie
Aux plaisirs de ta douce vie,
Aloüette, qui de l'amour
Degoizes[1] dès le poinct du jour,
Secoüant en l'air la rosée
Dont ta plume est tout arrousée!
Devant que Phebus soit levé,
Tu enleves ton corps lavé
Pour l'essuyer pres de la nuë,
Tremoussant d'une aile menuë;
Et te sourdant[2] à petits bons,
Tu dis en l'air de si doux sons
Composez de ta tirelire[3],
Qu'il n'est amant qui ne desire,
T'oyant chanter au renouveau[4],
Comme toy devenir oiseau.

Quant ton chant t'a bien amusée,
De l'air tu tombes en fusée
Qu'une jeune pucelle, au soir,
De sa quenoüille laisse choir
Quand au foyer elle sommeille,
Frappant son sein de son aureille,
Ou bien quand en filant le jour
Voit celuy qui luy fait l'amour
Venir près d'elle à l'impourvuë[5].
De honte elle abbaisse la veuë,
Et son tors fuseau delié
Loin de sa main roule à son pié.

[1] Chantes. — [2] T'élevant. — [3] Onomatopée imitant le cri de l'alouette.
[4] Printemps. — [5] A l'improviste.

Ainsi tu roules, aloüette,
Ma doucelette mignonnette,
Qui plus qu'un rossignol me plais,
Qui chante en un boccage espais.

Tu vis sans offenser personne,
Ton bec innocent ne moissonne
Le froment, comme ces oiseaux
Qui font aux hommes mille maux,
Soit que le bled rongent en herbe,
Ou soit qu'ils l'egrainent en gerbe :
Mais tu vis par les sillons vers
De petits fourmis et de vers,
Ou d'une mouche, ou d'une achée [1];
Tu portes aux tiens la bechée,
A tes fils non encor ailez,
D'un blond duvet emmantelez.

A grand tort les fables des poëtes
Vous accusent vous, aloüettes,
D'avoir vostre pere hay,
Jadis, jusqu'à l'avoir trahy,
Coupant de sa teste royale
La blonde perruque fatale;
En laquelle un poil il portoit
En qui toute sa force estoit [2].
Mais quoy? vous n'êtes pas seulettes [3]
A qui la langue des poëtes
A fait grand tort : dedans le bois,
Le rossignol à haute vois,
Caché dessous quelque verdure,
Se plaint d'eux, et leur dit injure.

[1] Petit ver. — [2] Selon la Fable, Scylla, fille de Nisus, à la prière de Minos, son amant, coupa le cheveu d'or auquel était attachée la fortune de son père, et fut changée en alouette. — [3] Les seules.

Si bien [1] fait l'arondelle aussi
Quand elle chante son cossi [2] :
Ne laissez pas pourtant de dire,
Mieux que devant, la tirelire [3],
Et faites crever par despit
Ces menteurs [4], de ce qu'ils ont dit.

Ne laissez, pour cela, de vivre
Joyeusement, et de poursuivre,
A chaque retour du printemps,
Vos accoustumez passetemps :
Ainsi jamais [5] la main pillarde
D'une pastourelle mignarde,
Parmy les sillons espiant
Vostre nouveau nid pepiant [6],
Quand vous chantez, ne le desrobe
Ou dans sa cage ou sous sa robe.
Vivez, oiseaux, et vous haussez
Tousjours en l'air, et annoncez,
De vostre chant et de vostre aile,
Que le printemps se renouvelle.

(Extrait du recueil des poésies de Ronsard,
qui a pour titre : *les Gayetez*.)

1 Dans le sens de..., c'est bien ce que... — 2 Onomatopée, imitant le cri de l'hirondelle. — 3 Autre onomatopée. — 4 A cause... — 5 Le sens est : que jamais... — 6 Mot formé par onomatopée, pour rendre les petits cris de la couvée dans son nid.

PONTUS DE TYARD[1]

1521 — 1603

Est-ce une apparition fantastique, une fiction poétique, que cet astre de la Pléiade de Ronsard? son éclat serait-il pareil à celui de ces étoiles filantes que le même regard voit briller et s'éteindre? Sa renommée ne serait-elle qu'une de ces trompettes complaisantes que le moindre souffle de la fortune fait résonner?

Nous serions tenté de répondre affirmativement à ces questions si notre respect filial pour le grand siècle de la Renaissance ne nous imposait le devoir d'y regarder à deux fois avant de nous inscrire en faux contre le témoignage d'une génération tout entière. Nous ne pouvons jeter dédaigneusement au panier, sans les feuilleter, des livres dont faisaient leurs délices des hommes qui par leurs écrits, éprouvés au creuset du temps, charment encore nos loisirs. Ces poëtes, dans lesquels Amyot, Montaigne, De Thou, Dorat, le maître de Ronsard, Muret, son commentateur, et Binet, son biographe, voyaient les rivaux des plus fameux poëtes de l'antiquité, méritent, ce nous semble, un regard attentif et curieux de notre part.

Le moment est venu de la lumière et de la vérité pour tous, depuis qu'un éminent critique, savant sans pédantisme, bienveillant sans faiblesse, sévère sans cesser d'être équitable, a placé sous les yeux des amis des lettres les titres oubliés des poëtes du XVIe siècle. M. Sainte-Beuve, en signalant les richesses littéraires enfouies dans les livres poudreux et dédaignés de cette époque, a

[1] Nous croyons devoir déroger ici, par exception, à l'ordre chronologique rigoureusement suivi par nous, à partir de ce second volume. Nous avons voulu laisser Ronsard ouvrir la marche dans le glorieux défilé des poëtes de la seconde moitié du XVIe siècle. Pontus de Tyard, comme membre de la Pléiade, ne pouvait venir qu'à la suite de celui qui en fut le prince et le chef. (*Note de l'éditeur.*)

donné l'exemple à de nombreux investigateurs qui, guidés par lui, comme le mineur par la lampe de sûreté, ont pénétré dans les entrailles de cette mine aux couches puissantes.

Pour notre part, nous nous sommes attaché à la recherche d'un petit filon perdu sous le sol inexploré d'une de nos provinces, la Bourgogne, d'où il s'étendit jusqu'à Paris, où son existence fut révélée, jadis, par Almaque Papillon, un intime de Marot, par Bonaventure Des Periers, par les rabelaisiens Des Autelz et Tabourot, enfin par le docte poëte Pontus de Tyard.

C'est à ce dernier, qui a occupé sur le Parnasse du XVIe siècle une vaste place, qu'il s'agit d'en trouver une petite dans cette nouvelle Anthologie française. Oui, une petite place, c'est tout ce que nous demandons pour ce Pontus de Tyard qui, au dire du Parisien Maurice de La Porte, en ses *Épithètes françoises* (1580), « fut un des premiers qui retira notre poésie hors du bourbier d'ignorance.., » une petite place pour ce *divin* Tyard dont le *prince* du sonnet[1] chantait le *doux style*, et dont notre Terpandre[2] invoquait la muse. Nos prétentions, on le voit, sont modestes, et pour cause; les bouquets poétiques de cette anthologie ne s'adressent pas aux contemporains de Pontus de Tyard; or,

« Le temps qui change tout change aussi nos humeurs. »

Le poëte historiographe du grand roi Soleil a-t-il vu dans ce changement ce qu'il faut y voir, non un caprice de la mode, mais l'application de la loi inflexible du progrès qui, après s'être servi de Pontus de Tyard et de ses collègues de la Pléiade, les a renversés pour passer outre? Ils avaient accompli leur mission. C'est à nous de tenir compte de leurs généreux efforts. Pontus de Tyard a donc droit à une mention, à une petite étude dans ce livre, ne fût-ce qu'à titre de sentinelle avancée sur la route que notre littérature a frayée à travers le XVIe siècle.

Pontus de Tyard, gentilhomme mâconnais, seigneur de Bissy, naquit dans le petit manoir de ce nom, vers 1521. Il passa une partie de son existence dans les palais de nos rois et mourut dans un château. C'est dire que la vie lui fut aussi accorte et riante que le permirent les orages de ce siècle fiévreux de jeunesse, où les idées et les glaives s'entrechoquaient, où le son des lyres se mêlait au bruit des arquebusades, où l'on répandait le sang humain dans le banquet de la vie comme

[1] Du Bellay. — [2] Ronsard.

le vin dans les festins. Pontus de Bissy se montra presque à la hauteur de cet âge héroïque; il en refléta les qualités et sut échapper à la plupart de ses défauts. Écolier d'élite de l'Université de Paris en 1537, il s'enrôla, l'un des premiers, pour cette belle guerre que la jeunesse studieuse et lettrée de la fin du règne de François Ier entreprit contre l'ignorance. Nous le découvrons avec Maurice Scève, de Lyon, Théodore de Bèze, de Vézelay, Jacques Pelletier, du Mans, et Étienne Pasquier, de Paris, à l'avant-garde de la légion des poëtes de la Renaissance, alors que Ronsard organisait seulement sa brigade. Aussi, quand elle leva bannière à son tour, Pontus y fut-il reçu avec acclamation; ce n'était pas un conscrit qu'elle recrutait, mais un volontaire aguerri. Deux ans avant la publication de l'*Olive* de Du Bellay et des premières poésies de Ronsard, il avait déjà composé ses *Erreurs amoureuses*. On était en 1548, c'est-à-dire encore fort loin de l'*Art poëtique* de Boileau, assez loin même de ceux de Claude Boissière et Vauquelin de La Fresnaye; Thomas Sibilet venait seulement de publier le sien.

La chronologie est d'une grande importance à cet âge enfantin de notre poésie; pour juger celle-ci avec équité, on doit la comparer à ce qu'elle était avant ce temps-là, et non à ce qu'elle fut dans la suite; il faut relever avec soin les dates des livres et les actes de naissance de leurs auteurs.

Contrairement aux habitudes des écrivains et surtout des poëtes qui aiment à parler d'eux-mêmes, Pontus de Tyard ne fit jamais de cette littérature personnelle qui rend si facile la biographie de certains auteurs. Il se montre à peine dans ses préfaces et dans quelques vers où percent sa douce philosophie et ses franches amitiés, comme au début de cette élégie :

Je n'oserois, Ronsard, je n'oserois penser,
Que de toi, qui m'es cher, l'heur me puisse offenser;
Mais je confesse bien que ma trainante vie
Porte à la tienne heureuse une secréte envie;
Non, pour ce que tu as l'œil gracieux du Roi;
Le désir courtisan ne me tient en émoi,
Ni pour ce que Fortune en biens te favorise;
Elle, aveugle, me suit plus que je ne la prise;
Ni pour ce que, dispos, jeune et beau je te voi :
Nature de tels biens ne fut trop chiche en moi;
Ni pour ce qu'a jamais ton savoir te fait vivre :
En cela me suffit t'admirer et te suivre;
Mais pour ce qu'en amour, duquel nous sommes serfs,
Tu te gaignes toujours, et toujours je me perds.

S'il parle de son Bissy, ce n'est pas pour nous apprendre qu'il est le noble manoir de ses ancêtres, c'est pour nous dire qu'il l'a consacré aux Muses et à l'Amour, c'est pour chanter la solitude de son île.

Ne demandez pas à Pontus quel est son blason ; il vous répondrait à peine. Pour lui « la noblesse est un vain titre ; » la seule noblesse désirable est celle de la vertu et de la science. « Qu'a à souhaiter la noblesse, dit-il, celui auquel les images de ses aïeuls ne semblent embellies d'assez illustres peintures et armoiries, s'il peut s'anoblir d'une sorte qui le rendra noble malgré le transport de tout empire, le renversement de toute république, la mutation de toute religion, voire l'ignominieux méfait de ses prédécesseurs ? La vertu ne suffit-elle à l'accomplissement de ce désir ?... Et l'autre, qui déjà reçoit ce titre de sa généreuse race, ne doit-il rougir honteusement, si le vice souille le pourpre de sa noblesse ?... »

On le voit déjà, ce qui domine dans Pontus de Tyard, ce n'est pas le poëte érotique de la Pléiade. La devise de l'auteur des *Erreurs amoureuses* et du traducteur des *Dialogues de l'amour*, par Léon Hébreu, « AMOUR IMMORTEL, » fera bientôt place à celle du philosophe, « SOLITUDO MIHI PROVINCIA EST. » « Il aimoit si fort la solitude qu'il en faisoit sa province et son principal emploi, et s'y tenoit aussi fortement occupé qu'un gouverneur, à qui l'on a fié le gouvernement d'une province, s'y emploie avec attachement. »

Le besoin de se retremper aux sources du goût et de revoir des amis de collége, les fonctions diverses dont nos rois le chargèrent et l'impression de quelques-uns de ses ouvrages le rappelèrent souvent à Paris, que, dans son enthousiasme il nommait « la nourrice des vertus et des arts, » mais il revenait bientôt avec amour dans sa Bourgogne, car il préféra toujours à l'habitation insalubre des cours son mâconnais Bissy, le berceau de son enfance, la demeure de sa jeunesse, et son riant Bragny, l'asile de ses vieux jours.

La poésie fut pour Pontus de Bissy un passe-temps, rien de plus. Aussi, fait-il bon marché de son bagage poétique. « J'aurois désiré, nous dit-il, que ces témoignages de mes premières et jeunes affections n'eussent jamais été vus ; » et il voulait ne montrer les dernières productions de sa muse « en plus grande clareté que celle d'un coin de son cabinet. » D'indiscrets amis en ont décidé autrement : qu'Apollon leur pardonne !

Cette louable modestie de notre poëte se révèle à chaque instant dans ses vers. Il aime à s'effacer pour mettre en relief ses amis, ses rivaux en poésie ; ce sonnet en fait foi :

Je n'attends point que mon nom l'on écrive
Au rang de ceux qui ont des rameaux verts
Du blond Phébus les savants fronts couverts,
Hors du danger de l'oublieuse rive.

Scève parmi les doctes bouches vive,
Reste Romans honoré par les vers
De Des Autels, et chante l'univers.
Le riche los de l'immortelle olive !

Veuille Apollon du double mont descendre,
Pour rendre grâce à cet autre Terpandre
Qui renouvelle et l'une et l'autre lyre!

Mais moi, sais-tu à quoi, Dame, j'aspire?
C'est, sous espoir de [1] piteuse te rendre,
Que seulement mes plains [2] tu daignes lire.

Hélas ! le cœur de la blonde Pasithée, cette docte, gentille et trop vertueuse mie de Pontus, est un cœur de roche. Le fidèle Pontus ne connaît de l'amour que les tourments.

Nous aimons mieux le croire sur parole que d'assister au douloureux martyre qu'il nous dépeint si piteusement dans les trois livres des *Erreurs amoureuses*. Rendons-lui justice en disant qu'il fut le plus réservé, le plus moral des poëtes de son époque où la corruption des mœurs et le goût des frivolités exercèrent une influence si funeste sur la littérature. On trouve à peine deux ou trois vers trop lestes dans toutes ses poésies amoureuses; les chants qu'il adresse « à sa dame et maîtresse » sont des chants « de chaste amour. »

Les diverses poésies de Pontus de Tyard, imprimées d'abord à Lyon, par le célèbre Jean de Tournes, en 1549, 1550 et 1554, eurent une quatrième et dernière édition en 1573. On devine facilement, d'après ce qui précède, le sujet de toutes ces pièces de vers au nombre de deux cent six, sonnets, chansons, sextines, épigrammes, odes, élégies : c'est l'amour. Et quel amour, grand Dieu ! un amour pédant, savant, frisé, musqué, guindé, aveuglé et toujours repoussé avec perte, malgré les traits les mieux *dorés* et les plus *pointus* de *sa trousse*.

La poésie fut l'enfant gâté du XVIe siècle, cela fit son malheur. La

[1] Compatissante. — [2] Plaintes.

vie de cour, l'or des rois, les sourires des nobles et belles damoiselles qui de leurs blanches mains lui tressaient des couronnes de fleurs et de lauriers lui firent oublier sa noble mission, « l'instruction des hommes, » comme disait Pontus; elle se jeta dans les bras d'un amour trompeur qui l'égara et la perdit.

Pontus de Tyard était un savant, un lettré, qui rima parce qu'alors tout le monde rimait. « Jamais, dit Pasquier, on ne vit en la France telle foisson de poëtes. » La renommée poétique de Pontus, de même que celle de la plupart de ses contemporains, ne repose que sur les échos lointains et mourants de quelques lyres amies; vouloir la fonder sur leurs écrits ce serait vouloir « bâtir sur l'incertain du sable. » A qui la faute? Moins à tous ces jeunes poëtes, qu'à la jeune langue dont ils se servaient; langue naissante, aux formes incertaines, et qui, avant de revêtir son habit à la française, cachait sa pauvreté dans les langes de la latinité et s'attifait, sans goût, d'oripeaux étrangers. Ce qu'il faut chercher et ce que l'on trouvera dans tous ces recueils monotones de notre poésie au berceau, ce sont des documents historiques et littéraires, ce sont les évolutions que l'idiome de Villon, de Marot et de Ronsard a dû nécessairement subir avant d'être la langue de Malherbe, de Corneille et de Racine.

Ces gerbes de poésie, négligemment glanées dans les champs des Muses par l'amoureux Pontus de Tyard, renferment beaucoup plus d'ivraie que de bon grain. Un œil exercé peut seul y découvrir, çà et là, quelques beaux épis. Le sonnet qu'il introduisit en France est sorti, le plus souvent, informe et abrupt de sa plume. S'il entreprend un plus grand tableau, le plan en est bien conçu, le dessin exact, mais les couleurs y sont mêlées avec si peu d'art et de goût, que l'ensemble n'offre à l'œil qu'un amas confus et disgracieux. Néanmoins, Pontus n'est guère plus hérissé que ses amis de la Pléiade; s'il n'a évité aucune des fautes dans lesquelles ceux-ci sont tombés, on peut dire qu'il en a commis moins qu'eux, puisque, les ayant devancés, il n'a pu s'éclairer de leur exemple. Mais, en dépit de la rudesse d'une Muse à demi barbare ou sourde à sa voix, Tyard est éminemment poëte par la noblesse et la pureté des sentiments, par la haute idée qu'il a conçue de la poésie, à laquelle il assigne une mission civilisatrice et morale dans la société. Sous ce rapport, il n'a point de rivaux parmi ses contemporains. Que n'a-t-il mis en pratique les principes qu'il professe dans son *Discours des Muses;* notre vieux Parnasse français compterait un rimeur de moins et un poëte de plus?

Dans Pontus de Tyard, le champion de la Renaissance et le véritable ami des lettres l'emportent de beaucoup sur le poëte, et notre tâche eût été plus facile et moins ingrate si, au lieu d'avoir à faire vibrer la lyre fossile du collègue de Ronsard, de l'élève de Maurice Scève, nous avions eu à montrer de Tyard, artiste guidant Goujon, Cousin et Delorme dans la décoration du château d'Anet; musicien, travaillant avant Baïf à l'avancement de l'art musical en France; philosophe et mathématicien, combattant les erreurs de l'astrologie judiciaire, devançant Galilée sur les traces de Copernic, et proclamant, contre Bodin, l'égalité de la femme et de l'homme; prosateur français employant l'un des premiers notre langue « à exprimer les hautes et belles conceptions des philosophes; » prélat catholique prêchant la paix et la tolérance, maudissant les fanatiques de la Ligue, et démasquant les hypocrites et les faux dévots.

Disons comment se termina cette belle et honorable vie de quatre-vingt-quatre années pleines d'événements heureux et funestes, joyeux et tristes, tranquilles et émouvants, au milieu desquels Pontus de Tyard avait pleuré presque tous ses amis et ses proches, et porté le deuil de cinq de ses rois dont l'un tomba sans gloire, comme un gladiateur, sur l'arène d'un cirque; l'autre périt à la fleur de l'âge d'une mort mystérieuse; un troisième mourut, à vingt-quatre ans, d'une maladie étrange dans ses symptômes, obscure dans ses causes; un quatrième, sous le couteau assassin d'un fanatique.

La vie politique de Pontus de Tyard, évêque-comte de Châlon-sur-Saône, aumônier du roi et conseiller en ses conseils, député du Clergé de Bourgogne aux assemblées du Clergé de France et aux États généraux du royaume, prit fin avec les tempêtes civiles et religieuses qui avaient remué si profondément la France du XVIe siècle. Il s'empressa de descendre du siége épiscopal où « ses vertus et savoir l'avoient poussé, » pour se retirer dans son agréable et solitaire château de Bragny-sur-Saône, dont il avait fait un sanctuaire des saintes lettres et des sciences. Là, il se remit à converser avec ses vieux et fidèles amis, ses chers livres, et à en composer de nouveaux.

Les années passaient légères sur sa tête; elles argentaient sa chevelure *sans y répandre la neige des hivers.* Son esprit vigoureux ne se ressentait ni de l'assoupissement, ni des glaces de la vieillesse. A quatre-vingt-deux ans il ne songeait pas encore à cesser ses travaux. De la même main dont il écrivait son traité *de Recta nominum impositione* (1603), il traçait son testament qu'il commençait en « bon catholique chrétien, » sans « qu'aucune imagination de la mort ne lui apporte frayeur, deuil ou regret de ce qu'il lui faudra laisser ce monde et les choses qu'il contient, » et qu'il terminait en philosophe et en poëte par des vers latins, dont voici une faible imitation en français :

D'un long tissu de jours filés par la Mollesse,
Je ne fais point l'objet de mon ambition.
Qui vit selon l'honneur et sa religion
Voit la mort sans pâlir, même avant la vieillesse.
Peu sensible à l'attrait d'un éloge flatteur,
L'éclat d'un grand renom n'est qu'un peu de fumée.
Si jamais mes écrits ont quelque renommée,
On peut, dès à présent, en oublier l'auteur.
De mon triste tombeau la pompe et l'édifice
Sont réservés aux soins d'un pieux successeur.
Pour moi, je meurs content, et déchaîné du vice :
Mon âme, libre enfin, s'unit au Créateur.

Le 23 septembre 1605, Pontus de Tyard s'endormit du sommeil de la mort. En lui s'éteignit le dernier représentant de la Pléiade et de l'Académie française du XVIe siècle. Il ne restait plus de la jeune France de cette époque qu'Étienne Pasquier.

Nous avons dit, d'après Ronsard, que Pontus introduisit dans notre poésie le sonnet tant prisé par Boileau ; nous lui devons encore la Sextine « qu'il a le premier, dit Tabourot, habillée d'italien à la française. »

ABEL JEANDET (de Verdun).

Voir : *les Œuvres poétiques* de Pontus de Tyard, seigneur de Bissy ; à savoir : trois livres des *Erreurs amoureuses ;* un livre de *Vers lyriques,* plus un *Recueil de nouvelles œuvres poétiques*, à Paris, par Galiot Du Pré, à l'enseigne de *la Galère d'or,* 1573, 1 vol. in-4 ; *les Discours philosophiques* de Pontus de Tyard, à Paris, chez Abel L'Angelier, 1587, 1 vol. in-4 ; *Vie de Poëtes françois,* par Guillaume Colletet (Mss. de la Bibliothèque du Louvre) ; *les Bibliothèques françoises*, de La Croix du Maine ; de Du Verdier et de l'abbé Goujet ; *les Mémoires pour servir à l'histoire des hommes illustres de la République des Lettres,* par le P. Niceron ; *Étude sur le* XVIe *siècle. — France et Bourgogne.* — Pontus de Tyard, par Abel Jeandet (ouvrage couronné), Paris, A. Aubry, 1860, 1 vol. in-8 ; etc.

SONNET

AU SOMMEIL

Pere du doux repos, Sommeil, pere du Songe,
Maintenant que la nuict, d'une grande ombre obscure,
Faict à cest air serain humide couverture,
Viens, Sommeil desiré, et dans mes yeux te plonge.

Ton absence, Sommeil, languissamment allonge
Et me fait plus sentir la peine que j'endure.
Viens, Sommeil, l'assoupir et la rendre moins dure,
Viens abuser mon mal de quelque doux mensonge.

Jà le muet Silence un esquadron conduit
De fantosmes ballans [1] dessous l'aveugle nuict;
Tu me dedaignes seul, qui te suis tant devot!

Viens, Sommeil desiré, m'environner la teste,
Car, d'un vœu non menteur, un bouquet je t'apreste
De ta chere morelle [2] et de ton cher pavot.

ODE

LE JOUR DES BACCHANALES

Loin, l'enflée ambition,
Loin, loin, cette affection
De l'avare fils de Chryse,
Qui, d'assembler en tresor
Les pasles monceaux de l'or
Feit [3] la premiere entreprise.

[1] Errants, dansants. — [2] Plante soporifique consacrée, comme le pavot, à Morphée, dieu du sommeil. — [3] Pour : fit.

Loin, les hauts pensers qui font
Que, sous un severe front,
L'un sourcil l'autre repousse;
Loin l'aveugle archer vainqueur,
Qui d'un tret m'ouvrit le cœur,
Le plus doré de la trousse.

Quel accord discordant bruit,
S'entremesle et s'entrefuit,
Qui mes esprits espouvante?
Evoé, j'entends au son
La fremissante chanson
De la folle troupe Evante [1].

Je l'entends sortir du bois,
J'ois [2], j'ois les bachiques voix
Des cors enroués qui tonnent;
Je vois neuf celestes Sœurs [3],
Ivres de saintes liqueurs,
Qui ce triomfe environnent.

Voilà la brusque terreur,
Et la joyeuse fureur,
Flanc à flanc, à ce char jointes.
Te voici, ô Dieu! qui fais
Dessous ton humide faix
Plier les nerveuses jointes [4].

La superbe majesté,
La force, la gravité,
Et la chaste continence,
Sont sous le joug de tes lois,
Et les sages et les rois,
Le murmur et le silence.

[1] Des bacchantes. — [2] J'entends. — [3] Les Muses. — [4] Roues du char.

La sanglante cruauté,
L'odieuse vérité,
L'obscur oubli, la memoire,
La discorde et l'amitié,
La rigueur et la pitié
Accompagnent ta victoire.

O fils, ô pere des dieux!
Cornu, vengeur, radieux,
Martien, piteux, satyre[1],
Te me vaincs ; ho! je sens bien
Comme est puissant le lien
Qui sous ton pouvoir m'attire.

. . . .

Dessus un lit chancelant,
Dans les bras du sommeil lent,
Frere des trois pasles fées[2],
Je te vois, (victorieux),
Sacrer deux sommeillans yeux,
Pour honorer tes trofées.

CHANSON

Que me sert la connoissance
D'Amour et de sa puissance,
Et du mal qu'il fait sentir,
Si je n'ay la resistance
Pour m'en sçavoir garentir?
Que me sert en loyauté
Servir la grande beauté
D'une qui ne veut m'ouïr,
Si je n'ai la privauté
Entierement d'en jouir?

[1] Surnoms de Bacchus chez les Romains. — [2] Les Parques.

Que me sert le froid plaisir
Qui me vient en vain saisir,
Quand le desir me transporte :
Si, naissant le mien desir,
Toute esperance m'est morte?
Que me sert la courte joye
Que je pris quand je songeoye
Estre au comble de tout bien
Si ce que, dormant, j'avoye,
Au reveil se treuve rien?
Que me sert, en ma tristesse,
Verser larme et pleurs sans cesse,
Pensant noyer mon tourment;
Si l'ardent feu qui me presse
M'en brusle plus chaudement?
Que me sert, en mon martire,
Jetter, lorsque je respire,
Soupirs d'ardentes chaleurs,
Si ce vent dont je soupire
Ne peut dessecher mes pleurs?
Que me sert l'affection
De fuir ma passion,
La pensant rendre moins forte;
Si, (comme fait Icion) [1],
Mon mal avec moy j'emporte?
Que me sert-il de courir
Vers la mort secours querir
Pour estre de mal delivré,
Si ce qui me fait mourir
Très soudain me fait revivre?
Mais pourquoi chanté-je ainsi,
Me plaignant du grief souci
Où mon cœur est obstiné,
Puisqu'à ce grand mal'heur-cy
Les cieux m'ont predestiné?

[1] Pour : Ixion.

OLIVIER DE MAGNY

... [1] — 1560

« Comme Olivier de Magny, qui vivoit sous le règne de Henry second, « escrivoit d'un style assez doux, et mesme assez fleuri pour son siècle, « il composa un grand nombre de sonnets sur des sujets différens. « Mais entre les siens il y en eut un qui passa pour un ouvrage si « charmant et si beau, qu'il n'y eut presque point alors de curieux qui « n'en chargeast ses tablettes ou sa mémoire. Je ne feindrai point de « l'insérer ici tout entier, puisque ses œuvres ne se rencontrent aujour-« d'hui que fort rarement. *Et puis il ne faut pas mespriser ces nobles « esprits qui ont tant travaillé à desfricher notre langue,* qui estoit avant « eux si barbare et si inculte. » Ainsi parle Guillaume Colletet dans son *Traité du sonnet;* ce court passage m'a paru bon à citer, parce qu'il marque bien vivement, selon moi, le degré d'honneur où vivaient en ce temps-là les poëtes à la cour de France. Les voilà errant par les galeries dorées, à travers une foule brillante de courtisans amoureux et de beautés parées, empressés à recueillir les confidences de leur génie et à les loger au plus bel endroit de leur mémoire, pour en orner leur esprit et leurs discours. Et n'est-ce point en effet la destinée idéale du poëte, telle que la pouvait réaliser une époque chevaleresque, éprise d'héroïsme et de galanterie, que de vivre honoré parmi les plus grands et les plus belles; de dicter à tous la loi du beau et du poli, et de servir de truchement aux plus nobles amours? Les dernières lignes du paragraphe ne sont pas moins à noter, comme indices d'un mouvement heureux dans les esprits et dans les études littéraires

[1] La date de la naissance d'Olivier de Magny étant inconnue, nous ne pouvons lui assigner son rang d'après l'ordre chronologique adopté pour ce volume, mais nous croyons devoir le placer dans le voisinage du groupe de la Pléiade auquel il se rattache.

au commencement du XVIIe siècle. Elles sont dignes du poëte délicat qui des premiers, sinon le premier, eut la pensée de remonter dans le passé de notre littérature, et qui poussa l'amour de la poésie jusqu'à s'en faire l'historien.

Le sonnet de Magny, auquel Colletet fait allusion, est le Dialogue entre Caron et l'auteur, que nous citons comme un exemple du goût qui régnait alors. « Je ne sais pas, ajoute Colletet, ce qu'en diroit mainte- « nant la Cour, mais je sais bien que toute la cour du roi Henry second « en fit tant d'estime, que tous les musiciens de son temps, jusqu'à « Orlande de Lassus, travaillèrent à le mettre en musique et le chan- « tèrent mille fois avec un grand applaudissement, en présence du roy et « des princes. » Ainsi, ce n'était pas assez de les entendre réciter et de les redire, il fallait encore les chanter et les chanter mille et mille fois!

Tout ce qu'on sait de la vie d'Olivier de Magny, et l'on n'en sait rien que ce qu'il dit lui-même dans ses œuvres, achève de le montrer en parfait poëte de cour, vivant noblement et en gentilhomme, employé dans les ambassades et dans les missions diplomatiques. Sur la fin de sa vie, il fut nommé secrétaire du roi. Il avait été introduit à la cour par Hugues Salel, le traducteur d'Homère, son compatriote, tous deux étant du Quercy. Salel, en ce temps de faveur pour la poésie, était lui-même très-favorisé. Il était abbé commendataire de Saint-Chéron, valet de chambre ordinaire du roi, et l'un des quatre grands maîtres de son hôtel. Ses amis, ses protecteurs devinrent ceux d'Olivier de Magny, et entre tous, Jean d'Avanson, seigneur de Saint-Marcel, conseiller privé, qui devint plus tard surintendant des finances sous Henri II. Le sire d'Avanson avait été pour Hugues Salel un patron fidèle et généreux; il ne fut pas moins bienveillant pour Olivier de Magny, qu'il adopta pour ainsi dire, et auquel il ouvrit la carrière diplomatique. Olivier lui dut plus encore; nommé ambassadeur du roi de France à Rome, M. d'Avanson se l'attacha comme secrétaire. Il put donc, grâce à lui, réaliser ce rêve qui était comme le complément d'éducation de tous les poëtes d'alors, voir Rome et l'Italie. Il put renaître, le poëte de la Renaissance, sur ce sol d'où nous revenait alors tout le regain des études antiques. Un grand nombre des poésies d'Olivier de Magny sont en effet datées de Rome, ou font allusion à son séjour. Il regrette dans une épître à son patron :

... Les belles antiquailles,
Les beaux tableaux et les belles mesdailles,
Que je voyois dessoubs votre grandeur,
Quand vous estiez à Rome, ambassadeur.

Mais surtout il regrette, par-dessus les antiquités, les peintures et les palais en ruine, les beaux visages entrevus aux fenêtres, sur le Corso et sous les colonnades :

> Je m'imagine une autre Dianore,
> Une autre Laure, ou une autre Pandore;
> Il m'est advis qu'en long habit romain,
> Un esventail ou panache à la main,
> Je vois encore une brave Arthemise...

Cette mémoire des yeux et du cœur nous dévoile l'âme tout entière, et jusqu'à un certain point toute la destinée d'Olivier. Jamais vie ne fut plus que la sienne influencée par les femmes, et cette influence commença pour lui avec la première éducation. Élevé sur les genoux d'une mère tendre et vigilante, il semble qu'il ait gardé toute sa vie le souvenir des caresses, et comme l'odeur des vêtements féminins. Il parle lui-même avec une émotion vraie de cette douce mère qui lui apprit à lire, et qui, tout en lui faisant répéter ses leçons, recommandait à ses maîtres *de ne le point traiter durement*. Cette éducation du giron le rendit tendre et sensible pour toujours. Joach. Du Bellay, qui l'avait connu, nous apprend qu'il était petit et délicat. Il fut, tant qu'il vécut, le faible enfant, le poupon affamé de caresses et de protection. L'amour, dit Goujet dans son article sur Olivier de Magny, le fit poëte dès sa jeunesse. Son premier recueil qu'il intitula *Castianire*, suivant la mode du temps, à l'imitation de l'*Olive* de Du Bellay, de l'*Ariane* d'Amadis Jamyn, de la *Franciane* de Baïf, etc, etc., est en effet, tout entier composé de vers d'amour. Qui était la Castianire? On l'ignore, mais nous savons maintenant qu'Olivier eut parfois des attachements plus illustres. Ses amours avec la belle cordière de Lyon, Louise Labbé, restés jusqu'ici à l'état de fait à enquerre et de rumeur vague, ont été récemment prouvés dans un remarquable article de M. Éd. Turquéty, auquel nous renvoyons volontiers. M. Turquéty a étudié en poëte la vie d'Olivier de Magny, c'est-à-dire qu'il l'a étudiée dans ses œuvres et vers par vers. Le rapprochement de certaines pièces, de certaines rimes même des deux poëtes a prouvé pour M. Turquéty, et doit prouver désormais pour tous une intelligence de cœur entre eux. Olivier de Magny est-il coupable, comme on le lui a souvent reproché, pour avoir triomphé publiquement dans ses œuvres de la passion qu'il avait inspirée? Je pense là-dessus, avec M. Turquéty, qu'il convient de faire grandement la part d'un temps où le monstre appelé opinion publique n'existait pas, et où tous les grands, poëtes ou princes, pouvaient défier la tyrannie du vulgaire. Cet amour poétique, mariage de génie et d'âme, couronne dignement la vie d'Olivier de Magny; il marque le point culminant et radieux de son odyssée amoureuse.

Toutes les poésies de Magny ne sont point des poésies d'amour. Ses odes, d'un style très-élevé et très-noble, et que Colletet estime les meilleures de ses œuvres, traitent tous les sujets, depuis l'allégorie héroïque jusqu'aux événements contemporains. On y trouve des hymnes à la *Santé* et à Bacchus, des vœux à Pan, à Palès, à Mercure, à Vénus, des épithalames, des chants funéraires; il y décrit ses occupations, ses voyages; une des dernières en date célèbre la prise de Calais sur les Anglais, en 1558. Ce recueil, publié un an avant la mort de l'auteur, nous fait trouver aujourd'hui comme un reflet de la gloire qu'il eut pendant sa vie, dans l'éclat des noms des dédicataires auxquels les pièces sont adressées. Le poëte et l'homme de cour y revivent entourés d'une double auréole faite des noms de Ronsard, Du Bellay, Maurice Sève, Remy Belleau, Hugues Salel, Mellin de Saint-Gelais, de Diane de Poitiers, de Jean de Bourbon, du cardinal Farnèse, Nicolas Compain, François de Tournon, Georges d'Armagnac, Jean de Pardaillan, etc. Mais surtout on trouve dans ces odes, où le souffle lyrique abonde, l'art, le grand art du XVIe siècle : richesse du vocabulaire, richesse et justesse des images, faculté de n'exprimer que ce que l'on veut, et d'exprimer tout ce que l'on veut; art de composition et de plastique en vers; et enfin cette souplesse qui est le produit de la vraie science et la marque de la vraie puissance, et qui permet d'être, suivant la disposition de l'esprit ou suivant les mouvements de l'âme, spirituel ou passionné, lyrique ou burlesque. Car Olivier de Magny a fait aussi des poésies bouffonnes, des *gayetés*, que Goujet trouve obscènes, et dont quelques-unes seulement sont tout au plus libertines, de la liberté que prenaient tous les poëtes d'alors, les plus éthérés comme les plus sceptiques, les plus enjoués comme les plus graves, Ronsard comme Baïf, Remy Belleau comme Saint-Gelais.

La Croix du Maine est le seul des historiens critiques qui assigne la date de la mort d'Olivier de Magny; il la fixe en 1560.

CHARLES ASSELINEAU.

V. sur Olivier de Magny : Colletet, (*Vies des poëtes français*, mss.); Goujet (*Bibliothèque française*, t. XII); *Bulletin du Bibliophile*, novembre-décembre 1860, article de M. Édouard Turquéty; *Catalogue poétique* de Viollet-Le Duc, etc.

ODES

Mon Castin, quand j'aperçois
Ces grands arbres dans ces bois
Dépouillés de leur parure,
Je ravasse[1] à la verdure
Qui ne dure que six mois.

Puis, je pense à notre vie
Si malement[2] asservie,
Qu'el' n'a presque le loisir
De choisir quelque plaisir,
Qu'elle[3] ne nous soit ravie.

Nous semblons[4] à l'arbre verd
Qui demeure, un temps, couvert
De mainte feuille naïve,
Puis, dès que l'hiver arrive,
Toutes ses feuilles il perd.

Ce pendant que la jeunesse
Nous repand de sa richesse,
Toujours gais, nous florissons;
Mais soudain nous flétrissons[5],
Assaillis de la vieillesse.

Car ce vieil faucheur, le Temps,
Qui devore ses enfans,
Ayant ailé nos années,
Les fait voler empennées
Plus tost[6] que les mêmes vents.

Doncques, tandis que nous sommes,
Mon Castin, entre les hommes,
N'ayons que notre aise[7] cher,
Sans aller là haut chercher
Tant de feux et tant d'atomes.

[1] Pour : rêvasse. — [2] Malheureusement. — [3] Avant qu'elle...— [4] Ressemblons. — [5] Pour : nous nous flétrissons. — [6] Plus rapidement. — [7] Plaisir.

Quelquefois il faut mourir,
Et, si quelqu'un peut guerir
Quelquefois de quelque peine,
Enfin son attente vaine
Ne sait plus où recourir.

L'esperance est trop mauvaise.
Allons doncques sous la braise
Cacher ces marons si beaux,
Et de ces bons vins nouveaux
Appaisons notre mesaise.

Aisant[1] ainsi notre cœur,
Le petit archer vainqueur
Nous viendra dans la memoire;
Car, sans le manger et boire,
Son trait n'a point de vigueur.

Puis, avecq' nos nymphes gayes,
Nous irons guerir les playes
Qu'il nous fit dedans le flanc,
Lorsqu'au bord de cet estang
Nous dansions en ces saulayes[2].

Quand je te vois au matin
Amasser en ce jardin
Les fleurs que l'aube nous donne,
Pour t'en faire une couronne,
Je desire aussi soudain
Estre, en forme d'une abeille,
Dans quelque rose vermeille
Qui doit cheir dedans ta main.

Car tout coi je me tiendrois
(Alors que tu t'en viendrois

[1] Pendant que nous réjouissons ainsi notre cœur. — [2] Allées de saules.

La cueillir sur les espines)
Entre ses feuilles pourprines,
Sans murmurer nullement,
Ne battre l'une ou l'autre aile,
De peur qu'une emprise[1] telle
Finist au commencement.

Puis, quand je me sentirois
En ta main, je sortirois,
Et m'en irois prendre place,
Sans te poindre[2], sur ta face;
Et là, baisant mille fleurs
Qui sont autour de ta bouche,
Imiterois cette mouche
Y suçant mille senteurs.

Et si lors tu te faschois,
Me chassant de tes beaux doigts,
Je m'en irois aussi vite
Pour ne te voir plus despite[3];
Mais, premier[4], autour de toi,
Je dirois, d'un doux murmure,
Ce que, pour t'aimer, j'endure
Et de peines et d'esmoi.

SONNETS

Je l'aime bien pource qu'elle a les yeux
Et les sourcils de couleur toute noire,
Le teint de rose et l'estomac[5] d'ivoire,
L'haleine douce et le ris gracieux;

[1] Entreprise. — [2] Piquer. — [3] Dépitée, en colère. — [4] D'abord. — [5] Ce mot était usité alors comme synonyme de gorge.

Je l'aime bien pour son front spacieux
Où l'Amour tient le siege de sa gloire,
Pour sa faconde et sa riche memoire,
Et son esprit, plus qu'autre, industrieux;

Je l'aime bien pour ce qu'elle est humaine,
Pour ce qu'elle est de savoir toute pleine,
Et que son cœur d'avarice n'est poingt [1].

Mais qui [2] me fait l'aimer d'une amour telle,
C'est pour autant qu'ell' me tient bien en point,
Et que je dors, quand je veux, avec elle

Ce que j'aime au printemps je te veux dire, Mesme [3]:
J'aime à fleurer la rose, et l'œillet, et le thym,
J'aime à faire des vers, et me lever matin,
Pour, au chant des oiseaux, chanter celle que j'aime.

En esté, dans un val, quand le chaud est extresme,
J'aime à baiser sa bouche et toucher son tetin,
Et, sans faire autre effet, faire un petit festin,
Non de chair, mais de fruit, de fraises et de cresme.

Quand l'automne s'approche et le froid vient vers nous,
J'aime avec la chastaigne avoir de bon vin doux,
Et, assis près du feu, faire ma chere lye [4].

En hiver, je ne puis sortir de la maison,
Si n'est [5] au soir, masqué; mais, en cette saison,
J'aime fort à coucher dans les bras de mamie [6].

[1] N'est pas aiguillonné. — [2] Pour : ce qui. — [3] Nom de l'ami auquel le poëte s'adresse. — [4] Faire joyeuse chère à mon gré. — [5] Pour: si ce n'est. — [6] Pour: mon amie.

DU BELLAY

1525 — 1560

« Ceux qui font une révolution sont toujours calomniés par ceux qui en profitent. »

M. Guizot, qui n'aime aucune sorte de révolutionnaires, a pourtant laissé un jour échapper cette parole de justice. Pourquoi ne la rappellerais-je pas à propos de Joachim Du Bellay, le plus élégant des poëtes dont la littérature officielle de Louis XIV avait presque perdu jusqu'au souvenir? Il a sa part de responsabilité dans la « belle guerre entreprise en 1549 contre l'ignorance des poëtes [1], » puisqu'il en a écrit le premier manifeste, avec quelle furie gauloise, on le sait; et s'il a été moins maltraité que Ronsard par les sévères justiciers du grand siècle, il s'est trouvé toutefois frappé par l'arrêt d'oubli porté contre les téméraires qui voulurent escalader l'Olympe.

Or, parcourez *l'Illustration de la langue française*, et cherchez de quel principe, qu'ils n'aient eux-mêmes accepté, Malherbe, Boileau et ses amis, peuvent faire un crime à la Pléiade. Ils ne lui reprochent pas, j'imagine, de recommander l'imitation des Grecs et des Latins; car ils les ont eux-mêmes étudiés avec une prédilection qu'on a pu accuser, non sans apparence, d'être trop exclusive; ils les ont imités partout, avec plus de retenue et plus de goût, je le veux bien, que ne l'avait fait Ronsard, mais avec une timidité un peu écolière, il faut le dire, et avec cette modestie qui est l'ornement des génies secondaires. Comme Du Bellay, ils ont conseillé sans relâche le travail qui choisit, qui abrége, qui exclut, qui polit; ils l'ont poussé dans leurs écrits jusqu'au soin le plus méticuleux du détail, ils ont outré la sobriété

[1] Pasquier.

jusqu'à l'abstinence, pour ne pas dire jusqu'à la consomption. Lui reprochent-ils donc le rejet dédaigneux des formes populaires? Certes, Malherbe se flattait un peu quand il croyait être revenu au style de la place Maubert; et nos écrivains bourgeois du XVIIe siècle étaient au moins aussi ambitieux que Du Bellay d'ennoblir leur langage pour le rendre digne de Versailles; la haute aristocratie put seule, quand elle se mêla d'écrire, se permettre encore, par laisser aller ou par délassement, cette crudité d'expressions si familière à la marquise de Sévigné ou au duc de Saint-Simon, mais qui étonne au premier abord chez des contemporains de Racine et de Boileau.

Depuis Du Bellay, nous avons vu sortir un code de conventions tyranniques de ce que l'univers connut jamais de plus libre, la poésie antique. Tandis que la Renaissance, renouvelant toute chose, semait d'innombrables germes dans le monde des idées scientifiques et religieuses, il s'accomplit une petite émeute de lettrés, dont le succès fut d'isoler la poésie de la foule et de la réalité, d'en faire un luxe frivole; l'esprit français, mobile et hardi, se cristallisa peu à peu sous des formes qui ne lui étaient pas naturelles, et dont toute vie avait disparu. Les modernes, témoins de cette décadence, auraient eu le droit de se montrer rigoureux pour les novateurs rétrogrades qui la commencèrent.

Non! Du Bellay, Ronsard, bien d'autres encore, revivent, grâce à la sympathie des modernes; leur procès a été revisé, la sentence réformée, et ce ne sera pas une des moindres contradictions de notre âge. Gens épris de liberté littéraire, nous avons réhabilité les premiers fauteurs de la tyrannie contre laquelle nous nous révoltions; contempteurs des genres, nous avons accepté pour clients ceux qui, les premiers, ne rêvèrent d'autre gloire que d'humilier ceux-ci et d'exalter ceux-là. Nous qui savons si bien que la poésie n'a qu'une source, le génie, et la langue qu'un artisan infaillible, la foule, nous nous sommes énamourés de poëtes qui ambitionnaient, pour premier titre d'honneur, celui de poëtes savants; nous nous sommes passionnés pour des écrivains qui ont cru pouvoir modifier, contourner, ébrancher et grossir la langue, comme un arbuste de fil de fer et de papier peint.

Et cependant notre sympathie n'est que justice. Ces écrivains sont venus enter sur un sauvageon une greffe généreuse; ils ont fermé pour toujours la veine des fabliaux, affadie jusqu'au dégoût par l'influence de la cour; ils ont senti l'élégance distinguée des choses antiques et proclamé que la poésie n'est pas un jeu, mais un art; mérites sérieux, qui n'auraient pas suffi néanmoins à les tirer de l'oubli. Mais ces habiles gens sont venus enfin visiter leurs juges, et dès l'abord ils les ont ramenés.

Voici sur ma table deux petits volumes imprimés à Rouen, chez Georges l'Oyselet, en 1592; c'est Du Bellay qui vous salue. Il le fait avec tant de gentillesse, il a un parler si doux, vous reconnaissez dans sa tournure un tel air de bon lieu, et parfois un charme si triste dans son accent, que vous n'y résistez pas. Tout poëte qu'il est, il ne s'en fait pas accroire; vous ne sentez nulle part la fatuité qui repousse; tout en lui respire seulement un enthousiasme pieux dont vous respectez la jeunesse. Comment avec un si vif amour des lettres, eût-il rien pu faire qui leur fût nuisible? Déjà vous l'écoutez avec indulgence, avec intérêt, avec surprise; déjà vous l'aimez.

Parlons donc de Du Bellay à notre aise, maintenant que nous nous sommes expliqués sur la réforme poétique du XVIe siècle, et voyons de plus près le rôle que notre poëte y a joué.

Poëte véritable, puisque rien ne peut étouffer ses charmants instincts, ni l'habit de prêtre qu'il portait, ni l'érudition dont il s'était chargé par devoir, ni les ennuis d'une existence subalterne et d'occupations qui lui répugnaient, ni des déceptions imméritées. D'une famille illustre dans la guerre, dans la diplomatie, dans l'Église, il fallut pourtant qu'on eût de l'ambition pour lui; il se serait si bien contenté d'être poëte! Amoureux, entraîné par son oncle le cardinal à Rome, qui lui fut un exil, accablé d'affaires importunes qui n'étaient pas les siennes, tandis que des procès qui se décidaient en son absence ébréchaient sa fortune, il mène partout avec lui, comme une consolatrice fidèle, la rêverie. Il est un peu moraliste, mais il ne prend de cette sagesse que ce qu'il en faut pour prévenir un dégoût du monde trop profond. Il est un peu prêtre, et une ou deux fois intolérant, mais sans dépasser la juste mesure de ce que réclame l'honneur de son habit. Enfin il meurt à propos, dans la pleine fleur de son talent. Quand le temps des amours est passé et que les oiseaux se taisent, ne croyez pas qu'ils ne songent plus à chanter; ils essaient encore, et c'est une pénible angoisse de les voir commencer, s'arrêter, cherchant et ne pouvant retrouver la mélodie absente. Du Bellay n'a pas connu ce silence et ces efforts; sa main n'a jamais laissé tomber la baguette magique qui fait sourdre les eaux vives; son talent a été s'élevant sans cesse, et il est disparu dans cette lumineuse ascension.

Il n'a pas fait les chutes mortelles de Ronsard, parce qu'il n'a pas eu ses ambitions démesurées. Il était trop poëte peut-être, et, chose nouvelle (depuis Villon), il mettait dans ses vers trop de sa vie et de son cœur pour se laisser prendre aux tentations de l'orgueil littéraire. Il s'est gardé des genres supérieurs, et s'en est tenu au sonnet, le plus modeste de tous. A-t-il fait du moins ce sonnet sans défaut, merveille introuvable « qui vaut seule un long poëme, » et dont Boileau vous signale les qualités obligées dans des vers techniques, meilleurs, il est vrai, que ceux de Despautère et de Lancelot?

L'Olive est une imitation de Pétrarque; comment ne pas essayer de reproduire à sa façon les bas-reliefs des médaillons que Pétrarque a si finement taillés dans le marbre de Carrare? Ne vous étonnez pas d'ailleurs de cette fadeur exquise, de cette subtilité laborieuse; vous les trouverez toujours dans cette première passion où l'exaltation de la tête et celle du cœur, les voluptés de l'amant et celles de l'artiste, les sentiments sincères, les jets de rhétorique, se confondent en une même flamme de jeunesse. Vous pourriez même, à le voir mêler à l'amour le platonisme et la dévotion, dans les derniers sonnets, leur prêter à la rigueur un sens allégorique. Dame Viole, cette fleur des dames angevines, a vécu; j'en atteste les élans de passion sensuelle et tendre, les cris poétiques qui surprennent au milieu de ce joli gazouillement des bois de Vaucluse, et que n'inspire pas une allégorie. Plus tard, quand il aura vraiment et douloureusement aimé, il se moquera des amoureux qui *pétrarquisent*; il raillera ces jeux d'esprit qui voltigent à fleur d'âme comme des insectes brillants à la surface à peine ridée d'une eau limpide. Il peindra dans un langage plus sérieux son dernier amour et s'étonnera lui-même de sentir son cœur aussi chaud et plus profondément troublé que dans la jeunesse.

L'ombre au matin nous voyons ici croistre,
Sur le midy plus petite apparoistre,
Puis s'augmenter devers la fin du jour.

Dans cette courte vie, abrégée par des ennuis prolongés et des consolations trop vives, il règne, sans grande douleur, une mélancolie qui donne à ses vers une empreinte particulière. Peut-être doit-il à cette mélancolie son caractère si moderne; peut-être lui doit-il d'avoir agrandi le sonnet, de l'avoir rendu capable de pensées, d'images et de sentiments dont l'ampleur dépasse tout ce qu'ont fait ses contemporains; peut-être est-ce elle qui lui a fait voir Rome avec des yeux de poëte. Montaigne, Rabelais, esprits qui illuminent leur temps comme le nôtre, passent là sans rien voir, on le dirait du moins, de cette immense ruine, et sans interrompre l'un ses soliloques philosophiques, l'autre son œuvre d'ironie; ils n'entendent pas les voix qui s'élèvent le soir de toutes les pierres, ils ne voient pas de fantômes surgir sur les degrés écroulés du Colisée, errer autour du temple de Vesta et de l'arc de Janus, parcourir *le Campo Vaccino*, ou la longueur des aqueducs à travers la campagne romaine. Du Bellay a reçu toutes ces impressions comme lord Byron ou M. de Chateaubriand, et il a vu mieux qu'eux la Rome avide et menteuse, qui souille ces décombres de son hypocrisie. Il ne s'impose pas de tristesse tragique; si les pierres lui ont parlé et s'il les a écoutées avec recueillement, il a vécu aussi parmi les hommes, et les a si bien connus, qu'après les pleurs et l'indignation il a fini par en rire. Tantôt, ces civilisations superposées, les Romes de tout âge qui se pressent, celles de la légende, de la république, de l'empire, du catholicisme, se déroulent à ses yeux, et il les embrasse réunies dans un même sonnet; il s'incline avec vénération devant ces restes d'une puissance abattue qu'on pille depuis des siècles sans les épuiser; il s'étonne de cette vitalité dans le tombeau, de cette obstination d'un nom à régner; ou bien devant ces monstrueux monuments, couchés par terre, il accable du poids d'une image énorme, à force d'être familière, le géant dont la fragilité était celle non du roseau, mais de l'épée. Tantôt, il poursuit de ses sarcasmes la Rome d'aujourd'hui, vrai cadavre avec ses apparences de vie, traînant cachés sous des soutanes noires, rouges et violettes, son orgueil et sa mondanité. Il regarde la foule affairée, qui court, indifférente à tout, hormis à ses intrigues, parmi les arcs, les tombeaux, les portiques; il s'irrite de ce banal trépignement qui trouble le silence de ses pensées. Ah! quels ennuis héroïques respirent dans ses *Regrets,* et souvent quelle philosophie amère comme les heures dans lesquelles elle est née! Il se souvient de Platon, des stoïciens, d'Horace quelquefois, mais plus souvent encore il souffre simplement, avec cette inconséquence vraiment humaine qui meut le cœur dans tous les sens.

Ainsi une pensée méditative, un peu attristée par une situation qui heurte toutes ses inclinations de poëte et par une précoce vieillesse et un sentiment vif de la réalité sous lequel circule un petit courant de gaieté satirique sans aucune méchanceté, voilà ce que vous voyez alterner sous des formes très-variées dans les sonnets. Ils ont un charme infini, ils sont vrais. Si *l'Olive, les Regrets, les Antiquités de Rome* roulent sur cet éternel fond de pensées qui naissent de l'amour, des déceptions, de la vue des ruines, jamais cependant le poëte ne tombe dans le lieu commun; tout y est rajeuni par une fantaisie féconde, par une forme généralement correcte et toujours précise et brève, avec une facilité magistrale, facilité que plusieurs trouvaient excessive, mais qu'il défiait avec raison ses adversaires d'imiter. Le sonnet revêt chez lui tous les caractères : tantôt il développe une seule grande image qui arrive avec le dernier vers à sa perfection, tantôt il indique seulement trois ou quatre métaphores qu'il résume et interprète dans le dernier tercet; là, une série d'oppositions d'hémistiche à hémistiche, ou bien une suite de pensées mélancoliques d'où s'élève à l'improviste une fusée d'ironie; ailleurs, un tableau de la vie ou une pensée philosophique largement rendue, et qui, par un retour subit du poëte sur lui-même, prend corps et devient une vivante réalité.

Mélancolie et satire, ces deux notes fondamentales si souvent réunies par Du Bellay dans la phrase mélodique du sonnet, se retrouvent, dans d'autres morceaux, séparées: la mélancolie, exagérée par moments jusqu'à l'humeur noire dans *la Complainte du Désespéré;* la satire dans le poëte courtisan, fine et mordante plaisanterie où l'on pressent Régnier, et qui dut faire passer une mauvaise nuit à Mellin de Saint-Gelais, malgré l'hommage que Du Bellay lui rend quelque part :

> Mellin, que France avoue encore,
> Des Muses le premier honneur.

La mélancolie et la satire, qui semblent peu conciliables dans le même poëte, émanent d'une même source, des froissements causés à cette nature douce et rêveuse par l'opposition de la vie et de l'idéal; sentiment rare à l'époque de Du Bellay, dans ce siècle positif où tout est tumulte, passion et guerre, jusque dans la littérature.

Après avoir sonné la charge et vu le premier feu, Du Bellay rentra dans le repos pour lequel il était fait; il écrivit par instinct, non par système, et n'affronta pas les grands genres; il les laissa à Ronsard. Celui-ci est en réalité le général qui soutient jusqu'au bout la campagne et succombe sous les lauriers dont la France et l'Europe, les vrais et les faux poëtes, l'accablent à l'envi. Du Bellay n'est plus même son lieutenant, il s'est retiré de l'arène; il admire, il encourage, mais ne se bat plus. Au besoin, il se porterait comme conciliateur, il serait le Mélanchton de ce Luther; Mélanchton dévoué, dont le génie étonné s'incline sincèrement devant les aberrations les plus énormes de son puissant, de son *savant* ami. Ne rions pas trop si cette admiration porte à faux, et s'il pousse, jusqu'à vouloir être sourd comme Ronsard, un culte dont l'idole sera renversée demain. Depuis le jour où Du Bellay encore ignorant rencontra Ronsard dans une hôtellerie sur la route de Poitiers, et, enfanté par lui à la vraie religion poétique, le suivit à l'école de Daurat, cette amitié a été son plus sûr soutien; son enthousiasme pour Ronsard tenait à autre chose qu'à un amour peu éclairé de la poésie; il avait pour racine un noble sentiment de la dignité littéraire, du respect que doit à sa langue, à sa pensée, à ses travaux, à ses lecteurs, celui qu'un vrai génie ou même une illusion, qui n'est pas non plus sans noblesse, destine à parler aux autres.

On sait pourtant que Ronsard, irrité par une espièglerie de Du Bellay, faillit donner au public la comédié d'une action intentée en justice pour larcin de secret poétique. Ronsard se méprenait; la manière antique, celle qui surtout lui a porté malheur, n'était pas celle que Du Bellay pouvait cultiver; il prêche aux autres le sac et le pillage des anciens, mais il s'en abstient; quelques idées de philosophie élégiaque, quelques lieux communs horatiens, un innocent appareil de mythologie, voilà tout ce qu'il leur emprunte. Il ne parle pas en français, grec et latin; ses odes, ses hymnes (car il a bien fallu qu'il s'y essayât aussi) sont des morceaux dans différents mètres, souvent heureux, où il ne déploie jamais ces grandes ailes qui emportaient Ronsard si loin du bon sens. Des images d'une nouveauté inattendue, des stances qui rappellent celles de Malherbe à Duperrier ou tel passage des chœurs d'Athalie, une évocation de la Seine au triomphe d'Henri II qui fait penser à la personnification du Rhin dans Boileau, voilà quelques-unes des surprises que ces odes nous ménagent. Une surprise moins agréable, ce sont quelques hymnes chrétiens, des invectives contre les infracteurs de la foi, une *dévote exécration* sur l'Angleterre; seules concessions qu'il ait faites à ceux qui voulaient lui faire obtenir le bonnet d'archevêque.

Du Bellay était trop païen pour être théologien. Il était plus nourri de Tibulle que de saint Augustin, des *Dialogues* de Platon que de la *Somme* de saint Thomas; il avait récité les chansonnettes d'Anacréon plus souvent que les antiennes. *Les Jeux rustiques* surtout respirent ce ton de païen de la décadence. On y a relevé avec raison plusieurs pièces ravissantes. Ce sont les frivolités gracieuses d'un Grec attardé qui, malgré les prédications de saint Paul, reste fidèle à la religion des poëtes et que ramènent par habitude aux autels du passé le sourire de Vénus, la fraîcheur enchanteresse des bois où Palès et Pan restent abrités contre les fureurs du culte nouveau.

Du Bellay s'était, autant qu'aucun autre poëte de la Pléiade, pénétré de l'esprit ancien; mais il se garda sagement, sans calcul toutefois, de vouloir lui-même en reproduire les formes poétiques. Je ne sais s'il assistait à la bacchanale païenne de 1552, par laquelle fut célébré à Auteuil le triomphe tragique de Jodelle. Peut-être était-il déjà parti pour Rome; mais s'il s'est trouvé à cette orgie poétique, il me semble le voir, tandis que ses amis couronnent le bouc aux cornes dorées, rougissent le sol de libations à Bacchus, balbutient dans l'ivresse les cris des Ménades, il me semble le voir se tenir à part, les regarder faire et sourire.

C.-L.

SONNETS

Vous qui aux bois, aux fleuves, aux campagnes,
A cry, à cor, et à course hastive
Suyvez des cerfs la trace fugitive,
Avecq' Diane, et les nymphes compagnes :

Et toy, ô Dieu, qui mon rivage bagnes [1],
As-tu point veu une nymphe craintive,
Qui va, menant ma liberté captive,
Par les sommets des plus hautes montagnes?

Hélas, enfants! si le sort malheureux
Vous monstre à nu sa cruelle beauté,
Que telle ardeur longuement ne vous tienne!

Trop fut celuy [2] chasseur avantureux,
Qui de ses chiens sentit la cruauté,
Pour avoir veu la chaste Cynthienne [3].

— —

Seul et pensif par la deserte plaine
Rêvant au bien qui me fait douloureux,
Les longs baisers des colombs amoureux,
Par leur plaisir, firent croistre ma peine.

Heureux oiseaux que vostre vie est pleine
De grand' douceur! ô baisers savoureux!
O moy deux fois et trois fois malheureux,
Qui n'ay plaisir que d'esperance vaine!

Voyant encor, sur les bords de mon fleuve,
Du sep [4] lascif les longs embrassemens,
De mes vieux maux je fis nouvelle espreuve.

[1] Baignes. — [2] C'est-à-dire, ce chasseur (Actéon) fut trop aventureux qui... — [3] Diane. — [4] Cep (de la vigne).

Suis-je donc veuf de mes sacrez rameaux?
O vigne heureuse, heureux enlacemens,
O bord heureux, ô bien heureux ormeaux!

Si nostre vie est moins qu'une journée
En l'Éternel, si l'an, qui fait le tour,
Chasse nos jours sans espoir de retour,
Si perissable est toute chose née;

Que songes-tu, mon ame emprisonnée?
Pourquoy te plaist l'obscur de nostre jour,
Si, pour voler en un plus cher sejour,
Tu as au dos l'aile bien empennée [1]?

Là est le bien que tout esprit desire,
Là le repos où tout le monde aspire,
Là est l'amour, là le plaisir encore :

Là, ô mon ame, au plus haut ciel guidée,
Tu y pourras recognoistre l'idée
De la beauté qu'en ce monde j'adore.

Comme souvent des prochaines fougères
Le feu s'attache aux buyssons, et souvent,
Jusques aux bleds, par la fureur du vent,
Pousse le cours de ses flammes legères;

Et comme encor ces flammes passagères
Par tout le bois trainent, en se suyvant,
Le feu qu'au pied d'un chesne auparavant
Avoyent laissé les peu cautes [2] bergères;

[1] Garnie de plumes. — [2] Peu prudentes.

Ainsi l'amour d'un tel commencement
Prend bien souvent un grand accroissement :
Il vaut donc mieux ma plume icy contraindre

Que d'imiter un homme sans raison,
Qui, se jouant de sa propre maison,
Y met un feu qui ne se peut esteindre.

Voyez, amants, comment ce petit Dieu
Traicte nos cœurs. Sur la fleur de mon aage,
Amour tout seul regnoit en mon courage,
Et n'y avoit la raison point de lieu.

Puis, quand cest aage, augmentant peu à peu,
Vint sur ce poinct où l'homme est le plus sage,
D'autant qu'en moy croissoient sens et usage,
D'autant aussi decroissoit ce doux feu.

Ores [1], mes ans tandans sur la vieillesse
(Voyez comment la raison nous delaisse),
Plus que jamais je sens ce feu d'Amour.

L'ombre au matin nous voyons ainsi croistre,
Sur le midy plus petit apparoistre,
Puis s'augmenter devers la fin du jour.

Pour tant d'ennuis que j'ay soufferts, Madame,
Pour vostre amour depuis cinq ou six ans,
Pour tant de pleurs et de souspirs cuisans
Que j'ay tirez du plus profond de l'âme,

Je demandois ce baiser qui, sans blasme,
Sans jalousie, ou peur des medisans,
(Faveur commune entre les courtisans)
Se peut donner de toute honneste dame.

[1] Aujourd'hui.

Mais vous m'avez, soit par vostre rigueur,
Soit par pitié, ayant peut-estre peur
Qu'en vous baisant mon âme fust ravie,

Nié ce bien. Helas! si c'est pitié,
N'en usez point envers mon amitié;
Car telle mort me plaist plus que la vie.

Après avoir long temps erré sur le rivage
Où l'on voit lamenter tant de chetifs de court,
Tu as attaint le bord où tout le monde court,
Fuyant de pauvreté le penible servage.

Nous autres, ce pendant, le long de ceste plage,
En vain tendons les mains vers le Nautonier sourd
Qui nous chasse bien loing: car, pour le faire court,
Nous n'avons un quatrin [1] pour payer le naulage [2].

Ainsi donc tu jouis du repos bien-heureux,
Et comme font là bas ces doctes amoureux,
Bien avant dans un bois te perds avec ta dame:

Tu bois le long oubly de tes travaux passez,
Sans plus penser en ceulx que tu as delaissez
Criant dessus le port, ou tirant à la rame.

Qu'heureux tu es, Baif, heureux, et plus qu'heureux
De ne suyvre, abusé, ceste aveugle Deesse
Qui d'un tour inconstant et nous hausse et nous baisse,
Mais cest aveugle enfant qui nous fait amoureux!

Tu n'esprouves, Baif, d'un maistre rigoureux
Le sevère sourcil, mais la douce rudesse
D'une belle, courtoise, et gentille maîtresse
Qui fait languir ton cœur doucement langoureux.

[1] Petite monnaie du temps. — [2] Le passage.

Moy chetif, ce pendant, loing des yeux de mon prince,
Je vieillis malheureux en estrange province[1],
Fuyant la pauvreté : mais las! ne fuyant pas

Les regrets, les ennuis, le travail et la peine,
Le tardif repentir d'une esperance vaine,
Et l'importun soucy qui me suit pas à pas.

Heureux qui, comme Ulysse, a fait un beau voyage,
Ou comme cestuy là qui conquist la Toison[2],
Et puis est retourné, plein d'usage et raison,
Vivre entre ses parents le reste de son aage!

Quand revoiray-je, helas! de mon petit village
Fumer la cheminée, et en quelle saison
Revoiray-je le clos de ma pauvre maison
Qui m'est une province, et beaucoup d'avantage?

Plus me plaist le sejour qu'ont basty mes ayeux,
Que des palais romains le front audacieux:
Plus que le marbre dur, me plaist l'ardoise fine.

Plus mon Loyre gaulois, que le Tybre latin,
Plus mon petit Lyré, que le mont Palatin,
Et plus que l'air marin, la douceur angevine.

C'estoit ores, c'estoit qu'à moy je devois vivre,
Sans vouloir estre plus, que cela que je suis,
Et qu'heureux je devois de ce peu que je puis,
Vivre content du bien de la plume et du livre.

Mais il n'a pleu[3] aux dieux me permettre de suyvre
Ma jeune liberté, ny faire que depuis
Je vesquisse[4] aussi franc de travaux et d'ennuis,
Comme d'ambitiôn j'estois franc et delivre[5].

[1] En pays étranger. — [2] Jason, le chef des Argonautes. — [3] Plu. — [4] Pour: vécusse. — [5] Libre.

Il ne leur a pas pleu qu'en ma vieille saison
Je sceusse[1] quel bien c'est de vivre en sa maison,
De vivre entre les siens, sans crainte et sans envie.

Il leur a pleu, helas! qu'à ce bord estranger
Je veisse[2] ma franchise en prison se changer,
Et la fleur de mes ans en l'hyver de ma vie.

Je hay du Florentin l'usurière avarice,
Je hay du fol Sienois le sens mal arresté,
Je hay du Genevois la rare verité,
Et du Venetien la trop caute[3] malice :

Je hay le Ferrarois, pour je ne sçay quel vice,
Je hay tous les Lombards pour l'infidelité,
Le fier Napolitain pour sa grand' vanité,
Et le poltron Romain pour son peu d'exercice :

Je hay l'Anglois mutin, et le brave Ecossois,
Le traistre Bourguignon, et l'indiscret François,
Le superbe Espagnol, et l'yvrongne Thudesque :

Bref, je hay quelque vice en chasque nation,
Je hay moi-mesme encor mon imperfection,
Mais je hay par[4] sur tout un sçavoir pedantesque.

Flatter un crediteur[5], pour son terme allonger,
Courtiser un banquier, donner bonne esperance,
Ne suivre en son parler la liberté de France,
Et pour respondre un mot, un quart d'heure y songer :

Ne gaster sa santé par trop boire et manger,
Ne faire sans propos une folle despense,
Ne dire à tous venans tout cela que l'on pense,
Et d'un maigre discours gouverner l'estranger :

[1] Sûsse. — [2] Visse. — [3] Rusée. — [4] Par-dessus tout. — [5] Créancier.

Cognoistre les humeurs, cognoistre qui demande;
Et d'autant que l'on a la liberté plus grande,
D'autant plus se garder que l'on ne soit repris :

Vivre avecques chascun, de chascun faire compte :
Voilà, mon cher Morel (dont [1] je rougis de honte),
Tout le bien qu'en trois ans à Rome j'ay appris.

Comme le champ semé en verdure foisonne,
De verdure se hausse en tuyau verdissant,
Du tuyau se herisse en espic [2] florissant,
L'espic jaunit en grain, que le chaud assaisonne;

Et comme en la saison le rustique [3] moissonne
Les ondoyans cheveux du sillon blondissant,
Les met d'ordre en javelle, et du blé jaunissant,
Sur le champ despouillé, mille gerbes façonne;

Ainsi, de peu à peu, creut l'Empire Romain,
Tant qu'il fut despouillé par la Barbare main
Qui ne laissa de luy que ces marques antiques

Que chacun va pillant : comme on voit le gleneur [4],
Cheminant pas à pas, recueillir les reliques
De ce qui va tombant apres le moissonneur.

Comme on passe en esté le torrent, sans danger,
Qui souloit [5] en hyver estre roy de la plaine,
Et ravir par les champs, d'une fuite hautaine,
L'espoir du laboureur et l'espoir du berger;

Comme on voit les couards animaux outrager
Le courageux lyon gisant dessus l'arène,
Ensanglanter leurs dents, et, d'une audace vaine,
Provoquer l'ennemy qui ne se peut venger;

[1] Pour ce dont... — [2] Épi, du latin *spica*. — [3] Le laboureur. — [4] Le glaneur. — [5] Qui avait coutume de,... était habitué à,... du latin *solere*.

Et comme devant Troye on vit des Grecs encor
Braver les moins vaillans autour du corps d'Hector;
Ainsi ceux qui jadis souloyent[1], à teste basse,

Du triomphe Romain la gloire accompagner,
Sur ces poudreux tombeaux exerçent leur audace,
Et osent les vaincus les vainqueurs dédaigner.

Toy, qui de Rome, emerveillé, contemples
L'antique orgueil qui menassoit les cieux,
Ces vieux palais, ces monts audacieux,
Ces murs, ces arcs, ces thermes et ces temples,

Juge, en voyant ces ruynes si amples,
Ce qu'a rongé le temps injurieux,
Puis qu'aux ouvriers les plus industrieux
Ces vieux fragmens encor servent d'exemples.

Regarde après, comme, de jour en jour,
Rome, fouillant son antique sejour,
Se rebatist de tant d'œuvres divines:

Tu jugeras, que le Demon Romain
S'efforce encor, d'une fatale main,
Ressusciter ces poudreuses ruynes.

Esperez-vous que la posterité
Doyve, mes vers, pour tout jamais vous lire?
Esperez-vous que l'œuvre d'une lyre
Puisse acquerir telle immortalité?

[2] Si sous le ciel fust quelque eternité,
Les monuments que je vous ay fait dire,
Non en papier, mais en marbre et porphyre,
Eussent gardé leur vive antiquité.

[1] V. plus haut, dans ce même sonnet. — [2] S'il était sous le ciel.

Ne laisse pas toutefois de sonner,
Luth, qu'Apollon m'a bien daigné donner,
Car, si le temps ta gloire ne desrobe,

Vanter te peux, quelque bas que tu sois,
D'avoir chanté, le premier des François,
L'antique honneur du peuple à longue robbe[1].

VŒUX RUSTIQUES

D'UN VANNEUR DE BLED AUX VENTS

A vous, trouppe legère,
Qui d'aile passagère
Par le monde volez,
Et d'un siflant murmure
L'ombrageuse verdure
Doucement esbranlez,

J'offre ces violettes,
Ces lis et ses fleurettes,
Et ces roses icy,
Ces merveillettes roses,
Tout freschement écloses,
Et ces œillets aussi.

De vostre douce haleine
Evantez ceste plaine,
Evantez ce sejour:
Ce pendant que j'ahanne[2]
A mon blé que je vanne
A la chaleur du jour.

[1] Le peuple romain, *gens togata*, comme l'appelle Virgile. — [2] Que je m'essouffle à vanner mon blé.

DE DEUX AMANS A VÉNUS

Nous deux Amans, qui, d'un mesme courage,
Sommes unis en ce prochain village,
Chaste Cypris, vouons à ton autel,
Avec le lis, l'amaranthe immortel,
Et c'est à fin que nostre amour soit telle
Que l'amaranthe à la fleur immortelle;
Soit tousjours pure, et de telle blancheur
Que font les lis en leur pasle frescheur,
Et que nos cœurs mesme lien assemble,
Comme ces fleurs on void joinctes ensemble.

VILLANELLE

En ce mois delicieux,
Qu'amour toute chose incite,
Un chacun, à qui mieux mieux,
La douceur du temps imite;
Mais une rigueur despite
Me fait pleurer mon malheur:
Belle et franche Marguerite,
Pour vous j'ay ceste douleur.

Dedans vostre œil gracieux
Toute douceur est escritte,
Mais la douceur de vos yeux
En amertume est confite;
Souvent la couleuvre habite
Dessous une belle fleur:
Belle et franche Margueritte,
Pour vous j'ay ceste douleur.

Or, puis que je deviens vieux
Et que rien ne me profite,
Desesperé d'avoir mieux,
Je m'en iray rendre hermite;
Je m'en iray rendre hermite,
Pour mieux pleurer mon malheur:
Belle et franche Marguerite,
Pour vous j'ay ceste douleur.

Mais si la faveur des Dieux
Au bois vous avoit conduite,
Où, d'esperé[1] d'avoir mieux,
Je m'en iray rendre hermite;
Peut estre que ma poursuite
Vous feroit changer couleur:
Belle et franche Marguerite,
Pour vous j'ay ceste douleur.

BAYSER

[2]Sus, ma petite colombelle,
Ma petite belle rebelle,
Qu'on me paye ce qu'on me doit:
Qu'autant de baisers on me donne
Que le poëte de Veronne
A sa Lesbie en demandoit.

Mas pourquoy te fais-je demande
De si peu de baisers, friande?
Si Catulle en demande peu,
Peu vrayment Catulle en desire,
Et peu se peuvent-ils bien dire,
Puis que compter il les a peu[3].

1 Pour désespéré. — 2 Ça... — 3 Pu.

De mille fleurs la belle Flore
Les verdes rives ne colore,
Cerès de mille espics nouveaux
Ne rend la campagne fertile,
Et de mille raisins et mille
Bacchus n'emplit pas ses tonneaux.

Autant donc que de fleurs fleurissent,
D'espics et de raisins meurissent,
Autant de baisers donne-moy :
Autant je t'en rendray sur l'heure,
Afin qu'ingrat je ne demeure
De tant de baisers envers toy.

Mais sçais-tu quels baisers, mignonne?
Je ne veux pas qu'on les me donne
A la françoise, et ne les veux
Tels que la Vierge chasseresse,
Venant de la chasse, les laisse
Prendre à son frère aux blonds cheveux :

Je les veux à l'italienne,
Et tels que l'Acidalienne [1]
Les donne à Mars, son amoureux :
Lors sera contente ma vie,
Et n'auray sur les Dieux envie,
Ny sur leur nectar savoureux.

ÉPITAPHE D'UN CHAT

Maintenant le vivre me fasche :
Et à fin, Magny, que tu sçaches
Pourquoy je suis tant esperdu,
Ce n'est pas pour avoir perdu

[1] Vénus.

Mes anneaux, mon argent, ma bourse,
Et pourquoy est-ce donques? pource
Que j'ay perdu, depuis trois jours,
Mon bien, mon plaisir, mes amours;
Et quoy! ô souvenance gréve [1]!
A peu [2] que le cœur ne me creve
Quand j'en parle ou quand j'en escrits:
C'est Belaud, mon petit chat gris,
Belaud, qui fut, par aventure,
Le plus bel œuvre que nature
Feit onc [3] en matière de chats:
C'estoit Belaud la mort aux rats,
Belaud, dont la beauté fut telle
Qu'elle est digne d'estre immortelle.
Donques Belaud, premièrement,
Ne fut pas gris entièrement,
Ny tel qu'en France on les voist naistre,
Mais tel qu'à Rome on les voit estre,
Couvert d'un poil gris argentin,
Ras et poly comme satin
Couché par ondes sur l'eschine,
Et blanc dessus comme un ermine:
Petit museau, petites dents,
Yeux qui n'estoyent point trop ardents,
Mais desquels la prunelle perse [4]
Imitoit la couleur diverse
Qu'on voit en cest arc pluvieux
Qui se courbe au travers des cieux:
La teste à la taille pareille;
Le col grasset, courte l'oreille,
Et dessous un nez ebenin [5]
Un petit mufle lyonnin,
Autour duquel estoit plantée
Une barbelette argentée,

[1] Pour griève, grave. — [2] Peu s'en faut. — [3] Jamais. — [4] D'un vert tirant sur le bleu. — [5] Noir comme l'ébène.

Armant d'un petit poil folet
Son musequin [1] damoiselet.
Jambe gresle, petite patte
Plus qu'une moufle delicate,
Sinon alors qu'il desguainoit
Cela dont il esgratignoit :
La gorge douillette et mignonne,
La quëue longue à la guenonne,
Mouchetée diversement
D'un naturel bigarrement :
Le flanc haussé, le ventre large,
Bien retroussé dessous sa charge,
Et le dos moyennement long,
Vray Sourian, s'il en fut onq'.
Tel fut Belaud, la gente beste,
Qui, des pieds jusques à la teste,
De telle beauté fut pourveu,
Que son pareil on n'a point veu.
O quel malheur! ô quelle perte,
Qui ne peut estre recouverte!
O quel dueil mon ame en reçoit!
Vrayment la mort, bien qu'elle soit
Plus fière [2] qu'un ours, l'inhumaine,
Si de voir elle eust pris la peine
Un tel chat, son cœur endurcy
En eust eu, ce croy-je, mercy :
Et maintenant ma triste vie
Ne hayrait de vivre l'envie.
Mais la cruelle n'avait pas
Gousté les follastres esbas
De mon Belaud, ny la souplesse
De sa gaillarde gentillesse,
Soit qu'il sautast, soit qu'il gratast,
Soit qu'il tournast, ou voltigeast

[1] Son museau délicat. — [2] Féroce.

D'un tour de chat, ou soit encores
Qu'il print un rat, et or' et ores[1]
Le relaschant pour quelque temps
S'en donnast mille passetemps;
Soit que d'une façon gaillarde,
Avec sa patte fretillarde,
Il se frotast le musequin;
Ou soit que ce petit coquin,
Privé, sautelast sur ma couche,
Ou soit qu'il ravist de ma bouche
La viande sans m'outrager,
Alors qu'il me voyoit manger;
Soit qu'il feist en diverses guises
Mile autres telles mignardises.
Mon dieu, quel passetemps c'estoit
Quand ce Belaud virevoltoit,
Follastre, autour d'une pelotte!
Quel plaisir quand sa teste sotte,
Suyvant sa queuë en mille tours,
D'un rouë imitoit le cours!
Ou quand, assis sur le derrière,
Il s'en faisoit une jartière,
Et, monstrant l'estomac velu
De panne blanche crespelu,
Sembloit, tant sa trongne[2] estoit bonne,
Quelque docteur de la Sorbonne!
Ou quand alors on l'animoit,
A coup de patte il escrimoit,
Et puis appaisoit sa cholère
Tout soudain qu'on luy faisoit chère[3].

. . . .

. . . .

Belaud n'estoit point malplaisant,
Belaud n'estoit point mal-faisant,

[1] Par intervalles. — [2] C'est-à-dire, tant sa mine était grave. — [3] Bon accueil, bonne mine, de l'italien, *cera*.

Et ne feit onc plus grand dommage
Que de manger un vieux frommage,
Une linotte et un pinson
Qui le faschoyent de leur chanson.
« Mais quoy! Magny, nous mesmes hommes,
« Parfaits de tous points nous ne sommes. »

Belaud n'estoit point de ces chats
Qui nuict et jour vont au pourchas,
N'ayant soucy que de leur panse[1]:
Il ne faisoit si grand' despense,
Mais estoit sobre à son repas
Et ne mangeoit que par compas.

. . . .

Belaud estoit mon cher mignon,
Belaud estoit mon compagnon,
A la chambre, au lict, à la table.
Belaud estoit plus accointable[2]
Que n'est un petit chien friand,
Et de nuict n'alloit point criand
Comme ces gros marcoux[3] terribles,
En longs myaulements horribles:
Aussi, le petit mitouard
N'entra jamais en matouard[4]
Et en Belaud, quelle disgrace!
De Belaud s'est perdue la race.
Que pleust à Dieu, petit Belon,
Que j'eusse l'esprit assez bon,
De pouvoir en quelque beau style
Blasonner ta grâce gentile,
D'un vers aussi mignard que toy:
Belaud, je te promets ma foy,
Que tu vivrois, tant que sur terre
Les chats aux rats feront la guerre.

[1] Ventre. — [2] Sociable. — [3] Mâles, matous. — [4] En rut.

LOUISE LABÉ

1526 — 1566

Pour juger Louise Labé, la belle cordière, il ne faudrait pas se fier au témoignage de Du Verdier, de Bayle, de Calvin, de La Monnoye. Ces contempteurs du génie féminin prètent volontiers l'oreille aux calomnies de l'histoire. Ils transforment sans scrupule en courtisane la *pauvre âme amoureuse*, et la chevaleresque héroïne en vagabonde, et l'ardente élégiaque en vulgaire bacchante. Plutôt que de les écouter, je me soumettrais avec charme à l'autorité de la tradition populaire qui a fait de l'élève de Maurice Scève l'Héloïse de Lyon, et je partagerais l'enthousiasme naïf de ces gardes nationaux de 93, qui mirent sur leur drapeau l'image de la belle cordière, comme si elle eût été une Jeanne Hachette ou une Pucelle d'Orléans.

Les Chrysale de tous les temps, philosophes de boutique et moralistes du coin du feu, auront beau jeter les hauts cris dans le patois de Martine, nous n'en aimerons pas moins, en les plaignant, ces belles passionnées qui rompent leur chaîne à leurs risques et périls, victimes entraînées ou volontaires du triple délire poétique, amoureux, héroïque. Depuis la grande Sapho jusqu'à notre contemporaine Delphine Gay, ces chasseresses de gloire, ces possédées d'enthousiasme, ces nobles amazones du monde imaginaire et idéal, nous apparaissent dans les cadres dorés de la légende comme de brillantes magiciennes tuées par leurs propres enchantements. Rien de plus navrant que leur destinée, rien de plus saisissant que leur profond sourire. Elles ont rêvé le merveilleux, l'héroïque, l'impossible, ces créatures de sentiment et d'imagination; et les voilà toutes expiant leur rêve par le plus cruel désespoir. L'impitoyable humanité martyrise en elles la folie angélique ou diabolique. Elles meurent de tristesse ou de fureur : mais leur chant de mort, si insensé qu'il paraisse, est une mélodie victorieuse qui enchante sans cesse les jeunes âmes, qui enflamme éternellement les jeunes imaginations.

Les *Escrits de divers poëtes à la louange de Louise Labé, lyonnoise,* nous la montrent telle qu'il faut la voir, en sa triomphante jeunesse, à travers le mirage de l'adoration lyrique. Vingt poëtes en extase célèbrent à l'envi sa beauté :

Où prit l'enfant Amour le fin or qui dora
En mille crespillons ta tête blondissante ?
En quel jardin prit-il la rose rougissante,
Qui le lis argenté de ton teint colora ?
La douce gravité qui ton front honora,
Les deux rubis balais de ta bouche alléchante,
Et les rais de cet œil qui doucement m'enchante,
En quel lieu les prit-il quand il t'en décora ?...

C'est un grand plaisir de les voir enchérir l'un sur l'autre, dans la peinture de leur divinité :

Celui qui voit ses yeux jumeaux,
Voit au ciel deux heureux flambeaux
Qui rendent la nuit plus sereine :
Et celui qui peut quelquefois
Écouter sa divine voix,
Entend celle d'une sirène.
. . . .
Celui qui contemple son sein,
Large, poli, profond et plein,
De l'Amour contemple la gloire...

Et les louanges ne se bornent pas seulement à sa beauté : elles célèbrent sa grâce « à chanter, baller, sonner. » Belle comme Vénus, blanche comme Phébé, docte comme Mercure, ainsi nous apparaît Louise, parcourant en déesse nonchalante ses immenses jardins de la place Bellecour !

Quand elle vint au monde dans la maison du cordier Charly, Charlieu ou Charlin, dit Labé, le poëte Marot avait trente ans, François Ier régnait dans ses palais italiens, le moyen âge vaincu s'effaçait devant les clartés de la Renaissance. On bataillait encore, mais on étudiait déjà comme on bataillait, avec une ardeur chevaleresque. Louise, à peine âgée de seize ans, assista sous le nom de *capitaine Loys* au siége de Perpignan, ainsi qu'elle le raconte elle-même, dans sa troisième élégie :

Qui m'eût vu lors, en armes, fière, aller,
Porter la lance, et bois faire voler,
Le devoir faire en l'estour furieux,
Piquer, volter le cheval glorieux,
Pour Bradamante ou la haute Marphise,
Sœur de Roger, il m'eût, possible, prise.

Au retour de cette campagne, elle s'adonna tout entière à l'étude, elle devint une savante! Ce terrible mot, remarquons-le tout de suite, n'avait pas encore la morose acception qu'il devait prendre plus tard. Qui disait savante ne disait pas pédante. Le savoir et la poésie venaient de la même source; on allait les puiser dans la même coupe, grecque ou romaine, aux belles eaux courantes de l'antiquité. Louise Labé était savante à la façon de la sœur de François Ier, cette Marguerite des Marguerites, chez qui le savoir n'excluait ni le goût de la poésie, ni l'élégance des mœurs, ni la gentillesse du propos. Très-versée dans les langues anciennes, possédant à merveille la langue italienne, elle se montrait fière des connaissances qu'elle avait acquises, parce qu'elle en sentait noblement le prix, et c'était sa joie « de s'en parer plutôt que de chaînes, anneaux et somptueux habits. » Dans la préface de ses œuvres adressée à son amie Clémence de Bourges, la savante Lyonnaise « prie les vertueuses dames d'élever un peu leurs esprits par-dessus leurs quenouilles et leurs fuseaux, » non pour dominer et commander, mais « pour être compagnes aux affaires domestiques et publiques de ceux qui gouvernent et se font obéir. » Lettres et sciences, ajoute-t-elle, nous donneront gloire et honneur, et plus encore : un plaisir « qui est autre que les autres récréations, desquelles, quand on en a pris tant que l'on veut, on ne se peut vanter d'autre chose que d'avoir passé le temps, mais celle de l'étude laisse un contentement de soi, qui nous demeure plus longuement. »

Des sentiments aussi élevés suffiraient au besoin pour réfuter les calomnies des biographes. Ce n'est pas une courtisane qui peut goûter et expliquer, comme le fait Louise Labé, le charme particulier de l'étude. Il y a là une dignité d'esprit qui ne saurait se concilier avec de certains abaissements de la conscience. La fin de la préface atteste encore mieux que de la dignité : je veux dire qu'elle respire la vraie fierté, la vraie pudeur féminine. « Et pour ce que les femmes ne se montrent volontiers en public seules, je vous ai choisie pour me servir de guide... » On connait maintenant le caractère de Louise, un mélange d'indépendance et de pudeur. Elle fera peut-être des chutes profondes : elle ne tombera jamais dans la boue.

Ses œuvres, que l'auteur appelle ses jeunesses, forment un très-petit volume composé du *Débat de folie et d'amour,* en prose, de trois élégies et de vingt-quatre sonnets. Il n'est pas probable qu'après son mariage avec Ennemond Perrin, le riche marchand cordier, « le bon sire Aymon » d'Olivier de Magny, Louise Labé se soit encore livrée à son goût pour la poésie. Les élégies et les sonnets se rapportent à un amour qui dura treize ans. On y sent, dans le détail de la langue et de la versification, l'influence de Maurice Scève. Louise, comme Maurice, était plus près de Marot que de Ronsard. Beaucoup d'obscurités et d'incorrections déparent ses petites pièces qui seraient presque médiocres, si elles n'étaient animées par une vraie passion que le poëte ressent, selon son expression, « en ses os, en son sang, en son âme. » Il y a de la tendresse et de la gentillesse dans les élégies : mais dans quelques sonnets, la *pauvre âme amoureuse* éclate et se brise, comme celle de Sapho à Leucade, ou comme celle de Simétha devant la mer de Sicile.

HIPPOLYTE BABOU.

Les œuvres de Louise Labé ont eu huit éditions, dont la première est de 1555, et la dernière de 1845, (Paris, Techener, notice de Léon Boitel).

On consultera utilement :

Guillaume Paradin, (*Histoire de Lyon*); La Croix du Maine et Du Verdier, Pierre Bayle, (*Dictionnaire historique et critique*); Dominique de Colonia, (*Histoire littéraire de la ville de Lyon*); Niceron, Ruolz, Pernetti, et surtout une excellente étude de M. Sainte-Beuve, (*Revue des Deux Mondes, 1845*).

O beaus yeus bruns, ô regars destournez,
O chaus soupirs, ô larmes espandues,
O noires nuits vainement attendues,
O jours luisans vainement retournez [1]!

O tristes pleins [2], ô desirs obstinez,
O temps perdu, ô peines despendues,
O mile morts en mile rets tendues,
O pires maus contre moi destinez,

O ris, ô front, cheveus, bras, mains et doits;
O lut pleintif, viole, archet et vois :
Tant de flambeaus pour ardre une femmelle!

De toy me plein, que, tant de feus portant [3],
En tant d'endroits d'iceus [4] mon cœur tatant,
N'en est sur toy volé quelque estincelle.

Tout aussi tot que je commence à prendre
Dens le mol lit le repos desiré,
Mon triste esprit hors de moy retiré,
S'en va vers toy incontinent se rendre.

Lors, m'est avis que, dedens mon sein tendre,
Je tiens le bien ou j'ay tant aspiré,
Et pour lequel j'ay si haut souspiré,
Que de sanglots ay souvent cuidé fendre [5].

O dous sommeil, ô nuit à moy heureuse!
Plaisant repos, plein de tranquilité,
Continuez toutes les nuits mon songe;

Et si jamais ma povre ame amoureuse
Ne doit avoir de bien en verité,
Faites au moins qu'elle en ait en mensonge!

[1] Revenus. — [2] Plaintes. — [3] C'est-à-dire : que puisque tu portes. — [4] Avec eux. — [5] Cru éclater.

Oh! si j'estois en ce beau sein ravie
De celui-là, pour lequel vois[1] mourant;
Si, avec lui vivre le demeurant
De mes cours jours ne m'empeschoit envie[2],

Si m'acollant, me disoit: chere amie,
Contentons-nous l'un l'autre, s'asseurant
Que, jà tempeste, Euripe, ne courant,
Ne nous pourra desjoindre en notre vie;

Si, de mes bras le tenant acollé,
Comme du lierre est l'arbre encercelé,
La mort venoit, de mon aise envieuse;

Lorsque souef[3] plus il me baiseroit,
Et mon esprit sur ses levres fuiroit,
Bien je mourrois, plus que vivante, heureuse[4].

Tant que mes yeus pourront larmes espandre,
A l'heur[5] passé avec toy regretter;
Et qu'aus sanglots et soupirs resister
Pourra ma voix, et un peu faire entendre;

Tant que ma main pourra les cordes tendre
Du mignart lut, pour tes grâces chanter;
Tant que l'esprit se voudra contenter
De ne vouloir rien, fors que toy, comprendre;

Je ne souhaitte encore point mourir:
Mais, quand mes yeus je sentiray tarir,
Ma voix cassée et ma main impuissante,

Et mon esprit, en ce mortel sejour,
Ne pouvant plus montrer signe d'amante;
Priray la Mort noircir mon plus cler jour.

[1] Pour *vais*. — [2] C'est-à dire: si l'envie ne m'empêchait de vivre avec lui le reste de mes courts jours. — [3] Suavement, doucement. — [4] C'ést à-dire: heureuse plus que personne au monde. — [5] C'est-à-dire: pour regretter le bonheur passé.

Diane estant en l'espesseur d'un bois,
Apres avoir mainte beste assenée [1],
Prenoit le frais, de Nymfes couronnée;
J'allois resvant comme fay maintefois,

Sans y penser : quand j'ouy une vois
Qui m'apela, disant, Nymfe estonnée,
Que ne t'es tu vers Diane tournée?
Et, me voyant sans arc et sans carquois;

Qu'as-tu trouvé, ô compagne, en ta voye,
Qui de ton arc et flesches ait fait proye [2]?
Je m'animay, respons-je, à un passant,

Et luy getay en vain toutes mes flesches
Et l'arc apres : mais lui, les ramassant
Et les tirant, me fit cent et cent bresches.

Ne reprenez, Dames, si j'ay aymé;
Si j'ay senti mile torches ardentes,
Mile travaus, mile douleurs mordantes :
Si en pleurant j'ay mon tems consumé,

Las! que mon nom n'en soit par vous blasmé.
Si j'ay failli, les peines sont presentes;
N'aigrissez point leurs pointes violentes :
Mais estimez [3] qu'Amour, à point nommé,

Sans votre ardeur d'un Vulcan [4] excuser,
Sans la beauté d'Adonis acuser,
Pourra, s'il veut, plus vous rendre amoureuses,

En ayant moins que moi d'ocasion,
Et plus d'estrange et forte passion;
Et gardez-vous d'estre plus malheureuses.

[1] Abattue sous ses coups. — [2] C'est-à-dire : ait été la proie... — [3] Croyez, songez que... — [4] Vulcain.

FRAGMENT DE L'ÉLÉGIE III

Quand vous lirez, ô Dames lionnoises [1],
Ces miens escrits pleins d'amoureuses noises [2];
Quand mes regrets, ennuis, despits et larmes,
M'orrez [3] chanter en pitoyables carmes [4],
Ne veuillez point condamner ma simplesse [5],
Et jeune erreur de ma folle jeunesse,
Si c'est erreur : mais qui, dessous les cieus,
Se peut vanter de n'estre vicieus?
L'un n'est content de sa sorte de vie,
Et tousjours porte à ses voisins envie;
L'un, forcenant [6] de voir la paix en terre,
Par tous moyens tasche y mettre la guerre;
L'autre croyant povreté estre vice,
A autre Dieu qu'Or ne fait sacrifice;
L'autre sa foy parjure il emploira
A decevoir quelcun qui le croira;
L'un, en mentant de sa langue lezarde [7]
Mile brocars sur l'un et l'autre darde.
Je ne suis point sous ces planetes nee,
Qui m'ussent pu tant faire infortunee.
Oncques [8] ne fut mon œil marri [9] de voir
Chez mon voisin, mieux que chez moi, pleuvoir.
Oncq ne mis noise ou discord entre amis,
A faire gain jamais ne me soumis;
Mentir, tromper et abuser autrui,
Tant [10] m'a desplu que mesdire de lui;
Mais si en moy rien y ha d'imparfait,
Qu'on blasme Amour : c'est lui seul qui l'a fait.
. . . .

[1] Pour : lyonnaises. — [2] Débats. — [3] M'entendrez. — [4] vers. — [5] Simplicité, dans le sens de facilité à se laisser tromper. — [6] Outré. — [7] De serpent, insinuante. — [8] Jamais. — [9] Attristé. — [10] Pour : autant.

JACQUES TAHUREAU

1527 — 1555

Il est toute une famille d'esprits et de talents, attrayants d'ordinaire, qui exhalent à la hâte leurs printanières senteurs, comme s'ils pressentaient que ce premier épanouissement est tout ce que leur accorde la destinée. C'est chez les poëtes surtout qu'on a lieu de constater ces défaillances subites de la vie ou de la pensée. Les uns ne gagnent rien à vivre longtemps : ils ne mûrissent pas ; et, comme tout à coup taris dans la source même de leur séve, ils se flétrissent et ne grandissent plus. Les autres « plus aimés des dieux, » meurent jeunes, en pleine verdeur : et bien qu'on reconnaisse à certains signes de gracieuse débilité, que le temps ne leur promettait pas les développements robustes, on les accueille, on leur sourit ; on a pour eux des trésors d'indulgence et de tendres regrets ; on ne songe pas à leur demander autre chose que ce qu'on demande à la fleur qui ne doit que fleurir : de la fraîcheur et du parfum.

Dans ce premier essaim des poëtes français de la Renaissance, il en est un qui, plus que tout autre, représente bien cette nature de talent que nous venons de caractériser, et qu'on retrouve d'ailleurs, analogue au fond, distincte seulement à la surface, dans chaque littérature, et l'on pourrait dire aussi dans chaque époque. L'œuvre de Jacques Tahureau est tout à fait cette charmante et folle floraison des premiers beaux jours. Elle a toutes les adorables imprévoyances, toutes les séduisantes témérités de la jeunesse. La jeunesse ! C'est bien là le mot qui vous revient, c'est bien là, sous toutes les formes, l'image qui vous reste fraîche dans la pensée, quand vous venez de fermer ce livre, où tout est franchement et naïvement jeune, comme la saison littéraire dans laquelle il se produisait, comme la bouche rose qui chantait cette chanson amoureuse !

Né au Mans, en plein milieu du règne de François Ier, il grandit, dans ce verdoyant pays du Maine, sous les toits seigneuriaux qui abritaient aux environs, ceux de sa famille, de très-noble origine. La Croix du Maine déclare avoir vu les preuves établissant que le lignage des Tahureau de La Chevalerie se rattache bel et bien au grand connétable, à Bertrand Du Guesclin. La mère de notre poëte était une Tiercelin de La Roche-du-Maine. Et Dieu sait s'il ne se complait à célébrer dans ses vers *la race Tierceline:*

> C'est elle dont la proesse
> Et le cœur tant vertueux
> Tesmoigne assez la noblesse
> Et grandeur de ses ayeux.

Cependant comme sa bonne fierté aristocratique est vite tempérée par ses dominantes inclinations de poëte! Tout jeune, à vingt ans au plus, lui aussi, il a quelque temps porté heaume et cuirasse, et bataillé contre les Espagnols; mais nulle part il ne s'en vante, et l'on sent bien que ce n'est pas là le genre de gloire qu'il rêve. Il trouve bon que maints Tahureau, maints Tiercelin prennent noblement en main l'épée; mais il ne veut pas que l'épée dédaigne la plume. On devine même qu'il se juge modeste en plaçant les deux gloires au même niveau :

> Puisse toujours l'excellence
> Des Tiercelins croistre en la France :
> Ainsi un Tahureau sçavant,
> Immortalisant telle race,
> Puisse avoir en ses vers la grâce
> D'un noble et non serf escrivant.

Ainsi, après avoir fait campagne, sans qu'il y paraisse le moins du monde, ni dans son esprit, ni dans son œuvre, il revint plus épris que jamais d'étude et de poésie, à l'université d'Angers, où il eut sans doute occasion de connaître Joachim Du Bellay, auquel il envoie de là (à Rome sans doute?) une ode bien louangeuse, bien modeste, et pourtant non dénuée de finesse et de grâce. En l'honneur de l'illustre poëte de la savante princesse Marguerite, il fait descendre en la terre angevine tout le chœur des Muses, qui abandonnent, pour rappeler Du Bellay « à son fertile rivage de Loyre, »

> Et la verdeur de leur campagne,
> Et les odorantes douceurs
> Qu'on sent toujours en leur montagne.

Combien il aimait lui-même ce rivage de Loire, ce bon Jacques Tahureau! Comme il se souvient avec bonheur de ce riant pays! Son sonnet à la ville de Tours éclate comme un cri d'enthousiasme :

Ville de Tours, la plus heureuse ville!
. . . .
Ville qui as des beautez mille et mille!

Il est vrai que la séduisante cité avait bien des raisons de plaire au jeune poëte : sans doute il l'avait contemplée bien des fois, dans sa molle assise, au bord de son beau fleuve ; mais elle avait pour lui un charme intime qui centuplait toutes ses beautés. C'était là qu'il avait connu celle qu'il a tant chantée sous le nom discret de l'*Admirée*. Et bientôt les amoureux sonnets de Jacques Tahureau firent aimer et diviniser son Admirée par les plus célèbres pétrarquistes d'une époque où tout rimeur avait sa Laure, au moins comme motif indispensable à de trop nombreux sonnets. Parmi cette foule de sonnets, nous avons ici sujet de rappeler un de ceux d'Antoine de Baïf, adressé, comme une effusion fraternelle, à Jacques Tahureau. Il est curieux d'ailleurs, à titre de goût caractéristique d'une phase littéraire. De plus, il fut sans doute, dans le temps, une sorte de consécration du poétique amour qu'il célébrait un des premiers. Il est donc à propos de le citer, jusqu'à sa dernière pointe :

A L'ADMIREE ET A SON POETE

De bel ami belle amie, Admirée,
De belle amie ami beau, toy heureux,
Heureuse toy, l'un de l'autre amoureux,
Les yeux aimés tous deux de Cytherée.

Tous deux aimés de la Muse adorée,
Tous deux mignards, et tous deux vigoureux,
Tous deux d'amour doucement langoureux,
Tous deux l'honneur de notre âge honorée.

O couple heureux, de Venus avoué,
O couple saint à la Muse voué,
Couple entr'aimé, bel amant, belle amante,

Vivez amis d'un doux lien tenus,
Et de la Muse ensemble et de Venus,
Cueillez la fleur à jamais fleurissante.

Oh! le sonnet eut de la vogue, certainement! Suivant un usage cher à cette école érudite, on le traduisit en grec, on le traduisit en latin. Baïf entreprit lui-même la translation de son sonnet en jolis distiques dans le moule et le modèle des plus subtiles et des moins antiques épigrammes de l'Anthologie. Jean Taron le rendit scrupuleusement en quatorze vers latins ïambiques, qui ne lui demandèrent pas grand effort pour les écrire dans le style de Buchanan. En tout cas, sur l'aile diaprée de cette poésie, le nom de l'Admirée et de son poëte furent portés loin dans le monde lettré d'alors.

Ce qui distingue toutefois Jacques Tahureau parmi tous ces pétrarquistes de son époque, c'est qu'il était sincèrement épris, c'est que le beau poëte-gentilhomme était lui-même un amoureux poétique, un amoureux à la Roméo. Quand nous disons qu'il était beau, ce n'est pas au hasard d'une conjecture complaisante et romanesque. La Croix du Maine « a entendu de ceux qui avaient vu Jacques Tahureau, que c'était le plus beau gentilhomme de son siècle, et le plus dextre à toutes sortes de gentillesses. » Quant à sa complexion d'amant chaleureux, à son cœur ardent, à son imagination passionnée, nous n'avons pas besoin d'autres témoignages que ses écrits : quelques-uns sont sensuels jusqu'à la licence, d'autres sont seulement brûlants d'une passion vraie :

> D'amour je vis et d'amour je respire,

dit-il quelque part, dans une de ses pièces toutes pénétrées d'âpre volupté. Et plus loin :

> Mais de l'amour, ce doux amer venin,
> Qui va suçant, cruellement benin,
> Le tiede sang de mon corps goute à goute,
> Par devers luy retient mon ame toute.

Il vécut ainsi de poésie et d'amour, et ce fut là toute sa vie. Elle fut bien courte d'ailleurs; et l'on voit qu'il avait le pressentiment d'une mort prématurée :

> Apres la fin de ma trop breve vie...

dit-il à un ami qu'il engage à venir visiter sa tombe et à se souvenir de ses vers :

> Dessus mes os espandant quelques larmes,
> D'un long soupir dy et redy ces carmes.

Il se hâtait donc de jouir de lui tout entier, de sa pensée, de son cœur, sans doute aussi de ses sens dont il abusa. Après un dernier séjour à Paris, où il alla revoir, comme pour un dernier adieu, les illustres patrons de son art et les aimables amis de sa jeunesse, il revint au Mans, fit un mariage de passion, et le bon Guillaume Colletet, avec un accent de tendre regret, avance, d'après des témoignages contemporains, que « c'est à ce fâcheux lien qu'il faut imputer la cause de la mort précipitée de ce jeune poëte, trop ardent et trop amoureux. » Le regret de l'honnête Colletet est naïf : n'est-ce pas à cette nature de flamme, à l'ardeur de cette imagination si vivement enamourée, que Jacques Tahureau dut la meilleure part de son talent, et le charme individuel qui fait qu'on le relit, qu'on se souvient de lui après trois cents ans. En espérant beaucoup et de plus grandes choses d'une vie prolongée, Colletet, avec quelques autres qui ont exprimé le même sentiment, se trompe encore : Jacques Tahureau n'eût point réussi dans un art de plus grande proportion que le sien. Il est même à présumer que plus tard il n'eût pas retrouvé l'équivalent de ses tableaux érotiques, où le sang de la jeunesse éclate et déborde, source d'inspiration qui ne gagne rien à l'apaisement de ses ébullitions.

Ses contemporains les plus clairvoyants, ses frères en poésie les plus initiés au secret de leur art, ne s'y sont pas trop mépris. A travers ces complaisantes aménités, ces surabondants échanges d'amicales flatteries, ils donnent sa mesure, et révèlent nettement quelles qualités ils estimaient dans le gracieux poëte. Ils les lui accordent bien franchement, dans toute leur plénitude; mais sans trop le vouloir, ils les circonscrivent. Dans le sonnet que nous avons vu, Baïf le loue et le chante sur le ton, où, deux siècles après, avec les différences de langue et de goût de chaque époque, on louera Parny et son Éléonore. Une autre pièce se termine par ces vers qui contiennent encore un jugement :

> Et tu vivras l'honneur que tu merites,
> Des juges qui liront tes chansons bien escrites...

Tes chansons, rien de plus! même en laissant à ce mot toute la vague signification qu'il avait alors, il nous dit assez que l'érudit Baïf ne croyait pas Tahureau fait pour des tentatives plus larges que les chants voluptueux, qu'il avait d'ailleurs si bien réussis.

Jean de La Péruse, un des premiers qui eurent l'ambition de la tragédie à la grecque, lui adressa plusieurs fois des vers, et, entre autres, une pièce « où, dit Colletet, il parle ainsi de sa maytresse et de luy « (Tahureau), en termes diminutifs qui faisaient une grande partie do « la mignardise de ce siècle. »

> Poëte mignardelet,
> Mignardement doucelet,
> Admirée doucelette,
> Doucement mignardelette,
> L'un et l'autre bien heureux,
> Et l'un de l'autre amoureux !

En parlant ainsi de Tahureau, La Péruse prend le ton et le style de Tahureau lui-même, mais le ton le moins vif et le côté le plus petit et le plus maniéré de son style. Et dans un sonnet sur un portrait voilé de l'Admirée, il dit :

> Que Tahureau merite qu'on l'appelle,
> Autant bon poëte et meilleur amoureux.

Que faut-il voir d'ailleurs dans ce portrait voilé : encore un joli mystère un peu romanesque? Certainement Jacques et son Admirée, « le plus « beau couple d'amants qui ait jamais été » (écrit encore un contemporain), prenaient les imaginations, et avaient eu un instant, dans ce monde galant et lettré de la cour de fées des Marguerites, leur intéressante légende. On sentait bien qu'il y avait là une autre amoureuse que ces idoles *à motifs de sonnets.*

L'auteur de l'*Art poétique*, Vauquelin de La Fresnaye, est plus explicite et plus complet dans la précision de l'éloge :

> Lors Angers nous fit voir Tahureau qui, mignard,
> Nous affrianda tous au sucre de cet art.

Et au deuxième livre de ses *Idillies :*

> Si sçus bien par apres qu'en ces mesmes années,
> Notre Baïf avait comme nous promenées
> Les Muses par les bois, et que dès ce temps-là
> *Le gentil flageolet* de Tahureau parla.

Je me garde de pousser plus loin cette recherche de témoignages des écrivains de l'époque, toute piquante qu'elle puisse être. On se perdrait dans cette foison de fleurettes. Je m'arrête à celles qui composent le bouquet le plus vif et le plus parlant. Il suffit pour indiquer le sentiment de la poésie de Jacques Tahureau chez les plus écoutés des habiles de son temps.

Ce sentiment de tous, on le voit, se résume dans les expressions de grâce amoureuse et de charmante mignardise. Il y a cependant plus que cela dans le talent de Jacques Tahureau. La passion arrive en sa poésie à une chaleur de souffle, à un énergique accent de vérité, qui ne se trouvent à ce degré chez aucun de ses contemporains. Il eut naïvement le tort d'amener lui-même à l'envisager par ce côté trop restrictif, en donnant pour titre à une grande partie de son œuvre ce mot de *Mignardises*. Comme il y a, en effet, dans ces sonnets, dans ces odelettes, dans ces petits tableaux érotiques, bien des traits et des tons qui rentrent tout à fait dans la manière mignarde, on s'est trop exclusivement attaché à ne le plus voir que sous ce seul jour. Bien que ce mot de mignardise n'eût pas, dans la langue du XVIe siècle, le sens amoindrissant que plus tard on lui a donné, il faut reconnaître que l'idée de grâce qu'il impliquait se mélangeait un peu de celle de mièvrerie. C'était bien ainsi que l'entendait Du Bellay, lorsque, dans ses stances irritées sur l'abus du *pétrarquisme,* il dit que « l'un va son amour et son style fardant: » et ce reproche ne peut s'appliquer à notre poëte; mais il continue:

> Cest autre apres va le sien mignardant
> Comme un second Catulle.

Probablement, le trait est lancé à Jacques Tahureau, avec la bénigne ironie de cette appellation : « Second Catulle. » Eh bien! sans contredit, on peut établir qu'il y a, dans le talent du poëte aussi sincère amoureux que l'amant de Lesbie, quelques qualités catulliennes, qui tiennent quelque chose des influences de l'étude sans doute, mais beaucoup plus de l'impulsion de sa propre nature et des tendances de son esprit. Jacques Tahureau pouvait bien, à la rigueur, être le Catulle d'une école poétique dont Ronsard était le Pindare. Cela dit, sans vouloir rien retrancher de toute l'estime due à l'illustre chef de la Pléiade, sous d'autres rapports que son pindarisme.

Le Pindare des Valois appréciait d'ailleurs celui qui, par l'accent de sa poésie, avait plus droit que tout autre de passer pour leur Catulle. A l'heure où déjà le ciel de fête de cette galante cour de Henri II se couvrait, où l'on sentait tout à l'entour couver l'orage, il se fit, dans ce docte cénacle de jeunes poëtes passionnés de leur art, un beau rêve d'idéale Atlantide, où l'on trouverait enfin, pour tous les divins *porte-lyres*, cette olympienne sérénité que la réalité prochaine devait brutalement leur refuser. L'idée poétique se réduisit naturellement à se formuler dans une ode où l'imagination de Ronsard fait tous les frais du *Voyage aux Iles fortunées*. Mais le beau chanteur aux vers amoureux est un des élus de l'harmonieuse Théorie; il a place d'honneur dans cette trirème de demi-dieux; il en est en quelque sorte le Lyncée ou le Palinure.

> C'est Tahureau qui desjà tire en haut
> L'anchre courbée, et, planté sur la poupe,
> D'un cry naval encourage la troupe
> D'abandonner le terroir paternel,
> Pour vivre ailleurs en repos éternel.

Hélas! — et c'est toujours, avec un soupir étouffé, la triste exclamation qui s'échappe après ces beaux rêves! — le pauvre Tahureau se détacha bientôt brusquement de ce charmant groupe enivré de toute poésie. Il revint simplement dans une verte vallée de son cher Maine, où il avait une maison que nous dépeint avec amour une page de ses dialogues en prose. On aurait rêvé à cet élégant poëte de la Renaissance une habitation de ce caractère : mi-châtellenie féodale, mi-villa italienne. « Tu peux voir là, au-dessus, en ce petit lieu montueux, une maison carrée faite en terrasse, appuyée de deux tourelles d'un costé, et de ce costé mesme une belle veuë de prayrie en bas, couppée et entrelassée de petits ruisseaux : de l'autre costé, cette touffe de bois fort haute et ombrageuse, dont l'un des bouts prend fin à ces rochers bocageux que tu vois à un des détours de ceste prée : la vois-tu bien entre ces deux chesnes?... » Elle se nommait *le Fougeray*.

Ce fut donc dans ce joli domaine, qui répond si bien à toute la fraîcheur des images semées dans ses vers, qu'il écrivit ses derniers chants, toujours inspirés par la passion; un ami les recueillit pieusement, et en fit le complément de son œuvre; et ce poëme d'ardente jeunesse fut respectueusement dédié « au reverendissime cardinal de Guyse. » Jacques Tahureau mourut à vingt-huit ans. On sait l'année, mais non l'époque précise de sa mort : je voudrais pouvoir dire avec certitude que, par une analogie de plus avec la destinée de quelques autres frères en poésie, morts jeunes comme lui, et, comme lui, vrais chantres de la jeunesse, il s'éteignit doucement, un matin de mai, dans le mois des roses. Cette mort prématurée fut encore une faveur de la Muse : la maturité n'eût point ajouté de nouvelles cordes à son luth, et probablement n'eût fait qu'affaiblir celles qui avaient si franchement résonné sous ses doigts de vingt ans.

PIERRE MALITOURNE.

Les Poésies de Jacques Tahureau, du Mans, édition de Jean Ruelle, in-8°, Paris, 1574; *Sonnets, Odes et Mignardises amoureuses*, Lyon, 1574. Voir *la Bibliothèque françoise*, de l'abbé Gouyet; les *Mémoires pour servir à l'histoire des hommes illustres dans les lettres*, du P. Niceron; les *Vies* (manuscrites) *des Poëtes françois*, de Guillaume Colletet; les *Notes et Préfaces* de Michel de La Porte; la *Bibliothèque* de La Croix du Maine, etc.

SONNETS

La moite nuit sa teste couronnoit,
De mainte estoille au ciel resplendissante,
Et mollement à nos yeux blandissante,
Apres la peine un doux somme amenoit;

Le gresillon aux prez rejargonnoit,
Perçant, criard, d'une voix egrissante;
Et aux forestz jaunement palissante,
D'un teint blafard la lune rayonnoit;

Quand j'aperceu ma nymphette descendre
De son cheval, pour à mon col se pendre,
Me caressant d'un baiser savoureux.

Devant le jour la nuit me soit premiere,
Plus chere aussi l'ombre que la lumiere,
Puisqu'el' m'a fait si content amoureux!

Tu pourras bien choisir un serviteur
Ayant en main de plus grandes richesses,
Tout semé d'or, de gemmeuses largesses,
Superbe et fier d'un hazardeux bonheur,

Voire tenant des destins la faveur,
Trop mieux instruict en frivoles addresses,
Plus courtisan à farder ses caresses,
Et ses propos masquez de faulse ardeur.

Mais entre mille, et mille, et mille, et mille,
Tu n'en pourras trouver un moins fragile,
Ne qui t'admire aussi fidellement;

Ou qui au lict lascivement folastre,
Sucçant, baisant ta rose et ton albastre,
T'aille embrassant autant mignardement.

En quel fleuve areneux jaunement s'escouloit
L'or, qui blondist si bien les cheveux de ma dame?
Et du brillant esclat de sa jumelle flamme,
Tout astre surpassant, quel haut ciel s'emperloit?

Mais quelle riche mer le coral receloit
De cette belle levre, où mon desir s'affame?
Mais en quel beau jardin, la rose qui donne ame
A ce teint vermeillet, au matin s'estaloit?

Quel blanc rocher de Pare [1], en estofe marbrine
A tant bien montagné cette plaine divine?
Quel parfum de Sabée [2] a produit son odeur?

O trop heureux le fleuve, heureux ciel, mer heureuse,
Le jardin, le rocher, la sabée odoreuse,
Qui nous ont enlustré le beau de son honneur [3]!

Combien de fois dessus ta belle main,
La mignardant de ma bouche lascive,
J'ay delaissé mainte enseigne naïve
Que de ma dent j'y engravois en vain!

Veu qu'en ton cœur, cœur de marbre ou d'erain,
Cette morsure aucunement n'arrive;
Mais dans le mien, esternellement vive,
D'un souvenir, el' me ronge, inhumain.

Je suis semblable à celuy qui veut prendre,
Et qui, au lieu de ce qu'il veut surprendre,
Dans son filé se voit le premier pris;

Car, te pensant laisser une morsure
D'une mortelle et rampante blessure,
A l'impourveu je me trouve surpris.

[1] Paros. — [2] Du pays de Saba. — [3] Sa glorieuse beauté.

BAISERS

Qui a leu[1] comme Venus,
Croisant ses beaux membres nus
Sur son Adonis qu'el' baise,
Et luy pressant le doux flanc,
Son col douillettement blanc
Mordille de trop grand' aise;

Qui a leu comme Tibulle,
Et le chatouillant Catulle,
Se baignent en leurs chaleurs;
Comme l'amoureux Ovide,
Sucrant un baiser humide,
En tire les douces fleurs;

Qui a veu[2] le passereau,
Dessus le printemps nouveau,
Pipier, batre de l'esle,
Quand d'un infini retour
Il mignarde, sans sejour[3],
Sa lascive passerelle;

La colombe roucoulante,
Enflant sa plume tremblante,
Et liant d'un bec mignard
Mille baisers, dont la grâce
Celle du cygne surpasse
Sus sa Lœde fretillard;

Les chevres qui vont broutant,
Et d'un pied leger sautant
Sur la molle verte rive,
Lors que d'un trait amoureux,
Dedans leur flanc chaleureux,
Ell' brulent d'amour lascive;

[1] Lu. — [2] Vu. — [3] Sans repos.

Celuy qui aura pris garde
A cette façon gaillarde
De tels folastres esbas,
Que, par eux, il imagine
L'heur de mon amour divine,
Quand je meurs entre tes bras.

Baise-moy tost mignardement;
Baise-moy colombellement.
Tu ne veux donq que je te touche?
Çà, redonne-moy cette bouche,
Et me baisant soufre qu'un peu
J'esteigne l'ardeur de mon feu.
Ha, là! friande, que mon ame
Se pert doucement en ton basme!
Ne t'endors point de ce sommeil,
Ne t'endors point, mon petit œil,
Ne t'endors point, ma colombelle,
Ne t'endors point, ma tourterelle;
Ha! Dieu, qu'il fait bon mordiller
Ces belles roses, et piller
Un million de mignardises,
Pendant que, par douces feintises,
Ce bel œil nageant à demy,
Contrefait si bien l'endormy,
Cependant que ma mignonnette,
Soutient de sa levre mollette,
Plaine d'un nectar nompareil,
Tant de mols baisers de reveil!
. . . .
. . . .
Ne vois-tu pas comme l'aurore,
Ceste envieuse, recolore

Desja, d'un esclat jaunissant,
L'avant-jour par tout blondissant?
Helas! helas! que peu me dure
Cette tant heureuse avanture!
O combien m'est court le desduit[1]
De cette tant mignarde nuit!
Puis donques que le jour nous presse,
Adieu, ma petite maistresse,
Adieu, ma gorgette et mon sein,
Adieu, ma delicate main;
. . . .
Adieu, mon œil, adieu mon cueur,
Adieu, ma friande douceur!
. . . .
Tu pleures, ma douce fole!
Tend moy les bras, que je t'acole,
Et que, pour ton dueil[2] apaiser,
Je te donne encor un baiser;
Que je suce encor, mignonnette,
De tes yeux une larmelette.

[1] Plaisir. — [2] Douleur.

REMY BELLEAU

1528 — 1577

Si Remy Belleau n'est pas la plus grande étoile de cette constellation poétique qu'on a appelée la *Pléiade française*, il en est sans doute la plus brillante. Il n'a ni l'éclat fulgurant de Jupiter ou de Ronsard, ni la clarté limpide et sereine de Mars ou de Joachim Du Bellay; mais nul n'a eu, mieux que lui, la lumière vive et scintillante, la flamme prismatique, le *lumen coruscum* que les belles nuits nous montrent dans Sirius, le diamant du ciel. S'il n'avait fallu qu'un exemple pour montrer quel merveilleux instrument pouvait être dans les mains d'un poëte cette langue française qu'on a, sur la foi du XVIIIe siècle, tant appelée la *langue de la prose*, à quel brillant, à quel relief elle pouvait atteindre, Belleau aurait suffi. Son œuvre entière est comparable à une forêt délicieuse subitement éclairée par la flamme pénétrante des feux de Bengale, et dont les moindres détails, les plus sombres profondeurs apparaissent magiquement illuminées. Heureusement, ici, point de trahison à craindre. La perfection de l'art égale la perfection de la nature, et il n'est pas de recoin, même le plus écarté, qui redoute le rayon accusateur. Dans cette prodigieuse époque de rénovation poétique, qui eut la noble folie du beau, Belleau nous montre l'art achevé à côté de l'art fougueux, le soin exquis et fin à côté de l'audace, l'*in tenui labor*, mais relevé par la puissance de l'inspiration et par la grandeur du dessin général. Pour la grâce et le sentiment, on peut le comparer à La Fontaine. C'est un La Fontaine en effet, mais un La Fontaine esclave du rhythme, et qui eût tenu le vers libre pour forfaiture. Lors même qu'il s'attendrit ou qu'il s'abandonne le plus, Belleau veut que sa fantaisie soit arrêtée et incisée avec la précision du plus pur camée. Artiste sévère, comme on l'était de son temps, il n'eût jamais admis les *grâces négligées*. Une autre analogie à noter entre eux, c'est qu'ils ont été, l'un et l'autre, les poëtes de la nature. La Fontaine aimait les bêtes, Belleau aimait les bois et les pierres. Mais tandis que La Fontaine, philanthrope comme l'est tout satirique, cherche dans l'animal le souvenir de l'homme, Belleau, s'isolant de plus en plus de l'humanité, s'absorbe dans la contemplation des trésors souterrains et mystérieux dont l'éclat éblouissant a passé dans ses vers.

C'est en effet dans les trente petits poëmes des Amours des Pierres (les *Amours et nouveaux eschanges des pierres précieuses, vertus et propriétés d'icelles*), que Remy Belleau a donné toute la mesure de son génie et de son talent. Variété de ton et de coupe, richesse du vocabulaire, abondance de détails, invention dans le récit, tout y prouve une souplesse, une fécondité, une puissance vraiment admirable, et l'on s'étonne que ces poëmes ne soient point, je ne dirai pas populaires, mais plus à l'ordre du jour parmi les lettrés et les savants en poésie. Il est évident que jamais l'effort n'a été poussé plus loin et plus heureusement. Tantôt c'est une ode d'un jet élégant et soutenu, en l'honneur du Diamant ou de la Perle; tantôt c'est une princesse, une femme aimée qui est chantée sous le nom de l'Agate ou du Saphir; et puis, c'est une histoire pompeuse, peinte en riche tapisserie, telle que celle d'Améthyse changée en pierre par Bacchus; tantôt encore, une légende d'amour contée sur le ton doux et mélancolique des plus tendres rêveries de La Fontaine, le conte du *Faucon* par exemple, ou la fable de *Philomèle et Progné*.

Ces poëmes, ou plutôt ce poëme, trop oublié aujourd'hui et qui aurait dû vivre, ce me semble, ne fût-ce que comme commentaire aux œuvres du poëte populaire auquel je viens de comparer Belleau, eut en son temps mieux qu'un grand succès; il atteignit à la gloire. Ronsard, le grand maître et le grand dispensateur des brevets, lui avait promis l'immortalité dans cette épitaphe rapportée au frontispice des œuvres de Belleau, et que Piganiol de La Force put encore lire dans l'église des Grands-Augustins au-dessus de son tombeau :

> Ne taillez, mains industrieuses,
> Des pierres pour couvrir Belleau :
> Lui mesme a basti son tombeau
> Dedans ses *Pierres Précieuses!*

La décadence de l'art poétique, après la première moitié du

XVIIe siècle, a fait mentir la prophétie, et même a fait oublier le prophète. Pourtant, le lourd Baillet écrivait encore en 1685 que « Belleau s'étoit appliqué *particulièrement* à bien choisir les mots, à donner de belles couleurs à ses pensées, et à polir son discours avec tant d'exactitude, qu'on auroit pu attribuer ce soin à quelque affectation vicieuse, si l'on n'avoit su que cela lui étoit naturel ! » Oh ! le beau jugement à citer après l'éloquent brevet de Ronsard ! Et cependant, cette pesante formule, si niaise dans sa réserve et dans ses contradictions, contient au moins encore le reflet de la vérité. C'est comme le dernier écho d'un siècle savant et qui avait la religion de l'Art. Mais n'est-il pas remarquable que déjà, cent ans après la mort de Ronsard, le choix des mots, le soin du style, l'exactitude fussent réputés *des affectations vicieuses ?*

Notre seconde Renaissance poétique, en 1820, rendit quelque lustre à la Pléiade : Ronsard restauré rappela Remy Belleau. Dès 1828, M. Sainte-Beuve, bien qu'un peu sévère, sur la foi de Ronsard, pour le traducteur d'*Anacréon*, jugeait Belleau, dans l'ensemble de ses œuvres, digne de la grande réputation qu'il avait eue en son temps, et se laissait séduire par l'abondance et par l'éclat de ses images.

Ronsard faisait-il bonne guerre à son ami en lui reprochant la faiblesse de sa traduction d'*Anacréon ?*

> Tu es un trop sec biberon
> Pour un tourneur d'Anacréon,
> Belleau. . .

Qu'il ait manqué d'énergie ou de fougue pour rendre les élans passionnés du vigoureux vieillard, il avait, du moins, tous les dons nécessaires pour en reproduire la grâce et la délicatesse. M. Sainte-Beuve, lorsqu'il est revenu quinze ans plus tard à Remy Belleau et à sa traduction dans sa charmante étude intitulée : *Anacréon au seizième siècle*, a reconnu que, s'il n'avait pas été complétement, c'est-à-dire également heureux dans sa tentative, il était peut-être, de tous les poëtes de son temps, celui à qui la fréquentation du poëte grec avait le mieux profité. M. Sainte-Beuve cite à l'appui deux pièces charmantes, déjà signalées par un autre traducteur d'*Anacréon*, M. de Saint-Victor. J'en pourrais citer deux ou trois autres, où l'on retrouverait bien, pour me servis de l'heureuse expression du poëte critique, l'*esprit léger de la Muse grecque* : l'*Ode à Vulcain*, par exemple, sur la façon d'un vase d'argent, ou encore l'*Ode sur l'inutilité de la richesse*, pièce du même rhythme que les stances de Ronsard, intitnlées *l'Élection de mon sépulchre*, et dont jo veux soulement citer les dernières strophes.

Mais las! puisque la vie,
A tous vivants ravie,
Ne se peut racheter,
Pour marchander,

Que me sert tant de plaintes,
Tant de larmes contraintes,
Et sanglots ennuyeux
Poussés aux cieux?

Puisque la mort cruelle
Sans merci nous appelle,
Que nous serviroit or [1]
L'argent ou l'or?

Avant que mort descendre
Là bas, je veux despendre
Et rire, à table mis
De mes amis;

Revien, ma Cythérée,
Mollement enserrée,
Avant le mien trépas,
Entre mes bras!

Ce qui me touche en Remy Belleau et ce qui achève, suivant moi, de le montrer comme un vrai et grand poëte, c'est de le trouver toujours si fidèlo à lui-même, si constant dans son inspiration. Où qu'il se tourne, c'est toujours la grâce ou la beauté qui l'attire : il prend à la Grèce Anacréon ; à l'épopée biblique, les *Cantiques de Salomon;* à Orphée et à Hésiode leurs fables les plus tendres et leurs plus merveilleuses légendes. Ses inventions poétiques sont toutes d'amour et d'amour délicat, encadrées dans les plus élégants tableaux de la nature, pendant les plus beaux mois de l'année ; sourires du ciel, fête des bois et des parterres, murmure des fontaines, oiseaux-messagers fendant la nüe, y sont le cortége, y sont l'accompagnement des présages et des enchantements qui peuvent troubler un cœur ému d'espoir, de désir ou de regrets. Le poëme des *Bergeries* est, nous apprend l'éditeur des œuvres de Belleau, un recueil de divers poëmes composés pour la plupart dans sa jeunesse, « lesquels, voulant gratifier, en les leur dédiant, les princes et seigneurs

[1] Maintenant, désormais.

de la maison en laquelle il avoit reçu son avancement, il lia par des proses entremêlées, supposant beaucoup d'occasions à son plaisir. » C'est au premier livre de ce poëme que se trouve l'*adorable* pièce d'*Avril*, comme l'appelle M. Sainte-Beuve, ce cri de l'amour et du printemps, et qui, tant que les cœurs battront, tant que les bois se renouvelleront, sera le chant de guerre et comme la *Marseillaise* des amoureux et des adolescents.

Si je parle, avant de finir, de la comédie de la *Reconnue* et du poëme macaronique *contre les reistres*, c'est qu'après avoir loué la grâce de Belleau, son amour éthéré du beau et sa délicatesse, il me semble bon à noter que cette grâce, qui était bien son véritable caractère, a eu plus d'un ton, qu'elle a été non-seulement la grâce noble, la grâce délicate, mais aussi la grâce comique, et même la grâce bouffonne. Le poëme macaronique, *Dictamen metrificum de Bello Hugonotico et Reistrorum piglamine, ad sodales*, est en effet un poëme bouffon, tellement bouffon, qu'il est difficile d'en rien citer dans une anthologie, mais où la verve, et surtout le comique dans les mots et dans les images se soutient d'un bout à l'autre. M. Viollet-Leduc, dans son catalogue analytique, qualifie ce poëme de piquant... Sans doute il a voulu mettre beaucoup de choses dans ce mot; nous l'adopterons sous bénéfice d'inventaire. La *Reconnue* est une comédie d'intrigue, un peu faible d'intrigue peut-être pour les cinq actes que l'auteur lui fait comporter, mais qui se fait lire avec agrément dans son vers de huit pieds, élégant, vif et correct. C'est, comme ton et comme style, une imitation ou un souvenir de Térence, et qui annonce ou qui prépare *l'Étourdi* et *le Dépit amoureux*.

Les faits biographiques recueillis sur Remy Belleau sont peu nombreux. Sa vie d'ailleurs fut celle qu'on pourrait lui souhaiter après avoir lu ses œuvres : une vie calme et indépendante, au milieu des honneurs de la cour, dans la maison d'un noble gentilhomme, Charles de Lorraine, marquis d'Elbeuf, qui, après avoir fait de lui son secrétaire, lui confia l'éducation de son fils. C'est dans cette maison qu'il mourut, âgé de moins de cinquante ans, sans autre événement dans sa vie qu'un voyage en Italie à la suite de son patron, général des galères pendant l'expédition de Naples. Cette existence heureuse, honorée, fut couronnée par de glorieuses funérailles : ses amis voulurent porter son corps sur leurs épaules, et ces amis étaient Pierre de Ronsard, Antoine de Baïf, Philippe Desportes et Amadis Jamyn !

Ses œuvres, publiées séparément durant sa vie, furent réunies après sa mort, en deux volumes qui peuvent compter parmi les plus charmantes éditions du XVIe siècle.

Heureux temps et heureux poëtes! après une vie toute consacrée au plus noble des arts, toute dorée des rayons de la gloire, de la faveur et du génie, ils mouraient pompeusement, ensevelis par des mains pieuses et illustres, et, après leur mort, de non moins pieux artistes élevaient à leur pensée des monuments immortels et faisaient rayonner sur leur œuvre cette divine Beauté qu'ils avaient tant aimée!

CHARLES ASSELINEAU.

Œuvres de Remy Belleau : Les *Amours et échanges de pierres précieuses*, etc., avec le Discours de la Vanité pris de l'Ecclésiaste et des Églogues sacrées prises du Cantique des Cantiques de Salomon. Paris, 1576, in-4; *la Bergerie de Remy Belleau*, 1572, in-8; *Chant de la Paix*. Paris, 1559, in-4; *Epithalame de M. le duc de Lorraine et de madame Claude, fille de Henri II*. Paris, 1559, in-4; *G[de] pastorale sur la mort de Joachim Du Bellay; Tombeau de François de Lorraine; Larmes sur le trépas de Remy de Lorraine, marquis d'Elbeuf, et de Louise de Rieux, sa femme*. Paris, 1566, in-4; *l'Innocence prisonnière et la Vanité fugitive*, poëmes; *Ode au devant des coutumes du Perche*, à la suite de l'*Histoire des comtés d'Alençon et du Perche*, par Bry de la Clergerie. Paris, 1620, in-4; les *OEuvres poétiques de Remy Belleau*. Paris, 1578, chez Mamert Pattisson, 2 volumes in-12.

Voyez sur Remy Belleau, l'abbé Goujet, *Bibliothèque française*, t. XII; Baillet, Titon Du Tillet, etc.; M. Sainte-Beuve, *Tableau de la poésie française au XVIe siècle*.

FRAGMENTS

DU POÈME INTITULÉ

LES AMOURS ET NOUVEAUX ESCHANGES DES PIERRES PRÉCIEUSES

VERTUS ET PROPRIÉTÉS D'ICELLES

. . . .

C'estoit au mesme jour, que les folles Menades,
Et le troupeau sacré des errantes Thyades
Alloyent criant, hurlant, dodinant[1] et crollant[2],
Leur visage masqué, de serpens tout grouillant,
Le javelot au poing, entouré de lierre,
Bouffonnant, bondissant, et trepignant la terre,
Sans ordre, pesle-mesle, au son du tabourin[3],
Sous le bruit esclattant des cornes à bouquin.
Trop pleine de ce Dieu, la brigade chancelle,
Fourvoyant çà et là, de piez et de cervelle,
De rage epoinçonnée[4], errante par les bois.
La terre gemissoit de leurs confus abois,
La lumiere des yeux se bouchoit[5] retenuë
Sous la brune espaisseur d'une poudreuse nuë,
Les oyseaux estourdis, les entendans hurler,
Quittèrent aussi tost les campagnes de l'ær[6].

L'une portoit en main une lance estoffée
De lierre ondoyant, où pendoyent, pour trofée,
Les despouilles d'un bouc : l'autre, pleine du Dieu
Qui la pousse en fureur, sur le fer d'un espieu,
Secouoit embroché, victime de la feste,
D'un porc gaste-raisin, le simier et la teste :
L'autre portoit d'un fan tavelé[7] sur la peau
Les cornichons[8] pointus, comme un croissant nouveau :

[1] Remuant. — [2] Secouant. — [3] Pour : tambourin. — [4] Aiguillonnée. — [5] S'éclipsait. — [6] Pour : l'air. — [7] Tacheté. — [8] Les petites cornes.

L'autre, sur une fourche à deux pointes guerrieres,
La hure d'un sanglier, aux defenses meurtrieres :
De figues et de fleurs, l'autre, avec le coffin[1],
Bransloit au ventre creux un vase plein de vin.

. . . .
. . . .

D'un pié prompt et legier, ces folles Bassarides
Environnent le char ; l'une se pend aux brides
Des onces mouchettez d'estoiles sur le dos,
Onces à l'œil subtil, au pié souple et dispos,
Au muffle herissé de deux longues moustaches;
L'autre met dextrement les tigres aux attaches,
Tizonnez sur la peau, les couple deux à deux;
Ils ronflent de colere, et vont roullans les yeux :
Un fin drap d'or frisé, semé des perles fines,
Les couvre jusqu'au flanc; les houpes à crespines
Flottent sur le genou; plus humbles devenus[2],
On agence leur queuë en tortillons menus.

D'or fin est le branquar, d'or la jante et la rouë,
Et d'ivoire indien est la pouppe et la prouë :

. . . .

Le dieu monte en son char; les tigres vont[3] d'avant,
Qui, sans piquer[4], voloyent plus legers que le vant,
Sous leurs piés ergottez[5] d'une griffe meurdriere
Faisoyent voler menu la bruyante poussiere,
D'un muffle entrefendu remaschant, polissant
L'or fin, entre leurs dens, d'écume blanchissant :
Jointes à ses costez, ces folastres Evantes[6]
Le suivoyent au galop, hurlantes et courantes.

[1] C'est-à-dire : l'autre, avec la corne d'abondance pleine de figues et de fleurs. — [2] C'est-à-dire : étant devenus plus humbles, ayant perdu leur férocité, ils laissent agencer... — [3] Avancent rapidement. — [4] Sans être stimulés de l'aiguillon. — [5] Qui ont pour ergot une griffe meurtrière. — [6] Evantes, synonyme de Bacchantes, *d'évohé*, cri qu'elles poussaient dans leurs orgies.

Sus avant, dist ce Dieu, sus, tigres, prenez cueur;
Et vous, onces legers, armez-vous de fureur :
C'est à ce coup qu'il faut secourir vostre maistre,
Gratez la terre aux piez et me faites parestre
Que vous sentez divins, coleres dedans vous,
Quelque peu de l'aigreur de mon juste courrous :
Herissez-vous d'horreur, échauffez courageuses,
De queuë et de fureur, vos costes paresseuses,
Que l'Indois bazané sente, comme inhumain
Pour m'avoir dédaigné, les rigueurs de ma main.
Je veux que le premier, qui tiendra ceste voye[1],
Vous soit mis en curée et vous serve de proye.

. . . .
. . . .

(*L'Améthyste.*)

LA COUPE DE CRISTAL

Chante, qui voudra, les faveurs,
Les mignardises, les douceurs,
Les soupirs, les plaintes cruelles,
Les pleurs et les soucis mordans,
Les charmes, et les traits ardans,
De l'Amour les troupes fidelles.

Enfle, sous l'ombre des ormeaux,
Qui voudra, les tendres[2] rouseaux,
Ou de Mars les fieres batailles,
Ou chante les flammes de l'ær[3],
Ou les peuples qui, dans la mer,
S'arment de conques et d'escailles ;

[1] Qui prendra ce chemin. — [2] Pour : roseaux. — [3] Pour : l'air.

Quant à moy je ne chanteray,
Et rien plus je ne vanteray
Que ceste coupe crystaline
Qui, pleine de la douce humeur [1]
Du Dieu qui nous met en fureur,
Me va rechauffant la poitrine.

. . . .

O riche et bien-heureux crystal,
Plus precieux que le metal
Dont Jupiter, pour couverture
Et pour masque, fist, une fois,
De larmes d'or baignant les tois,
A ses amours prompte ouverture!

Crystal poli dessus le tour,
Arrondi de la main d'Amour,
Animé de sa douce haleine:
Crystal, où la troupe des dieux,
Du nectar pressuré des cieux,
Va trompant sa soif et sa peine!

Crystal enté mignardement
Sur un pié qui fait justement
La baze d'une collonnette,
Où regne, pour le chapiteau,
A fueillage un triple rouleau,
Le seur appuy de la cuvette!

Crystal, que jamais on n'a veu
Que promtement on n'y ait beu
La liqueur qui plus nous recrée,
Tu connois celle, en s'y mirant
Seulement, qui va desirant
D'y moüiller sa levre sucrée!

[1] Pour : liqueur; c'est le sens de l'étymologie latine, humor.

Levre douce où la chasteté,
La douceur et la privauté,
Les baisers et les mignardises
Ont choisi leur benin sejour,
Le siege d'honneur et d'amour,
Et des graces les mieux apprises.

L'un vantera le diamant,
L'autre la vertu de l'aymant,
L'ambre, la perle et la topasse,
Et moy, ce verre crystalin
Où flotte le germe divin,
Le secours de l'humaine race.

Ce n'est pas le vase trompeur
De Circe au langage pipeur,
Qui, brassant de nouveaux meslanges
Dedans un breuvage sorcier,
Eschangea le troupeau guerrier
D'Ulysse en mille corps estranges.

Les vases d'or ne me sont rien,
Ny le bronze Corinthien,
Ny tous les emaux de fagence[1] :
J'aime trop mieux, dedans la main,
Voir jusqu'aux bords ce verre plein,
Que tous les sceptres de la France.

C'est toy donc qui rens addouci
L'aigre fiel de nostre souci :
C'est toy qui romps et qui deslie,
Par un secret enchantement,
Le nœud qui serre estroitement
Le fil courant de nostre vie.

C'est toy, c'est toy, crystal gentil,
Qui, plein d'air fumeux et subtil,

[1] Pour : faïence.

Nous mets, resveurs, en allaigresse;
Toy, qui nous plantes sur le front
Les cornes[1] qui braves nous font,
Quelque pauvreté qui nous presse.

Le lustre du vin est si beau
Sur la glace de ce vaisseau,
L'un et l'autre honneur de la terre,
Qu'œilladant[2] ce vineux esprit
Ondoyant, vous diriez qu'il rit
Dedans le crystal qui l'enserre[3].

Ou soit qu'il nous sille[4] les yeux
D'un sommeil doux et gracieux,
Ou soit qu'en l'amoureuse proye
Nous soyons poussez de son feu,
Si tost qu'en ce crystal j'ai beu,
Mon cœur va sautelant de joye.

Jamais ne se puisse casser,
Esclater, feller ou froisser,
De ce crystal la glace belle :
Mais tousjours, pres de mon soulas[5],
Comble[6] de vin ou d'hippocras,
Demeure, compagne fidelle,

En doux et gracieux repos,
Loin de tous medisans propos
Et toutes coleres depites,
Comme de l'orage mutin
Qui porta le trouble au festin
Des Centaures et des Lapithes!

[1] Les cornes sont, dans la langue des emblêmes, un signe de force et de génie. — [2] Regardant. — [3] Le contient. — [4] Ferme. — [5] C'est-à-dire : pour m'égayer, me récréer. — [6] Remplie.

AVRIL

Avril, l'honneur et des bois
Et des mois :
Avril, la douce esperance
Des fruicts qui, sous le coto
Du bouton,
Nourrissent leur jeune enfance;

Avril, l'honneur des prez verds,
Jaunes, pers[1],
Qui, d'une humeur[2] bigarrée,
Emaillent de mille fleurs
De couleurs,
Leur parure diaprée;

Avril, l'honneur des soupirs
Des Zephyrs,
Qui, sous le vent de leur æle[3]
Dressent encor, ès forests[4],
Des doux rets,
Pour ravir Flore la belle;

Avril, c'est ta douce main
Qui, du sein
De la nature, desserre
Une moisson de senteurs
Et de fleurs,
Embasmant[5] l'air et la terre;

Avril, l'honneur verdissant,
Florissant

[1] Nuance intermédiaire entre le vert et le bleu. — [2] Le mot humeur répond ici assez exactement au sens du mot plus moderne : fantaisie. — [3] Pour : aile. — [4] Dans les forêts. — [5] Pour : embaumant.

Sur les tresses blondelettes
De ma dame, et de son sein
Tousjours plein
De mille et mille fleurettes;

Avril, la grace, et le ris
De Cypris,
Le flair et la douce haleine;
Avril, le parfum des dieux,
Qui, des cieux,
Sentent l'odeur de la plaine;

C'est toy, courtois et gentil,
Qui d'exil
Retires ces passageres,
Ces [1] arondelles qui vont,
Et qui sont
Du printemps les messageres.

L'aubespine et l'aiglantin,
Et le thym,
L'œillet, le lis, et les roses,
En ceste belle saison,
A foison,
Monstrent leurs robes écloses.

Le gentil rossignolet,
Doucelet,
Decoupe dessous l'ombrage.
Mille fredons babillars
Fretillars,
Au doux chant de son ramage.

C'est à ton heureux retour
Que l'amour

[1] Pour : hirondelles.

Souffle, à doucettes haleines
Un feu croupi [1] et couvert
Que l'hyver
Receloit dedans nos veines.

Tu vois, en ce temps nouveau,
L'essaim beau
De ces pillardes avettes [2]
Volleter de fleur en fleur,
Pour l'odeur
Qu'ils mussent [3] en leurs cuissettes,

May vantera ses fraischeurs,
Ses fruicts meurs,
Et sa feconde rosée,
La manne et le sucre doux,
Le miel roux,
Dont sa grace est arrosée.

Mais moy, je donne ma voix
A ce mois
Qui prend le surnom de celle [4]
Qui, de l'escumeuse mer,
Veit [5] germer
Sa naissance maternelle.

[1] Assoupi. — [2] Abeilles. — [3] Cachent, logent. — [4] Aphrodite, Vénus. — [5] Pour : vit.

ODES

TRADUITES D'ANACRÉON

Nature a donné aux taureaux
La corne, et le vol aux oyseaux,
L'ongle au cheval, et la vitesse
Aux lievres, aux poissons l'adresse
De nager, aux lions les dens,
Et aux hommes d'estre prudens:
Or, n'estant plus en sa puissance
Donner aux femmes la prudence,
Que leur a elle presenté?
Pour toutes armes la beauté,
Le seule beauté, dont la femme
Surmonte l'acier et la flamme.

LA CIGALE

Ha, que nous t'estimons heureuse,
Gentille cigale amoureuse!
Car aussi tost que tu as beu
Dessus les arbrisseaux un peu
De la rosée, aussi contente
Qu'est une princesse puissante,
Tu fais de ta doucette voix
Tressaillir les monts et les bois.

Tout ce qu'apporte la campagne,
Tout ce qu'apporte la montaigne,
Est de ton propre; au laboureur
Tu plais sur tout: car son labeur
N'offenses [1], ny portes dommage
N'à luy, ny à son labourage.
Tout homme estime ta bonté,
Douce prophete de l'esté!

[1] C'est-à-dire : car tu n'offenses pas (tu ne troubles pas) son labeur.

La muse t'aime, et t'aime aussi
Apollon, qui t'a fait ainsi
Doucement chanter; la vieillesse,
Comme nous, jamais ne te blesse.

O sage, ô fille terre-née[1],
Aime-chanson[2], passionnée[3]
Qui ne fus onc d'affection,
Franche de toute passion,
Sans estre de sang ny de chair,
Presque semblable à Jupiter.

A SA MAITRESSE

Jadis la fille de Tantale
En roch[4] changea sa couleur palle,
Dessus le sable phrygien,
Et se changea la fille belle
De Pandion, en arondelle[5],
Comme dit le peuple ancien.

Ha! que pleust aux dieux que je fusse
Ton miroir, à fin que je peusse
Te mirant dedans moy, te voir,
Ou robe, à fin que me portasses,
Ou l'onde en qui tu te lavasses,
Pour mieux tes beautez concevoir!

Ou le parfum, et la civette
Pour emmusquer ta peau douillette,
Ou le voile de ton tetin,
Ou de ton col la perle fine,
Qui pend sur ta blanche poítrine,
Ou bien, maîtresse, ton patin!

[1] Née de la terre, du sol. — [2] Qui aime à chanter. — [3] Qu'aucune passion n'a jamais agitée. — [4] Pour : roc. — [5] Hirondelle.

AMOUR PIQUÉ D'UNE MOUCHE A MIEL [1]

Amour ne voyoit pas, enclose,
Entre les replis de la rose,
Une mouche à miel qui soudain
En l'un de ses doigs le vint poindre [2];
Le mignon commence à se plaindre,
Voyant enfler sa blanche main.

Aussitost à Venus la belle,
Fuyant, il vole à tire d'œlle :
« Mere, dist-il, c'est fait de moy,
C'en est fait, et faut qu'à ceste heure,
Navré [3] jusques au cœur, je meure,
Si secouru ne suis de toy.

« Navré je suis, en ceste sorte,
D'un petit serpenteau qui porte
Deux ailerons dessus le dos,
Aux champs une abeille on l'appelle :
Voyez donc ma playe cruelle,
Las! il m'a piqué jusqu'à l'os.

— Mignon (dist Venus), si la pointe
D'une mouche à miel cette atteinte
Droit au cœur (comme tu dis) fait,
Combien sont navrez davantage
Ceux qui sont espoints [4] de ta rage,
Et qui sont blessez de ton trait? »

[1] Le lecteur pourra comparer avec intérêt cette pièce de Remy Belleau à celle que Ronsard a composée sur le même sujet. (V. plus haut, p. 26). — [2] Piquer. — [3] Blessé. — [4] Aiguillonnés.

ÉTIENNE DE LA BOËTIE

1530 — 1563

N'eût-il parlé que pour ces mendiants de gloire, avant tout désireux de *faire un avenir à leur tombe*, le poëte grec n'aurait pas prononcé en vain son mot d'ordre mélancolique. « Les dieux bénissent celui qui meurt jeune. » L'imagination des siècles, cette grande prêteuse, fait volontiers crédit aux lutteurs interrompus dès le premier effort ; elle leur tient compte des années qu'ils n'ont pas vécu, des hautes entreprises qu'ils rêvaient, des poëmes qu'ils auraient pu écrire ; elle répare l'injustice apparente de la destinée, prompte à dépouiller ces printemps, en portant ses regrets plus loin encore que ne pouvaient aller ses espérances ; elle se dédommage du désenchantement quotidien que lui imposent tant de maturités flétries, tant de vieillesses prostituées, en dressant à l'horizon du passé, dans une éternelle attitude de pureté, de courage et de grâce, la statue de ses privilégiés qui n'ont pas eu le temps de compromettre leurs titres à l'immortalité ! Qu'on redise pour la millième fois devant nous quelqu'un de ces noms fraternels en dépit de la diversité des dons et des origines, Hoche ou Germanicus, André Chénier ou Bichat, Novalis ou Kirke White, pour la millième fois nous agiterons dans nos cœurs les semences sacrées de l'attendrissement et de l'enthousiasme ; pour la millième fois nous serons possédés de ce charme indécis et profond qui nous reprend aussi en mémoire de ces femmes rencontrées par hasard, admirées toute une heure, et depuis transfigurées dans nos âmes par la victorieuse magie du souvenir !

C'est cette émotion mystérieuse, c'est cette piété passionnée qui me trouble à présent et qui me fait hésiter devant le plus noble et le plus encourageant des modèles, devant cette sagesse en fleurs qui s'appelle Étienne de La Boëtie.

L'ami de Montaigne n'avait pas trente-trois ans quand il mourut à Bordeaux, le 15 août 1563. « De grand homme en général et ayant « tant de belles pièces ensemble, ou une en tel degré d'excellence « qu'on le doive admirer ou le comparer à ceux que nous honorons « du temps passé, ma fortune ne m'en a fait voir nul ; et le plus grand « que j'ai connu au vif, je dis des parties naturelles de l'âme, et le « mieux né, c'était Étienne de La Boëtie. C'était vraiment une âme « pleine et qui montrait un beau visage à tous sens, une âme à la « vieille marque, et qui eût produit de grands effets si sa fortune l'eût « voulu. » Ainsi disait alors (et il le redit en mille variantes) le philosophe sceptique des *Essais*, ne ménageant pas cette fois les témoignages les plus explicites de la tendresse et de la vénération. Une telle épitaphe écrite par Montaigne sur le tombeau prématurément ouvert du jeune sage, ce serait assez pour protéger La Boëtie contre l'indifférence, pour entretenir à travers les âges la contagion de la sympathie et du respect. Pour empêcher de mourir l'aimable Hippolyte de Seytres, il a suffi de quelques lignes où Vauvenargues répandit sa tristesse. Mais le conseiller au parlement de Bordeaux pourrait devant la postérité n'avoir pas d'autre garant que lui-même.

L'historien Gibbon, qui, dans la France du XVIe siècle, ne voulait reconnaître que deux âmes libres, celle de Montaigne et celle de Henri IV, avait oublié ou méconnu La Boëtie. A seize ans, à dix-huit ans tout au plus, cet enfant qui « eût mieux aimé être né à Venise qu'à Sarlat », écrivait pour lui-même *le Traité de la servitude volontaire ou du contr'un*. C'était déclarer du premier coup tout le prix de sa nature. Son livre, livré au public seulement dix ans après sa mort, est, j'aime à dérober les paroles d'un excellent critique, M. Philarète Chasles, « tel qu'aurait pu l'écrire Machiavel aux jours de Florence « républicaine ou Rienzi pendant son consulat ; le style en est grave, « élevé, précis, plein de sens et de force, le raisonnement calme et « austère, l'élocution correcte et saine, et l'application dangereuse aux « lieux où le peuple n'est pas maître. » Déclamation sonore! L'écho recommence à vibrer dès que notre France se remue! Au lendemain de la Saint-Barthélemi, à la veille de la prise de la Bastille, La Boëtie est sûr de trouver un nouvel éditeur, et quand Lamennais s'arme en guerre pour la démocratie, il va s'approvisionner encore chez La Boëtie. Un juge presque infaillible, M. Sainte-Beuve, a conclu bien sévèrement contre les pages éloquentes. *Ce traité soi-disant politique, cette tragédie de collège, ce chef-d'œuvre de seconde année de rhétorique*, ce sont là ses arrêts. Oserai-je ne pas m'associer à ces rigueurs? Je ne nie pas les formules classiques, la roideur du sentiment, la rigueur trop absolue des conclusions; je sais qu'à dix-huit ans les philosophes n'admettent pas dans leur calcul ces erreurs partielles sans lesquelles, à tout prendre, ne se régleront peut-être jamais les grands comptes de la politique et de la morale; mais je sais aussi qu'il est doux de contempler l'adolescence des Thraséas, je sais que les écoliers de rhétorique m'agréent mieux ainsi, impatients des tyrannies, acharnés contre l'injustice, que, prudents déjà, jaloux du gain, railleurs décidés de toutes les généreuses audaces, serviteurs laborieux de leurs ambitions mesquines; je sais enfin que le *Contr'un*, dans sa verve hardie, dans son flot poétique d'indignation, de prophéties et d'espérances, est comme l'hymne ardent de la liberté au XVIe siècle. Quoi qu'affirme Gibbon, les théoriciens, les orateurs, les soldats ne manquaient pas à la cause sacrée. Bodin, Hotman, Languet, Buchanan, Coligny, de Thou, L'Hopital, pensaient, parlaient, combattaient et savaient mourir; mais La Boëtie a été, dans ce chef-d'œuvre de prose animée, imagée, entraînante, le véritable poëte du parti. Ainsi, par-dessus les utopies et les constitutions, plus haut que les bruits du journal et que les tempêtes de la tribune, éclatait, mêlé au fracas des armes, sur la France de 1792, le chant que le génie de la patrie avait soufflé à Rouget de Lislè!

La Boëtie commença sa vie par cet acte décisif, *le Traité de la servitude volontaire;* puis il sembla ne plus songer à sa tâche, et défaillir à ses promesses. Magistrat, studieux traducteur de Xénophon et de Plutarque, père de famille fidèle à son foyer, ami ardent de Montaigne qui lui dut plus de fermeté dans l'esprit, plus de gravité dans le caractère, il termina sa courte carrière, paraissant s'occuper moins de l'intérêt général et de la patrie. Il prévoyait, il voyait sans doute l'inutilité présente de l'héroïsme; il devinait tant de tragédies sanglantes, la Saint-Barthélemi, la Ligue, et le poignard répondant au poignard, sans que de tant d'épreuves dussent sortir pour la France la sécurité et la lumière. Il estimait qu'à travers de tels conflits il y avait honneur à se retirer d'un champ de bataille souillé par les violences des deux armées, à pratiquer humblement son devoir en cachant sa blessure et en invoquant le Dieu des justes! Il projetait en ses heures découragées (des vers latins singulièrement énergiques nous l'attestent) une retraite en Amérique et l'établissement d'une colonie par delà les mers, loin des discordes civiles dont son cœur saignait incessamment! Il mourut dans la paix de conscience, dans le mortel souci des malheurs de son pays, simple, fier, héroïque dans sa réalité presque obscure, comme cet admirable marquis de Posa, dans le vêtement idéal que lui a tissé Schiller.

La Boëtie n'était pas proprement un poëte, et pourtant ce serait grand dommage d'effacer ses vers des riches annales de notre histoire littéraire. Dans ses sonnets qu'il composa dès l'adolescence, à l'instant où la lutte s'engageait alentour de Ronsard, il a laissé échapper plus d'une irrégularité, plus d'une dureté, plus d'un méchant hémistiche. Il n'observe pas exactement la loi déjà proclamée de l'entrelacement des rimes; il abuse des licences de l'*e* muet; il a des césures que l'oreille n'accepte pas. Mais l'accent est toujours élevé; l'inspiration est toujours sincère. On dirait parfois à l'entendre un jeune frère du Corneille qui consola sa vieillesse en soumettant au pouvoir de ses stances le cœur léger de sa marquise. Montaigne, discourant sur ces sonnets de jeunesse et les comparant à d'autres vers que La Boëtie fit plus tard pour celle qui fut sa femme, dit : « Ceux-ci ont je ne sais quoi de plus « vif et de plus bouillant.... les autres sentent déjà je ne sais quelle « froideur maritale. Et moi je suis de ceux qui tiennent que la poésie « ne ride point ailleurs comme elle fait en un sujet folâtre et déréglé. » Peut-être Montaigne se trompait-il; si La Boëtie eût vécu et s'il eût continué à chanter, Étienne Pasquier ne l'eût certainement pas compté parmi ceux qui jusqu'au bout *pleiadisèrent;* il était digne, ses vers latins nous le prouvent, de donner le premier à la France une poésie philosophique et domestique, un prélude qui devançât Milton et Cowper. Mais, sans nous égarer aux hypothèses, relisons les mieux réussis de ses sonnets, et, même en ces faciles propos d'amour, nous verrons percer la nature vigoureuse et sévère de celui à qui l'on aimerait à appliquer plus directement les deux vers du pauvre Shelley qui, lui aussi, s'arrêta dès la première étape. « La science, la vérité, « la vertu et les sublimes espérances de la divine liberté, c'était là le « thème de ses chants. »

Knowledge and truth and virtue were his theme,
And lofty hopes of liberty divine.

PHILOXÈNE BOYER.

Œuvres complètes de La Boëtie, éditées par M. Léon Feugère (Delalain, 1846).

On lira utilement sur l'auteur du *Contr'un* : « *Notice bio-bibliographique sur La Boëtie*, par M. le docteur Payen (Didot, 1853); Sainte-Beuve (*Causeries du lundi*, tome IX); Philarète Chasles (*Études sur le* XVIe *siècle en France*); Lamennais (*Préface de la* Servitude volontaire, Pagnerre, 1836); Louis Blanc (*Histoire de la Révolution française*, 1er volume). »

SONNETS

Pardon, Amour, pardon ; ô Seigneur ! je te vouë
Le reste de mes ans, ma voix et mes escrits,
Mes sanglots, mes souspirs, mes larmes et mes cris :
Rien, rien tenir d'aucun que de toy, je n'avouë.

Hélas ! comment de moy ma fortune se jouë ?
De toy, n'a pas long temps, Amour, je me suis ris,
J'ay failly, je le voy, je me rends, je suis pris.
J'ay trop gardé mon cœur, or, je le désavouë.

Si j'ay, pour le garder, retardé ta victoire,
Ne l'en traicte plus mal, plus grande en est ta gloire,
Et, si du premier coup tu ne m'as abbatu,

Pense qu'un bon vainqueur, et nay pour estre grand,
Son nouveau prisonnier, quand un coup il se rend,
Il prise et l'ayme mieux, s'il a bien combatu.

C'estoit alors, quand, les chaleurs passées,
Le sale Automne aux cuves va foulant
Le raisin gras dessous le pied coulant,
Que mes douleurs furent encommencées.

Le paisan bat ses gerbes amassées,
Et aux caveaux ses bouillans muis roulant
Et des fruictiers son automne croulant,
Se venge lors des peines avancées.

Serait-ce point un présage donné
Que mon espoir est desjà moissonné?
Non, certes, non : mais pour certain je pense,

J'auray, si bien à deviner j'entens,
Si l'on peut rien pronostiquer du temps,
Quelque grand fruict de ma longue espérance.

J'ay veu ses yeux perçans, j'ay veu sa face claire
(Nul jamais, sans son dam, ne regarde les dieux);
Froid, sans cœur, me laissa son œil victorieux,
Tout estourdy du coup de sa forte lumière.

Comme un surprins de nuict, aux champs, quand il esclaire,
Estonné, se pallit si la flèche des cieux
Sifflant, luy passe contre, et lui serre les yeux;
Il tremble, et voit, transy, Jupiter en cholère.

Dis moy, ma dame, au vray, dis moy si tes yeux verts
Ne sont pas ceux qu'on dit que l'Amour tient couverts?
Tu les avois, je croy, la fois que je t'ay veue;

Au moins il me souvient qu'il me fust lors advis
Qu'Amour, tout à un coup, quand premier je te vis,
Desbanda dessus moy et son arc et sa veue.

Ce dit maint un de moy : de quoy se plaind il tant?
Perdant ses ans meilleurs en chose si légère,
Qu'a il tant à crier, si encore il espère;
Et s'il n'espère rien, pourquoi n'est il content?

Quand j'estois libre et sain, j'en disois bien autant:
Mais, certes, celuy-là n'a la raison entière,
Ains a le cœur gasté par une rigueur fière,
S'il se plaind de ma plainte, et mon mal il n'entend.

Amour tout à un coup de cent douleurs me poingt,
Et puis l'on m'advertit que je ne crie point.
Si vain je ne suis pas, que mon mal j'agrandisse,

A force de parler! s'on m'en peut exempter,
Je quite les sonnets, je quite le chanter.
Qui me défend le dueil, celuy-là me guarisse!

N'ayez plus, mes amis, n'ayez plus cette envie
Que je cesse d'aymer; laissez moy, obstiné,
Vivre et mourir ainsi, puisqu'il est ordonné:
Mon amour, c'est le fil auquel se tient ma vie.

Ainsi me dict la Fée; ainsi en Æagrie,
Elle feit Méléagre à l'amour destiné,
Et alluma sa souche à l'heure qu'il fust né,
Et dit : Toy et ce feu, tenez vous compaignie.

Elle le dit ainsi, et la fin ordonnée
Suivit après le fil de cette destinée.
La souche (ce dit l'on) au feu fut consommée;

Et dès lors (grand miracle), en un mesme moment,
On veit, tout à un coup, du misérable amant
La vie et le tison s'en aller en fumée.

L'un chante les amours de la trop belle Heleine,
L'un veut le nom d'Hector par le monde semer,
Et l'autre, par les flots de la nouvelle mer[1],
Conduit Jason gaigner les thrésors de la laine[2].

Moi, je chante le mal qui à son gré me meine:
Car je veux, si je puis, par mes carmes[3] charmer
Un torment, un soucy, une rage d'aymer,
Et un espoir musart[4], le flateur de ma peine.

De chanter rien d'autruy meshuy qu'ay je que faire?
Car de chanter pour moy, je n'ay que trop à faire.
Or, si je gaigne rien à ces vers que je sonne,

Ma dame, tu le sçais, ou si mon temps je pers :
Tels qu'ils sont, ils sont tiens : tu m'as dicté mes vers,
Tu les as faits en moy, et puis je te les donne.

J'allois seul, remaschant mes angoisses passées :
Voyci (dieux, destournez ce triste malencontre!)
Sur chemin, d'un grand loup l'effroyable rencontre,
Qui, vainqueur des brebis de leurs chiens délaissées,

Tirassoit d'un mouton les cuisses dépecées,
Le grand dueil du berger: il rechigne et me montre
Ses dents rouges de sang, et puis me passe contre,
Menaçant mon amour, je croy, et mes pensées.

[1] Le Pont-Euxin. — [2] La Toison d'or. — [3] Vers. — [4] Vain.

De m'effrayer, depuis, ce présage ne cesse :
Mais j'en consulteray sans plus à ma maîtresse,
Onc par moy n'en sera pressé le Delphien :

Il le sçait, je le croy, et m'en peut faire sage,
Elle le sçait aussi, et sçait bien d'avantage,
Et dire, et faire encor, et mon mal et mon bien.

Ce jourd'huy, du soleil la chaleur altérée
A jauny le long poil de la belle Cérès;
Ores, il se retire; et nous gaignons le frais,
Ma Marguerite et moy, de la douce sérée.

Nous traçons dans les bois quelque voye esgarée;
Amour marche devant, et nous marchons après,
Si le vert ne nous plaist des espesses forests,
Nous descendons pour voir la couleur de la prée;

Nous vivons francs d'esmoy, et n'avons point soucy
Des roys, ny de la cour, ny des villes aussi.
O Médoc, mon païs solitaire et sauvage!

Il n'est point de païs plus plaisant à mes yeux :
Tu es au bout du monde, et je t'en ayme mieux;
Nous sçavons, après tous, les malheurs de nostre aage.

ANTOINE DE BAIF

1531 — 1592

Jean Antoine de Baïf naquit à Venise des amours de Lazare de Baïf, ambassadeur de France, avec une demoiselle de condition. Lazare de Baïf, étant dans les ordres ecclésiastiques, ne put épouser sa maîtresse, mais il reconnut son enfant. Il l'emmena avec lui à Paris où il lui fit donner l'éducation qu'un gentilhomme poëte et savant pouvait ambitionner pour son fils. Lazare lui-même a compté dans le mouvement de la poésie française au XVIe siècle. Il était de la race des Daurat, des Saint-Gelais et des Étienne Pasquier, de tous ceux qui, au commencement du XVIe siècle, hésitèrent entre le latin et le français, et marquent la transition de l'un à l'autre. Trois petits traités en langue latine sur les Vêtements, les Vases et les Navires des anciens, qu'il composa pendant un voyage à Rome, ont eu plusieurs éditions. Ses traductions françaises de l'*Électre* de Sophocle, et de l'*Hécube* d'Euripide, estimées en leur temps, ont été depuis fort sévèrement jugées par les critiques du XVIIe et du XVIIIe siècle, et notamment par Goujet, qui, suivant moi, n'ont pas assez tenu compte à l'auteur de la difficulté d'une première tentative. La vie de Lazare de Baïf ne faisant point le sujet de cet article, nous renverrons, pour les détails, à la biographie qu'en a donnée M. B. Hauréau dans son *Histoire littéraire du Maine*. Disons pourtant, comme conclusion, que Scévole de Sainte-Marthe lui a donné place dans ses *Éloges des Français illustres*, et que Ronsard a célébré sa mort dans une ode dont nous rappellerons seulement les derniers vers comme marquant le degré d'estime où le tenaient ses contemporains :

A l'ignorance il est guerre.
L'excellence
De la France,
Mourut en Rudé première ;

Et encores
Morte est ores
Des Muses l'autre moitié [1] !

Une des premières épîtres d'Antoine de Baïf consacre à peu près dans les mêmes termes de l'ode de Ronsard la vie laborieuse de son père. Il l'appelle, lui aussi, *l'ennemi d'ignorance, docte par excellence,* et le montre « passant monts et torrents » pour aller à Rome étudier le grec sous Musurus de Candie, alors en grande réputation, puis, revenant en Anjou dans son manoir des Pins, près du Loir, pour s'y vouer entièrement aux Muses.

Ce bon Lazare là, non touché d'avarice,
Et moins d'ambition, suit la Muse propice,
Et rien moins ne pensoit que venir à la court...

Il lui fallut cependant quitter sa studieuse retraite, en l'an 1631, pour aller représenter le roi de France à Venise; et c'est en l'année suivante, en 1632, qu'on place communément la date de la naissance d'Antoine.

Ce père, si docte et si amoureux du savoir, voulut revivre dans son fils avec tous les genres de mérites qu'il avait désirés pour lui-même. Antoine de Baïf mentionne, dans une Épître au Roi, les noms des maîtres qui lui furent donnés et qui tous étaient des plus illustres dans leur temps. C'était, pour le latin, Charles Estienne et Bonnamy; pour le grec, Nicolas Vergèce; et pour la discipline, Tussanus ou Tussan, célèbre instituteur auquel les plus grandes familles confiaient, en ce temps-là, leurs enfants. Il fut plus tard l'élève de Jean Daurat, chez qui il eut pour condisciple Pierre de Ronsard; et l'on assure que, bien que plus jeune que lui de neuf ans, Baïf était déjà tellement avancé dans les lettres antiques, qu'il put lui servir de moniteur et le diriger dans l'étude des poëtes grecs et latins. Baillet, au sixième tome de ses *Jugements*, en parlant des *Enfants célèbres par leurs études ou leurs écrits,* dit avoir vu, dans le cabinet de Ducange, un recueil manuscrit d'extraits

[1] *Œuvres de Ronsard*, t. IX, p. 146 de l'édition de 1630.

de trente-trois poëtes grecs que Baïf avait fait pour son usage, n'étant encore âgé que de quatorze ans, et dont l'écriture, les accents, la ponctuation étaient si corrects et si délicatement exacts que « ni Henry « Estienne, dit-il, ni même le fameux Vergèce n'auroient peut-être osé « se vanter de mieux faire. » A quatorze ans, Baïf s'était déjà fait connaître comme poëte latin et français; il était musicien habile et si bien instruit dans les langues et dans toutes les sciences humaines que, malgré son âge, on n'hésitait point à le placer parmi les plus doctes de son siècle, lorsque son père mourut. Cette mort était funeste, car elle le laissait pauvre. L'illustre ambassadeur, parmi tant de soins qu'il avait pris de son fils, avait négligé le soin de sa fortune. Baïf, nous dit-on, fut souvent obligé de recourir à la générosité de ses amis, jusqu'au jour où Charles IX, sur sa réputation, le prit pour l'un de ses secrétaires.

Cette sorte d'universalité, cette étendue d'intelligence et de connaissances a quelque peu nui à la réputation poétique de Baïf. Déjà, Colletet le trouvait « plus savant que poëte, » et ce jugement a été rappelé par tous les critiques des siècles suivants. Du moins ne serait-il pas juste de répéter, après M. Sainte-Beuve, que Baïf était, *avant tout, un patron littéraire et un centre*. Non, Baïf fut bien un poëte et un vrai poëte; il a trop bien prouvé, en maint endroit de ses traductions et aussi de ses inventions, qu'il avait non-seulement l'intelligence et le savoir, mais l'imagination et l'art. Mais, ne l'oublions pas, et c'est pour cela que je me suis arrêté à parler de son éducation et de sa jeunesse, Baïf fut un poëte précoce. Et comme tel, il devait, en avançant dans la vie et à mesure que l'horizon s'élargissait pour lui, tourner à l'érudit et au curieux. De là, ses traductions nombreuses; de là, ses essais de poésie mesurée, autre imitation de l'antique, dont l'honneur paraît devoir lui rester, quoique disputé par Sainte-Marthe et par Rapin. Il y a tout un livre de ces poésies en vers mesurés d'Antoine Baïf. On sait que cette tentative de soumettre la poésie française en mètres des latins fut une des grandes études, une des nobles folies du XVIe siècle, enthousiaste de toute beauté et de tout art. Non-seulement Baïf, Scévole et Rapin, mais bien d'autres encore, Jodelle par exemple, et Passerat, et Pasquier, s'y sont essayés, et l'auteur du *Tableau de la poésie française au* XVIe *siècle* pense que peut-être il n'a manqué au succès de cette innovation que l'ascendant d'un grand poëte pour en donner le modèle et pour en imposer la loi. « Si Ronsard, dit-il, avait pris la « peine d'écrire un poëme dans cette vue, *peut-être* ses contemporains « s'y seraient conformés comme à un décret. » Ce *peut-être*, ce doute de l'illustre écrivain qui n'est de sa part, comme il en proteste lui-même, ni un désir, ni un regret, est resté dans l'air jusqu'à la fin du XVIIIe siècle. Marmontel posa de nouveau le problème en affirmant que la réalisation n'en était point impossible. Aujourd'hui, sans rentrer dans le débat, on peut conclure avec M. Sainte-Beuve, que si l'idée n'était point absurde, puisque nous n'ignorons la *quantité* des mots de la langue que faute d'un maître capable de la fixer en temps opportun, l'harmonie de la poésie française a été assez puissamment établie par tous nos grands poëtes, pour que la tentative des érudits enthousiastes de la Renaissance ne doive plus garder que la valeur d'une hypothèse ou d'une fantaisie. S'il ne fallait, pour confirmer cet arrêt, que l'opposition d'un esprit systématique, nous l'aurions; car le dernier poëte français qui ait tenté l'application du vers mesuré, c'est le ministre Turgot, et quel poids à mettre en balance de tant d'autorités et de tant de gloires que le suffrage d'un pédant et d'un économiste, Marmontel et Turgot [1] !

Les traductions que Baïf a données, principalement du théâtre grec et du théâtre latin, méritent beaucoup d'estime. La traduction de l'*Antigone*, de Sophocle, où Goujet trouve souvent à redire, particulièrement en ce que les rimes féminines n'alternent pas régulièrement avec les masculines, a néanmoins une certaine ampleur, de la chaleur et du mouvement, et les esprits nourris de l'original la trouveront suffisamment exacte. Le même Goujet s'étonne naïvement que Baïf ait donné, sous son nom et sans avertissement, une comédie intitulée *le Brave*, où il retrouve non-seulement le sujet, mais toute la conduite et tout l'ordre du *Miles gloriosus*, de Plaute, et, dit-il, jusqu'aux mêmes pensées souvent rendues mot à mot. C'est effectivement une traduction très-régulière et très-élégante exécutée par commandement de Charles IX et de Catherine de Médicis, et qui fut représentée en leur présence à l'hôtel de Guise, l'an 1567, en réjouissance de la paix. La traduction de l'*Eunuque*, de Térence, a été louée par madame Dacier, généralement très-sévère pour les traductions de ce temps-là, et qui déclare celle de Baïf très-simple et très-ingénieuse, et à part quelques

[1] M. Sainte-Beuve indique en note, comme concluant sur ce sujet, un mémoire d'un savant modeste, M. Mablin, intitulé : *Quelles sont les difficultés qui s'opposent à l'introduction du rhythme des anciens dans la poésie française?* « La distinction capitale, ajoute-t-il, entre l'*accent et la quantité* y est solidement établie, et c'est à quoi les partisans du système métrique n'avaient pas pris garde. » Toute la question est là en effet.

taches, très-heureusement conduite. Baïf a été moins heureux avec Théocrite qu'avec Sophocle et Térence; mais il a su souvent se bien tirer d'affaire avec Bion et avec Anacréon, et M. Sainte-Beuve a pu trouver à glaner, dans son œuvre, de charmantes citations.

Les poésies originales de Baïf ont un mérite qui lui est bien particulier parmi ses confrères de la Pléiade; c'est le sentiment du comique, un badinage parfois un peu cru qui l'apparente à Passerat et aux gaudisseurs de la Ligue. La pièce à *Sa Muse,* que nous citons, est de cette humeur. Nous pourrions, sans aller jusqu'aux pièces purement libertines, en indiquer plusieurs de ce ton, qui sentent leur Saint-Amand ou même leur Mathurin Regnier, par exemple *Perrin et Lucette,* les *Vœux de Martin et de Line*, les *Aventures de quelques dames notables*, *Sur une jeune fuyarde*, etc. Il savait néanmoins, sous l'impression d'un sentiment profond ou violent, s'élever aux images grandioses et au ton grave; témoin ce sonnet écrit au lendemain de la Saint-Barthélemy. Il faut se rappeler, en le lisant, que Daurat a salué d'un chant de triomphe la nuit du 24 août, et que du Four de Pibrac en avait écrit l'apologie.

Pauvres cors ou logeoyent ces esprits turbulans,
Nagiuères la terreur des princes de la terre,
Mesmes contre le ciel osans faire la guerre,
Deloiaux, obstinez, pervers et violans.

Aujourd'huy le repas des animaux volans
Et rampans charogniers, et de ces vers qu'enserre
La puante voirie, et du peuple qui erre
Sous les fleuves profons en la mer se coulans.

Pauvres cors reposez, si vos malheureux os,
Nerfs et veines et chair, sont dignes de repos,
Qui ne purent soufrir le repos en la France.

Esprits dans les carfours toutes les nuits criez :
O mortels avertis et voiez et croiez,
Que le forfait retarde et ne fuit la vengeance.

Les ouvrages d'Antoine de Baïf sont nombreux : l'on en trouve la nomenclature dans les tables de l'exact Goujet (tomes XIII et XIV). La meilleure édition de ses œuvres est celle de Lucas Brayer, Paris, 1573, in-8°, qui contient les *Jeux*, les *Passe tems* et les traductions. Il faut y joindre les *Mimes, enseignements et proverbes;* Paris, 1576, réimprimés en 1596 et en 1608, poésies sentencieuses et morales, le seul ouvrage de Baïf qui ait conservé quelque réputation au commencement de ce siècle, sans doute à cause de la concision des pièces, mais qui vraisemblablement fut entrepris par nécessité. Baïf avait encore traduit une partie du cinquième chant de l'*Orlando,* d'Arioste. Ce travail se trouve dans le recueil intitulé : *Imitations de quelques chants de l'Arioste, par divers poëtes français;* Paris, 1572.

Baïf passe pour avoir eu, longtemps avant Ronsard, la première idée d'une académie ou d'une réunion de beaux esprits. Le roi Charles IX avait, par lettres patentes, agréé cette institution et s'en était déclaré le protecteur. Mais cette compagnie, dont le fondateur s'était donné pour associé un musicien, paraît avoir été plutôt destinée au délassement et au plaisir de ceux qui la composaient, qu'aux doctes travaux proposés par Richelieu et par Colbert aux quarante pensionnaires de Louis XIV. La petite académie d'Antoine de Baïf, fondée en 1570, fut dissoute en 1591, lors de la mort de son fondateur. On trouve quelques détails à ce sujet dans la plupart des histoires de notre littérature, notamment dans la *Bibliothèque de Goujet,* tome XIII, et dans l'*Histoire de l'Académie française,* de Pellisson.

CHARLES ASSELINEAU.

Voir encore, sur Antoine de Baïf, B. Hauréau, *Histoire littéraire du Maine;* tome III (article Lazare de Baïf). — Bibliothèque de Lacroix du Maine et Duverdier. — Sainte-Beuve, *Tableau de la littérature française au XVIe siècle.*

DU PRINTEMPS

La froidure paresseuse
De l'yver a fait son temps;
Voicy la saison joyeuse
Du délicieux printems.

La terre est d'herbes ornée,
L'herbe de fleuretes l'est;
La feuillure retournée [1],
Fait ombre dans la forest.

De grand matin, la pucelle
Va devancer la chaleur,
Pour de la rose nouvelle
Cueillir l'odorante fleur.

Pour avoir meilleure grace,
Soit qu'elle en pare son sein,
Soit que présent elle en fasse
A son amy, de sa main;

Qui, de sa main l'ayant uē [2]
Pour souvenance d'amour,
Ne la perdra point de vuē,
La baisant cent fois le jour.

Mais oyez dans le bocage
Le flageolet du berger,
Qui agace le ramage
Du rossignol bocager.

Voyez l'onde clere et pure
Se cresper [3] dans les ruisseaux;
Dedans, voyez la verdure
De ces voisins arbrisseaux.

[1] Revenue, de retour. — [2] Pour : eue. — [3] Se rider.

La mer est calme et bonasse ;
Le ciel est serein et cler,
La nef jusqu'aux Indes passe ;
Un bon vent la fait voler.

Les menageres avetes
Font çà et là un doux fruit,
Voletant par les fleuretes
Pour cueillir ce qui leur duit [1].

En leur ruche elles amassent
Des meilleures fleurs la fleur,
C'est à fin qu'elles en fassent
Du miel la douce liqueur.

Tout resonne des voix nettes
De toutes races d'oyseaux,
Par les chams [2], des alouetes,
Des cygnes, dessus les eaux.

Aux maisons, les arondelles,
Les rossignols, dans les boys,
En gayes chansons nouvelles
Exercent leurs belles voix.

Doncques, la douleur et l'aise [3]
De l'amour je chanteray,
Comme [4] sa flame ou mauvaise,
Ou bonne, je sentiray.

Et si le chanter m'agrée,
N'est-ce pas avec raison,
Puis qu'ainsi tout se recrée
Avec la gaye saison ?

[1] Convient. — [2] Pour : champs. — [3] Joie. — [4] *C'est-à-dire*, selon que je sentirai ..

DIALOGUE

VIOLIN. — LIZE

VIOLIN

O Lize, objet de mon amour fidelle,
Lize, mon cœur, mon espoir, mon desir,
D'un, qui te fuit, l'amour veux-tu choisir,
Pour te monstrer à qui te suit, rebelle?

LIZE

Beau Violin, d'amour qui soit non pire,
Mais bien meilleur, tu es digne vrayment,
Mais je n'ay plus sur moy commandement :
A Saugin seul j'en ay donné l'empire.

VIOLIN

Heureux Saugin, s'il avoit coignoissance
De son bonheur! Il te tient à mépris :
Si j'estoy luy, Rosete qu'il a pris
Je n'aymeroys[1] d'une ingrate esperance.

LIZE

Rosete hait mon ingrat, et se peine[2]
Pour ton amour : pour moy tu as soucy ;
Moy pour Saugin. Amour se vange ainsi.
Console-toy; seul tu ne vis en peine.

VIOLIN

Le mal d'autruy n'allege pas, ô Lize,
Nostre douleur : je me sens consumer.
J'aime et ne veu ce que j'aime n'aimer,
Car nul tourment ma bonne amour ne brise.

[1] C'est-à-dire : je n'aimerais Rosette... — [2] S'afflige.

LIZE

Tu es constant; aussi, suis-je constante
Contre l'effort de l'amoureux tourment;
Qui voudra, cherche un doux allegement :
Sans vouloir mieux, ma langueur me contante.

VIOLIN

Mais si la mort, pour t'avoir trop aimée,
M'ostoit la vie, ô quelle cruauté!
Moy, qui mourroys, ne verroys ta beauté ;
Toy, de ma mort tu vivrois diffamée.

LIZE

Beau Violin, voudrois-tu, pitoyable,
Rosete oster de mal et de soucy?
Lors, te monstrant envers elle adoucy,
Digne serois d'une faveur semblable.

VIOLIN

Si je n'aten[1] à ma douleur cruelle
Autre secours, condamné suis à mort;
Car j'aime mieux pour toy Lize estre mort;
Qu'estre vivant pour autre, tant soit belle[2] !

LIZE

O Violin, d'une fin si cruelle
Digne tu n'es. Lize se donne à toy.
Prenne Saugin de Rosete la foy :
Soit nostre amour à jamais mutuelle!

[1] Pour : ne m'attends. — [2] Si belle qu'elle soit.

A SA MUSE

Afin que les saucices,
Les boudins, les épices,
Les capres, les pruneaux,
D'accoustremens[1] nouveaux
N'ayent faute, sus, Muses,
Qu'on me gaste, qu'on m'use
Mille et mille milliers
De rames de papiers;
Quoyque dire l'on t'ose,
Que rien je ne compose
En mon oisif sejour,
Qui vaille voir le jour;
Quoy que les vieux severes,
Contrefaisans les peres,
Ne veuillent approuver
Ce que je puis trouver.
Pêr[1], Muse, toute honte,
Sus, Muse, ne tien conte
Des propos assottez
De ces vieux radotez[3].
Te donnent-ils salaire,
Que tu doives leur plaire?
C'est assez, tu te plais
En cela que tu fais;
Oubly leur moquerie,
De douce tromperie
En tes vers te flatant,
Que tu vas regratant
Sur tes papiers, aux heures
Que le moins tu labeures[4],

1 D'enveloppes. — 2 Pour : perds. — 3 Radoteurs. — 4 Travailles.

Donnant à ce plaisir
Le moins de ton loisir.
Puisqu'il te plaist, compose,
Tous les jours, quelque chose,
Gaste force papiers ;
Et si ces beaux gorriers [1]
S'en faschent, n'aye crainte
De répondre à leur plainte,
Puisqu'ils plaignent mon bien
Qui ne leur couste rien :
Que mien est le dommage,
Ains [2] mon grand avantage ;
Car le tems qu'il faudroit
Passer en autre endroit,
Ou tenant la raquette,
Ou jouant la reinette,
Ou les dets maniant,
Et là Dieu reniant,
Sans que rien pis je face [3],
A ce jeu je le passe,
Et ne pêr que le tems
En ces doux passetemps.

SONNETS

A PHILIPPE DES PORTES

Portes, un neu[4] autre que le vulgaire
A pu coupler nos esprits alliez :
Non pour un jeu nos cœurs furent liez,
Non pour un or qui palist [5] le vulgaire

[1] Bravaches. — [2] Et aussi. — [3] Pour : fasse. — [4] Pour : nœud. — [5] Pour : fait pâlir.

Ce qui nous feit[1] l'un à l'autre tant plaire,
Furent les dons aux Muses dediez :
Dons qui, sacrez, des sots non enviez,
Ne souffriront nostre amitié se taire.

Or, sçachent donc les âges nous suivans,
Quelle amitié nous etreignit vivans
Pour embrasser une douce concorde.

Moy, je louay ton style gracieux :
Toy, le mien rude. En cœurs non vicieux,
Mesme candeur, plus que tout, nous acorde.

AU SEIGNEUR JAQUES GOHORRY

Ne verrons-nous jamais que des romans frivoles,
Témoignage certain d'un siècle d'ignorance,
Ouvrages décousus, sans art, sans ordonnance,
Pleins de vaines erreurs et pleins de fables folles?

Que servent aujourdhuy tant de doctes escoles
De grec et de latin, où se lit la science?
Que te sert de tant d'arts avoir l'experience,
Puisque sur Amadis, Gohorry, tu rafoles?

Quoy? sur ton âge meur, quand desjà tu grisonnes,
Lors qu'attendons de toy quelque gentil ouvrage,
En lieu d'un fruit exquis, une fleur tu nous donnes?

L'arc n'est tousjours tendu. Qui ne l'iroit détendre[2],
L'on verroit sur le lut[3] se rompre le cordage :
L'esprit se lasseroit, s'il falloit tousjours tendre.

[1] Pour : fit. — [2] C'est-à-dire : si l'on ne le détendait quelquefois... — [3] Pour : luth.

ÉPITAPHES

DE REMY BELLEAU

Tousjours, injuste Mort, les meilleurs tu ravis,
Et laisses les méchants impunis sur la terre :
Trois frères en trois ans, trois foudres de la guerre,
Trois bons princes, tn mets hors du conte[1] des vifs :

Vivans mieux que jamais, de tous biens assouvis,
Ils sont montez là haut : et le tombeau n'enserre
Rien d'eux que le mortel, sous l'oubly de la pierre :
Au ciel, son vray sourgeon[2], l'immortel est remis.

Le sort vous a tranche le filet de vos jours :
Ainsi, precipitez dedans la fosse noire,
Patrocle, Achille, Hector n'achevèrent leur cours,

Mais sont recompensez d'immortelle memoire.
Princes, pour reparer vos ans qui furent cours,
Vostre Belleau vous donne une éternelle gloire,

D'UN ENFANT

Icy gist d'un enfant la despouille mortelle.
Au ciel, pour n'en bouger, vola son âme belle,
Qui, parmy les esprits bien heureux, jouissant
D'un plaisir immortel, louë Dieu tout puissant :
Et s'ébatant, la sus[3], d'une certaine vie[4],
Au vivre d'icy bas ne porte pas envie,

[1] Pour : compte. — [2] Source. — [3] Là-haut. — [4] D'une vie certaine, muable.

Au vivre que vivons, douteux du lendemain,
Sous les iniques loix où naist le genre humain.
O belle ame! tu es en ce temps de misere
Gayement revolée au sein de Dieu ton Pere,
Laissant ton pere icy! Là, tu plains son malheur
Qui de regret de toy porte griefve [1] douleur,
Qu'il temoigne de pleurs, arrosant l'escriture
Dont il a fait graver ta triste sepulture.
Repose, ô doux enfant : et ce qui t'est ousté [2]
De tes ans soit aux ans de ton père adjousté!

IMITÉ DE BION

De l'aimable Cypris, ô lumiere dorée!
Hesper, de la nuit noire ô la gloire sacrée!
Qui excelles d'autant sur les astres des cieux,
Que, moindre que la lune, est ton feu radieux,
Je te salue, ami. Conduy-moi, par la brune,
Droict où sont mes amours, au défaut de la lune
Qui cache sa clarté. Je ne vas desrober [3],
Ny pour d'un pelerin le voyage troubler :
Mais je suis amoureux! Vrayment, c'est chose belle,
Ayder au doux desir d'un amoureux fidelle.

GAILLARDISE

Du Turc ni de l'Empire,
Le soin ne me martire [4];
Des grans biens le soucy
Ne me ravit aussi :
Envie, en nulle sorte,
Aux grandeurs je ne porte,
Ny aux pompeux arrois [5]
Des plus superbes rois.
. . . .

[1] Grave. — [2] Pour : ôté. — [3] Voler. — [4] Met à la torture. Le poëte fait allusion aux perpétuelles guerres du saint Empire contre les Turcs qui, de son temps, menaçaient l'Allemagne méridionale. — [5] Apparat, magnificence.

J'ay soucy dujourd'huy[1] :
Bien fol est qui prend cure[2]
Pour la chose future :
Qui sçait le lendemain?
Sus, d'une ouvriere main,
Fay-moy Vulcain, sus[3] l'heure,
Non une dure armeure
D'un esclattant acier,
Non un large bouclier,
Non pas un cimeterre.
Qu'ay-je affaire à la guerre?
Plustost creuse, forgeant,
Une tasse d'argent,
Et me fais autour d'elle,
Non la guerre cruelle,
Des meurdres outrageux,
Non les vens orageux,
Ny sur la mer chenüe[4]
Une effroiable nüe,
Ny les mats esclattez
Par les flots escartez :
Mais des vignes rampantes,
Mais des grappes riantes,
Mais Bacchus couronné
De pampre, environné
De maint cornu satyre
Qui le lourd asne tire,
Sur qui Silen[5] monté
Se panchotte à costé.
M'amour y soit gravée
En argent eslevée[6],
Et la belle Venus,
Et ses mignons tous nus.

[1] Pour : d'aujourd'hui. — [2] S'inquiète. — [3] Sur l'heure, à l'instant. — [4] Nue, vide, déserte. — [5] Pour : Silène. — [6] Ciselé, du latin *elevare*.

ÉTIENNE JODELLE

1532 — 1573

La réputation de Jodelle eut une heure de retentissement si éclatante que personne alors ne lui contesta sa place aux premiers rangs de la fameuse pléiade poétique où, dès qu'elle se forma, il fut compté. Les savants et les poëtes acclamèrent ensemble cette féconde verve, cette fougueuse inspiration, cette prodigieuse facilité d'exécution, dont personne ne semblait doué à ce point, et dont les effets, d'abord, furent une sorte de surprise et d'éblouissement. Ronsard, déjà en pleine célébrité, s'empressa généreusement de lui donner un de ces brevets de génie qu'il était en possession d'octroyer comme roi de la nouvelle école. Avec un entraînement d'admiration qui dut vite se communiquer, et sans plus de ménagement dans l'éloge, il le compara d'emblée aux Sophocle, aux Ménandre :

> Et lors Jodelle heureusement sonna,
> D'une voix humble et d'une voix hardie,
> La comédie avec la tragédie.

Baïf écrivait en son honneur un *poëme dithyrambique*, où il célébrait surtout l'étonnante ardeur de ce tempérament de poëte :

> Quand Jodelle bouillant, en la fleur de son âge,
> Donnait un grand espoir de son noble courage...

Du Bellay ne se contentait pas, pour louer l'auteur de *Cléopâtre captive*, de cette forme du sonnet, qui lui était si facile et si familière, ni de sa chère langue française, qu'il venait, si passionnément, de préconiser, il revenait pour lui aux doctes habitudes de l'école de Dorat, et, rivalisant à cette occasion avec Dorat lui-même, avec Scévole de

Sainte-Marthe et bien d'autres, il écrivait dans le goût de ce temps des distiques latins un peu *précieux* (qu'on nous pardonne cet anachronisme de mot!); il ne résistait pas au désir de jeter son grain d'encens dans ces cassolettes *à l'antique*, qui s'allumaient autour de lui en l'honneur

Du grave, doulx et copieux Jodelle.

Je laisse aux curieux le soin de retrouver ces hexamètres hyperboliques, ces distiques si laudatifs de Sainte-Marthe et de Du Bellay. Je veux m'en tenir au témoignage plus précis, et bien enthousiaste encore, de la muse française de ce dernier. Dans une pièce de son recueil *des Regrets*, après avoir caractérisé le talent de Ronsard, il s'écrie aussitôt, dans un élan tout sympathique :

Mais je ne sais comment ce démon de Jodelle,
(Démon il est vrayment, car d'une voix mortelle
Ne sortent point ses vers), tout soudain que je l'oy,
M'aiguillonne, m'espoing, m'espouvante, m'affolle,
Et, comme Apollon fait de sa prêtresse folle,
A moy-mesme m'ostant, me ravit tout à soy.

Quoi d'étonnant, après cela, que ce charmant Jacques Tahureau le divinisât tout à fait et en fît bravement Apollon lui-même! On sait en quelle faveur était alors l'anagramme : Tahureau, jouant sur le nom de Jodelle, y trouvait trop ingénieusement l'exclamation antique *io* [1], et, dans les deux dernières syllabes, le rapport immédiat avec le dieu de Délos.

Io, le Délien est né!

Tel était le vers-refrain de son poétique hommage à Jodelle! Et les vers latins de Du Bellay ont exactement le même motif.

Dans cet enivrant concert de suffrages, introduisez toutes les flatteuses paroles des dédicaces, de la part des plus savants, des plus célèbres, d'Antoine Muret, par exemple, qui lui adresse une de ses plus belles épîtres latines. Songez quelle gloire c'était alors, pour des vers français, d'être traduits à l'étranger, — en latin, il est vrai, — au fond de l'Allemagne! Figurez-vous les pompes, si doctement naïves,

[1] *Io Hymen, hymenæe io!*
(CATULLE.)

de ces représentations dramatiques du collége de Boncour, ou l'on s'était si profondément appliqué à reproduire jusqu'à la structure matérielle du théâtre antique. Et puis, au lendemain de l'éclatant succès, parmi si érudite compagnie, « avec de nouvelles magnificences, » rapporte Estienne Pasquier, les mêmes représentations dramatiques, transportées à l'hôtel de Reims, sont applaudies du roi et de toute la cour. Il y avait bien là de quoi tourner un peu une tête moins jeune, moins ardente, moins confiante en soi que celle de Jodelle. En effet, il s'infatua vite de cette soudaine gloire; naturellement, plus que personne, il eut foi en son génie. Ce triomphe étourdissant lui coûta cher cependant : il eut la plus funeste influence sur son talent et son avenir. Mieux doué que ne le témoignent ses œuvres, exécutées en général avec cette facilité malheureuse qui admet toutes les négligences, dédaigne le travail et perd vite de vue toute vraie notion d'art achevé, il pouvait plus qu'il n'a fait pour le développement sérieux de son talent poétique et pour conquérir une gloire meilleure que celle dont il a joui aveuglément, en l'escomptant toujours. Avant la fin de sa vie, qui fut assez courte cependant, Jodelle put déjà voir pâlir sa renommée, qui n'eut tout son éclat qu'un instant. Le lendemain fut plus sévère encore. Les contemporains, dégagés du premier prestige, revenus, pour ainsi dire, d'une magique surprise, exprimèrent divers jugements assez peu favorables sur ce qui fut alors publié des volumineux écrits de Jodelle. Un peu plus tard, il fut un des premiers de l'école de Ronsard qu'atteignit l'oubli. Sa poésie s'était fanée avant la venue et le passage de Malherbe ; et, dès lors, on se souvenait de son nom plutôt qu'on ne lisait ses vers.

Un des derniers fidèles de ces gloires poétiques du XVIe siècle, le pieux et minutieux historien de tant de petits talents qui s'étaient si vite éclipsés dans l'impitoyable triomphe du nouveau réformateur, Guillaume Colletet n'aimait pas Jodelle. De toute cette chère école de Ronsard, dont il recueillait les moindres souvenirs avec le culte d'un doux sectaire, Jodelle était celui dont il tenait le moins à raviver la renommée. Il avoue sans regret que, parmi ceux de sa religion littéraire, l'auteur de *Cléopâtre captive* était, de tous les illustres de l'ancienne poésie, celui qui définitivement avait le plus perdu. Il rapporte volontiers les anecdotes qui constatent ses derniers naufrages; il nous transmet les mots piquants dits au lendemain de la publication posthume de son œuvre. Ainsi, Estienne Pasquier, « après l'avoir hautement loué, « venoit à faire réflexion sur plusieurs de ses pièces, qu'il appelle

« agréablement *des passe-volans en poésie:* concluant qu'il ne sçauroit « se persuader que la mémoire de Jodelle ne se perde en l'air, comme « celle de ces poëtes qui semble estre dès ce temps-là desjà morte. » Quant à lui, Colletet, confus mais sincère, en s'inscrivant contre le témoignage de tant de grands hommes qui ont tant estimé Jodelle, il demande « qu'il lui soit permis de demeurer libre dans ses petits sen- « timents; et il déclare que, de tous les poëtes de cette fameuse Pleiade « qui, du temps de Henry second, mist presque la poesie française au « comble de ses honneurs, il n'y en a point de qui les œuvres lui plai- « sent moins que celles de Jodelle, sans excepter mesme celles de Baïf « et de Ponthus de Thiard. » Le bon Colletet reconnaît pourtant des qualités dans cette poésie; « mais après tout, il y a toujours du Jodelle, « je veux dire de la négligence et de la dureté prosaïque. » Et tenant à prouver combien parmi les plus lettrés de son temps ce sentiment était partagé, il raconte qu'ayant voulu faire lire les œuvres de Jodelle à un poëte latin en réputation, un de ses plus savants contemporains, le livre lui fut renvoyé le soir même avec cette fin d'hexamètre pour tout commentaire : « *minuit præsentia famam.* »

Tels étaient donc les derniers échos de la gloire de Jodelle dans la première moitié du XVIIe siècle : dans la seconde, ce fut, pour l'un des plus renommés poëtes des Valois, le plus souverain oubli. Depuis, qui songea le moins du monde à revenir sur ces tentatives avortées, si audacieuses et si nouvelles pourtant à leur origine? Il faut, tout d'un coup, en arriver à La Harpe, qui, par circonstance, se vit obligé de jeter un coup d'œil sur le vieux poëte, et qui, après avoir dédaigneusement parcouru une de ses pièces de théâtre peut-être, lui infligea cette brève sentence, certainement devenue, pour toute son époque, péremptoire et définitive. Au temps de Voltaire, on ne connut Jodelle que par ce superficiel jugement, dont la frivolité compromet la justesse. « Il n'y a aucune étincelle du génie des Grecs, aucune idée de la contexture dramatique; tout se passe en déclamations et en récits. Le style est un mélange de la barbarie de Ronsard et des froids jeux de mots que les Italiens avaient mis à la mode en France. »

Jusqu'au mouvement de rénovation littéraire qui se produisit en notre pays vers 1825, et dont un écrivain célèbre, très-jeune alors, fortement retrempé à ces abondantes sources poétiques du XVIe siècle, M. Sainte-Beuve, fut à son tour le Joachim Du Bellay, Étienne Jodelle resta tout entier sous le coup de cette sentence de La Harpe. Depuis même, il faut bien le constater, il est un de ceux « de la fameuse

Pléiade » qu'on a le moins abordés avec intérêt, le moins étudiés avec quelque détail. Dans une édition nouvelle de son *Tableau historique de la Poésie française au* XVIe *siècle,* M. Sainte-Beuve, en des notes étendues et très-piquantes, a repris en sous-œuvre le monument poétique de Jodelle, si ruiné, si délaissé. Ce retour de l'historien littéraire n'a pas été trop favorable au pauvre ancien poëte. Il ne s'agit plus, pour l'auteur de la *Cléopâtre,* de jugement à la légère, comme dans La Harpe : on condamne un peu sévèrement ici, mais en parfaite connaissance de cause. La vie et l'œuvre tout ensemble se trouvent incriminées. Se reprochant, par exemple, d'avoir, dans le contexte de son récit, un peu trop poétisé la mort de Jodelle, M. Sainte-Beuve se hâte d'ajouter : « Celui-ci ne valait pas tant. » Dans toute cette page de fine résipiscence, il y a comme un mouvement d'humeur analogue à celui de Colletet, avec lequel l'éminent critique ne pouvait avoir que cet unique et fortuit rapport. Après avoir lu, avec fatigue souvent, non plus des parties, mais les vingt mille vers qu'on a pu recueillir des nombreuses productions de Jodelle, qui les improvisait partout et qui les jetait sans plus de souci à tous les vents, on incline, il est vrai, à partager le sentiment de l'auteur du *Tableau historique de la Poésie française;* mais on ne voudrait pas, en bonne justice, que cette rigueur fût sans réserve et cet arrêt si absolu.

De tout temps, même du sien, excepté dans l'intimité la plus étroite de son entourage, on a toujours plus connu Jodelle par ses tentatives dramatiques que par ses autres œuvres. Ces dernières, cependant, ne sont pas la partie la moins curieuse, à plus d'un point de vue; et il faudrait au moins savoir un peu ce qu'elles sont. Outre ses deux tragédies de *Cléopâtre* et de *Didon* et sa comédie d'*Eugène ou la Rencontre,* il nous est resté de Jodelle un nombreux recueil, composé d'odes, d'élégies, d'épîtres, de chapitres (*capitoli*) en tercets, surtout de sonnets. J'oublie encore, dans ce dénombrement, de longs morceaux qui rentrent un peu, par la forme des chants alternés, dans le genre dramatique, comme ses *Épithalames* et ses *Masquarades*, poëmes de circonstance, écrits *par ordre* pour des fêtes de cour. Jodelle eut en effet la charge presque officielle de ces divertissements royaux où la poésie intervenait. Il avait d'ailleurs une telle souplesse et une telle activité d'esprit, qu'il était toujours prêt à tout. Ainsi, pour ces fêtes princières, il était tout à la fois poëte, peintre, architecte, machiniste. Il inventait et dirigeait la mise en scène. Le Benserade de Louis XIV ne fut, en comparaison, qu'un paresseux accoupleur de madrigaux. Il nous a laissé lui-même un témoignage authentique de ses diverses aptitudes d'artiste :

Je dessine, je taille, et charpente, et massonne;
Je brode, je pourtray, je coupe, je façonne;
Je cizèle, je grave, émaillant, et dorant;
Je tapisse, j'assieds, je festonne, et décore;
Je musique, je sonne, et poétise encore...

La poésie est assez singulièrement placée, tout à la fin de cette énumération un peu fanfaronne. Il eût mieux valu pour Jodelle qu'il prît plus au sérieux ce grand art, le sien avant tout, celui auquel il devait consacrer toutes ses forces, comme il lui avait dû sa réputation. Ce rôle d'*impresario* de fêtes de cour ne contribua pas d'ailleurs beaucoup plus à son bonheur qu'à sa gloire. Une mise en scène mal réussie, dans une circonstance importante, fut impitoyablement moquée des courtisans et le fit tomber dans la disgrâce de Henri II. Cet échec et ses suites furent longtemps pour le pauvre poëte une source d'amertumes. Il s'en vengea, çà et là, par plus d'un trait satirique contre ses ignorants et ingrats railleurs; il laissa plus d'une fois percer son aigreur contre les gens et les choses; mais il demandait surtout à son orgueil de le soutenir contre les revers de la vie :

Un fort et seur esprit se renforce et soulage,
Tant plus son sort jaloux luy présente d'assaux...
. . . .
Et mes malheurs n'ont pu mordre sur mon courage.

Il demandait bien aussi des consolations plus vives et plus positives au plaisir. Il était à fond un homme de son temps : les divers souffles intimement païens de cette brillante Renaissance l'avaient de toutes parts pénétré. Les jouissances sensuelles s'alliaient fortement dans sa vie à l'exubérante activité de son esprit. Pauvre, et habitué à vivre avec les gens de fortune et d'aristocratie, il avait un impérieux besoin du bon vouloir des puissants. Il fit ce qu'il put et ce qu'il fallait pour recouvrer la faveur perdue. A la mort de Henri II, il se fit le champion poétique de Catherine de Médicis, que l'injure de tous les partis n'épargnait guère. Odes et sonnets à l'envi l'exaltent; et ce ne sont pas les pièces les moins réussies du recueil de Jodelle. Le vers y prend souvent un accent de fermeté qui fait croire à la sincérité du poëte. Il était en réalité très-attaché à la cause royale, et les qualités d'homme d'État de Catherine lui faisaient dire en toute franchise que ces qualités

> Monstrent que nous avons en une Royne, un Roy.

A son instigation peut-être, Jodelle a écrit une longue série de sonnets tout politiques. C'est là certainement la partie de son œuvre la plus vive et la plus intéressante, au point de vue de l'histoire autant que de la poésie. Cet ensemble de pièces politiques est un résonnant écho des passions publiques de cette orageuse époque; et si le poëte n'était que par contre-coup l'organe de ces passions, comme quelques témoignages contemporains nous l'ont affirmé, il faut convênir que son imagination, sinon son âme, avait su singulièrement s'en pénétrer. Combien de traits on relèverait, tous empreints du plus curieux caractère de la vie ardente de ce temps! Dans ces tableaux haineux d'une société si troublée et si prochainement prête à se ruer au carnage, il y a de chaudes touches, de vivantes couleurs, de subites lumières, qui, malgré bien des défauts d'art, donnent une valeur réelle, un sérieux intérêt à ce coin trop négligé, trop inconnu de l'œuvre de Jodelle. Quoi qu'en dise L'Estoile, qui dans son journal historique avance, avec quelque exagération dans le blâme peut-être et quelque mélange dans la vérité, que «Jodelle estoit d'un esprit prompt et inventif, mais paillard, ivrogne, et sans aucune crainte de Dieu, qu'il ne croyoit que par benefice d'inventaire,... » nous sommes porté à croire que l'homme était moins mauvais et le poëte plus sincère. En fait de vertus morales, sans doute il ne valait ni mieux ni pis que la société corrompue de son temps, et surtout des gens de cour parmi lesquels il vivait. Quant à ses sentiments politiques et religieux, il est encore bien en cela l'homme de son temps ou plutôt de son parti. Il est mort quelques mois après le terrible 24 août, et il n'a pas laissé trace de ce qu'il pensait de la Saint-Barthélemy; mais il n'est pas invraisemblable qu'il ait approuvé le sanglant coup d'État. On a avancé sans preuve que, pendant cette dernière époque de sa vie, il avait entrepris, par commandement de Charles IX, un poëme apologétique de cette sinistre journée; faisons indulgemment grâce à sa mémoire de cette triste flatterie de poëte courtisan. Il est à présumer toutefois que si le roi l'avait voulu, Jodelle eût obéi sans scrupule et sans répugnance. Entraîné dans le courant des passions de son entourage, il eût mis sans hésiter sa muse au service de cette politique, toujours de plus en plus sombre, des derniers Valois.

Il importait de ne pas négliger ces traits saillants de la physionomie de Jodelle, parce qu'ils nous semblent n'avoir jamais été suffisamment signalés. La connaissance du poëte par l'homme devait ainsi se compléter. Revenons cependant plus particulièrement au poëte.

Le style de Jodelle, avec bien des caractères communs aux écrivains de son école, se distingue par des singularités de tours, des hardiesses de forme et d'expression bien aventureuses souvent, d'un goût bizarre, d'un procédé qui sent la hâte du travail et l'insouciance de la perfection; mais tous ces défauts, et d'autres encore, si l'on veut, fondus avec d'incontestables qualités natives, donnent à son art très-imparfait un cachet personnel qu'il est curieux d'étudier. Parmi ces ardents chercheurs de nouveautés, qui, au moment de ses débuts, s'empressaient à la conquête, aucun n'a été plus que Jodelle libre d'allure, confiant dans les principes de sa foi littéraire, prompt à les appliquer à toutes formes de sa conception facile; plus preste exécutant, en un mot, dans tous les tons du nouvel instrument poétique qui venait d'être créé. Il a brisé le vers alexandrin surtout par une infinie variété de coupes, qui font paraître, sous ce rapport, les audaces de notre école romantique bien modérées. Un fin goût d'art, il est vrai, ne dirigeait pas toutes ces tentatives, et rien n'était aussi voulu, dans ces détails, qu'on pourrait le penser; une fois le système adopté, Jodelle se laissait aller avec délices aux hasards de cette verve exubérante, qu'il se complaisait, ainsi que ses contemporains, à nommer son démon:

> Ma muse, ou ce démon qui me fait tant de dons,
> Que l'on me met moy-mesme au rang des hauts démons.

Le démon faisait parfois, en effet, des dons heureux; mais il est rare que le capricieux lutin ne verse pas très-vite la corne d'abondance de quelque mauvais côté.

Orgueilleux et insouciant improvisateur, Jodelle est le plus étonnant exemple de l'incurie d'un poëte pour la conservation de ses œuvres. Il se contenta presque toujours de lire ou de réciter ses vers; son brillant débit en voilait les défauts; et le vivant murmure du succès passager lui faisait oublier les soins de l'avenir. A sa mort, advenue en pleine force de virilité, ses amis et ses admirateurs s'unirent pieusement pour rassembler les éléments épars de son monument poétique. La matière de plusieurs volumes fut ainsi remise entre les mains de son enthousiaste éditeur et biographe, Charles de La Mothe. Un de ces volumes, très-copieux en texte, a seul paru. C'est tout ce que la postérité peut connaître des très-nombreuses productions de Jodelle, et cela suffit.

On conçoit d'ailleurs que cette mort qui vint le surprendre au milieu de la vie et dans le moment le plus tourmenté des luttes politiques ne lui ait pas permis plus de sollicitude pour son œuvre et sa mémoire. Cette fin du poëte de cour fut triste et découragée ; le dernier accent de sa muse fut une plainte amère contre l'ingratitude de Charles IX. « En son extrême faiblesse, d'une voix basse et mourante, » dit Charles de La Mothe, qui était là, il récita à ses amis ce suprême reproche au jeune roi, qui devait lui-même bientôt mourir, et qui, à cette heure horrible de son règne, avait trop de motifs d'oublier la poésie et les poëtes.

PIERRE MALITOURNE.

Les Œuvres et Meslanges poetiques d'Estienne Jodelle, sieur de Lymodin ; revues et augmentées en ceste derniere edition. Lyon, Benoist Rigaud, 1597.

V. sur Jodelle : *Bibliothèque françoise*, de l'abbé Goujet ; *Mémoires pour servir à l'Histoire des hommes illustres*, du P. Niceron ; *les Vies des Poëte* (manuscrites), de G. Colletet.

Consulter encore Du Verdier, Charles de La Mothe, etc. ; Sainte-Beuve, *Tableau historique de la Poésie française au* XVI*e* *siècle ;* Gérusez, *Essais d'histoire littéraire.*

A SA MUSE

Tu sçais, ô vaine Muse, ô Muse solitaire
Maintenant avec moy, que ton chant qui n'a rien
Du vulgaire, ne plaist non plus qu'un chant vulgaire.

Tu sçais que, plus je suis prodigue de ton bien,
Pour enrichir des grands l'ingrate renommée,
Et plus je pers le temps, ton espoir et le mien.

Tu sçais que seulement toute chose est aimée,
Qui fait d'un homme un singe, et que la vérité
Sous les pieds de l'erreur gist ores[1] assommée.

Tu sçais que l'on ne sçait où gist la volupté,
Bien qu'on la cherche en tout; car la raison, Sujette
Au desir, trouve l'heur en l'infélicité.

Tu sçais que la vertu, qui seule nous rachète
De la nuict, se retient elle mesme en sa nuict,
Pour ne vivre qu'en soy sourde, aveugle et muette.

Tu sçais que, tous les jours, celuy là plus la fuit
Qui monstre mieux la suivre, et que nostre visage
Se masque de ce bien à qui nostre cœur nuit.

Tu sçais que le plus fol prend bien le nom de sage,
Aveuglé des flateurs, mais il semble[2] au poisson,
Qui engloutit l'amorce et la mort au rivage.

Tu sçais que quelques uns se repaissent d'un son,
Qui les flate par tout, mais helas! ils dementent
La courte opinion, la gloire et la chanson.

Tu sçais que, moy vivant, les vivans ne te sentent[3]:
Car l'équité se rend esclave de faveur:
Et plus sont creus[4] ceux là qui, plus effrontez, mentent.

[1] Maintenant. — [2] Pour : ressemble. — [3] Ne te comprennent pas. — [4] Pour : crus.

Tu sçais que le sçavoir n'a plus son vieil honneur,
Et qu'on ne pense plus que l'heureuse nature
Puisse rendre un jeune homme à tout œuvre meilleur.

. . . .

Tu sçais comment il faut gesner ma contenance,
Quand un peuple me juge, et qu'en despit de moy
J'abaisse mes sourcis[1] sous ceux de l'ignorance.

. . . .

Tu sçais que tous les jours un labeur poetique
Apporte à son autheur ces beaux noms seulement,
De farceur, de rimeur, de fol, de fantastique.

Tu sçais que si je veux embrasser mesmement[2]
Les affaires, l'honneur, les guerres, les voyages,
Mon mérite tout seul me sert d'empeschement.

Bref, tu sçais quelles sont les envieuses rages
Qui, mesme au cœur des grands, peuvent avoir vertu,
Et qu'avec le mespris se naissent les outrages.

Mais tu sçais bien aussi, (pour neant[3] aurois-tu
Debatu si long temps, et dedans ma pensée
De toute ambition le pouvoir combatu)?

Tu sçais que la vertu n'est point recompensée,
Sinon que de soy-mesme, et que le vray loyer[4]
De l'homme vertueux, c'est la vertu passée.

Pour elle seule doncq je me veux employer,
Me deussé-je noyer moy mesme dans mon fleuve,
Et de mon propre feu le chef[5] me foudroyer.

Si doncq'un changement au reste je n'epreuve[6],
Il faut que le seul vray me soit mon but dernier,
Et que mon bien total dedans moy seul se treuve[7]:
Jamais l'Opinion ne sera mon colier.

[1] Mon orgueil. — [2] Aussi, également. — [3] En vain. — [4] Salaire — [5] Tête. — [6] Pour : n'éprouve. — [7] Pour : trouve.

AUX CENDRES DE CLAUDE COLET

Si ma voix, qui me doit bien tost pousser au nombre
Des immortels, pouvoit aller jusqu'à ton ombre,
Colet, à qui la mort
Se montra trop jalouse et despite [1] d'attendre
Que tu eusses parfait ce qui te peut deffendre
De son avare port :

Si tu pouvois encor sous la cadence saincte
D'un lut, qui gemiroit et ta mort, et ta plainte,
Tout ainsi te ravir,
Que tu te ravissois dessous tant de merveilles,
Lors que [2], durant tes jours, je faisois tes oreilles
Sous mes loix s'asservir :

Tu ferois escouter à la troupe sacrée
Des manes bienheureux, qui seule se recrée
Entre les lauriers verds,
Les mots que maintenant, devot en mon office,
Je rediray neuf fois, pour l'heureux sacrifice
Que te doyvent mes vers.

Mais, pour ce que [3] ma voix, adversaire aux tenèbres,
Ne pourroit pas passer par les fleuves funèbres
Qui de bras tortillez
Vous serrent à l'entour, et dont, peut estre, l'onde
Pourroit souiller mes vers qui dedans nostre monde
Ne seront point souillez :

Il me faut contenter, pour mon devoir te rendre,
De tesmoigner tout bas à ta muette cendre,
Bien que ce soit en vain,
Que ceste horrible Sœur [4] qui a tranché ta vie,
Ne trancha point alors l'amitié qui me lie,
Où rien ne peut sa main.

[1] Pour : dépitée. — [2] De son vivant. — [3] Parce que. — [4] La Parque.

Que les fardez amis, dont l'amitié chancelle
Sous le vouloir du sort, evitent un Jodelle
Obstiné pour vanger
Toute amitié rompue, amoindrie, et volage,
Autant qu'il est amy des bons amis que l'age
Ne peut jamais changer.

Sois moy donc un tesmoin, ô toy, tumbe poudreuse,
Sois moy donc un tesmoin, ô toy fosse cendreuse,
Qui t'anoblis des os
Desja pourris en toy, sois tesmoin que j'arrache [1],
Maugré [2] l'injuste mort, ce beau nom, qui se cache
Dedans ta poudre enclos.

Vous qui m'accompagnez, ô trois fois trois Pucelles [3],
Qu'on donne à ce beau nom des ailes immortelles,
Pour voler de ce lieu,
Jusqu'à l'autel que tient vostre mère Memoire,
Qui, regaignant sans fin sur la mort la victoire,
D'un homme fait un Dieu.

Pour accomplir mon vœu, je vois [4] trois fois espandre
Trois gouttes de ce laict dessus la seiche cendre,
Et tout autant de vin,
Tien, reçoy le cyprés, l'amaranthe, et la rose,
O cendre bien heureuse, et mollement repose
Icy jusqu'à la fin.

SONNETS

CONTRE LES MINISTRES DE LA NOUVELLE OPINION [5]

Pour debonder [6] les maux, dont maintenant abonde
La saincte et jadis ferme et forte Chrestienté,
Sur tout la France, en qui l'echaffaut apresté
Ensanglante de loin presque tout œil du monde;

[1] Sous-entendu : à l'oubli. — [2] Pour : malgré. — [3] Les neuf Muses. — [4] Pour : vais. — [5] La religion réformée. — [6] Faire déborder.

Ces apostres nouveaux n'ont pas ouvert la bonde,
Tous seuls, d'une tant aspre et roide adversité;
Avec eux les aucteurs du malheur ont esté
Tant d'abus dont, en tout, nostre France est feconde.

Mais comme, en temps mauvais, dans l'air on peut bien voir
En grand'pluye crever un gros nuage noir,
Puis voir, après, les vents, les gresles, les tonnerres

Saccager tout l'espoir des palles vignerons :
Entre nos maux sans fin ces gens nous marquerons
Comme orage et degast de nous et de nos terres.

Je sçay que mille escrits, l'apparence du vray,
Les passages dejoints [1], l'ardeur de contredire,
L'amour des nouveautez avec excuse attire
Maint et maint [2] à ces gens desquels j'ay fait l'essay.

Je sçay qu'en nos prelats gist force abus, je sçay
Que maint qui seulement à son salut aspire
Pense d'homme de bien trouver ce qu'il desire
Aux autres qu'il n'a pas si bien sondé que j'ay [3].

Je sçay que c'est grand bien de bannir de l'Eglise
Tout abus, jurement, larcin et paillardise;
Mais les voyant doubler tant de seditions,

Je sçay sous ombre saincte en leurs ames s'enclorre
De tout temps un orgueil, qui couve et fait éclorre
Tant de monstres, naissans pour nos perditions.

[1] Des passages isolés, séparés du reste du texte. — [2] C'est-à-dire : nombre de prosélytes. — [3] C'est-à-dire : que je l'ai fait.

PASSERAT

1534 — 1602

Jean Passerat ne fut pas seulement un gentil poëte, un spirituel auteur d'épigrammes et de chansons, l'un des plus dignes aïeux de La Fontaine et de Voltaire; il fut l'un des savants les plus distingués do son temps, un érudit sincère, un philologue passionné. Il fut plus encore; il fut un honnête homme dans l'acception la plus élevée du mot, un patriote dévoué, une âme qui s'indignait facilement au contact de l'injustice et des hypocrisies. S'il ne fut pas le premier à concevoir l'idée de cette immortelle revanche nationale qu'on appelle la *Satire Ménippée*, il en fut un des plus ardents improvisateurs, le plus hardi peut-être, et à coup sûr le plus jovial, le plus alerte et le plus inventif. Sans lui, un élément eût manqué à cet inimitable pamphlet, le premier des pamphlets en date et en vigueur, le père des *Provinciales* et des Discours de P.-L. Courier; il y eût manqué l'élément gaulois, le sel du caustique trouvère, en un mot ce qui explique les constantes sympathies de l'esprit français pour cette verveuse et courageuse production.

Ne vous semble-t-il pas le voir ce Champenois, ce Troyen, *homo emunctæ naris*, comme l'a défini de Thou, cet admirateur exalté de Rabelais, ce travailleur qui avait lu jusqu'à quarante fois le théâtre de Plaute, ne le voyez-vous pas dans la maison du quai des Orfévres, chez le conseiller Gillot, dans la chambre où fut écrite la *Satire Ménippée* et où se réunissaient, le soir, Le Roy, Nicolas Rapin, Pithou, Florent Chrestien? Ces grands esprits, ces confrères en science et en loyauté, s'entendent pour dire enfin simplement et bravement la vérité à leur pays. Détestant l'ambition et les basses intrigues, avides de voir refleurir la paix, aussi violemment irrités contre les Espagnols et les Guise que contre l'Église et la démagogie des Seize, ils s'excitent à la raillerie, au sarcasme vengeur; mais, leur indignation croissant, l'éloquence menace d'étouffer l'esprit, la satire périclite. Jean Passerat se lève et propose quatre vers qu'il vient d'improviser :

> Mais, dites-moi, que signifie
> Que les ligueurs ont double croix?
> C'est qu'en la ligue on crucifie
> Jésus-Christ encore une fois.

Ce quatrain est populaire et méritait de l'être. Ne croit-on pas entendre une épigramme de Voltaire? Jeau Passerat en trouvera bien d'autres, puisque la plupart des vers de la *Satire Ménippée* sont de lui. Et cet homme, avant la Ligue, occupait, au collége de France, la chaire de Ramus! Ronsard, Baïf et Muret l'allaient entendre, comme il avait été lui-même à Bourges écouter Cujas, afin de compléter ses études par la connaissance approfondie du latin des légistes. Tant de latin et tant d'esprit!

Il était né à Troyes comme Pierre Pithou, son ami et collaborateur. Tout jeune, en jouant à la paume, il perdit un œil, et s'en consola facilement. Plus tard, dans sa vieillesse, il perdit l'autre, et ce lui fut une occasion d'exercer son esprit en se comparant à l'Amour, à la Fortune et à Plutus. Il en parut encore moins affligé que de la perte du premier. Jamais on ne vit de professeur plus gai. Homère n'était que poëte et aveugle. Passerat se trouva poëte, aveugle et professeur. Cette dernière qualité rend sa jovialité plus surprenante encore dans son malheur. Il alla jusqu'à s'en réjouir et dire, en parodiant le mot de Léonidas : Tant mieux, je combattrai à l'ombre.

Son combat, c'était sa vie, car il fut pauvre, quoique pensionné. D'abord, pendant la Ligue il suspendit ses cours. Plus de cours, plus d'appointements. La pension du roi étant, de plus, fort mal payée, Jean Passerat fit, comme Marot, des vers pour se rappeler au souvenir des écus :

> Mes vers, monsieur, c'est peu de chose,
> Et Dieu merci, je le sais bien.
> Mais vous ferez beaucoup de rien
> Si les changez en votre prose.

C'est le tour moderne. La plaisanterie a été trouvée si bonne que l'on s'en est servi depuis jusqu'à l'user, si des expressions si justes, si naturelles, si conformes au génie du pays, pouvaient jamais s'user.

Qu'on le fasse attendre encore, que le trésorier feigne de ne l'avoir point compris, sa verve n'en devient que plus plaisante. Avec un esprit infini, il saisit l'à-propos, et, apprenant qu'un fou du roi vient de mourir, il demande sa place :

> Faites de son état un poëte hériter :
> Le poëte et le fou sont de même nature.

Ce trait est exquis. Musset s'en souviendra plus tard, et son Fantasio le poëte, prendra réellement la place d'un fou de cour. Sa comédie sera la rêverie réalisée d'une idée drôlatique de Jean Passerat. C'est ainsi que tous nos poëtes vraiment nationaux sont tous frères, fils d'une même mère, la courageuse plaisanterie gauloise.

Que les trésoriers soient oublieux, cela se comprend; mais qu'un poëte pensionné, un savant aveugle, vieux et lassé de la vie, après tant de services rendus à un pays et à un roi, finisse par se plaindre un peu plus amèrement, si jovial qu'il soit, cela s'explique encore mieux :

> Las! je suis envieilli, sans récompense avoir...
> En me couchant bien tard, en me levant matin,
> J'appris, sot que j'estois, du grec et du latin...
> Dont rien ne me revient, sinon un peu de gages,
> Avecque le nom vain de quelque pension
> Que l'on rogne de sorte, et retranche, et recule,
> Qu'elle ne suffit pas à nourrir une mule.

Encore le dernier trait est-il risible et marque-t-il une âme charmante, incapable de s'apitoyer longtemps sur elle-même.

Il fallait les malheurs de la France, la religion avilie, le pays en proie à la guerre civile, la Champagne pillée par des Allemands mercenaires pour que l'indignation parlât plus longuement et plus durement dans les vers de ce bon et courageux Passerat. Quand il s'emporte contre les reîtres, il ne plaisante qu'à moitié et comme malgré lui. Il se rappelle bien des misères publiques. On croirait qu'il a pleuré en écrivant ces invectives comiques dont le tour naïf et comme échappé est plein d'un charme attendrissant :

> Empistolés au visage noirci,
> Diables du Rhin, n'approchez point d'ici,
> Volez ailleurs, messieurs les hérétiques,
> Ici n'y a ni chapes ni reliques,

Les oiseaux peints vous disent en leurs chants :
Retirez-vous, ne touchez à ces champs.

. . . .

Bref, tous souhaits vous puissent advenir
Fors seulement d'en France revenir
Qui n'a besoin, ô étourneaux étranges,
De votre main à faire ses vendanges.

On devine qu'avec cet esprit, ce badinage venant du cœur et ce penchant aux railleries d'une amertume voilée, Passerat devait exceller dans la chanson. *La Journée de Senlis*, sur la fuite honteuse du duc d'Aumale est, en effet, une des meilleures chansons politiques que nous ayons. La Fronde, plus tard, n'a rien produit qui vaille cette pièce pour l'accent populaire, le mordant de la plaisanterie et le coup de fouet. C'est moins raffiné, c'est plus *peuple* et partant plus fort. Passerat se souvint sans doute qu'il était Champenois, du pays où naquirent la chanson et le fameux Thibaut. Il s'en souvint encore davantage, ce semble, et eut à honneur de le prouver quand il écrivit, se sentant amoureux, la jolie chanson du *Premier jour de Mai*. Il faut lire cette sérénade champenoise pour se faire une idée complète du talent varié de notre poëte.

En vrai descendant de Rabelais, dont il avait, dit-on, commenté le Pantagruel, Passerat ne pouvait manquer de s'égayer sur les joyeux tours des femmes et les infortunes des jaloux. La lecture de la *Métamorphose d'un homme en oiseau* ferait tort à La Fontaine si on ne savait combien le bonhomme prétendait peu à l'honneur d'avoir trouvé des tours nouveaux, surtout dans ses contes. Un homme a perdu sa femme...

A son réveil qu'il se trouve sans elle,
Saute du lit; ses valets il appelle,
Puis ses voisins; leur conte son malheur,
S'écrie au feu, au meurtre et au voleur.
Chacun y court. La nouvelle entendue
Que ce n'était qu'une femme perdue,
Quelque gausseur de rire s'éclatant,
Va dire : ô dieux! qu'il m'en advienne autant!

N'est-ce pas vraiment là le style dont héritera le bonhomme ?
Et ces deux vers plus loin :

Savez-vous point là où elle est allée?
Ma femme, hélas! ma femme on m'a volée.

L'hiatus seul empêche de les prendre d'abord pour deux vers extraits du *Pauvre Diable* de Voltaire. Et c'est aussi Passerat qui a écrit la pièce *au Roi*. Nous la citerons. La fin en est belle; c'est une éloquence sérieuse à laquelle on ne s'attend point.

C'est la vertu qui sacre et couronne les rois.

Il mourut en faisant un bon mot, ce poëte honnête homme qui avait donné tout son esprit, toute sa verve pour le rétablissement de la concorde et de la paix. « C'est une figure à physionomie antique qui rappelle Varron et Lucien tout ensemble » dit M. Sainte-Beuve. On a prétendu attribuer à Passerat des intentions de réforme dans la poésie, en faire un prédécesseur de Malherbe, c'est une erreur : il n'eut pas même la part d'influence exercée par Des Portes et Bertaut, et quand Malherbe vint, il ne songea d'ailleurs pas à Passerat. Le seul poëte français que Malherbe estimait était Régnier. On sait qu'il était sans pitié pour Ronsard et Des Portes. Comment n'eut-il pas dédaigné Passerat? Le rigide Malherbe eut ses raisons pour mépriser tous ces libres rimeurs. Nous avons nos raisons pour les aimer. A Malherbe les mérites du style, de la cadence et du bon sens; à nos poëtes du XVIe siècle la gloire de l'originalité, de l'inspiration libre et forte, de la grâce naturelle, fleurs du génie français nouvellement retrempé aux sources de l'antiquité.

VALERY VERNIER.

Œuvres poétiques de Passerat, 1606, in-8°. — On a beaucoup écrit sur Passerat. Nous citerons au moins parmi ses biographes et ses critiques : La Croix du Maine (*Bibliothèque Française*); Papirius Masso (*De Vitâ Passeratii*); Scévole de Sainte-Marthe (*Éloges des Savants*); Jean Leclerc (*Bibliothèque ancienne et moderne*, tome VII); Colletet (*Vie manuscrite des Poëtes français*); Grosley (*Éphémérides troyennes* et *Mémoires sur les Troyens*); Sainte-Beuve (*Tableau de la Poésie française au* XVIe *siècle*, et *Discours d'ouverture du Cours de poésie latine au Collége de France*, 1855); Charles Labitte (*Notice-préface de la* Satire Ménippée, 1841); Louis Lacour (*Jean Passerat*, 1856).

LA JOURNÉE DE SENLIS

A chacun nature donne
Des pieds pour le secourir :
Les pieds sauvent la personne ;
Il n'est que de bien courir.

Ce vaillant prince d'Aumale[1],
Pour avoir fort bien couru,
Quoy qu'il ait perdu sa male,
N'a pas la mort encouru.

Ceux qui estoyent à sa suitte
Ne s'y endormirent point,
Sauvants par heureuse fuitte
Le moule de leur pourpoinct.

Quant ouverte est la barrière,
De peur de blasme encourir,
Ne demeurez point derrière :
Il n'est que de bien courir.

Courir vaut un diadesme,
Les coureurs sont gens de bien.
Tremont[2] et Balagny mesme,
Et Congy le sçavent bien.

Bien courir n'est pas un vice,
On court pour gagner le prix :
C'est un honneste exercice :
Bon coureur n'est jamais pris.

[1] Général de l'armée de la Ligue. — [2] Personnage du parti de la Ligue, ainsi que tous ceux dont les noms suivent.

Qui bien court, est homme habile,
Et a Dieu pour son confort;
Mais Chamois et Menneville
Ne coururent assez fort.

Souvent celuy qui demeure
Est cause de son meschef:
Celui qui fuit de bonne heure,
Peut combattre de rechef.

Il vaut mieux des pieds combattre,
En fendant l'air et le vent,
Que se faire occire ou battre
Pour n'avoir pris le devant.

Qui a de l'honneur envie,
Ne doit pourtant en mourir:
Où il y va de la vie,
Il n'est que de bien courir.

SAUVEGARDE POUR LA MAISON DE BAIGNOLET

CONTRE LES REISTRES

Empistolés au visage noirci,
Diables du Rhin, n'approchez point d'ici:
C'est le sejour des filles de Memoire.
Je vous conjure en lisant le grimoire,
De par Bacchus, dont suivez les guidons,
Qu'alliez ailleurs combatre les pardons.
Volez ailleurs, messieurs les heretiques:
Ici n'y a ni chappes ni reliques.
Les oiseaux peints vous disent en leurs chants:
Retirez-vous, ne touchez à ces champs:

A Mars n'est point ceste terre sacrée,
Ains à Phœbus, qui souvent se recrée.
N'y gastez rien : et ne vous y jouez :
Tous vos chevaus deviendroient encloüés.
Vos chariots, sans [1] aisseüils et sans roües,
Demeureroient versés parmy les boües.
Encore un coup, sans espoir de retour,
Vous trouveriez le roi à Montcontour :
Ou maudiriez vostre folle entreprise,
Rassiegeants Metz gardé du duc de Guyse :
Et en fuyant, batus et desarmés,
Boiriez de l'eau, que si peu vous aimez.
Gardez-vous donc d'entrer en ceste terre :
Ainsi jamais ne vous faille la guerre :
Ainsi jamais ne laissiez en repos
Le porc sallé, les verres, et les pots :
Ainsi tousjours pissiez-vous soubs la table :
Ainsi tousjours couchiez-vous à l'estable,
Vaincueurs de soif, et vaincus de sommeil,
Ensevelis en vin blanc et vermeil,
Sales et nuds, vautrés dedans quelque auge,
Comme un sanglier qui se soüille en sa bauge !
Brief, tous souhaits vous puissent advenir,
Fors seulement d'en France revenir
Qui n'a besoin, ô estourneaux estranges,
De vostre main à faire ses vendanges.

ODE DU PREMIER JOUR DE MAI

Laissons le lit et le sommeil,
    Ceste journée :
Pour nous, l'Aurore au front vermeil
    Est desjà née.

[1] Essieux.

Or, que le ciel est le plus gay,
En ce gracieus mois de may,
Aimons, mignonne;
Contentons nostre ardent desir:
En ce monde n'a du plaisir
Qui ne s'en donne.

Viens, belle, viens te pourmener
Dans ce bocage,
Entens les oiseaus jargonner
De leur ramage.
Mais escoute comme sur tous,
Le rossignol est le plus dous,
Sans qu'il se lasse.
Oublions tout deuil, tout ennuy,
Pour nous resjouyr comme luy:
Le temps se passe.

Ce vieillard contraire aus amans,
Des aisles porte,
Et en fuyant nos meilleurs ans,
Bien loing emporte.
Quand ridée un jour tu seras,
Melancholique, tu diras:
J'estoy peu sage,
Qui n'usoy point de la beauté
Que si tost le temps a osté
De mon visage.

Laissons ce regret et ce pleur
A la vieillesse;
Jeunes, il faut cueillir la fleur
De la jeunesse.
Or que le ciel est le plus gay,
En ce gracieus mois de may,

Aimons, mignonne;
Contentons nostre ardent desir:
En ce monde n'a du plaisir,
Qui ne s'en donne.

J'AI PERDU MA TOURTERELLE

J'ai perdu ma tourterelle;
Est-ce point celle que j'oy?
Je veux aller après elle.

Tu regrettes ta femelle,
Hélas! aussi fais-je moi.
J'ai perdu ma tourterelle.

Si ton amour est fidelle,
Aussi est ferme ma foy;
Je veux aller après elle.

Ta plainte se renouvelle,
Toujours plaindre je me doy;
J'ai perdu ma tourterelle.

En ne voyant plus la belle,
Plus rien de beau je ne voy;
Je veux aller après elle.

Mort, que tant de fois j'appelle,
Prends ce qui se donne à toy!
J'ai perdu ma tourterelle;
Je veux aller après elle.

NICOLAS RAPIN

1535 — 1608

Celui-ci, plus que tous les autres auteurs de la *Satyre Ménippée*, plus que Passerat, plus que Pithou et Florent Chrestien, plus même que Gillot le conseiller, et son ami, fut un homme de parti. Non qu'il fût un grossier soudard d'instinct et d'allure, non pas même qu'il fût né ambitieux, avide d'honneurs ou d'argent, ni qu'il aimât les intrigues, la fièvre politique et les troubles comme la plupart des gens de son temps. Au contraire, il était né poëte et savant, épris des lettres latines et grecques, amoureux des dactyles et des spondées, d'un caractère doux, enclin à la rêverie, ne prisant rien tant que la solitude et la vie de famille, estimant l'amitié le plus précieux de tous les biens.

Mais son époque et son caractère furent les arbitres de sa destinée.

D'abord il fut, comme Passerat, un disciple de Cujas. Dans Poitiers, bonne vieille ville, cité gauloise dont les enfants ont gardé le culte et le souvenir des beaux temps des légistes, Nicolas Rapin acheva ses études de droit et se fit recevoir avocat. Le Scaligerana prétend qu'il était fils d'un prêtre. Cela ne se put jamais prouver et c'est bien à tort que Bayle admit cette billevesée. Comment encore a-t-on osé insinuer qu'il fut haï des catholiques? Ce qui est certain, c'est qu'en 1570 il était maire de Fontenay-le-Comte en Poitou, où il ne demandait qu'à vivre au milieu de ses sept enfants, et que les Huguenots, devenus maîtres de la ville, le forcèrent d'en sortir. L'avocat poëte s'enfuit traînant sa progéniture et son épouse chérie, *conjuge cum chara pignoribusque septem*. Nous le verrons bientôt à Paris. Y sera-t-il plus heureux?

A Fontenay il avait acheté une charge de judicature. Tant d'enfants et un si faible revenu pour les faire vivre! Comme en tous les temps de troubles, de révolution et de guerre intestine, il faisait dur à vivre. Pas plus qu'à présent, les Muses, au XVIe siècle, n'étaient bonnes nourricières. Mais Rapin les aimait, si ingrates qu'elles fussent. Jamais il ne fit étalage de sa pauvreté, jamais il ne s'en vanta comme tant d'autres, empressés à faire les cyniques, montrant dans leurs plaintes plus d'orgueil que de résignation. S'il en parle en des vers modestes et non sans charme, c'est qu'il a besoin de s'en consoler. A qui donc dira-t-il qu'il souffre de ce pauvre état, de ces privations, de cette misère? A sa femme, à ses enfants, pour les voir pleurer? Non, ce serait d'un mauvais cœur. Il en touchera un mot aux Muses, et, comme en poëte sincère, il croit qu'elles l'accompagnent et qu'elles l'écoutent, il regarde son chagrin comme partagé, et voilà le plus pur, le plus simple adoucissement de ses maux. Encore leur en parlera-t-il discrètement, comme il convient de converser avec des déesses, et à l'expression de ses ennuis se mêlera une ombre de plaisanterie et un peu d'amertume marquant qu'il ne pense pas seulement à lui, mais encore à tous ceux qui, de son temps, souffrent ou se déshonorent :

> Je suis de sept enfants chargé,
> A cent créanciers engagé,
> Et mes forces sont consommées
> Des frais que j'ai faits aux armées...
> Je fais des vers une fois l'an;
> Et pour le duché de Milan,
> Je ne voudray ni ne souhaite
> Qu'on me tint pour un grand poëte;
> Mais s'il faut que ce qui m'est dû,
> Mon bien et mon temps soit perdu,
> Au lieu de me mesler de crimes,
> J'irai me consoler de rimes.

Au lieu de me mêler de crimes! En effet, il a bien raison, et quand ce serait le seul avantage qu'il eût retiré de son amour pour les vers, n'est-il pas assez grand pour que nous le félicitions d'être né avec ce mauvais penchant, puisqu'il l'a empêché d'être, comme beaucoup d'alors, honteux de lui-même et poursuivi de remords après l'apaisement des discordes?

Mais il n'était pas homme à s'engourdir dans un repos infâme. D'ailleurs, la guerre civile l'eût bientôt pris au collet pour le jeter dans la mêlée; ou plutôt il y alla de lui-même. Il ne jeta pas son bouclier comme Horace. En bon citoyen, il dit à la vie publique : je t'appartiens.

Il avait acheté la charge de prévôt des maréchaux de France en Bas-Poitou. Mais qu'est-ce que le Bas-Poitou pour un homme qui se sent appelé à faire figure et qui veut sérieusement rendre service à sa patrie? Paris l'attirait. Il y vint, toujours *cum conjuge chara pignoribusque;* son ami, le président Harlay, lieutenant de robe courte dans la prévôté de Paris, le recommanda et l'appuya si bien, le fit tant valoir auprès du roi que Henri III donna au poëte la place de grand prévôt de la connétablie. La royauté alors n'eut pas de plus chaud partisan. Les Lorrains, toujours conspirant, exaspéraient Rapin. Il trouvait naturel et juste qu'on laissât le trône à qui l'avait. L'homme doux conseillait la résistance, et la plus forte qu'il se pût faire. C'était avant le meurtre des Guises, bien entendu, car jamais poëte ne conseilla le meurtre, et peut-être, après l'assassinat de Blois, Rapin s'est-il repenti d'avoir écrit au roi tant de vers latins contre ses ennemis.

Lorsque Henri III ne fut plus de ce monde, Rapin qui s'entêtait à vouloir une royauté sinon de droit, au moins une royauté brillante, sympathique à la jeunesse française, une royauté digne de l'histoire, Rapin s'attacha de tout son cœur au Béarnais. Il l'appelait de tous ses vœux, il le trouvait un noble représentant des lis, *media inter lilia natum;* il s'indignait de tout ce qui lui semblait un attentat contre des droits héréditaires. Ce qui donnait du prix à cette fidélité, ce qui relevait cet attachement à la monarchie future, c'est qu'il se rangeait alors, le poëte, dans la minorité: c'est que les ambitions particulières grondaient et faisaient un déchirement affreux; c'est que le Béarnais était abandonné de tous. Aussi fut-il puni de sa témérité, de son orgueil à braver les partis. Un certain La Morlière, un notaire au Châtelet, un factieux de bas étage, comme il s'en trouvait tant alors à Paris, mais qui par malheur était un *des seize*, fit chasser de Paris Nicolas Rapin, *pour estre bon serviteur du roy,* dit l'Estoile. Et le goujat prit sa place.

Le voilà donc encore en fuite, avec son épouse et ses dieux. « *Comment s'en revengera-t-il? Sur le papier et par des vers, n'en pouvant avoir autre raison,* » dit le journaliste du temps. Où me réfugier sans ressources, sans pain, sans espoir,

Conjuge cum chara, pignoribusque novem?

Car la famille s'était augmentée : il avait neuf enfants. Orphée au moins était seul sur le Cithéron; Horace et Virgile étaient célibataires. Rapin, fuyant de Paris, traînait après lui neuf bouches affamées, sans compter l'épouse. Mais un des meilleurs titres de notre XVIe siècle à la gloire littéraire, c'est la persistance que mettent nos poëtes à cultiver les Muses dans leurs plus grandes détresses. Ce sont de hardis compagnons, ces érudits de la Renaissance; leur indignation jamais ne va sans poésie, et rien, pas même la pensée de l'exil, ne peut faire oublier à ces chantres de la Renaissance les charmes alternants des dactyles et des spondées. C'est une sainte fureur, un acharnement d'inspiration qui ne se retrouve plus plus tard.

Nous avons annoncé Nicolas Rapin homme de parti; il faut le voir d'abord brave soldat, sous Henri IV; il combattait à Ivry, c'est tout dire. Il fit des prodiges de valeur sous les yeux du maréchal d'Aumont, et plus tard, quand il revint à ses vers latins, il eut un bien autre compliment à se faire à lui-même que celui que s'était fait impudemment l'ami de Mécène. Il put se dire qu'il avait bien fait son devoir dans les endroits les plus dangereux, et que même il lui en restait quelque chose, une dureté, un accent sauvage, une note belliqueuse qui résonne dans ses vers.

Enfin, l'occasion et le moment vinrent pour le poëte de dire toute sa pensée indignée aux factieux, aux ambitieux, aux chercheurs de couronnes, aux hypocrites et aux démagogues. Rapin rentra dans Paris. Alors se fit *la Ménippée.* Il y inséra pour sa part la harangue de M. de Lyon et celle du recteur Rose. Ce sont des chefs-d'œuvre dans un chef-d'œuvre. Il y mit aussi beaucoup de vers : les plus jolis sont à lui ou à Passerat. On sait mieux ceux qui sont à Passerat que ceux qui sont à Rapin. N'est-ce pas une preuve de sa modestie que cette incertitude même; et s'il l'eût voulu, n'eût-il pas marqué d'une incontestable empreinte tout ce qui sortait de sa plume? Mais *la Ménippée* fut lue avec une incroyable avidité, et réimprimée quatre fois et en grand nombre, en moins d'un mois. La Ligue tomba frappée au cœur par le ridicule. Henri IV put rentrer à Paris et rejoindre Rapin. Que voulait de plus le poëte?

Les troubles apaisés lui rendirent l'aisance. Il quitta sa charge et se retira à Fontenay, où, comme en un Tibur délicieux et tranquille, il se fit bâtir une maison pour lui, sa femme et ses enfants, dont l'aîné était mort au siége de Paris. Alors, enfin, il fut heureux, alors il laissa couler des vers comme ceux-ci qu'il avait toujours rêvé de pouvoir écrire en paix :

> Et moi je vis de mon petit domaine
> A peu de train, sans pension du roi,
> Faisant des vers, et ne me donnant peine
> De ce qu'on dit de moi.

Pourquoi faut-il qu'il ait mis en latin ses plus gracieuses pensées et que la langue française ne puisse s'honorer des vers charmants qu'il envoyait au conseiller Gillot, son ami intime, son confident de cœur, son complice *en satyre?* Mais on ne peut traduire ces familiarités, et il faut lire et savourer l'épître surtout qui accompagne un envoi de gibier et de volailles à l'ami Gillot. Rapin le prie de fournir le vin, il présidera le banquet et on relira ses vers. Braves gens!

Il faut lire encore la pièce latine qu'il composa *aux Grands Jours de Poitiers*, pour célébrer la fameuse puce qu'Etienne Pasquier aperçut un jour sur le sein de mademoiselle Des Roches. On sait qu'il y eut à ce sujet un tournoi littéraire et que Rapin fut le vainqueur. Et pourtant le jeune Malherbe était là.

Savant comme les plus savants, Rapin s'essaya avec obstination à introduire dans notre langue les vers métriques. Comme Baïf, il n'y réussit guère. En somme, ses plus précieux titres de gloire, ce sont ses deux harangues et les épigrammes de la *Satyre*, quoique ses poésies latines aient plus de sel et un tour bien plus aisé que les françaises.

Un jour d'hiver, Rapin voulant revoir ses amis de Paris, quitta sa maison de Fontenay et se mit en route. Hélas! il était vieux et le temps était rude. La maladie l'arrêta à Poitiers et il y mourut. Il n'avait que soixante ans. Il avait tant lutté durant ces soixante années, tant souffert et combattu pour le bien, que Dieu lui en devait au moins encore dix de repos! Un jésuite, le Père Garasse, se vanta qu'il l'avait converti et forcé à reconnaître l'excellence d'une Compagnie qu'il avait persécutée toute sa vie sans la connaître. La scène me paraît peu vraisemblable. D'abord Rapin ne songeait guère aux Jésuites du temps de *la Ménippée;* il songeait au bonheur futur de la France délivrée des Guises et surtout au triomphe du droit. J'aime mieux le tableau qui nous le représente mourant et dictant à son fils de magnifiques vers latins, dans lesquels il peint avec un sang-froid stoïque l'envahissement de la mort et la disparition lente de son intelligence. J'ai plus de confiance en ce récit de l'Estoile. Non, je ne puis croire à une palinodie chez Rapin. Toute sa vie prouve une grande âme, un cœur ferme et désintéressé, un esprit fier, une personnalité noble, et il nous est même impossible de voir une flatterie dans ce vers superbe qu'il adressait à Sully:

Tes pensers qui jamais n'inclinent au sommeil.

On y sent trop la sincérité d'une conviction inspirée.

VALERY VERNIER.

SONNET

AU ROY

Avoir tant de courage en un âge si tendre,
Surpasser de hauteur ceux qui sont devant toy;
Prendre extrême plaisir d'ouïr parler d'effroy [1],
Tel qu'il fut cette nuict que Troye fut en cendre;

Tressaillir de regret come un jeune Alexandre,
En oyant raconter les faicts d'un si grand roy,
Demander ce qui reste[2], et s'en mettre en émoy,
Puis, d'un cœur de lion, vouloir tout entreprendre;

Porter empreint au front un trait de royauté
Qui maintient le François ferme en sa loyauté,
Et fait que des meschants le dessein se dissipe;

Ces grâces que le ciel dessus ton chef[3] repand,
Asseurent notre espoir, que tu seras plus grand
Que n'a jamais esté la race de Philippe.

CHANSON

Les nymphes, par les siècles vieux,
Hantans les solitaires lieux,
Ont mesprisé des plus hauts dieux
La longue et importune envie;
Je veux ainsi passer ma vie.

[1] C'est-à-dire : d'événements effroyables, tels que ceux qui eurent lieu cette nuit où... — [2] Sous-entendu : à faire. — [3] Tête.

Diane, avec ses chastes sœurs,
Au bois sentoit mille douceurs,
Et des satyres pourchasseurs
Ne voulut onc estre servie :
Je veux ainsi passer ma vie.

Les Filles de Memoire aussi
En un troupeau vivoient ainsi,
Et jamais d'un tyran souci
Leur liberté ne fut ravie;
Je veux ainsi passer ma vie.

Les vierges qui d'un chaste vœu
Nourrissoient un eternel feu,
Ne se lioient d'un triste nœu
Qui rend la franchise asservie :
Je veux ainsi passer ma vie.

Les nonnains [1], en communauté,
Gardent longuement leur beauté,
Et, d'une douce privauté,
L'une de l'autre est asservie [2] :
Je veux passer ainsi ma vie.

Pour néant [3], le dieu Cupidon
M'eschaufferoit de son brandon
Quand un Narcis ou un Adon [4]
Mille fois m'auroient poursuivie :
Je veux passer ainsi ma vie.

O heureuses celles qui ont
La chasteté dessus le front !
Leurs beautez immortelles sont,
Et leur printemps ne s'abbrevie [5] :
Je veux ainsi passer ma vie.

[1] Les nonnes. — [2] C'est-à-dire : elles sont attachées l'une à l'autre. — [3] En vain. — [4] Narcisse, Adonis. — [5] Ne s'abrége pas, ne finit pas avant le temps.

Amour peut bien en autre part
Descocher son furieux dard;
L'honneur nous a fait un rampart
Contre sa fiere tyrannie :
Je veux ainsi passer ma vie.

Desormais les hommes mocqueurs
Ne se diront plus les vainqueurs
Du rocher de nos tristes cœurs,
Si leur vertu ne nous convie :
Je veux ainsi passer ma vie.

François desnaturez, bastards de ceste France
Qui ne se peut dompter que par sa propre main,
Despouillez maintenant ce courage inhumain
Qui vous enfle d'orgueil, et vous perd d'ignorance[1].

Et vous, princes lorrains, quittez votre espérance,
Ne suyvez plus l'erreur de cest asne Cumain
Qui, vestu de la peau du grand lion romain,
Voyant le vray lion, perd cœur et asseurance.

Pauvres Parisiens, où aurez-vous recours?
Il faut, en peu de temps, sans espoir de secours,
Vous ranger au devoir où les lois vous obligent;

Mais si vous irritez vostre roi contre vous,
Vous serez chastiez; les enfants et les fouls,
S'ils ne sont chastiez, jamais ne se corrigent.

[1] C'est-à-dire : par suite de votre ignorance.

VAUQUELIN DE LA FRESNAYE

1536 — 1606

Le poëte Vauquelin est peut-être moins connu aujourd'hui que Vauquelin le chimiste. Même dans sa famille, qui s'est perpétuée en Normandie, on a complétement oublié son nom et ses œuvres, si nous en croyons le témoignage de M. Viollet-Leduc : « En 1832, raconte ce bibliophile, je rencontrai dans les environs de Caen un descendant de Vauquelin, portant le même nom, et possesseur, je crois, de la même terre. Je lui parlai de son aïeul : le brave gentilhomme, sans le renier toutefois, s'excusa grandement d'avoir un poëte dans sa famille. Il en avait deux. » Grâce à la publication des amusantes historiettes de Tallemant des Réaux, le public s'est mis en joyeuse relation avec le second Vauquelin, beaucoup moins digne que le premier de son attention et de sa sympathie. Qui ne se souvient en effet « du petit bonhommet, du dernier des hommes » de ce badin Nicolas des Yveteaux, ce fou souriant, chez lequel Ninon allait jouer du luth, et qu'on trouvait dans son immense jardin de la rue du Colombier, tantôt vêtu en satyre, et tantôt en habit de berger? On a fait l'honneur à ce maniaque de publier tout récemment ses *Œuvres poétiques*, et Jean Vauquelin son père, un vrai poëte, attend encore un éditeur!

Où est donc le critique fameux qui, dans ce siècle de l'histoire littéraire, a sérieusement étudié l'*Art poétique*, *les Satires et les Idylles* de ce franc Normand qu'on peut regarder à la fois comme le précurseur de Segrais, de Racan et de Boileau? Pas un esprit curieux n'a jugé à propos de s'arrêter devant cette figure littéraire. M. Viollet-Leduc, dans son édition de Boileau, s'est contenté de creuser un feuilleton pour l'*Art poétique* de La Fresnaye, au-dessous du texte sacré du poëte-législateur du XVIIe siècle; La Harpe a parlé du poëte du XVIe siècle en ignorant et en intrus; l'académicien Auger l'a traité, dans un article biographique, en écrivain justement oublié : « La poésie de La Fresnaye, dit-il, a presque tous les vices du temps, et ils n'y sont point rachetés par le mérite des pensées ou des images; son style, sans force et sans élévation, est encore défiguré par beaucoup d'expressions provinciales. » Il y aura vraiment quelque plaisir pour nous à venger le provincial Vauquelin des mépris du Parisien Auger. Nous aurons précisément à faire admirer dans ce poëte méconnu la nouveauté pittoresque des images, l'élévation et la force des pensées, le caractère tout particulier d'un style plein de séve et de relief. Vauquelin, dans ses poésies, a souvent de la grâce, du naturel et de l'esprit; mais quand il lui arrive de rencontrer l'énergie, on croirait entendre la parole rude et franche d'un d'Aubigné catholique.

Il naquit à La Fresnaye-au-Sauvage, près de Falaise, d'une race de gentilshommes qui avaient porté gonfanons et bannières dans l'armée de Guillaume le Conquérant. Ayant perdu son père dès sa plus tendre enfance, il fut envoyé à Paris; et par ses commencements nul ne pouvait prévoir que le jeune Vauquelin reviendrait en Normandie pour occuper l'emploi de lieutenant général et plus tard de président au bailliage et présidial de Caen. Il étudiait sous Buquet, Turnèbe et Muret. Son adolescence fut toute poétique. Il connut Baïf, adora Ronsard et honora Du Bellay (ce sont ses propres expressions) avant d'avoir au visage un brin de poil follet. Il n'avait pas dix-huit ans qu'il tourna le dos à Paris et s'en alla battre l'estrade en province, sur le chemin verdoyant des Muses buissonnières. L'écolier évadé partit un beau matin avec deux amis « poussés d'un beau printemps » qui l'accompagnèrent de la Seine à la Sarthe, et de la Sarthe au Maine. Les trois pélerins ne s'arrêtèrent qu'à Angers, devant le logis du mignard Tahureau. De là ils s'en allèrent visiter les Nymphes poitevines qui suivaient par les prés le jeune Sainte-Marthe. Ce fut à Poitiers que Jean Vauquelin composa ses *Foresteries*. La Muse pastorale, qui devait l'ensorceler pour toujours, l'accola gentiment pour la première fois sur les bords du Clain. Quoiqu'il dût se résigner, en bon Normand, à étudier la chicane; quoiqu'il dût quitter Poitiers pour Bourges, et la poésie pour le droit, même après son mariage, même après avoir été reçu avocat au bailliage de Caen, l'ami de Sainte-Marthe ne put jamais oublier la Nymphe poitevine. Il la fit normande pour la mieux aimer, et la cacha dans les bois, à portée de son ménage, non loin de sa résidence de magistrat.

Les troubles civils et religieux, le service du roi et du public l'éloignèrent souvent de la poésie. Il se reprit au charme tant qu'il put, rimant et *rustiquant*, dès qu'il lui était permis d'abandonner les affaires. On savait du reste et on voulait que le magistrat fût poëte, puisqu'il n'entreprit l'*Art poétique*, ainsi qu'il le dit à la fin du troisième livre, que par le commandement de Henri III :

Je composai cet Art pour donner aux François,
Quand vous, sire, quittant le parler polonois,
Voulûtes, reposant dessous le bel ombrage
De vos lauriers gagnés, polir votre langage...

C'était le temps où le poëte Desportes brillait à la cour, sous le mécénat de Joyeuse.

Je vivois cependant au rivage Olénois,
A Caen, où l'Océan vient tous les jours deux fois.
Là moi, de Vauquelin, content en ma province,
Président, je rendois la justice du prince.

Oui sans doute, il résidait à Caen, il y rendait la justice ; mais il ne vivait en liberté que dans sa gentilhommière, à La Fresnaye-au-Sauvage. Personne mieux que lui n'a décrit la vie à la fois rustique et poétique d'un gentilhomme de campagne. Il faut lire, pour s'en convaincre, la satire ou plutôt l'épître adressée à son ami le trésorier général de Caen.

Entre ses bas vallons, sa basse renommée
Sans autre ambition se tient close et fermée.

De vallon en montagne, et de bois en bois, il va jusqu'à la nuit, écoutant le murmure des forêts, les claires eaux des fontaines, les rivières bruyantes, le chant des rossignols et le bourdonnement des abeilles qui passent en escadron. Mais ce n'est pas seulement un rêveur, amoureux de la nature, épris de haute fantaisie, comme il le dit de Baïf. Il plante, il cueille, il sème, il moissonne ; la chasse et la pêche l'occupent tour à tour ; il a des chiens courants pour le lièvre, et des limiers pour le sanglier, et des hameçons, tramails, éperviers, pour le grand brochet, le saumon, la carpe et la truite. Bonne garenne d'ailleurs, bon colombier et bon verger : rien ne lui manque en son château, d'où il voit revenir pêle-mêle vaches, aumailles, taureaux, et galoper le haras, et les bœufs accouplés ramener lentement la charrue.

Ce qui me frappe en lui, et ce qui lui est propre, c'est l'intime mélange du poëte et de l'homme des champs; qualité si rare chez les poëtes bucoliques dont on peut dire justement qu'ils ne sont presque toujours que des campagnards de cabinet. Son *Fortunatos nimium*, je n'hésite pas à l'affirmer, est plus sincère, plus pénétrant et plus vivement empreint de réalité que la belle pièce analogue de Racan, bien que cette dernière soit d'un plus grand vol lyrique. Personne en France n'a eu au même degré que le forestier normand le don de la bonhomie agreste, ou, si l'on veut, de la naïveté, de la familiarité, de l'intimité champêtre. D'autres privilégiés de la Muse pastorale ont élégamment puisé dans la coupe latine ou grecque les fraîches eaux des fontaines sacrées. Vauquelin s'est étendu tout de son long, comme un enfant, vers la source frémissante, il y a plongé avidement son front, sa joue et ses lèvres, et il en est sorti tout ruisselant des belles larmes de la Naïade. Dans ses vers tout est en action, l'imagination, le sentiment, la poésie même!

Il ne faudrait pourtant pas supposer que Vauquelin n'a pas goûté à la poésie de ses devanciers idylliques, de Théocrite, de Moschus, de Virgile, et qu'il n'ait pas lu le fameux vers latin :

Si nous chantons les forêts, qu'elles soient dignes des consuls.

Il explique lui-même dans la charmante préface des *Idillies* pourquoi il n'a pas appelé ses poésies rustiques, églogues ou bucoliques : c'est qu'il n'a pas voulu reproduire le *deductum carmen*, ces propos alternés et ces longs discours qui ressemblent, dit-il, au filet du lin ou de la laine que la bergère en chantant file et tire à la quenouille et au rouet. Le mot d'Idillie lui a paru se mieux rapporter à ses desseins, « d'autant qu'il ne signifie et représente que diverses petites images et gravures en la semblance de celles qu'on grave aux lapis, aux gemmes et calcédoines pour servir quelquefois de cachet. Les miennes en la sorte, pleines d'amour enfantine, ne sont qu'imagettes et petites tablettes de fantaisies d'amour. » Il ajoute encore qu'il a composé des idillies pour le plaisir et la récréation d'y voir naïvement représentée « la Nature en chemise. » On ne peut se juger et se peindre avec plus de bonheur. Oui, c'est bien la Nature en chemise, qui dort, qui chante, qui aime, ou qui fuit dans les paysages de Vauquelin; et cette chemise-là, pourquoi ne pas l'avouer? reste souvent aux mains des faunes et des satires, des chèvre-pieds et des fronts cornus. Vauquelin est naïf, mais gaillard; amoureux, mais hardi; sensible, tendre, plaintif à l'occasion, mais gourmand et gausseur à l'avenant. Parmi ses *Idillies*, il en est que je n'oserais citer, bien que la vivacité un peu crue soit amplement justifiée par les franchises du vieux parler gaulois. Les plus belles sont les plus pures. Vauquelin d'ailleurs, malgré ses gambades de faune, échappe sans peine au libertinage. Ce ne sont chez lui que bondissements de nature, ardeurs du sang et du soleil, folies printanières de la jeunesse. Dès qu'il se rassied, dès qu'il se marie, on voit que ce cœur ouvert et franc, cette conscience ronde, cette imagination pleine d'élan, cet esprit mûri par la raison, appartiennent loyalement à la foi chrétienne, et qu'il a toujours gardé la crainte de Dieu, comme il le dit lui-même en vingt endroits de ses satires. Les sonnets qui terminent ses œuvres poétiques sont comme embrasés du feu divin qui anime les *Satires* et l'*Art poétique français*.

Dans l'*Art poétique*, bien que Vauquelin marche souvent sur les traces de son cher *Quintil* dit *Horace*, il se montre sans cesse et à la fois chrétien et campagnard. Toutes ses images si pittoresques, toutes ses digressions si heureuses, tous ses rapprochements de sentiments et d'idées, se rapportent à la Nature et à Dieu, quand ils n'amènent pas de gracieux retours sur lui-même et sur ses amis. Et c'est ce qui fait que, malgré les imperfections qui tiennent au temps et à la langue, cet *Art poétique* est cent fois plus vivant, plus intéressant, plus aisé, plus hardi que celui de Boileau. Vauquelin ne se borne pas aux préceptes comme le fera plus tard son successeur. Il déroule çà et là, comme une prairie verdoyante, un chapitre animé de l'histoire littéraire ; il se met familièrement en scène, il parle à ses amis, il interpelle les Muses, il a des élans vers Dieu, le seul inspirateur du poëte.

> Si les Grecs, comme vous, chrétiens, eussent écrit,
> Ils eussent les hauts faits chanté de Jésus-Christ.

Vauquelin désirerait un Parnasse chrétien. C'est là l'idée saisissante et originale de son *Art poétique*.

> Au lieu d'une Andromède au rocher attachée ,

il lui plairait de voir représenter en tragédie un saint George bien armé, bien monté,

> La lance à son arrêt, l'épée à son côté,

ou des sujets tirés de l'Écriture sainte, tels que le sacrifice d'Abraham, la vie de Joseph, ou la gloire de David. Il avait rêvé lui-même de chanter le vainqueur de Goliath, et l'*Art poétique* nous donne un fragment très-bien venu de ce poëme ébauché.

Les *Satires* qui seraient mieux nommées épîtres, présentent, dans un langage plus ferme et meilleur, les sentiments et l'inspiration, l'esprit et la verve de l'*Art poétique*. Il y a là moins de locutions déjà vieillies avant Henri IV, moins d'agneaux doux-bêlants, de fontaines doux-coulant, de rosiers pique-mains, et autres expressions composées qui viennent du goût de Ronsard. Tour à tour énergique et familier, raisonneur et lyrique, toujours chrétien éclairé, philosophe pratique, et par-dessus tout gentilhomme de campagne, ami de la paix, effrayé des troubles, lassé des gens de guerre, excédé des gens de cour, le bon seigneur de La Fresnaye s'entretient éloquemment des choses du temps avec ses amis, ou trace avec une noble tendresse des règles de conduite pour ses quatre fils, dont l'aîné, Des Yveteaux, suivit si mal, comme on sait, les conseils de la satire paternelle, qu'un autre fils de Vauquelin, M. de La Fresnaye, crut devoir le réprimander du fond de la province. A quoi Des Yveteaux répliqua : «Quoi que vous disiez, je ne m'aperçois pas que j'aie obscurci la lumière de notre race par les ténèbres de mon ignorance, ni par la bassesse de mes actions. Mes occupations et mes plaisirs sont toujours honnêtes,... et s'il y a quelque splendeur en ma dépense, elle est sans somptuosité, comme ma liberté sans dissolution... J'ai vu plus de reines, de princesses et de duchesses chez moi que vous n'avez vu de dames aux noces de votre fils. Vous prenez la délicatesse curieuse pour une volupté vicieuse et défendue... Si c'est un vice d'aimer la musique, la poésie, la peinture, l'architecture, qui éteignent les passions de l'avarice et de l'envie, j'avoue que je suis et veux être des plus blâmables du monde.» Je ne sais ce que répondit à son frère le sévère M. de La Fresnaye : mais ce dont je suis sûr, c'est que si cette apologie avait été débitée dans le jardin de la rue du Colombier à notre Jean de Vauquelin par *le petit bonhommet* lui-même, à cause du chapeau de paille, de la houlette et de la panetière, Vauquelin, le poëte des *Idillies*, aurait embrassé et pardonné le berger Des Yveteaux.

Hippolyte Babou.

Les diverses poésies du sieur de La Fresnaye Vauquelin, à Caen, Charles Macé, imprimeur du roi. 1612.

FRAGMENT

DE L'ART POÉTIQUE FRANÇAIS

Jeunes, prenez courage et que ce mont terrible [1]
Qui, du premier abord, vous semble inaccessible,
Ne vous estonne point. Jeunesse, il faut oser,
Qui veut [2] au haut du mur son enseigne poser.
A haute voix desja, la Neuvaine cohorte [3]
Vous gaigne, vous appelle et vous ouvre la porte,
Vous montre une guirlande, un verdoyant lien,
Dont ceint les doctes fronts le chantre Delien [4],
Et, par un cri de joye, anime vos courages
A vous ancrer au port en depit des orages :
Elle repand desja des paniers pleins d'œillets,
Des roses, des boutons, rouges, blancs, vermeillets,
Remplissant l'air de musc, de fleurettes menues,
Et d'un parfum suave enfanté dans les nues :
Ces belles fleurs du ciel vos beaux chefs [5] toucheront,
Et sous vos pieds encor la terre emoucheront [6].
Dans le ciel obscurci de ces fleurs espandues,
Sont les divines voix des Muses entendües :
Voyez comme d'odeurs un nuage epaissi,
De manne, d'ambroisie, et de nectar aussi,
Fait pleuvoir dessus vous une odeur embaumée,
Qui d'un feu tout divin rend vostre ame enflamée.
. . . .

(*IIIᵉ Livre.*)

A MONSIEUR DE LA FRESNAYE

Mon fils, plus je ne chante aussi comme autrefois :
Je suis plein de chagrin, je ne suis plus courtois;
Seulement, tout hargneux, je vay suivant la trace
De Juvenal, de Perse, et, par sus [7] tous, d'Horace,

[1] Le Pinde. — [2] C'est-à-dire : quand on veut. — [3] Les Muses. — [4] Apollon. — [5] Têtes. — [6] Balaieront. — [7] Pour : par-dessus.

Et si j'estens ma faux en la moisson d'autruy,
J'y suis comme forcé pour les mœurs d'aujourd'huy :
Les Muses ne sont plus, en cet âge, escoutées,
Et les vertus, au loin, de tous sont rejetées.
Les jeunes de ce temps sont tous achalandez
Aux boutiques des jeux de cartes et de dez,
Beaux danseurs escrimeurs[1], qui, mignons comme femmes,
Couvrent sous leurs habits les amoureuses flames;
La pluspart, tout frisez, d'un visage poupin[2],
Suivent, dès le berceau, les dames et le vin,
Et vont par les maisons muguettants[3] aux familles,
Au hasard de l'honneur des femmes et des filles.
Te voilà de retour : sous le ciel de Poitiers,
Tu n'as pas cheminé par de plus beaux sentiers :
Car à juger ton port, à regarder ta face,
Tu as de ces mignons la façon et la grâce.
Mais, tout mis sous le pied, il est temps de penser
En quel rang tu te veux maintenant avancer.
Le temps, à tous moments, nostre âge nous desrobe :
Je te juge aussi propre aux armes qu'à la robe.
La malice du siecle et Mars tout debauché,
T'a, comme l'un des siens, en son estat couché.
Mais ce seroit ton heur si, d'une ame prudente,
Tu suivois la deesse et guerriere et sçavante.
C'est le meilleur d'avoir, en la jeune saison,
Des armes pour les champs, de l'art pour la maison.

. . . .

Tandis[4], jeune, travaille, et par la vigilance,
Croy qu'aux biens, aux honneurs, à la fin on s'avance;
Travaille en tes beaux ans, en tes ans plus parfaits,
Pour porter, plus content, de tes vieux ans le fais :
Travaille à t'eslever aux vertus excellentes.
Les ans coulent tousjours comme les eaux coulantes.

[1] Grands gesticulateurs.— [2] De poupée.— [3] Faisant les galants dans les familles.— [4] Cependant, dans le sens de : pendant ce temps.

Comme, après la saison, tant de fruits plantureux
Perdent en pourrissant tous leurs gousts savoureux,
L'âge premier se passe; et la vieillesse blanche,
Longtemps après les fruicts, ne demeure en la branche.
. . . .

(*Satires françoises.*)

AU SIEUR DES YVETEAUX

Tu portes, mon cher fils, le nom assez fameux
De ton grand bisayeul : c'est pourquoy, si tu veux
Ensuivre [1] ses vertus, tu as un exemplaire [2],
Sans le chercher plus loin, pour t'apprendre à bien faire.
Si nous sommes soigneux des tableaux, des pourtraits,
Que les peintres nous ont de nos grands peres faits,
A plus forte raison le devons-nous pas estre
De leurs belles vertus, que l'on deust [3] voir renaistre
Peintes au vif tableau de nos comportements?
Davantage tu as cent mile enseignements
Qu'apris tu as de moy, soit ou de Phocilide,
D'Isocrate, Hesiode, ou Theognis, qui de guide
Tousjours te serviront, si tu remarques bien
Que le sçavoir qui n'est pratiqué ne vaut rien.

Tu es jeune, estudie en ta belle jeunesse :
Et, tandis que tu l'as, employe en alegresse
Le temps et la saison : car, mon fils, desmeshuy [4],
Pour le tien tu n'auras jamais le temps d'autry.
Ce n'est pas qu'il te faille alambiquer [5] ton ame,
Pour, brullant nuit et jour, la distiller en flame :
Car il est plus de temps que d'œuvre; toutefois,
Une saison se change en l'autre tous les mois :
Et, dès l'âge premier, on prend une habitude
D'aimer ou de haïr les Muses et l'estude.
. . . .

(*Satires françoises.*)

[1] Pour : suivre. — [2] Modèle. — [3] Pour : devrait. — [4] Dès maintenant. — [5] Torturer, mettre à la gêne.

ÉPIGRAMME

— Quelle es-tu, dis-le moy, si povrement vestue?
— Je suis Religion, fille de Dieu connue.
— Pourquoy l'habit as-tu d'une si povre laine?
— Pour ce que je méprise une richesse vaine.
— Quel livre portes-tu? — Les lois de Dieu mon Père,
Où de ses Testaments est compris le mystère.
— Pourquoy l'estomac nu? — Découvrir la poitrine
Convient à moy qui veux une blanche doctrine.
— Pourquoi sur cette Croix t'appuys-tu charitable?
— La Croix m'est un repos qui m'est fort agréable.
— A quelle fin es-tu de ces ailes pourveue?
— J'apprends l'homme à voller au-dessus de la nue.
— Pourquoy si rayonnante es-tu de belles flames?
— Les ténèbres je chasse au loin des saintes âmes.
— Pourquoy ce mors de bride? — Afin que, par contrainte,
J'arreste la fureur de l'âme en douce crainte.
— Et pourquoy sous tes pieds foules-tu la mort blesme?
— A raison que je suis la mort de la Mort mesme.

SONNETS

Belle âme qui le cœur eus tousjours enflammé
D'un penser chaste et haut dans ton corps solitaire,
Et qui, libre, vivant loin des pas du vulgaire,
As les muses, les arts, et le repos aimé :

Pleine de chasteté, tu n'as guère estimé
Cette humaine demeure : ains, t'en voulant distraire,

Ton esprit a suivi le beau chemin contraire,
Et du vice quitté le sentier diffamé.

Ainsi toy, qui voulant d'une soigneuse cure
Enrichir ton esprit d'un sçavoir précieux
Et de gentilles mœurs (thrésor qui tousjours dure),

Arrivant à ta fin tu t'envolas aux cieux,
Bien aise d'y trouver, (colombe blanche et pure),
Ce sçavoir rare et saint qui rend l'esprit joyeux.

Si, loin de ce mortel et de ce court séjour,
Plein d'ennuis, plein de maux, d'envie et de martire,
L'âme de cette vierge, ainsi qu'elle désire,
Enfin a fait, aux Cieux, à son Seigneur retour :

Si les anges elle a d'elle assis tout autour,
En ce siége de gloire où tout le monde aspire,
Hors du monde fâcheux où l'on ne sçauroit dire
Que l'homme sans douleur puisse vivre un seul jour,

Pourquoy la voulons-nous lamenter estant morte,
Puisque entrant au vray bien, hors du mal elle sort
Par la mort qui la fait heureuse en cette sorte?

Qui jamais se fâcha de voir surgir au port
Le navire fuyant une tempeste forte?
Quand remercîrons-nous plus à propos la Mort?

Du paresseux sommeil où tu gis endormie
Desjà par si long temps, ô France, éveille-toy,

Respire dedaigneuse, et tes offences[1] voy,
Ne sois point ton esclave et ta propre ennemie.

Reprend ta liberté, gueri ta maladie,
Et ton antique honneur, ô France, ramentoy[2] :
Legere, desormais, sans bien sçavoir pourquoy,
Dans un sentier tortu ne donne à l'estourdie.

Si tu regardois bien les annales des rois,
Tu connoistrois avoir triomphé mille fois
De ceux qui veulent or[3] amoindrir ta puissance.

Sans toy, qui contre toy despite[4] ouvre le sein,
Ces ventres de harpie, ejunez[5] par souffrance,
N'auroient jamais osé passer le Rhin germain.

Seigneur, je n'ay cessé, dès la fleur de mon âge,
D'amasser sur mon chef pechez dessus pechez :
Des dons que tu m'avois dedans l'ame cachez,
Plaisant, je me servois à mon desavantage :

Maintenant que la neige a couvert mon visage,
Que mes prez les plus beaux sont fanez et fauchez,
Et que desja tant d'ans ont mes nerfs dessechez;
Ne ramentoy[6] le mal de mon ame volage.

Ne m'abandonne point : en ses ans les plus vieux,
Le sage roy des juifs[7] adora de faux dieux,
Pour complaire aux desirs des femmes estrangeres.

Las! fay qu'à ton honneur je puisse menager
Le reste de mes ans, sans de toy m'estranger[8]
Et sans prendre plaisir aux fables mensongeres.

[1] Tes fautes, ou les blessures qu'il t'a faites. — [2] Rappelle-toi. — [3] Maintenant. — [4] Furieuse contre toi-même, égarée par la fureur des guerres civiles. — [5] Épuisés. Ces vers font allusion aux reitres que les protestants avaient appelés d'Allemagne à leur secours. — [6] Ne te rappelle pas. — [7] Salomon. — [8] M'éloigner.

IDILLIES

Oyez, ô pasteurs amoureux,
Un miracle d'amour heureux :
Cette Philis, ma douce vie,
Est d'amour maintenant ravie;
Elle fuyant, par ci-devant,
Cet amour qu'elle va suivant;
Elle qui fut autant rebelle
Comme elle estoit parfaite et belle,
Elle aime, et moy, plein de langueur,
Je suis son désir et son cœur.

Amour, tay-toy, mais pren ton arc :
Car ma biche belle et sauvage,
Soir et matin, sortant du parc,
Passe tousjours par ce passage.

Voici sa piste, ô la voilà !
Droit à son cœur dresse ta vire,
Et ne faux point ce beau coup-là,
Afin qu'elle n'en puisse rire.

Hélas ! qu'aveugle tu es bien !
Cruel, tu m'as frapé pour elle.
Libre elle fuit, elle n'a rien;
Mais las ! ma blessure est mortelle.

Si ces épines, ces haliers,
Ces buissons et ces aiglantiers,

Estoient des flèches bien poignantes;
Et que ces feuilles et ces fleurs,
Philis, fûssent flames, ardeurs,
Et fournaises toutes ardentes;

Pour m'aprocher auprès de vous,
Je ne craindrois flèches ni coups,
Ni la flamme plus violente :
Je passerois parmi les dards,
Parmi les feux, par tous hasards,
Pour courre à vous, nymphe excellente.

Entre les fleurs, entre les lis,
Doucement dormoit ma Philis,
Et tout autour de son visage,
Les petits Amours, comme enfans,
Jouoient, folastroient, triomphans,
Voyant des cieux la belle image.

J'admirois toutes ces beautez
Égalles à mes loyautez,
Quand l'esprit me dist en l'oreille :
Fol, que fais-tu? Le temps perdu
Souvent est chèrement vendu;
S'on le recouvre, c'est merveille.

Alors, je m'abbaissai tout bas,
Sans bruit je marchai pas à pas,
Et baisai ses lèvres pourprines :
Savourant un tel bien, je dis
Que tel est dans le paradis
Le plaisir des âmes divines.

Pasteurs, voici la fonteinette [1],
Où tousjours se venoit mirer,
Et ses beautez, seule, admirer
La pastourelle Philinette.

Voici le mont où de la bande
Je la vis la dance mener,
Et les nymphes l'environner
Comme celle qui leur commande.

Pasteurs, voici la verte prée
Où les fleurs elle ravissoit,
Dont, après, elle embellissoit
Sa perruque [2] blonde et sacrée.

Ici, folastre et decrochée [3],
Contre un chesne elle se cacha :
Mais, par avant, elle tascha
Que je la visse estre cachée.

Dans cet antre secret encore,
Mile fois elle me baisa;
Mais, depuis, mon cœur n'apaisa
De la flamme qui le dévore.

Donc, à toutes ces belles places,
A la fontaine, au mont, au pré,
Au chesne, à l'antre tout sacré,
Pour ces dons, je rends mile graces,

O Galatée, (ainsi tousjours la grace
Te fasse avoir jeunesse et belle face!)
Avec ta mère, après souper, chez nous,

[1] Petite fontaine. — [2] Chevelure. — [3] Libre d'allure.

Vien t'en passer cette longue serée[1] :
Près d'un beau feu, de nos gens separée,
Ma mère et moy veillerons comme vous.

Plus que le jour, la nuit nous sera belle,
Et nos bergers, à la claire chandelle
Des contes vieux, en teillant[2], conteront :
Lise, tandis[3], nous cuira des chastaignes :
Et, si l'ebat des jeux tu ne desdaignes,
De nous dormir[4] les jeux nous garderont.

O Janette, tu fuis en vain
Amour que suivent les plus belles :
Tu es boiteuse, il a des ailes;
Tu seras prise tout soudain.

L'hiver ridé n'a point gastée
La fleur d'esté de Leucothée :
Ses rides n'ont[5] si fort osté
Les premiers traits de sa beauté,
Qu'entre les rides de sa face,
Amour caché ne nous menace.
De ses rides les petits plis
De feux cachez sont tous remplis :
Ainsi, nous montre son visage
Le beau soleil dans un nuage :
Ainsi, Dafnis cache aux rameaux
La glu pour prendre les oiseaux.

[1] Soirée. — [2] Sous-entendu : le chanvre. — [3] Pendant ce temps. — [4] nous endormir. — [5] Pour : n'ont pas.

Cette biche belle et legere
Qui te fuyoit par ci-devant,
Dans cette forest bocagere
Ton espoir tousjours decevant,
Maintenant gracieuse et douce,
Plus contre toy ne se courrouce.

O Licidas, elle se couche
A l'ombre, seule, quelquefois :
Elle n'est rude ni farouche,
Vers toy son cœur est plus courtois.
On la voit bien souvent descendre
En ces beaux vallons, pour t'attendre.

Elle vient, en sa reposée [1],
Pour te recevoir doucement;
Car elle est toute disposée
A te donner contentement :
Amour et le chaste Hymenée
Ainsi douce te l'ont donnée.

O vent plaisant [2] qui, d'aleine odorante,
Embasmes [3] l'air du basme de ces fleurs,
O pré joyeux où verserent leurs pleurs
Le bon Damète et la belle Amarante;

O bois ombreux, ô riviere courante
Qui vis en bien eschanger leurs malheurs,
Qui vis en joye eschanger leurs douleurs,
Et l'une en l'autre une ame respirante;

[1] Dans sa retraite. — [2] Charmant, délicieux. — [3] Pour : embaumes.

L'âge or [1] leur fait quitter l'humain plaisir :
Mais, bien qu'ils soient touchez d'un saint desir
De rejetter toute amour en arriere,

Tousjours pourtant, un remors gracieux
Leur fait aimer, en voyant ces beaus lieux,
Ce vent, ce pré, ce bois, cette riviere.

La chasteté rétive et le sévère honneur,
Du sein de Leonor ont les clefs et la garde :
Et nul d'en approcher jamais ne se hasarde,
Que [2] son vaillant berger, qui jouït de cet heur [3].

On attend un bon fruict d'une si belle fleur :
Et quiconque de près la contemple et regarde,
Il voit un saint soleil qui des traits saints luy darde,
Et, l'eslevant à Dieu, lui fait voir sa grandeur.

Dans le trouble océan de cette vie humaine
(Où l'impudicité de la beauté mondaine,
En la nuyt du peché, quasi [4] chacun endort),

Ses beautez, ses vertus seront un luisant [5] phare
Qui, de la chasteté portant l'enseigne [6] rare,
Montrera le chemin qui conduit à bon port.

[1] Maintenant. — [2] Excepté. — [3] Bonheur. — [4] Presque. — [5] Brillant, éclatant. — [6] L'étendard.

LES DAMES DES ROCHES [1]

.... — 1587

Ces deux muses, Madeleine, la mère, et Catherine, sa fille, ne seraient guère célèbres si certaine puce n'avait aidé à leur renommée de beauté et d'esprit, et piqué d'émulation à leur sujet les faiseurs d'éloges et de petits vers galants.

Toutes deux, la mère en la fraîche maturité de ses charmes, la fille en leur fleur à peine épanouie, vivaient modestement à Poitiers, relevant par le culte des Muses et par le renom discret qu'elles y trouvaient le lustre d'une noblesse un peu bourgeoise, lorsqu'en l'année 1579 la froide et triste ville prit tout à coup un air d'animation et de gaieté inaccoutumé. Il n'y avait cependant rien que de solennel et même de sinistre dans ce qui allait s'y passer. Des commissaires nommés par le roi venaient y tenir, sous la présidence d'Achille du Harlay, ces assises d'exception qu'on appelait les *Grands Jours*, dont la principale mission était de remettre sous la main de la justice les coupables qui avaient une première fois pu lui échapper, ou qui étaient d'un rang trop élevé pour qu'un tribunal ordinaire pût les atteindre. Les drames à juger étaient la plupart d'une gravité terrible, mais en vertu de la loi si française des contrastes, plus la pièce était sérieuse, plus on voulait que les entr'actes fussent amusants. L'usage était donc pour les magistrats de mener de front, pendant ces *Grands Jours*, la rigueur et le rire, et, s'ils le pouvaient, d'y faire œuvre d'esprit galant, après y avoir fait acte de sévère justice. C'est sur quoi l'on comptait dans le monde des beaux esprits : « Les grands jours étoient renommés alors pour pro-

[1] Les dates de leur naissance étant inconnues, nous ne pouvons fixer que par approximation le rang dans lequel elles doivent venir d'après l'ordre chronologique. Nous les plaçons dans le voisinage de leurs contemporains les plus proches, tels que Nicolas Rapin, qui les chanta en vers latins. (*Note de l'Éditeur.*)

duire du nouveau, comme autrefois l'Afrique. » Pasquier, qui a dit cela dans une de ses *lettres*, figurait justement parmi les commissaires envoyés à Poitiers en 1579. Magistrat de la plus haute et de la plus judicieuse compétence en même temps qu'homme du plus vif esprit, il était fait pour y briller de toutes les manières.

Une de ses premières visites fut pour les dames Des Roches, dont le renom poétique lui était parvenu jusqu'à Paris ; elles l'attendaient en grande parure, c'est-à-dire la gorge assez immodestement découverte suivant l'usage mondain de cette époque. Pendant la conversation qui fut sans doute assaisonnée de ces subtilités gaillardes qu'on se permettait si bien alors, même dans les entretiens avec les femmes, et dont *les Ordonnances d'Amour* de maître Estienne Pasquier sont le modèle un peu risqué [1], une puce téméraire se vint placer sur le sein nu de la belle Catherine, et en tacher la blancheur par une légère piqûre. De là grands éclats de rire, nouveaux propos galants de la part de l'aimable magistrat, puis de petits vers sur « cette puce très-hardie et très-prudente à la fois, puisqu'elle s'étoit mise en si belle place et en lieu de franchise. » Il les fit lire à ses amis, et les dames Des Roches, très-friandes d'hommages, se mirent de leur côté à les répandre par la ville. Les beaux esprits en prirent de l'émulation, ce fut à qui dirait son mot et ferait au moins son distique sur ce thème singulier, dont se révolterait notre temps, qui, ayant moins de vertu, a bien plus d'une certaine pudeur.

Chacun écrivit dans la langue qui lui était le plus familière, ceux-ci en français ou en italien, ceux-là, tels que Nicolas Rapin et le président Brisson, en vers latins, d'autres en vers grecs. Enfin, comme l'a dit Garasse en son style burlesque : « Cette puce a tant couru et sauté dans les esprits frétillants des Français, des Italiens et des Flamands, qu'ils en ont fait un Pégase. » L'événement désiré pour donner à ces *Grands Jours* de 1579 une célébrité comparable, sinon supérieure à celle des autres, n'était plus à chercher ; et Pasquier, pour renvoyer à qui de droit un peu de la gloire qui allait en résulter pour les graves assises, s'empressa de dédier au président des *Grands Jours*, Achille de Harlay, le recueil qu'il fit de toutes les pièces composées pour ce tournoi poétique et polyglotte : « Tu en riras, dit-il au lecteur dans la préface de la pièce qui est de lui, tu en riras, je m'assure ; aussi n'a été fait ce petit poëme que pour te donner plaisir. » Jacques de

[1] V. nos *Variétés histor. et litt*, t. II, p. 169-196.

Sourdrai, Poitevin, donna un peu plus tard, chez Abel l'Angelier, à Paris, une édition in-4° des mêmes pièces, avec ce titre : *La Puce de madame Des Roches, qui est un Recueil de divers poëmes grecs, latins et françois, composés par plusieurs doctes personnages*, Paris, 1583.

La mère et la fille étaient alors en pleine célébrité. Leur talent et leur grâce l'avaient commencée, le petit événement tant chanté avait fait le reste. Auparavant elles avaient semblé craindre de courir les chances d'une publication ; depuis, elles s'y étaient hardiment livrées. On vit paraître : *Les premières œuvres de Mesdames Des Roches, de Poitiers, mère et fille*, dont une seconde puis une troisième édition ne se firent pas attendre, celle-ci *augmentée de six dialogues avec une tragi-comédie de Tobie et autres œuvres* [1]. Elles avaient encore d'autres écrits en réserve, que Lacroix du Maine vantait bien haut par avance. « Ces deux dames, disait-il, sont tellement savantes et ont si grande connoissance de toutes bonnes lettres que (oultre le temoignage qu'en ont donné par escript les plus doctes de France) leurs escripts en sont les seuls vrais et fidèles témoins, tant de ce qui a été imprimé à Paris et autres lieux que ce qu'ils n'ont encore mis sur la presse, composé par elles et en prose et en vers, sur plusieurs divers sujets. » Il finissait par dire : « Elles florissent à Poitiers cette année 1584 [2]. » Deux ans après, elles publièrent leurs *missives, avec le ravissement de Proserpine, prins du latin de Claudian et autres imitations et meslanges poétiques*, Paris, Abel l'Angelier, 1586, in-4°. Puis le silence se fit autour des deux muses. La mort les avait visitées le même jour.

En 1587, la peste désolait Poitiers, Madeleine Des Roches succomba la première, et sa fille la suivit peu d'heures après [3]; fin touchante, par laquelle sembla se continuer dans la tombe une union dont rien, tant qu'elles avaient vécu, n'avait rompu ni même altéré la sympathie. La mère, qui était savante, comme une femme pouvait l'être alors, en toutes sortes de langues, même en latin et en grec, s'était elle-même occupée de l'éducation de sa fille; elle y avait mis tous les soins de son esprit et de son cœur, et ce ne fut pas son moins parfait ouvrage.

Madeleine, qui par le doux exercice de son affection de mère, s'était pu livrer à l'un des plus chers sentiments du cœur des femmes, a répandu dans ses vers une douceur et une tendresse qui ne se trou-

[1] Viollet-le-Duc, *Bibliothèque poétique*, p. 292. — [2] Lacroix du Maine, *Bibliothèque françoise*, art. Madeleine des Roches. — [3] Dreux Du Radier, *Bibliothèque historique et critique du Poitou*. 1751, in-12, tom. II, p. 438.

vent peut-être pas dans ceux de Catherine. Elle était mère, et le sentiment maternel est, quoi qu'on dise, bien plus fort comme inspiration que le sentiment filial. Elle avait aimé, et rien ne prouve, même sa poésie, que Catherine, qui mourut fille, ait jamais éprouvé d'amour. Madeleine d'ailleurs avait souffert, et Catherine, sans en avoir autrement le contre-coup, n'avait été que la consolation de cette souffrance. Or, l'inspiration est à celle qui souffre, non à celle qui console. Madeleine est donc bien plus une muse que Catherine : elle l'est par le cœur, sa fille ne l'est que par l'éducation. Dans l'épître qui se trouve en tête des œuvres, et qui est adressée par la mère à sa fille, Madeleine Des Roches exprime bien tout cet amour maternel, qui est son génie, et dont la reconnaissance qu'elle ressentit des bons soins de sa fille a pour ainsi dire doublé la force. « Nous sommes, lui dit-elle, semblables d'esprit et de visage, et l'on croit que de là vient notre attachement, mais non :

Ni pour nous voir tant semblables de corps,
Ni des esprits les gracieux accords,
Ni cette double aimable sympathie
Qui faict aymer la semblable partie,
N'ont point du tout causé l'entier effect
De mon amour, envers toy si parfaict;
Ny les efforcts, mis en moi par nature,
Ny pour autant qu'es de ma nourriture;
Mais le penser qu'entre tant de mal-heurs,
De maux, d'ennuis, de peines, de douleurs,
Subjections, tourments, travail, tristesse,
Quy puis treize ans ne m'ont pas donné cesse;
Tu as, enfant, apporté un cœur fort
Pour resister au violent effort
Qui m'accabloit, et m'offrir dès l'enfance
Amour, conseil, support, obéissance.
Le Tout-Puissant, à qui j'eus mon recours,
A fait de toi naistre mon seul secours :
Or, je ne puis, de plus grands benefices
Recompenser tes louables offices
Que te prier de faire ton devoir
Envers la muse et le divin savoir. »

Cette préoccupation du savoir et des Muses était la principale pensée de Madeleine des Roches. Elle n'ignorait pas que dans le monde jaloux on disait grand mal de ses désirs de science, de ses hautes visées poétiques, et qu'on la renvoyait au fil et aux aiguilles, comme fit Chrysalde plus tard pour Philaminte et Bélise. Mais, faisant bon marché de ces méchants commérages de l'impuissance, elle continuait son doux labeur de poésie. Sa seule vengeance contre les jaloux fut d'écrire dans sa troisième ode :

Quelque langue de satyre
Qui tient banque de mesdire,
Dira tousjours : « Il suffit,
« Une femme est assez sage
« Qui file et faict son mesnage :
« L'on y faict mieux son profit. »

. . . .

Mais quelque chose plus dine
A la dame poitevine
Que le brave accoutrement,
Et déjà ell' fait coustume,
De choisir l'encre et la plume
Pour l'employer doctement.

Catherine aimait et admirait sa mère. C'était pour elle la *femme forte* de Salomon ; aussi, lui adressant l'imitation qu'elle avait faite de cette œuvre du sage roi, elle disait à Madeleine :

Je vous fais un present de la vertu supresme,
Depeinte proprement par un roy très parfaict,
Ma mère : en vous offrant cet excellent pourtraict,
C'est vous offrir aussy le pourtraict de vous mesme.

Moins portée aux choses de la poésie, Catherine, savait mieux que sa mère, concilier avec leur doux caprice les devoirs du ménage. On le pourra voir par le sonnet de la *Quenouille* que nous donnons plus loin. La raison tempérée de poésie de Catherine Des Roches se trouve là tout entière, comme le cœur aimant de Madeleine nous semble avoir sa plus tendre expression dans le sonnet sur la mort d'une amie. On croirait lire une poésie de madame Desbordes-Valmore, mêlée au plus vieux langage.

ÉDOUARD FOURNIER.

SONNETS

A UNE AMIE

Las! où est maintenant ta jeune bonne grâce,
Et ton gentil esprit plus beau que ta beauté?
Où est ton doux maintien, ta douce privauté?
Tu les avois du ciel, ils y ont repris place.

O miserable, hélas! toute l'humaine race
Qui n'a rien de certain que l'infelicité!
O triste que je suis, ô grande adversité!
Je n'ai qu'un seul appui, en cette terre basse.

O ma chère compagne, et douceur de ma vie,
Puisque les cieux ont eu sur mon bonheur envie,
Et que tel a esté des Parques le descret;

Si, après nostre mort le vrai amour demeure,
Abaisse un peu les yeux de leur claire demeure,
Pour voir quel est mon pleur, ma plainte et mon regret.

A MA QUENOUILLE

Quenouille, mon soucy, je vous promets et jure
De vous aimer toujours, et jamais ne changer
Vostre honneur domestic pour un bien estranger
Qui erre inconstamment et fort peu de temps dure.

Vous ayant au costé, je suis beaucoup plus seure
Que si encre et papier se venoient arranger
Tout à l'entour de moy : car, pour me revenger,
Vous pouvez bien plustost repousser une injure.

Mais, quenouille, ma mie, il ne faut pas pourtant
Que, pour vous estimer, et pour vous aimer tant,
Je delaisse de tout [1] ceste honneste coustume

D'escrire quelquefois : en escrivant ainsy,
J'escris de vos valeurs [2], quenouille, mon soucy,
Ayant dedans la main le fuseau et la plume.

Adieu, jardin plaisant, doux objet de ma veüe,
Je prends humble congé de l'esmail de vos fleurs,
De vos petits zephirs, de vos douces odeurs,
De vostre ombrage frais, de vostre herbe menüe.

Astres aymez du ciel, qui voisinez la nue,
Vous avez escouté mes chansons et mes pleurs,
Tesmoins de mes plaisirs, tesmoins de mes douleurs;
Je vous rends les mercis de la grace receue [3].

Hostesse des rochers, belle et gentille Echo,
Qui avez rechanté [4] Charite et Sincero [5],
Dedans ce beau jardin, si quelqu'un vous incite,

O Nymphe, pour vous faire et chanter et parler;
Resonnez [6], s'il vous plaist, ces doux noms dedans l'air :
Charite et Sincero, Sincero et Charite.

[1] Entièrement. — [2] Pris ici dans le sens de mérites.— [3] Pour : reçue. — [4] Répété les noms de... — [5] Personnages allégoriques d'un dialogue mêlé de vers et de prose qui fait partie des œuvres des dames Des Roches. — [6] Faites résonner.

CHANSON

Souz un laurier triomfant,
Amour regarde la belle,
Puis, fermant l'une et l'autre aile,
Il la suit comme un enfant.

Il repose dans son sein
Et joue en sa tresse blonde,
Frisotée [1] comme l'onde
Qui coule du petit Clein [2];

Il regarde par ses yeux,
Parle et respond par sa bouche,
Par ses mains les mains il touche,
N'espargnant hommes ni dieux.

Quand il s'en vient entre nous,
Un soub-ris luy sert d'escorte;
Mais qui n'ouvriroit sa porte,
Le voyant si humble et si doux?

Ha Dieu! quelle trahison,
Souz une fraude tant douce!
Je crains beaucoup qu'il me pousse
Hors de ma propre maison.

[1] Frisée, ondulée. — [2] Le Clain, rivière qui coule à Poitiers.

AMADIS JAMIN

1540 — 1585

Un poëte érudit n'était pas chose rare au XVIe siècle. On étudiait alors avec passion, et c'est à peine si nous pouvons croire à quel âge tendre on éveillait ou s'éveillait d'elle-même cette passion. La nourrice à peine congédiée, l'enfant de sage et bonne maison passait aux mains des Muses antiques. Les éloquences grecque et latine, la dernière goutte de lait essuyée à ses lèvres, se chargeaient de lui faire boire dans leurs larges coupes les deux breuvages puissants de l'art et de la raison. Savoir à fond les lettres anciennes était regardé comme la première, la fondamentale condition à remplir, avant de songer à une carrière, quelle qu'elle fût, en dehors du commerce, soit les armes, l'Église, la magistrature ou les charges.

Quand on savait, de ce temps-là, on savait bien. On ne laissait Homère, Virgile, Ovide, Démosthène, Cicéron, Plutarque, qu'après avoir pénétré jusqu'au fond de l'âme ces immortels maîtres du bien penser et du bien dire. Avant d'oser songer seulement à conquérir le titre de poëte, on se rendait apte à toutes les gloires de l'esprit, de la critique et du sain jugement. On attendait longtemps *le penchant invincible*, tant le laurier poétique paraissait sacré, tant on avait peur de paraître insensé, extravagant, impie, en y aspirant étourdiment. Tout ce qui, depuis, est devenu métier paraissait vraiment alors un art divin.

Non, certes, ils n'étaient pas rares à cette époque les poëtes érudits; pourtant, s'il faut en croire des documents, hélas! peu nombreux, celui que nous allons étudier se signala par son érudition, et, avant d'être un poëte de cour, fut un savant parmi les savants. C'est à Chaource, un bourg du diocèse de Troyes en Champagne, que naquit ce protégé de Ronsard, Amadis Jamin. Pour première faveur du destin il eut de naître sous un toit où les lettres, la philosophie, l'honnête ambition étaient en grand honneur. On l'envoya aux plus célèbres maîtres : Dorat, Turnèbe et d'autres savants hommes l'eurent pour disciple attentif. La philosophie lui sourit, les mathématiques l'attachèrent, mais les vers colorés d'Homère, les chants alternés des pâtres virgiliens le captivèrent davantage. Comment vint-il à Paris ? quelle espérance ou quelle nécessité l'y attira ? C'est ce que l'on ne peut décider que timidement. Mais qu'importe le motif d'un voyage au bout duquel il devait être salué le bienvenu par le prince des poëtes du temps, le dieu de la vogue, le plus grand homme de l'époque, comme on disait alors, par Ronsard lui-même ?

Par le temps de poésie qui court aujourd'hui, par l'existence qui est faite aux poëtes d'à-présent, par l'épidémie de dédain pour toute œuvre poétique qui règne en l'an de grâce 1860, ce n'est pas un mince sujet d'étonnement de voir l'accueil fait jadis à Amadis Jamin, sa position rapidement conquise, son installation chez Ronsard, son entrée dans la chambre de Charles IX, comme secrétaire et lecteur.

Quelques vers ont fait tout cela. Ronsard, l'illustre, le divin Ronsard, que l'on nommait alors le plus grand homme de France, Ronsard lit, par hasard peut-être, quelques vers de Jamin. Il est charmé, lui qui en faisait de si charmants. Son cœur est pris du même coup que son esprit et son goût. Il ne peut voir partir, s'éloigner un tel poëte ; il le retient, il le loge en sa propre maison, il le traite comme son propre fils. Mais ce n'est pas assez ; le protecteur veut pour son protégé une position qui le fasse riche, qui lui donne à la cour honneurs, considération et profits. Justement le roi qui règne est poëte lui-même et ami respectueux des poëtes, puisqu'il leur reconnaissait sur lui cette supériorité « de donner les couronnes, quand lui, roi, ne faisait que les recevoir. » Donc, Amadis Jamin, présenté, appuyé, prôné par Ronsard, est nommé par Charles IX secrétaire de la chambre et lecteur du roi. Époque étrange, où plusieurs ont fait grande fortune en tuant beaucoup de gens, où d'autres sont devenus les confidents des rois en écrivant des sonnets et traduisant Homère !

Pourtant il n'est guère populaire, ce poëte Amadis Jamin, et les détails de sa vie sont si peu connus qu'il a pu en sortir une légende, légende la moins vraisemblable qu'il se puisse trouver et inventer au sujet d'un de nos poëtes du XVIe siècle, gens si attachés à leur pays, à leur maison, à leur cabinet, à leurs livres. Il ne s'agirait de rien moins que d'un voyage de Jamin en Grèce et dans l'Asie Mineure. Qu'est-ce qui a fait dire cela? Quelques vers d'une élégie de Jamin. Est-ce que les poëtes ont besoin de voir un pays pour en parler? Est-ce qu'il ne les avait pas parcourues, cette Grèce et cette côte grecque de l'Asie, dans l'Iliade et l'Odyssée? Est-ce que nous n'avons pas entendu, de notre temps, un grand poëte dire à un ami qui allait en Espagne : Comment ferez-vous pour en parler, quand vous l'aurez vue? Non, ce passage d'une élégie du poëte ne suffit pas pour prouver ces prétendues courses de par le monde; et si nous tenons absolument à inscrire dans l'histoire que Jamin a voyagé, nous pouvons nous contenter de ces excursions qu'il fit très-certainement en Dauphiné, en Provence et dans le Poitou. Ces pérégrinations sont au moins vraisemblables, puisqu'en maint endroit il cite les villes où il séjourna, et que même il se plaint de la réception qui lui fut faite à Poitiers.

Ni les beaux vers, ni les bienfaits, ni l'admiration d'une cour et d'un peuple ne détournent le coup de la mort. Ronsard mourut et Amadis Jamin, après la perte de son bienfaiteur, ne voulut plus supporter ni Paris, ni la cour, ni la chambre; ni l'intimité du roi. Il s'en retourna dans sa ville natale, et bientôt lui-même il y mourut, à peine âgé de quarante-cinq ans. Sa fortune qui avait été brillante, mais qui, hélas! avait duré peu, il la devait aux lettres dont sa jeunesse avait été nourrie. Il ne fut pas ingrat envers ces fortes et généreuses nourrices. Il voulut qu'après lui elles vécussent, dans son pays, en grand honneur et grande aisance, afin que d'autres pussent venir leur demander, longtemps après, le secret de prospérer dans le monde et de se garder toujours en santé de cœur et d'esprit. Par testament, il laissa à la disposition des magistrats troyens les fonds nécessaires pour l'établissement d'un collége. Ainsi fit-il profiter la poésie du bien qu'elle lui avait fait gagner.

Jamin, avec beaucoup moins de verve et d'imagination que Ronsard, est souvent, plus que lui, correct, élégant, noble sans emphase. C'est le poëte honnête homme, scrupuleux, mais modéré et d'un souffle malheureusement trop uniforme. Ces vers d'une élégie adressée à M. de Pibrac le montrent sous son vrai jour d'inspiration sérieuse et bonne conseillère :

Mais vivans, révérons la cendre de nos pères,
Et pensons que là-bas nous tomberons comme eux,
Accablés sous le faix du tombeau ténébreux,
Et que ceux qui des vieux éteignent la mémoire
Méritent de mourir sans regret et sans gloire,
Indignes du nom d'homme et de respirer l'air.

Non pas que la grâce lui ait manqué, comme on peut en juger par ce vers du *Sonnet au Sommeil :*

> Sommeil léger, image déceptive.

Et ceux-ci de la même pièce où le protégé de Ronsard trace, en *ronsardisant*, un dessin d'après l'antique, non dépourvu d'un véritable charme de Renaissance.

> Endymion fut heureux un long temps,
> De prendre en songe infini passe-temps,
> Pensant tenir sa luisante déesse.

Luisante déesse n'est pas, il est vrai, du meilleur Ronsard, c'est une de ces malencontreuses épithètes contre lesquelles la réaction fut dans la suite si acharnée.

Jamin eut encore ce mérite d'aimer sincèrement son pays et le bonheur de traduire cet amour en des vers harmonieux qui se gravent aisément dans la mémoire :

> Qui peut compter les flambeaux de la nuit,
> Lorsque la lune en son plein nous reluit,
> Celui dira les trésors de la France.

Le sujet l'inspire. Ses souvenirs mythologiques s'éveillent. Il voit Cérès parcourant les champs de la Beauce, et Bacchus, son thyrse en main, montant et descendant les côteaux champenois. Il voit les nymphes dans nos bois, il voit Pan à travers nos prairies :

> Pan aime France et paît mille troupeaux
> Parmi les prés amoureux des ruisseaux.

S'il est moins amoureux que Ronsard, moins galant, moins tendre en parlant des femmes, c'est peut-être qu'il les connaît mieux, car il est indulgent, prêchant en leur faveur, invoquant la fatale et instinctive mutabilité de leur nature, ne leur épargnant pas l'épigramme :

> Girouettes en l'air, siége de l'inconstance;

et ailleurs :

> Le vent n'est si léger que leur faible pensée;

mais aux doux reproches joignant l'excuse et la justification qu'il emprunte aux lois de la nature elle-même :

Ne blâmons désormais des femmes le courage,
La nature est leur loi : tout change sur la mer,
Dans les airs, sur la terre. . .

Pour pardonner à l'inconstance il lui suffit que l'exemple en soit donné par la nature; et même de ce fait vivant et éternel il fera une autorité, et comme consolation à l'amant trahi, en véritable Champenois, il offrira le changement :

La nature se plaît en cent diverses choses,
Tantôt elle produit violettes et roses,
Tantôt jaunes épis; belle en diversité.
Qui ne veut point faiblir, doit suivre la nature;
On ne se paît toujours d'une même pâture;
Rien ne donne plaisir comme la nouveauté.

C'est le *Pâté d'anguille* de La Fontaine, servi sérieusement, crûment, sans arrière-pensée et sans rire.

Le mot *nature* revient souvent dans les vers d'Amadis Jamin :

Trois fois heureux si nous suivons nature !

s'écrie-t-il dans son poëme à M. de Pimpoint, *sur la diversité de religion,* poëme où, parmi les idées graves spirituellement exprimées, brillent ces quatre vers d'une sensibilité profonde :

Le naturel veut qu'on verse des larmes,
Quand d'une vierge, hélas! pleine de charmes,
Le corps s'enterre, et que sous le tombeau
L'enfant est clos en sortant du berceau.

Comme tous les poëtes de cour, Jamin fit des vers pour obtenir de l'argent. Les rois aiment qu'on demande; mais notre poëte écrivit sa requête avec tant de fierté, que c'est dans sa pièce au roi, *de la Libéralité,* que se trouvent ses plus beaux vers. Le début en est noble et grand :

Rien ne sied mieux aux majestés royales
Que d'avoir l'âme et les mains libérales.

Il s'abandonne jusqu'à menacer de sa colère et de son mépris de poëte si l'on osait lui refuser :

Le bon poëte, à bien chanter habile,
Ne veut sacrer à l'immortalité
Les rois ingrats qui ne l'ont point fêté.

Il fallut à Charles IX une bonne dose d'indulgence ou un amour passionné des vers pour ne point trouver impertinents et attentatoires à la majesté royale ces deux versets d'un sonnet de Jamin :

> Les poëtes sont des grands rois les neveux,
> Et si souvent ils vivent souffreteux,
> Ayant de l'eau pour unique héritage,
> Faites connaître au moins à cette fois,
> En me donnant quelque bien en partage,
> Que vous pensez qu'ils sont parents des rois.

Tous les souverains ne seraient pas hommes à supporter une telle prétention. Il est vrai que tous ne font pas des vers et que ceux-là seuls qui sont poëtes sont capables de se passer la fantaisie d'appeler leurs poëtes : Mes cousins. On disait aussi de ce temps-là : Frère en Apollon, et Ronsard, envers Jamin, avait prouvé que cette fraternité n'était pas un vain mot.

C'est Robert Estienne qui, le premier, à Paris, imprima un volume des œuvres de Jamin. Ce volume renferme un poëme sur la *Chasse*, le poëme : *la Libéralité*, et un grand nombre de pièces adressées au roi. On y trouve de plus : *les Amours d'Enrymedon et de Callirée*, *Artémis*, *Oriane* ou Recueil de pièces galantes, sans compter les poésies chrétiennes. En 1584 parut un second volume contenant : *le Poëme sur l'ingratitude d'Origille*, vingt-six sonnets, des odes, des prières et des hymnes.

Jamin acheva en vers héroïques la traduction de l'*Iliade* dont Hugues Salel avait donné les onze premiers livres en vers de dix syllabes. De l'*Odyssée* il ne put traduire que trois chants. Voici ce que dit Vauquelin de La Fresnaye de cette traduction de l'*Iliade* :

> Salel, premier ainsi, du grand François conduit,
> Beaucoup de l'*Iliade* a doucement traduit,
> Et Jamin, *bien disant*, l'a tellement refaite,
> Qu'à l'auteur ne fait tort un si *bon interprète*.

Vauquelin de La Fresnaye était assez bon juge.

VALERY VERNIER.

Œuvres d'Amadis Jamin, 1575. Paris, in-4. Robert Estienne, 1535. Paris, in-12.

SONNETS

La deesse des bois, jalouse de mon heur [1],
A desrobé la proye à ta meute aboyante,
Tant que la nuict, bornant ta poursuite courante,
A ravi loin de moy ce qui plaist à mon cœur.

Diane, je te pry, ne garde ta rancueur [2],
Ne retien plus ès bois [3] le bien qui me contente,
Ou que je porte au col une trompe sonnante,
Et que par les forests, je suive mon vainqueur.

Ce n'est pas d'aujourd'huy que tu portes envie
A ceux qui vont suivant une amoureuse vie;
Et Leucone et Procris en donnent tesmoignage.

— Ami, quitte la chasse. Hé! ne vaut-il pas mieux
Entre-blesser nos cœurs du rayon de nos yeux,
Que s'acharner au sang d'une beste sauvage?

SUR LES MISÈRES DE FRANCE

La noblesse perist avec la populace,
En tous endroits s'estend la dure coutelace [4],
Le fer n'espargne aucun, et les temples sacrez
Sont ennyvrez du sang des hommes massacrez.

Rien ne sert au vieillard l'honorable vieillesse,
Pour garder qu'un voleur de son sang ne se paisse,
Et l'avare soldat ne se repent d'avoir,
Meprisant toutes loix, oublié son devoir;

Sur le seuil de la vie on rompt les destinées
De l'enfant au berceau, du glaive assassinées;
Les petits innocens, quels crimes ont-ils faits

[1] Bonheur. — [2] Ta haine, ta jalousie. — [3] Dans les bois. — [4] Pour : coutelas.

Qu'aussi tost qu'ils sont nez, aussi tost sont defaits?
Mais helas! c'est assez de pouvoir, à ceste heure,
Mourir, car aujourd'hui la mort est la meilleure.

Le breuvage amoureux ressemble l'eau marine.
Qui boit l'eau de la mer, plus se trouve alteré :
Aussi j'ay plus de soif au bien qu'ay desiré,
Plus je boy les regards de ta beauté divine.

Je te dy mon travail [1] dont tu es l'origine,
Afin que ton secours le rende moderé;
En un mal bien connu, remede est esperé,
Mais le tourment caché passe la medecine.

Lors que les scorpions, viperes ou serpens
Ont jetté leurs venins, soudainement rampans,
Dans un corps offensé de morsure cruelle;

Pour mieux le garantir du dangereux poison,
On ouvre fort la playe. Et pour mesme raison,
Je suis contraint d'ouvrir ma blessure mortelle.

SUR L'IMPOSSIBLE

L'esté sera l'hyver et le printemps l'automne,
L'air deviendra pezant, le plomb sera leger;
On verra les poissons dedans l'air voyager,
Et, de muets qu'ilz sont, avoir la voix fort bonne.
L'eau deviendra le feu, le feu deviendra l'eau,
Plustost que je sois pris d'un autre amour nouveau.

Le mal donnera joie, et l'aize [2] des tristesses,
La neige sera noire, et le lievre hardi,
Le lion deviendra de sang acouardi [3],
La terre n'aura point d'herbes ny de richesses,
Les rochers de soi mesme auront un mouvement,
Plustost qu'en mon amour il y ait changement.

[1] Peine, chagrin. — [2] Le bonheur. — [3] Lâche.

Le loup et la brebis seront en mesme estable
Enfermés sans soupçon d'aucune inimitié;
L'aigle avec la colombe aura de l'amitié,
Et le chameleon [1] ne sera point muable;
Nul oyseau ne fera son nid au renouveau [2],
Plustost que je sois pris d'un autre amour nouveau.

La lune, qui parfaict en un mois sa carriere,
La fera en trente ans au lieu de trente jours;
Saturne, qui acheve avec trente ans son cours,
Se verra plus leger que la lune legere :
Le jour sera la nuit, la nuit sera le jour,
Plustost que je m'enflame au feu d'un autre amour.

Les ans ne changeront le poil [3] ni la coutume,
Les sens et la raison demeureront en paix,
Et plus plaisans [4] seront les malheureux succès [5]
Que les plaisirs du monde, au cœur qui s'en alume;
On haïra la vie, aimant mieux le mourir,
Plustost que l'on me voie à autre amour courir.

On ne verra loger au monde l'esperance;
Le faux d'avec le vrai ne se discernera;
La fortune, en ses jeux, changeante ne sera,
Tous les effects de Mars seront sans violance,
Le soleil sera noir, visible sera Dieu,
Plustost que je sois veu [6] captif en autre lieu.

STANCES

Pour estre bien aimée, il faut aimer aussi,
C'est une antique loy par Nature establie,
Et de tout ce qu'on pense et qu'on desire icy [7],
C'est la plus belle grace et la plus accomplie.

[1] Pour : caméléon. — [2] Printemps. — [3] La couleur des cheveux. — [4] Agréables. — [5] Pris ici dans le sens du latin *successus*, événements. — [6] Pour : vu. — [7] Ici-bas.

La dame qui ne suit cette divine loy,
Et conduit ses pensers, sans elle, à l'avanture,
Outre qu'au nom d'ingrate elle expose sa foy,
Fait un despit aux Dieux [1], et fasche la Nature.

Et pourquoy pensez-vous que Venus est au ciel,
Sinon pour le secours qu'elle donna, vivante,
A tous ses poursuivans, sans en aigrir de fiel,
Le gracieux plaisir qui les ames contente?

Mille Nymphes encor de semblable valeur
Reluisent dans le ciel, quand la nuict tend ses voiles,
Qui d'avoir bien aimé receurent cet honneur,
Que de leur feu d'amour il s'en fit des estoiles.

Celuy qui d'yeux fichez [2] regarde au firmament,
Il apperçoit encore aux estoiles bien cleres
Des scintilles [3] d'amour qui brillent doucement,
Montrant bien qu'elles sont gratieuses lumieres.

Appercevant de nuict qu'on desrobe et qu'on prend [4]
Le plaisir amoureux par embusche secrette,
C'est lors que leur clairté plus de rayons espand,
Pour conduire les pas au lieu de la retraitte.

Heureux, alme [5], plaisir, par toy, l'excellent Dieu
Deploye ses beautez : l'Amour avec le monde
Fait une douce ligue, afin qu'en chaque lieu
Le bien qui se desire à cette vie abonde.

Combien ha de bonheur celle qui l'entend bien
Sans se laisser tromper de la faulse ignorance!
Elle ne plaint jamais la perte d'un tel bien,
Qu'on ne peut reparer par aucune science.

Celle-là qui s'obstine avec la cruauté,
A soy plus qu'à nul autre entreprend mener guerre;
Les jeunes ans fuitifs [6] emportent la beauté
Que, fresle, on voit casser aussi tost que du verre.

[1] Irrite les dieux. — [2] Fixes, attentifs. — [3] Étincelles. — [4] C'est-à-dire : qu'on dérobe et qu'on prend, de nuit.... — [5] Doux, suave. — [6] Fugitifs.

CHANSONS

Estant couché pres les ruchettes
Où faisoient du miel les avettes,
En ces mots je vins à parler :
Mouches, vous volez à vostre aise,
Et ma maistresse est si mauvaise,
Qu'elle m'empesche de voler.

Vous volez sur les fleurs escloses,
Et moissonnez les douces choses
Du thym, du safran rougissant,
Et du saule à la feuille molle;
Mais sur les moissons je ne vole,
Dont j'aime à estre jouissant.

Mouches, de Jupiter nourrices,
Des odeurs qui vous sont propices,
Vous faites la cire et le miel;
Et moy, des beautez de ma dame,
Je ne produis rien en mon ame,
Que plaintes, que dueil [1] et que fiel.

On dit, ô coleres abeilles,
Qu'en vos pointures nompareilles [2]
Vostre destin se voit borné;
Mais celle dont les traits je porte,
Las! en me blessant n'est point morte
De la mort qu'elle m'a donné.

Ha! je voudrois estre une mouche,
Pour voleter dessus la bouche,
Sur les cheveux et sur le sein
De ma dame belle et rebelle;
Je picquerois ceste cruelle
A peine [3] d'y mourir soudain.

[1] Pour : deuil. — [2] Piqûres sans pareilles. — [3] Dussé-je y...

Je m'en estois allé,
Maintenant je retourne;
Un petit peuple œlé [1],
Qui pres de toi sejourne,
M'est venu retenir,
Pour me faire venir;
C'estoient petits enfants
Qui mon chemin guetterent;
Les uns de traits ardans
Mes yeux espouvanterent,
Autres, de liens forts,
M'enchaisnerent le corps.
De ces petits garçons,
L'un avoit ton visage,
L'autre avoit tes façons,
L'autre avoit ton langage,
L'un ton ris amoureux,
Et l'autre tes cheveux.
Eux se jettant sur moy,
Un de toute la bande,
Dit : Ne sois en esmoy,
Ta dame te demande.
Peux-tu vivre content
Loing d'elle t'absentant?
Donc, ainsi qu'un captif
Qu'on reprend à la fuite,
Ils m'amenent fuitif [2],
Et je suis leur conduite,
Voyant que leur desir
Consent à mon plaisir.

[1] Pour : ailé. — [2] Fugitif.

JEAN DE LA TAILLE

ET

JACQUES DE LA TAILLE

1542 — 1562

Dans cette école fameuse de poëtes qui, pendant un demi-siècle, retint la France sous le charme de l'art nouveau qu'elle apportait, sans doute ils ne sont pas au premier rang, ces deux frères, Jean et Jacques de La Taille ; mais ils y gardent leur place avec honneur, ils y ont leur physionomie assez distincte ; et, pour ceux qui ont étudié avec attention et goût l'histoire littéraire de cette époque, le mérite de se détacher, par quelque nuance, du groupe supérieur et absorbant, n'est certes pas à oublier. L'un des deux, d'ailleurs, est mort aux premiers jours de jeunesse, *au plus vert de son âge*, comme le dit, avec un accent d'amer regret, le frère qui lui survécut bien des années, et qui revint souvent, dans des vers tout pénétrés de touchante tendresse, au souvenir de cet aimable compagnon de ses beaux rêves de gloire et d'avenir. Cette complète sympathie, cette profonde amitié, — *car tous deux ne vivaient que d'un esprit ensemble*, — se présente à vous d'abord, comme le cadre d'or qui rassemble et met en relief leurs figures fraternelles dans l'illustre galerie, où seuls ils ont cet aspect de poétiques gémeaux. Sur le fond d'azur où, plus lumineuse sans doute, se montre la célèbre Pléiade, ils apparaissent néanmoins comme les Dioscures de cette sphère ; et c'est Jean de La Taille qui pour eux deux trouve naturellement cet emblème, lorsqu'il en vient, dans la naïve fierté de son œuvre parachevée, à s'écrier, en la pointe d'un sonnet :

> Departant ce que j'ay d'immortel à mon frère,
> Ainsi que fit Pollux à son frère Castor.

Il ne vint pas au monde dans une contrée faite pour éveiller l'inspiration, ce brave Jean de La Taille, qui n'a que plus de mérite à l'avoir trouvée tout entière au fond de son âme. Les tourelles du petit château de Bondaroy, où il naquit, étaient tout uniment plantées au pays de Beauce, dans une de ces plaines qui n'ont d'autre caractère que leur monotone étendue. Mais les enfants du gentilhomme beauceron, qui ne voulait pas que ses fils eussent à rougir, comme lui, de leur ignorance, grandissaient à une époque où le goût des lettres se répandait de plus en plus; et ce qui devait surtout séduire l'honnête seigneur de Bondaroy, c'était la faveur dont cette culture d'esprit, depuis longtemps déjà, jouissait à la cour. Les deux frères furent donc envoyés à Paris pendant le règne de Henri II; et, bien que sur ce fait l'indication des biographes demeure un peu vague, il est présumable qu'ils passèrent quelque temps au collége de Coqueret, devenu fameux alors par le talent littéraire des disciples qu'il avait formés. Les traces des illustres de la Pléiade y étaient encore toutes récentes. Le fécond enseignement de Jean Dorat continuait à répandre en ce docte asile « les fleurs et fruits de ces riches cornes d'abondance grecque et latine [1]. » Les leçons d'Antoine Muret eurent aussi leur influence sur ces deux jeunes esprits, avides de puiser à toutes sources de savoir. L'étude de la jurisprudence les appela quelque temps à Orléans, où professait Anne Dubourg, le futur martyr du calvinisme. On est fondé à présumer que ces dernières leçons furent celles qui, sous tout rapport, laissèrent le moins de vestiges dans la pensée des deux chercheurs de rimes. Bientôt d'ailleurs, Jacques, le plus jeune, fut brusquement frappé dans une épidémie, laissant à son aîné le soin religieux de faire connaître au monde lettré les tentatives de tragédie « à la grecque » d'un poëte de vingt ans. L'honneur de la première audace dans ce nouvel art ne revient pas d'ailleurs à Jacques de La Taille: les tragédies d'*Alexandre* et de *Daire* n'étaient que le contre-coup des succès tout récens de quelques hardis devanciers.

Vers ce temps sans doute, Jean de La Taille ne fut-il pas un peu forcé, par l'honnête seigneur de Bondaroy, de se souvenir de son épée de gentilhomme, complaisamment oubliée dans ce premier enivrement d'étude et de poésie? La guerre civile venait de s'allumer; et l'on conçoit qu'il n'était guère loisible à un poëte à blason de rester sourd aux appels de « cette dame terrible, » ainsi qu'il la nomme, en la maudis-

[1] Joachim Du Bellay, *Illustration de la langue françoise.*

sant de l'arracher à ses chers rêves. Dans les bagages du soldat, toutefois, il emporta la lyre du poëte. Il dira bien en partant:

. . . . Adieu vers, adieu ryme,
Adieu plaisir, adieu ma liberté.

Mais nombre de sonnets éclos au bruit des camps viennent nous attester que la Muse est encore là pour lui la secrète amie et, souvent, la consolatrice:

Va sans moy, Muse, en Beauce avec mon pleur!
. . . .
Ha! je voudrais que l'honneur m'eust permis
Ainsi qu'à toy d'aller voir mes amis!

Ce n'est pas cependant qu'il ne soit brave et plein de cœur, cet honnête Bondaroy. Poëte, l'accent de sa poésie est souvent ferme; soldat, il tient ferme aussi son épée. On sent bien qu'au jour de bataille, il fait franchement honneur à son féodal écusson : un lion debout, couronne en tête; et à sa fière devise : *In utrumque paratus*. Dans une des campagnes de nos premières guerres de religion, une lance huguenote, au fort de la mêlée, l'atteignit au visage : il ne se souvint plus tard du danger et de la blessure que pour en faire le motif d'un sonnet à Dieu. Nobles vers, purs de tout sentiment de fanatisme haineux : trait de caractère particulier dans un homme de ce temps! Et je trouve à propos, en passant, d'attribuer cette philosophique douceur autant à la culture d'esprit, à l'influence des lettres, qu'à l'impulsion d'une généreuse nature. Peu de compagnons de Jean de La Taille devaient lui ressembler en ce point; comme sous tant d'autres rapports qu'il est facile de conjecturer, la plupart différaient de lui très-violemment. On sent d'ailleurs que pour cette intelligence et cette âme délicates, c'était bien là, au milieu du tumulte des camps, la source de ses plus durs ennuis. Il était loin en effet des studieux loisirs de la maison de Jean Dorat, de ce paisible séjour des heureux et des sages (*templa serena*); il y songeait sans cesse avec regret; il déplorait amèrement, dans une suite de vers adressés à un ami, la cruelle nécessité de vivre en commerce de tous les jours avec ces grossiers :

Et puis tu sçais comme aujourd'hui se prise
Entre soldats semblable marchandise,
Comme les vers entre eux sont bienvenus.

Qui voudrait bien vers eux être en estime,
C'est de parler des plaisirs de Vénus,
Et de n'avoir comme eux ny sens, ny ryme.

Mais combien de temps encore eut-il à porter le poids de cette vie qui répugnait si fort à ses goûts? Quand recouvra-t-il cette chère liberté de l'étude et du rêve? Je comptais sur quelque heureux chant de délivrance qui m'en indiquât le moment précis. La muse du poëte-soldat est sur ce point restée silencieuse. Si j'en juge cependant par le portrait que nous a conservé son livre et par l'inscription en vers dont il a pris soin de l'accompagner, il avait, avant les années de maturité, déposé le heaume et la cuirasse. La figure est d'un homme jeune encore : le caractère en est pensif, sérieux et un peu triste, tel qu'il convient à une honnête nature comme celle de Jean de La Taille, au milieu des temps orageux où l'on vivait alors, et tout au lendemain de la Saint-Barthélemy. L'inscription résume laconiquement la vie du poëte et du soldat; les derniers vers disent au lecteur avec une naïve et noble confiance :

Par ce portrait, tu peux voir mon visage
Tiré au vif; mon esprit, par ce livre;
Et par la guerre, où je fus, mon courage.

Et maintenant que l'homme nous est connu, que les principaux traits de son existence servent à expliquer son œuvre, regardons plus directement le pur côté de l'écrivain.

Comme les illustres devanciers qu'il admirait, Jean de La Taille ne fut pas dans son art un novateur. Il suivait religieusement la trace de Ronsard dont il était le disciple, de Du Bellay dont il fut l'ami. Il s'était initié avec amour au secret des maîtres; il avait soigneusement recueilli les procédés émis par eux; il les pratiquait avec science, mais avec une habileté moins soutenue; il manquait surtout de la puissance nécessaire pour ajouter, comme eux, à la lyre une corde nouvelle. Pas un de ses rhythmes dont le moule n'existe plus parfait avant lui. Sonnets, chansons d'amour, élégies, petites épigrammes anthologiques, il n'est rien de tout cela dont il n'ait trouvé, nettement donnés, le ton et le modèle dans quelque glorieux prédécesseur dont l'initiative l'avait charmé. En le lisant tout entier cependant, en pénétrant plus intimement le caractère de son œuvre poétique, on reconnaît que cet esprit secondaire, mais franc dans son essence, a bien son accent particulier. Ce qui le constitue, ce n'est pas le génie dont le riche élément faisait défaut : c'est la trempe morale de l'homme; c'est le cœur tendre et souvent attristé; c'est la sincérité du sentiment, dont à tout instant on reconnaît l'indice; c'est enfin l'influence d'une existence tout autre que celle de la plupart des poëtes de son temps, que les tribulations de la vie privée avaient seules parfois troublés dans le savant exercice de leur pensée.

L'œuvre la plus originale et la plus largement développée de Jean de La Taille, c'est une satire des vices de cour. Jamais sa poésie n'a mieux donné la note énergique, et ne s'est plus complétement élevée au ton de l'éloquence. Le cadre même en est ingénieux et relève, jusqu'à certain point, de l'imagination qui dramatise. Une fraîche description du parc et du château de Gaillon en fait le début. Le poëte, rassasié des pompes de la cour, échappe un matin à ses chaînes dorées; en s'éloignant un peu des vaines magnificences qui fatiguent son âme plus encore que ses yeux, il cherche une heure de rêverie et de solitude. D'un trait de peintre, il montre en passant le royal château,

Lequel, lambrissé d'or, sied le long d'un costeau.

Et puis, s'enfonçant à loisir sous les vastes feuillées, il « advise à l'impourvue » un grave et triste vieillard qui épanche ses dégoûts de vieux courtisan, et lui déroule, avec amère effusion, un tableau de la cour, dans lequel les couleurs sombres ne sont pas ménagées. Il faudrait suivre en leur marche nos deux promeneurs, et noter au passage les vers solides, bien venus, sentant déjà le vigoureux Mathurin; vers de satire excellents, fermes de forme et de pensée, mais malheureusement mêlés de diffuses inégalités. Cet amer récit des déconvenues du courtisan trahi dans tous ses espoirs d'ambition, de fortune, de bonheur, se varie plus loin par un habile contraste. Le thème du *beatus ille qui procul negotiis*, abondamment amplifié du *fortunatos nimium*..., se présente tout naturellement à cette érudite mémoire de l'élève d'Antoine Muret. Il ne les traduit pas servilement, il les prend plutôt comme modèles de dessin et de couleur; et, transformant le tableau dans le sentiment de son siècle, il achève le morceau par une idéale peinture des champêtres félicités. Mais ce n'est sans revenir encore, dans un «*adieu*» trop prolongé, à ses inépuisables griefs contre cette cour maudite.

La satire a pour titre : *Le Courtisan retiré*. Jean de La Taille était trop jeune encore lorsqu'il l'écrivit, pour qu'il pût se faire l'application directe des moroses réflexions et des amers retours de son vieux courtisan. Sans doute, il continua quelque temps à voir de près les vices, les intrigues et les orages de la cour des Valois. Mais comme dans cette franche inspiration du poëte on sent cependant les ennuis personnels et les dégoûts éprouvés! Il est à regretter que la muse de Jean de La Taille ne soit pas revenue plus d'une fois à ce genre de poëme qui lui convenait. Elle avait trouvé là, je crois, la corde la mieux faite pour vibrer, plus fortement qu'aucune autre, sous son archet.

Une forme encore dans laquelle Jean de La Taille a su parfois rencontrer la grâce, c'est cette sorte d'odelette au rhythme léger, qui était en grande faveur parmi tous les poëtes du XVIe siècle, grands ou petits. On a souvent cité une stance exquise de la plus connue de ses *chansons* d'amour; toute mémoire lettrée, au seul nom de Jean de La Taille, se la rappelle, et tout de suite on la murmure: elle revient toujours comme ces airs qu'on ne peut oublier; et pourtant on ne peut s'abstenir de la citer encore:

> Elle est comme la rose franche,
> Qu'un jeune pasteur, par oubly,
> Laisse flestrir dessus la branche,
> Sans se parer d'elle, au dimanche,
> Sans jouir du bouton cueilly.

Ce joli passage n'est pas le seul à reproduire de l'une des meilleures inspirations de Jean de La Taille, dans ce côté gracieux de son talent; mais il suffit pour apprécier toute la suavité qui, par instants, s'y rencontre avec la plénitude du charme. Quelques-unes de ces petites pièces ont un vers ramené en forme de refrain; et ces refrains séduisent souvent par l'harmonieuse mollesse du tour que le poëte sait leur donner. Mais il faut être vrai, et je ne voudrais pas, à l'occasion de ces motifs d'éloge, laisser dans l'esprit du lecteur une idée trop favorable d'art achevé. Dans cette partie de son œuvre, comme dans tout le reste, Jean de La Taille n'a ni la sûreté du goût, ni la qualité de la mesure, si rare d'ailleurs chez tous ses contemporains. Partout la ronce hérissée se dresse à côté de la fraîche fleurette, et souvent projette sur elle trop d'ombre.

Chansons d'amour, légères odelettes, c'est là toute la mesure du degré de lyrisme que se permit jamais la muse de Jean de La Taille. Ce ne fut pas lui que tourmenta jamais l'orgueilleuse ambition de *pindariser*. Il en eut une autre toutefois, qui n'aboutit pas non plus à des résultats très-heureux. Un des premiers parmi ses contemporains bien novices en ce grand art, il voulut tenter la tragédie dans toute son élévation et son ampleur. Ce qu'il reste de plus intéressant de ces tentatives tragiques de Jean de La Taille, c'est le petit traité où il expose sa théorie de poésie dramatique; lequel sert de portique à une de ces architectures théâtrales à la grecque, « au moule des vieux, comme d'un Sophocle, Euripide et Sénèque; » car c'était là la prétention de tous ces charmants poëtes qui perdent leurs grâces et leurs avantages, quand ils s'avisent de monter trop haut. Son frère Jacques et lui, s'étaient trouvés tout naturellement conduits à ces audaces, par leur suprême dédain pour le seul *théâtre* qui eût vraiment encore vie de leur temps. *Moralités* ou *Sotties*, « et telles amères espiceries qui gastent le goust de notre langue, » lui semblent bonnes « à servir de passe-temps aux varlets et menu populaire, et il voudrait bien qu'on les eust bannyes de France. » Tout pénétrés des principes du grand Aristote *en ses Poétiques*, les deux frères se prenaient bravement à chausser le cothurne athénien; et l'un d'eux, Jacques, développait dans les cinq actes voulus (selon le précepte d'Horace, et non celui d'Aristote), ses deux tragédies d'*Alexandre* et de *Daire*. Rien n'y manquait : ni les rhythmes variés des chœurs, ni le changement de mesure dans les couplets dramatiques, le vers décasyllabique tenant lieu de l'antique ïambe, et alternant, dans les diverses tirades, avec l'alexandrin. De son côté, Jean demandait ses inspirations scéniques à l'histoire sacrée; et il écrivait pour le public savant *Saul le furieux* et *les Gabaonites*. Rien ne manquait, disais-je, à ces tragédies si résolûment faites *selon le vray art*, rien que le style tragique, qui n'était pas encore créé, et l'intérêt dramatique qui se fait vainement attendre.

Mais tous deux aimèrent passionnément les lettres jusqu'à leur dernier jour. Nous savons comment mourut Jacques, en l'avril de son âge. On ignore l'époque précise où Jean de La Taille rendit son âme de poëte à Dieu. Quelques faits, surtout une publication littéraire tardive (dans les premiers temps du XVIIe siècle), attestent qu'il vécut jusqu'à une heure avancée de la vieillesse. Nous aimons à nous le représenter alors, bien retiré dans son petit Bondaroy,

Que, chastelain, il tient en hommage du roy,

souvent enfermé avec ses chers livres, ou promenant *au bord de sa petite Essonne* ses rêveries et ses souvenirs; rimant parfois quelques sonnets encore, fruits inconnus d'une verve affaiblie par les ans et d'une douce componction religieuse.

PIERRE MALITOURNE.

Voir les *OEuvres poétiques* de Jean et Jacques de La Taille, publiées en 2 volumes, par Frédéric Morel, 1572 et 1574. Voir aussi la *Bibliothèque française* de l'abbé Goujet, les *Mémoires pour servir à l'histoire des hommes illustres*, par le P. Niceron, etc.

CHANSONS

LE BLASON DE LA MARGUERITE

En apvril où naquit Amour,
J'entray dans son jardin un jour,
Où la beauté d'une fleurette
Me pleut sur celles que j'y vis:
Ce ne fut pas la paquerette,
L'œillet, la rose, ny le lys;
Ce fut la belle Marguerite,
Qu'au cueur j'auray tousjours escritte.

Elle ne commençoit encor
Qu'à s'eclorre, ouvrant un fond d'or;
C'est des fleurs la fleur plus parfaitte,
Qui plus dure, en son taint naif,
Que le lys, ny la violette,
La rose, ny l'œillet plus vif.
J'auray tousjours au cueur escritte,
Sur toutes fleurs [1], la Marguerite.

Les uns louront le taint fleury
D'autre fleur, dès le soir flestry,
Comme d'une rose tendrette
Qu'on ne voit qu'en un mois fleurir;
Mais, par moy, mon humble fleurette
Fleurira tousjours sans flestrir.
J'auray tousjours au cueur escritte,
Sur toutes fleurs, la Marguerite.

Pleust à Dieu que je peusse un jour
La baiser mon saoul, et qu'Amour
Ceste grace et faveur m'eust faitte,
Qu'en saison je peusse cueillir

[1] Pardessus toutes fleurs.

Ceste jeune fleur vermeillette
Qui, croissant, ne fait qu'embellir!
J'aurois tousjours au cueur escritte,
Sur toutes fleurs, la Marguerite.

C'est trop pleuré, c'est trop suivy tristesse,
Je veux en joye ébattre ma jeunesse
Laquelle encor, comme un printemps, verdoye :
Faut-il tousjours qu'à l'estude on me voye?
C'est trop pleuré.

Mais que me sert d'entendre par science
Le cours des cieux, des astres l'influence,
De mesurer le ciel, la terre, et l'onde,
Et de voir mesme en un papier, le monde?
C'est trop pleuré.

Que sert, pour faire une ryme immortelle,
De me ronger et l'ongle et la cervelle,
Pousser souvent une table innocente,
Et de ternir ma face palissante?
C'est trop pleuré.

Mais que me sert d'ensuyvre, en vers, la gloire
Du grand Ronsard, de sçavoir mainte histoire,
Faire en un jour mille vers, mille et mille,
Et cependant[1] mon cerveau se distille[2]?
C'est trop pleuré.

Cependant l'âge, en beauté fleurissante,
Chet[3] comme un lys, en terre languissante.
Il faut parler de chasse, et non de larmes,
Parler d'oyseaux, et de chevaux, et d'armes.
C'est trop pleuré.

[1] Pendant ce temps. — [2] S'épuise goutte à goutte. — [3] Tombe.

Il faut parler d'amour, et de liesse.
Ayant choisy une belle maîtresse,
J'ayme, et j'honore et sa race et sa grace ;
C'est mon Phœbus, ma Muse, et mon Parnasse :
C'est trop pleuré.

Digne qu'un seul l'ayme, et soit aymé d'elle,
Luy soit espoux, amy, et serf fidelle,
Autant qu'elle est sage, belle et honneste,
Qui daigne bien de mes vers faire feste :
C'est trop pleuré.

Va-t'en, chanson, au sein d'elle te mettre,
A qui l'honneur (qui ne me doit permettre
Telle faveur) est plus cher que la vie.
Ha, que ma main porte à ton heur d'envie !
C'est trop pleuré.

FRAGMENTS

DU POËME INTITULÉ: *LE COURTISAN RETIRÉ*

. . . .

Ainsi ce courtisan parloit, se pourmenant,
Mais apres quelque pause, il dit, continuant :
« Quant au lieu d'où je viens [1], et ce qui plus m'offense,
Est que l'homme à la femme y rend obeissance,
Le docte à l'ignorant, le vaillant au couard,
Au prestre le gendarme, à l'enfant le vieillard,
A l'insensé le sage : et vertu fait service
A faveur, ignorance, à fortune, et au vice.
. . . .

[1] La Cour.

Tout y va comme il plaist aux femmes, et au temps!

. . . .

« Cependant mon credit, et mes amis sont morts,
Ma fortune est passée, et [1] souffre mil remorts :
Voyla comme à la cour il m'a fallu repaistre
De fumée et de vent, sans jamais me cognoistre,
Où, perdant mes vertus, je me suis tout perdu :
Voyla comme mon âge en vain j'ay despendu,
Voyla comme mes ans ont esté un mensonge,
Ma vie une mort longue et ma jeunesse un songe,
Mes plaisirs scorpions : bref, la cour a esté
Un jeu où j'ay perdu et temps et liberté.

« Le loyer que j'en ay est que je m'en retorne [2]
La memoire gastée, et le jugement morne,
Le chef gris, et la goutte aux jambes et aux mains,
Mes plus beaux ans passez, et la gravelle aux reins.
Ce qui plus me deplaist, est que je deplais ore [3]
A tous, et tous à moy, et me deplais encore.

. . . .

« En cour je ne vis oncque un libre, qui jouysse
De sa liberté vraye, un content, un qui puisse
Satisfaire à chascun : car s'il est gracieux,
On le nomme flatteur : si grave, glorieux :
Si gaillard, éventé : s'il parle peu, ignare :
Si vaillant, estourdy : si ménager, avare.

« La cour est un theatre, où nul n'est remarqué
Ce qu'il est, mais chascun s'y mocque, estant mocqué :
Où Fortune, jouant, de nos estats se jouë,
Qu'elle tourne, et renverse, et change avec sa rouë.

« Tout y est inconstant, tout y est imparfait,
L'un monte, et l'autre chet [4], et nul n'est satisfait.

[1] *Je*, sous-entendu. — [2] Pour : retourne. — [3] A cette heure. — [4] Tombe.

L'esprit bon s'y fait lourd, la femme s'y diffame,
La fille y perd sa honte, la veufve y acquiert blasme,
Les sçavants s'y font sots, les hardis esperdus,
Le jeune homme s'y perd, les vieux y sont perdus.

« Tous y sont deguisez, la fille y va sans mere,
La femme sans mary, le prestre sans breviaire,
Le moyne sans congé, sans habit le prelat,
Sans livres le docteur, sans armes le soldat.

. . . .

« Helas, que je vous plains, ô chetifs courtisans
Qui par mille soucis accourcissez vos ans,
Puis vous faittes des grands, des maistres et des braves,
Et ne regardez pas que vous estes esclaves
De mil affections, et celuy qui pourroit
Voir vostre cueur à nu, certes il le verroit
Plus tourmenté que n'est la mer, quand pesle-mesle
La tourmentent les vents, la tempeste, et la gresle :
Il le verroit miné d'éternelle langueur,
Rongé d'ambition, et navré de rancueur[1] !

« O combien plus heureux, celuy qui, solitaire,
Ne va point mendiant de ce sot populaire
L'appuy ni la faveur; qui, paisible, s'estant
Retiré de la cour et du monde inconstant,
Ne s'entre-meslant point des affaires publiques,
Ne s'assubjectissant aux plaisirs tyranniques
D'un seigneur ignorant, et ne vivant qu'à soy,
Est luy-mesme sa cour, son seigneur, et son roy;
Qui, n'estant point tenté d'avarice, d'envie,
D'orgueil, d'ambition, hameçons de la vie,
Et ne cherchant ailleurs qu'en soy-mesme son heur,
Est plus riche et content que le plus grand seigneur ! »

. . . .

[1] Pénétré de regrets.

Adieu, Cour, où l'on passe en vices la jeunesse,
En soucis l'âge mûr, en plaintes la vieillesse :
Adieu, Cour, puisqu'en toi n'y a autre deduit [1],
Que de trotter le jour et de jouer la nuit,
Se moquer de quelqu'un, leurer [2] quelques novices,
Conter quelque nouvelle et songer nouveaux vices.

. . . .

Contre toi donc, ô Cour, je proteste et te prie
De ne pretendre plus nulle part à ma vie,
Puisque esperer de toy rien ne veux et ne doy,
Et que je ne pretends nulle chose de toy.

. . . .

A UN SIEN AMY

Si jamais gentilhomme ait eu [3] part aux malheurs,
C'est moy qui n'eus jamais que misere et que larmes,
J'ayme à vivre paisible, et faut suivre les armes,
J'ayme à vivre gaillard [4], et faut vivre en douleurs :

J'ayme acquerir honneur, et cele mes valeurs [5],
[6] J'ayme en seureté dormir, et n'oy [7] tousjours qu'allarmes,
J'ayme à voir la vertu, et ne voy que gendarmes,
J'ayme à faire la guerre, et ne voy que volleurs :

J'ayme à voir mon païs, et miserable j'erre,
Par divers temps et lieux, en une longue guerre.
Je n'ayme l'ignorance, et fault l'ouir habler.

J'oy mil' maux, et voudroye plus sourde avoir l'oreille,
Je n'ayme le pillage, et s'il [8] me fault piller,
Tandis [9], je fais des vers, dont chascun s'esmerveille.

[1] Plaisir. — [2] Tromper. — [3] Pour : a eu. — [4] Gaiement. — [5] Mérites. — [6] Ce vers a treize pieds. — [7] N'entends. — [8] Et pourtant il... — [9] Pendant ce temps.

DU BARTAS

1544 — 1590

S'il fallait illustrer par des exemples cette flottante destinée des livres et des écrivains que Terentianus Maurus a notée dans un vers dont notre inconstance, heureuse de s'en prendre à la fatalité, s'est hâtée de faire un proverbe, je citerais tout d'abord l'étrange et vaste épopée, qui se nomme la *Sepmaine ou la création du monde,* et son auteur Guillaume de Salluste, seigneur du Bartas. A l'heure où l'esprit et l'érudition ont révisé de concert le procès de la poésie méconnue du xvie siècle, tandis que le moins industrieux des ouvriers de la pléiade regagnait du terrain et rafraîchissait son laurier aux sources vives, Du Bartas, écarté des assises où la critique consacrait ces réhabilitations triomphantes, a eu peine à trouver en France même un avocat pour plaider les circonstances atténuantes. En Allemagne, il a été moins abandonné, et je veux, au début de cette étude, mettre en avant l'apologie; l'accusation reviendra toujours assez vite.

« Les Français ont eu, au xvie siècle (c'est tout simplement Gœthe « qui parle), un poëte nommé Du Bartas, qui fut alors l'objet de leur « admiration. Sa gloire se répandit même en Europe, et on le traduisit « en plusieurs langues. Il a composé beaucoup d'ouvrages en vers « héroïques; c'était un homme d'une naissance illustre, de bonne « société, distingué par son courage, plus instruit qu'il n'appartenait « alors à un guerrier. Toutes ces qualités n'ont pu le garantir de l'in- « stabilité du goût et des outrages du temps. Il y a bien des années « qu'on ne le lit plus en France, et si quelquefois on prononce encore « son nom, ce n'est guère que pour s'en moquer. Eh bien! ce même « auteur, maintenant proscrit et dédaigné parmi les siens et tombé du « mépris dans l'oubli, conserve en Allemagne son antique renommée,

« nous lui conservons notre estime, nous lui gardons une admiration « fidèle, et plusieurs de nos critiques lui ont décerné le titre de roi « des poëtes français. Nous trouvons ses sujets vastes, ses descriptions « riches, ses pensées majestueuses. Son principal ouvrage est un poëme « en sept chants sur les sept jours de la création. Il y étale successi- « vement les merveilles de la nature; il décrit tous les êtres et tous « les objets de l'univers, à mesure qu'ils sortent des mains de leur « céleste auteur. Nous sommes frappés de la grandeur et de la variété « des images que ses vers font passer sous nos yeux; nous rendons « justice à la force et à la vivacité de ses peintures, à l'étendue de ses « connaissances en physique, en histoire naturelle. En un mot, notre « opinion est que les Français sont injustes de méconnaître son mérite, « et qu'à l'exemple de cet électeur de Mayence, qui fit graver autour « de la roue de ses armes sept dessins représentant les œuvres de « Dieu pendant les sept jours de la création, les poëtes français de- « vraient aussi rendre des hommages à leur ancien et illustre prédé- « cesseur, attacher à leur cou son portrait et graver le chiffre de son « nom dans leurs armes. Pour prouver à mes lecteurs que je ne joue « point avec des idées paradoxales, pour les mettre à même d'appré- « cier mon opinion et celle de nos littérateurs les plus recommandables « sur ce poëte, je les invite à relire, entre autres passages, le com- « mencement du septième chant de sa *Sepmaine*. Je leur demande s'ils « ne trouvent pas ces vers dignes de figurer dans les bibliothèques à « côté de ceux qui font le plus d'honneur aux muses françaises, et su- « périeurs à des productions plus récentes et bien autrement vantées. « Je suis persuadé qu'ils joindront leurs éloges à ceux que je me plais « ici à donner à cet auteur, l'un des premiers qui aient fait de beaux « vers dans sa langue, et je suis également convaincu que les lecteurs « français persisteront dans leur dédain pour ces poésies si chères à « leurs ancêtres, tant le goût est local et instantané! tant il est vrai « que ce qu'on admire en deçà du Rhin, souvent on le méprise au « delà et que les chefs-d'œuvre d'un siècle sont les rapsodies d'un « autre [1] ! »

Ce serait assez pour l'honneur de Du Bartas qu'un si vif éloge signé d'un si grand nom. Je ne me bornerai cependant pas à ce témoignage, et j'invoquerai en faveur du déshérité tant d'anciens champions qui

[1] Gœthe. (Notes pour *le Neveu de Rameau*, traduites en français par MM. De Saur et Saint-Geniès.)

rêvaient pour lui la fortune d'un meilleur avenir. Quand la *Sepmaine* parut en 1579, l'enthousiasme fut presque unanime. En six ans, on imprima plus de trente éditions du poëme fameux entre tous; on traduisit l'œuvre du Français gasconnant (*Vasconice ampullatum*, dit un contemporain), en italien, en espagnol, en allemand, en anglais, en latin (on devait un peu plus tard le traduire en suédois et en danois); un ministre de l'Évangile, Simon Goulard publiait un commentaire, deux fois plus vaste, deux fois moins clair que le texte où il appelait au secours des opinions de Du Bartas toutes les autorités valables ou non valables; l'éditeur définitif de ces merveilles tant acclamées proclamait que leur auteur garderait « la mémoire éternelle d'avoir été l'un des plus beaux esprits du monde; » Ronsard, qui s'en dédit plus tard, envoyait, dans la première surprise de sa sympathie, une plume d'or à son glorieux rival, et s'écriait que le nouveau venu avait plus fait dans une semaine que lui-même dans toute sa vie; Joseph Scaliger se départissait de ses sévérités coutumières et parlait de *la Sepmaine* comme il eût parlé du *Donec gratus eram*, son éternel charme et son culte; de Thou comptait parmi ses bonnes heures celles où il voyagea de compagnie avec le capitaine poëte, docte, éloquent, modeste même, quand il n'avait pas la plume au poing. Que dirai-je? Henri IV aimait ce partisan fidèle; Marguerite de Navarre lui permettait de la nommer sa marraine; Jacques VI d'Écosse, qui fut Jacques I d'Angleterre, prétendait retenir à sa cour l'illustre ambassadeur qui lui était venu de France, et, pour se consoler des refus patriotiques de Du Bartas, non content d'encourager la traduction où Sylvester caricatura maladroitement les défauts de son modèle, il se mit lui-même à l'ouvrage et réussit presque autant dans ses imitations poétiques, qu'un peu plus tard dans ses disputes contre le cardinal du Perron sur les prérogatives de la royauté. En Italie, le Tasse déroba vite le titre, l'idée, le cadre de la *Sepmaine* pour les *sept journées* qui furent le suprême effort du chantre de Jérusalem. Un poëte populaire anglais du commencement du XVIIe siècle, le batelier Taylor, s'inspirait à trois sources : Montaigne, Plutarque, et Du Bartas; et Milton, quand il peupla l'Éden, se souvint des métaphores, des énumérations, des onomatopées de celui qui avait tenté d'abord la grandiose épopée du Paradis [1]. On pourrait suivre jusque

[1] Il y aurait à faire une curieuse étude de détail sur les rapports de la *Sepmaine* et du *Paradis perdu*. On en trouverait les premiers éléments dans un petit volume intitulé : *Considerations on Milton's Early Reading and the prima stamina of his Paradise lost*, by Charles Dunster. Londres 1800.

dans la moderne littérature les emprunts que les maîtres de la lyre n'ont pas dédaigné de faire à Du Bartas. Moore lui a dérobé la plus ingénieuse de ses images, et Byron lui a repris une métaphore qui vaut une pensée [1]. En voilà peut-être assez pour ramener l'attention sur cet écrivain si méprisé; voilà assez de fragments de marbre pour lui redresser sa statue.

Hélas! non: la postérité, malgré Gœthe, malgré Henri IV, malgré Byron, ne cassera pas le fatal arrêt. C'est en vain que Du Bartas a manifesté une intelligence active, une âme pure, une foi sincère; c'est en vain qu'il nous émeut, ce bon capitaine, ce fervent calviniste, inflexible contre les idées et toujours tolérant pour les hommes; cet amoureux austère de l'art sacré qui, presque seul au milieu de la débauche païenne des Ronsardisants, se dresse, portant haut le livre de Moïse, de David et de Saint-Paul, « arrache les Muses (c'est l'épitaphe latine qui lui rend cet hommage) à la luxure et au sacrilége, pour les ramener aux sommets sacrés, pour les rebaptiser dans les eaux saintes, et pour emplir leurs oreilles des hymnes religieuses! » C'est en vain que nous repensons à l'auguste misère d'un Corneille quand nous trouvons Du Bartas, dans son château, près d'Auch, veuf, accablé de procès, tourmenté de l'avenir de ses enfants, et s'arrachant à tant de soucis pour continuer son livre qu'il voudrait plus parfait; mais, dit-il:

« Accusez mes enfants et ma faible santé,
« Accusez la douleur de mes pertes nouvelles,
« Accusez mes procès, accusez ma tutelle... »

C'est en vain que son œuvre, à loisir étudiée, nous découvre une imagination forte, abondante, quelquefois gracieuse; c'est en vain que ses comparaisons, à l'ordinaire tirées des forêts, des cieux, de l'océan et des fleurs, ont souvent une magnificence naturelle qui décèle la vive originalité du poëte; c'est en vain que sa versification se soutient, en bien des passages, copieuse, variée, brillante, majestueuse; c'est en vain que dans l'énorme volume des œuvres complètes, publié en 1611, et qu'il est, a-t-on dit, aussi difficile de porter que de lire, il y a plus de pensées vivantes, plus de verve, plus de candeur, plus d'intuition poétique que dans les recueils de mille puristes, phrasiers, écolâtres de

[1] Les historiens de l'Angleterre du XVIe siècle auraient de quoi s'inspirer en relisant les fermes portraits de Bacon, de Morus, de Sidney, d'Élisabeth. (*Seconde Sepmaine, second Jour, partie II.*)

l'école du bon sens, ou confrères académiques de Faret et de la Mesnardière : Du Bartas est aux gémonies de l'oubli, et ce n'est pas nous qui essayerons de l'en tirer.

« Qu'est-ce qu'elle chante, cette physique? » dit M. Jourdain à son maître de philosophie. « La physique, » répond l'autre, « est celle qui « explique les principes des choses naturelles et les propriétés des « corps; qui discourt de la nature des éléments, des métaux, des mi« néraux, des pierres, des plantes et des animaux, et nous enseigne « les causes de tous les météores, l'arc-en-ciel, les feux volants, les « comètes, les éclairs, le tonnerre, la foudre, la pluie, la neige, la « grêle, les vents et les tourbillons. » Et M. Jourdain de répliquer: « Il y a trop de tintamarre là-dedans, trop de brouillamini. » M. Jourdain, sans le savoir, prononçait là la condamnation de Du Bartas et de tant d'œuvres que M. Vinet a nommées excellemment *la poésie polytechnique*. Les poëtes qui ont trop besoin de glossaires et de scolies ne sont lus, un temps passé, que par les glossateurs et les scoliastes. Qu'Hésiode, au début des civilisations, raconte *les travaux et les jours*, que Parménide, Empédocle ou Xénophane embrassent le monde dans leurs larges compositions dont l'unité philosophique consacre la grandeur, je comprends, je sens, j'applaudis à la science naïve, quoique profonde, à ces leçons qui n'ont rien de fictif, et qui sont l'expérience enthousiaste d'un monde émerveillé de son aurore. Mais laissez courir le temps, Pedo Albinovanus va interpréter l'astronomie, Manilius va cataloguer les résultats de l'astrologie, et la poésie n'existe plus! *Les bestiaires, les volucraires, les lapidaires* du moyen âge épuiseront les spécialités des connaissances qui se renouvellent; Dante seul pourtant vivra qui, en allant aux cieux, y cherchera surtout le chemin moral de l'homme, et même, en face des astres, confessera Florence et Béatrice. Voilà pourquoi Du Bartas a échoué, malgré son zèle, malgré sa vaillance passionnée. On ne parle guère plus de sa *Sepmaine* aujourd'hui que des platitudes philosophiques de Saint-Lambert, que des redondances ampoulées d'Esménard. C'est qu'il n'a pas entendu l'oracle éternel dont Pope a renouvelé la formule :

The proper study of mankind is man;

c'est qu'il n'a pas su, en s'isolant dans quelque haut point de vue de sereine métaphysique, gagner le droit de s'écrier avec Lucrèce :

« Obscurâ de re lucida carmina pango. »

Parlerai-je du langage de Du Bartas? Là encore il a dépassé le but; il a voulu faire porter à notre idiome plus de couleur, plus de raffinement, plus de tours qu'il n'en acceptera jamais. Il a été vaincu. Plaignons pourtant cette généreuse audace; aimons ce prodigue de lui-même qui a laissé des descendants, même parmi les plus fiers lutteurs de la génération nouvelle. En relisant la *Sepmaine*, cette *Judith* où Du Bartas ressuscitait Lucain en pensant imiter Homère et Virgile, ce *Triomphe de la Foi,* où par instants la poésie *roule comme un flot d'or,* (un mot de Du Bartas sur les psaumes), et surtout ces chants splendides de *la magnificence et des capitaines* (*œuvres posthumes*), où le peintre, dans l'entrée de la reine de Saba, par exemple, déroule ses allégories avec la fastueuse profusion d'un Rubens, j'ai pensé à la *Divine Épopée*, je me suis répété certains fragments de *la Chute d'un Ange*, où la beauté ne va pas sans la diffusion. N'est-ce pas assez pour relever un nom, pour accorder une pieuse aumône de regrets à ce génie qui est tombé dans le sillon enflammé des Phaétons et des Icares?

PHILOXÈNE BOYER.

On a compulsé, pour cette étude, Gouget, *Bibliothèque française;* Colletet (*Vie manuscrite de Du Bartas*); Baillet (*Jugements des Savants*); Sainte-Beuve (*Tableau de la Poésie française au* XVIe *siècle*, et la *Revue des Deux-Mondes*, 1er février 1842); Philarète Chasles (*Études sur le* XVIe *siècle*); Viollet-le-Duc (*Bibliothèque poétique*), la *Revue de Paris* (1er avril 1833). — En Angleterre, on s'est souvent occupé de Du Bartas; nous citerons au moins les *Attic Miscellany*, n° 1, décembre 1824, et le *Fraser's Magazine*, septembre 1842 (*Neglected French Poets*).

FRAGMENTS

DES

DEUX POËMES INTITULÉS : *LA PREMIERE ET LA SECONDE SEPMAINE*

PREMIER JOUR DE LA PREMIERE SEPMAINE

. . . .

Or donc, avant tout temps, matière, forme et lieu,
Dieu tout en tout estoit, et tout estoit en Dieu.
Incompris, infini, immuable, impassible,
Tout-esprit, tout-lumière, immortel, invisible,
Pur, sage, juste et bon, Dieu seul regnoit en paix :
Dieu, de soy-mesme, estoit et l'hoste et le palais.
Prophane, qui t'enquiers quelle importante affaire
Peut l'esprit et les mains de ce Dieu solitaire
Occuper si longtemps ; quel soucy l'exerça
Durant l'éternité qui ce tout devança :
Veu qu'à si grand'puissance, à si haute sagesse,
Rien ne sied point si mal qu'une morne paresse ;
Sçache, ô blasphémateur, qu'avant cet univers,
Dieu bastissoit l'Enfer pour punir ces pervers
Dont le sens orgueilleux en jugement appelle
Pour censurer ses faits, la sagesse eternelle.
Quoy ! sans bois pour un temps vivra le charpentier,
Le tisserand sans toille, et sans pots le potier :
Et l'Ouvrier des ouvriers, tout puissant et tout sage,
Ne pourra subsister sans ce fragile ouvrage ?

. . . .

. . . .

Avant qu'Eure soufflast, que l'onde eust des poissons,
Des cornes le Croissant, la terre des moissons,
Dieu, le Dieu souverain, n'estoit sans exercice :
Sa gloire il admiroit ; sa puissance, justice,

Providence et bonté estoyent à tous momens
Le sacré sainct object de ses hauts pensemens.
Et si tu veux encor, de ceste grande Boule
Peut-estre il contemploit l'archetype et le moule.
Il n'estoit solitaire, avecque lui vivoient
Son fils et son esprit qui partout le suyvoient;
Car, sans commencement, sans semence et sans mère,
De ce grand Univers il engendra le Père :
Je dy son Fils, sa voix, son conseil éternel,
De qui l'estre est égal à l'estre paternel.
De ces deux procéda leur commune puissance :
Leur Esprit, leur amour, non divers en essence,
Ains divers en personne, et dont la déité
Subsiste heureusement de toute éternité,
Et fait des trois ensemble une essence triple-une.
. . . .

Composez hardiment, ô sages Grecs, les cieux
D'un cinquiesme élément : disputez, curieux,
Qu'en leurs corps partout ronds l'œil humain ne remarque
Commencement, ny fin : debatez que la Parque
Asservit seulement sous ses cruelles loix
Ce que l'astre argenté revoit de mois en mois.
Le faible estayement de si vaine doctrine
Pourtant ne sauvera ce grand tout de ruine.
Un jour, de comble en fond, les rochers crouleront,
Les monts plus sourcilleux, de peur se dissoudront;
Le ciel se crevera : les plus basses campagnes,
Boursouflées, croistront en superbes montagnes;
Les fleuves tariront; et si dans quelque estang
Reste encor quelque flot, ce ne sera que sang;
La mer deviendra flamme, et les sèches balenes,
Horribles, mugleront sur les cuites arenes
En son midy plus clair le jour s'espaissira,
Le ciel d'un fer rouillé sa face voilera;

Sur les astres plus clairs courra le bleu Neptune,
Phœbus s'emparera du noir char de la lune,
Les estoiles cherront. Le désordre, la nuict,
La frayeur, le trespas, la tempeste, le bruit,
Entreront en quartier, et l'ire vengeresse
Du juge criminel, qui jà desjà nous presse,
Ne fera de ce tout qu'un bucher flamboyant,
Comme il n'en fit jadis qu'un marest ondoyant.
  Que vous estes, hélas! de honte et de foy vuides,
Escrivans qui couchez dans vos éphémérides
L'an, le mois et le jour, qui clorront pour tousjours
La porte de Saturne aux ans, aux mois, aux jours,
Et dont le souvenir fait qu'ore je me pasme,
Privant mon corps de force et de discours mon âme!
Vostre menteuse main pose mal ses jettons,
Se mesconte en son chiffre, et recerche à tastons
Parmi les sombres nuicts les plus secrettes choses
Que dans son cabinet l'Éternel tient encloses.
C'est lui qui tient en main de l'horloge le poids,
Qui tient le kalendrier où ce jour et ce mois
Sont peints en lettre rouge : et qui, courans grand erre,
Se feront plustost voir, que prevoir à la terre.
C'est alors, c'est alors, ô Dieu, que ton Fils cher,
Qui semble estre affublé d'une fragile chair,
Descendra glorieux des voûtes estoilées.
A ses flancs voleront mille bandes ailées,
Et son char triomphal, d'esclairs environné,
Par Amour et Justice en bas sera trainé.
Ceux qu'un marbre orgueilleux presse dessous sa lame,
Ceux que l'onde engloutit, ceux que la rouge flame
Esparpille par l'air: ceux qui n'ont pour tombeaux
Que les ventres gloutons des loups ou des corbeaux,
Esveillez, reprendront, comme par inventaire,
Et leurs chairs et leurs os oyront, devant la chaire
Du Dieu qui, souverain, juge en dernier ressort,
L'arrest definitif de salut ou de mort.

. . . .

Mais d'autant qu'on ne sent plaisir qui ne desplaise,
Si sans nul intervale on s'y plonge à son aise,
Que celuy seulement prise la sainte paix,
Qui longtemps a porté de la guerre le faix,
Et que des noirs corbeaux l'opposé voisinage,
Des cygnes caystrins rend plus blanc le plumage;
L'architecte du monde ordonna qu'à leur tour
Le jour suivist la nuict, la nuict suivist le jour.
La nuict peut tempérer du jour la sécheresse,
Humecte nostre ciel et nos guerets engresse.
La nuict est celle-là qui charme nos travaux,
Ensevelit nos soins, donne trève à nos maux.
La nuict est celle-là qui de ses ailes sombres,
Sur le monde muet fait avecque les ombres
Desgouter le silence, et couler dans les os
Des recreus animaux un sommeilleux repos.
Or, douce Nuict, sans toy, sans toy l'humaine vie
Ne seroit qu'un enfer, où le chagrin, l'envie,
La peine, l'avarice, et cent façons de morts
Sans fin bourrelleroyent et nos cœurs et nos corps.
O Nuict, tu vas ostant le masque et la faintise,
Dont sur l'humain theatre en vain on se desguise,
Tandis que le jour luit. O Nuict alme, par toy
Sont faits du tout esgaux le bouvier et le Roy,
Le pauvre et l'opulent, le Grec et le Barbare,
Le juge et l'accusé, le sçavant et l'ignare,
Le maistre et le valet, le difforme et le beau:
Car, Nuict, tu couvres tout de ton obscur manteau.
Celuy qui condamné pour quelque énorme vice
Recerche sous les monts l'amorce d'avarice,
Et qui dans les fourneaux, noircy, cuit et recuit
Le souffre de nos cœurs, se repose la nuict.
Celuy qui, tout courbé le long des rives, tire
Contre le fil du fleuve un trafiquant navire,

Et, fondant tout en eau, remplit les bors de bruit,
Sur la paille estendu, se repose la nuict.
Celuy qui d'une faux maintefois esmoulue
Tond l'honneur bigarré de la plaine velue,
Se repose la nuict, et dans les bras lassez.
De sa compagne perd tous les travaux passez.
Seuls, seuls les nourrissons des neuf doctes pucelles,
Cependant que la Nuict de ses humides ailes
Embrasse l'univers, d'un travail gracieux,
Se tracent un chemin pour s'envoler aux cieux :
Et plus haut que le Ciel, d'un vol docte, conduisent
Sur l'aide de leurs vers les humains qui les lisent.

. . . .

LE SEPTIÈME JOUR DE LA PREMIÈRE SEPMAINE

Le peintre qui, tirant un divers paysage,
A mis en œuvre l'art, la nature, et l'usage,
Et qui, d'un las pinceau, sur son docte pourtraict
A pour s'eterniser donné le dernier trait :
Oublie ses travaux, rit d'aise en son courage,
Et tient tousjours ses yeux collez sur son ouvrage.
Il regarde tantost par un pré sauteler
Un aigneau, qui, tousjours muët, semble besler,
Il contemple tantost les arbres d'un bocage,
Ore le ventre creux d'une grotte sauvage,
Ore un petit sentier, ore un chemin batu,
Ore un pin baise-nue, ore un chesne abatu.
Icy, par le pendant d'une roche couverte
D'un tapis damassé, moitié de mousse verte,
Moitié de verd lierre, un argenté ruisseau
A flots entrecoupez precipite son eau :
Et qui courant apres or' sus, or' sous la terre,
Humecte, divisé, les quarreaux d'un parterre.

Icy, l'arquebusier, de derrière un buis vert,
Affusté, vise droit contre un chesne couvert
De bisets passagers. Le roüet se desbande,
L'amorce vole en haut d'une vistesse grande:
Un plomb environné de fumee et de feu,
Come un foudre esclatant, court par le bois touffu.
Icy, deux bergerots sur l'émaillé rivage
Font à qui mieux courra pour le pris d'une cage;
Un nuage poudreux s'esmeut dessous leurs pas,
Ils marchent et de teste, et de pieds, et de bras:
Ils fondent tout en eau : une suyvante presse
Semble rendre en criant plus viste leur vistesse.
Icy, deux bœufs suans, de leur cols harassez,
Le coutre fend-gueret trainent à pas forcez.
Icy, la pastourelle à travers une plaine,
A l'ombre, d'un pas lent son gras troupeau rameine.
Cheminant, elle file, et à voir sa façon,
On diroit qu'elle entonne une douce chanson.
Un fleuve coule icy, là naist une fontaine;
Icy s'éleve un mont, là s'abaisse une plaine;
Icy fume un chasteau, là fume une cité;
Et là flotte une nef sur Neptune irrité.
Bref, l'art si vivement exprime la nature
Que le peintre se perd en sa propre peinture:
N'en pouvant tirer l'œil, d'autant qu'où plus avant
Il contemple son œuvre, il se void plus sçavant.
Ainsi ce grand Ouvrier, dont la gloire fameuse
J'esbauche du pinceau de ma grossière Muse,
Ayant ces jours passez, d'un soin non soucieux,
D'un labeur sans labeur, d'un travail gracieux,
Parfait de ce grand Tout l'infiny paysage,
Se repose ce jour, s'admire en son ouvrage,
Et son œil qui n'a point pour un temps autre objet,
Reçoit l'esperé fruit d'un si brave projet.
Si le begayement de ma froide eloquence
Peut parler des projets d'une si haute essence,

Il void ore comment la mer porte-vaisseaux
Pour hommage reçoit de tous fleuves les eaux.
Il void que d'autre part le Ciel ses ondes hume,
Sans que le tribut l'enfle, ou le feu le consume.
Il void de ses bourgeois les fecondes amours :
De ses flus et reflus il contemple le cours,
Sur qui le front cornu de l'estoile voisine,
D'un aspect inconstant, et nuict et jour domine.
Il œillade tantost les champs passementez
Du cours entortillé des fleuves argentez.
Or, il prend son plaisir à voir que quatre frères [1]
Soustiennent l'Univers par leurs efforts contraires :
Et comme l'un par temps en l'autre se dissout,
Tant que de leur debat naist la paix de ce Tout;
Il s'egaye tantost à contempler la course
Des cieux glissant autour de la Croix et de l'Ourse,
Et comme sans repos, or' sus, or' sous les eaux,
Par chemins tout divers ils guident leurs flambeaux.
Or, il prend ses esbats à voir comme la flamme,
Qui cerne ce grand Tout, rien de ce Tout n'enflamme;
Comme le corps glissant des non solides airs
Peut porter tant d'oiseaux, de glaçons et de mers;
Comme l'eau, qui tousjours demande la descente,
Entre la terre et l'air se peut tenir en pente;
Comme l'autre element se maintient ocieux,
Sans dans l'eau s'enfondrer, ou sans se joindre aux cieux.
Or' son nez, à longs traits odore une grand'plaine,
Où commence à flairer l'encens, la mariolaine,
La canelle, l'œillet, le nard, le rosmarin,
Le serpolet, la rose, et le baume, et le thin.
Son oreille or' se plaist de la mignarde noise
Que le peuple volant par les forests desgoise :
Car bien que chaque oiseau, guidé d'un art sans art,
Dans les bois verdoyans tienne son chant à part,

[1] Les quatre éléménts ; l'air, le feu, la terre et l'eau.

Si n'ont-ils toutefois tous ensemble pour verbe
Que du Roy de ce Tout la loüange superbe.
Et bref, l'oreille, l'œil, le nez du Tout-Puissant,
En son œuvre n'oit rien, rien ne void, rien ne sent,
Qui ne presche son los, où ne luise sa face,
Qui n'espande partout les odeurs de sa grace.
Mais, plus que tous encor, les humaines beautez
Tiennent du Tout-Puissant tous les sens arrestez :
L'homme est sa volupté, l'homme est son saint image,
Et pour l'amour de l'homme il aime son ouvrage.
. . . .

FRAGMENT

DU POËME INTITULÉ: *LE TRIOMPHE DE LA FOY*

. . . .
Car, las! veillant, je voy l'impure synagogue
Triompher de l'Église, hélas! hélas! je voy
Que l'infidélité triomphe de la Foy,
Et que, plus que les bons, les pervers sont en vogue.
Je voy que d'un chacun, en ce temps déplorable,
Tout le zèle ne gist qu'en meurtres inhumains,
Profane est notre cœur, et profanes nos mains.
Nous n'avons rien du Christ que le tiltre honorable.
L'inceste n'est que jeu : l'homme est un loup à l'homme.
Rompre sa foy, souvent, est estimé vertu,
Christ est impunément de blasphèmes batu;
On suit l'art de Médée et l'amour de Sodome.
Les vierges sont sans crainte, et sans honte les femmes,
Les princes sont tyrans, les peuples insensés,
Brief, notre aage est l'esgout, où des siècles passés
Coulent de toutes parts les vices plus infâmes.
Ferme, ferme, ô mon sein, à tes soupirs la porte;

Mon œil, ferme ta bonde au chaud cours de tes pleurs,
Et loin de toy, mon cœur, rejette ces douleurs.
Ce qui plus me contriste est ce qui me conforte.

Non, non, mon songe est vray; non, non, bientost la gloire
De la Foy paroistra. Satan, voyant prochain
L'éclipse de ses loix, fait sa dernière main
Pour empescher, s'il peut, cette belle victoire.

Certes, si mon quadran et ma carte marine
Ne deçoivent mon œil, nous sommes près du port
Où, tirez de danger, nous ne craindrons l'effort
Ni des vents courroucez, ni de l'onde mutine.

Nos exécrables mœurs dedans Gomorrhe aprises,
Les troublées saisons, les civiles fureurs,
Les menaces du ciel sont les avant-coureurs
De Christ, qui vient tenir ses dernières assises.

Ce jour, triste aux mauvais et doux aux bons, aproche.
Christ vient pour séparer les cygnes dès corbeaux,
L'ivraye du froment et les boucs des aigneaux;
Et le triomphe heureux que je chante, est fort proche.

. . . .

SONNETS

Envieuse nature, eh! pourquoi caches-tu
De forests, de torrens et de monts ces passages
A ceux qui, desireux de se faire plus sages,
Vont loin de leurs maisons apprendre la vertu?

Pourquoi caches-tu l'or dessous un mont battu,
Darolé[1], par les flancs et par le front, d'oranges?
Pourquoi clos-tu de rocs et de déserts sauvages
L'eau qui fait teste aux maux dont l'homme est combattu?

[1] Sillonné.

Je l'ay, dit-elle, fait pour monstrer que le Prince
Doit borner ses desirs des bords de sa province ;
Je l'ay fait pour monstrer que l'on ne doit cercher

Ce que sous l'espesseur de tant de monts je cache.
Je l'ay fait pour monstrer qu'il faut que chacun tasche
Conserver la santé qui s'achète si cher.

(*Les neuf Muses Pyrénées.*)

François, arreste-toi, ne passe la campagne
Que Nature mura de rochers d'un costé,
Que l'Auriége entrefend d'un cours précipité;
Campagne qui n'a point en beauté de compagne.

Passant, ce que tu vois n'est point une montagne :
C'est un grand Briarée, un géant haut monté
Qui garde ce passage, et défend, indomté,
De l'Espagne la France, et de France l'Espagne.

Il tend à l'une l'un, à l'autre l'autre bras :
Il porte sur son chef l'antique faix d'Atlas,
Dans deux contraires mers il pose ses deux plantes.

Les espaisses forests sont ses cheveux espaix ;
Les rochers sont ses os ; les rivières bruyantes
L'esternelle sueur que luy cause un tel faix.

(*Les neuf Muses Pyrénées.*)

PHILIPPE DESPORTES

1546 — 1606

« Prenons soin du beau, » disait Goethe, « l'utile prendra toujours assez soin de lui-même. » Le Chartrain Philippe Desportes n'eût pas aisément entendu ce conseil. Il estimait d'instinct que pourvoir à l'utile ou créer le beau c'est tâche identique, et que les plus admirables vers sont ceux qui rapportent le plus d'argent. De là sa vie, de là son œuvre, que je voudrais raconter sans trop d'erreurs, expliquer sans trop d'injustice.

L'histoire de ce poëte s'ouvre par un chapitre de roman bourgeois. Né dans un rang qui n'avait rien d'illustre, — ses plus récents biographes l'ont relevé du soupçon de bâtardise, — rimeur intempérant dès l'école, Desportes vint de très-bonne heure à Paris essayer sa chance. Il griffonna d'abord chez un procureur. La procureuse était accorte et point farouche; le petit clerc ne lui déplut pas, et le reste se devine, pour peu qu'on ait feuilleté ces vieux fabliaux, mortels à la basoche, dont le XVIe siècle ne répudiait ni les joyeux devis, ni l'exemple. Le mari vit clair au bout d'un temps, et certaine après-midi, comme l'apprenti légiste revenait du Palais, il trouva pendu au marteau de la porte son trop léger bagage, avec ce placard d'un laconisme éloquent : « Dès que Philippe rentrera, il n'aura qu'à ramasser ses hardes et à s'en aller. » Philippe lut, ramassa ses hardes et s'en alla. Pourquoi ne s'est-il jamais souvenu de cette première étape de son aventureux voyage? Pourquoi, lui que les scrupules ne tourmentaient guère, n'a-t-il jamais renouvelé dans ses stances l'impression des folles nuitées de sa jeunesse? Villon les eût illustrées maintes fois, et Regnier n'eût pas consenti à les oublier. L'ingrat ne s'en doutait donc pas! Il dût peut-être beaucoup des beaux endroits de sa vaste odyssée à ce couple dont les figures parisiennes et bourgeoises, encadrées dans une chanson ou dans une épigramme, reposeraient, comme un plaisant contraste, des pompeuses allégories du gros volume. Il avait épelé, en compagnie du gratte-papier, le rudiment de la pratique des affaires; auprès de la femme, il avait saisi dans sa verdeur et dans sa réalité la plus nue le sentiment qu'il allait analyser, traduire, déguiser et raffiner jusqu'à l'excès. A l'heure où il sortit des atèliers de la chicane, Desportes avait pris ses degrés.

Quelques semaines plus tard, dans Avignon où, paraît-il, la cour était alors, on eût pu voir, confondu parmi les valets sans place qui se tenaient sur le pont pour y attendre un maître, l'humble praticien congédié. La misère l'eût décidé à endosser la livrée d'un partisan; son étoile heureuse le fit secrétaire d'un évêque. Monseigneur du Puy l'engagea, le conduisit en Italie à sa suite, et l'en ramena fort aguerri. Versificateur à l'ordinaire, diplomate à l'occasion, amoureux toujours ou plutôt croyant l'être, Desportes recueillit des inspirations pour sa triple carrière au pays de Bembo, de Castiglione et de Morosine. Quand il repassa les Alpes, c'était un comédien désigné pour les mascarades de la France effrénée des Valois; il pouvait, sans folie, prétendre à tout.

Il eut tout : gratifications, abbayes, amours de noble race; pendant près d'un demi siècle, il épuisa les faveurs du sort. Charles IX lui octroya huit cents couronnes d'or pour les sept cent vingt-deux vers de *a Mort de Rodomont*, et, pour quelques sonnets, Henri III lui départit dix mille écus d'argent. Il fut conseiller d'État, lecteur de la chambre du roi, chanoine de la Sainte-Chapelle, abbé de Tiron, de Josaphat, de Vaux-de-Cernai, de Bonport, d'Aurillac et d'autres lieux. Le vertueux Claude de l'Aubespine le choisit pour ami; Anne de Joyeuse l'adopta pour son oracle familier; l'amiral de Villars, « celui de tous les chefs de la Ligue qui se fit le mieux payer, » n'agissait que d'après « ses exhortements et conseils. » Il obtenait en une demi-journée à de Thou la charge en survivance d'un oncle président; il protégeait Davy Du Perron, un pauvre garçon calviniste, et le calviniste converti par l'opulent abbé entrait dans les chemins fleuris qui devaient le porter jusqu'au sacré Collége; il soutenait Vauquelin de La Fresnaye; le discret Normand devenait intendant des côtes de la mer, et lieutenant général de Caen. Qu'ajouterai-je? quand Henri III n'allait pas lui-même adresser une exhortation « à ses chers confrères les hiéronymites du bois de Vincennes, » il déléguait à Desportes le soin de les catéchiser; quand, en 1594, Henri IV eut besoin de Rouen, il fallut que Sully s'occupât de courtiser Desportes et sa maîtresse du moment. Je n'ai rien dit *des belles et honnêtes dames* qui embellissaient *le loisir de dix mille écus de rente*, que conquit progressivement l'habile homme. Mais comment les nombrer? autant vaudrait rédiger une liste exacte des bénéfices du bel esprit ou de ses larcins poétiques! Un des derniers soirs où le voluptueux commendataire parut à la cour, le Béarnais l'apostropha de la sorte, en lui montrant la princesse de Conti : « Monsieur de Tiron, il faut que vous aimiez ma nièce, cela vous ranimera et vous fera produire encore de belles choses, quoique vous ne soyez plus jeune; » sur quoi la dame, piquée au jeu, répliqua sans se gêner : « Hé! sire, il en a aimé qui étaient de meilleure maison que moi; » rappelant ainsi à l'ancien roi de Navarre la saison où la reine Marguerite-Margot ne fut pas indocile aux vœux du chantre subtil d'*Eurylas!* Margot alors avait bien des rivales! Diane de Cossé-Brissac, Hélène de Fonsèques, Héliette de La Châtaigneraie, Louise de L'Hôpital-Vitry, vous toutes, les enchanteresses aux noms superbes, vous acheviez cette destinée triomphante en y mêlant quelques-uns de vos jours!

Le secret de ces félicités est tout entier dans un mot. Le cardinal de Richelieu, qui reprochait à Corneille de manquer d'*esprit de suite*, eût battu des mains à Desportes : ce Figaro clérical sut arriver, il apprit à se maintenir. Très-ambitieux et plus cupide encore, il se proposa sans relâche une série d'entreprises fort positives, et ne se lassa pas de dépenser une activité prodigieuse pour satisfaire une insatiable convoitise. Comme les rêveurs séraphiques s'absorbent dans la vision des paradis, comme les dévots de la gloire s'acharnent au pourchas de la palme et de la couronne, il prodigua durant quarante années les manéges, les arguties et les vers dans un dessein unique; il voulait grossir ses revenus et arrondir ses propriétés. Naturellement facile à manier, assez officieux, on l'a vu, pour ne pas laisser à De Thou le droit d'ouvrir les yeux sur les scandales de sa fortune, maître de maison hospitalier et fastueux; sybarite savant dans l'ordonnance de ces dîners qui faisaient pleurer de tendresse Scévole de Sainte-Marthe ou Jacques de Montereul, il se dévoilait rapace, haineux, servile, dès que ses écus ou ses domaines étaient en question. « M. Desportes, dit Tallemant, eut « la fantaisie d'avoir tout le patrimoine de sa famille. C'étoit une fan« taisie peu poétique; » et l'anecdotier ajoute que le jaloux accapareur ne pardonna pas à ceux de ses parents qui refusèrent de lui céder leur part. Il ne signa qu'une satire injurieuse, et ce fut pour diffamer un financier, François de Fortia, le trésorier des parties casuelles, trop lent sans doute à lui payer un quartier de rente échu. Mais c'est lors du siége de Rouen qu'éclate surtout ce beau feu pour les titres et les deniers comptants. Il faut lire dans Sully, dans Palma-Cayet, dans l'Estoile le détail de ces négociations où Desportes, rallié à la Ligue depuis que Jacques Clément a tari la source des munificences des Valois, tient la haute main, brouille hardiment les cartes et dénoue l'intrigue à son plus grand profit, sinon à son plus grand honneur. Il semble à un moment que le conflit de Henri de Bourbon et du sieur de Villars dépende encore plus des abbayes de Desportes, que de la province de Normandie. Écoutez ce curieux passage de la *Chronologie novenaire :* « Pendant que l'amiral faisoit ses preparatifs, il ne laissoit de « faire entretenir M. le cardinal de Bourbon, qui presidoit le conseil du « roy, lequel estoit dans ce temps-là tantost à Chartres, tantost à Mantes « et ce, par le moyen dudit sieur Desportes, qui en confera avec le « docteur Beranger, jacobin, abbé de Saint-Augustin, et en furent les « paroles si avant, qu'il fut parlé audit conseil de donner mainlevée « des abbayes et benefices dudit sieur Desportes, occupés par les « royaux: mais ceux qui en jouissoient firent rejetter cette proposition, « si bien que cette pratique fut rompue avec mespris dudit sieur Des- « portes, lequel depuis monstra ce que peut un homme de conseil, « quand il rencontre un homme d'execution. » Remarquez-vous l'accent superbe de la prophétie? Est-ce la vengeance d'un Coriolan qu'annonce l'honnête chroniqueur? C'est mieux, c'est la revanche de Desportes. Il ne complote ni par zèle pour un noble principe, ni par rancune contre un parti, ni par pitié pour les maux de la patrie; mais on a touché à ses abbayes, et le sacrilége doit être expié. Henri, Mayenne, l'Espagnol, tous les alliés lui seront bons, j'en appelle aux témoignages contemporains : « ... Ainsi que dit l'auteur de *la Suite du* « *Manant et du Maheustre*, M. Desportes, abbé de Tiron, alla de la part « du sieur de Villars, gouverneur de Rouen, dire au duc que *s'il ne* « *vouloit autrement resouldre avec l'Espagnol*, il ne trouvast estrange qu'il « traitast avec le roy, et qu'il fist ses affaires; à quoy le duc de Mayenne « lui respondit qu'il fist ce qu'il voudroit. Sur ceste reponse, ledit sieur « de Villars envoya ledit sieur abbé vers le roy, et fit son accord... » Le conseiller dirigeant de Villars ne perdait pas sa peine; le traité stipulait pour lui le recouvrement des chères abbayes, et par surcroît, Sa

Majesté, contente des bons services de ce secrétaire d'État sans brevet, lui fit largesse d'un canonicat, sans compter « plusieurs autres bien-« faits. » Dignes conséquences d'une lutte où s'étaient exposés tant de fiers courages! Transactions qui intéresseraient davantage si les suites en étaient moins vulgaires; si, aux époques les plus opposées, sous les régimes les plus disparates, les adeptes du culte de soi, les âmes subalternes affranchies des scrupules du devoir et des préjugés de la conscience n'avaient pas étalé l'inutile exemple de leurs succès devant ces niais insoumis qui, fidèles à leurs serments, esclaves de leurs sympathies, fermes et fixes dans la continuelle oscillation des choses, n'apprennent, comme parle Chateaubriand, « ni à s'humilier, ni à se vêtir! » Cependant, et malgré les complaisances aveugles de la morale courante, Jacques de Montereul, professeur de philosophie en son temps, risquait peut-être beaucoup, même devant les lecteurs accommodants de 1606, quand dans sa thrénodie sur la mort de Desportes il inscrivait ces louanges qui ne messiéraient pas au tombeau du plus sévère instituteur du Portique:

Tranquillité d'esprit
Dont on a tant parlé, dont on a tant escrit,
Que chacun cherche tant, que personne ne treuve,
Vrai nectar qui rend dieux les mortels qu'il abreuve,
Douce paix de notre asme, à bon droit avois-tu
Choisi pour ta demeure une si grand'vertu!
Jusqu'au dernier soupir cette compagne chere
Ne l'abandonna point; avec elle sa mere,
La bonne Conscience, estoit à son costé!

Vauquelin en jugea mieux dans ces deux vers d'un tour singulier et d'une ingénieuse redondance, où il qualifiait

Desportes, dont la discrète prudence
Des plus prudents la prudence devance.

Pour le généreux correspondant du courtisan infatigable, *prudence* n'était pas plus synonyme de vertu que de poésie.

Avez-vous entrevu l'homme d'affaires, vous connaissez déjà beaucoup du poëte. Les chansons de Desportes tendent au même but que ses tripotages diplomatiques, et ses légères bergeries sont marquées dans son tarif à plus haut prix que ses dépêches volumineuses. L'art n'est pour le versificateur avisé que son meilleur procédé de stratégie, le plus fructueux de ses commerces; en relisant son recueil, je me sens transporté parmi les enchères d'un bazar, et je découvre la cote des valeurs, indiquée en chiffres connus, au verso de chaque sonnet et de chaque villanelle. Je sais qu'il est imprudent de railler un si grave sujet, et que je suis sur le point de profaner le sanctuaire; je sais que, dès longtemps, Regnier a confondu les détracteurs de son oncle par cet argument irréfutable à son sens, où il confond avec un cynisme naïf l'esthétique et l'arithmétique :

Je vay le grand chemin que mon oncle m'apprit :
Laissant là ces docteurs que les Muses instruisent
En des arts tout nouveaux; et s'ils font, comme ils disent,
De ses fautes un livre aussi gros que le sien,
Telles je les croirai, *quand ils auront du bien,*
Et que leur belle Muse, à mordre si cuisante,
Leur don'ra comme à lui dix mille écus de rente,
De l'honneur, de l'estime; et quand, par l'univers,
Sur le lut de David on chantera leurs vers;
Qu'ils auront joint l'utile avecque l'agréable,
Et qu'ils sauront rimer une aussi bonne table;

je sais même que depuis Regnier la théorie a gagné du terrain. Des critiques entendus mesureront jusqu'à la consommation des siècles le génie au contenu de la bourse, et j'ai vu les plus beaux yeux du monde se mouiller de larmes enthousiastes en additionnant les louis et les guinées dont Murray ou Gosselin ont cru payer Byron ou Lamartine. Je m'entête pourtant à croire, avec le sage Carlyle, « que les charmes de « la nature, la majesté de l'homme, les grâces infinies de la vertu ne « sont pas cachés au regard du pauvre, mais à l'œil du vaniteux, du « corrompu, de l'égoïste, qu'il soit puissant ou misérable; » je ne me lasse pas de répéter avec D'Alembert que tout homme de lettres, digne de ce nom, doit s'imposer pour mots d'ordre : liberté, vérité et pauvreté, qui est même chose; les vers de Regnier eux-mêmes, dans leur application la plus directe, me remettent en mémoire certain passage de Balzac qui, citant lui aussi les fameux dix mille écus de rente, « cet écueil contre lequel se brisèrent les espérances de dix mille « poëtes, » ajoute, non sans amertume et sans tristesse : « Dans cette « même cour où l'on faisoit de telles fortunes, plusieurs poëtes étoient « morts de faim; Torquato a eu besoin d'un écu, et l'a demandé, par

« aumône, à une dame de sa connaissance; il rapporta en Italie l'ha- « billement qu'il avoit apporté en France, après y avoir fait un an « de séjour. Et toutefois je m'assure qu'il n'y a point de stance de « Torquato Tasso qui ne vaille autant pour le moins que le sonnet « qui valut une abbaye à Desportes. » Les rayons dorés du coffre-fort dont s'émerveillait bénévolement le satirique n'ont pas de quoi m'éblouir, et je ne les prendrai pas pour le diadème lumineux d'un Apollon. Chacune de ces pièces de monnaie me raconte une platitude, sinon une vilenie, une complaisance intéressée, sinon une adulation mercenaire. Certes, au XVIe siècle, la prostitution de la parole humaine fut poussée à de déplorables excès; le plus séduisant des vices de l'esprit, inoculé de cœur en cœur, exalta les plus obscurs et déprava les plus glorieux; Pierre Arétin devint un potentat, et le chancelier Bacon un sycophante! Mais à ce bruyant concours des charlatans de plume, des escompteurs du pamphlet et des mendiants du panégyrique, Desportes n'a pas trouvé d'égal. O le melliflu complimenteur! ô le parasite bien disant et souple! Madame de Simiers « envoie ses pensées au rimeur, » et le rimeur se met à l'œuvre. Il abdique sa personnalité pour redire, obéissant écho, les goûts, les passions, les fantaisies du maître, et le maître est pour lui le dernier arrivé sur lequel il peut tirer à vue. Il adore en vers Marie Touchet ou Callirhée pour le compte de Charles IX; pour le compte du duc d'Anjou, il colporte ses flammes lyriques de Marie de Clèves à Renée de Châteauneuf, et quand le duc d'Anjou est sur le trône, il le suit, luth en main, dans le labyrinthe des voies infâmes. A l'instant où le roi très-chrétien, en train de changer de sexe, commence à porter

> Cet habit monstrueux, pareil à son amour,
> Si, qu'au premier abord, chacun estoit en peine
> S'il voyoit un roi-femme, ou bien un homme-reine,

le phraseur obséquieux évoque Achille à Scyros, et au milieu même de l'*Antigone* de Sophocle, traduite par Baïf, il introduit ces répugnantes fadeurs mythologiques:

> Heureux en qui le ciel ces deux thresors assemble,
> Qu'il ait la face belle et le cœur genereux!
> Vous, l'honneur plus parfait des guerriers amoureux,
> Nous faites voir encor Mars et Venus ensemble.

Il exalte les mignons debout et béatifie les mignons enterrés. Lors du duel de Maugiron et de Quélus, il ne tarit pas en épitaphes, et c'est dans une des oraisons du pieux abbé, que je note ces transparentes allusions :

> *Rien d'esgal, entre nous, ne se pouvoit choisir;*
> *Le voyant, on brusloit d'envie et de desir...*
> La fin de Sarpedon, de Memnon et d'Achille,
> Jamais au cœur des dieux n'esmeut tant de douleurs;
> *Phœbus sur Hyacinthe espandit moins de pleurs,*
> Et l'ennuy de son fils luy sembla plus facile.

« A la mort du duc de Joyeuse, » c'est l'Estoile qui constate et qui juge, « furent faits et divulgués à Paris et à la cour plusieurs et divers « tableaux, discours, regrets funèbres et lamentations, n'estant fils de « bonne mère qui, à la courtisane, c'est-à-dire menteusement et flat- « teusement, n'en brouillast le papier. Entre les autres se firent paroistre « Desportes, Baïf et Du Perron, qui estoient de ces vendeurs de fumée « d'Alexandre Sévère, dont Spartian escrit. » Desportes distançait ainsi les rhéteurs dégradés de l'ancienne Gaule; la complication de ses bassesses eût effrayé même les virtuoses de servitude qui sacrifiaient au brutal Maximien la mémoire colossale d'Alexandre, même ce Fortunat, serviteur de son ventre, qui gagnait ses dîners à brûler son grossier encens devant Sigebert, devant Caribert, devant Chilpéric, assassint les uns des autres, tous sacrés néanmoins, puisque tous ils tenaiens table ouverte ! Pour retrouver ce fanatisme impudent de la domesticité vénale, il faudrait chercher dans la Rome d'Adrien les idolâtres d'Antinoüs. Ah ! je n'ai pas besoin que les commentateurs me disent sur qui tombent ces anathèmes sanglants des *Tragiques* :

> Des ordures des grands un poete se rend sale,
> Quand il peint en Cæsar un ord Sardanapale,
> Quand un traistre Sinon pour sage est estimé;
> Desguisant un Neron en Trajan bien-aimé;
> Quand d'eux une Thaïs une Lucrece est dite;
> Quand ils nomment Achille un infasme Thersite,
> Quand, par un fat sçavoir, ils ont tant combattu,
> Que, souldoyez du vicé, ils chassent la vertu.

J'ai trop lu Desportes; j'ai trop vu comment il s'ingénie à travestir en déesse de pastorale galante la France luxurieuse et farouche que Brantôme peint, et que D'Aubigné stigmatise... — En 1584, un certain Pierre d'Esgain, seigneur de Belleville, gentilhomme huguenot de soixante-dix ans, fut pendu, étranglé et brûlé en Grève pour avoir écrit sur Henri III je ne sais quels couplets outrageux; c'était un Chartrain comme Desportes. Destinée pour destinée, je n'aurais pas échangé le gibet du supplicié contre les villas de son compatriote. Je respire une étouffante odeur d'égout sous le courant limpide et sonore de cette poésie doucereuse.

Poésie doucereuse en effet, et non pas douce, malgré les redites stéréotypées de la critique. Dans l'art aussi bien que dans la vie, la vraie douceur est la prérogative et comme la récompense des sincères et des forts. C'est aux Samsons qu'il est réservé de recueillir des rayons de miel dans la gueule des lions. C'est Eschyle, le maître des terreurs, qui, à force d'attendrissement et de grâce, purifie jusqu'à l'autel où l'oracle implacable courbe sous le couteau l'aimable tête d'Iphigénie, et qui s'apitoie sur les veillées mélancoliques de Ménélas, dépossédé d'Hélène. C'est le justicier Aristophane, qui fait trêve à l'explosion de ses brûlantes ironies, pour révéler les délicieux mystères de la naissance de l'Amour, dans la langue aérienne que les oiseaux lui ont transmise. C'est l'héroïque soldat, c'est le navigateur du cap des Tempêtes, qui, au bout du monde, mêle au soin de ses Lusiades laborieuses les tendres églogues et les sextines étincelantes qu'il consacre au souvenir de la *belle bête féroce humaine*. C'est le dur théologien, c'est l'âpre indépendant, c'est l'interlocuteur de Lucifer et de Cromwell, qui exprime dans ses rhythmes d'une fraîcheur enchantée et d'une sensibilité mélodieuse les âmes diversement éprises de l'*allegro* et du *penseroso*. Si, malgré tant de controverses dangereuses, la nef de Ronsard n'a pas sombré, si le Vendômois nous séduit encore à l'évolution variée de ses thèmes élégiaques; s'il nous attache au bois de Gastines insulté par la cognée impie, autant qu'à cette vieille, orgueilleuse du passé, *qu'il celebroit du temps qu'elle estoit belle;* s'il nous paraît apporter de l'agrément, du feu, j'allais dire de l'invention jusque dans le rajeunissement des motifs les plus menus de l'Anthologie et d'Horace, n'allons pas croire que le mérite et l'effet de ces fragments immortels soient dus tout entiers au coloris original, au rhythme excellent, aux brillantes qualités techniques du chef d'école. Ronsard s'est maintenu surtout et il a pu revivre, parce qu'il visait haut toujours, parce qu'il travaillait pour la gloire de sa langue et de son pays autant que pour l'honneur de son nom, parce qu'il était « un de ces gentils esprits ardents à la vertu, » auxquels il dédiait son livre. S'il échouait dans l'épopée, il retrouvait à loisir, pour blasonner Marie ou Cassandre, des accès de cette grandeur franche vainement cherchée dans la *Franciade*; il s'enfermait sous triples verroux pour lire l'*Iliade* en trois jours, et ressortait du sublime entretien, sinon maître du bouclier d'Achille, touché du moins de la ceinture de Vénus; il entamait ses compositions en vue de Catherine de Médicis ou du cardinal de Lorraine, mais sa verve échauffée lui faisait vite oublier ses patrons, et le replaçait dans l'Olympe; les roses qu'il tressait pour sa dame prenaient sous ses doigts des senteurs d'Élysée. — Ah! que nous sommes loin de Desportes! Artiste d'ailleurs de facultés délicates, il ignore les fougues de l'enthousiasme et les vagabondages de l'imagination; il n'a pas la compréhension affectueuse de la nature, ou du moins il n'en estime que le charme immédiat et sensible; il n'en conçoit que la beauté tout extérieure, toute familière, et, pour être plus net, toute pratique; il traduit les contentements du propriétaire à l'aise dans son jardin, les plaisirs du promeneur qui rencontre le gazon et la source claire, les gaietés du galant qui se glisse, non pas seul, sous l'ombre courte des charmilles; jamais les surprises, les tremblements, les extases du rêveur et du solitaire ravis, transportés, perdus dans l'harmonie et la lumière. Il n'a pas même la curiosité du lointain et de l'inconnu, mondain dépaysé, sitôt franchies les bornes du domaine étroit qu'il dispose au goût des passants citadins. Il vit plusieurs années en Italie et ne laisse pas trace de son voyage dans ses innombrables vers. La Rome du Quirinal et des Catacombes, la cité des augustes regrets qui suscite dans toutes les âmes, de Rutilius à Corinne, un hommage perpétuel de foi, de respect et de crainte, n'arrache pas un sonnet à Desportes: Joachim Du Bellay en était revenu riche d'une provende inépuisable. Indifférent en Italie, notre homme n'entre en Pologne que pour s'y exaspérer. Pas un souffle ne lui vient au cœur avec le vent impétueux des forêts, et la terre héroïque des Jagellons ne lui inspire qu'une invective inintelligente et brutale. Saint-Amant, mal préparé du reste à juger le génie de la race mystique et guerrière, quand il visita le pays un peu plus tard, réfuta les amplifications *du dameret*. Lui du moins, en Pologne, appréciait les cabarets. Mais s'écrie-t-il, en accusant Desportes :

C'estoit un mignon de cour
Qui ne respiroit qu'amour;
Il sentoit le musc et l'ambre,
On le voit bien à ses vers;
Et jamais soif en sa chambre
Ne mit bouteille à l'envers.

Saint-Amant a plus raison qu'il ne croit. Ce qui manque décidément à Desportes, c'est l'ivresse. Dans l'interminable litanie de ses amours, je n'entends ni les soupirs de la joie, ni les sanglots du désespoir; jamais je ne devine, à l'accent ému du vers ou de la strophe, un de ces doux et cruels secrets qui échappent aux trahisons du langage impuissant à les révéler,

Quod latet arcana non enarrabile fibra.

Non! j'assiste au travail minutieux d'un compilateur qui taille, ajuste, écourte, amplifie sans relâche les canzone des petits poëtes italiens, ses modèles[1]; qui se tient content de la version d'un concetto, et qui pense avoir atteint le but suprême quand il a mis sur ses pieds un sonnet tout en pointes. Ce n'est pas sa passion qui le préoccupe, mais le prestige qu'exercera sur le cercle du lendemain sa bijouterie d'emprunt. Ce n'est pas lui qui murmurerait avec Keats : « les mélodies qu'on entend sont charmantes; mais plus charmantes sont celles qu'on n'entendra jamais : »

Heard melodies are sweet, but those unheard
Sweeter.

Il devancerait plutôt Marino, son continuateur et son émule; il conviendrait avec le Napolitain que la fonction du poëte c'est l'étonnement : « *Del poeta il fin la maraviglia.* » Ses portraits de femme, d'une touche

[1] Les plus curieux investigateurs, Fauriel et Boissonade, si l'on veut, se seraient lassés de suivre à la piste les décalques, imitations, contrefaçons ou copies disséminées dans l'œuvre de Desportes. Le poëte, fier de déserter les voies de Ronsard et de quitter Pindare pour le Molza, ne dissimulait guère ses pirateries, qu'il prenait pour des conquêtes et des annexions légitimes. A la date de 1603, parut un livre intitulé : *Les rencontres des Muses de France et d'Italie.* L'auteur y dévoilait, pièces en main, les procédés contestables de Desportes. L'autre lut l'attaque, et répondit gaiement : « J'ai pris aux Italiens plus encore qu'on « ne croit; si j'avais été consulté, j'aurais fourni là-dessus de bons mémoires. » Il eût volontiers ajouté à propos de ces réminiscences et de ces refontes perpétuelles quelque apologie dans le ton du distique de Denham sur Cowley :

To him no author was unknown,
Yet, what he wrote was all his own,

« Aucun auteur ne lui était inconnu; pourtant, tout ce qu'il écrivait était de son « fonds propre. » Mais il aurait surfait et son mode de travail, et le résultat définitif.

énervée, mignarde et vacillante, que n'illumine aucun rayon moral, semblent le programme versifié d'un pourvoyeur du sérail d'Ispahan ou d'un entremetteur de Florence, et non les effusions d'un Gaulois bien épris. En parcourant la galerie lascive, je me souviens des vœux ingénus de Shakspeare : « O laissez-moi paraître toujours sincère dans mes « vers, comme je le suis dans mon amour,... je ne veux pas vanter trop « haut ce que je n'ai dessein de vendre : »

> O let me true in love, but truly write...
> . . . .
> I will not praise that purpose not to sell.

et je m'écarte, dégoûté de l'exposition impudique à laquelle Desportes condamne toutes les beautés qu'il approche. L'abbé n'a cure de ces délicatesses. Comment les aurait-il apprises? Il est, je le soupçonne, aiguillonné souvent par le démon corrupteur de Midi, mais il n'aime pas, il n'a jamais aimé. Ce mangeur de lotus, une fois engourdi, ne secoua plus l'atmosphère amollissante. Aux heures de rupture, en ces moments où le cœur en proie au passé murmure volontiers chez les plus forts la plainte du berger de Théocrite : « Ceux qui ont désiré « d'amour, vieillissent en un matin! »

> Οἱ δὲ ποθεῦντες ἐν ἤματι γηράσκουσιν;

en ces crises qui dictent à l'insouciant Horace le *Donec gratus eram*, cette fleur exquise du sentiment, cette églogue pathétique sans y songer, Desportes, et c'est un trait concluant du caractère, écrit les adieux à Rozette, les plus spirituels, mais aussi les plus secs de ses couplets.

Rien de grand, rien de simple chez l'abbé de Tiron. Il s'était, comme à plaisir, retranché les sources naturelles de la grandeur et de la simplicité. Pas de famille. Nous savons pour quelle étrange querelle il rompit tout commerce avec la plupart de ses parents. Il ne gagna pas à les remplacer par le bâtard d'une de ses maîtresses, triste compagnon qui, son père enterré, gaspilla le meilleur de ses capitaux, dispersa les trésors d'une magnifique bibliothèque, et finalement vendit au poids chez un pâtissier une masse de manuscrits précieux parmi lesquels se perdirent, pour notre ennui, les statuts de l'Académie ébauchée par Baïf, en son logis de la rue Saint-Victor. Ainsi, pour Desportes, point de dignes attachements ici-bas, et ses aspirations dépassaient peu ce monde. Prêtre catholique, (on a inutilement essayé de le nier, puisqu'aussi bien il faillit être archevêque [1],) il ne croyait au christianisme que sous toutes réserves. Nul support en conséquence et nul frein! Explication trop facile de cette poésie sans audace, sans concentration, sans point d'arrêt, de cette moralité un peu plus que confuse. « *Athéiste* et ingrat comme le « poëte de l'Amirauté, » est-il écrit par les honnêtes bourgeois de la *Ménippée,* qui récidivent ailleurs. D'Aubigné impute à Desportes une série de crimes dont *la sorcellerie* et les empoisonnements ne sont peut-être pas les plus odieux. Je me défie des assertions trop souvent calomnieuses de la *Confession de Sancy;* mais que répondre au récit de la mort de Desportes? Je l'extrais au long de l'Estoile : « Pendant ce mois que « j'ai séjourné à Gland (octobre 1606), est mort, de ma connoissance, « M. l'abbé de Tiron, en son abbaye de Bonport, lequel on disait n'avoir « non plus creu de purgâtoire que M. de Bourges: et pour le tesmoi- « gner à sa mort, comme l'autre qui n'avoit ordonné aucuns services « pour le remede de son ame, auroit enjoint expressement dès qu'il « seroit mort, de chanter seulement les deux psaumes suivants : *O quam* « *dilecta tabernacula tua, Deus virtutum!* l'autre : *Lœtatus sum in his quæ* « *dicta sunt mihi, in domum Domini ibimus.* Peu avant que de mourir, « il dit: j'ay trente mille livres de rente, et cependant je meurs! Ce « n'estoit pas ce semble, *ire cum lœtitia in domum domini.* » Ainsi, Mazarin moribond, se promenant dans ses appartements, disait, du profond de son cœur sordide: « Il faut quitter tout cela! et encore cela! Que « j'ai eu de peine à acquérir ces choses! Puis-je les abandonner sans « regret; je ne les verrai plus où je vais! Adieu, chers tableaux que « j'ai tant aimés, et qui m'ont tant coûté! » N'admirez-vous pas l'unité de la vie de Desportes, et comme, jusqu'à la fin, il est assailli par ce mauvais esprit du matérialisme qui domina ouvertement ses actes, et qui se déguisa sous le fard dans ses œuvres. Qu'on ne m'objecte pas ses psaumes de pénitence; il paraphrasa froidement David pour divertir madame Patu et madame d'Aigrontin, les Armides de son automne; et puis, c'est qu'il avait la lèpre [2].

[1] L'anecdote est partout. Le roi offrait à Desportes l'archevêché de Bordeaux. « — Non, sire, je ne prétends point avoir charge d'âmes. — Voire, et les âmes de vos moines, M. l'abbé? — Hé, sire, ils n'en ont pas! »

[2] Soyons justes. Le Verbe a son écho quelque part chez Desportes. Fermez ces psaumes sans conviction et sans chaleur, qui ne valent pas ceux de Bertaut, moins vigoureux et moins touchants eux-mêmes que les austères interprétations de Chassignet, moins brillants que ce développement du psaume CLXXXIII, où Du Perron approche du parfait; affrontez la lecture des *Prières et Méditations chrétiennes* de notre idyllique, vous découvrirez plus d'une oraison où l'onction

Les pédants légers qui n'ont jamais lu Pétrarque prononcent encore son nom à propos de Desportes. Je ne les imiterai pas, même pour les combattre, et je ne profanerai pas la mémoire du patriote inconsolable, de l'ami navré de Rienzi, du douloureux amant de Laure. Avec ce martyr des saintes illusions, avec ce Platon-Augustin de la poésie du moyen âge, l'abbé plagiaire n'a rien à démêler. Que le prestolet frivole et fat ne trouble pas les sources éplorées de Vaucluse; que l'orfévre des colifichets, le brodeur des arabesques puériles, le disciple vaniteux des *seicentisti* n'aborde pas la maison d'Arqua, où le religieux disciple des anciens couvre de ses baisers et de ses larmes une copie retrouvée de l'*Iliade;* que le quêteur de bénéfices ne tente pas les collines du Capitole! Qu'il demeure sous les pommiers de son abbaye normande, décrivant, enjolivant, raffinant sans relâche, les historiens de la poésie française se détourneront de la grande route pour aller l'y visiter d'âge en âge. Ne disputons pas son petit verger et sa petite gloire à celui que Ronsard nommait « le premier poëte français. » Son exemple décidait la vocation de Bertaut, ardent à remercier son initiateur et son maître :

Ainsi soupireroit, au fort de son martyre,
Le dieu même Apollon, se plaignant à sa lyre,
Si la flèche d'Amour, avec sa pointe d'or,
Pour une autre Daphné le reblessoit encor;

Un siècle plus tard, Pellisson ne connaissait encore *le grand génie* de l'arrangeur d'Arioste, et mademoiselle de Scudéry le déclarait *passionné pour son temps*. Si plus d'une feuille s'est séchée dans cette riche couronne de Desportes, il oppose encore aux censeurs les moins flexibles l'abondance de ses productions, la mélodie de ses vers, la pureté de son langage [1]. En dépit des réprobations de Malherbe, Balzac, dans sa *Lettre*

déborde, où le cœur durci semble fondre sous le charbon céleste. Dans ces petits morceaux, le chrétien a porté bonheur à l'artiste. La prose en est exacte, rapide, et d'un tour accompli. Elle nous fait regretter que Desportes ait anéanti, à la mort de Henri III, les mémoires où il recueillait jour à jour les fruits amers de son expérience.

[1] Le tuteur de la langue au XVIe siècle, Henri Estienne, s'autorise à chaque instant de Desportes, et il fait voir par plus d'un exemple comment le poëte, tout en italianisant sa pensée, s'entendait à préserver sa parole de la contagion étrangère. Il est telle pièce de Desportes qu'on pourrait comparer, pour l'allure et pour l'expression, aux stances amoureuses où s'exerçait la jeunesse de Racine.

latine à M. de Silhon, a signalé avec beaucoup de justesse, dans certains morceaux du devancier méprisé, *les premières lignes d'un art malherbien*. On peut dégager des portions de chefs-d'œuvre parmi ces machines d'apparat et ces pastiches. Les *Stances sur la nuit* ont des suavités à la Corrége ; la chanson : *Heureux qui peut passer sa vie*, berce de ses grâces allanguies ceux-là mêmes qui, d'une lèvre frottée de miel antique, ont répété avec Virgile : *O fortunati nimium ;* avec Horace, *Beatus ille qui procul negotiis ;* avec Martial, *Vitam quæ faciant beatiorem*, et qui ont suivi Claudien, par miracle, sincère et touchant, dans le parterre du vieillard de Vérône ; le sonnet sur les *Lettres d'amour* précéderait sans disparate un des drames élégiaques les plus émus de Tennyson, (*The letters*). Enfin, Desportes a le premier prononcé ce beau mot de pudeur, dont le symbole a trop peu, hélas ! influé sur sa vie. C'est assez pour qu'on ne l'oublie pas. Si déplorable que soit le ruineux abus des qualités les plus précieuses ; si mal préparé qu'on puisse être à goûter celui qui prétendait engager la poésie française, déjà nourrie d'Homère, dans les petits sentiers du Bembo ; si prévenu qu'on se tienne contre cette apothéose du centon, contre ce maniérisme dégradant, contre cet art sans élévation et sans conscience, où, pour reprendre un mot de Talleyrand, « l'esprit sert à tout et ne suffit à rien ; » si rebelle qu'on reste en définitive aux tentations de cette Muse étouffée, comme la jeune fille de Freiligrath, par le parfum des fleurs qu'elle voulait emprisonner dans l'atmosphère factice des boudoirs et des cours, il ne sied pas d'afficher plus de sévérité contre Desportes que Lactance converti n'en conçut contre Ovide ; il faut le confesser, quoi qu'on en ait, c'est, en maint endroit, un poëte agréable : *Poeta non insuavis*.

PHILOXÈNE BOYER.

L'œuvre de Desportes a été publiée sous maintes formes. Citons au moins l'édition in-4 des premières poésies (1573) ; celle, plus complète, de 1611 ; celle des psaumes, en 1624 ; et celle, toute moderne, de M. Alfred Michiels, avec une introduction et des notes (1858.)

Les documents sur Desportes sont très-nombreux. J'indiquerai au moins : l'Estoile, (*Journal*) ; Palma Cayet, (*Chronologie*) ; Niceron, (*Mémoires pour servir à l'histoire des hommes illustres*) ; Isaac Bullart, (*Académie des sciences et des arts*) ; Baillet, (*Jugements des savants*) ; Goujet, (*Bibliothèque française*) ; Dreux Du Radier, (Article du *Conservateur, sep-*

tembre 1757); Dom Liron; (*Bibliothèque chartraine*) ; M. Sainte-Beuve, (*Tableau de la poésie au* XVIe *siècle* et *Revue des Deux Mondes*, *mars 1842*); M. Philarète Chasles, (*Revue de Paris, 20 décembre 1840*); M. H. Martin, (*Mémoires de l'Académie de Caen, 1840*); M. Demogeot, (*Tableau de la littérature française au* XVIIe *siècle, avant Corneille*); M. Baron, (*Histoire de la littérature française jusqu'au* XVIIe *siècle*, t. II); M. Viollet-Leduc, (*Bibliothèque poétique*); etc., etc.

SONNETS

Les premiers jours qu'Amour range sous sa puissance
Un cœur qui cherement garde sa liberté,
Dans des filets de soye il le tient arrêté,
Et l'émeut doucement d'un feu sans violence.

Mille petits Amours lui font la reverence,
Il se bagne[1] en liesse et en felicité,
Les Jeux, la Mignardise, et la douce Beauté
Vollent tousjours devant, quelque part qu'il s'avance.

Mais las! presque aussi tost cet heur se va perdant,
La prison s'etrecist, le feu devient ardant,
Les filets sont changez en rigoureux cordage.

Venus est une rose espanie[2] au Soleil,
Qui contente les yeux de son beau teint vermeil,
Mais qui cache un aspic sous un plaisant feuillage.

Icare cheut[3] icy, le jeune audacieux
Qui pour voler au ciel eut assez de courage:
Icy tomba son corps degarny de plumage,
Laissant tous braves cœurs de sa cheute envieux.

O bien heureux travail d'un esprit glorieux,
Qui tire un si grand gain d'un si petit dommage!
O bien heureux malheur plein de tant d'avantage
Qu'il rende le vaincu des ans victorieux!

Un chemin si nouveau n'estonna sa jeunesse,
Le pouvoir lui faillit, mais non la hardiesse:
Il eut, pour le brûler, des astres le plus beau.

Il mourut, poursuivant une haute advanture,
Le ciel fut son desir, la mer sa sepulture:
Est-il plus beau dessein, ou plus riche tombeau?

[1] Baigne. — [2] Épanouie. — [3] Tomba.

Venus cherche son fils, Venus toute en colere
Cherche l'aveugle Amour par le monde égaré :
Mais ta recherche est vaine, ô dolente Cythere!
Il s'est couvertement [1] dans mon cœur retiré.

Que sera-ce de moy? que me faudra-t-il faire?
Je me voy d'un des deux le courroux préparé :
Egalle obeissance à tous deux j'ay juré :
Le fils est dangereux, dangereuse est la mere.

Si je recele Amour, son feu brûle mon cœur :
Si je decele Amour, il est plein de rigueur,
Et trouvera pour moi quelque peine nouvelle.

Amour, demeure donc en mon cœur seurement :
Mais fay que ton ardeur ne soit pas si cruelle,
Et je te cacheray beaucoup plus aisément.

Sommeil, paisible fils de la nuict solitaire,
Pere alme [2], nourricier de tous les animaux,
Enchanteur gracieux, doux oubly de nos maux,
Et des esprits blessez l'appareil salutaire ;

Dieu favorable à tous, pourquoy m'es-tu contraire?
Pourquoy suis-je tout seul rechargé de travaux,
Or [3] que l'humide nuict guide ses noirs chevaux,
Et que chacun jouyst de ta grâce ordinaire ?

Ton silence, où est-il? ton repos et ta paix,
Et ces songes, vollans comme un nuage espais,
Qui des ondes d'oubli vont lavant nos pensées?

O frere de la Mort, que tu m'es ennemy!
Je t'invoque au secours, mais tu es endormy,
Et j'ards [4], tousjours veillant en tes horreurs glacées.

[1] En secret. — [2] Du latin *alere* nourrir. Pris dans son sens étymologique, ce mot ferait pléonasme avec le suivant, mais il signifie ici, par extension, saint, vénérable. — [3] Pendant que... — [4] Je brûle.

CONTRE UNE NUICT TROP CLAIRE

O Nuict, jalouse Nuict, contre moi conjurée,
Qui renflammes le ciel de nouvelle clarté,
T'ay-je donc aujourd'huy tant de fois desirée,
Pour estre si contraire à ma felicité?

Pauvre moy! je pensois qu'à ta brune rencontre
Les cieux d'un noir bandeau deussent estre voilez :
Mais comme un jour d'esté, claire, tu fais ta monstre,
Semant parmy le ciel mille feux estoilez.

Et toy, sœur d'Apollon, vagabonde courriere,
Qui, pour me descouvrir, flammes [1] si clairement,
Allumes-tu la nuict d'aussi grande lumiere,
Quand sans bruit tu descens pour baiser ton amant?

Helas! s'il t'en souvient, amoureuse Deesse,
Et si quelque douceur se cueille en le baisant,
Maintenant que je sors pour baiser ma maistresse,
Que l'argent de ton front ne soit pas si luisant!

Ah! la fable a menty, les amoureuses flammes
N'eschauffèrent jamais ta froide humidité :
Mais Pan, qui te conneut du naturel des femmes,
T'offrant une toison, vainquit ta chasteté.

Si tu avois aymé, comme on nous fait entendre,
Les beaux yeux d'un berger de long sommeil touchez,
Durant tes chauds desirs, tu aurois peu apprendre
Que les larcins d'amour veulent estre cachez.

Mais flamboye à ton gré, que ta corne argentée
Fasse de plus en plus ses rays [2] estinceler :
Tu as beau descouvrir, ta lumière empruntée
Mes amoureux secrets ne pourra deceler.

[1] Brilles. — [2] Rayons.

Que de fâcheuses gens! mon Dieu quelle coustume
De demeurer si tard en la ruë à causer!
Ostez-vous du serein, craignez-vous point le reume[1]?
La nuict s'en va passer, allez vous reposer.

Je vay, je vien, je fuy, j'escoute et me promeine,
Tournant tousjours mes yeux vers le lieu desiré:
Mais je n'avance rien, toute la ruë est pleine
De jaloux importuns dont je suis esclairé.

Je voudrois estre Roy pour faire une ordonnance
Que chacun deust la nuict au logis se tenir,
Sans plus[2] les amoureux auroient toute licence,
Si quelque autre failloit[3] je le feroy punir.

O Somme! ô doux repos des travaux ordinaires,
Charmant par ta douceur les pensers ennemis,
Charme ces yeux d'Argus, qui me sont si contraires
Et retardent mon bien, faute d'estre endormis.

. . . .
. . . .

Je m'en vay pour entrer, que rien ne me retarde;
Je veux de mon manteau mon visage boucher:
Mais las! je m'apperçoy que chacun me regarde;
Sans estre descouvert, je ne puis m'approcher.

Je ne crains pas pour moy, j'ouvrirois une armée
Pour entrer au sejour qui recelle mon bien;
Mais je crains que ma dame en peust estre blasmée:
Son repos mille fois m'est plus cher que le mien.

Quoy? m'en iray-je donc? mais que voudrois-je faire?
Aussi bien, peu à peu, le jour se va levant.
O trompeuse esperance! Heureux[4] cil[5] qui n'espere
Autre loyer d'Amour que mal en bien servant!

[1] Rhume. — [2] C'est-à-dire : seuls, les amoureux... — [3] Enfreignait l'ordonnance. — [4] Heureux, parce qu'il n'éprouve pas les déceptions dont le poëte se plaint. — [5] Celui...

VILLANELLE

Rozette, pour un peu d'absence,
Vostre cœur vous avez changé,
Et moy, sçachant cette inconstance,
Le mien autre part j'ay rangé :
Jamais plus, beauté si legere
Sur moy tant de pouvoir n'aura :
Nous verrons, volage bergere,
Qui premier s'en repentira.

Tandis qu'en pleurs je me consume,
Maudissant cet esloignement,
Vous qui n'aimez que par coustume,
Caressiez un nouvel amant.
Jamais legere girouëtte
Au vent si tost ne se vira[1] :
Nous verrons, bergere Rozette,
Qui premier s'en repentira.

Où sont tant de promesses saintes,
Tant de pleurs versez en partant?
Est-il vray que ces tristes plaintes
Sortissent d'un cœur inconstant?
Dieux! que vous estes mensongere!
Maudit soit qui plus vous croira!
Nous verrons, volage bergere,
Qui premier s'en repentira.

Celuy qui a gaigné ma place
Ne vous peut aymer tant que moy,
Et celle que j'aime vous passe
De beauté, d'amour et de foy.

[1] Ne tourna.

Gardez bien vostre amitié neufve,
La mienne plus ne varira,
Et puis, nous verrons à l'espreuve
Qui premier s'en repentira.

CHANSONS

O bien heureux qui peut passer sa vie
Entre les siens, franc de haine et d'envie,
Parmy les champs, les forests et les bois,
Loin du tumulte et du bruit populaire ;
Et qui ne vend sa liberté pour plaire
Aux passions des princes et des rois!

Il n'a soucy d'une chose incertaine,
Il ne se paist d'une esperance vaine,
Nulle faveur ne le va decevant;
De cent fureurs il n'a l'ame embrasée,
Et ne maudit sa jeunesse abusée,
Quand il ne trouve à la fin que du vent.

Il ne fremist quand la mer courroucée
Enfle ses flots, contrairement poussée
Des vens esmeus soufflans horriblement :
Et quand la nuict à son aise il sommeille,
Une trompette en sursaut ne l'esveille
Pour l'envoyer du lict au monument.

L'ambition son courage n'attise,
D'un fard trompeur son ame il ne desguise,
Il ne se plaist à violer sa foy;
Des grands seigneurs l'oreille il n'importune,
Mais en vivant content de sa fortune,
Il est sa cour, sa faveur, et son roy.

Je vous rens grace, ô deitez sacrées
Des monts, des eaux, des forests et des prées,
Qui me privez de pensers soucieux,
Et qui rendez ma volonté contente,
Chassant bien loin la miserable attente,
Et les desirs des cœurs ambitieux!

Dedans mes champs ma pensée est enclose.
Si mon corps dort mon ésprit se repose,
Un soin cruel ne le va devorant:
Au plus matin, la fraischeur me soulage,
S'il fait trop chaud, je me mets à l'ombrage,
Et s'il fait froid, je m'eschauffe en courant.

Si je ne loge en ces maisons dorées,
Au front superbe, aux voûtes peinturées
D'azur, d'esmail, et de mille couleurs,
Mon œil se paist [1] des tresors de la plaine
Riche d'œillets, de lis, de marjolaine,
Et du beau teint des printanieres fleurs,

Dans les palais enflez de vaine pompe,
L'ambition, la faveur qui nous trompe,
Et les soucis logent communement:
Dedans nos champs se retirent les fées,
Roines des bois à tresses decoiffées,
Les jeux, l'amour, et le contentement.

Ainsi vivant, rien n'est qui ne m'agrée.
J'oy des oiseaux la musique sacrée,
Quand, au matin, ils benissent les cieux;
Et le doux son des bruyantes fontaines
Qui vont, coulant de ces roches hautaines,
Pour arrouser [2] nos prez delicieux.

Que de plaisir de voir deux colombelles,
Bec contre bec, en tremoussant des ailes,

[1] Se repait. — [2] Arroser.

Mille baisers se donner tour à tour;
Puis, tout ravy de leur grâce naïve,
Dormir au frais d'une source d'eau vive,
Dont le doux bruit semble parler d'amour!

Que de plaisir de voir sous la nuict brune,
Quand le soleil a fait place à la lune,
Au fond des bois les nymphes s'assembler,
Monstrer au vent leur gorge découverte,
Dancer, sauter, se donner cotte-verte,
Et sous leur pas tout l'herbage trembler!

Le bal finy, je dresse en haut la veuë
Pour voir le teint de la lune cornuë,
Claire, argentée, et me mets à penser
Au sort heureux du pasteur de Latmie [1]:
Lors je souhaite une aussi belle amie,
Mais je voudrois, en veillant, l'embrasser.

Ainsi, la nuict, je contente mon ame,
Puis quand Phebus de ses rays nous enflame,
J'essaye encor mille autres jeux nouveaux:
Diversement mes plaisirs j'entrelasse,
Ores [2] je pesche, or' je vay à la chasse,
Et or' je dresse embuscade aux oyseaux.

Je fay l'amour, mais c'est de telle sorte
Que seulement du plaisir j'en rapporte,
N'engageant point ma chere liberté:
Et quelques laqs que ce dieu puisse faire
Pour m'attrapper, quand je m'en veux distraire,
J'ay le pouvoir comme la volonté.

Douces brebis, mes fidelles compagnes,
Hayes, buissons, forests, prez et montagnes,

[1] Endymion. — [2] Parfois.

Soyez témoins de mon contentement :
Et vous, ô dieux! faites, je vous supplie,
Que, cependant que durera ma vie,
Je ne connoisse un autre changement.

Que vous m'allez tourmentant
De m'estimer infidelle!
Non, vous n'estes point plus belle
Que je suis ferme et constant.

Pour bien voir quelle est ma foy,
Regardez moy dans vostre ame:
C'est comme j'en fay, Madame;
Dans la mienne je vous voy.

Si vous pensez me changer,
Ce miroir me le rapporte;
Voyez donc, de mesme sorte,
En vous, si je suis leger.

Pour vous, sans plus, je suis né,
Mon cœur n'en peut aimer d'autre:
Las! si je ne suis plus vostre,
A qui m'avez-vous donné?

Douce Liberté desirée,
Deesse, où t'es-tu retirée,
Me laissant en captivité?
Hélas! de moy ne te détourne!
Retourne, ô Liberté! retourne,
Retourne, ô douce Liberté.

Ton depart m'a trop fait connoistre
Le bon heur où je soulois [1] estre,
Quand, douce, tu m'allois guidant:
Et que, sans languir davantage,
Je devois, si j'eusse esté sage,
Perdre la vie en te perdant.

Depuis que tu t'es esloignée,
Ma pauvre ame est accompagnée
De mille espineuses douleurs:
Un feu s'est espris en mes veines,
Et mes yeux, changez en fontaines,
Versent du sang au lieu de pleurs.

Un soin [2], caché dans mon courage,
Se lit sur mon triste visage,
Mon teint plus palle est devenu:
Je suis courbé comme une souche,
Et, sans que j'ose ouvrir la bouche,
Je meurs d'un supplice inconnu.

Le repos, les jeux, la liesse,
Le peu de soing d'une jeunesse,
Et tous les plaisirs m'ont laissé:
Maintenant, rien ne me peut plaire,
Sinon, devost et solitaire,
Adorer l'œil qui m'a blessé.

D'autre sujet je ne compose,
Ma main n'escrit plus d'autre chose
Jà tout mon service est rendu;
Je ne puis suivre une autre voye,
Et le peu du tems que j'emploie
Ailleurs, je l'estime perdu.

Quel charme, ou quel Dieu plein d'envie
A changé ma premiere vie,

[1] J'avais coutume d'être. — [2] Souci.

La comblant d'infelicité?
Et toy, Liberté desirée,
Deesse, où t'es-tu retirée,
Retourne, ô douce Liberté!

Les traits d'une jeune guerriere,
Un port celeste, une lumiere,
Un esprit de gloire animé,
Hauts discours, divines pensées,
Et mille vertus amassées
Sont les sorciers qui m'ont charmé.

Las! donc sans profit je t'appelle,
Liberté precieuse et belle!
Mon cœur est trop fort arresté:
En vain apres toy je soupire,
Et croy que je te puis bien dire
Pour jamais adieu, Liberté.

ÉPIGRAMME

Je t'apporte, ô Sommeil, du vin de quatre années,
Du laict, des pavots noirs aux testes couronnées,
Vueille tes ailerons en ce lieu desployer,
Tant qu'Alison la vieille, accroupie au foyer,
(Qui d'un poulce retors et d'une dent mouillée,
Sa quenouille chargée a quasi despouillée)
Laisse choir le fuseau, cesse de babiller,
Et de toute la nuict ne se puisse esveiller;
Afin qu'à mon plaisir j'embrasse ma rebelle,
L'amoureuse Ysabeau, qui soupire aupres d'elle.

STANCES SUR LE MARIAGE

De toutes les fureurs dont nous sommes pressez,
De tout ce que les cieux ardemment courroucez
Peuvent darder sur nous de tonnerre et d'orage,

D'angoisseuses langueurs, de meurtre ensanglanté,
De soucis, de travaux, de faim, de pauvreté,
Rien n'approche en rigueur la loy de mariage.

Dure et sauvage loy, nos plaisirs meurtrissant,
Qui, fertile, a produit un hydre renaissant
De mespris, de chagrin, de rancune et d'envie;
Du repos des humains l'inhumaine poison,
Des corps et des esprits la cruelle prison,
La source des malheurs, le fiel de nostre vie!

. . . .

Escoutez ma parole, ô mortels esgarez!
Qui dans la servitude aveuglement courez,
Et voyez quelle femme au moins vous devez prendre.
Si vous l'espousez riche, il se faut preparer
De servir, de souffrir, de n'oser murmurer,
Aveugle en tous ses faits, et sourd pour ne l'entendre.

Desdaigneuse et superbe, elle croit tout sçavoir,
Son mary n'est qu'un sot trop heureux de l'avoir;
A ce qu'il entreprend elle est toujours contraire,
Ses propos sont cuisans, hautains et rigoureux;
Le forçat miserable est beaucoup plus heureux,
A la rame et aux fers d'un outrageux corsaire.

Si vous la prenez pauvre, avec la pauvreté
Vous espousez aussi mainte incommodité,
La charge des enfans, la peine et l'infortune;
Le mespris d'un chacun vous fait baisser les yeux,
Le soin rend vos esprits chagrins et soucieux.
Avec la pauvreté toute chose importune.

Si vous l'espousez belle, asseurez-vous aussi
De n'estre jamais franc de crainte et de soucy;
L'œil de vostre voisin, comme vous, la regarde,
Un chacun la desire; et vouloir l'empescher,
C'est égaler Sisiphe et monter son rocher.
Une beauté parfaite est de mauvaise garde.

Si vous la prenez laide, adieu toute amitié!
L'esprit, tenant du corps, est plein de mauvaistié [1].
Vous aurez la maison pour prison tenebreuse,
Le soleil desormais à vos yeux ne luira:
Bref, on peut bien penser s'elle vous desplaira,
Quand la plus belle femme, en trois jours, est fascheuse.

. . . .

O supplice infernal! en la terre transmis
Pour gesner [2] les humains, gesne mes ennemis!
Qu'ils soient chargez de fers, de tourmens et de flame!
Mais fuy de ma maison, n'approche point de moy,
Je hay, plus que la mort, ta rigoureuse loy,
Aimant mieux espouser un tombeau qu'une femme.

PLAINTE

. . . .

En cest estonnement, mille figures vaines,
Toujours d'effroy, de meurtre et d'horreur toutes pleines,
Reveillent, coup sur coup, mon esprit agité;
Je resve incessamment, et ma vague pensée,
Puis deçà, puis delà, sans arrest est poussée,
Comme un vaisseau rompu, par les vents emporté.

Helas! sois-moy propice, ô mon Dieu, mon refuge!
Puny-moy comme pere, et non pas comme juge,
Et modere un petit [3] le martyre où je suis;
Tu ne veux point la mort du pecheur plein de vice,
Mais qu'il change de vie et qu'il se convertisse;
Las! je le veux assez, mais sans toy je ne puis.

Je ressemble, en mes maux, au passant miserable,
Que des brigans pervers la troupe impitoyable
Au val de Jericho, pour mort avait laissé;
Il ne pouvoit s'aider, sa fin estoit certaine,
Si le Samaritain, d'une ame toute humaine,
N'eust estanché sa playe et ne l'eust redressé.

[1] Méchanceté. — [2] Tourmenter. — [3] Un peu.

Ainsi, sans toi, Seigneur, vainement je m'essaye :
Donne m'en donc la force et resserre ma playe,
Purge et guari mon cœur que ton ire [1] a touché,
Et que la saincte voix, qui força la nature,
Arrachant le Lazare hors de la sepulture,
Arrache mon esprit du tombeau de peché.

Fay rentrer dans le parc ta brebis esgarée,
Donne de l'eau vivante à ma bouche alterée,
Chasse l'ombre de mort qui volle autour de moy :
Tu me vois nu de tout, sinon de vitupere [2];
Je suis l'enfant prodigue, embrasse-moi, mon pere!
Je le confesse, helas! j'ay peché devant toy.

Pourquoy se fust offert soy-mesme en sacrifice
Ton enfant bien-aimé, Christ, ma seule justice?
Pourquoy, par tant d'endroits, son sang eust-il versé,
Sinon pour nous, pecheurs, et pour te satisfaire?
Les justes, ô Seigneur! n'en eussent eu que faire,
Et pour eux son sainct corps n'a pas esté percé.

Par le fruict de sa mort j'attens vie eternelle;
Lavée en son pur sang, mon ame sera belle.
Arrière, ô desespoirs! qui m'avez transporté!
Que toute desfiance hors de moy se retire.
L'œil benin du Seigneur pour moy commence à luire;
Mes soupirs à la fin ont esmu sa bonté.

O Dieu, toujours vivant! j'ay ferme confiance
Qu'en l'extresme des jours [3] par ta toute-puissance,
Ce corps, couvert de terre, à ta voix se dressant,
Prendra nouvelle vie et, par ta pure grace,
J'auray l'heur [4] de te voir de mes yeux, face à face,
Avec les bien-heureux ton sainct nom benissant.

[1] Courroux. — [2] Blâme, péché. — [3] A la fin des jours, au Jugement dernier. — [4] Le bonheur.

TABOUROT

SEIGNEUR DES ACCORDS

1549 — 1590

A l'imitation du citoyen des républiques antiques, le bourgeois et le gentilhomme français du XVIe siècle étaient, suivant les occasions, soldat, orateur, écrivain, poëte ou magistrat. La perfection de l'art y perdait quelquefois, mais l'activité et l'intelligence de l'homme y gagnaient toujours.

« Je loue certainement, disait Tabourot, ceux qui, à la façon des Allemans, peuvent contenir à n'embrasser qu'une seule profession, mais il ne faut pas aussi blasmer ceux qui, ayant l'esprit capable d'en manier diverses, les sçavent si bien exercer, qu'en chasque espèce ils ne devront rien ou peu de reste à chacun des particuliers qui s'addonnent à une. L'on sçait assez que l'esprit du François est plein de vivacité et variété, que c'est malgré luy, si on l'attache à une science seule [1]. »

Dans la France du XVIe siècle, la société lettrée et savante, la société partageant le pain de la vraie vie, celle de l'intelligence, n'était pas seulement à Paris, comme aujourd'hui, mais on la trouvait représentée dans chaque province, dans chaque ville, sur chaque point de ce vieux et fertile sol gaulois, où germait notre France.

Si, le jeudi après Quasimodo, dernier jour du mois d'avril de l'an 1579, sur l'heure de midi, vous vous étiez trouvé, au fond de la Bourgogne, égaré jusque dans la petite ville de Verdun, le flot des curieux oisifs et des paysans affairés et plaideurs vous eût porté vers l'auditoire de la halle où le juge du lieu tenait alors les jours du bailliage et de la châtellenie. Là, vos regards se fussent bientôt arrêtés sur ce magistrat, car, à part les lignes plus accentuées de son nez aquilin, sa physionomie expressive, son œil vif, son large front de penseur, vous eussent remis en mémoire la figure de l'auteur de Pantagruel. Cette ressem-

1. 4e liv. des *Bigarrures*; au lecteur.

blance n'était qu'un jeu du hasard, mais, cette fois, le hasard avait bien joué. Si le vieux curé de Meudon et le jeune bailly de Verdun n'eurent point un berceau commun, ils n'en étaient pas moins de même race ; le même sang gaulois échauffait leurs veines ; tous les deux professèrent cette philosophie pantagruélique « confite en certaine gaieté d'esprit et en mépris des choses fortuites. »

François Rabelais, le maître, l'*inimitable*, comme l'appelait le seigneur des Accords, est connu de tous; essayons de faire connaître l'un de ses dignes élèves, Estienne Tabourot, qui a été baptisé du nom de Rabelais de la Bourgogne.

Du Bellay, c'est lui qui le dit, « le premier travailla de manier les odes à la lyre; » la sextine et le sonnet eurent Pontus de Thiard pour introducteur en France ; Dorat, le savant maître et le bienveillant patron des poëtes de la renaissance, fut renommé pour son habileté dans l'anagramme ; l'un des brillants fleurons de la couronne brisée du tragique Jodelle était en petites pièces connues sous le nom de vers rapportés qu'il passe pour avoir essayés, un des premiers, en français, dans ce quatrain sur Marot dont il résume la vie et la mort agitées :

Quercy, la cour, le Piedmont, l'univers,
Me fit, me tint, m'enterra, me cogneut;
Quercy, mon los, la cour tout mon temps eut,
Piedmont mes os, et l'univers mes vers.

Eh bien ! Tabourot, à lui seul, en a fait plus que tous ceux-ci ensemble. Il fut le collecteur studieux, le conservateur soigneux ; le divulgateur ingénieux, le professeur joyeux de tous ces riens difficiles, de tous ces jeux de l'esprit, de tous ces petits tours de force poétiques et littéraires dans lesquels nos pères aimaient tant à dépenser leurs heures perdues et à oublier en riant leurs travaux et leurs soucis.

Équivoques latines et françaises, coq-à-l'âne, quolibets, calembours, rébus par lettres, chiffres, notes de musique ou mots superposés comme dans le suivant:

Pir vent venir,
Un vient d'un [1];

vers numéraux, macaroniques, rapportés, lettrisés, entrelardés et monosyllabiques; échos, acrostiches, anagrammes, en un mot tous les

[1] Pour en obtenir le sens, il suffit d'ajouter la préposition *sous* à chaque mot de la seconde ligne, ce qui signifie. un soupir vient souvent d'un souvenir.

enfants capricieux et sans souci de cette littérature badine, jadis tant choyée, aujourd'hui si délaissée, sont les sujets chéris du seigneur des Accords, et tous s'empressent de lui rendre foi et hommage comme à leur légitime suzerain. Aussi a-t-il pour eux des entrailles de père. Afin de ne pas trop compromettre sa robe de magistrat, il fait semblant de les abandonner à Paris « comme petits enfants naturels et illégitimes, conçus hors mariage, » mais il les suit d'un regard inquiet et affectueux; il les recommande en secret à Jean Richer qui leur prête l'ombrage de son *arbre verdoyant* [1]; il prend plaisir à les revoir; enfin, il va jusqu'à leur donner son nom que vous trouverez sous la forme d'un acrostiche en tête des chapitres du premier livre des *Bigarrures*.

Les Bigarrures, tel est le titre original du recueil étrange que le jeune Estienne Tabourot composa pour « se chatouiller lui-même afin de se faire rire le premier, et puis après les autres, » épanchant en ces joyeusetés « la superfluité de son esprit. »

Des Accords, tes Bigarrures
Ressemblent aux pourtraitures
Des paysages plaisans
Que font les peintres flamans,
Dans lesquels, d'un trait fertile,
Là, ils peignent une ville,
Là, un champ, là, un désert.
. . . .
Des rivières, des fontaines,
Et des montagnes lointaines,
Çà et là, de grands troupeaux.
. . . .
Qui fait que l'œil se contente
De variété plaisante.
. . . .
Ton livre est du tout semblable,
De tous endroits agréable.
. . . .

N'allez pas, ami lecteur, sur la foi de cette estampille signée T. T., Théodecte Tabourot, un frais chanoine de Langres, frère de l'auteur, choisir les *Bigarrures* pour récréer vos soirées de famille. On pouvait se permettre de telles licences au *bon vieux temps*, mais dans le nôtre, qui n'est pourtant ni des plus mauvais, ni des plus jeunes,

[1] C'était l'enseigne du libraire parisien Jean Richer, premier éditeur des *Bigarrures* et de la plupart des écrits de Tabourot.

de semblables livres sont marchandises prohibées, qu'on passe en contrebande et qu'on montre seulement en cachette. Est-ce à dire que les *Bigarrures* forment un mauvais livre? Point du tout; c'est presque un bon livre, un livre rempli de choses amusantes, curieuses et même instructives, au dire de plus savants que moi, du fameux philosophe Bayle, par exemple. En effet, ce volume est une espèce de petite arche conservatrice qui a sauvé du naufrage des âges les vrais types du vieil esprit français. Malheureusement, cette arche a relâché en des eaux fangeuses qui l'ont toute souillée. Le cynisme de maître Rabelais a déteint sur maître Tabourot. Les plaisanteries au plus gros sel lui semblent de l'atticisme; comme la coquette effrontée qui, pour séduire, foule aux pieds la pudeur, Tabourot, dans ses *Bigarrures*, devient obscène pour paraître ingénieux. Et il ne s'en cache point, il s'en vante. Le goût folâtre et les mœurs relâchées de son temps ne l'y autorisaient que trop. Lors de la quatrième édition de ses *Bigarrures*, (car, pour le dire en passant, les *Bigarrures*, livre né viable, ne comptent pas moins de quinze éditions), le grave avocat général Estienne Pasquier écrivit bien à son ami Tabourot: « J'eusse souhaité qu'on y eût rien augmenté; en tels sujets, il faut que l'on pense que ce soit un jeu et non un vœu auquel nous fichions toutes nos pensées. » Mais quel faible correctif c'était à cette première phrase de la même lettre : « J'ai lu vos belles *Bigarrures* et les ai lues de bien bon cœur, non-seulement pour l'amitié que je vous porte, mais aussi pour une gentillesse et naïveté d'esprit dont elles sont pleines, ou, pour mieux dire, pour être bigarrées et diversifiées d'une infinité de beaux traits..... » Nous reconnaissons dans ces lignes le « chercheur des pulces de mes damoiselles Des Roches » durant les loisirs des grands jours de Poitiers, en 1579.

Aussi Tabourot ne prit-il au sérieux que les éloges de Pasquier; de ses bons et sages conseils, il ne tint compte, et bien il fit; autrement il ne nous eût jamais donné le quatrième livre des *Bigarrures* « pour fermer la bouche à un tas de calomniateurs ignorants qui lui objectoient malignement qu'il n'avoit l'esprit disposé qu'à des lascivetés, » et nous eussions été privés des *Apophtegmes* du sieur Gaulard et des *Escraignes Dijonnoises*, écrits bien capables de faire rouvrir la bouche à tous les Catons renfrognés, mais cette fois pour rire, à gorge déployée, des joyeux devis de Catherine l'Enragée, de Jeanne la Noire, de Claudin Fainéant, de Denis Grospied, et *tutti quanti*.

Il y a, effectivement, dans ces *Escraignes*, un fond de gaieté franche et d'esprit populaire assez riche pour établir la fortune du seigneur des Accords comme conteur français, conteur un peu grivois, trop décolleté et fort graveleux, mais conteur pittoresque, plein de verve et d'originalité.

Tout en écoutant le conteur Des Accords, nous oublions le poëte Tabourot; il est temps de lui donner audience et d'esquisser sa vie.

Estienne Tabourot, fils d'un célèbre avocat au parlement de Dijon, naquit dans cette ville en 1549. Il avait à peine douze ans, quand la mort le priva de la direction intelligente de son père. Cette mort laissait une rude besogne à demoiselle Didière Thierry, sa mère, car, à douze ans, Tabourot n'était plus un enfant, ou plutôt c'était un enfant terrible, un vrai prodige. Le Collége de Bourgogne, à Paris, où il faisait ses études classiques, comptait peu d'écoliers de sa force. A quatorze ans, il offrit à l'évêque de Paris, monseigneur Viole, un quatrain lettrisé en vers latins dont chaque mot commençait par un V. Il était déjà passé maître dans tous ces jeux de patience littéraires auxquels les plus graves de ce temps ne dédaignaient pas de se livrer. Il surmontait, sans peine, les difficultés de l'acrostiche lettrisé, témoin celui-ci qu'il composa sur le nom du roi François :

> F rançois Faisant Florir la France,
> R oyalement Regnera.
> A mour Amiable Aura,
> N i N'aura Nulle Nuisance.
> C onseil Constant Conduira,
> O rdonnant Obéissance.
> I ustice Il Illustrera
> S ur Ses Sujets Sans Souffrance.

Laissez, s'il vous plaît, de côté la *poésie*, pour remarquer que le mot François peut se lire trois fois perpendiculairement en répétant les lettres R et O, et que tous les mots de chaque *vers* commencent par la même lettre correspondante du nom de François; puis veuillez vous reporter au XVIe siècle et vous souvenir que le poëte Petrus Placentius publiait alors un poëme latin d'environ deux cent cinquante vers sur les combats des porcs, *Pugna Porcorum*, dont tous les mots commencent par un P; n'oubliez pas que Scaliger s'ingéniait à composer un vers latin qu'il surnomma Protée, parce qu'on pouvait aisément le changer en soixante-douze manières différentes, et vous admirerez la précoce maturité de notre écolier de quatorze ans.

« La pierre était jetée. » Tabourot, suivant la pente de son caractère, lui permit de s'égayer en la source abondante de sa vivacité naturelle.

D'illustres écrivains, se disait-il, s'amusèrent bien à traiter de frivoles et légères matières. Homère n'a-t-il pas chanté la guerre des rats et des grenouilles? Virgile, le moucheron? Ovide, la puce? Lucien, la mouche? Érasme, la Folie? Catulle n'a-t-il pas fait vibrer sa lyre pour un moineau? Thiard, pour une chienne? Ronsard, pour la fourmi, et Belleau pour le papillon?

Des Accords s'empresse de suivre d'aussi bons exemples; il donne une version latine des deux pièces de Ronsard et de Belleau sur la fourmi et le papillon; il trace le portrait de Fleurette, chienne mignarde et choyée de demoiselle Charlotte, la fille unique de l'intègre ministre Jeannin, Fleurette,

Petite bête folâtre,
Aussi blanche que l'albâtre,
Qui ne doit céder en rien
A l'oiseau catullien.

Il compose, en vers français, *La défense et la louange du pou, ensemble celle du ciron;* enfin, il va chercher de nouvelles difficultés à vaincre dans cette poésie qui parle même aux yeux en dessinant la figure de l'objet qu'elle décrit, et il fait, entre autres amusements, à l'imitation des Grecs, *La Coupe* et *la Marmite*. Nous n'avons pu retrouver ni l'une ni l'autre. Pour vous dédommager amplement de cette perte, nous vous renverrons, ami lecteur, à la charmante bouteille et au verre pétillant de Pannard. Si le poëte grec Théodoric est le père du genre cultivé par Tabourot, Panard en est le roi.

Tabourot avait quitté le collége pour les écoles de droit, mais il n'avait point renoncé à ses délassements poétiques. Il trouvait matière à versifier jusque dans Rabelais, une de ses lectures favorites. Les réponses de Frater Fredon aux questions indiscrètes de Panurge lui donnèrent l'idée d'un dialogue en vers monosyllabiques, les premiers, peut-être, qui aient été faits en français. Voici une partie de ce dialogue :

Frère, voudriez-vous bien,
Sans vous forcer de rien,
Ni être détourné
De votre long dîné,
Répondre à mes propos?
—Oui.—Quel est l'abbé?— gros.
Et où demeure-t-il? — loin.
Le vîtes-vous onc? — point.
Où est le prieur? — près.
Quels sont ses moines? — rès.

Étudiez-vous? — rien.
Comment vous portez? — bien.
Qu'avez-vous souvent? — faim.
Et que mangez-vous? — pain.
Quel est votre pain? — bis.
Quels sont vos habits? — gris.
Qu'aimez-vous l'hiver? — feu.
Quand priez-vous Dieu? — peu.
. . . .
Maintenant je suis las
De ces interrogats;
Vous avez répondu
Si bien et sagement,
Que n'avez pas perdu
Un petit coup de dent.

Tabourot recueille ou compose sur les événements de son temps une foule de poésies de circonstance, et entre autres de ces vers coupés si ingénieusement qu'en lisant la moitié du vers vous trouvez un sens opposé à celui qui est exprimé dans le vers entier. Je ne citerai en ce genre que la petite pièce suivante; elle a trait à la grande question de cette époque, à la question du catholicisme et du protestantisme:

Je ne veux plus — La messe fréquenter
Pour mon repos — C'est chose bien louable
Des huguenots — Les prêches écouter
Suivre l'abus — C'est chose misérable.
Ores je vois — Combien est détestable
Cette finesse — En ce siècle mondain
Par quoi je dois — Voyant la sainte table
Tenir la messe — En horreur et dédain.

Au milieu de ces amusements, Tabourot ne négligeait pas les travaux sérieux et l'étude approfondie de notre poésie. Un de ses oncles, homme docte, amateur des arts et des sciences, nommé Le Fèvre, avait laissé un manuscrit informe sur les rimes françaises. Tabourot corrigea ce manuscrit, l'augmenta d'un grand nombre de vocables, le mit en meilleur ordre par la substitution du classement alphabétique au classement par les voyelles, « le tout pour l'avancement de la jeunesse en la poésie françoise. » En un mot, il fit un livre nouveau, « profitable, comme il le dit lui-même, à infinis bons esprits, amateurs de notre poésie. » On peut donc considérer le seigneur des Accords comme le véritable auteur du premier dictionnaire des rimes françaises. Il le fit imprimer à Paris en 1572, puis en 1588.

L'étude de la jurisprudence marchait lentement pour notre écolier « de l'alme, inclite et célèbre Académie que l'on vocite Lutèce, » mais elle allait trop vite encore au gré de ses désirs. Cependant, après plus de dix années passées dans les universités de Paris et de Toulouse, il lui fallut dire adieu à cette libre vie d'étudiant si pleine de charmes. Tabourot prit le bonnet de docteur en droit, et revint en Bourgogne où l'attendait une honorable position. Reçu avocat au parlement de Dijon, il fut nommé, dans la suite, procureur du roi au bureau des finances du bailliage et de la chancellerie de la même ville; enfin un riche et puissant seigneur, messire Guillaume de Gadagne, sénéchal de Lyon, le choisit pour bailli de sa baronnie de Verdun en Bourgogne. Cet office, que Guillaume Tabourot avait possédé, fut pour son fils une retraite agréable. Sans trop l'éloigner de Dijon, il le rendait voisin de Bragny où le savant Pontus de Thiard aimait à recevoir tous les amis des lettres. Le bailli de Verdun y fut l'un des mieux accueillis.

Ces fonctions de juge seigneurial, dans l'exercice desquelles il étudiait et corrigeait les mœurs en riant; ce séjour retiré de la petite ville insulaire de Verdun; ces rapports intimes et quotidiens avec l'un des glorieux vétérans de la Pléiade, toutes ces causes réunies semblent avoir exercé une influence salutaire sur le talent de notre poëte-jurisconsulte.

Il faut renoncer à connaître entièrement Tabourot comme écrivain et comme poëte. Pendant sa jeunesse, il ne fit que rimer. Lui-même « n'ose dire poétiser, de peur de s'attribuer une louange que d'aucuns s'approprient aux dépens de leur réputation et à l'injure des Muses françoises. »

La *Synathrisie* ou Recueil confus qu'il mit au jour en 1567, à dix-huit ans, sous le nom de « son compère » Jean Desplanches, imprimeur-libraire de Dijon, « gaillard et jovial, » et les sonnets qu'il fit imprimer à Paris, en 1572, par Galiot Du Pré, sont devenus introuvables. D'ailleurs, ce sont les essais d'un collégien inhabile dans l'art des vers. Il se proposait de les corriger, puis, de les mettre en lumière avec ses autres poésies et ses écrits en prose; il avait dit en parlant de lui-même [1] :

. . . . Il y a temps de rire,
Il y a temps aussi de gravement escrire;
La nature se plaist en la varieté.
Tel verra quelque jour un serieux ouvrage
De ce gentil auteur, qui rendra tesmoignage,
Que ses doctes escrits ont beaucoup merité.

[1] Sonnet au lecteur, en tête des *Escraignes Dijonnoises*.

Ce jour des ouvrages mûris et sérieux n'a pas eu le temps de luire dans la courte carrière de Tabourot; il n'a pu tenir sa parole. La plupart de ses écrits sont perdus, et, à l'exception de quelques pièces de vers disséminées dans les *Bigarrures* et des ouvrages introuvables dont nous venons de parler, il ne reste de ses poésies que *Les Touches*, qu'il composa, il y a deux cent soixante-quinze ans, à Verdun-sur-Saône, dans le lieu même où, seul, nous les relisons aujourd'hui.

Ce petit volume doit être considéré sous toutes ses faces, car toutes reflètent l'auteur et son époque. « L'intitulation du livre » est tirée du vocabulaire des maîtres d'escrime qui nomment *touche* un coup léger porté avec l'épée rabattue. « Je donne, dit Tabourot, une touche qui perce à peine la peau et ne peut entamer la chair. Et me semble que cette dénomination est plus propre que le nom grec ou latin, car épigramme signifie proprement inscription, nom trop général; joint que nous devons étudier d'embellir notre langue de mots propres et significatifs, plutôt crus en notre terroir que non pas en étrange pays. »

Les conditions dans lesquelles il composa cet écrit satyrique méritent d'être signalées. C'est en présence de la peste, qui l'avait forcé d'abandonner Dijon et de se réfugier à Verdun, qu'il conservait assez de liberté d'esprit pour décocher ses carmes mordants contre les vices et les travers de ses contemporains. Il assure qu'il a terminé ce livre en deux mois. Les tours de force poétiques lui étaient assez familiers pour qu'il ait accompli celui-ci. Il dédie ses *Touches* à Pontus de Thiard, seigneur de Bissy, évêque de Châlon-sur-Saône; c'est encore là une étude de mœurs, car si l'auteur est un *grave* magistrat, fort dévotieux, le livre est rieur et mondain en diable. La *Pagina lasciva* de Martial se rencontre à chaque instant sous l'œil du lecteur.

Des Accords a le tort de s'appesantir sur des sujets qu'il faudrait à peine effleurer, et d'en rechercher d'autres qu'il serait mieux d'éviter. Malgré ce manque de goût et de tact, fort commun alors, il est, avec Marot et Baïf, l'un des poëtes du XVIe siècle qui a le mieux réussi dans l'épigramme française. Il a su lui donner sa véritable allure, sa concision et sa pointe acérée. Ce genre convenait à la nature vive, indépendante et un peu satirique de son esprit qui, sous l'apparence de la frivolité, cachait un jugement sain et philosophique éclairé par une parfaite connaissance des hommes et des choses. Nous ne dirons pas à Des Accords comme le lui disait un de ses amis :

> Ainsi ton sel, par sa gentille grâce,
> Les traits gaillards de Martial efface;

Toutes ses *Touches* ne sont pas portées avec art, aisance et justesse, mais, dans quelques-unes, nous sentons une main de maître.

Ce qui nous reste des autres poésies de Tabourot suffit pour donner un avant-goût de celles que nous avons perdues et pour nous inspirer de vifs regrets; vous les partagerez, sans doute, ces regrets, après avoir lu l'épître qui suit [1] :

Sais-tu, mon Chanlecy, comme j'aurois envie
De vivre pour passer heureusement la vie?
Suffisamment de biens, amassés sans labeur,
Par libéralité de quelque donateur :
Voir mes champs non ingrats, fertiles chaque année;
Avoir toujours bon feu dedans ma cheminée;
Haranguer rarement, n'avoir aucun procès,
L'esprit bien en repos; ne faire point d'excès;
Être en bonne santé, le corps net et agile;
Sage simplicité; tenir table facile,
Sans art de cuisinier; et encor je voudroi
Des amis, ni plus grands, ni plus petits que moi;
Une joyeuse nuit, n'étant toutefois ivre;
Un lit chaste et gaillard, de tous soucis délivre;
Le sommeil gracieux, rendant courtes les nuits;
Vouloir tant seulement être ce que je suis;
Ne souhaiter la mort, et moins encore la craindre;
Je ne te saurois mieux tous mes souhaits dépeindre;
Que si jouir de tout n'est pas en mon pouvoir,
J'en prends ce que je puis, ne pouvant tout avoir.

Admirateur de Ronsard et de Thiard, Tabourot ne marche que de loin et prudemment sur leurs traces aventureuses et déjà un peu effacées. Quoique plus rapproché d'eux que de Marot, il s'inspire volontiers de ce dernier dont il rappelle la manière facile, gracieuse et naturelle. Dans les sonnets du seigneur Des Accords, la place d'honneur appartient à l'Amour, Amour inconstant s'il en fut. C'est un véritable papillon qui voltige de fleur en fleur. Avec les Amours de Ronsard, nous avions compté Jeanne, Marguerite, Marie et Cassandre; avec ceux de Des Accords, nous trouvons des amies par douzaines. Leurs noms, il ne peut plus les retenir; il se souvient à peine de la fidèle Angélique et de la petite Gadrouillette, une simple villageoise qui lui inspira un charmant et piquant vaudeville; quant aux autres, il les désigne par

[1] Elle est adressée à un de ses compatriotes et amis, M. de Chanlecy, capitaine des gardes de monseigneur le duc d'Elbeuf.

des numéros d'ordre : ma 7ᵉ, ma 26ᵉ! Il nous fait part d'un sonnet contre un rival qui poursuivait sa 30ᵉ maîtresse!... « Mais il n'en vint pas à bout, nous dit-il, non plus que moi ; aussi n'eût-ce pas été raisonnable, car si j'avois toutes celles que j'ai aimées, je ne les saurois où loger. »

En somme, toutes ces maîtresses sont plus mythologiques et idéales que réelles ; les Amours de Des Accords se terminèrent d'une façon très-morale et toute prosaïque, par un mariage avec une gentille demoiselle nommée Gabrielle Chiquot de Monpâté, sur le nom de laquelle il composa quarante-sept anagrammes! Qu'en dites-vous?—C'est prodigieux! —Attendez un peu. « Je luy fis, nous dit Tabourot, une epistre où tous ces anagrammes estoient si bien adaptés qu'il sembloit que ce fust une oraison coulant sans aucune recherche affectée. »

C'était à faire crever de dépit le vieux poëte Dorat, lui si ingénieux dans l'anagramme, lui qui avait trouvé dans Pierre de Ronsard *Rose de Pindare*.

Notre poëte est marié, il jouit des douceurs de la paternité, tout semble terminé. Mais, dans une vie aussi bigarrée que celle du seigneur Des Accords, on est exposé à laisser échapper plus d'un épisode digne de mémoire. Ainsi, nous avions oublié de vous raconter l'origine de la seigneurie Des Accords pour laquelle il eût volontiers donné sa terre patrimoniale de Veronne. Car il faut que vous le sachiez, Tabourot était bel et bien gentilhomme, à telles enseignes qu'on voyait, en 1533, les armoiries de sa famille sur les vitraux de la grande salle du Palais de Justice de Dijon, et que nous possédons un certificat signé de la main et scellé des armes du chevalier de Gissey, commandant la noblesse de Bourgogne, attestant « que M. Tabourot de La Tour, seigneur de Saint-Apollinaire (un arrière-petit-fils de notre seigneur Des Accords) a servi dans l'escadron de Dijon pendant toute la campagne, en équipage convenable à sa qualité. » (3 octobre 1694).

Revenons à la seigneurie Des Accords. Point ne la tenait de ses ancêtres, ni du Roi notre Sire, mais d'honnête et gracieuse damoiselle Anne Bégat qui, de sa pleine autorité, l'avait inféodée audit seigneur Tabourot. Voici de quelle manière la chose advint. Tabourot, qui portait pour armes parlantes un tambour[1], et pour devise ces mots : « A TOUS ACCORDS », plaça un jour cette devise, en guise de signature, au bas d'un sonnet qu'il adressait à mademoiselle Bégat. Celle-ci, en

[1] Autrefois Tabour.

lui répondant par un autre sonnet (il paraît qu'en ce temps-là les honnêtes demoiselles répondaient par des vers aux vers des jeunes amoureux), mit pour suscription « AU SEIGNEUR DES ACCORDS. » Ce surnom fit fortune au point de prendre la place du vrai nom de notre poëte. Bien plus, le fief de Veronne, qu'il possédait effectivement, fut oublié, tandis que la seigneurie imaginaire *Des Accords* eut plus de renommée que maint duché-pairie; c'est que, dans cette heureuse seigneurie, au lieu de pauvres serfs taillables et corvéables à merci, son possesseur avait « des *Accords* pour contenter les humeurs diverses des plus rébarbatifs et joyeux, et, les accordant ensemble, s'accorder avec eux [1]. »

Estienne Tabourot, ce gai convive, ce boute-en-train de toutes les réunions de la Bourgogne, réunions de poëtes, de savants, de francs buveurs et de chauds catholiques, (car il fut l'un des promoteurs de la *Sainte-Union* et joua un rôle dans la Ligue), ce bon compagnon, disons-nous, était à la veille de tomber en mélancolie, par suite d'une maladie du foie, quand la mort l'enleva dans toute la vigueur de l'âge « ENTIER ET BON A TOUS [2]. »

Pour un tel viveur, n'était-ce pas mourir à propos?

ABEL JEANDET (de Verdun).

Voir les *Bigarrures* du seigneur Des Accords, Paris J. Richer, 1572-1585; les *Touches*, Paris, J. Richer, 1585; les *Bigarrures et Touches* du seigneur Des Accords avec les *Apophetegmes* du sieur Gaulard et les *Escraignes dijonnoises*, Paris, J. Richer, 1614; Rouen, L. Du Mesnil, 1640; *Dictionnaire des Rimes françoises*, de feu M. J. Le Fèvre, Dijonnois, etc., Paris, 1572 et 1588; Baillet, *Jugements des Savants*, etc., revus, corrigés et augmentés par De La Monnoye. Tom. VI, p. 309; Bayle, *Dictionnaire historique et critique*, sous le nom de *Accords* (E. T. S[r] des); l'abbé Papillon, *Bibliothèque des auteurs de Bourgogne*, tom. II; *Annales poétiques*, ou *Almanach des Muses depuis l'origine de la poésie française*, Paris, 1779, tome XI; Abel Jeandet (de Verdun), *Galerie Bourguignonne*, XVIe siècle (ouv. mss.), etc.

[1] 4e livre des *Bigarrures*. Au lecteur. — [2] Anagramme d'Estienne Tabourot.

VAUDEVILLE

Ores, j'ay choisi pour maistresse
Une belle demy deesse,
Petite nymphette des champs;
Je crois que c'est la plus gentille,
Gracieuse et honneste fille,
Que j'ay point veu depuis dix ans.

Heureuse donc soit la Fortune
Qui m'a esté tant opportune,
De m'adresser en si beau lieu,
Heureuse la première place
Qui me fit voir sa bonne grâce,
Et sa beauté digne d'un dieu!

J'ayme bien mieux aymer icelle,
Que quelque brave damoiselle,
Laquelle pourra, pour son mieux,
Choisir quelque autre plus habile;
De moy [1], je ne veux qu'une fille
Qui soit agreable à mes yeux.

J'ayme mieux la voir à la feste,
Quand elle porte sur sa teste,
Voletant son beau couvre-chef,
Que de voir une autre coiffure,
Toute de soye et de dorure,
Mise dessus un autre chef.

J'ayme mieux voir sa chevelure
Pleine du tout, sans crespelure,
Flottant en ondes librement;
Qu'une perruque saffranée,
D'un fil d'archal recordonnée,
Comme on fait curieusement.

1 C'est-à-dire : pour moi...

J'ayme mieux voir sa collerette,
D'une toile rousse clairette,
Par laquelle on voit son tetin,
Et dans laquelle elle repousse
Une petite haleine douce,
Qui colore son teint divin;

Qu'une gorgere godronnée,
Avecque l'empoix arrestée
Sur l'escarrure[1], d'un tel soing
Qui montre bien que la personne
Qui tel accoustrement se donne
Pour s'embellir en a besoing.

J'ayme mieux voir sa belle taille,
Sous sa biaude[2] qui luy baille
Cent fois mieux façonné son corps,
Qu'une robe si resserrée,
Qui, par sa contrainte forcée,
Fait jetter l'épaule dehors.

J'ayme mieux voir sa brune face,
Qui, se lavant, point ne s'efface,
Et va toujours demy riant,
Qu'un peint visage de popine[3],
Qui, d'une dédaigneuse mine,
Ne rit jamais qu'en rechignant.

J'ayme mieux ouyr sa voix bonne
Qui naturellement entonne
Un vaul-de-ville gracieux,
Que ces passions langoureuses,
Aussi feintes comme menteuses,
Que l'on tire d'un gosier creux.

[1] Pour : carrure; c'est-à-dire, ici, la largeur de la poitrine. — [2] En bourguignon, blaude ou blouse. — [3] Poupée.

Aussi, toujours les belles filles
N'habitent pas dedans les villes,
La vertu, ny l'honnesteté;
Sous un simple habit de village,
L'on peut voir une fille sage
Qui n'a pas faute de beauté.

ÉPITRE A MAUMISERT

MON VALET

Maumisert, je t'ay entendu
Pleurer la fortune; qu'as-tu
A te fascher de mon service?
Reçois-tu pas autant d'office,
De bienfaits, et plaisir de moy,
Que j'en sçaurois tirer de toy?
Viens-çà : pendant que tu reposes,
Sans t'esmayer [1] d'aucunes choses,
Ronflant, libre toutes les nuits,
N'ai-je pas mille et mille ennuis?
Et ne faut-il pas que je pense
A notre ordinaire dépense,
Et comme il faut, le lendemain,
Travailler pour chasser la faim?
Vois-tu pas comme je courtise
Un âne masqué de feintise,
Pendant qu'à grand'peine en un mois,
Tu me salueras une fois?
Puis tost apres, chargé d'affaire,
Allant, selon mon ordinaire,

[1] T'étonner, te soucier.

Ou par la ville, ou au palais,
Je vais devant, tu viens apres;
Ainsi, sur l'element liquide,
A ton tour tu me sers de guide :
Et lorsque je suis au barreau,
Tu vas jouer sur le carreau,
A la darde[1] mes eguillettes
Ou bien souvent tu cabarettes :
Et lorsque du travail je prens,
Tu passes sans souci le tems.
Tu n'as pas peut-estre agreable
De me venir servir à table :
Mais quand tu as bien desjeuné,
Ne peux-tu attendre un disné ?
Sans manger point tu ne demeures,
Comme je fais, jusqu'à dix heures.
Ainsi, me voyant un petit
Manger, tu reprens appetit,
Et aiguises ta dent pour paistre
Ce qui reste devant ton maistre;
Ainsi, je t'oste le soupçon
Que la viande est sans poison;
Et afin qu'elle ne t'offence,
Moy-mesme j'en fais la creance.
Au reste, tout le long du jour,
Je travaille, sans nul sejour;
Et renfermé dans mon estude,
Avec grande sollicitude,
My[2] courbé sur mon estomac,
Je feuillette quelque gros sac;
Et toi, cependant, tu te ris,
Ou de quelques joyeux devis
Tu t'entretiens, ou bien tu chantes,
Oisif auprès de mes servantes.

[1] Jeu du temps, que nous ne connaissons plus. — [2] A demi.

Bref, tu ne prens aucun souci
Du present, ni futur aussi,
Et tu n'as pas peur que la vigne
Reçoive quelque mal insigne,
Moins encor, que les autres fruits
Soient par un orage destruits;
Car tu n'en veux laisser de faire
Tes quatre repas d'ordinaire.
O heureux, trois et quatre fois,
Si ton bonheur tu connoissois!
Car, pour vrai, tu nous verrois estre,
Moy, de nom, toy, par-effet, maistre,
Et que je ne suis rien, si non
Le depensier[1] de la maison;
Et encore, au bout de l'année,
Ta fortune est si fortunée,
Que, me servant de peu ou rien,
Il faut, du plus clair de mon bien,
Te donner salaire et bon gage;
Es-tu pas plus heureux que sage?

STANCES

Il n'est rien si puissant que l'Amour et la Mort,
La Mort destruit les corps, l'Amour destruit les ames,
Mais encore l'Amour me semble le plus fort:
Car la Vie et la Mort reposent sous ses flames.

Amour, comme il lui plaist, nous fait vivre et mourir;
Ses rigueurs font mourir, ses douceurs font revivre;
La Mort, ayant blessé, ne nous peut plus guarir[2],
Et l'Amour, pour mourir, d'Amour ne se delivre.

[1] C'est-à-dire : le trésorier, celui qui donne l'argent pour la dépense. —
[2] Pour : guérir.

Jusques dans les enfers, Amour nous va suivant,
La Mort, tout seulement[1], nous suit jusqu'à la tombe,
Au pouvoir de l'Amour l'on retombe souvent,
Au pouvoir de la Mort jamais on ne retombe.

La Mort, dont le pouvoir s'amortist dans les cieux,
Contre des cœurs de terre[2] exerce sa puissance;
L'Amour va triomphant des hommes et des dieux,
Et prend force du Ciel dont il prend sa naissance.

Le malheur de la Mort, fin de tous nos malheurs,
Noye au fleuve d'oubly nos penibles pensées :
L'Amour, commencement de toutes nos douleurs,
Nourrit le souvenir de nos peines passées.

Si la Mort, nous ayant au tombeau renfermez,
D'un bandeau tenebreux nous sille[3] les paupieres,
L'Amour, aveugle enfant, nous tient si bien charmez,
Qu'il prive la raison de toutes ses lumieres.

Amour, fils de Venus, Mort, fille du Destin,
Seules divinités que mon ame revere,
Helas! je vous invoque et reclame sans fin;
Mais l'une m'est trop douce et l'autre trop amere.

[1] C'est-à-dire : ne nous suit que... — [2] C'est-à-dire : terrestres — [3] Ferme.

D'AUBIGNÉ

1552 — 1630

Il nous est très-difficile en France d'admirer les grands hommes protestants ; il nous est presque impossible de les aimer. Quelles sont les raisons de cette hostilité qui dure encore, malgré les progrès de l'esprit philosophique ? Elles sont toutes instinctives, elles sont toutes nationales. Nous sommes des gentils devenus chrétiens, tandis que les protestants semblent des juifs convertis. Comment notre caractère et notre génie d'expansion s'accorderaient-ils avec le caractère concentré, avec le génie tendu de la Réforme ? Gaulois et Francs, remués de Grecs et de Romains, aventureux et classiques tout à la fois, païens baptisés dans nos sources pleines de naïades et hantées par les fées, nous avons dû longtemps haïr et combattre ces terribles fils de la Bible, ces nouveaux circoncis qui se disaient régénérés par l'eau du Jourdain. Libres de mœurs, que nous importait la liberté dogmatique et théologique ? Enfants gâtés de l'imagination antique et de la légende dorée, qu'avions-nous affaire de ces briseurs d'images qui, sous prétexte de renouveler la foi par la raison, dépeuplaient sans merci le monde surnaturel, traitaient les arts comme de vaines superstitions, et ramenaient à l'humanité moderne le Dieu jaloux de l'Ancien Testament ? Deux huguenots seulement ont triomphé de l'antipathie nationale : un homme d'État popularisé par le XVIIIe siècle, Sully ; un guerrier et un poëte en qui étincelaient, malgré l'austérité des doctrines, l'héroïque et pétulante vivacité de la nation française, Théodore-Agrippa d'Aubigné ! Rien ne manque aujourd'hui au renom de cet homme illustre. La postérité ne marchande ni son admiration ni son amitié à celui que ses coreligionnaires appelaient autrefois le bouc du Désert.

La vie d'Agrippa d'Aubigné n'est ignorée de personne. Elle frappe les imaginations par cette multitude d'épisodes merveilleux qui sont les saillies des caractères vraiment poétiques. Nous n'en rappellerons que les principaux traits, et cela suffira pour en faire éclater l'unité morale, au milieu de l'entraînante diversité des événements. Agrippa d'Aubigné a eu ce bonheur d'agir avec éloquence, et de résumer éloquemment chacune de ses actions par un de ces mots inspirés qui se gravent d'eux-même sur le métal de l'histoire.

Son enfance ressemble à celle d'Annibal. Amené par son père devant les gibets des conjurés d'Amboise, il jure de venger les martyrs de sa foi, tandis que résonnent à son oreille ces implacables paroles : « Mon fils, il ne faut point épargner ta tête après la mienne, pour venger ces chefs pleins d'honneur; si tu t'y épargnes, tu auras ma malédiction. »

A l'âge de dix ans, menacé des rigueurs de l'inquisition, il laisse échapper cette sublime parole : « L'horreur de la messe m'ôte celle du feu, » qui contraste si noblement avec le fameux mot historique de Henri IV : « Paris vaut bien une messe. » Familiarisé de bonne heure avec les études classiques, il sait le latin, le grec et l'hébreu, il traduit le Criton à cette époque de la vie où les autres enfants savent à peine lire. Mais pendant qu'il feuillette les vieux auteurs, des images guerrières passent devant ses yeux. Le voilà qui s'échappe en chemise du logis où on le retient presque captif. Il monte en croupe, à peu près nu, derrière un capitaine de huguenots, et murmure gaillardement : « Au moins je n'accuserai pas la guerre de m'avoir dépouillé. » Son brillant courage l'ayant fait distinguer en rase campagne, le jeune Agrippa devient l'écuyer de roi de Navarre, qui trouve en lui du même coup un *serviteur* et un *contrôleur,* c'est-à-dire un ami à toute épreuve, décidé à plaire et à déplaire, toujours prêt à blesser pour guérir, à gronder par sollicitude, à morigéner par tendresse. Le dévouement de l'écuyer pour son maître allait tout naturellement jusqu'au sacrifice de la vie, mais il se refusait à toute complaisance qui n'eût pas été d'accord avec l'honneur le plus scrupuleux. Quoiqu'il fût libertin dans sa première jeunesse, et même débauché, comme tout bon gentilhomme de son temps, D'Aubigné ne prêta jamais la main aux galantes intrigues du *Diable à quatre*. L'ami passionné du roi était l'ennemi passionné des maîtresses. Les écarts du tempérament laissaient toujours saufs en lui le sentiment moral et la croyance religieuse. Henri languissait enchaîné à la cour des Valois : D'Aubigné le jeta dans l'air frémissant de la guerre, la tête exposée à de nobles dangers, l'esprit occupé de mâles distractions, l'âme toute ouverte aux grands desseins.

Songez à vos serviteurs, lui disait-il; « ils ne craignent que Dieu, vous une femme devant laquelle vous joignez les mains... ils sont à cheval, et vous à genoux; ils se font demander la paix à coudes et à mains jointes; n'ayant point de part en leur guerre, vous n'en avez point en leur paix... n'êtes-vous point las de vous cacher derrière vous-même, si le cacher était permis à un prince né comme vous? Vous êtes criminel de votre grandeur et des offenses que vous avez reçues; ceux qui ont fait la Saint-Barthélemy s'en souviennent bien, et ne peuvent croire que ceux qui l'ont soufferte l'aient mise en oubli... » Quand il ne gourmandait pas la paresse du Gédéon d'Israël, quand son Gédéon arborait la victoire sur les pavillons de Juda, il s'attristait d'avance, par une divination prophétique, sur les ambitions impatientes du capitaine victorieux :

Je voi venir avec horreur
Le jour qu'au grand temple d'erreur
Tu feras rire l'assistance.
. . . .
Quand ta bouche renoncera
Ton Dieu, ton Dieu la percera,
Punissant le membre coulpable;
Quand ton cœur, déloyal mocqueur,
Comme elle sera punissable,
Alors Dieu percera ton cœur.

Ces sombres pressentiments n'empêchaient pas le serviteur dévoué de faire tous ses efforts pour que l'événement donnât un démenti à ses craintes. Il consacra la meilleure part de son énergie à détourner la catastrophe prévue, le dénoûment inévitable. En 1585, à Guitres, près de Coutras, quand le vicomte de Turenne conseillait aux huguenots de se rallier à Henri III pour anéantir la ligue, D'Aubigné révéla magnifiquement au Béarnais l'abîme où s'allaient engloutir les défenseurs de la Réforme. « Si vous vous armez, avait dit Turenne, le roi (Henri III) vous craindra; s'il vous craint, il vous haïra; s'il vous hait, il vous attaquera; s'il vous attaque, il vous détruira. » D'Aubigné, reprenant les paroles mêmes de son adversaire, eut la hardiesse de conclure ainsi, au rebours des gens habiles : « Si nous nous désarmons, le roi nous méprisera, notre mépris le donnera à nos ennemis; uni avec eux, il nous attaquera et ruinera désormais; ou bien, si nous nous armons, le roi nous estimera; nous estimant, il nous appellera; unis avec lui, nous romprons la tête à ses ennemis... » Il échappa au roi de Navarre, sur la fin de ce discours, de s'écrier : *Je suis à lui!...*» Henri répéta ce mot à Saint-Cloud, en 1589, après la mort de Henri III, lorsque, pressé de changer de religion et consultant D'Aubigné, celui-ci lui répondit vertement : « Vous êtes circuit de gens qui grondent et qui craignent... Gardez-vous bien de juger ces gens-là sectateurs du royaume, ils n'en sont ni fauteurs, ni auteurs... Quand votre conscience ne vous dicterait point la réponse qu'il leur faut, respectez les pensées des têtes qui ont gardé la vôtre jusqu'ici : appuyez-vous, après Dieu, sur ces épaules fermes, et non sur ces roseaux tremblants à tous vents ; n'ignorez pas que vous êtes le plus fort ici... Si votre douceur accoutumée et bienséante à la dignité royale et les affaires présentes n'y contredisaient, d'un clin d'œil vous feriez sauter par les fenêtres tous ceux qui ne vous regardent point comme leur roi... » Mais la conscience du roi devait fléchir enfin devant la conscience de la nation. Henri IV abjura et régna. Prince politique autant que guerrier, il s'environne désormais d'anciens ligueurs comme les Villeroy et les Jeannin, et de nouveaux catholiques comme les Sancy. D'Aubigné cependant resta inflexible. *Homme digne des guerres civiles,* ainsi qu'il définit lui-même le mestre de camp huguenot Cherbonnière, *sevré de crainte, soudoyé de vengeance, de passion et d'honneur*, selon la vigoureuse expression du baron des Adrets, s'inquiétant fort peu d'être accusé par un Jeannin d'*attiser toujours le feu avec l'épée,* il est de ces gens incommodes qui ne signent jamais de compromis entre deux convictions, persuadés que la vérité n'est point une affaire d'équilibre. Retiré dans son château du Dongnon, agrandissant dans la solitude l'image idéale des temps de lutte, ou ramenant sur un présent qu'il déteste le regard ironique d'un observateur impitoyable, il médite un pamphlet comme la *Confession de Sancy,* une comédie comme *les Aventures du baron de Fæneste,* ou repasse en sa tête la poésie vengeresse de ses *Tragiques.*

Nous n'avons point à parler du pamphlétaire, nous n'avons pas à juger l'historien. Il nous suffit ici de mettre en lumière le caractère du poëte, après avoir rapidement esquissé le caractère et la vie de l'homme. D'Aubigné, ceci est essentiel à noter, n'arriva point de plein saut à la poésie véhémente, originale, et pour ainsi dire métallique des *Tragiques.* Il eut son enfance ou plutôt sa jeunesse poétique, à la cour de Charles IX et de Henri III. Ce fut, dit M. Sainte-Beuve, un amateur à la suite de la *Pléiade :* « pendant la captivité du roi de Navarre, D'Aubigné était compté au premier rang des beaux esprits galants et à la mode ; il composait, pour les divertissements de la Cour, des ballets, mascarades ou opéras, il avait mille ingénieuses inventions; il était de cette académie royale de Charles IX et de son successeur, qui, dans ses beaux jours, s'assemblait au Louvre, dont plusieurs dames faisaient partie, et où l'on traitait des questions platoniques et subtiles. On y faisait de la musique et aussi de la grammaire; on y agitait des problèmes de langue, de versification; on y comparait les styles. »

De ce jeune seigneur ronsardisant à l'étrange auteur des *Tragiques*, il y a la distance du vagissement enfantin à l'éloquence virile. Tandis que l'ardent soldat huguenot se retourne dévoré de fièvre, dans son lit de camp, à Casteljaloux, il se fait en lui le plus étonnant mélange de l'antiquité profane et de l'antiquité biblique. Juvénal et Isaïe, Tacite et Ézéchiel fermentent à la fois dans le puissant cerveau, dans « l'esprit igné et violent » de ce Dante calviniste. Visions du ciel en terre, et tableaux de ce monde transportés dans l'autre, poignantes réalités enchaînées à des allégories métaphysiques, prophéties et *apophéties*, récits, drames, sentences, cantiques et dithyrambes, tous les contraires s'allient, toutes les formes s'enlacent, tous les accents se répondent dans ce poëme sans plan, rempli d'obscurités, de mystères, d'énigmes, de ténèbres apocalyptiques et cahotiques, d'où se détachent soudainement des éclairs flamboyants de lumière créatrice.

Comment analyser les sept livres (près de neuf mille vers), qui portent ces titres singuliers : *Misères*, *Princes*, *Chambre dorée*, *Feux*, *Fers*, *Vengeances*, *Jugements* ? On a bientôt fait de constater que les *Misères* peignent les calamités des guerres civiles; que les *Feux* sont l'histoire des persécutions; les *Fers*, l'histoire des combats; les *Princes*, le tableau des infamies du Louvre; la *Chambre dorée*, la satire des magistrats pervers, etc. Mais ces diverses peintures tourbillonnent ensemble dans une sorte de Musée vivant dont les plafonds s'entr'ouvrent pour laisser voir le ciel, dont les murs se renversent pour découvrir l'horizon, dont les planchers s'effondrent avec fracas au milieu des abîmes. Je demande pardon pour ces métaphores bizarres : elles me sont nécessaires pour exprimer ce que des expressions rigoureusement sensées ne pourraient interpréter. « Braves vers ! graves vers ! » s'écrie le ministre calviniste Chamier, dans un triste sonnet à la louange des *Tragiques*. Braves et graves seulement ? L'honnête pasteur ne voit dans cette œuvre que du courage et de la gravité. Il semble plus édifié qu'ému, au rebours de ce vieux pasteur d'Angrogne qui écrivait à D'Aubigné : « Nous sommes ennuyés de livres qui enseignent, donnez-nous-en pour émouvoir. » D'Aubigné s'est-il en effet préoccupé d'émouvoir plutôt que d'enseigner?

Nous avortons nos chants au milieu des armées,

disait-il, et le prétendu larron Prométhée, qui lui déroba son poëme ajoutait : « Les plus gentilles de ses pièces sortaient de sa main, ou à cheval, ou dans les tranchées; » témoignage que le poëte confirme encore par ces deux vers :

Encontre le tambour qui gronde,
Le psalme élève son doux ton.

Je veux bien que les *Tragiques*, sous leur forme primitive, aient été improvisés ou *avortés* : mais l'inspiration a trouvé plus tard, dans les loisirs de la retraite, une forme plus étudiée et plus savante. En dépit de la fameuse sentence latine :

. . . . . Facit indignatio versum,

les poésies indignées sont toujours fort mauvaises, quand l'indignation n'a pas été longtemps refoulée par la réflexion. Je serais donc assez porté à croire que le poëme des *Tragiques*, ne pouvant pas être refondu en entier, a nécessairement gardé ses défauts d'origine, c'est-à-dire l'absence de plan et de méthode, les répétitions et les surabondances, les hors-d'œuvre incomplets, les digressions harassantes, et que pourtant certaines parties, les mieux venues, ont été patiemment et savamment élaborées. Il y a dans ces beaux fragments disjoints la trace profonde d'un véritable travail d'artiste qui recherche avec une opiniâtre volonté des effets imprévus de versification et d'expression, sans s'arrêter aux exigences du goût, aux conventions de la poétique, aux raffinements de la mode littéraire.

Je n'escris plus les feux d'un amour inconnu...
. . . .
Ces ruisselets d'argent que les Grecs nous feignoient,
Où leurs poëtes vains beuvoient et se baignoient,
Ne courent plus ici. . . . .
D'ici la botte en jambe, et non pas le cothurne,
J'appelle Melpomene en sa vive fureur,
Au lieu de l'Hippocrene, esveillant cette sœur
Des tombeaux rafraischis, dont il faut qu'elle sorte
Affreuse, eschevelée, et bramant en la sorte
Que fait la biche, après le fan qu'elle a perdu.

La Muse des *Tragiques*, cette Muse bottée, échevelée, affreuse, cette

Muse qui *brame*, est-ce bien Melpomène, comme le prétend D'Aubigné? Non, quoique le poëme renferme des épisodes très-dramatiques, bien qu'il ait été baptisé d'un nom emprunté à la tragédie, il n'appartient pas à l'inspiratrice d'Eschyle ou de Sophocle; il relève tout entier de Némésis. C'est la Némésis protestante qui l'a médité, concentré, dicté; une Némésis qui sait à merveille les magnifiques hyperboles de la Bible! Ajoutons pourtant qu'à la passion protestante se mêle chez D'Aubigné une fougue toute française de tempérament qui donne quelquefois à ses plus sombres inspirations je ne sais quelle liberté d'allure, quel reflet de sang ou de pourpre où se révèle tout à coup une singulière allégresse. La colère des Français a souvent la gaieté des flammes, comme l'indignation des Athéniens avait la gaieté rayonnante du soleil. La satire d'Agrippa d'Aubigné, quand on l'étudie de très-près, ressemble par son allégresse lyrique à la comédie d'Aristophane.

HIPPOLYTE BABOU.

Les *Tragiques* ont été réédités tout récemment dans la *Bibliothèque elzévirienne*, avec une préface très-intéressante de M. Lalanne.

On consultera utilement les *Essais d'histoire littéraire* (M. Gérusez); les *Causeries du lundi* (M. Sainte-Beuve); et les *Études littéraires sur les écrivains de la Réformation*, par M. Sayous.

FRAGMENTS

DU POËME INTITULÉ : *LES TRAGIQUES*

PRÉFACE

L'AUTHEUR A SON LIVRE

. . . .

Sois hardi, ne te cache point,
Entre chez les Rois, mal en point [1];
Que la pauvreté de ta robbe
Ne te face [2] honte ni peur,
Ne te diminue ou desrobe
La suffisance [3] ni le cœur.

. . . .

Si on te demande pourquoi
Ton front ne se vante de moi,
Dis-leur que tu es un posthume [4]
Desguisé, craintif et discret;
Que la Verité a coustume
D'accoucher en un lieu secret.
Ta tranche n'a or ne couleur;
Ta couverture sans valeur
Permet, s'il y a quelque joye,
Aux bons la trouver au dedans;
Aux autres fascheux [5] je l'envoie
Pour leur faire grincer les dents.

. . . .

Pauvre enfant, comment parois-tu
Paré de la seule vertu ?
Car, pour une ame favorable,
Cent te condamneront au feu;
Mais c'est ton but invariable
De plaire aux bons et plaire à peu.

. . . .

[1] Mal vêtu. — [2] Pour : fasse. — [3] La fierté. — [4] Sous-entendu, enfant. — [5] C'est-à dire : importun aux autres (aux méchants).

FRAGMENTS

DU POËME INTITULÉ : *LES TRAGIQUES*

LIVRE PREMIER (MISÈRES)

. . . .

Je n'escris plus les feux d'un amour inconnu[1];
Mais, par l'affiction plus sage devenu,
J'entreprens bien plus haut, car j'apprens à ma plume
Un autre feu, auquel la France se consume.
Ces ruisselets d'argent que les Grecs nous feignoient,
Où leurs poëtes vains beuvoient et se baignoient,
Ne courent plus ici; mais les ondes si claires
Qui eurent les saphirs et les perles contraires[2],
Sont rouges de nos morts; le doux bruit de leurs flots,
Leur murmure plaisant heurte contre des os.
Telle est, en escrivant, ma non commune image;
Autre fureur qu'amour reluit en mon visage:
Sous un inique Mars, parmi les durs labeurs
Qui gastent le pappier et nostre encre de pleurs,
Au lieu de Thessalie aux mignardes vallées,
Nous avortons ces chants[3] au milieu des armées,
En délassant nos bras de crasse tous rouillez,
Qui n'osent s'esloigner des brassards despouillez.
Le luth que j'accordois avec mes chansonnettes
Est ores[4] estouffé de l'esclat des trompettes:
Ici le sang n'est feint, le meurtre n'y defaut[5],
La mort joue elle-mesme en ce triste eschaffaut[6];
Le juge criminel tourne et emplit son urne;
D'ici, la botte en jambe, et non pas le cothurne,

[1] Allusion à un recueil de poésies amoureuses que d'Aubigné composa étant encore fort jeune, et qu'il intitula : *le Printemps*. Ces poésies sont encore inédites. — [2] Pour : rivales (en éclat). — [3] C'est-à-dire : nous enfantons ces chants avortés. — [4] Maintenant, à cette heure. — [5] Manque. — [6] Théâtre.

J'appelle Melpomène en sa vive fureur
Au lieu de l'Hippocrène, esveillant cette sœur
Des tombeaux rafraischis [1], dont il faut qu'elle sorte,
Affreuse, eschevelée, et bramant en la sorte
Que faict la biche après le fan [2] qu'elle a perdu;
Que la bouche luy saigne, et son front esperdu
Face [3] noircir du ciel les voûtes esloignées;
Qu'elle esparpille en l'air de son sang deux poignées,
Quand, espuisant ses flancs de redoublez sanglots,
De sa voie enroüée elle bruira [4] ces mots:
« O France désolée! ô terre sanguinaire!
Non pas terre, mais cendre: ô mère! si c'est [5] mère
Que trahir ses enfants aux [6] douceurs de son sein,
Et, quand on les meurtrit, les serrer de sa main [7];
Tu leur donnes la vie, et dessous ta mammelle
S'esmeut des obstinez la sanglante querelle;
Sur ton pis blanchissant ta race se débat,
Là le fruict de ton flanc faict le champ du combat. »
Je veux peindre la France une mère affligée
Qui est, entre ses bras, de deux enfants chargée;
Le plus fort, orgueilleux, empoigne les deux bouts
Des tetins nourriciers; puis, à force de coups
D'ongles, de poings, de pieds, il brise le partage
Dont nature donna à son besson [8] l'usage.
Ce volleur acharné, cet Esau malheureux,
Faict degast du doux laict qui doit nourrir les deux;
Si que [9], pour arracher à son frère la vie,
Il mesprise la sienne et n'en a plus d'envie;
Mais son Jacob, pressé d'avoir jeusné meshui [10],
Estouffant quelque temps en son cœur son ennui,
A la fin se defend, et sa juste colère
Rend à l'autre un combat dont le champ est la mère.

[1] C'est-à-dire : allant chercher cette sœur (des Muses), non près de l'Hippocrène, mais dans les tombeaux. — [2] Pour : faon. — [3] Pour : fasse. — [4] Criera. — [5] Être mère. — [6] Au milieu des. — [7] Les presser dans ses bras au moment où on les tue. — [8] Vieux mot, synonyme de jumeau, du latin *bis*. — [9] Au point que... — [10] Jusqu'aujourd'hui.

Ni les souspirs ardents, les pitoyables cris,
Ni les pleurs rechauffez ne calment les esprits;
Mais leur rage les guide et leur poison les trouble,
Si bien que leur courroux par leurs coups se redouble.
Leur conflict se r'allume et faict si furieux,
Que, d'un gauche malheur [1], ils se crèvent les yeux.
Cette femme esplorée, en sa douleur plus forte,
Succombe à la douleur, mi-vivante, mi-morte;
Elle voit les mutins tous dechirez, sanglans,
Qui, ainsi que du cœur, des mains se vont cerchans.
Quand, pressant à son sein, d'un' amour maternelle
Celui qui a le droit et la juste querelle,
Elle veut le sauver, l'autre [2], qui n'est pas las,
Viole, en poursuivant, l'asile de ses bras.
Adonc se perd le laict, le suc de sa poictrine ;
Puis, aux derniers abois de sa proche ruine,
Elle dit : « Vous avez, felons, ensanglanté
Le sein qui vous nourrit et qui vous a porté;
Or, vivez de venin, sanglante geniture,
Je n'ai plus que du sang pour vostre nourriture ! »
. . . .

. . . .
Jadis nos rois anciens, vrais pères et vrais rois,
Nourrissons de la France, en faisant quelquesfois
Le tour de leur païs en diverses contrées,
Faisoient par les citez de superbes entrées.
Chacun s'esjouissoit, on sçavoit bien pourquoi;
Les enfants de quatre ans crioient : « *Vive le roi!* »
Les villes emploioient mille et mille artifices
Pour faire comment font les meilleures nourrices,
De qui le sein fécond se prodigue à l'ouvrir [3],
Veut monstrer qu'il en a pour perdre et pour nourrir.
. . . .

[1] Par maladresse. — [2] Sous-entendu : son frère. — [3] Fautes d'impression évidente. Lisez : si prodigue à s'ouvrir.

. . . . Ces villes nourricières
Prodiguoient leur substance, et, en toutes manières,
Monstroient au ciel serein leurs thresors enfermez,
Et leur laict et leur joie à leurs rois bien-aimez.
Nos tyrans aujourd'hui entrent d'une autre sorte,
La ville qui les void a visage de morte :
Quand son prince la foulle, il la void de tels yeux
Que Neron voioit Romm' en l'esclat de ses feux.
Quand le tyran s'esgaie en la ville où il entre,
La ville est un corps mort, il passe sur son ventre,
Et ce n'est plus du laict qu'elle prodigue en l'air,
C'est du sang. . . . .

. . . .
On appelle aujourd'hui n'avoir rien faict qui vaille,
D'avoir percé premier l'espaix d'une bataille,
D'avoir premier porté une enseigne au plus hault,
Et franchi devant tous la brèche par assaut;
Se jetter contre espoir dans la ville assiégée;
La sauver demi-prise, et rendre encouragée[1];
Fortifier, camper ou se loger parmi
Les gardes, les efforts d'un puissant ennemi;
Employer, sans manquer de cœur ni de cervelle,
L'espée d'une main, de l'autre la truelle;
Bien faire une retraite, ou d'un scadron[2] battu
R'allier les deffaicts, cela n'est plus vertu.
La voici pour ce temps : bien prendre une querelle
Pour un oiseau ou chien, ou garce ou maquerelle,
Au plaisir d'un vallet, d'un bouffon gazouillant,
Qui veut, dit-il, sçavoir si son maître est vaillant;
Si un prince vous hait, s'il lui prend quelque envie
D'emploier votre vie à perdre une autre vie
Pour payer tous les deux[3]; à cela nos mignons,
Tout rians et transis, deviennent compagnons

[1] C'est-à-dire : relever son courage. — [2] Escadron. — [3] Pour se libérer de ce qu'il doit aux deux champions.

Des vallets, des laquais; quiconque porte espée
L'espère voir au sang d'un grand prince trempée;
De cette loi sacrée ores[1] ne sont exclus,
Le malade, l'enfant, le vieillard, le perclus;
On les monté[2], on les arme, on invente, on devine
Quelques nouveaux outils à remplir Libithine[3];
On y fend sa chemise, on y montre sa peau;
Despouillé[4] en coquin, on y meurt en bourreau:
Car les perfections du duel sont de faire
Un appel sans raison[5], un meurtre sans colère,
Au jugement d'autrui, au rapport d'un menteur:
Sommé[6], sans estre juge, on est l'executeur.

. . . .

On debat dans le pré les contrats, les cedules;
Nos jeunes Conseillers y descendent des mules;
J'ai veu[7] les Thresoriers du duel se coëffer,
Quitter l'argent et l'or pour manier le fer;
L'Avocat desbauché du barreau se desrobbe,
Souille à bas[8] le bourlet, la cornette et la robbe;
Quel heur d'un grand malheur, si ce brutal excez
Parvenoit à juger un jour tous nos procez!
Enfin, rien n'est exempt: les femmes en colère
Ostent au faux honneur l'honneur de se deffaire[9];
Ces hommaces, plustost ces demons desguisez
Ont mis l'espée au poing, les cottillons posez,
Trepigné dans le pré avec bouche embavée,
Bras courbé, les yeux clos, et la jambe levée;
L'une, dessus la peur de l'autre s'advançant,
Menace de frayeur et crie en offençant.

. . . .

[1] A cette heure. — [2] Sens obscur. Sans doute, on leur monte la tête, on les excite. — [3] Libitina, divinité qui présidait aux funérailles; ici, par extension, la tombe. — [4] C'est-à-dire: déshabillé comme un criminel qui va au supplice. — [5] D'envoyer un cartel sans motif. — [6] En somme, bref. — [7] Pour: vu. — [8] Jette bas, dans la poussière. — [9] De se tuer.

. . . .

Or laissons là courir la pierre et le cousteau
Qui nous frappe d'en hault; voyons d'un œil nouveau
Et la cause et le bras qui justement les pousse;
Foudroiez, regardons qui c'est qui se courrouce;
Faisons paix avec Dieu pour la faire avec nous;
Soions doux à nous-mesm', et le ciel sera doux;
Ne tyrannisons point d'envie nostre vie,
Lors nul n'exercera dessus nous tyrannie;
Ostons les vains soucis; nostre dernier souci
Soit de parler à Dieu en nous plaignant ainsi :

« Tu vois, juste vengeur, les fleaux de ton Église,
Qui, par eux mise en cendre et en masure mise,
A, contre tout espoir, son esperance en toy,
Pour son retranchement, le rempart de la foy.
« Tes ennemis et nous sommes egaux en vice,
Si, juge, tu te sieds en ton lict de justice;
Tu fais pourtant un choix d'enfans ou d'ennemis,
Et ce choix est celuy que ta grace y a mis.
« Si tu leur fais des biens, ils s'enflent en blasphèmes
Si tu nous fais du mal, il nous vient de nous-mêmes;
Ils maudissent ton nom quand tu leur es plus doux;
Quand tu nous meurtrirois, si [1] te benirons-nous.
« Cette bande meurtrière à boire nous convie.
Le vin de ton courroux boiront-ils pour la lie?
Ces verges qui sur nous s'esgayent, comm' au jeu,
Sales de nostre sang, vont-elles pas au feu?
« Chastie en ta douceur, punis en ta furie
L'escapade aux aigneaux, des loups la boucherie;
Distingue pour les deux (comme tu l'as promis)
La verge à tes enfans, la barre [2] aux ennemis.
« Veux-tu long-temps laisser en cette terre ronde
Regner ton ennemi? N'es-tu seigneur du monde,
Toy, Seigneur, qui abbas, qui blesses, qui gueris,
Qui donnes vie et mort, qui tue et qui nourris?

[1] Pourtant encore. — [2] La barre de fer, instrument du supplice de la roue.

«Les princes n'ont point d'yeux pour voir ces grand'merveilles
Quand tu voudras tonner, n'auront-ils point d'oreilles?
Leurs mains ne servent plus qu'à nous persecuter;
Ils ont tout pour Satan, et rien pour te porter.
« Sion ne reçoit d'eux que refus et rudesses,
Mais Babel les rançonne et pille leurs richesses;
Tels sont les monts cornus, qui (avaricieux)
Monstrent l'or aux enfers et les neiges aux cieux.
« Les temples du payen, du Turc, de l'idolastre,
Haussent dedans le ciel et le marbre et l'albastre,
Et Dieu seul, au desert pauvrement hebergé,
A basti tout le monde et n'y est pas logé!
« Les moineaux ont leurs nids, leurs nids les hirondelles;
On dresse quelque fuye[1] aux simples colombelles;
Tout est mis à l'abri par le soin des mortels,
Et Dieu, seul immortel, n'a logis ni autels.
« Tu as tout l'univers, où ta gloire on contemple,
Pour marchepied la terre et le ciel pour un temple;
Où te chassera l'homme, ô Dieu victorieux?
Tu possèdes le ciel et les cieux des haults cieux!
« Nous faisons des rochers les lieux où l'on te presche,
Un temple de l'estable, un autel de la creche;
Eux, du temple une estable aux asnes arrogants,
De la saincte maison la caverne aux brigands.
« Les premiers des chrestiens prioient aux cimetières:
Nous avons faict ouïr au tombeau nos prières,
Faict sonner aux tombeaux le nom de Dieu le fort,
Et annoncé la vie au logis de la mort.
« Tu peux faire conter ta louange à la pierre;
Mais n'as-tu pas tousjours ton marchepied en terre?
Ne veux-tu plus avoir d'autres temples sacrez
Qu'un blanchissant amas d'os de morts massacrez?
« Les morts te loueront-ils? Tes faicts grands et terribles
Sortiront-ils du creux de ces bouches horribles?

[1] Fuie, petit colombier. Du latin *fuga*, pris dans le sens de refuge.

N'aurons-nous entre nous que visages terreux,
Murmurant ta louange aux secrets de nos creux [1]?
« En ces lieux caverneux tes chères assemblées,
Des ombres de la mort incessamment troublées,
Ne feront-elles plus resonner tes saincts lieux
Et ton renom voller des terres dans les cieux?
« Quoi! serons-nous muets, serons-nous sans oreilles,
Sans mouvoir, sans chanter, sans ouïr tes merveilles?
As-tu esteint en nous ton sanctuaire? Non,
De nos temples vivans [2] sortira ton renom.
« Tel est en cet estat le tableau de l'eglise;
Elle a les fers aux pieds, sur les gehennes [3] assise,
A sa gorge la corde et le fer inhumain,
Un pseaume dans la bouche et un luth en la main.
« Tu aimes de ses mains la parfaicte harmonie:
Nostre luth chantera le principe de vie;
Nos doigts ne sont point doigts que pour trouver tes sons,
Nos voix ne sont point voix qu'à tes sainctes chansons.
« Mets à couvert ces voix que les pluies enrouent;
Deschaisne donc ces doigts, que sur ton luth ils jouent;
Tire nos yeux ternis des cachots ennuyeux,
Et nous montre le ciel pour y tourner les yeux.
« Soyent tes yeux adoucis à guerir nos misères,
Ton oreille propice ouverte à nos prières,
Ton sein desboutonné [4] à loger nos soupirs
Et ta main liberale à nos justes desirs.
« Que ceux qui ont fermé les yeux à nos misères,
Que ceux qui n'ont point eu d'oreille à nos prières,
De cœur pour secourir, mais bien pour tourmenter,
Point de main pour donner, mais bien pour nous oster,
« Trouvent tes yeux fermez à juger leurs misères;
Ton oreille soit sourde en oyant leurs prières;
Ton sein ferré [5] soit clos aux pitiez, aux pardons;
Ta main sèche sterile aux bienfaicts et aux dons.

[1] Poitrines. — [2] C'est-à-dire : de nous, temples vivants. — [3] Ce mot signifie, au singulier, chambre de torture, et par extension, ici, instruments de torture. — [4] Ouvert. — [5] Ton cœur de fer, d'airain.

« Soient tes yeux clair-voians à leurs pechez extresmes,
Soit ton oreille ouverte à leurs cris de blasphemes,
Ton sein desboutonné pour s'enfler de courroux,
Et ta main diligente à redoubler tes coups.
« Ils ont pour un spectacle et pour jeu le martyre;
Le meschant rit plus haut que le bon n'y souspire;
Nos cris mortels [1] n'y font qu'incommoder leurs ris,
Leurs ris de qui l'esclat oste l'air à nos cris.
« Ils crachent vers la lune, et les voûtes celestes
N'ont-elles plus de foudre et de feux et de pestes?
Nè partiront jamais du throsne où tu te sieds
Et la Mort et l'Enfer qui dorment à tes pieds,
« Lève ton bras de fer, haste tes pieds de laine;
Venge ta patience en l'aigreur de la peine [2]:
Frappe du ciel Babel . . . . , .
. . . . »

LIVRE DEUXIÈME (PRINCES)

. . . .

Je voi ce que je veux, et non ce que je puis;
Je voi mon entreprise, et non ce que je suis.
Preste-moi, Verité, ta pastorale fronde,
Que j'enfonce dedans la pierre la plus ronde
Que je pourrai choisir, et que ce caillou rond
Du vice-Goliath s'enchasse dans le front.
L'ennemi mourra donc, puisque la peur est morte;
Le temps a creü [3] le mal; je viens, en cette sorte,
Croissant avec le temps de style, de fureur,
D'aage, de volonté, d'entreprise [4] et de cœur.
Et d'autant que le monde est roide en sa malice,
Je deviens roide aussi pour guerroier le vice.

1 De mort. — 2 C'est-à-dire : par la sévérité du châtiment. — 3 Accru. — 4 D'audace à entreprendre.

Çà, mes vers bien-aimez, ne soiez plus de ceux
Qui, les mains dans le sein, tracassent, paresseux,
Les stérils discours dont la vaine memoire
Se noye dans l'oubli, en ne pensant que boire [1].
Si quelqu'un me reprend que mes vers eschauffez
Ne sont rien que de meurtre et de sang estoffez,
Qu'on n'y lit que fureur, que massacre, que rage,
Qu'horreur, malheur, poison, trahison et carnage;
Je lui respons : Ami, ces mots que tu reprens
Sont les vocables d'art de ce que j'entreprens;
Les flatteurs de l'amour ne chantent que leurs vices,
Que vocables choisis à prendre les delices,
Que miel, que ris, que jeux, amours et passe-temps,
Une heureuse follie à consommer son temps.
Quand j'estois fol heureux (si cet heur est folie [2],
De rire, aiant sur soi sa maison demolie;
Si c'est heur d'appliquer son fol entendement
Au doux, laissant l'utile estre sans sentiment [3],
Lepreux de la cervelle, et rire des misères
Qui accablent le col du païs et des frères),
Je fleurissois comm'eux de ces mesmes propos,
Quand par l'oisiveté je perdois le repos.
Ce siècle, autre en ses mœurs, demande un autre style.
Cueillons des fruicts amers desquels il est fertile.
Non, il n'est plus permis sa veine desguiser :
La main peut s'endormir, non l'ame reposer.
. . . .
Fuyez, Lots [4], de Sodome et Gomorre bruslantes
N'ensevelissez pas vos ames innocentes
Avec ces reprouvez : car combien [5] que vos yeux
Ne froncent le sourcil encontre [6] les hauts cieux,
Combien qu'avec les rois vous ne hochiez la teste
Contre le Ciel esmeu, armé de la tempeste,

[1] Var. : en ne pensant qu'y boire. — [2] Si c'est un bonheur que cette folie de rire... — [3] C'est-à-dire : à l'agréable, sans être sensible à l'utile. — [4] Allusion à la légende biblique de Loth. — [5] Quoique. — [6] Contre.

Pource que [1] des tyrans le support vous tirez,
Pource qu'ils sont de vous, comme dieux, adorez,
Lorsqu'ils veullent au pauvre et au juste mesfaire [2],
Vous estes compagnons du mesfaict pour vous taire [3],
Lorsque le fils de Dieu, vengeur de son mespris [4],
Viendra pour vendanger de ces rois les esprits,
De sa verge de fer brisant, espouvantable,
Ces petits dieux enflez [5] en la terre habitable,
Vous y serez compris. Comme, lors que l'esclat
D'un foudre exterminant vient renverser à plat
Les chesnes resistans et les cèdres superbes,
Vous verrez là dessous les plus petites herbes,
La fleur qui craint le vent, le naissant arbrisseau,
En son nid l'escurieu [6], en son aire l'oiseau,
Sous ce daix qui changeoit les gresles en rosée,
La bauge du sanglier, du cerf la reposée,
La ruche de l'abeille et la loge au berger [7],
Avoir eu part à l'ombre, avoir part au danger.

---

[8] LIVRE TROISIÈME (LA CHAMBRE DORÉE)

. . . .

Encor falut-il voir cette Chambre Dorée [9]
De justice jadis, d'or maintenant parée
Par dons, non par raison : là se void decider
La force et non le droit; là void-on presider
Sur un throsne eslevé l'Injustice impudente.
Son parement [10] estoit d'escarlate sanglante

[1] Parce que, puisque. — [2] Faire du mal. — [3] Par cela seul que vous vous taisez. — [4] Du mépris que l'on fait de lui. — [5] D'orgueil. — [6] L'écureuil. — [7] Pour : du berger. — [8] Nous croyons devoir citer en entier ce grand morceau qui, par ses beautés et par ses défauts même, nous paraît offrir l'échantillon le plus complet de la *manière* de D'Aubigné. Nous ne pensons pas qu'on puisse trouver dans toute la poésie française un second exemple de cette verve puissante, qui, pendant quatre cents vers, se soutient à la même hauteur. — [9] On appelait ainsi, à cause de son ornementation, la principale salle du Palais de Justice, à Paris. — [10] Sa parure.

Qui goutte [1] sans repos ; elle n'a plus aux yeux
Le bandeau des anciens, mais l'esclat furieux
Des regards fourvoyans [2] ; inconstamment se vire
En peine sur le bon, en loyer sur le pire [3] ;
Sa balance aux poids d'or trebusche faussement ;
Près d'elle sont assis au lict de jugement
Ceux qui peuvent monter par marchandise impure [4],
Qui peuvent commencer par notable parjure,
Qui d'ame et de salut ont quitté le souci.
Vous les verrez depeints au tableau que voici :
A gauche avoit seance une vieille harpye
Qui entre ses genoux grommeloit, accroupie ;
Comptoit et recomptoit, approchoit de ses yeux
Noirs, petits, enfoncez, les dons les plus precieux
Qu'elle recache ès plis [5] de sa robe rompue.
Ses os en mille endroits repoussans sa chair nue.
D'ongles rouillez, crochus, son tappi tout cassé,
A tout propos panchant, par elle estoit dressé :
L'avare [6], en mangeant tout, est toujours affamée.
La Justice à ses pieds, en portraict diffamée,
Lui sert de marchepied : là, soit à droit, à tort,
Le riche a la vengeance et le pauvre a la mort.
A son costé triomphe une peste plus belle,
La jeune Ambition, folle et vaine cervelle,
A qui les yeux flambans, enflez, sortent du front
Impudent, enlevé, superbe, fier et rond,
Alors qu'elle trafique et pratique les yeux
Aux sourcils rehaussez ; la prudente et ruzée
Se pare d'un manteau de toile d'or frisée,
Des dames, des galands et des luxurieux [7] :
Incontinent plus simple, elle vest [8], desguisée,
Un modeste maintien, sa manteline usée,

[1] Pour : dégoutte. — [2] Égarés. — [3] C'est-à-dire : distribue, au gré de son caprice, les châtiments aux bons, les récompenses aux méchants. — [4] C'est-à-dire : ceux qui peuvent s'élever, à prix d'argent, à l'une des charges du Palais. — [5] Dans les plis. — [6] Pour : l'Avarice. — [7] Sous-entendu : parure. — [8] Devenant subitement plus simple, elle revêt.

Devant un cœur hautain, rude à l'ambition,
Tout servil [1], pour gaigner la domination.
Une perruque feinte en vieille elle appareille [2];
C'est une Alcine [3] fausse et qui n'a sa pareille,
Soit à se transformer ou cognoistre comment
Doit la commediante [4] avoir l'accoustrement :
La gloire la plus grande est sans gloire paroistre,
L'Ambition se tue en se faisant cognoistre.
L'on void en l'autre siege estriper [5] les serpents,
Les crapaux, le venin entre les noires dents
Du conseiller suivant : car la mimorte [6] Envie
Sort des rochers hideux et traîne là sa vie.
On cognoist bien encor ceste teste sans front,
Pointue en pyramide, et cet œil creux et rond,
Ce nez tortu, plissé, qui sans cesse marmotte,
Rid à tous en faisant de ses doigts la marotte.
[Souffrirons-nous un jour d'exposer nos raisons
Devant les habitans des petites maisons?
Que ceux qui ont esté liez pour leurs manies [7]
De là viennent juger et nos biens et nos vies;
Que telles gens du roy troublent de leur caquet,
Procureurs de la mort, la cour et le parquet :
Que de sainct Mathurin [8] le fouët et voyage
Loge ces pelerins dedans l'areopage.]
Là, de ses yeux esmeus, esmeut tout en fureur
L'Ire empourprée : il sort un feu, qui donne horreur,
De ses yeux ondoyans, comme, au travers la glace
D'un chrystal, se peut voir d'un gros rubi la face;
Elle a dans la main droicte un poignard asseché
De sang [9], qui ne s'efface; elle le tient caché

[1] Se faisant... Ce vers est la traduction littérale du célèbre mot de Tacite : *Omnia serviliter pro dominatione*. — [2] Elle prend une chevelure fausse. Ce mot perruque, du temps de D'Aubigné, était synonyme de chevelure. — [3] Nom d'une magicienne célèbre, personnage du *Roland furieux* de l'Arioste (chants VI, VII et VIII). — [4] La comédienne. — [5] Déchirer.— [6] Demi-morte. — [7] Liés pour leur démence. — [8] Que l'on invoquait pour la guérison des fous. — [9] Couvert d'un sang séché.

Dessous un voile noir, duquel elle est pourveüe
Pour offusquer de soy et des autres la veüe,
De peur que la pitié ne volle dans le cœur
Par la porte des yeux. Puis la douce Faveur
De ses yeux affetez [1] chascun pipe et regarde [2],
Fait sur les fleurs de lis des bouquets; la mignarde
Oppose ses beautez au droict, et aux flatteurs
Donne à baiser l'azur, non à sentir ses fleurs.
[3] Comment, d'un pas douteux, en la trouppe bacchante,
Estourdie au matin, sur le soir violante,
Porte dans le Senat un tizon enflambé.
Folle, au front cramoisi, nez rouge, teint plombé;
Comment l'Yvrongnerie, en la foulle eschauffée,
N'oyant les douces voix, met en pieces Orfée,
A l'esclat d'un cornet d'un vineux Evoué [4],
Bruit [5] un arrest de mort, d'un gosier enroué.
Il y falloit encor cette seiche, tremblante,
Pasle, aux yeux chassieux, de qui la peur s'augmente
Pour la diversité des remedes cerchez [6];
Elle va trafiquant de pechez sur pechez,
A pris faict d'un chascun, veut paier Dieu de fueilles [7],
De mots non entendus bat l'air et les oreilles;
Ceinture, doigts et sein sont plains de grains benits,
De comptes de bougie et de bagues fournis:
Le temple est pour ses fats [8] la boutique choisie.
Maquerelle aux autels, telle est l'Hypocrisie,
Qui parle doucement, puis, sur son dos bigot,
Va par zelle porter au buscher un fagot.
Mais quelle est cette teste, ainsi longue en arriere,
Aux yeux noirs, enfoncez sous l'espaisse paupiere;

[1] Doucereux, adjectif, tombé en désuétude; le substantif afféterie est encore en usage. — [2] Trompe et regarde chacun. — [3] Il y a ici, visiblement, lacune; il est facile de sous-entendre une transition banale, telle que : faut-il dire, raconter...? — [4] Evohé, cri de bacchantes. — [5] Prononce avec fracas. — [6] Pour : cherchés. — [7] Allusion aux indulgences qui, pour un fervent huguenot, tel que D'Aubigné, n'étaient que des feuilles de papier. — [8] Il y a là sans doute une faute d'impression. Le mot faits serait beaucoup plus intelligible.

Si ce n'est la Vengeance au teint noir, palissant,
Qui croist, et qui devient plus forte en vieillissant?
  Que tu changes soudain, tremblante Jalousie,
Pasle comme la mort, comme feu cramoisie:
A la crainte, à l'espoir tu souhaites cent yeux,
Pour à la fois percer cent sujets et cent lieux:
Si tu sens l'aiguillon de quelque conscience,
Tu te mets au devant, tu troubles, tu t'advance,
Tu encheris du tout et ne laisses de quoi
Ton scelerat voisin se pousse devant toi
  Cette fresle beauté qu'un vermillon desguise,
A l'habit de changeant [1], sur un costé assise;
Ce fin cuir transparant qui trahit sous la peau
Mainte veine en serpent, maint artere nouveau :
Cet œil lousche, brillant, n'est-ce pas l'Inconstance?
  Sa voisine, qui enfle une si lourde panse,
Ronfle la joue en paume [2], et d'un acier rouillé
Arme son estomac [3], de qui l'œil resveillé
Semble dormir encor ou n'avoir point de vie;
Endurcie, au teint mort, des hommes ennemie,
Pachuderme [4] de corps, d'un esprit indompté,
Astorge [5], sans pitié, c'est la Stupidité.
  Où fuis-tu en ce coin, Pauvreté demi-vive,
As-tu la Chambre d'or pour l'hospital, chetive,
Asile pour fuir la poursuivante faim?
Veux-tu paistrir de sang ton execrable pain?
Ose ici mendier ta rechigneuse face [6],
Et faire de ses lis [7] tappis à ta besace?
  Et puis, pour couronner ceste liste de dieux,
Ride son front estroit, offusqué de cheveux,
Present des courtisans, la cheveche du reste [8],
L'Ignorance, qui n'est la moins fascheuse peste :

[1] D'étoffe aux reflets changeants.— [2] C'est-à-dire : comme une balle de paume. — [3] Son sein. — [4] Pachyderme, épaisse.— [5] Sans soin, du grec ἀστοργή, mot familier à D'Aubigné.— [6] Est-ce que ta rechigneuse face ose mendier.— [7] Les lis dont les murs de la Chambse dorée étaient couverts. — [8] Vers obscur. Le

Ses petits yeux charnus sourcillent sans repos,
Sa grand' bouche demeure ouverte à tout propos,
Elle n'a sentiment de pitié ni misère :
Toute cause lui est indifférente et claire ;
Son livre est le commun ; sa loi ce qu'il lui plaist :
Elle dit *ad idem* [1], puis demande que c'est.
Sur l'autre banc paroist la contenance enorme
D'une impiteuse More [2], à la bouche difforme ;
Ses levres à gros bords, ses yeux durs de travers,
Flambans, veineux, tremblans, ses naseaux hauts, ouvers,
Les sourcils joints, espais, sa voix rude enrouée :
Tout convient à sa robe à l'espaule nouée
Qui couvre l'un des bras gros et nerveux et courts ;
L'autre tout nud paroist semé du poil d'un ours ;
Ses cheveux mi-bruslez sont frisez comme laine,
Entre l'œil et le nez s'enfle une grosse veine,
Un portraict de Pitié à ses pieds est jetté :
Dessus ce throsne sied ainsi la Cruauté.
Après, la Passion, aspre fusil des ames [3],
Porte un manteau glacé, sur l'estomac des flames ;
Son cuir trop delié, tout doublé de fureurs,
Changé par les objects en diverses couleurs [4] :
La brusque, sans repos, brusle en impatience
Et n'attend pas son tour à dire sa sentence.
[De morgues, de menace et gestes reserrés
Elle veut rallier les advis esgarés,
Comme un joueur badin qui, d'espaule et d'eschine
Essaye à corriger sa boule qui chemine.]
La Haine partisane [5] envoye avec courroux
Ses regards aux avis qui lui semblent trop doux,

mot cheveche ou chevesche, qui veut dire chouette, concorde bien avec les principaux traits de la description de l'Ignorance ; mais le sens général du vers n'est pas satisfaisant. — [1] Terme de palais dont les juges usaient pour leurs sentences qui, du temps de D'Aubigné, se rendaient encore en latin. — [2] Pour : Moresque. — [3] Pour : pierre à fusil (d'où l'on fait jaillir du feu) ; qui enflamme les âmes. — [4] Allusion au caméléon. — [5] Fautrice des partis.

Menace pour raisons [1], ou du chef ou du maistre :
Ce qui n'est violent, est [2] criminel ou traistre.
Encores en changeant d'un et d'autre costé,
Tient là son rang la fade et sotte Vanité,
Qui porte au sacré lieu tout à nouvelle guise [3],
Ses cheveux affriquains, les chausses en valise,
La rotonde [4], l'empoix, double colet perdu,
. . . .
Le poulet [5] enlacé autour du bras s'enlace;
On l'ouvre aux compagnons, tout y sent la putain,
Le geste effeminé, le regard incertain :
Fard et ambre partout, quoiqu'en la saincte chambre
Le fard doit estre laid, puant doit estre l'ambre.
Maschant le muscadin, le begue on contrefaict;
On fait paigne des mains; la gorge s'y desfaict;
Sur l'espaule se joue une longue moustache.
Par fois, le conseiller devient soldat bravache :
Met la robe et l'estat [6] à repos [7] dans un coin,
S'arme d'esprons [8] dorez pour n'aller gueres loin,
Se fourre en un berlan [9], d'un procez il renvie [10],
Et s'il faut s'acquitter, fait reste d'une vie [11];
Le tout pour acquérir un vent, moins que du vent.
La Vanité s'y trompe, et c'est elle souvent
Qui, voulant plaire à tous, est de tous mesprisée.
Mesmes la Servitude, à la teste rasée,
Sert sur le tribunal ses maistres, et n'a loy
Que l'injuste plaisir ou desplaisir d'un Roy.
[D'elle vient que nos loix sont ridicules fables,
Le vent se joue en l'air du mot IRREVOCABLES.
Le registre à signer et biffer est tout prest,
Et tout arrest, devient un arrest sans arrest [12].]

[1] Pour tout argument. — [2] Suivant elle, à son avis. — [3] A la nouvelle mode. — [4] Collet empesé, monté sur du carton. — [5] Billet d'amour. Les lettres se fermaient souvent alors avec des cordons ou *lacs* de soie. — [6] Son office. — [7] De côté, les laisse dormir. — [8] Éperons. — [9] Brelan. — [10] Terme de jeu. « Envier, dit le *Dictionnaire de Trévoux*, c'est mettre sur une carte une plus grosse somme qu'on n'y avait mis d'abord. » — [11] Sacrifie une vie d'homme. — [12] Jeu

Voici dessus les rangs une autre courtisane,
Dont l'œil est attrayant et la bouche est profane;
Preste, beante à tout, qui rid et ne rid point,
Qui n'a de serieux ni de seur[1] un seul point,
C'est la Bouffonnerie imperieuse, folle:
Son infame boutique est pleine de parolle
Qui delecte l'oreille en offensant les cœurs:
Par elle ce Senat est au banc[2] des mocqueurs.
Il se faut bien garder d'oublier en ce compte
Le front de passereau, sans cheveux et sans honte,
De la chauve Luxure, à qui l'object nouveau
D'une beauté promise a mis les yeux en eau.
Elle a pour faict et droict et pour l'ame l'idée
Du but impatient[3] d'une putain fardée.
Et que faict la Foiblesse au tribunal des rois?
Car tout lui sert de crainte, et ses crainctes de loix.
Elle tremble, elle espère, elle est rouge, elle est blesme:
Elle ne porte rien et tombe sous soi-mesme.
Faut-il que cette porque[4] y tienne quelque rang,
La Paresse accrouppie au marchepied du banc,
Qui, le menton au sein, les mains à la pochette,
Feint de voir, et, sans voir, juge sur l'étiquette?
Quel Demon, sur le droict par force triomphant,
Dans le rang des vieillards a logé cet enfant?
Quel senat d'escoliers, de bouillantes cervelles
Qu'on choisit par exprés aux causes criminelles?
Quel faux astre produit en ces fades saisons
Des conseillers sans barbe et des lacquais grisons[5]?
La jeunesse est ici un juge d'advanture,
A sein deboutonné, qui, sans loi ni ceinture,
Rit en faisant virer un moulinet de noix,
Donne dans ce conseil sa temeraire voix,
Resve au jeu, court ailleurs, et respond tout de mesmes

de mot sur le double sens du mot arrêt. — [1] Pour: sûr. — [2] Au nombre; nous disons, aujourd'hui, dans le camp. — [3] Var. : le charme et le désir. — [4] Femelle du porc, truie. — [5] A barbe grise.

Des advis esgarez à l'un des deux extresmes :
Son nom seroit Hébé si nous estions paiens :
C'est cet esprit qui meut, par chauds et prompts moiens,
Nos jeunes Roboans à une injuste guerre :
C'est l'eschanson de sang pour les dieux de la terre.
Là, sous un sein d'acier, tient son cœur en prison
La taciturne, froide et lasche Trahison,
De qui l'œil esgaré à l'autre ne s'afronte :
Sa peau de sept couleurs faict des taches sans compte;
De voix sonore et douce et d'un ton feminin,
La magique en l'oreille attache son venin,
Prodigue avec serment, chere et fausse monnoie,
Et des ris de despit et des larmes de joie.
Sans desir, sans espoir, a volé dans ce train[1],
De la plus vile boüe au throsne souverain,
Qui mesme en s'y voyant encor ne s'y peut croire,
L'Insolence camuse et honteuse de gloire.
Tout vice fasche autrui, chascun le veut oster;
Mais l'insolent ne peut soi-mesme se porter.
Quel monstre voi-je encor? une dame bigotte,
Maquerelle du gain, malicieuse et sotte :
Nulle peste n'offusque et ne trouble si fort,
Pour subvertir le droit, pour establir le tort,
Pour jetter dans les yeux des juges la poussiere,
Que cette enchanteresse, autresfois estrangere.
Son habit, de couleurs et chiffre bigarré,
Sous un vieil chapperon un gros bonnet carré :
Ses faux poids, sa fausse aulne et sa regle tortue
Deschiffrent son enigme[2] et la rendent connüe
Pour present que d'enfer la Discorde a porté
Et qui difforme tout : c'est la Formalité.
Erreur d'authorité, qui par normes[3] énormes
Oste l'estre à la chose, au contraire des formes.
Qui la hait, qui la fuit, n'entend pas le palais.
(Honorable reproche à ces doctes Harlais,

[1] Dans ce groupe.—[2] Font pénétrer le mystère dont elle s'enveloppe.—[3] Règles.

De Thou, Gillot, Thurin[1], et autres que je laisse,
Immunes[2] de ces maux, hormis de la foiblesse,
Foiblesse qui les rend esclaves et contraints,
Bien que tordans le col, faire signer des mains,
Ce qu'abhorre le sens; mais qui font de la plume
Un outil de bourreau qui destruit et consume.
Ces plumes sont stilets des assassins gagés,
Dont on escrit au dos des captifs affligés,
Le noir qui tue, et le tueur tourmente[3].
Cette Formalité eut pour père un Pedante[4],
Un charlatan vendeur, porteur de rogatons,
Qui devoit de son dos user tous les bastons.
Au dernier coin, se sied la misérable Crainte :
Sa paslissante veue[5] est des autres esteinte,
Son œil morne et transi en voyant ne void pas,
Son visage sans feu a le teint du trespas.
Alors que tout son banc en un amas s'assemble[6],
Son advis ne dit rien qu'un triste oui qui tremble :
Elle a sous un tetin la playe où le Mal-heur
Ficha ses doigts crochus pour lui oster le cœur.
. . . .

LIVRE SEPTIÈME (JUGEMENT)

. . . .
Mais quoy! c'est trop chanté, il faut tourner les yeux,
Esblouys de rayons, dans le chemin des cieux.
C'est fait : Dieu vient regner; de toute prophetie
Se void la periode à ce poinct accomplie.
La terre ouvre son sein; du ventre des tombeaux
Naissent des enterrez les visages nouveaux :
Du pré, du bois, du champ, presque de toutes places,
Sortent les corps nouveaux et les nouvelles faces.

[1] Magistrats célèbres du Parlement de Paris, au temps de la Ligue. — [2] Exempts. — [3] Ce vers n'a que dix syllabes. — [4] Pédant, orthographe conforme à l'étymologie du mot, qui est italien. — [5] Son regard. — [6] Pour délibérer.

Icy les fondemens des chasteaux rehaussez
Par les ressuscitans promptement sont percez;
Icy un arbre sent des bras de sa racine
Grouiller un chef vivant, sortir une poictrine;
Là l'eau trouble bouillonne, et puis, s'esparpillant,
Sent en soy des cheveux et un chef s'esveillant.
Comme un nageur venant du profond de son plonge,
Tous sortent de la mort comme l'on sort d'un songe.

. . . .

Voicy le fils de l'homme et du grand Dieu le fils,
Le voicy arrivé à son terme prefix [1].
Des-jà l'air retentit et la trompette sonne,
Le bon prend asseurance et le meschant s'estonne;
Les vivans sont saisis d'un feu de mouvement,
Ils sentent mort et vie en un prompt changement;
En une periode ils sentent leurs extrêmes,
Ils ne se trouvent plus eux-mesmes comme eux-mesmes:
Une autre volonté et un autre sçavoir
Leur arrache des yeux le plaisir de se voir;
Le ciel ravit leurs yeux : des yeux premiers l'usage
N'eust peu [2] du nouveau ciel porter le beau visage.
L'autre ciel, l'autre terre ont cependant fui;
Tout ce qui fut mortel se perd esvanoui.
Les fleuves sont sechez, la grand mer se desrobe;
Il falloit que la terre allast changer de robe.
Montagnes, vous sentez douleurs d'enfantemens;
Vous fuyez comme agneaux, ô simples eslemens!
Cachez-vous, changez-vous; rien mortel ne supporte
La voix de l'Eternel, sa voix puissante et forte.
Dieu paroist : le nuage entre luy et nos yeux
S'est tiré à l'escart, il s'est armé de feux;
Le ciel neuf retentit du son de ses louanges;
L'air n'est plus que rayons, tant il est semé d'anges.
Tout l'air n'est qu'un soleil; le soleil radieux
N'est qu'une noire nuict au regard de ses yeux;

[1] A l'époque, fixée par avance, de sa venue. — [2] Pu.

Car il brusle le feu, au soleil il esclaire,
Le centre n'a plus d'ombre et ne fuit sa lumière.
Un grand ange s'escrie à toutes nations :
« Venez respondre icy de toutes actions!
L'Eternel veut juger. » Toutes ames venues
Font leurs siéges en rond en la voûte des nues,
Et là les cherubins ont au milieu planté
Un throsne rayonnant de saincte majesté :
Il n'en sort que merveille et qu'ardente lumière.
Le soleil n'est pas faict d'une estoffe si claire;
L'amas de tous vivans en attend justement
La desolation ou le contentement.
Les bons du Sainct-Esprit sentent le tesmoignage,
L'aise leur saute au cœur et s'espand au visage ;
Car, s'ils doivent beaucoup, Dieu leur en a faict don :
Ils sont vestus de blanc et lavez de pardon.
O tribus de Juda! vous estes à la dextre,
Edom, Moab, Agar, tremblent à la senestre [1];
Les tyrans, abattus, pasles et criminels,
Changent leurs vains honneurs aux tourmens eternels.
Ils n'ont plus dans le front la furieuse audace;
Ils souffrent en tremblant l'imperieuse face,
Face qu'il ont frappée, et remarquent assez
Le chef, les membres saincts qu'ils avoient transpercez.
Ils le virent lié, le voicy les mains hautes;
Ces sevères sourcils viennent conter leurs fautes.
L'innocence a changé sa craincte en majestés,
Son roseau en acier trenchant des deux costés,
Sa croix au tribunal de presence divine.
Le Ciel l'a couronné, mais ce n'est plus d'espine :
Ores [2] viennent trembler à cet acte dernier
Les condamneurs aux pieds du juste prisonnier.
Voicy le grand heraut d'une estrange nouvelle,
Le messager de mort, mais de mort eternelle.

[1] A la gauche. — [2] Maintenant.

Qui se cache? qui fuit devant les yeux de Dieu?
Vous, Caïns fugitifs, où trouverez-vous lieu?
Quand vous auriez les vents collez sous vos aisselles,
Ou quand l'aube du jour vous presteroit ses aisles,
Les monts vous ouvriroient le plus profond rocher,
Quand la nuict tascheroit en sa nuict vous cacher,
Vous enceindre [1], la mer, vous enlever, la nue,
Vous ne fuirez de Dieu ny le doigt ny la veue.
Or voicy les lions de torches aculez,
Les ours à nez percé, les loups emmuzelez.
Tout s'eslève contre eux : les beautez de Nature,
Que leur rage troubla de venin et d'ordure,
Se confrontent en mire [2] et se lèvent contr'eux.
« Pourquoy (dira le feu) avez-vous de mes feux,
Qui n'estoient ordonnez qu'à l'usage de vie,
Faict des bourreaux, valets de vostre tyrannie? »
L'air encor une fois contr'eux se troublera,
Justice au juge sainct, trouble, demandera,
Disant : « Pourquoi, tyrans et furieuses bestes,
M'empoisonnastes-vous de charongnes [3], de pestes,
Des corps de vos meurtris [4]? — Pourquoy, diront les eaux,
Changeastes-vous en sang l'argent de nos ruisseaux? »
Les monts qui ont ridé le front à vos supplices :
« Pourquoy nous avez-vous rendus vos precipices? »
« Pourquoy nous avez-vous, diront les arbres, faicts,
D'arbres delicieux, execrables gibets? »

. . . .

L'HYVER

Mes volages humeurs, plus sterilles que belles,
S'en vont; et je leur dis : Vous sentez, irondelles,
S'esloigner la chaleur et le froid arriver.
Allez nicher ailleurs, pour ne tascher, impures,

[1] Envelopper. — [2] En face, vis-à-vis. — [3] Charognes. — [4] Morts.

Ma couche de babil et ma table d'ordures;
Laissez dormir en paix la nuict de mon hyver.

D'un seul poinct le soleil n'esloigne l'hemisphere;
Il jette moins d'ardeur, mais autant de lumiere.
Je change sans regrets, lorsque je me repens
Des frivoles amours et de leur artifice.
J'ayme l'hyver qui vient purger mon cœur de vice,
Comme de peste l'air, la terre de serpens.

Mon chef blanchit dessous les neiges entassées,
Le soleil, qui reluit, les eschauffe, glacées,
Mais ne les peut dissoudre, au plus court de ses mois.
Fondez, neiges; venez dessus mon cœur descendre,
Qu'encores il ne puisse allumer de ma cendre
Du brazier, comme il fit des flammes autrefois.

Mais quoi! serai-je esteint devant ma vie esteinte[1]?
Ne luira plus sur moi la flamme vive et sainte,
Le zèle flamboyant de la sainte maison?
Je fais aux saints autels holocaustes des restes[2],
De glace aux feux impurs, et de naphte[3] aux celestes:
Clair et sacré flambeau, non funebre tison!

Voici moins de plaisirs, mais voici moins de peines.
Le rossignol se taist, se taisent les Sereines[4]:
Nous ne voyons cueillir ni les fruits ni les fleurs;
L'esperance n'est plus bien souvent tromperesse;
L'hyver jouit de tout. Bienheureuse vieillesse,
La saison de l'usage, et non plus des labeurs!

Mais la mort n'est pas loin; cette mort est suivie
D'un vivre sans mourir, fin d'une fausse vie :
Vie de nostre vie, et mort de nostre mort.
Qui hait la seureté[5], pour aimer le naufrage?
Qui a jamais esté si friant de voyage,
Que la longueur en soit plus douce que le port?

(Petites OEuvres meslées.)

[1] Avant que ma vie soit éteinte. — [2] Sous-entendu, de ma vie. — [3] Matière très-inflammable comme on sait. — [4] Sirènes. — [5] Pour : sûreté.

PRIÈRE ET CONFESSION

. . . .

Si je me desguisois, tes clairs yeux sont en moi,
Ces yeux qui peuvent tout et desfont toutes ruses,
Qui pourroit s'excuser, accusé par son Roi?
Je m'accuserai donc, afin que tu m'excuses.

. . . .

Père plein de douceur, comme aussi juste Roi,
Qui de Grâce et de Loi tiens en main les balances,
Comment pourrai-je faire une paix avec toi,
Qui [1] ne puis seulement faire treve aux offenses?

. . . .

Je suis comme aux enfers par mes faits vicieux;
Je suis noir et sanglant par mes pechés; si ai-je [2]
Les ailes de la foi pour revoler aux cieux,
Et l'eau de Siloé [3] me blanchit comme neige.

Exauce-moi du ciel, seul fort, bon, sage, et beau,
Qui donne au jour le clair et le chaut à la flamme,
L'estre à tout ce qui est, au soleil son flambeau,
Moteur du grand mobile [4], et ame de toute ame.

Tu le feras, mon Dieu, mon espoir est certain,
Puisque tu l'as donné pour arre [5] et pour avance;
Et ta main bienfaisante est cette seule main
Qui parfait sans faillir l'œuvre qu'elle commence.

Ne desploye sur moi ce grand vent consumant
Tout ce qui lui resiste, et ce qu'il veut atteindre :
Mais pour donner la vie au lumignon fumant,
Souffle pour allumer, et non pas pour esteindre.

. . . .

Tu m'arroses du ciel [6], ingrat qui ne produis
Qu'amers chardons au lieu de douces medecines.

[1] Moi qui. — [2] Pourtant j'ai. — [3] Source célèbre, située en Palestine, et dont parle la Bible. — [4] L'univers. — [5] Pour : arrhes, gage. — [6] Tu m'arroses du haut du ciel, moi, plante ingrate, qui.

Preñ ta gaule, Seigneur, pour abatre ces fruicts,
Et non pas la coignée à couper tes racines.
Use de chastiment, non de punition;
Esmonde mes jettons [1], laisse la branche tendre,
Ainsi que pour chasser l'air de l'infection [2],
Mettant le feu partout, on ne met rien en cendre.

SONNET

Sire, vostre *Citron* [3] qui couchoit autrefois
Sur vostre lit sacré, couche ores [4] sur la dure,
C'est ce fidèle chien qui apprit de nature
A faire des amis et des traistres le choix.

C'est luy qui les brigands effroyoit de sa voix,
Des dents, les meurtriers. D'où vient donc qu'il endure
La faim, le froid, les coups, les desdains et l'injure,
Paiement coustumier du service des rois?

Sa fierté, sa beauté, sa jeunesse agreable,
Le fit cherir de vous, mais il fut redoutable
A vos lasches ennemis par sa dexterité [5].

Courtisans, qui jettez vos desdaigneuses veües [6]
Sur ce chien delaissé, mort de faim par les rues,
Attendez ce loyer [7] de la fidélité.

(*Petites OEuvres meslées.*)

[1] Rejetons. — [2] C'est-à-dire un air infect. Peut-être doit-on lire : de l'air l'infection. — [3] S'il faut en croire D'Aubigné, le sonnet que nous citons fut attaché au cou de ce chien, qui avait appartenu à Henri IV, et que l'on mit sur le passage du roi, lors d'un voyage qu'il fit à Agen (Voy. *la Confession catholique du sieur de Sancy*, liv. I, ch. v.) C'est une éloquente allusion à l'ingratitude dont le Béarnais a été accusé par ses serviteurs les plus dévoués. — [4] Maintenant. — [5] Ce vers a treize pieds. — [6] Regards. — [7] Salaire.

GILLES DURANT

1554 -- 1614

Notre passé littéraire abonde en poëtes peu connus chez qui, lorsqu'on les étudie avec attention, on découvre de ces qualités primesautières qui semblaient devoir les mettre au premier rang, et leur faire occuper dans le souvenir de leurs compatriotes une place plus importante que celle qu'ils y tiennent. Tantôt c'est une hardiesse de tours que seuls ils ont tentée, tantôt c'est un accent nouveau, accent attendri ou fier, un ton sur lequel ils ont chanté dans un moment unique d'inspiration, une note qui se perd, s'évanouit, que leurs successeurs ne retrouvent plus.

Il semble que, pour cette raison même, de tels poëtes nous devraient être plus précieux. Certes, il a mérité sa renommée, celui qui a tenté et accompli une réforme importante dans l'art des vers, qui a enrichi la langue poétique, qui, par des emprunts faits aux langues mortes, a doté la langue française d'épithètes vives en couleurs, éclatantes, neuves, frappantes. Il n'a pas non plus volé sa gloire celui qui, préoccupé de l'harmonie, amoureux de l'ordre et du logique enchaînement des idées, a appliqué son talent à une réforme d'un autre genre, qui, à tort ou à raison, a voulu modérer les excès de l'imagination, brider la fantaisie, mettre l'art dans une voie plus sûre, plus régulière, moins encombrée d'obstacles. La première tentative fut la gloire de Ronsard; c'est à l'autre réforme que Malherbe dut sa renommée. Mais n'est-ce pas une injustice que de dédaigner, de laisser s'anéantir à jamais dans l'oubli un poëte qui n'a été ni voulu être, de sa vie, un réformateur, encore moins un législateur, qui s'est contenté d'être poëte à ses heures, au gré et à la merci de son inspiration, parlant la langue qu'il savait, écoutant sa muse, et surtout écoutant son âme, presque poëte sans le savoir ?

Tel fut Gilles Durant, sieur de La Bergerie. Il était né en Auvergne, et, comme Passerat, il avait étudié le droit à Bourges, sous Cujas. C'était un savant, un jurisconsulte renommé. Elle est vraiment étonnante et admirable, cette famille de poëtes-savants du XVIe siècle, qui, après avoir passé quatorze heures par jour à des lexiques, à des commentaires, le soir, entre amis, après un souper frugal, improvisaient des vers, mêlant le badinage avec les études fortes, unissant les travaux opiniâtres aux joyeux propos, la vie de l'esprit la plus raffinée aux mœurs bourgeoises.

Pour quelques-uns, comme on le comprend, cela n'allait pas sans combats intérieurs. En quittant Bourges, Gilles Durant était venu plaider à Paris. En peu de temps, il devint une des gloires du barreau. Mais l'amour des vers était plus puissant et l'empêchait de jouir en paix de ses succès; il était malheureux au milieu de ses triomphes. En vrai poëte, il s'en consolait en le disant au papier :

> Mon humeur n'est point tournée
> Au train de ma destinée;
> Ce que je suis me deplaist,
> Ce que je ne suis me plaist.

Et en effet, on le croit sur parole. Ces vers sont si bien tournés, si coulants, si naturels, qu'il doit bien coûter au poëte de se priver du plaisir d'en faire. Mais il lui faut faire son métier d'avocat !

> Plaider, consulter, ecrire,
> Et me donner de l'ennuy
> Pour les affaires d'autruy,
> N'est point ce que je desire.

Il eût préféré le sort de Marot, dont il a recueilli l'héritage poétique, quand il lui eût fallu être pauvre comme lui. Au moins, il n'eût pas été toujours à arpenter les salles de ce maudit palais :

> Je suis soûl de ma fortune;
> Ce que je fais m'importune;
> Le Palais m'est un poison.
> Je n'aime point le Jason,
> Le Balde ni le Bartole.

Oh! antipathie bien naturelle, et comme l'on sent, à l'aisance des vers, que le poëte ne ment pas!

> Je ne puis les *caresser*,
> Quand ils devraient m'amasser
> Tous les sablons de Pactole.

A ce goût du *far niente*, à cet amour des vers, Durant joint un penchant invincible à une volupté tour à tour folâtre et mélancolique. Il est un précurseur de Voiture, et parfois sa poésie fait pressentir La Fare et Chaulieu. Il est plus naïf, plus convaincu que ces derniers, et en même temps moins content de lui, moins infatué. C'est la consciencieuse et modeste nature du XVIe siècle. Ce n'est pas un poëte de cour, c'est un bourgeois qui écrit parce qu'il lui plaît d'écrire. On n'imaginait pas alors qu'il fût ridicule à un honnête homme, de mœurs paisibles, de faire des vers :

> Et cependant je m'amuse
> Aux doux mestiers de la Muse
> Qui me font passer le temps.

Non pas qu'il fût un épicurien sans autre passion que celle de rimer. Il était un ardent patriote comme Passerat, il était aussi un catholique attaché de tout son cœur à sa religion. Les misères de son temps ne le laissaient pas indifférent, il s'écriait en s'adressant aux Français d'alors, *ce peuple bigarré de tant de factions* :

> . . . . Les peuples infideles
> Se mocquent à vous voir sanglants de vos querelles.

Il souffrait de voir les momeries sanglantes du temps. Il maudissait la Ligue et pourtant il n'était pas athée et encore moins insouciant ou protestant, comme on tenta de l'insinuer contre lui et tous les auteurs de la *Ménippée*. C'est même comme catholique, qu'il s'indigna à la mort de Marie Stuart et jeta cet appel à son pays :

> Je vous dis qu'une royne et vertueuse et belle,
> Meurt, contre toutes lois, d'une façon cruelle,
> Pour avoir embrassé la foi que vous suivez;
> Si c'est crime cela, vivre vous ne devez.

Certes, ce n'est pas un huguenot qui parle, c'est un naïf catholique, fidèle à la foi de ses pères. Il est inutile de faire remarquer l'éloquence véhémente de ce début, l'emportement dramatique de ces quatre vers presque cornéliens.

Où il faut surtout chercher et admirer Gilles Durant, c'est dans ses poésies amoureuses et élégiaques, dans ses imitations françaises de la *Pancharis* de Bonnefons. Il est rêveur et tendre, plus mélancolique que passionné. Il n'a point cette effronterie de quelques-uns de nos faiseurs de villanelles. Il ne pleurniche pas non plus. Il a bien le ton de la plainte d'amour. S'il n'était si chrétien, on le comparerait à Catulle. Sa fleur de prédilection, c'est *le souci*. Il semble qu'il l'ait voulu prendre pour emblème de son âme et de ses pensées. C'est aussi sa plus jolie pièce en ce genre, celle qui s'intitule le *Soulcy* :

J'aime la belle violette,
L'œillet et la pensée aussy;
J'aime la rose vermeillette;
Mais surtout j'aime le soulcy.

Quel besoin est-il de faire remarquer le charme de la répétition du mot j'aime? Il y a là un ton, pour ainsi dire mineur, un accent voilé, une sourdine mise sur l'instrument, une intonation enfin, que l'on peut sentir, mais non analyser ni expliquer:

Je t'aime, soulcy misérable,
Je t'aime, malheureuse fleur,
D'autant plus que tu m'es semblable
Et en constance et en malheur.

Quelle compassion! aucun poëte du XVIe siècle n'a mieux peint ce qu'on peut appeler le *triste* bonheur, la rêverie qui se croit une douleur, cette tristesse qui naît du plaisir, cette mélancolique habitude des âmes tendres d'associer l'idée de la mort à l'idée de la volupté apaisée. Cette rêverie philosophique, chez Durant, n'exclut pas l'enjouement. En plusieurs pièces, les grâces élégantes de son style, grâces parfois un peu raffinées, font penser au XVIIIe siècle:

Charlotte, si ton âme
Se sent ore allumer
De cette douce flamme
Qui nous force d'aimer,
    Allons, contens,
Allons sur la verdure,
Allons, tandis que dure
Nostre jeune printems.

Avant que la journée
De nostre aage qui fuit,
Se trouve environnée
Des ombres de la nuict,
Prenons loisir
De vivre nostre vie;
Et, sans craindre l'envie,
Donnons-nous du plaisir.

. . . .

Et puis, les ombres saintes,
Hostesses de là-bas,
Ne demennent qu'en feintes
Tous leurs joyeux esbats.
Entre elles, plus
Amour n'a de puissance,
Et plus n'ont connoissance
De la belle Vénus.

Mais tristement couchées
Sous les myrtes pressés,
Elles pleurent, faschées,
Leurs aages mal passés,
Se lamentant
Que, n'ayant plus de vie,
Une terrestre envie
Les aille tourmentant.

En vain elles desirent
De quitter leur sejour,
En vain, elles souspirent
De revoir nostre jour.
Jamais un mort,
Ayant passé le fleuve
Qui les ombres abreuve,
Ne revoit nostre bord.

Aimons donc à nostre aise,
Aimons-nous bien et beau,
Puisque rien n'est qui plaise
Là-bas, sous le tombeau.
Sentons-nous pas
Comme jà la jeunesse,
Des plaisirs larronnesse,
Fuit de nous à grands pas?

Çà, finette affinée,
Çà, trompons le destin
Qui clost nostre journee
Souvent, dès le matin.

Mais le plus précieux titre de gloire de Gilles Durant, c'est la pièce jointe à la *Satire Ménippée* : « Les regrets funèbres sur la mort de l'âne ligueur. » Il est étrange que l'on ait voulu comparer ce chef-d'œuvre de fine raillerie au *Vert-Vert* de Gresset Autant ce dernier est précieux, marqué, roué, sentant la poudre et le benjoin, autant la pièce de Gilles Durant est conçue et faite en bon naturel et franchise. Tous deux, d'ailleurs, sont de leur temps, et comme il serait injuste d'exiger de Gresset le ton hardi, simple, courageusement plaisant du XVIe siècle, de même il est ridicule de chercher dans l'âne ligueur le moindre rapport avec l'œuvre de l'abbé galant. A chacun ses mérites et ses défauts : mais ici, s'il faut à toute force comparer, nous n'hésitons pas. L'âne ligueur vaut mieux que tous *les Vert-Vert* et toutes *les Chartreuses* possibles. Tant mieux pour le poëte qui naît en un bon siècle de force et de vérité !

VALERY VERNIER.

A MADEMOISELLE MA COMMÈRE

SUR LE TRESPAS DE SON ASNE

Depuis que la guerre enragée
Tient nostre muraille assiegée
Par le dehors, et qu'au dedans
On nous fait allonger les dents,
Par la faim qui sera suivie
D'une autre fin de nostre vie,
Je jure que je n'ay point eu
Douleur qui m'ait tant abbattu,
Et qui m'ait semblé plus amère,
Que pour vostre asne, ma commère,
Vostre asne, helas! ô quel ennuy!
Je meurs quand je repense à luy,
Vostre asne, qui par advanture,
Fut un chef-d'œuvre de nature,
Plus que l'asne Apuleyen :
Mais quoy? la mort n'espargne rien,
Il n'y a chose si parfaicte
Qui ne soit par elle deffaicte :
Aussy son destin n'estoit pas
Qu'il deust vivre exempt du trespas :
Il est mort, et la Parque noire
A l'eau du Styx l'a mené boire,
Styx, des morts l'eternel sejour
Qui n'est plus passable au retour :
Je perds le sens et le courage
Quand je repense à ce dommage,
Et tousjours depuis, en secret,
Mon cœur en gemit de regret :
Tousjours, en quelque part que j'aille,
En l'esprit me revient la taille,

Le maintien et le poil poly
De cet animal tant joly;
J'ay tousjours en la souvenance
Sa façon et sa contenance :
Car il sembloit, le regardant,
Un vray mulet de president,
Lorsque d'une gravité douce,
Couvert de sa petite housse,
Qui jusqu'au bas luy devalloit,
A Poulangis il s'en alloit
Parmy les sablons et les fanges
Portant sa maistresse à vendanges,
Sans jamais broncher d'un seul pas,
Car Martin souffert ne l'eust pas,
Martin, qui tousjours, par derrière,
Avoit la main sur sa croupière.

Au surplus, un asne bien faict,
Bien membru, bien gras, bien refaict,
Un asne doux et debonnaire,
Qui n'avoit rien de l'ordinaire,
Mais qui sentoit avec raison
Son asne de bonne maison :
Un asne sans tache et sans vice,
Né pour faire aux dames service,
Et non point pour estre sommier
Comme ces porteurs de fumier,
Ces pauvres baudets de village,
Lourdauts, sans cœur et sans courage,
Qui jamais ne prennent leur ton
Qu'à la mesure d'un baston.

Vostre asne fut d'autre nature,
Et couroit plus belle advanture,
Car, à ce que j'en ay appris,
Il estoit bourgeois de Paris :
Et de faict, par un long usage,

Il retenoit du badaudage ;
Et faisoit un peu le mutin
Quand on le sangloit trop matin.
Toutesfois je n'ay cognoissance
S'il y avoit eu sa naissance :
Quoy qu'il en soit, certainement
Il y demeura longuement,
Et soustint la guerre civile
Pendant les sièges de la ville,
Sans jamais en estre sorty,
Car il estoit du bon party :
Dà, et si le fit bien paroistre,
Quand le pauvret aima mieux estre
Pour l'Union en pièces mis,
Que vif se rendre aux ennemis :
Tel Seize qui de foy se vante,
Ne voudroit ainsy mettre en vente
Son corps par pièces estallé,
Et veut qu'on l'estime zelé.

Or bien, il est mort sans envie,
La ligue luy cousta la vie :
Pour le moins eut il ce bonheur,
Que de mourir au lict d'honneur,
Et de verser son sang à terre,
Parmy les efforts de la guerre,
Non point de vieillesse accablé,
Rogneux, galeux, au coing d'un blé.
Plus belle fin luy estoit due :
Sa mort fut assez cher vendue,
Car au boucher qui l'acheta,
Trente escuz d'or sol il cousta :
La chair par membres despecée
Tout soudain en fut dispersée
Au legat, et le vendit on
Pour veau peut estre, ou pour mouton.

De cette façon magnifique,
En la necessité publique,
O rigueur estrange du sort!
Vostre asne, ma commere, est mort:
Vostre asne, qui, par adventure,
Fut un chef-d'œuvre de nature.

Depuis ce malheur advenu,
Martin malade est devenu,
Tant il portoit une amour forte
A ceste pauvre beste morte!
Helas! qui peut veoir sans pitié
Un si grand effet d'amitié?
De moi [1], je le dis sans reproche,
Quoy que je ne fusse si proche [2]
Du deffunct comme estoit Martin,
J'ay tel ennuy de son destin,
Que, depuis quatre nuicts entieres,
Je n'ay sceu [3] clorre les paupieres:
Car, lors que je cuide [4] dormir,
Je me sens forcé de gemir,
De souspirer et de me plaindre:
Mille regrets viennent attaindre
Sans cesse mon cœur, et l'esmoy
Ne deloge point de chez moi:
Depuis cette cruelle perte,
Mon ame aux douleurs est ouverte,
Si que [5], pour n'avoir plus d'ennuy,
Il faut que je meure apres luy

[1] Pour: quant à moi. — [2] Sous-entendu: parent. — [3] Pour: su. — [4] Pense, espère. — [5] A tel point.

ODE SUR LE SOULCY

J'aime la belle violette,
L'œillet et la pensée aussi;
J'aime la rose vermeillette,
Mais surtout j'aime le soulcy.

Belle fleur, jadis amoureuse
Du Dieu qui nous donne le jour,
Te dois-je nommer malheureuse,
Ou trop constante en ton amour?

Ce Dieu qui en fleur t'a changée,
N'a point changé ta volonté:
Encor, belle fleur orangée,
Sens-tu l'effect de sa beauté.

Toujours ta face languissante
Aux rais de son œil s'espanist,
Et quand sa lumière s'absente,
Soudain la tienne se ternist.

Je t'aime, soulcy misérable,
Je t'aime, malheureuse fleur,
D'autant plus que tu m'es semblable
Et en constance et en malheur.

J'aime la belle violette,
L'œillet et la pensée aussi;
J'aime la rose vermeillette,
Mais surtout j'aime le soulcy.

CHANSON

Serein je voudrois estre, et soubs un vert plumage,
Çà et là voletant,
Solitaire passer le reste de mon age,
Ma sereine [1] chantant.
Oyseau, je volerois à toute heure autour d'elle,
Puis sur ses beaux cheveux
J'arresteroy mon vol [2], et brusleroy [3] mon aile
Aux rayons de ses yeux.
A longs traits j'humeroy la poison [4] amoureuse
Sur son sein trepassant :
Lui descouvrant à nu mon ame douloureuse
Et mon cœur languissant.
En me voyant mourir, elle prendroit, peut-estre,
Pitié de ma langueur,
Car le ciel, à la veoir, ne luy a point fait naistre
Un roc au lieu de cœur.
J'auroy beau luy conter, sans soupçon et sans crainte,
La peine que je sens,
Bien qu'echo reportast dedans le ciel ma plainte
Et mes tristes accents.
Parfois espoinçonné [5] d'une plus belle envie,
Je vouldroy becqueter
Sur ses levres le miel et la douce ambrosie
Dont se paist [6] Jupiter.
Sous mon plumage vert, à ces beaux exercices,
Je passerois le jour,
Tout confit en douceurs, tout confit en delices,
Tout confit en amour.
Puis, le soir arrivé, je feroy ma retraite
Dans ce bois entassé,
Racomptant [7] à la nuit, mere d'amour secrette,
Tout le plaisir passé.

[1] Pour : serine. — [2] Pour : j'arrêterais. — [3] Pour : brûlerai. Notre poëte emploie indifféremment le conditionnel et le futur présents. — [4] Ce substantif était féminin. — [5] Aiguillonné. — [6] Nourrit. — [7] Pour : racontant.

DIX-SEPTIÈME SIÈCLE [1]

MALHERBE

1555 — 1628

Enfin Malherbe vint, et le premier en France
Fit sentir dans les vers une juste cadence.
. . . .
Par ce sage écrivain la langue réparée
N'offrit plus rien de rude à l'oreille épurée.
Les stances avec grâce apprirent à tomber.
. . . .
Tout reconnut ses lois . . . .

Oui, Boileau a raison : Malherbe *enfin* fit entendre à la France de vrais accents lyriques; mais peut-être devons-nous l'admirer moins encore comme poëte (malgré tant de beaux vers!) que comme législateur et réformateur de la langue. C'est à ce point de vue principalement que son rôle est curieux et nous offre un spectacle vraiment héroïque.

Jamais homme en effet ne déploya une telle énergie, une telle intrépidité pour épurer, choisir, observer à la loupe tous les mots d'une langue.

[1] Nous avons pris l'ordre chronologique pour règle dans le classement de nos notices, mais nous n'avons pas cru devoir omettre la division par siècles littéraires, que l'usage et la logique ont consacrée. Or, la critique est ici en désaccord avec l'*Art de vérifier les dates*. Pour elle, un écrivain n'appartient pas au siècle où il est né, mais à celui qu'il a illustré par ses écrits. Ainsi, Malherbe ouvre le XVIIe siècle qui relève de lui, en poésie, comme le XVIIIe relève de Voltaire, et le XIXe de M. de Lamartine. *(Note de l'Éditeur.)*

Il s'impose ce devoir, et rien ne l'en détourne, ni les difficultés ni l'âge, ni la maladie; une heure avant sa mort, à l'agonie même, il se réveille pour reprendre sa garde d'une expression impropre. Chrétien sincère, il chasse son confesseur pour son mauvais langage. Dans tout ce qu'il lit ou entend, fût-ce la parole de Dieu, il n'est frappé que du mot, n'examine que la phrase. Pensée, poésie, passion, doctrines, il ne s'en inquiète guère; sa tâche est de régler l'instrument qui doit à tout cela servir d'interprète : il n'est que le *luthier* de la langue et n'y admettra, pour plus de perfection, que les mots de sens précis, de prononciation claire, élégante, harmonieuse. Doué d'une justesse d'oreille incomparable, il n'a d'autre but que la pureté du rhythme dans les rares poésies qu'il compose avec si grand soin, pour se prouver à lui-même l'excellence de sa métrique. Point de pensée et presque jamais un sentiment personnel; souvent il prend pour thème quelques versets des psaumes; mais quelle richesse d'harmonie! quels effets musicaux! et combien tout cela, dans notre langue, était peu connu avant lui! La métrique française arrive enfin à sa perfection, et cette métrique, grâce à ses vers accouplés deux à deux et divisés en sexes différents, va devenir la plus belle du monde.

« Le vers latin, dit très-bien M. Proudhon, je parle surtout du grand « vers, identique au vers grec, est de sa nature solitaire; le vers fran- « çais, grâce à la rime, va par couple... La poésie hébraïque avait « entrevu cette loi qu'elle suivait dans son parallélisme, souvent puéril « ou *enchevillé*, mais qui parfois produit des effets puissants. — Là est « aussi le secret de la poésie française, ce qui fait sa magnificence et sa « force : des couples redoublés, deux hémistiches égaux pour les vers, « des vers couplés par la rime pour le distique, puis encore deux « couples de sexe différent, pour former le quatrain..... Dans la chanson « et la poésie légère, la rime redoublée, en petits vers de six ou huit « syllabes, produit un effet dont aucune combinaison prosodique « n'approche... — C'est à cette métrique que Corneille a dû ces vers « sublimes, taillés d'équerre dans un granit qui durera plus que les « marbres du Parthénon et les pyramides de Thèbes. »

Ces règles si bien saisies par M. Proudhon avaient été depuis longtemps pressenties, mais Malherbe nous montre qu'elles sont la loi même de notre poésie; et sanctionnant cette loi par la force et l'exemple de son génie, il la rend inviolable. Il perfectionne la stance, et quelques-unes de ses réformes s'étendent à la prose qui devient, sous ses lois, plus rapide et plus claire, plus appropriée que la vieille langue gothique au besoin d'ordre, de précision et de rapidité qui va de plus en plus dominer le monde. Mais là s'arrête, comme réformateur, la gloire de Malherbe. Intendant du langage, il en vérifie tous les mots, et tous ceux qui ne sont pas orthodoxes ou d'origine noble, il les rejette et refait ainsi, en le rétrécissant, le vocabulaire national. Richelieu de la langue, il l'épure par le fer et la flamme; mais il la dépeuple et l'appauvrit; il y fait quarante ans à l'avance ses dragonnades. Sans les résistances populaires et celles des grands écrivains qui suivirent, il y créerait le désert et réduirait à quelques mots choisis le dictionnaire d'un grand peuple. Il en exclut l'élément pédantesque et barbare, soit; mais il en exclut aussi l'élément populaire; poëte de cour, il crée le style noble, qui devait entraver pour deux siècles le développement du génie national. De ce côté le mal qu'a fait Malherbe est incalculable. Il laisse après lui une école d'esprits étroits : les Vaugelas, les Ménage, les professeurs jésuites qui le commentent, en font leur dieu, parce que, seul de tous nos poëtes en renom, il ne dépasse pas leur portée. Il crée ce style d'académie et de ruelle, style de princesses, d'où sont bannis tous les mots d'articulation forte, mots affreux pour les dames et dont la prononciation eût pu déformer tant de bouches mignonnes.

En voilà pour cent cinquante ans! Les arts et métiers, leur langue si riche d'onomatopées heureuses et de philosophie pratique ne reparaîtront dans le style écrit qu'avec Diderot et l'Encyclopédie.

Aussi, malgré le soin qu'il mettait à composer ses poésies, (jusqu'à six ans pour une ode!) malgré sa phrase régulière et peut-être à cause même de cette régularité, combien de mauvais vers privés de tout charme et qui justifient cette boutade de Pascal : « On a inventé de certains termes bizarres : *siècle d'or, merveille de nos jours, fatal laurier, bel astre*, etc.; et on appelle ce jargon beauté poétique ! »

Pourtant rendons justice à Malherbe; ne diminuons pas la gloire de son nom. Réformateur et roi de la langue, son ombre, pendant trois cents ans, dirige l'Académie française qui impose notre littérature à l'Europe. Si son vocabulaire, réduit aux mots nobles, a subi, comme la société elle-même, l'invasion plébéienne, la grammaire et la métrique, depuis lui, ne se sont plus modifiées; il les avait portées à leur perfection.

Malherbe, et voilà sa vraie gloire, lègue au monde, en mourant, l'instrument dont va se servir Corneille.

Rendons aussi justice à ses poésies; si quelquefois elles paraissent prosaïques, dépourvues de pensées et de simplicité, elles ont quelquefois aussi une richesse d'harmonie que personne n'a surpassée. Il a surtout un genre de strophes régulières, qu'il emploie souvent, où il excelle pour l'abondance, la grâce, la fluidité du langage. J'en citerai, comme exemple, les trois dernières strophes de son ode *à la Reine mère, sur les heureux succès de sa régence :*

Les Muses, les neuf belles fées,
Dont les bois suivent les chansons,
Rempliront de nouveaux Orphées
La troupe de leurs nourrissons.
Tous leurs vœux seront de te plaire;
Et si ta faveur tutélaire
Fait signe de les avouer,
Jamais ne partit de leurs veilles
Rien qui se compare aux merveilles
Qu'elles feront pour te louer.

En cette hautaine entreprise,
Commune à tous les beaux esprits,
Plus ardent qu'un athlète à Pise,
Je me ferai quitter le prix;
Et quand j'aurai peint ton image,
Quiconque verra mon ouvrage
Avoûra que Fontainebleau,
Le Louvre, ni les Tuileries,
En leurs superbes galeries,
N'ont point vu si riche tableau.

Apollon, à portes ouvertes,
Laisse indifféremment cueillir
Les belles feuilles toujours vertes
Qui gardent les noms de vieillir;
Mais l'art d'en faire des couronnes
N'est pas su de toutes personnes;
Et trois ou quatre seulement,
Au nombre desquels on me range,
Peuvent donner une louange
Qui demeure éternellement.

Dans une autre ode à la même, et sur le même rhythme, on trouve une autre stance fort belle et qui plairait davantage si la pensée n'en était pas trop d'un poëte de cour, plutôt amoureux des princesses que des simples bergères. Voici de quelle manière il y invoque les Muses :

Venez donc, non pas habillées
Comme on vous trouve quelquefois,
En jupe, dessous les feuillées,
Dansant au silence des bois.

Venez en robes où l'on voie
Dessus les ouvrages de soie
Les rayons d'or étinceler;
Et chargez de perles vos têtes,
Comme quand vous allez aux fêtes
Où les dieux vous font appeler.

Malherbe ne réussit pas moins bien dans le grand vers. Plus fort et plus nerveux chez Regnier, son contemporain, le grand vers est, chez Malherbe, plus coulant, plus harmonieux, plus fait pour le chant. Les œuvres de Regnier ont l'éloquence parlée; les poésies de Malherbe appellent la harpe et la lyre. La simple lecture et la déclamation ne leur suffisent pas; la musique semble ici nécessaire. Qui n'aimerait en effet à chanter, sur un motif large et grave, ces beaux vers de l'ode *au roi Henri le Grand allant en Limousin*, qui viennent à la suite d'une invocation au Dieu des armées :

La terreur de son nom rendra nos villes fortes,
On n'en gardera plus ni les murs, ni les portes,
Les veilles cesseront au sommet de nos tours;
Le fer, mieux employé, cultivera la terre,
Et le peuple qui tremble aux frayeurs de la guerre
Si ce n'est pour danser n'aura plus de tambours.

Loin des mœurs de son siècle il bannira les vices,
L'oisive nonchalance et les molles délices
Qui nous avaient portés jusqu'aux derniers hasards;
Les vertus reviendront de palmes couronnées,
Et les justes faveurs aux mérites données
Feront ressusciter l'excellence des arts.

La foi de ses aïeux, ton amour et ta crainte,
Dont il porte dans l'âme une éternelle empreinte,
D'actes de piété ne pouvant l'assouvir,
Il étendra ta gloire autant que sa puissance,
Et n'ayant rien si cher que ton obéissance,
Où tu le fais régner il te fera servir.

Tu nous rendras alors nos douces destinées;
Nous ne reverrons plus ces fâcheuses années
Qui pour les plus heureux n'ont produit que des pleurs;
Toute sorte de biens comblera nos familles;
La moisson de nos champs lassera nos faucilles,
Et les fruits passeront la promesse des fleurs.

Ame noble et fière, mais domptée dans sa pensée par les terreurs et les nécessités du temps, Malherbe pourtant, par des mouvements soudains, se relève quelquefois à des hauteurs presque cornéliennes, témoin ces quatre vers de son ode *au duc de Bellegarde :*

> **Les Muses hautaines et braves**
> **Tiennent le flatter odieux,**
> **Et comme parentes des dieux**
> **Ne parlent jamais en esclaves.**

Hélas! que n'a-t-il toujours cette fierté de langage! Mais ne la pouvant conserver dans les paroles mêmes, il la garde au moins dans la forme, j'ai presque dit dans l'attitude de son vers. Il se soumet aux formules du temps; mais le style, qui est le fond même de l'homme, reste plein de noblesse et de dignité. Humilié sous des princes, il conserve la fierté du rhythme. De ce côté, il reste grand et pur, et s'élève au-dessus de son siècle, au-dessus des rois qu'il implore. Il est un côté, dans cette âme, que rien n'a pu flétrir; et voilà le secret de son style, la source de tant de beaux vers.

Malherbe contribue à donner à la France son style loyal et ferme. Corneille fut plus grand sans doute, mais il lui dut sa langue et sa métrique.

Parmi nos poëtes nul n'a moins produit que Malherbe : un petit volume de poésies, un petit volume de lettres et la traduction en prose du XXXIIIe livre de Tite-Live, voilà tout son bagage; mais ce peu a suffi pour lui faire un nom qui ne périra pas.

Les lettres de Malherbe, écrites d'une langue plus simple, plus familière, plus variée de ton, écrites, dit-il lui-même, comme il parlerait au coin de son feu, et très-soignées pourtant, le font moins admirer peut-être, mais le font plus aimer que ses poésies. On y trouve çà et là des aveux nobles et touchants, quelque chose de la grandeur et de la simplicité des héros de Plutarque ou de son compatriote Corneille.

« — J'ai, dit-il quelque part, le courage d'un philosophe pour les « choses superflues; pour les nécessaires, je n'y ai autre sentiment « que d'un crocheteur. Il est aisé de se passer de confitures; mais du « pain, il en faut avoir ou mourir. »

Il est beau aussi de le voir, à l'âge de soixante-treize ans, vouloir se battre en duel contre un jeune homme de vingt-cinq, pour venger la mort de son fils. Le vieux don Diègue, en cette circonstance, n'eût ni mieux dit, ni mieux fait que Malherbe.

C'est, du reste, à cet âge qu'il compose ses meilleures poésies, entre autres les stances célèbres :

> Je suis vaincu du Temps, je cède à ses outrages;
> Mon esprit seulement, exempt de sa rigueur,
> A de quoi témoigner, en ses derniers ouvrages,
> Sa première vigueur.
>
> Les puissantes faveurs dont Parnasse m'honore
> Non loin de mon berceau commencèrent leur cours;
> Je les possédai jeune et les possède encore
> A la fin de mes jours.

Ceci nous donne le véritable ton du génie de Malherbe dans ses jours d'heureuse inspiration; c'est par cet accent tout intime et personnel, qu'il a mérité d'être mis au rang de nos plus grands lyriques.

EUGÈNE NOEL.

—Parmi les nombreuses éditions des œuvres de Malherbe on peut citer celle de Barbin (Paris, 1689), avec les observations de Ménage; celle de Parelle (Paris, 1825), avec les notes de tous les commentateurs; et celle de Charpentier (Paris, 1844), avec les commentaires d'André Chénier.

—On consultera utilement sur Malherbe : sa *Vie*, par Racan; le Dictionnaire de Bayle; M. Sainte-Beuve, Tableau de la poésie au XVIe siècle, Causeries du lundi (t. VIII) et Revue Européenne (1859); M. Poirson (Histoire de Henri IV); M. Gérusez (Histoire littéraire de la France); M. Demogeot (Tableau de la littérature française au XVIIe siècle); M. H. Martin (Mémoires de l'Académie de Caen, 1840); M. de Gournay (Mémoire sur la vie de Malherbe et sur ses œuvres, Caen, 1852); H. Hallam (Histoire de la littérature en Europe, t. III); M. Villemain (Essai sur Pindare et sur le génie lyrique); Bouterweck (Histoire de la poésie et de l'éloquence, t. V), etc.

FRAGMENT

DU POËME INTITULÉ : *LES LARMES DE SAINT-PIERRE*[1]

. . . .

Que je porte d'envie à la troupe innocente
De ceux qui, massacrés d'une main violente,
Virent, dès le matin, leur beau jour accourci!
Le fer, qui les tua, leur donna cette grâce,
Que, si de faire bien ils n'eurent pas l'espace,
Ils n'eurent pas le temps de faire mal aussi.

De ces jeunes guerriers la flotte vagabonde
Allait courre fortune aux orages du monde,
Et déjà pour voguer abandonnait le bord,
Quand l'aguet d'un pirate arrêta leur voyage;
Mais leur sort fut si bon que, d'un même naufrage,
Ils se virent sous l'onde et se virent au port.

Ce furent de beaux lis, qui, mieux que la nature,
Mêlant à leur blancheur l'incarnate peinture
Que tira de leur sein le couteau criminel,
Devant que d'un hiver la tempête et l'orage
A leur teint délicat pussent faire dommage,
S'en allèrent fleurir au printemps éternel.

Ces enfants bienheureux, créatures parfaites
Sans l'imperfection de leurs bouches muettes,
Ayant Dieu dans le cœur, ne le purent louer;
Mais leur sang leur en fut un témoin véritable :
Et moi, pouvant parler, j'ai parlé, misérable,
Pour lui faire vergogne et le désavouer!

Qui voudra se vanter, avec eux se compare,
D'avoir reçu la mort par un glaive barbare,

[1] V. pour les raisons qui nous ont fait adopter l'orthographe moderne à partir de ces citations, la note première, à la fin de ce volume.

Et d'être allé soi-même au martyre s'offrir;
L'honneur leur appartient d'avoir ouvert la porte
A quiconque osera, d'une âme belle et forte,
Pour vivre dans le Ciel en la Terre mourir.

O désirable fin de leurs peines passées!
Leurs pieds, qui n'ont jamais les ordures pressées,
Un superbe plancher des étoiles se font.
Leur salaire payé les services précède;
Premier que d'avoir mal, ils trouvent le remède,
Et devant le combat ont les palmes au front.

Que d'applaudissements, de rumeur et de presse,
Que de feux, que de jeux, que de traits de caresse,
Quand là-haut, en ce point, on les vit arriver!
Et quel plaisir encore à leur courage tendre,
Voyant Dieu devant eux en ses bras les attendre,
Et, pour leur faire honneur, les anges se lever!

A L'OMBRE DE DAMON

L'Orne comme autrefois nous reverrait encore,
Ravis de ces pensers que le vulgaire ignore,
Égarer à l'écart nos pas et nos discours;
Et couchés sur les fleurs, comme étoiles semées,
Rendre en si doux ébats les heures consumées,
    Que les soleils nous seraient courts.

Mais, ô loi rigoureuse à la race des hommes!
C'est un point arrêté que tout ce que nous sommes,
Issus de pères rois et de pères bergers,
La Parque également sous la tombe nous serre;
Et les mieux établis au repos de la terre
    N'y sont qu'hôtes et passagers.

Tout ce que la grandeur a de vains équipages,
D'habillements de pourpre, et de suites de pages,
Quand le terme est échu, n'allonge point nos jours.
Il faut aller tout nus où le Destin commande;
Et de toutes douleurs la douleur la plus grande,
C'est qu'il faut laisser nos amours :

Amours qui, la plupart infidèles et feintes,
Font gloire de manquer à nos cendres éteintes;
Et qui, plus que l'honneur estimant les plaisirs,
Sous le masque trompeur de leurs visages blêmes,
(Acte digne du foudre!) en nos obsèques mêmes
Conçoivent de nouveaux désirs.

Elles savent assez alléguer Artémise,
Disputer du devoir et de la foi promise;
Mais tout ce beau langage est de si peu d'effet,
Qu'à peine en leur grand nombre une seule se treuve
De qui la foi survive, et qui fasse la preuve
Que ta Carinice te fait.

Depuis que tu n'es plus, la campagne déserte
A dessous deux hivers perdu sa robe verte,
Et deux fois le printemps l'a repeinte de fleurs;
Sans que d'aucun discours sa douleur se console,
Et que ni la raison ni le temps qui s'envole
Puissent faire tarir ses pleurs.

Le silence des nuits, l'horreur des cimetières,
De son contentement sont les seules matières;
Tout ce qui plaît déplaît à son triste penser;
Et si tous ses appas sont encore en sa face,
C'est que l'amour y loge, et que rien qu'elle fasse
N'est capable de l'en chasser.

. . . .

PARAPHRASE DU PSAUME CXLV

N'espérons plus, mon âme, aux promesses du monde ;
Sa lumière est un verre, et sa faveur une onde
Que toujours quelque vent empêche de calmer.
Quittons ces vanités, lassons-nous de les suivre :
C'est Dieu qui nous fait vivre,
C'est Dieu qu'il faut aimer.

En vain, pour satisfaire à nos lâches envies,
Nous passons près des Rois tout le temps de nos vies
A souffrir des mépris et ployer les genoux :
Ce qu'ils peuvent n'est rien ; ils sont, comme nous sommes,
Véritablement hommes,
Et meurent comme nous.

Ont-ils rendu l'esprit? ce n'est plus que poussière
Que cette majesté si pompeuse et si fière,
Dont l'éclat orgueilleux étonnait l'univers ;
Et, dans ces grands tombeaux où leurs âmes hautaines
Font encore les vaines,
Il sont mangés des vers.

Là se perdent ces noms de Maîtres de la terre,
D'Arbitres de la paix, de Foudres de la guerre.
Comme ils n'ont plus de sceptre, ils n'ont plus de flatteurs ;
Et tombent avec eux d'une chute commune
Tous ceux que leur fortune
Faisait leurs serviteurs.

CONSOLATION A M. DU PERRIER

Ta douleur, Du Perrier, sera donc éternelle,
Et les tristes discours
Que te met en l'esprit l'amitié paternelle
L'augmenteront toujours?

Le malheur de ta fille au tombeau descendue
Par un commun trépas,
Est-ce quelque dédale où ta raison perdue
Ne se retrouve pas?

Je sais de quels appas son enfance était pleine;
Et n'ai pas entrepris,
Injurieux ami, de soulager ta peine
Avecque son mépris.

Mais elle était du monde, où les plus belles choses
Ont le pire destin;
Et, rose, elle a vécu ce que vivent les roses,
L'espace d'un matin.

Puis, quand ainsi serait que, selon ta prière,
Elle aurait obtenu
D'avoir en cheveux blancs terminé sa carrière,
Qu'en fût-il advenu?

Penses-tu que, plus vieille, en la maison céleste
Elle eût eu plus d'accueil,
Ou qu'elle eût moins senti la poussière funeste
Et les vers du cercueil?

Non, non, mon Du Perrier; aussitôt que la Parque
Ote l'âme du corps,
L'âge s'évanouit au deçà de la barque,
Et ne suit pas les morts.

La mort a des rigueurs à nulle autre pareilles.
On a beau la prier;
La cruelle qu'elle est se bouche les oreilles,
Et nous laisse crier.

Le pauvre en sa cabane, où le chaume le couvre,
Est sujet à ses lois;
Et la garde qui veille aux barrières du Louvre
N'en défend point les rois.

De murmurer contre elle et perdre patience
Il est mal à propos;
Vouloir ce que Dieu veut est la seule science
Qui nous met en repos.

CHANSON

SUR LE DÉPART DE LA VICOMTESSE D'AUCHY

Ils s'en vont ces rois de ma vie,
Ces yeux, ces beaux yeux,
Dont l'éclat fait pâlir d'envie
Ceux même des cieux.
Dieux, amis de l'innocence,
Qu'ai-je fait pour mériter
Les ennuis où cette absence
Me va précipiter?

Elle s'en va, cette merveille
Pour qui, nuit et jour,
Quoique la raison me conseille,
Je brûle d'amour.
Dieux, amis de l'innocence, etc.

En quel effroi de solitude
Assez écarté,
Mettrai-je mon inquiétude
En sa liberté?
Dieux, amis de l'innocence, etc.

Les affligés ont, en leurs peines,
Recours à pleurer;
Mais quand mes yeux seraient fontaines,
Que puis-je espérer?
Dieux, amis de l'innocence, etc.

SONNET

Celle qu'avait Hymen à mon cœur attachée,
Et qui fut ici bas ce que j'aimais le mieux,
Allant changer la terre à de plus dignes lieux,
Au marbre que tu vois sa dépouille a cachée.

Comme tombe une fleur que la brise a séchée,
Ainsi fut abattu ce chef-d'œuvre des cieux;
Et, depuis le trépas qui lui ferma les yeux,
L'eau que versent les miens n'est jamais étanchée.

Ni prières, ni vœux ne m'y purent servir;
La rigueur de la mort se voulut assouvir,
Et mon affection n'en put avoir dispense.

Toi, dont la piété vient sa tombe honorer,
Pleure mon infortune, et, pour ta récompense,
Jamais autre douleur ne te fasse pleurer.

DU PERRON

1556 — 1618

On peut dire qu'avec Du Perron commença la poésie de cour, la poésie des nouvelles cours. Ce n'était plus alors le temps des troubadours, ni des trouvères, ni des amuseurs royaux comme le gentil Marot. La royauté voguait vers les temps difficiles. La Réforme avait donné le branle. La féodalité mourait; la noblesse pensait, ambitieuse, voulant régner ailleurs que chez elle, dans ses comtés, dans ses baronnies. On approchait du jour où, les barrières tombant, ce serait à qui profiterait de la centralisation, à qui saisirait le pouvoir, à qui serait roi de France, puisqu'il y avait enfin une France. L'État surgissait. Jusqu'alors, le Louvre n'avait été qu'un château suprême, cour et donjon. Ses tours dominaient les plus hautes et les plus fières tours du pays de France. Mais l'influence souveraine, la pensée, le bien-dire, le charme triomphant des lettres ne s'y était pas installé. L'esprit féodal luttait. La Bourgogne avait ses poëtes; la Champagne avait ses conteurs; le Languedoc bataillait en rimant; la Bretagne avait ses hommes et s'en glorifiait. Si quelques-uns plaisaient au roi, aux princesses, aux pages et gardes du Louvre, ce n'était pas pour cela des phénix, des maîtres, des *nec plus ultrà;* on les niait ailleurs. Le moment allait venir où on ne les nierait plus, où on les acclamerait du jour où on saurait que le roi les avait reçus à son lever, que le dauphin leur avait souri, que la reine les avait écoutés. Avec l'unité politique que rêvait Henri IV, que prépara Richelieu et que consomma Louis XIV, devait naître l'unité de goût, de mode, d'engouement. Le soleil allait se lever au Louvre, s'y lever et s'y coucher; un seul soleil littéraire, qui luirait pour toute la France. Plus de verve locale, plus d'originalité, moins d'abandon, de libre allure et de verte spontanéité. Le temps de la férule approche : Malherbe est bien près, et Boileau n'est pas loin. L'ordre menace ; la règle est aux portes de la poésie française.

A qui la faute? Hélas, c'est une destinée aveugle qui mène les peuples comme les hommes. On s'instruit, on s'élève, on s'exalte; un besoin irrésistible de secouer les jougs spirituels se fait sentir. La Réforme souffle, et voilà un beau siècle. Mais à quel prix? et quels revers! Des troubles, des malheurs, des guerres, en somme, la défaite. La royauté se raffermit; mais elle a l'expérience. Elle a vu sous la Ligue la puissance nouvelle de l'esprit, du sarcasme et de la raison. Elle a vu la bourgeoise et érudite épigramme dissoudre et vaincre les partis. Le Paris spirituel, railleur et déjà raffiné en éloquence a montré sa tête narquoise; l'esprit va régner, et l'esprit, c'est Paris. Aussi faut-il à toute force que l'esprit de Paris soit l'esprit de la cour, et que l'esprit de la cour soit l'esprit de la France. Mais n'anticipons pas sur les événements littéraires qui suivirent l'époque à laquelle appartient le poëte dont nous avons à nous occuper. Remarquons seulement qu'après l'extinction des troubles de la Ligue et l'avénement d'Henri IV, il y eut en France, comme après toute grande commotion politique, une sorte de restauration, de rappel à l'ordre et à la sagesse, de frein mis aux forces trop vives, aux spontanéités trop libres. Sans que le roi le voulût, sans que personne y songeât, un commencement de poésie d'État, de poésie de bon exemple, pour ainsi dire, d'inspiration par ordre, s'ouvrit. Du Perron, cardinal, ambassadeur, homme d'État et de controverse, érudit prétentieux, apostat, courtisan, prêt à tout, bon à tout, avide d'honneurs, passionné d'influences, aimant à gouverner, affamé de toutes sortes de succès : succès de livres, de négociations et de galanterie; Du Perron fut le premier et reste le plus complet type de ce nouveau genre de poëtes; aussi ne fut-il presque pas poëte.

Il était né dans le canton de Berne. Il était de bonne souche, d'une de ces vieilles familles de basse Normandie qui, dans ces temps-là, firent de leur entêtement de l'héroïsme, en aimant mieux s'exiler que changer de religion. Son père, médecin et, dit-on, professeur de belles-lettres à Genève, lui enseigna le latin et les mathématiques. Jacques Du Perron, de lui-même, voulut mordre plus avant au fruit de la science ; il apprit le grec et l'hébreu. Pourquoi, jeune, s'en vint-il à Paris? C'est ce qu'on ne sait point. Était-ce par instinct d'ambitieux, ou son père, étant venu à mourir, l'avait-il laissé sans ressources? Le fait est qu'avec ce flair qui caractérise tous ceux qu'une sourde rage pousse aux dignités, il eut vite conquis l'amitié de Desportes, et vite fait valoir ses connaissances, ses aptitudes et surtout sa souple échine. Vivre en donnant aux écoliers des leçons de grec et de latin, n'était pas ce qu'il lui fallait. « Convertissez-vous, dit Desportes, et je vous fais agréer du roi pour son lecteur. » Se convertir, pour un ambitieux, pour un érudit nourri de belle et bonne moelle de paganisme, c'est la plus simple chose, la plus insignifiante des actions. Du Perron se convertit et reçut 1,200 écus de pension. Il les mérita bien du reste. Il prononça publiquement l'oraison funèbre de la trop intéressante reine Marie Stuart, et, à cette occasion, fulmina avec impudence contre les hérétiques, ses coreligionnaires d'autrefois. Comme tous les apostats et les courtisans, il alla quelquefois trop loin et faillit tout perdre par trop de zèle. Un jour, il eut un accès d'effronterie qui faillit lui coûter cher. Il était entré dans les ordres, cela n'a point besoin d'être dit, puisque, pour remplir la charge qu'il occupait, il fallait être d'Église. Un jour donc, il prêche devant le roi et prouve péremptoirement l'existence de Dieu. Le sermon fini, le roi Henri III le complimente. « Que Votre Majesté ne se mette pas en frais, répond-il, je lui prouverai aussi bien, et quand elle voudra, que Dieu n'existe pas. » Le roi fut choqué, mais il ne vécut pas assez longtemps pour que la fâcherie fût bien nuisible à Du Perron. Henri III mort, notre courtisan-poëte passa au service du cardinal de Bourbon. Il surnageait et se sauvait de tout, se relevant à ses propres yeux en traduisant *l'Énéide* et des passages d'Ovide. Henri IV lui donna l'évêché d'Évreux : pour remerciements, Du Perron acheva la conversion d'Henri IV et présida à la solennité de l'abjuration. Dès lors, il fut l'homme de l'orthodoxie, orthodoxie de cour et d'occasion, à laquelle le sourire sceptique du roi donnait un si bizarre et si peu édifiant reflet. Le vent soufflait dans toutes ses voiles. Son éloquence était officielle. Il eut un triomphe à Fontainebleau. Devant toute la cour, il soutint contre Duplessis-Mornay le sacrement de l'eucharistie, et de son discours, plus tard, il fit un traité qui fut imprimé. Duplessis n'eut que de faibles arguments; on serait tenté de croire qu'il fit aussi acte de courtisan en se défendant mal. Le fait est qu'Henri IV, après la séance, se promenant dans les jardins, nullement soucieux, ni préoccupé, ni édifié, dit à quelqu'un : « Voilà que Duplessis a fait un cardinal. » En effet le roi avait, depuis peu, l'envie de faire Du Perron cardinal à cause de certains services rendus au sujet de Gabriel d'Estrées, et il trouva dans ce triomphe de controverse, une bonne occasion de demander le chapeau pour son ami l'évêque d'Évreux.

Elle n'était pas sans mérites, cette éloquence courtisanesque de Du Perron. Ses périodes sont artistement construites; il paraît même que, dans son oraison funèbre de Marie Stuart, lorsqu'il appela la vengeance divine sur la tête d'Élisabeth, la sanguinaire rivale, l'abominable hérétique, tous les assistants fondirent en larmes. Il fut moins heureux, une autre fois, contre d'Aubigné. Il trouva, sans s'y attendre, dans son adversaire un jouteur aussi vigoureux que déterminé, qui l'accabla d'arguments invincibles.

Mais ce petit échec n'était pas fait pour le déconcerter, lui que le roi envoyait à Rome comme chargé d'affaires de France. Là, il fit florès; il prit un ascendant tel que le pape Paul V disait, lorsque Du Perron allait prendre la parole: « Quel que soit l'avis de Du Perron, la question est maintenant jugée, car il nous persuadera tout ce qu'il voudra. » S'il eut ou non regret à quitter l'Italie, c'est ce qu'on peut résoudre en pensant qu'il regardait Virgile comme un rival importun. Il est donc probable qu'il fit un adieu mêlé de joie à cette terre natale d'un confrère qu'il dédaignait en le traduisant. Tout ce que l'histoire sait et rapporte, c'est qu'il se vanta un jour, devant ses admirateurs, de l'emporter en *diction* sur l'auteur des *Géorgiques*.

D'ailleurs, Du Perron avait quelque chose de plus pressé que de s'arrêter à relire Virgile sous le ciel italien: il avait à retourner à Évreux au plus vite, pour convertir nombre de gens restés fidèles à la foi qu'il avait reniée. Il revint donc à son évêché, et y fut un convertisseur acharné. Tant de zèle révolta ses anciens coreligionnaires, qui lui en témoignèrent quelque mépris. Henri IV, pour l'en consoler, le nomma archevêque de Sens. Il put alors achever sa *Rhétorique françoise*, repolir ses *Traités* et ses *Controverses*, écrire ses *Ambassades*, qui, plus tard, furent imprimées. Il avait donc atteint le but de son ambition. Jugeant sa carrière remplie, il se retira à Bagnolet dans une terre, et devint le seigneur du village. Aucune renommée alors n'égalait la sienne, au point que le public s'entretenait de ses infirmités physiques et en faisait des mots. Comme il avait de très-mauvaises jambes, on disait que c'était la statue de Nabuchodonosor: pieds d'argile et tête d'or. Une maladie incurable survint et le fit tant et tant souffrir, qu'il eût changé, s'écriait-il, ses bénéfices, toute sa science et toute sa gloire contre la santé du curé de Bagnolet, qui, lui, n'avait pas de réputation, mais se portait bien. On le ramena à Paris, où il mourut dans l'année 1618.

Il serait incroyable qu'avec une vie aussi enfiévrée par l'ambition, Du Perron eût été non pas un grand poëte, mais seulement un vrai poëte. Les Muses d'ordinaire ont peu de sourires et de faveurs pour ceux que possède à ce degré l'amour des grandeurs, des charges et des bénéfices. Cette facilité à passer du noir au blanc, à plaider le vrai et le faux, à soutenir les thèses les plus contraires, ne s'accorde pas non plus avec l'esprit de sincérité qui fait les écrivains inspirés. Du Perron ne fut poëte que par occasion, par vanité, par position. Il est vrai qu'il commença dans sa jeunesse à traduire Virgile; mais précisément, cette idée de se faire, au début, traducteur, prouve un esprit peu créateur et que ne poursuit pas un véritable besoin de produire. Cependant, il est juste de reconnaître dans sa traduction du quatrième livre de l'*Énéide* une versification douce, quoique incorrecte et passablement négligée. Quelques beaux vers semés, une certaine élévation dans quelques passages, sont loin de suffire à en faire même un beau fragment d'œuvre. Avec moins de bonheur encore, il traduisit les deux premières odes du premier livre d'Horace, l'une en vers héroïques, l'autre en vers de huit syllabes. L'*Épître de Pénélope à Ulysse*, imitée d'Ovide, a passé pour ce que l'on avait fait de mieux à cette époque. Il est vrai qu'il y a dans cette pièce de la douceur, quelque noblesse de ton, et même de la simplicité; mais nous préférons à ces imitations froides la pièce galante qui a fait dire à un illustre critique moderne que Du Perron était le Bernis de son temps :

> Je veux bâtir un temple à l'Inconstance.

Le parfum courtisanesque y est, sans préjudice du souvenir antique :

> Pour le sacrer, ma légère maîtresse
> Invoquera les ondes de la mer.

Il paraît que Du Perron aimait et lisait assidûment Montaigne et Rabelais. On s'en aperçoit peu dans ses écrits. Il commence son *Éloge funèbre de Ronsard* par une page traduite de Tacite, et la seconde est un emprunt fait à la conjuration de Catilina, de Salluste. Pourtant, malgré tous ses défauts, Boileau l'eût dû nommer, ne fût-ce que par reconnaissance. Du Perron présenta Malherbe au roi, c'est-à-dire à la France.

VALERY VERNIER.

Œuvres de Du Perron divisées en trois classes, Paris, 1622, 3 v. in-fol. Consulter sur Du Perron : *Histoire abrégée de sa vie*, par Pelletier, Paris, 1618, in-8; sa *Vie*, par Burigny, Paris, 1768, in-12; son *Oraison funèbre*, par Rovenchères et Neuville; *Perroniana*, par Christ. Dupuy, La Haye, 1666, Cologne, 1669-1691; Wieland, *Mélanges;* Hippeau, *les Écrivains normands au* XVIIe *siècle.*

LE TEMPLE DE L'INCONSTANCE

Je veux bâtir un temple à l'Inconstance,
Tous amoureux y viendront adorer,
Et de leurs vœux, jour et nuit, l'honorer,
Ayant le cœur touché de repentance.

De plume molle en sera l'édifice,
En l'air fondé sur les ailes du vent;
L'autel, de paille, où je viendrai souvent
Offrir mon cœur par un saint sacrifice.

Tout à l'entour, je peindrai mainte image
D'erreur, d'oubli et d'infidélité,
De fol désir, d'espoir, de vanité,
De fiction et de penser volage.

Pour le sacrer, ma légère maîtresse
Invoquera les ondes de la mer,
Les vents, la lune, et nous fera nommer,
Moi le templier, et elle la prêtresse.

Elle, séant ainsi qu'une Sibylle,
Sur un trépied tout pur de vif argent,
Nous prédira ce qu'elle ira songeant
D'une pensée inconstante et mobile.

Elle écrira sur des feuilles légères
Les vers qu'alors sa fureur chantera,
Puis, à son gré, le vent emportera
Deçà, delà, ses chansons mensongères.

. . . .

Fille de l'air, déesse secourable,
De qui le corps de plumes est couvert,
Fais que toujours ton temple soit ouvert
A tout amant, comme moi, variable.

PARAPHRASE DU PSAUME XIX

EXAUDIAT TE DOMINUS

AU ROI

Puisse le Roi des rois, au jour que la tempête
De mille flots armés menacera ta tête,
De tes vœux avoir soin;
Puisse le Tout-Puissant t'ombrager de son aile,
Et du Dieu de Jacob la défense éternelle
Te couvrir au besoin.

. . . .

Soient en sa souvenance écrits tes sacrifices;
Soient tournés, jour et nuit, dessus tes dons propices,
Les rayons de ses yeux;
Et de ton holocauste, en tout temps, pour lui plaire,
Fumant dessus l'autel la flamme pure et claire
Vole jusques aux cieux.

Daigne sa Providence, ordinaire tutelle
Des sceptres et des rois, faire voir que c'est elle
Qui t'a voulu choisir;
Couronnant de bonheur tes desseins magnanimes,
Et, prospère, égalant leurs succès légitimes
A ton juste désir.

Alors, plus que jamais, transportés d'allégresse,
Nous sentirons changer nos longs cris de détresse
En chants victorieux.
Au temple du Seigneur nos vœux nous irons rendre,
Et, d'un bras triomphant, mille palmes appendre
A son nom glorieux.

C'est ores[1], dirons-nous, que son oreille sainte
Pour jamais est ouverte aux accents de ta plainte,
T'exauçant de tout point.

[1] Maintenant.

C'est maintenant que Dieu, surmonté [1] par nos larmes.
Prend en sa sûre garde, au milieu des alarmes,
Le salut de son oint.

De son palais céleste, à nos cris accessible,
Il fait descendre en l'air son armée invisible,
Prompte à le secourir :
Il fait luire son fer aux périls de la guerre,
Et son sceptre ordonné pour gouverner la terre,
Dans ses mains refleurir.

Nos ennemis, enflés d'espérances humaines,
Vantaient leurs chariots, pesants fardeaux des plaines
Qui sous eux gémissaient;
Leurs épaisses forêts de lances hérissées,
Et leurs osts [2] si nombreux, que leurs ondes pressées
Les fleuves tarissaient :

Mais nous, foulant aux pieds toute mortelle audace,
Du Seigneur, pour secours, nous implorions la grâce,
Et n'espérions sinon
Aux forces que le ciel nous avait préparées,
Sans connaître, au besoin, d'armes plus assurées
Que l'ombre de son nom.

Aussi nos yeux contents ont vu tomber sur l'herbe
Le sacrilége orgueil de leur troupe superbe,
Des vautours le repas;
Et notre faible nombre, avec vœux et louanges,
Se charger sur le champ de dépouilles étranges [3],
Rouges de leur trépas.

Puisse cette faveur, ô Monarque suprême,
Sans fin accompagner le sacré diadème
De notre juste roi;
Détourne de son chef toutes pointes meurtrières,
Et nous rends exaucés, aux jours que nos prières
S'adresseront à toi.

[1] Vaincu. — [2] Armées. — [3] Pour : étrangère, des étrangers, des ennemis.

RÉGNIER

1573 — 1613

L'oncle de Mathurin Régnier, Desportes, avait été le favori de deux rois. Abbé de Tiron, de Bonport, de Josaphat, des Vaux de Cernay, d'Aurillac, et de plus chanoine de la Sainte-Chapelle, son revenu, bien établi, n'allait pas à moins de dix mille écus. Ces Valois tant décriés aimaient et protégeaient la poésie comme un luxe de cour, et un luxe italien ! Charles IX donnait à Desportes huit cents écus d'or pour le *Rodomont;* Henri III, pour quelques pièces de vers, le gratifiait en une seule fois de dix mille écus d'argent. Il semblait, en ce temps-là, que la Muse eût royalement mis le pied sur la roue de fortune. Comment le jeune Mathurin n'eût-il pas rêvé, en naissant, de battre monnaie avec des rimes, comme avait fait son glorieux oncle, l'abbé de Tiron, de Josaphat et de vingt autres abbayes conquises à la pointe d'un sonnet? Le bon Jacques Régnier, échevin de la ville de Chartres, était, à ce qu'il paraît, un homme rempli de sens. Il se disait avec raison que les neveux n'héritent pas toujours de la fortune de leurs oncles ; il devinait peut-être qu'une cour économe succéderait à une cour prodigue, et que le successeur de Henri III serait nécessairement un avaricieux. Aussi, menaça-t-il à plusieurs reprises son fils Mathurin de le passer par les verges, si le drôle continuait à rimer. On devine bien que le drôle rima de plus belle, encouragé sans doute par sa mère Simonne, et d'ailleurs emporté par son caprice et son humeur, par ce qu'il appelle son *ver-coquin.* Comme il s'entêtait, malgré les verges, dans son goût pour la poésie, sa famille comprit enfin la nécessité de le mettre dans les ordres, pour qu'il pût du moins accrocher quelque bénéfice ou quelque canonicat. Mathurin fut tonsuré, c'est-à-dire autorisé à courtiser les Muses. Emmené à Rome, en qualité de chapelain de l'ambassade, il y resta pendant dix ans, attaché au cardinal de Joyeuse; puis, après quelque séjour en France, il s'en retourna pour essayer d'un autre Mécène, Philippe de Béthune, le frère de Sully. Mauvais courtisan peut-être, et, comme il l'assure lui-même, rustique et mélancolique, et n'étant ni assez *entrant*, ni assez *civil*, il se rabattit sur Paris où, pour toute fiche de consolation, il obtint un canonicat à Notre-Dame de Chartres, et une pension de deux mille livres sur l'abbaye des Vaux de Cernay qui avait appartenu à son oncle Desportes. Régnier mourut des suites de ses débauches, à Rouen, dans une hôtellerie. Il avait à peine quarante ans.

Que faut-il penser aujourd'hui du seul écrivain du XVIe siècle qui ait trouvé grâce devant le XVIIe, et qui ait eu pourtant la bonne fortune d'être revendiqué hautement par la génération romantique, au moment où elle cherchait des portraits de famille pour décorer la galerie du Cénacle? Personne n'ignore les vers si souvent cités qui ont été longtemps le meilleur éloge et la meilleure critique de Régnier:

> De ces maîtres savants disciple ingénieux,
> Régnier seul, parmi nous, formé sur leurs modèles,
> Dans son vieux style encore a des grâces nouvelles.
> Heureux si ses discours, craints du chaste lecteur,
> Ne se sentaient des lieux où fréquentait l'auteur,
> Et si du son hardi de ses rimes cyniques
> Il n'alarmait souvent les oreilles pudiques!

Mais il y a, de ces vers judicieux, dans les œuvres mêmes de Boileau, un commentaire en prose qu'on n'a guère reproduit et qui vaut pourtant la peine d'être cité. Régnier, dit Boileau, est le poëte français qui, du consentement de tout le monde, a le mieux connu avant Molière les mœurs et le caractère des hommes. Au jugement de l'auteur du *Lutrin,* Régnier est donc à la fois, malgré son cynisme, un poëte ingénieux et nouveau, et de plus un moraliste. Les romantiques ne se sont pas beaucoup préoccupés du moraliste; ils se sont bornés à réclamer le poëte qui, par la liberté de son langage, par le relief pittoresque de son style et par la hardiesse de ses sujets, leur paraissait un de leurs aïeux les plus éclatants et les plus incontestables. D'un autre côté, en haine des fadeurs élégiaques du romantisme pleureur, je ne sais quelle réaction dite gauloise a voulu s'emparer, à son tour, de Mathurin. Nous avons eu alors un Régnier aussi grand que Rabelais. Dans une brillante fantaisie sur la Paresse, Alfred de Musset a inauguré, en 1842, la statue monumentale de ce nouveau Régnier. C'est d'après cette noble figure, dessinée à grands traits, que nos jeunes contemporains apprécient maintenant le génie du neveu de Desportes. « Génie mâle et hautain, » âme dédaigneuse et ombrageuse, cœur, « débordant » et même « grand traîneur d'épée, » quoique profond moraliste, un mélange de gaieté bondissante et de sombre mélancolies quelque chose comme un Molière dantesque : voilà le Régnier d'Alfred de Musset ! Nous sommes à mille lieues du Régnier de 1830, sans nous être beaucoup rapprochés du Régnier de Boileau.

Il doit y avoir pourtant un vrai Régnier ? Essayons de le retrouver dans ses œuvres, de le peindre tel qu'il se peint, c'est-à-dire, en résumé, tel qu'il est.

Avons-nous affaire à un maître ? Je ne le crois pas. A une âme réellement et hautement poétique, à une imagination créatrice, à une large faculté d'observation comique et satirique ? Jé le nie aussi humblement qu'on voudra, mais je le nie absolument.

Il ne faut pas être un grand clerc pour savoir que la satire existait en France avant l'auteur de *Macette,* quoiqu'il se vante ingénument de l'avoir naturalisée dans notre langue :

> Or, c'est un grand chemin jadis assez frayé,
> Qui des rimeurs français ne fut onc essayé.

Les auteurs de fabliaux, de contes, de sirventes, de blasons, de coq-à-l'âne, avaient depuis longtemps donné cours à la verve railleuse de notre génie. Quoiqu'on n'imitât pas encore les Latins, on ne se faisait pas faute de lancer des épigrammes contre les mœurs du temps, ni de persifler, à la bonne vieille mode du pays des Gaules, les vices et les travers de l'humanité. Le *Poëte courtisan* de Du Bellay, qui conseille déjà d'imiter Horace, est une satire, comme l'entendait le siècle d'Auguste. Un sonnet, cité par M. Viollet Le Duc dans la préface de son édition de Régnier, attribue l'honneur que réclame Mathurin à l'auteur des *Omonymes, satire des mœurs corrompues de ce siècle,* à Antoine Duverdier :

> Personne, Duverdier, encore n'a écrit
> La satire mordante;
> Toi, premier des Français, oses par ton esprit,
> Nous en tracer la sente.

Negligeons les *Omonymes* de Duverdier, et même le *Courtisan retiré* de Jehan de la Taille. Est-ce que Ronsard n'avait pas donné lui-même un bel exemple de poésie satirique dans ses *Discours sur les misères du temps?*

. . . .
Morte est l'autorité, chacun vit à sa guise,
Au vice déréglé la licence est permise :
Le désir, l'avarice, et l'erreur insensé
Ont sens dessus dessous ce monde renversé.
. . . .
Au ciel est envolée et justice et raison,
Et dans leur place, hélas! règne le brigandage,
Le harnois, la rancœur, le sang et le carnage.
Tout va de mal en pis : le sujet a brisé
Le serment qu'il devait à son roi méprisé.
Mars, enflé de faux zèle et de vaine apparence,
Ainsi qu'une furie agite notre France,
Qui, farouche à son prince, opiniâtre, suit
L'erreur d'un étranger, et soi-même détruit.

Si l'on ne reconnaît pas dans ces vers l'enjouement d'Horace, on y sent passer du moins le souffle orageux de Juvénal. Mais voici bientôt un autre poëte, un prédécesseur de Régnier, qui, méprisant peut-être injustement la satire d'origine nationale, le *coq-à-l'âne*, s'en va transporter en français les belles façons de la satire antique. Vauquelin de La Fresnaye parle ainsi à son fils :

. . . .
Je suis plein de chagrin, je ne suis plus courtois :
Seulement, *tout hargneux*, je veux suivre la trace
De Juvénal, de Perse, et par sus tous Horace;
Et si j'estends ma faulx en la moisson d'autruy,
J'y suis comme forcé par les mœurs d'aujourd'huy.

Hargneux, le bon gentilhomme normand ne l'est pas toujours, mais il est souvent énergique, indigné, pittoresque, lyrique même dans ses entretiens satiriques où s'épanouit quelquefois une certaine grâce d'ironie, un certain badinage loyal, spirituel et naïf, que ses successeurs n'ont jamais retrouvé. L'ami de Scévole de Sainte-Marthe, quoiqu'il imite les anciens, comme on continuera de le faire après lui, se garde bien de leur emprunter les sujets de ses satires. D'inspiration et de ton, il est cent fois plus moderne que le neveu de Desportes qui, pour fronder son époque, lui lance à tant de reprises des invectives renouvelées des Romains :

Scaures du temps présent, hypocrites sévères,
Un Claude effrontément parle des adultères,
Milon, sanglant encor, reprend un assassin;
Gracche, un séditieux; et Verrès, le larcin.

A la fin du XVIe siècle, où sont les Scaures, où sont les Gracques, et les Milons, et les Verrès? Je défie M. Viollet Le Duc, on pourrait défier Régnier lui-même de nommer les personnages qui se cachent sous ces masques de rhétorique. Vauquelin de La Fresnaye, je le répète, a plus de *naïveté poétique*, plus *d'originalité moderne*, plus de *nouveauté française* que Régnier; et cela tient sans doute, non pas seulement aux dons de nature, mais à la noblesse de l'âme et de la vie, à la dignité du citoyen, à la pureté du poëte, aux croyances élevées du philosophe chrétien. Qui ne serait fier de s'associer aux généreuses colères d'un tel homme? Qui ne rougirait de suivre Régnier dans les *mauvais gîtes* où son ivresse cynique mène en trébuchant la Muse de la satire? Quand je vois à travers ses œuvres sauter ou grimacer l'impudent moraliste, il me semble assister à cette fête païenne d'Arcueil où Ronsard, Baïf et Jodelle promenèrent, dit-on, un bouc couronné de lierre.

Mathurin Régnier n'a point de conscience; il n'a point de foi, point d'honneur, et s'en vante. Que lui importe sa patrie? Henri IV est un ladre vert, les grands seigneurs ne protégent plus les poëtes; il n'a, le malheureux! que deux mille francs de pension, tandis que son oncle avait dix mille écus de rente. Il est évident que la France est au plus bas : louons donc le temps passé, flagellons sans pitié le temps présent.

Pour moi, les huguenots pourraient faire miracles,
Ressusciter les morts, rendre de vrais oracles,
Que je ne pourrais pas croire à leur vérité.
En toute opinion je fuis la nouveauté.

Fuir la nouveauté, en effet, telle est la tendance invincible, et presque la manie de Régnier. Vivant sous Henri IV, il demande asile aux contemporains des Valois, et s'évade même du XVIe siècle pour s'en aller flâner dans la voie sacrée de la Rome d'Auguste. Là, chaud de libations, libre d'affaires, rêvant de quelque courtisane facile, il aborde Horace, Ovide, Catulle, en ayant grand soin d'éviter le doux et grave poëte de Mantoue. De ses entretiens avec ces Romains délicats, il rapporte mille richesses littéraires qu'il jette dans la vieille balance gauloise avec l'ironique sans façon d'un Brennus. Il a rêvé en latin, il se réveille en français; et c'est alors qu'il peint son poëte, son fâcheux, son pédant, son fat, sans se douter qu'il a naïvement ronsardisé ou villonisé les auteurs latins. Véritable clerc de l'abbaye de Thélème, il prêche partout et pratique à ses risques et périls la célèbre maxime rabelaisienne : « Fay ce que voudras. » Ce qu'il veut, c'est rimer à l'avenant, c'est aimer au hasard, c'est respirer à pleine narine la fumée des tavernes et l'irritante odeur des mauvais lieux. Savez-vous comment il est devenu poëte? croyez-vous qu'il ait dormi sur l'Hélicon avec Hésiode? Non, il s'en allait à Vanves un beau jour,

> Et comme un conclaviste entre dans le conclave,
> Le sommelier me prit et m'enferme en la cave
> Où, buvant et mangeant, je fis mon coup d'essai,
> Et où, si je sai rien, j'appris ce que je sai;
> Voilà ce qui m'a fait poëte et satirique...

Le satirique et le poëte sont exactement chez Régnier la conséquence de l'homme, comme, chez Rétif de La Bretonne, le romancier du lendemain fut toujours exactement l'amoureux et le vagabond de la veille. Qu'il se soit égaré dans un mauvais gîte, il peindra sans vergogne l'hôtellerie enfumée de sa luxure. Qu'il désire une femme

> Ou soit belle, ou soit laide, ou sage, ou mal apprise,

Il la jettera, telle quelle, sur la toile jaunie de ses tableaux. Lui-même, il se représente avec une naïveté qui touche au cynisme :

> Or moi, qui suis tout flamme, et de nuit et de jour,
> Qui n'haleine que feu, ne respire qu'amour;
> Je me laisse emporter à mes flammes communes,
> Et cours sous divers vents de diverses fortunes.
> Ravi de tous objets, j'aime si vivement
> Que je n'ai pour l'amour ni choix, ni jugement.
> De toute élection mon âme est dépourvue,
> Et nul objet certain ne limite ma vue,
> Toute femme m'agrée. . . . .

Régnier a le feu sous la lèvre comme un Faune. Dans ses œuvres comme dans sa vie, il est haletant, écumant, presque frénétique, et comme il arrive aux grands libertins d'entrevoir des éclairs d'amour, il arrive aussi à ce rimeur passionné de toucher quelquefois, par la véhémence de ses peintures, à la grande, à la belle, à la pure poésie. Sa verve, le plus souvent, ressemble parfaitement à une rage sensuelle. Il dresse son Parnasse à la butte Saint-Roch, et reconnaît son Apollon dans le dieu des jardins.

On a souvent répété qu'il avait la touche grasse, le faire hardi et familier des peintres flamands. Ses tableaux, en effet, si largement éclairés qu'ils soient, rappellent toujours qu'il est possible de déranger le soleil pour illuminer des casseroles. Ce qui manque à Régnier comme aux Flamands, ce n'est pas la lumière (elle fourmille!); ce qui lui manque vraiment, et ce qui manquera d'ailleurs en France jusqu'au XVIIe siècle, c'est la clarté, ou, ce qui est la même chose, l'ordre poétique, la sereine harmonie.

HIPPOLYTE BABOU.

Les œuvres complètes de Régnier ont été publiées en 1853 dans la *Bibliothèque elzevirienne* de P. Jannet, avec une préface de M. Viollet Le Duc. Cette édition renferme deux pièces nouvelles, extraites, pour la première fois, du *Parnasse satirique*. La préface de M. Viollet Le Duc est une véritable histoire de la satire en France.

SATIRES

A M. RAPIN[1]

Rapin, le favori d'Apollon et des Muses,
Pendant qu'en leur métier jour et nuit tu t'amuses,
Et que d'un vers nombreux, non encore chanté,
Tu te fais un chemin à l'immortalité,
Moi, qui n'ai ni l'esprit ni l'haleine assez forte
Pour te suivre de près et te servir d'escorte,
Je me contenterai, sans me précipiter,
D'admirer ton labeur, ne pouvant l'imiter;
Et, pour me satisfaire au désir qui me reste,
De rendre cet hommage à chacun manifeste.
Par ces vers j'en prends acte, afin que l'avenir
De moi, par ta vertu, se puisse souvenir;
Et que cette mémoire à jamais s'entretienne,
Que ma muse imparfaite eut en honneur la tienne:
Et que si j'eus l'esprit d'ignorance abattu,
Je l'eus au moins si bon, que j'aimai ta vertu:
Contraire à ces rêveurs[2] dont la muse insolente,
Censurant les plus vieux, arrogamment se vante
De réformer les vers, non les tiens seulement,
Mais veulent déterrer les Grecs du monument[3],
Les Latins, les Hébreux, et toute l'antiquaille[4],
Et leur dire à leur nez qu'ils n'ont rien fait qui vaille.

[1] On sait à quelle occasion Régnier composa cette satire. L'anecdote est trop connue pour que nous la racontions. Disons seulement qu'en vengeant son oncle de l'injurieux sarcasme de Malherbe, le poëte a vengé, du même coup, la langue et la poésie de l'étroit pédantisme du hautain Normand. — [2] Malherbe. — [3] Du tombeau; sens conforme à l'étymologie latine. — [4] Pour : antiquité; ce mot qui ne se prend plus aujourd'hui qu'en mauvaise part, a évidemment ici un sens tout différent.

Ronsard en son métier n'etait qu'un apprentif,
Il avait le cerveau fantastique et rétif :
Desportes n'est pas net ; Du Bellay trop facile :
Belleau ne parle pas comme on parle à la ville ;
Il a des mots hargneux, bouffis et relevés,
Qui du peuple aujourd'hui ne sont pas approuvés.
Comment! il nous faut donc, pour faire une œuvre grande,
Qui de la calomnie et du temps se défende,
Qui trouve quelque place entre les bons auteurs,
Parler comme à Saint-Jean [1] parlent les crocheteurs?
Encore je le veux, pourvu qu'ils puissent faire
Que ce beau savoir entre en l'esprit du vulgaire,
Et quand les crocheteurs seront poetes fameux,
Alors, sans me fâcher, je parlerai comme eux.
Pensent-ils, des plus vieux offensant la mémoire,
Par le mépris d'autrui s'acquérir de la gloire ;
Et, pour quelque vieux mot étrange, ou de travers,
Prouver qu'ils ont raison de censurer leurs vers!
(Alors qu'une œuvre brille et d'art et de science,
La verve quelquefois s'égaye en la licence.)
Il semble, en leurs discours hautains et généreux,
Que le cheval volant n'aït pissé que pour eux ;
Que Phœbus à leur ton accorde sa vielle ;
Que la mouche du Grec leurs lèvres emmielle [2] ;
Qu'ils ont, seuls, ici-bas, trouvé la pie au nid,
Et que des hauts esprits le leur est le zénith ;
Que, seuls, des grands secrets ils ont la connaissance ;
Et disent librement que leur expérience
A raffiné les vers, fantastiques d'humeur [3],
Ainsi que les Gascons ont fait le point d'honneur ;

[1] C'est-à-dire : comme parlent les porte-faix du marché Saint-Jean qui se tenait tout près de la place de Grève, à Paris. « Quand on demandait à Malherbe son avis sur quelque mot français, il renvoyait ordinairement aux crocheteurs du port au Foin (également situé dans le voisinage de la place de Grève), et disait que c'étaient les maîtres pour le langage. » (*Vie de Malherbe.*) — [2] Allusion à la tradition célèbre suivant laquelle des abeilles déposèrent leur miel sur les lèvres de Pindare. — [3] C'est à-dire : entêtés qu'ils sont de leurs chimères capricieuses.

Qu'eux tous seuls du bien-dire ont trouvé la méthode,
Et que rien n'est parfait s'il n'est fait à leur mode.
Cependant leur savoir ne s'étend seulement
Qu'à regratter un mot douteux au jugement,
Prendre garde qu'un *qui* ne heurte une diphthongue [1];
Épier si des vers la rime est brève ou longue,
Ou bien si la voyelle, à l'autre s'unissant,
Ne rend point à l'oreille un vers trop languissant;
Et laissent sur le vert le noble de l'ouvrage [2].
Nul aiguillon divin n'élève leur courage;
Ils rampent bassement, faibles d'inventions,
Et n'osent, peu hardis, tenter les fictions,
Froids à l'imaginer [3] : car s'ils font quelque chose,
C'est proser de la rime, et rimer de la prose,
Que l'art lime et relime, et polit de façon
Qu'elle rend à l'oreille un agréable son;
Et voyant qu'un beau feu leur cervelle n'embrase,
Ils attifent leurs mots, enjolivent leur phrase,
Affectent leur discours tout si relevé d'art [4],
Et peignent leurs défauts de couleur et de fard.
Aussi je les compare à ces femmes jolies
Qui par les affiquets [5] se rendent embellies,
Qui, gentes en habits, et sades en façons [6],
Parmy leur point coupé [7] tendent leurs hameçons;
Dont l'œil rit mollement avec afféterie,
Et de qui le parler n'est rien que flatterie;
De rubans piolés [8] s'agencent proprement,
Et toute leur beauté ne gît qu'en l'ornement;

[1] Ou une simple voyelle, d'où résulte l'hiatus, défaut qui se rencontre, comme on a pu voir, dans Régnier et les poëtes de son école, et qu'il défend contre les anathèmes de Malherbe. — [2] Expression proverbiale : négligent, abandonnent, comme ceux qui laissent à terre, *sur l'herbe*, ce qu'ils devraient ramasser. — [3] C'est-à-dire : froids d'imagination. — [4] Édition de 1642 et suivantes : *Affectent des discours qu'ils relèvent par art.* — [5] Atours recherchés. — [6] Synonymes de gentes : gracieuses, gentilles. — [7] Espèce de dentelle à la mode sous Henri IV. — [8] Mi-partis de deux couleurs, comme la pie.

Leur visage reluit de céruse et de peautre [1];
Propres en leur coiffure, un poil ne passe l'autre.
Où [2] ces divins esprits, hautains et relevés,
Qui des eaux d'Hélicon ont les sens abreuvés;
De verve et de fureur leur ouvrage étincelle,
De leurs vers tout divins la grâce est naturelle,
Et [3] sont, comme l'on voit la parfaite beauté,
Qui, contente de soi, laisse la nouveauté
Que l'art trouve au Palais [4], ou dans le blanc d'Espagne.
Rien que le naturel sa grâce n'accompagne :
Son front, lavé d'eau claire, éclate d'un beau teint;
De roses et de lis la nature la peint;
Et, laissant là Mercure [5] et toute ses malices,
Les nonchalances sont ses plus grands artifices.
Or, Rapin, quant à moi, je n'ai point tant d'esprit.
Je vais le grand chemin que mon oncle m'apprit,
Laissant là ces docteurs, que les Muses instruisent
En des arts [6] tout nouveaux : et s'ils font, comme ils disent,
De ses fautes un livre aussi gros que le sien,
Telles je les croirai, quand ils auront du bien,
Et que leur belle Muse, à mordre si cuisante,
Leur don'ra, comme à lui, dix mille écus de rente,
De l'honneur, de l'estime; et quand, par l'univers,
Sur le luth de David [7] on chantera leurs vers;
Qu'ils auront joint l'utile avec le délectable,
Et qu'ils sauront rimer une aussi bonne table.
On fait en Italie un conte assez plaisant,
Qui vient à mon propos : Qu'une fois un paysan,
Homme fort entendu, et suffisant de tête
(Comme on peut aisément juger par sa requête),

[1] Plâtre. — [2] C'est-à-dire : tout au rebours se comportent ces divins esprits... — [3] Sous-entendu : leurs vers. — [4] Le Palais de Justice, à Paris; c'était, du temps de Régnier, le quartier spécial des marchandes à la toilette. — [5] Le dieu des mensonges et de la fraude. — [6] Édition de 1642 et suivantes : *En des airs.* — [7] Allusion aux paraphrases des psaumes qu'avait composées Desportes, l'oncle de Régnier.

S'en vint trouver le pape, et le voulut prier
Que les prêtres du temps se pussent marier;
Afin, ce disait-il, que nous puissions, nous autres,
Leurs femmes caresser, ainsi qu'ils font les nôtres.
  Ainsi suis-je d'avis comme [1] ce bon lourdaud :
S'ils ont l'esprit si bon, et l'intellect si haut,
Le jugement si clair, qu'ils fassent un ouvrage
Riche d'inventions, de sens et de langage,
Que nous puissions draper comme ils font nos écrits,
Et voir, comme l'on dit, s'ils sont si bien appris :
Qu'ils montrent de leur eau, qu'ils entrent en carrière.
Leur âge défaudra [2] plus tôt que la matière.
Nous sommes en un siècle où le prince est si grand,
Que tout le monde entier à peine le comprend [3].
Qu'ils fassent, par leurs vers, rougir chacun de honte :
Et comme de valeur notre prince surmonte
Hercule, Ænée, Achil', qu'ils ôtent les lauriers
Aux vieux [4], comme le roi l'a fait aux vieux guerriers.
Qu'ils composent une œuvre; on verra si leur livre,
Après mille et mille ans, sera digne de vivre,
Surmontant par vertu l'envie et le destin,
Comme celui d'Homère et du chantre latin.
  Mais, Rapin, mon ami, c'est la vieille querelle :
L'homme le plus parfait a manque [5] de cervelle;
Et de ce grand défaut vient l'imbécillité
Qui rend l'homme hautain, insolent, effronté;
Et, selon le sujet qu'à l'œil il se propose,
Suivant son appétit, il juge toute chose.
  Aussi, selon nos yeux, le soleil est luisant.
Moi-même, en ce discours qui fais le suffisant [6],
Je me connais frappé, sans le pouvoir comprendre,
Et de mon ver-coquin [7] je ne me puis défendre.

[1] C'est-à-dire : du même avis que. — [2] C'est-à-dire : la vie leur fera défaut avant qu'ils manquent de sujets de poëmes. — [3] Dans le sens de : contient. — [4] Sous-entendu : poëtes. — [5] C'est-à-dire : manque. — [6] Le fat, le glorieux. — [7] Chimère, manie.

Sans juger, nous jugeons; étant notre raison
Là-haut dedans la tête, où, selon la saison
Qui règne en notre humeur, les brouillards nous embrouillent
Et de lièvres cornus[1] le cerveau nous barbouillent.
Philosophes rêveurs, discourez hautement;
Sans bouger de la terre, allez au firmament:
Faites que tout le ciel branle à votre cadence;
Et pesez vos discours même dans sa balance;
Connaissez les humeurs qu'il verse dessus nous,
Ce qui se fait dessus, ce qui se fait dessous;
Portez une lanterne aux cachots de nature;
Sachez qui donne aux fleurs cette aimable peinture:
Quelle main sur la terre en broie la couleur,
Leurs secrètes vertus, leurs degrés de chaleur;
Voyez germer à l'œil les semences du monde;
Allez mettre couver les poissons dedans l'onde;
Déchiffrez les secrets de nature et des cieux :
Votre raison vous trompe, aussi bien que vos yeux.
Or, ignorant de tout, de tout je me veux rire;
Faire de mon humeur moi-même une satire :
N'estimer rien de vrai, qu'au goût il ne soit tel;
Vivre; et, comme chrétien, adorer l'Immortel
Où gît le seul repos, qui chasse l'ignorance :
Ce qu'on voit hors de lui n'est que sotte apparence,
Piperie, artifice : encore, ô cruauté
Des hommes et du temps! notre méchanceté
S'en sert aux passions; et dessous une aumusse[2]
L'ambition, l'amour, l'avarice, se musse[3],
L'on se couvre d'un froc pour tromper les jaloux;
Les temples aujourd'hui servent aux rendez-vous;
Derrière les piliers on oit[4] mainte sornette;
Et, comme dans un bal, tout le monde y caquette.
On doit rendre, suivant et le temps et le lieu,
Ce qu'on doit à César, et ce qu'on doit à Dieu.

[1] Visions, fantaisies bizarres, déraisonnables. — [2] Vêtement de prêtre.— [3] Se cache, se loge. — [4] Entend.

Et quant aux appétits de la sottise humaine,
Comme un homme sans goût [1], je les aime sans peine :
Aussi bien, rien n'est bon que par affection ;
Nous jugeons, nous voyons, selon la passion.
  Le soldat aujourd'hui ne rêve que la guerre ;
En paix le laboureur veut cultiver sa terre ;
L'avare n'a plaisir qu'en ses doubles ducats.
L'amant juge sa dame un chef-d'œuvre ici-bas,
Encore qu'elle n'ait sur soi rien qui soit d'elle,
Que le rouge et le blanc, par art, la fassent belle,
Qu'elle ente en son palais ses dents tous les matins,
Qu'elle doive sa taille au bois de ses patins [2] ;
Que son poil, dès le soir frisé dans la boutique,
Comme un casque, au matin, sur sa tête s'applique ;
Qu'elle ait, comme un piquier [3], le corselet au dos ;
Qu'à grand'peine sa peau puisse couvrir ses os ;
Et tout ce qui, de jour, la fait voir si doucette,
La nuit, comme en dépôt, soit dessus la toilette ;
Son esprit ulcéré juge, en sa passion,
Que son teint fait la nique à la perfection.
  Le soldat, tout ainsi, pour la guerre soupire ;
Jour et nuit il y pense, et toujours la désire ;
Il ne rêve la nuit que carnage et que sang :
La pique dans le poing, et l'estoc sur le flanc,
Il pense mettre à chef [4] quelque belle entreprise ;
Que [5] forçant un château, tout est de bonne prise ;
Il se plaît aux trésors qu'il cuide [6] ravager,
Et que l'honneur lui rie au milieu du danger.
  L'avare, d'autre part, n'aime que la richesse ;
C'est son roi, sa faveur, sa cour, et sa maîtresse ;
Nul objet ne lui plaît, sinon l'or et l'argent ;
Et tant plus il en a, plus il est indigent.

[1] C'est-à-dire : sans passion. — [2] Chaussures que les femmes portaient alors par coquetterie, pour se grandir. — [3] Soldat qui avait pour arme une pique. — [4] Mener à bonne fin. — [5] Sous-entendu : il pense. — [6] Il s'imagine.

Le paysan d'autre soin se sent l'ame embrasée.
Ainsi l'humanité [1], sottement abusée
Court à ses appétits qui l'aveuglent si bien,
Qu'encor [2] qu'elle ait des yeux, si [3] ne voit-elle rien.
Nul choix hors de son goût ne règle son envie,
Mais s'aheurte [4], où, sans plus, quelque appas la convie.
Selon son appétit le monde se repaît,
Qui fait [5] qu'on trouve bon seulement ce qui plaît.
O débile raison! où est ores [6] ta bride?
Où ce flambeau qui sert aux personnes de guide?
Contre la passion trop faible est ton secours,
Et souvent, courtisane, après elle tu cours;
Et, savourant l'appas qui ton ame ensorcelle,
Tu ne vis qu'à son goût, et ne vois que par elle.
De là vient qu'un chacun, mêmes en son défaut,
Pense avoir de l'esprit autant qu'il lui en faut.
Aussi rien n'est parti [7] si bien par la nature
Que le sens; car chacun en a sa fourniture.
Mais pour nous, moins hardis à croire à nos raisons,
Qui réglons nos esprits par les comparaisons
D'une chose avec l'autre, épluchons de la vie
L'action qui doit être ou blâmée ou suivie;
Qui criblons le discours, au choix se variant,
D'avec la fausseté la vérité triant
(Tant que l'homme le peut); qui formons nos ouvrages
Aux moules si parfaits de ces grands personnages
Qui, depuis deux mille ans, ont acquis le crédit
Qu'en vers rien n'est parfait que ce qu'ils en ont dit;
Devons-nous aujourd'hui, pour une erreur nouvelle
Que ces clercs dévoyés forment en leur cervelle,
Laisser légèrement la vieille opinion,
Et, suivant leur avis, croire à leur passion?

[1] C'est-à-dire : l'homme, les hommes. — [2] Pour : quoique. — [3] Pourtant. — [4] Pour : va se heurter, se butte, s'obstine, là où. — [5] Ce qui. — [6] Maintenant. — [7] Départi, distribué.

Pour moi, les huguenots pourraient faire miracles,
Ressusciter les morts, rendre de vrais oracles,
Que je ne pourrais pas croire à leur vérité.
En toute opinion je fuis la nouveauté.
Aussi doit-on plutôt imiter nos vieux pères,
Que suivre des nouveaux les nouvelles chimères.
De même, en l'art divin de la Muse, doit-on
Moins croire à leur esprit qu'à l'esprit de Platon.
Mais, Rapin, à leur goût si les vieux sont profanes,
Si Virgile, le Tasse et Ronsard sont des ânes,
Sans perdre en ces discours le temps que nous perdons,
Allons, comme eux, aux champs, et mangeons des chardons.

MACETTE

La fameuse Macette, à la cour si connue,
Qui s'est aux lieux d'honneur en crédit maintenue,
Et qui, depuis dix ans [1] jusqu'en ses derniers jours,
A soutenu le prix en escrime d'amour;
Lasse enfin de servir au peuple de quintaine,
N'étant passe-volant, soldat, ni capitaine,
Depuis les plus chétifs jusques aux plus fendants,
Qu'elle n'ait déconfit et mis dessus les dents;
Lasse, dis-je, et non soûle, enfin s'est retirée,
Et n'a plus d'autre objet que la voûte éthérée,
Elle qui n'eut, avant que plorer [2] son délit,
Autre ciel pour objet que le ciel de son lit,
A changé de courage, et, confite en détresse,
Imite avec ses pleurs la sainte pécheresse [3].
Donnant des saintes lois à son affection,
Elle a mis son amour à la dévotion.

[1] C'est-à-dire : depuis l'âge de dix ans. — [2] Pour : avant de pleurer.— [3] Sainte Madeleine.

Sans art elle s'habille; et, simple en contenance,
Son teint mortifié prêche la continence.
Clergesse [1], elle fait jà la leçon aux prêcheurs :
Elle lit saint Bernard, la Guide des Pécheurs,
Les Méditations de la mère Thérèse;
Sait que c'est qu'hypostase avecque syndérèse [2];
Jour et nuit, elle va de convent en convent [3];
Visite les saints lieux, se confesse souvent;
A des cas réservés grandes intelligences;
Sait du nom de Jésus toutes les indulgences;
Que valent [4] chapelets, grains bénits enfilés,
Et l'ordre du cordon des pères Récollés [5].
Loin du monde, elle fait sa demeure et son gîte :
Son œil tout pénitent ne pleure qu'eau bénite.
Enfin, c'est un exemple, en ce siècle tortu,
D'amour, de charité, d'honneur, et de vertu.
Pour béate partout le peuple la renomme;
Et la gazette même a déjà dit, à Rome,
La voyant aimer Dieu, et la chair maîtriser,
Qu'on n'attend que sa mort pour la canoniser.
Moi-même, qui ne crois de léger [6] aux merveilles,
Qui reproche [7] souvent mes yeux et mes oreilles,
La voyant si changée en un temps si subit,
Je crus qu'elle l'était, d'âme comme d'habit;
Que Dieu la retirait d'une faute si grande;
Et disais à part moi : Mal vit qui ne s'amende.
Jà déjà tout dévot, contrit et pénitent,
J'étais, à son exemple, ému [8] d'en faire autant;
Quand, par arrêt du ciel, qui hait l'hypocrisie,
Au logis d'une fille, où j'ai ma fantaisie,
Cette vieille chouette, à pas lents et posés,
La parole modeste, et les yeux composés,

[1] Féminin de *clerc*, savante. — [2] Terme de théologie : syndérèse signifie remords, et hypostase, personne (de la Trinité.) — [3] Pour : couvent, ancienne orthographe plus conforme que l'orthographe moderne à l'étymologie latine : *conventus*. — [4] Pour : ce que valent. — [5] Pour : Récollets, ordre religieux du temps. — [6] Pour : légèrement. — [7] Récuse. — [8] Tenté.

Entra par révérence; et, resserrant la bouche,
Timide en son respect, semblait sainte Nitouche;
D'un AVE MARIA lui donnant le bon jour,
Et de propos communs, bien éloignés d'amour
Entretenait la belle, en qui j'ai la pensée
D'un doux imaginer si doucement blessée,
Qu'aimans, et bien aimés, en nos doux passe-temps,
Nous rendons, en amour, jaloux les plus contents.
Enfin, comme en caquets ce vieux sexe fourmille,
De propos en propos, et de fil en aiguille,
Se laissant emporter au flux de ses discours,
Je pense qu'il fallait que le mal eût son cours.
Feignant de m'en aller, d'aguet [1] je me recule
Pour voir à quelle fin tendait son préambule;
Moi qui, voyant son port si plein de sainteté,
Pour mourir [2], d'aucun mal ne me fusse douté.
Enfin, me tapissant au recoin d'une porte,
J'entendis son propos, qui fut de cette sorte :
« Ma fille, Dieu vous garde, et vous veuille bénir!
Si je vous veux du mal, qu'il me puisse advenir!
Qu'eussiez-vous tout le bien dont le ciel vous est chiche,
L'ayant, je n'en serai plus pauvre ni plus riche :
Car, n'étant plus du monde, au bien je ne prétends;
Ou bien, si j'en désire, en l'autre je l'attends;
D'autre chose, ici-bas, le bon Dieu je ne prie.
A propos, savez-vous? on dit qu'on vous marie.
Je sais bien votre cas : un homme grand, adroit,
Riche, et Dieu sait s'il a tout ce qu'il vous faudroit.
Il vous aime si fort! Aussi, pourquoi, ma fille,
Ne vous aimerait-il? Vous êtes si gentille,
Si mignonne et si belle, et d'un regard si doux,
Que la beauté plus grande est laide auprès de vous.
Mais tout ne répond pas au trait de ce visage
Plus vermeil qu'une rose, et plus beau qu'un rivage.

[1] Doucement, pour me mettre aux aguets. — [2] Serment familier, synonyme de cet autre : que je meure si...

Vous devriez, étant belle, avoir de beaux habits,
Éclater de satin, de perles, de rubis.
Le grand regret que j'ai! non pas, à Dieu ne plaise,
Que j'en ai [1] de vous voir belle et bien à votre aise :
Mais, pour moi, je voudrais que vous eussiez au moins
Ce qui peut en amour satisfaire à vos soins;
Que ceci fût de soie et non pas d'étamine.
Ma foi, les beaux habits servent bien à la mine.
On a beau s'agencer, et faire les doux yeux,
Quand on est bien parée, on en est toujours mieux :
Mais, sans avoir du bien, que sert la renommée?...
C'est une vanité confusément semée
Dans l'esprit des humains, un mal d'opinion,
Un faux germe avorté dans notre affection.
Ces vieux contes d'honneur, dont on repaît les dames,
Né sont que des appas pour les débiles âmes,
Qui, sans choix de raison; ont le cerveau perclus.
L'honneur est un vieux saint que l'on ne chôme plus.
Il ne sert plus de rien, sinon d'un peu d'excuse,
Et de sot entretien pour ceux-là qu'on amuse,
Ou d'honnête refus, quand on ne veut aimer.
Il est bon, en discours, pour se faire estimer :
Mais, au fond, c'est abus, sans excepter personne.
La sage se sait vendre, où la sotte se donne.
« Ma fille, c'est par là qu'il vous en faut avoir.
Nos biens, comme nos maux, sont en notre pouvoir.
Fille qui sait son monde, a saison opportune.
Chacun est artisan de sa bonne fortune.
Le malheur, par conduite, au bonheur cédera.
Aidez-vous seulement, et Dieu vous aidera.
Combien, pour avoir mis leur honneur en séquestre [2],
Ont-elles en velours échangé leur limestre [3],
Et dans les plus hauts rangs élevé leurs maris!
Ma fille, c'est ainsi que l'on vit à Paris;

[1] Pour : aie. — [2] De côté, à part. — [3] Serge drapée ou croisée, étoffe assez grossière.

Et la veuve, aussi bien comme la mariée :
Celle est chaste, sans plus, qui n'en est point priée.
Toutes, au fait d'amour, se chaussent en un point [1] :
Jeanne que vous voyez, dont on ne parle point,
Qui fait si doucement la simple et la discrète,
Elle n'est pas plus sage, ains [2] elle est plus secrète;
Elle a plus de respect, non moins de passion,
Et cache ses amours sous sa discrétion.
Moi-même, croiriez-vous, pour être plus âgée,
Que ma part, comme on dit, en fût déjà mangée

. . . .

Mais chaque âge a son temps. Selon le drap, la robe.
Ce qu'un temps [3] on a trop, en l'autre, on le dérobe.
Étant jeune, j'ai su bien user des plaisirs :
Ores [4] j'ai d'autres soins en semblables désirs.
Je veux passer mon temps et couvrir le mystère.
On trouve bien la cour dedans un monastère;
Et, après maint essai, enfin j'ai reconnu
Qu'un homme, comme un autre, est un moine tout nu [5].
Puis, outre le saint vœu qui sert de couverture,
Ils sont trop obligés au secret de nature,
Et savent, plus discrets, apporter en aimant,
Avecque moins d'éclats, plus de contentement.
C'est pourquoi, déguisant les bouillons [6] de mon âme,
D'un long habit de cendre enveloppant ma flamme,
Je cache mon dessein aux plaisirs adonné.
Le péché que l'on cache est demi-pardonné.
La faute seulement ne gît qu'en la défense.
Le scandale, l'opprobre, est cause de l'offense [7].
Pourvu qu'on ne le sache, il n'importe comment.
Qui peut dire que non, ne pèche nullement.

[1] C'est-à-dire : de la même manière. — [2] Mais. — [3] C'est-à-dire : ce qu'à un moment on a en trop, dans un autre moment... — [4] Maintenant. — [5] C'est-à-dire : qu'un moine tout nu est un homme comme un autre. — [6] Bouillonnements, ardeurs. — [7] C'est-à-dire : la faute ne consiste pas uniquement dans la violation de la défense, dans le péché ; le plus grand tort, c'est la honte, le scandale.

Puis, la bonté du ciel nos offenses surpasse.
Pourvu qu'on se confesse, on a toujours sa grâce.
Il donne quelque chose à notre passion ;
Et qui, jeune, n'a pas grande dévotion,
Il faut que, pour le monde, à la feindre il s'exerce.
C'est entre les dévots un étrange commerce,
Un trafic par lequel, au joli temps qui court,
Toute affaire fâcheuse est facile à la Cour.
Je sais bien que votre âge, encore jeune et tendre,
Ne peut, ainsi que moi, ces mystères comprendre :
Mais vous devriez, ma fille, en l'âge où je vous voi,
Être riche, contente, avoir fort bien de quoi [1];
Et, pompeuse en habits, fine, accorte et rusée,
Reluire de joyaux, ainsi qu'une épousée.
Il faut faire vertu de la nécessité.
Qui sait vivre, ici-bas n'a jamais pauvreté.
Puisqu'elle vous défend des dorures l'usage,
Il faut que les brillants soient en votre visage;
Que votre bonne grâce en acquière pour vous.
Se voir du bien, ma fille, il n'est rien de si doux.
S'enrichir de bonne heure est une grand'sagesse.
Tout chemin d'acquérir se ferme à la vieillesse,
A qui ne reste rien, avec la pauvreté,
Qu'un regret épineux d'avoir jadis été;
Où [2], lorsqu'on a du bien, il n'est si décrépite,
Qui ne trouve (en donnant) couvercle à sa marmite.
Non, non, faites l'amour, et vendez aux amans
Vos accueils, vos baisers, et vos embrassemens.
C'est gloire, et non pas honte, en cette douce peine,
Des acquêts de son lit accroître son domaine.
Vendez ces doux regards, ces attraits, ces appas :
Vous-même vendez-vous, mais ne vous livrez pas.
Conservez-vous l'esprit; gardez votre franchise;
Prenez tout, s'il se peut; ne soyez jamais prise.

[1] Locution familière pour : avoir de l'argent, du bien-être. — [2] Au contraire.

Celle qui, par amour, s'engage en ces malheurs,
Pour un petit plaisir a cent mille douleurs.
. . . .
Surtout soyez de vous la maîtresse et la dame.
Faites, s'il est possible, un miroir de votre âme,
Qui reçoit tous objets, et, tout content [1], les perd;
Fuyez ce qui vous nuit, aimez ce qui vous sert.
Faites profit de tout, et même de vos pertes.
A prendre sagement ayez les mains ouvertes;
Ne faites, s'il se peut, jamais présent ni don,
Si ce n'est d'un chabot [2] pour avoir un gardon.
Parfois, on peut donner pour les galans attraire :
A ces petits présents je ne suis pas contraire,
Pourvu que ce ne soit que pour les amorcer.
Les fines [3], en donnant, se doivent efforcer
A faire que l'esprit, et que la gentillesse
Fasse estimer les dons, et non pas la richesse.
Pour vous, estimez plus qui plus vous donnera.
Vous gouvernant ainsi, Dieu vous assistera.
Au reste, n'épargnez ni Gaultier ni Garguille [4] :
Qui se trouvera pris, je vous prie qu'on l'étrille.
Il n'est que d'en avoir : le bien est toujours bien,
Et ne vous doit chaloir [5] ni de qui, ni combien :
Prenez à toutes mains, ma fille, et vous souvienne
Que le gain a bon goût, de quelque endroit qu'il vienne.
Estimez vos amants selon le revenu :
Qui donnera le plus, qu'il soit le mieux venu.
Laissez la mine à part; prenez garde [6] à la somme.
Riche vilain vaut mieux que pauvre gentilhomme.
Je ne juge, pour moi, les gens sur ce qu'ils sont,
Mais selon le profit et le bien qu'ils me font.
Quand l'argent est mêlé, l'on ne peut reconnaître
Celui du serviteur d'avec celui du maître.

[1] Sans plus s'en soucier. — [2] Petit poisson de rivière peu estimé. Le gardon est, au contraire, fort recherché des gourmets. — [3] Les filles adroites, habiles. — [4] Expression proverbiale du temps, qui veut dire : personne, ni les uns, ni les autres. — [5] Importer, soucier. — [6] Faites attention.

L'argent d'un cordon-bleu n'est pas d'autre façon
Que celui d'un fripier, ou d'un aide à maçon.
Que le plus et le moins y mette différence,
Et tienne seulement la partie en souffrance [1],
Que vous rétablirez du jour au lendemain;
Et toujours retenez le bon bout à la main,
De crainte que le temps ne détruise l'affaire.
Il faut suivre de près le bien que l'on diffère,
Et ne le différer qu'en tant que l'on le peut,
Ou se puisse aisément rétablir quand on veut [2].
Tout ces beaux suffisants dont la cour est semée
Ne sont que triacleurs [3] et vendeurs de fumée.
Ils sont beaux, bien peignés, belle barbe au menton :
Mais quand il faut payer, au diantre [4] le teston [5];
Et faisant des mourants [6], et de l'âme saisie,
Ils croient [7] qu'on leur doit pour rien la courtoisie.
Mais c'est pour leur beau nez. Le puits n'est pas commun :
Si j'en avais un cent, ils n'en auraient pas un.
« Et ce poete crotté avec sa mine austère,
Vous diriez à le voir que c'est un secrétaire [8].
Il va mélancolique, et les yeux abaissés,
Comme un sire qui plaint ses parents trépassés,
Mais Dieu sait, c'est un homme aussi bien que les autres.
Jamais on ne lui voit aux mains des patenôtres.
Il hante en mauvais lieux : gardez-vous de cela;
Non, si j'étais de vous, je le planterais là.
Eh bien! il parle livre [9]; il a le mot pour rire :
Mais au reste, après tout, c'est un homme à satire.

1 Terme de finance. On tient en souffrance, c'est-à-dire, l'on n'alloue point, ou l'on ne passe point en compte une partie de dépense dont l'emploi n'est pas justifié par des ordres et des quittances en règle.— 2 Construction de phrase pénible, remplacée, dans une édition postérieure, par celle-ci, qui rend le sens plus clair :

Et ne le différer qu'en tant que l'on le peut,
Aisément rétablir aussitôt qu'on le veut.

— 3 Trompeurs, faiseurs de fausses promesses. — 4 Au diable. — 5 L'argent. — 6 Pour les mourants (d'étonnement). — 7 Ce mot est ici de deux syllabes.— 8 C'est-à-dire : un secrétaire d'État. — 9 C'est-à-dire : savamment.

Vous croiriez à le voir qu'il vous dût adorer.
Gardez, il ne faut rien pour vous déshonorer [1].
Ces hommes médisants ont le feu sous la lèvre;
Ils sont matelineurs [2], prompts à prendre la chèvre,
Et tournent leurs humeurs en bizarres façons;
Puis, ils ne donnent rien, si ce n'est des chansons.
Mais non, ma fille, non : qui veut vivre à son aise,
Il ne faut simplement un ami qui vous plaise,
Mais qui puisse au plaisir joindre l'utilité.
En amour, autrement, c'est imbécillité.
Qui le fait à crédit, n'a pas grande ressource :
On y fait des amis, mais peu d'argent en bourse.
Prenez-moi ces abbés, ces fils de financiers,
Dont, depuis cinquante ans, les pères usuriers,
Volant à toutes mains, ont mis en leur famille
Plus d'argent que le roi n'en a dans la Bastille.
C'est là que votre main peut faire de beaux coups.
Je sais de ces gens-là qui languissent pour vous :
Car, étant ainsi jeune, en vos beautés parfaites,
Vous ne pouvez savoir tous les coups que vous faites :
Et les traits de vos yeux, haut et bas élancés,
Belle, ne voient pas tous ceux que vous blessez.
Tel s'en vient plaindre à moi, qui n'ose vous le dire :
Et tel vous rit, de jour, qui, toute nuit, soupire,
Et se plaint de son mal, d'autant plus véhément,
Que vos yeux, sans dessein, le font innocemment.
En amour, l'innocence est un savant mystère,
Pourvu que ce ne soit une innocence austère,
Mais qui sache, par art, donnant vie et trépas,
Feindre avecque douceur qu'elle ne le sait pas.
Il faut aider ainsi la beauté naturelle;
L'innocence, autrement, est vertu criminelle :
Avec elle, il nous faut et blesser et garir [3],

[1] C'est-à-dire : prenez garde, il suffit d'un rien pour vous déshonorer. — [2] Fantasques, fous. Mot dont l'étymologie est matelin, forme corrompue de Mathurin. *Italien*, matto, fou. — [3] Pour : guérir.

Et parmi les plaisirs faire vivre et mourir.
Formez-vous des desseins dignes de vos mérites :
Toutes basses amours sont pour vous trop petites;
Ayez dessein aux dieux : pour de moindres beautés,
Ils ont laissé jadis les cieux déshabités. »
Durant tous ces discours, Dieu sait l'impatience!
Mais comme elle a toujours l'œil à la défiance,
Tournant de çà de là vers la porte où j'étais,
Elle vit en sursaut comme je l'écoutais.
Elle trousse bagage; et, faisant la gentille :
« Je vous verrai demain; adieu, bon soir, ma fille. »
Ha! vieille, dis-je lors, qu'en mon cœur je maudis,
Est-ce là le chemin pour gagner paradis?
Dieu te doint pour guerdon [1] de tes œuvres si saintes,
Que soient avant ta mort tes prunelles éteintes;
Ta maison découverte, et sans feu tout l'hiver,
Avecques tes voisins jour et nuict estriver [2];
Et traîner, sans confort [3], triste et désespérée,
Une pauvre vieillesse, et toujours altérée [4]!

STANCES

Quand sur moi je jette les yeux,
A trente ans me voyant tout vieux,
Mon cœur de frayeur diminue :
Étant vieilli dans un moment,
Je ne puis dire seulement
Que [5] ma jeunesse est devenue.

Du berceau courant au cercueil,
Le jour se dérobe à mon œil,

[1] Te donne pour récompense. — [2] Te quereller, te battre. Sous-entendu : Puisses-tu. — [3] Sans soutien, sans ressources. — [4] Allusion à un vice qui, de tout temps a été imputé aux vieilles femmes dissolues. (V. Ovide, Rabelais.) — [5] Pour : ce que.

Mes sens troublés s'évanouissent.
Les hommes sont comme des fleurs,
Qui naissent et vivent en pleurs,
Et d'heure en heure se fanissent [1].

Leur âge, à l'instant écoulé,
Comme un trait qui s'est envolé,
Ne laisse après soi nulle marque;
Et leur nom, si fameux ici,
Sitôt qu'ils sont morts, meurt aussi,
Du pauvre autant que du monarque.

Naguères, verd, sain et puissant,
Comme un aubépin florissant,
Mon printemps était délectable.
Les plaisirs logeaient en mon sein :
Et lors était tout mon dessein
Du jeu d'amour et de la table.

Mais, las! mon sort est bien tourné [2],
Mon âge en un rien s'est borné;
Faible languit mon espérance.
En une nuit, à mon malheur,
De la joie et de la douleur
J'ai bien appris la différence.

La douleur aux traits vénéneux,
Comme d'un habit épineux,
Me ceint d'une horrible torture.
Mes beaux jours sont changés en nuits :
Et mon cœur, tout flétri d'ennuis,
N'attend plus que la sépulture.

Enivré de cent maux divers,
Je chancelle, et vais de travers.
Tant mon âme en regorge pleine :
J'en ai l'esprit tout hébété,

[1] Aujourd'hui on dit : se fanent. — [2] Changé.

Et si peu qui m'en est resté [1],
Encor me fait-il de la peine.

La mémoire du temps passé,
Que j'ai follement dépensé,
Épand du fiel en mes ulcères :
Si peu que j'ai de jugement
Semble animer mon sentiment
Me rendant plus vif aux misères.

Ha! pitoyable souvenir!
Enfin, que dois-je devenir?
Où se réduira ma constance?
Étant jà défailli de cœur,
Qui me don'ra de la vigueur
Pour durer [2] en la pénitence?

Qu'est-ce de moi? faible est ma main;
Mon courage, hélas! est humain;
Je ne suis de fer ni de pierre.
En mes maux montre-toi plus doux,
Seigneur; aux traits de ton courroux,
Je suis plus fragile que verre.

Je ne suis à tes yeux, sinon
Qu'un fétu sans force et sans nom,
Qu'un hibou qui n'ose paraître,
Qu'un fantôme ici-bas errant,
Qu'une orde [3] écume de torrent,
Qui semble fondre avant que naître :

Où [4] toi, tu peux faire trembler
L'univers, et désassembler
Du firmament le riche ouvrage :
Tarir les flots audacieux,
Ou, les élevant jusqu'aux cieux,
Faire de la terre un naufrage.

[1] C'est-à-dire : et si peu qu'il me soit resté d'esprit, c'est assez pour que je souffre. — [2] Persister. — [3] Sale, fangeuse. — [4] Au contraire.

Le soleil fléchit devant toi:
De toi les astres prennent loi;
Tout fait joug dessous ta parole :
Et cependant tu vas dardant
Dessus moi ton courroux ardent,
Qui ne suis qu'un bourrier [1] qui vole.

Mais quoi ! si je suis imparfait,
Pour me défaire m'as-tu fait?
Ne sois aux pécheurs si sévère.
Je suis homme, et toi Dieu clément !
Sois donc plus doux au châtiment,
Et punis les tiens comme père.

J'ai l'œil scellé d'un sceau de fer;
Et déjà les portes d'enfer
Semblent s'entr'ouvrir pour me prendre ;
Mais encore, par ta bonté,
Si tu m'as ôté la santé,
O Seigneur ! tu me la peux rendre.

Le tronc de branches dévêtu,
Par une secrète vertu
Se rendant fertile en sa perte,
De rejetons espère un jour
Ombrager les lieux d'alentour,
Reprenant sa perruque [2] verte.

Où [3] l'homme en la fosse couché,
Après que la mort l'a touché,
Le cœur est mort comme l'écorce :
Encor l'eau reverdit le bois;
Mais l'homme étant mort une fois,
Les pleurs, pour lui, n'ont plus de force.

[1] Espèce de chardon qui a la tête couverte d'une houppe de duvet que le vent emporte.— [2] Ce mot était, du temps de Régnier, synonyme de chevelure.— [3] Au contraire, quand l'homme est couché dans sa fosse.

JEAN-BAPTISTE CHASSIGNET

1578 — 1620

Un poëte qui fait penser au Racine des chœurs d'Esther et d'Athalie en même temps qu'au Jean-Baptiste Rousseau des odes, un poëte dont l'unique préoccupation semble avoir été l'idée de la mort, qui écrit à seize ans un volume entier sur le *Mépris de la vie*, qui, sans se mêler à aucun des événements de son siècle, passe ses jours dans sa ville natale, et y meurt jeune, un poëte enfin exclusivement religieux et mélancolique, est presque un phénomène dans ce XVIe siècle si remuant, si agité, si divers, si fécond en fortunes subites et incroyables, ce XVIe siècle si *vivant*, où les plus belles inspirations poétiques nous paraissent puisées directement aux sources d'une existence abondante, joyeuse, remplie, et, par-dessus tout, éphémère et mondaine.

Si d'autres poëtes du XVIe siècle ont été, à de certains moments, des poëtes religieux, ils l'ont été autrement que Chassignet. Que l'on ne confonde pas l'esprit religieux avec l'esprit de parti. Ce n'est que trop souvent ce dernier qui anime les écrivains pendant les temps de luttes religieuses. L'esprit de parti peut produire de belles œuvres, mais des œuvres indignées, satiriques, violentes, sarcastiques. Autres et non moins belles seront les œuvres sorties du cœur d'un homme inspiré par le véritable, éternel et profond sentiment religieux. Dans ces dernières œuvres, ni indignation, ni violence, ni satire; un souffle égal, harmonieux, un rhythme lent, une cadence réglée, pour ainsi dire, sur le mouvement d'un cœur apaisé, soumis et pieux.

De là, il faut l'avouer, une monotonie qui est presque toujours le défaut des poëtes, même les plus grands, qui ont écrit sous cette inspiration. Cette monotonie, que l'on remarque chez les poëtes véritablement religieux, a une double cause. Elle ne provient pas seulement de cette égalité de souffle, de cette majestueuse lenteur du rhythme, mais encore de ce que le nombre des idées composant l'idée de religion est si restreint qu'il peut en quelque sorte se réduire à trois : la vanité de la vie, la mort, l'éternité ou Dieu. Comme c'est dans les psaumes de David que ces idées éternelles se trouvent exprimées avec le plus de force et de grandeur, il n'est pas étonnant de voir nos poëtes religieux imiter ou traduire ces chants sacrés. Ainsi fit Chassignet, ainsi feront après lui J.-B. Rousseau, Racine et Lamartine. Des poëtes mondains et courtisans, plus mêlés à la vie et aux événements du jour, se sont passé aussi cette fantaisie de traduire les psaumes; mais le contraste de leur vie agitée avec l'austère grandeur du modèle apparaît dans leur travail, et si parfois on y remarque une sorte d'inspiration, c'est une inspiration fausse et impie. Plusieurs de ces poëtes appartiennent au XVIe siècle, et nous laissons à d'autres écrivains de ce recueil à leur faire leur procès. Il est vrai que ceux que nous avons cités plus haut comme ayant, avec Chassignet, exprimé dans leurs vers le véritable et éternel sentiment religieux, n'ont pas toujours vécu en dehors des agitations de la vie, mais on peut répondre que, quand ils essayèrent de traduire ou d'imiter les psaumes, ils n'étaient pas encore du monde, ou bien n'en étaient plus. Et nous entendons ici par *le monde,* dans le sens des prédicateurs du XVIIe siècle, soit la vie de plaisirs et d'intrigues, soit la vie politique.

Ni l'une ni l'autre de ces deux sortes d'existence ne fut connue de Chassignet. Il naquit, vécut et mourut dans Besançon, toujours triste, mélancolique, malade et pauvre. Il eut donc, sur ses confrères en poésie française qui écrivirent des pièces religieuses, cet avantage d'être, durant tous ses jours, dans la condition la plus propre à entretenir son inspiration. S'il ne les égale pas, c'est qu'il eut moins de génie ou d'habileté, c'est qu'il eut à lutter contre les ressources d'une langue non encore faite pour le sérieux et le lyrisme. Si le défaut de monotonie lui peut être plus justement reproché qu'aux autres, c'est qu'il fut, hélas! trop pénétré de son sujet, et que les seules idées qui occupèrent son âme, toute sa vie, furent précisément les trois éternelles idées dont nous parlions en commençant, et qui sont le fond unique et invariable de toute poésie religieuse. Pour ce qui est de son manque de renommée, nous l'expliquerons par l'obscurité et la brièveté de sa vie, et ensuite nous le déplorerons, car il y a tel de ses psaumes, qui, eu égard au temps, est vraiment admirable d'un bout à l'autre.

Chassignet, en publiant son premier recueil, intitulé : *le Mépris de la vie et la Consolation contre la mort,* crut devoir expliquer au public un titre aussi mélancolique; et voici comme il le fit : — « Il n'y a rien « dont je me sois plus entretenu que des imaginations de la mort, voire « en la saison plus licencieuse de mon âge, parmi les danses et les « jeux, où tel me pensoit empêché à digérer, à part moi, quelque trait « de jalousie, cependant que je me guindois en la contemplation des « maux et inconvénients qui nous choquent de tout côté... » Ce recueil se composait d'environ cinq cents sonnets, de plusieurs discours, odes, prières. Et l'auteur avait seize ans.

Les documents biographiques qui ont été recueillis sur Chassignet ne sont pas très-sûrs. On peut donner toutefois comme certaine la date de sa naissance, en 1578, et comme encore moins indiscutable celle de la publication de son premier recueil qui porte : Besançon, 1594. Ce sont donc des poésies de jeunesse et de première jeunesse, ces sonnets, ces odes et ces prières où la vie est méprisée, où la mort est glorifiée, attendue, aimée comme une délivrance, une consolation, un espoir suprême. Et si l'on vient à penser, en les lisant, que l'auteur, dans le temps même où il les écrivait, pressé par la nécessité de se faire une position, étudiait le droit avec ardeur, quelle idée ne doit-on pas se faire de sa vocation poétique, de la sincérité de son inspiration primesautière? Car Chassignet, ses études achevées au collége de Besançon, dont le célèbre Antoine Huet était principal, malgré les exhortations et les encouragements de ce maître illustre, se fit recevoir docteur en droit et obtint la charge d'avocat fiscal au bailliage de Gray. Cette charge, d'un rapport modique, fut pour lui le vivre assuré, le vivre seulement, et ce fut assez. Sans ambition, il ne rêva plus qu'à exprimer en vers nobles et touchants les idées empreintes d'une tristesse pieuse qui assiégeaient son cerveau depuis l'enfance. Les livres sacrés l'attiraient de plus en plus. En 1601, il publia, à Besançon, les *Paraphrases en vers français sur les douze petits prophètes du vieil Testament,* et en 1613 parut à Lyon le volume contenant les paraphrases sur les cent cinquante psaumes de David. Au milieu de cette tristesse et de ce mélancolique travail, sa santé s'altérait. Il annonça une paraphrase des *Livres de Job;* mais la mort l'arrêta, et cette dernière œuvre ne parut point. La date exacte de cette mort n'est pas connue. Un M. Grappin, qui a écrit une histoire abrégée du comté de Bourgogne, place la mort de Chassignet à l'année 1635. Il est évident pour nous que M. Grappin se trompe. Chassignet, qui avait achevé ses paraphrases des psaumes de David en cinq ans, et qui avait pour habitude de publier ses ouvrages aussitôt finis, n'aurait vraisemblablement pas attendu de 1613 à 1635, pour terminer et publier ses paraphrases des *Livres de Job*, qu'il avait annoncées et promises au public. D'un autre côté, il est impossible de placer cette mort avant 1619 ou 1620, car il nous reste de Chassignet un manuscrit, une traduction du latin en français, de l'*Histoire de Besançon*, par J.-J. Chifflet, et ce manuscrit est daté de 1620. Tout bien considéré, c'est cette dernière date que nous adoptons; qu'elle soit fausse ou exacte, elle n'en est pas moins fatale. S'il est une œuvre à regretter, c'est certes une interprétation des *Livres de Job*, donnée par un homme qui disait, à seize ans, que nulle idée ne lui était plus familière que l'idée de la mort, nulle contemplation plus habituelle que la contemplation des maux de la vie.

Mélancolie, tristesse, dégoût de la vie, espoir en Dieu, de quelque nom qu'on nomme ce sentiment qui ne se peut mieux rendre que par le mot latin *relligio* (qui relie la terre au ciel), on est forcé de convenir que c'est ce sentiment qui, de tout temps, inspira les plus beaux vers. N'est-ce pas aussi la plus belle attitude que puisse offrir l'être humain, lorsque, le front levé, il tient son regard attaché à la voûte des cieux? Ce sentiment est naturel, toutes les époques de l'histoire littéraire en font foi. Il est étranger aux cultes variables. C'est un état de l'âme dont les manifestations ont pu être rares sans jamais disparaître entièrement. En dehors des pratiques religieuses, il subsiste, il vit dans l'âme des poëtes, et l'on a pu dire sans impiété que les plus religieux ne sont pas aux églises.

Si nous l'étudions dans Jean-Baptiste Chassignet, ce sentiment, je ne crains pas de dire que nous en trouverons le développement complet. Suivons-le, ce poëte presque ignoré, dans son œuvre de tristesse. Avant de mépriser la vie, il la regarde et n'y voit qu'éternel changement. C'est un courant aux ondes incessamment renouvelées.

> Assieds-toi sur le bord d'une ondante rivière,
> Tu la verras fluer d'un perpétuel cours,
> Et flots sur flots roulant en mille et mille tours,
> Décharger par les prés son humide carrière.

Cette rivière, c'est la vie, toujours changeante et pourtant toujours la même. Ces vers, dont le début est brusque et impérieux, ont une harmonie qui frappe. Qui ne remarquera l'effet puissant de cette interpellation directe sur l'esprit du lecteur? Ainsi de ces deux vers d'un autre sonnet :

Sais-tu que c'est de vivre? autant comme passer
Un chemin tortueux...

Après avoir contemplé la vie, le poëte regarde fixement la mort en face, et sa résignation s'exprime par une ironique éloquence.

Enfin nous convenons en une même chose,
C'est que nous courons tous dedans la tombe close,
C'est que nous mourons tous, et tombons tous au seuil
Du logis de Pluton, prisonniers du cercueil.

On sent, il n'est besoin d'y appuyer, l'effet de cette répétition du mot *tous*, l'énergique et impitoyable cadence des vers, la force de l'image : *prisonniers du cercueil*. Citons encore, de ces vers du *Mépris de la vie*, et voyons comment ce jeune homme de seize ans se console de la mort.

Mais, las! quand une fois la mort a fait résoudre
La masse de nos corps en une vile poudre,
Ce n'est plus rien de nous; et les grands empereurs
Ne sont point reconnus parmi les laboureurs;
Ils gissent pêle-mêle, et sous la tombe noire
Ils n'ont point davantage ou d'honneur ou de gloire.

Concision, simplicité, sobriété d'images! Ou nous nous trompons, ou ces vers sont fort beaux, d'un ton fort juste et tout à fait convenable au sujet. En voici de plus concis encore, et qui sont d'une originalité frappante. Le poëte prend son parti de la mort.

Nous ne fuyons pourtant le trépas qui nous suit.
Allons-y à regret? L'Éternel nous y traîne;
Allons-y de bon cœur? Son vouloir nous y mène;
Plutôt qu'être traîné, mieux vaut être conduit.

Quel dommage que ce tour : *Allons-y à regret*, pour *Y allons-nous à regret?* ne soit plus français! Peut-être ne l'a-t-il jamais été. Mais cet hémistiche, *l'Éternel nous y traîne*, et le dernier vers feraient tout pardonner. Peut-être le plaisir de découvrir en Chassignet un poëte inconnu nous entraîne-t-il trop loin dans l'admiration. Nous ne croyons pourtant être dupe d'aucune surprise. Nous allons signaler des beautés plus grandes encore, à notre avis, dans les psaumes, et le lecteur sera juge.

L'esprit du poëte religieux a suivi une route logique. Par une déduction involontaire et fatale, après avoir méprisé la vie et s'être humainement consolé de la mort, il a rencontré l'idée de l'éternité, il s'est trouvé face à face avec Dieu, et dans sa pieuse modestie, n'osant pas formuler lui-même son adoration, il a pris les psaumes de David. Dès les premiers vers il est dans le ton et lutte sinon victorieusement, au moins honorablement avec la grandeur inimitable du texte. Nous ne discutons pas l'exactitude; nous étudions le poëte français, et l'élévation du style nous suffit.

Grand Dieu, qui de tout temps, assis en sentinelle
Sur les deux chérubins qui couvrent de leur aile,
L'arche du testament,
Montres de ta grandeur la lumière nouvelle,
Illuminant les yeux de notre entendement.
. . . .
Déploie en Éphraïm, manifeste en Manasse,
Découvre en Benjamin ton pouvoir et ta grâce,
Nous sauvant des malheurs;
Seigneur, convertis-nous; si nous voyons ta face,
Nous serons délivrés de toutes nos douleurs.

Pouvait-on mieux rendre la grandeur familière de la prière hébraïque? N'y a-t-il pas aussi quelque chose de la douceur racinienne et ne croit-on pas entendre un fragment d'Esther? Citons encore ce passage sur les ennemis de Dieu et de son peuple.

Ils se réjouissaient de nous voir en tristesse :
Nos pleurs étaient leurs ris, nos pertes leur richesse;
Nos peines leur repos, nos hivers leur printemps.
Tous nos jours de tempête étaient leurs jours de calmes;
Nos plaisirs leurs douleurs, nos défaites leurs palmes,
Et nos jours pluvieux le plus beau de leur temps.

N'y a-t-il pas lieu de s'étonner à l'idée que ces vers si simples, si harmonieux, si corrects sont d'un poëte du XVIe siècle? Celui-ci surtout, que nous signalons aux amateurs de beaux vers pour la simplicité magistrale de sa facture :

Tous nos jours de tempête étaient leurs jours de calmes.

Citons encore, puisque nous n'y pouvons résister, ce fragment du psaume LXXXI.

Jusques à quand, corrompus par présents,
A prix d'argent rendrez-vous vos sentences,
Ployant au gré des courtisans
La droiture de vos balances ?

. . . .

Mais le tranchant d'une vengeante mort
Terrassera l'orgueil de votre audace,
Enfermant, sous un même sort,
Le prince avec la populace.

Il faut finir, de peur d'être taxé d'exagération dans l'enthousiasme, et nous arrêter, après avoir cité toutefois ces deux belles strophes du psaume XLVIII :

Vois-tu bien ces richards, superbement vêtus
De pourpre et d'écarlate,
Qui donnent mille ébats à leur chair délicate,
Mettant en leurs trésors leurs plus belles vertus?

Leurs jardins si bien faits, leurs parterres si beaux,
Leurs palais et leur grange
Échappent de leur main, et, par un triste échange,
Au lieu de leurs maisons, ils peuplent des tombeaux.

Au surplus, quoi d'étonnant qu'il ait fait de beaux vers, celui qui expliquait si bien la puissance de la versification !

« Ni plus ni moins que la voix contrainte dans l'étroit canal d'une trompette sort plus aiguë et éclate plus fort, ainsi me semble-t-il que la sentence pressée aux pieds nombreux de la poésie, s'élance plus brusquement, et nous frappe d'une plus vive secousse... »

Ainsi parle, avec une justesse admirable, le poëte Chassignet dans la préface de son second recueil.

VALERY VERNIER.

PARAPHRASE DU PSAUME LXXXVII

DOMINE DEUS SALUTIS MEÆ

Grand Dieu de mon salut, soit au soleil mussant [1],
Soit au commencement du beau jour renaissant,
Je t'invoque sans cesse;
Reçois mon oraison, mets-la devant tes yeux,
Pour m'exaucer plus tôt du haut sommet des cieux,
A mes gémissements les oreilles abaisse.

Mon cœur va regorgeant de douleurs et d'ennui,
Et, libre entre les morts, approche jà la nuit
Des sépulcres funèbres;
La force et la vigueur abandonnent mon corps,
Le remords, en dedans, et la mort, en dehors,
Vont menaçant mes yeux de mortelles ténèbres.

Las! je ressemble à ceux que le pâle tombeau
Retient ensevelis, séquestrés[2] du flambeau
Qui donne la lumière
A ceux qui sont frappés d'un violent trépas,
Et desquels toutefois tu ne te souviens pas,
Les ayant rejetés de ta main justicière.

Et comme si j'étais prisonnier désastreux,
Caché dans le manoir de quelque abîme affreux,
Où le soleil n'éclaire;
Me criblant, d'heure à autre, en ces gouffres profonds,
A grands flots écumeux, sur ma tête tu fonds [3]
De ta chaude fureur le torrent sanguinaire.

Mes amis [4] plus certains (étrange effet du sort),
Que je pensais, hélas! devoir être le port
De ma nef agitée,

[1] Se cachant (derrière l'horizon), se couchant. — [2] Mis à l'écart. — [3] Verses. — [4] Pour : les plus certains, les plus sûrs.

Détestent ma rencontre, ainsi que les nochers
Redoutent sur la mer les périlleux rochers
Qui mettent en morceaux leur nave tempêtée [1].

Collé dessus mon lit comme si j'étais clos
D'une étroite prison, je n'ai que mes sanglots
Pour toute compagnie;
Je ne sors plus dehors, et mes deux yeux taris
A force de pleurer, se consument marris [2]
Que de leurs moites pleurs la source soit finie.

Cependant, ô bon Dieu! levant les mains en haut,
Durant l'âpre conflit de ce cuisant assaut,
Je fais ma doléance;
Je t'offre mes soupirs, je te dis mes tourments,
Réclamant ton secours en mes gémissements,
Soit que le jour finisse, ou que le jour commence.

Quoi! veux-tu débander [3] les effets merveilleux
De ton bras tout-puissant sur les hôtes frileux
De la tombe muette?
Quoi! veux-tu de nouveau vivifier leurs corps,
Afin que désormais ils sacrent [4] les accords
De leurs hymnes divins à ta grandeur parfaite?

Attends-tu que les morts, en la perdition
Du cercueil destiné à leur corruption,
Racontent ta clémence?
Que les sépulcres cois [5] en la profondité
De leur ventre glouton, prêchant ta vérité,
Exaltent la grandeur de ta toute-puissance?

. . . .

Mais moi qui suis vivant, d'âme et de volonté,
Je prêcherai ton los [6], je dirai ta bonté,
Vrai chantre de ta grâce,

[1] Navire battu de la tempête. — [2] Affligés que. — [3] Déployer. — [4] Pour : Consacrent. — [5] Muets. — [6] Ta gloire.

Et n'y aura moment, ni minutes au jour,
Ni lieux en Israël, où mon âme, à son tour,
A ta divinité sa prière ne fasse.

Pourquoi donc, ô bon Dieu! me vas-tu rejetant?
Pourquoi donc à mes cris l'oreille ne me tend
Ta Majesté divine?
Je suis pauvre indigent, et, dès le jour premier
De mon adolescence, au travail coutumier,
J'ai revoûté le dos, et recourbé l'échine;

Comme un pesant fardeau, sur le dos j'ai porté
La peur de t'offenser; et le flot débordé
De ton ire [1] cruelle
M'a passé sur le chef comme un torrent d'été,
Qui, roide et furieux, hors de rive jeté,
Sur les vertes moissons ses fanges amoncelle.

Ton courroux, de vengeance ardemment animé,
Ton ire et ta fureur me retient opprimé
De frayeur et de crainte;
M'entourant de la sorte [2], et de nuit et de jour,
Que le vague Océan s'étend tout à l'entour
De la terre aréneuse [3] en ses bornes restreinte.

Me voilà seul, Seigneur, pauvre et déconforté [4],
L'hiver de mes malheurs ailleurs a emporté
Mes amis plus fidèles [5];
Ils se cachent de moi, et si, dans peu de temps,
Ta grâce à mes ennuis ne ramène un printemps,
Je ne reverrai plus ces vagues arondelles [6].

[1] Ta colère. — [2] De la même façon... que... — [3] Sablonneuse. — [4] Privé de tout appui. — [5] Pour : les plus fidèles. — [6] Ces errantes hirondelles.

SONNETS

Assieds-toi sur le bord d'une ondante [1] rivière,
Tu la verras fluer d'un perpétuel cours,
Et, flots sur flots, roulant en mille et mille tours,
Décharger par les prés son humide carrière.

Mais tu ne verras rien de cette onde première
Qui naguère coulait; l'eau change tous les jours,
Tous les jours elle passe, et la nommons toujours
Même fleuve, et même eau, d'une même manière.

Ainsi l'homme varie, et ne sera demain,
Telle, comme aujourd'hui, du pauvre corps humain
La force que le temps abbrévie et consomme.

Le nom, sans varier, nous suit jusqu'au trépas,
Et, combien [2] qu'aujourd'hui celui ne sois-je pas
Qui vivait hier passé, toujours même on me nomme.

Sais-tu que c'est de vivre? Autant comme [3] passer
Un chemin tortueux : ore [4] le pied te casse,
Le genou s'affaiblit, le mouvement se lasse,
Et la soif vient le teint de ta lèvre effacer.

Tantôt il t'y convient [5] un tien ami laisser,
Tantôt enterrer l'autre; ore il faut que tu passe
Un torrent de douleur, et franchisses l'audace
D'un rocher de soupirs, fâcheux à traverser.

Parmi tant de détours, il faut prendre carrière
Jusqu'au fort de la mort, et, fuyant en arrière,
Nous ne fuyons pourtant le trépas qui nous suit;

Allons-y à regret, l'Éternel nous y traîne;
Allons-y de bon cœur, son vouloir nous y mène;
Plutôt qu'être traîné, mieux vaut être conduit.

[1] Pour : ondoyante, qui coule. — [2] Quoique. — [3] C'est-à-dire : sais-tu ce que c'est que vivre? La même chose que... — [4] Parfois. — [5] Pour : il t'y faut.

JEAN OGIER DE GOMBAUD

1576 — 1660

Tallemant des Réaux a laissé un portrait de Gombaud, poussé au grotesque et à la caricature, comme tous ceux de sa galerie. Cette fois cependant, malgré les grimaces et la charge du crayon, la figure reste grande et vénérable. L'humeur bouffonne du caricaturiste a été vaincue par la beauté du modèle qui posait devant lui ; et l'on peut dire que parmi les deux ou trois cents originaux qu'il a crayonnés dans son livre, Gombaud est avec madame de Rambouillet à peu près le seul que Tallemant ait traité avec respect. Il a même plus que du respect pour Gombaud : son cœur s'émeut et s'échauffe pour ce vieillard *plein d'honneur, qui ne feroit pas,* dit-il, *une lascheté pour sa vie* et qui, pauvre jusqu'à la détresse, ne voulait rien recevoir que du Roi, appelant tout autre bienfait une servitude indigne de lui ! Tallemant se rabat sur le poëte en disant qu'il était *trop infatué du Parnasse.* Il raconte qu'en recevant l'abbé Tallemant, son frère, à l'Académie, Gombaud lui dit « qu'il pourroit dé« sormais regarder les autres hommes comme les yeux du ciel regardent la terre. » Autre tort : il disait que ses vers étaient immortels et prétendait avoir immortalisé Servien dans un sonnet. J'avoue que je n'oserais pas dire aujourd'hui que c'est Servien qui a immortalisé Gombaud. Les jeunes gens de la cour d'Anne d'Autriche se moquaient du vieux poëte parce qu'il était, suivant eux, trop sur l'étiquette et « qu'il chan« toit toujours de sa vieille cour. » A quoi Gombaud répondait que ce n'était pas lui qui était trop cérémonieux, mais eux qui ne l'étaient pas assez. Ces quelques traits suffisent pour faire deviner une âme fière, un esprit hautain, un *Monsieur de l'Empirée* sérieux ou un don Quixote de poésie et d'honneur, qui ne prêtait au ridicule que par ses plus nobles vertus, dans une société sceptique, comme toutes celles qui servirent aux grandes commotions sociales. Le portrait physique que Tallemant trace de Gombaud s'accorde parfaitement à cet idéal chevaleresque. Il nous le représente comme un grand vieillard, droit et de bonne mine, ayant conservé ses cheveux malgré l'âge, *et de tous les auteurs quasy le mieux vestu*. Il avait tous les talents qu'on peut souhaiter à un héros de roman : il était habile aux armes, dansait, chantait et jouait admirablement de la mandore. Tallemant ajoute qu'il était propre jusqu'à choisir les pavés en marchant et à vouloir aller seul par les rues de peur d'être éclaboussé. La reine Marie de Médicis le remarqua dans une cérémonie et s'intéressa à lui, à cause, dit-on, de sa ressemblance avec un gentilhomme qu'elle avait aimé à Florence. Cet intérêt que Gombaud prit au grandiose, comme il prenait tout, retentit dans son œuvre en allégories et en allusions métaphoriques. On trouve dans Tallemant quelques particularités sur cette aventure que nous ne voulons point raconter ici, mais qu'il fallait pourtant indiquer pour aider à la complète intelligence de quelques-unes des pièces que nous citons. Le XVIIIe siècle méconnut Gombaud; ou, du moins, il ne l'apprécia que dans ses œuvres les moins importantes : je veux parler de ses épigrammes; non point qu'il n'y en ait de fort bien tournées et de très-spirituelles; mais c'est le cas de répéter avec Stendahl, qu'il faut *un peu d'indulgence pour l'esprit de ce temps-là*.

Gombaud est de ces poëtes résolus qui visent toujours au plus haut, et que la peur du ridicule n'arrête pas dans leur vol.

Il y a en lui de l'Ossian et du Pindare : sentiment, style, images, tout est sublime; aussi le caustique Tallemant le trouve-t-il parfois un peu obscur. Sans nier tout ce qu'il y a de grâce et d'esprit dans ses épigrammes nous avons préféré montrer Gombaud dans les œuvres où il s'est le plus élevé et le plus déployé, dans ses sonnets, qui ne me semblent pas tant inférieurs à ceux de Desportes, de Du Bellay, de Voiture, c'est-à-dire de nos meilleurs *Sonneurs*.

J'ai souvent admiré, en lisant nos vieux poëtes, tout ce qu'en France l'oubli et les révolutions du goût laissent perdre de talent et de gloire. Nos citations le prouvent pour Gombaud : ce livre le prouvera pour bien d'autres encore.

Gombaud avait été membre de l'Académie française dès sa fondation.

CHARLES ASSELINEAU.

La première édition des poésies de Gombaud est de 1646. — Outre Tallemant, on peut consulter sur lui : Pellisson (Histoire de l'Académie); M. Demogeot (Tableau de la littérature française au XVIIe siècle); et un excellent article de M. de Haag (France protestante).

SONNETS

Durant la belle nuit, dont mon âme ravie
Préférait les clartés à celles d'un beau jour,
J'écoutais murmurer, au milieu de la Cour,
Mille voix de louange, et mille autres d'envie.

Je ne sais quelles morts plus douces que la vie
Faisaient sentir aux cœurs les charmes de l'amour,
Et de mille beautés qui brillaient à l'entour,
L'un tenait pour Caliste, et l'autre pour Sylvie.

Quand Philis vint montrer ses yeux armés de dards,
De tous les assistants attira les regards,
Et des autres objets effaça la mémoire.

Sa présence à l'instant fit sentir sa vertu,
Et mon cœur fut saisi d'une secrète gloire
De la voir triompher sans avoir combattu.

Allons parmi les fleurs cueillir une guirlande,
Afin d'en couronner la reine des beautés,
Soit Vénus, soit Philis, à qui les royautés
Vont indifféremment présenter leur offrande.

Les Grâces et l'Amour seront de notre bande;
Les jeux et les plaisirs suivront de tous côtés.
La saison nous appelle à mille nouveautés,
Et la rosée est chute, et la moisson est grande.

Mais j'aperçois l'Amour qui nous a prévenus,
Et qui cherche Philis qu'il préfère à Vénus.
Amour, cruel amour, d'où vient que tu nous laisses?

J'oîs dans la bouche un nom qui fait que je pâlis.
Prends ta route où les fleurs seront les plus épaisses;
C'est par là que sans doute aura passé Philis.

De soin, ni de mémoire, il n'en faut pas attendre
D'un sujet, en amour, si facile à changer.
La nouveauté lui plaît, et son esprit léger
D'un seul de ses amants ne saurait se défendre.

Montrez-vous seulement, elle est prête à se rendre,
Et pour elle un absent est comme un étranger.
La foi ni les serments ne peuvent l'obliger;
Nul ne la peut garder, et tous la peuvent prendre.

Mais son humeur s'accorde au commun jugement,
Que le monde n'est beau que par son changement;
Que le destin l'oblige à ces lois éternelles;

Que les désirs d'enfance accompagnent l'amour;
Que, pour être volage, on lui donne des ailes;
Et qu'il vieillirait trop, s'il durait plus d'un jour.

Le péché me surmonte, et ma peine est si grande,
Lorsque, malgré moi-même, il triomphe de moi,
Que, pour me retirer du gouffre ou je me voi,
Je ne sais quel hommage il faut que je te rende.

Je voudrais bien t'offrir ce que ta loi commande,
Des prières, des vœux et des fruits de ma foi,
Mais voyant que mon cœur n'est pas digne de toi,
Je fais de mon Sauveur mon éternelle offrande.

Reçois ton fils, ô Père ! et regarde la croix
Où, prêt de satisfaire à tout ce que je dois,
Il te fait de lui-même un sanglant sacrifice ;

Et puisqu'il a pour moi cet excès d'amitié,
Que d'être incessamment l'objet de ta justice,
Je serai, s'il te plaît, l'objet de ta pitié.

C'est ici, croyons-nous, le lieu de citer le fameux sonnet attribué à Desbarreaux, sonnet qui, par le tour et l'idée première, a plus d'un rapport avec celui-ci, et dont la place était marquée dans ce recueil.

Grand Dieu, tes jugements sont remplis d'équité,
Toujours tu prends plaisir à nous être propice ;
Mais j'ai tant fait de mal que jamais ta bonté
Ne peut me pardonner sans choquer ta justice.

Oui, mon Dieu, la grandeur de mon impiété
Ne laisse à ton pouvoir que le choix du supplice :
Ton intérêt s'oppose à ma félicité,
Et ta clémence même attend que je périsse.

Contente ton désir puisqu'il t'est glorieux,
Offense-toi des pleurs qui coulent de mes yeux ;
Tonne, frappe, il est temps ; rends-moi guerre pour guerre.

J'adore en périssant la raison qui t'aigrit,
Mais dessus quel endroit tombera ton tonnerre,
Qui ne soit tout couvert du sang de Jésus-Christ ?

FRANÇOIS MAYNARD

1582 — 1646

Malherbe parlant de ses élèves, ou selon le mot du temps, de ses *écoliers,* disait que Maynard était celui de tous qui *faisait le mieux les vers :* il ajoutait seulement qu'il *manquait de force,* et qu'il avait eu tort de s'adonner à l'épigramme, *n'ayant pas assez de pointe d'esprit pour cela.* Ce jugement consigné par Racan dans sa vie de Malherbe et répété depuis par tous les biographes a besoin aujourd'hui, pour être bien compris, d'un peu d'éclaircissement. Nul doute que les vers de Maynard ne soient meilleurs ou mieux faits que ceux de Colomby, d'Yvrande et de Touvant que Malherbe avouait pour ses élèves : il est même certain que s'il n'a pas la grâce du vers de Racan, son vers a une fermeté, une précision qui sentent mieux l'écrivain et qui fixent l'image ou la pensée dans la mémoire. Pellisson attribue cette netteté du style de Maynard au soin qu'il prenait de détacher ses vers les uns des autres en renfermant dans chacun un sens déterminé. Cette observation est confirmée par Maynard lui-même dans une de ses lettres[1], où il avoue que ce système, qu'il s'est toujours efforcé d'appliquer, lui paraît non-seulement le meilleur, mais le seul bon et le seul raisonnable. Ce système étrange que Maynard, quoi qu'il en dise, n'a pas toujours suivi, par la raison qu'un bon poëte ne s'y saurait astreindre, a, du

[1] C'est la 17e du recueil des lettres de Maynard ; elle est adressée à son ami M. de Flotte : « Pour ce que vous m'escrivez du *détachement* de mes vers, vous avez le nez trop bon pour ne pas reconnaître que c'est une façon que j'affecte et contre laquelle il y aurait bien de la peine à me faire révolter. Devant toute la terre je soutiendray que c'est la bonne façon d'escrire... Je ferois un livre entier là-dessus, et sachez que je ne puis m'empescher de rire lorsque je lis des vers qui sont faits d'autre façon. »

moins, comme je le disais plus haut, l'avantage de mettre en relief la pensée ou l'image et d'aider à la mémoire. On en peut juger par la pièce que nous citons et où les beaux vers abondent :

> C'est de tes jeunes yeux que mon ardeur est née...
>
> Mon amour se cacha pour plaire à ta vertu...
>
> Fait de si belles nuits en dépit du soleil, etc...

Lors donc que Malherbe reproche à Maynard de manquer de force, ce n'est pas de la force des pensées qu'il faut l'entendre, ni de la force du style, mais peut-être d'un certain manque de souffle ou de tenue.

Maynard est un poëte inégal ; comme tous ceux qui s'élèvent très-haut, la fatigue du vol le retient parfois sur le sol. Les beaux vers ou les belles strophes sont souvent reliés ou préparés par de longs terre-à-terre. D'ailleurs, et ce devait être un grave tort aux yeux de Malherbe, Maynard ne garde pas toujours le ton du genre qu'il entreprend : ses chansons à boire, qui sont admirables, ont quelquefois une tournure d'ode; de même que ses odes tombent facilement dans le familier. Dans ses épigrammes, la pointe se fait trop attendre; la préparation est trop lente, la gradation parfois embarrassée. Mais il n'est pas moins vrai que si Maynard sommeille quelquefois, comme on l'a dit d'Homère, il a des réveils éclatants, surprenants. Il a eu le bonheur réservé aux seuls grands poëtes d'atteindre aux extrêmes sommets de l'art et de contempler sans baisser l'œil la vive et franche splendeur du beau. Si la lumière n'est pas égale dans ses œuvres, c'est qu'il procède par éclairs. Aussi mérite-t-il de garder dans l'avenir auprès de Malherbe, la place que Malherbe lui-même lui accordait et qu'il a conservée jusqu'à nous. Maynard est d'ailleurs un poëte de race bien française : il a la précision vigoureuse et fière de Corneille. Il est du petit nombre de ceux qui ont su donner à notre poésie le ton sublime et hautain des Pindare et Lucain. Et, en somme, on peut déjà constater s'il n'avait pas trop présumé de l'avenir en disant :

> Tant qu'on fera des vers, les miens seront vivants;
> Et la race future, équitable aux savants,
> Dira que j'ai connu l'art qui fait bien écrire.

La vie de Maynard a été souvent écrite, notamment par l'abbé Gouget dans sa *Bibliothèque*, par Titon du Tillet dans son *Parnasse françois* et par Pellisson dans sa *Relation de l'Académie françoise*. Elle est, au reste, des moins accidentées. Né à Toulouse en 1582, d'une famille de robe, François Maynard fut, dans sa jeunesse, secrétaire de la reine Marguerite, première femme de Henri IV. A la cour, il se lia d'amitié avec Desportes et Regnier, il composa une poésie en stances, intitulé *Philandre*, le seul de ses ouvrages qui ait été publié de son vivant. Il avait fait le voyage de Rome à la suite du duc de Noailles, ambassadeur de France. Nommé plus tard président au présidial d'Aurillac, il dut rester pendant quelques années éloigné de Paris. Il y revint sous le ministère du cardinal de Richelieu; mais le goût public avait tourné; il trouva de nouveaux poëtes en possession de la vogue, et l'accueil qu'il reçut ne lui parut pas à la mesure de son mérite. Cette injustice ou ce mécompte fut vivement senti par Maynard, qui y revient plusieurs fois dans ses dernières œuvres :

> Il est vrai, je le sais, mes vers sont méprisés;
> Leur cadence a choqué les galants et les belles,
> Grâces à la bonté des orateurs frisés,
> Dont le faux sentiment règne dans les ruelles, etc.

Il serait possible que cet *orateur frisé* fût Voiture. Ailleurs, il dit :

> En cheveux blancs il me faut donc aller,
> Comme un enfant, tous les jours à l'école ?

C'est lors de ce voyage à Paris qu'il adressa au cardinal les stances qui commencent par ce vers :

> Armand, l'âge affaiblit mes yeux.

et où, feignant de rencontrer dans les Champs-Élysées le roi Louis XIII, il termine en disant :

> Je contenterai son désir
> Par le beau récit de ta vie,
> Et charmerai le déplaisir
> Qui lui fait maudire sa vie.
>
> Mais s'il demande à quel emploi
> Tu m'as occupé dans le monde,
> Et quels biens j'ai reçus de toi;
> Que veux-tu que je lui réponde ?

Le cardinal répondit en marge : *rien!* Maynard indigné s'enfuit dans sa province, et inscrivit au-dessus de la porte de sa maison ce quatrain d'une fière tournure :

Rebuté des grands et du sort,
Las d'espérer et de me plaindre,
C'est icy que j'attends la mort,
Sans la désirer ni la craindre.

Il mourut en 1646, âgé de soixante-quatre ans. Ses œuvres parurent la même année en beau format in-quarto avec son portrait en tête et précédées de son apologie par Marin de Gomberville. Maynard avait été l'un des premiers membres l'Académie française. Outre ses œuvres imprimées, il avait composé des vers licencieux intitulés *priapées* qui sont restés inédits et qui probablement sont perdus.

CHARLES ASSELINEAU.

Les ouvrages de Maynard sont :

Le *Philandre*. Paris, Mathurin Hesnault, 1623. In-12. Pièces nouvelles de Maynard. Paris, 1639. In-12. Les œuvres de Maynard. Paris, Aug. Courbé, 1646. In-4°. Portrait. Lettres de Maynard. Paris, 1653. In-4°, 1653.

Outre les biographies déjà citées on peut interroger sur Maynard : Baillet (Jugements des savants), Rapin (Réflexions sur la poétique), M. Sainte-Beuve (Causeries du lundi, tome VIII) et plus spécialement, Lettres biographiques sur François Maynard par M. de Labouïsse-Rochefort (*Toulouse*, 1846).

LA BELLE VIEILLE

ODE

Chloris, que dans mon cœur j'ai si longtemps servie,
Et que ma passion montre à tout l'univers,
Ne veux-tu pas changer le destin de ma vie,
Et donner de beaux jours à mes derniers hivers?

N'oppose plus ton deuil au bonheur où j'aspire.
Ton visage est-il fait pour demeurer voilé?

Sors de ta nuit funèbre, et permets que j'admire
Les divines clartés des yeux qui m'ont brûlé.

Où s'enfuit ta prudence acquise et naturelle?
Qu'est-ce que ton esprit a fait de sa vigueur?
La folle vanité de paraître fidèle
Aux cendres d'un jaloux m'expose à ta rigueur.

Eusses-tu fait le vœu d'un éternel veuvage
Pour l'honneur du mari que ton lit a perdu,
Et trouvé des Césars dans ton haut parentage:
Ton amour est un bien qui m'est justement dû.

Qu'on a vu revenir de malheurs et de joies,
Qu'on a vu trébucher de peuples et de rois,
Qu'on a pleuré d'Hector, qu'on a brulé de Troyes,
Depuis que mon courage a fléchi sous tes lois!

Ce n'est pas d'aujourd'hui que je suis ta conquête,
Huit lustres ont suivi le jour que tu me pris,
Et j'ai fidèlement aimé ta belle tête
Sous des cheveux châtains et sous des cheveux gris.

C'est de tes jeunes yeux que mon ardeur est née;
C'est de leurs premiers traits que je fus abattu :
Mais tant que tu brûlas du flambeau d'Hyménée,
Mon amour se cacha pour plaire à ta vertu.

Je sais de quel respect il faut que je t'honore,
Et mes ressentiments ne l'ont pas violé.
Si quelquefois j'ai dit le soin qui me dévore,
C'est à des confidents qui n'ont jamais parlé.

Pour adoucir l'aigreur des peines que j'endure,
Je me plains aux rochers et demande conseil
A ces vieilles forêts dont l'épaisse verdure
Fait de si belles nuits en dépit du soleil.

L'âme pleine d'amour et de mélancolie,
Et couché sur des fleurs et sous des orangers,
J'ai montré ma blessure aux deux mers d'Italie
Et fait dire ton nom aux échos étrangers.

Ce fleuve impérieux à qui tout fit hommage,
Et dont Neptune même endura le mépris,
A su qu'en mon esprit j'adorais ton image,
Au lieu de chercher Rome en ses vastes débris.

Chloris, la passion que mon cœur t'a jurée
Ne trouve point d'exemple aux siècles les plus vieux.
Amour et la Nature admirent la durée
Du feu de mes désirs, et du feu de tes yeux.

La beauté qui te suit depuis ton premier âge
Au déclin de tes jours ne te veut pas laisser;
Et le temps, orgueilleux d'avoir fait ton visage,
En conserve l'éclat et craint de l'effacer.

Regarde sans frayeur la fin de toutes choses;
Consulte le miroir avec des yeux contents:
On ne voit point tomber ni tes lis ni tes roses,
Et l'hiver de ta vie est ton second printemps.

Pour moi, je cède aux ans, et ma tête chenue
M'apprend qu'il faut quitter les hommes et le jour.
Mon sang se refroidit, ma force diminue;
Et je serais sans feu; si j'étais sans amour.

C'est dans peu de matins que je croîtrai le nombre
De ceux à qui la Parque a ravi la clarté.
Oh! qu'on oira souvent les plaintes de mon ombre
Accuser tes mépris de m'avoir maltraité!

Que feras-tu, Chloris, pour honorer ma cendre?
Pourras-tu sans regret ouïr parler de moi,

Et le mort que tu plains te pourra-t-il défendre
De blâmer ta rigueur et de louer ma foi?

Si je voyais la fin de l'âge qui te reste,
Ma raison tomberait sous l'excès de mon deuil;
Je pleurerais sans cesse un malheur si funeste,
Et ferais, jour et nuit, l'amour à ton cercueil.

A ALCIPPE

ODE

Alcippe, reviens dans nos bois,
Tu n'as que trop suivi nos rois
Et l'infidèle espoir dont tu fais ton idole,
Quelque bonheur qui seconde tes vœux,
Il n'arrêteront pas le temps qui toujours vole,
Et qui d'un triste blanc va peindre tes cheveux.

La cour méprise ton encens,
Ton rival monte et tu descends,
Et dans le cabinet le favori te joue.
Que t'a servi de fléchir les genoux
Devant un Dieu fragile et fait d'un peu de boue,
Qui souffre et qui vieillit pour mourir comme nous?

Romps tes fers bien qu'ils soient dorés.
Fuis les injustes adorés;
Et descends dans toi-même à l'exemple du sage.
Tu vois de près ta dernière saison :
Tout le monde connaît ton nom et ton visage;
Et tu n'es pas connu de ta propre raison.

Ne forme que des saints désirs,
Et te sépare des plaisirs
Dont la molle douceur te fait aimer la vie.
Il faut quitter le séjour des mortels,
Il faut quitter Philis, Amarante et Silvie,
A qui ta folle amour élève des autels.

Il faut quitter l'ameublement
Qui nous cache pompeusement
Sous de la toile d'or le plâtre de ta chambre.
Il faut quitter ces jardins toujours verts,
Que l'haleine des fleurs parfume de son ombre,
Et qui font des printemps au milieu des hivers.

C'est en vain que loin des hasards
Où courent les enfants de Mars
Nous laissons reposer nos mains et nos courages;
Et c'est en vain que la fureur des eaux,
Et l'insolent Borée, artisan des naufrages,
Font à l'abri du port retirer nos vaisseaux.

Nous avons beau nous ménager,
Et beau prévenir le danger,
La mort n'est pas un mal que le prudent évite;
Il n'est raison, adresse, ni conseil,
Qui nous puisse exempter d'aller où le Cocyte
Arrose des pays inconnus au soleil.

Le cours de nos ans est borné;
Et quand notre heure aura sonné,
Cloton ne voudra plus grossir notre fusée.
C'est une loi, non pas un châtiment,
Que la nécessité qui nous est imposée
De servir de pâture aux vers du monument.

Résous-toi d'aller chez les morts,
Ni la race, ni les trésors
Ne sauraient t'empêcher d'en augmenter le nombre.

Le potentat le plus grand de nos jours
Ne sera rien qu'un nom, ne sera rien qu'une ombre,
Avant qu'un demi-siècle ait achevé son cours.

On n'est guère loin du matin
Qui doit terminer le destin
Des superbes tyrans du Danube et du Tage.
Ils font les dieux dans le monde chrétien :
Mais il n'auront sur toi que le triste avantage
D'infecter un tombeau plus riche que le tien.

Et comment pourrions-nous durer?
Le temps, qui doit tout dévorer,
Sur le fer et la pierre exerce son empire.
Il abattra ces fermes bâtiments
Qui n'offrent à nos yeux que marbre et que porphyre,
Et qui jusqu'aux enfers portent leurs fondements.

On cherche en vain les belles tours
Où Pâris cacha ses amours,
Et d'où ce fainéant vit tant de funérailles.
Rome n'a rien de son antique orgueil,
Et le vide enfermé de ses vieilles murailles
N'est qu'un affreux objet et qu'un vaste cercueil.

Mais tu dois avecque mépris
Regarder ces petits débris.
Le temps amènera la fin de toutes choses ;
Et ce beau ciel, ce lambris azuré,
Ce théâtre, où l'aurore épanche tant de roses,
Sera brûlé des feux dont il est éclairé.

Le grand astre qui l'embellit
Fera sa tombe de son lit.
L'air ne formera plus ni grêles, ni tonnerres ;
Et l'univers qui, dans son large tour,
Voit courir tant de mers et fleurir tant de terres,
Sans savoir où tomber tombera quelque jour.

ODE

Hélène, Oriane, Angélique,
Je ne suis plus de vos amants.
Loin de moi l'éclat magnifique
Des noms puisés dans les romans.

Ma passion, quoi qu'amour fasse,
Ne fera plus son paradis
Des beautés qui mettent leur race
Plus haut que celle d'Amadis.

Pour baiser la robe ou la jupe
Des femmes de bonne maison,
Il faut qu'une amoureuse dupe
Perde son bien et sa raison.

Il faut que toujours il se couvre
De superbes habillements,
Et qu'il aille chercher au Louvre
De la grâce et des compliments.

Vivent Barbe, Alix et Nicolle,
Dont les simples naïvetés
Ne furent jamais à l'école
Des ruses et des vanités!

Une santé fraîche et robuste
Fait que toujours leur teint est net;
Et lorsque leur beauté s'ajuste,
La campagne est leur cabinet.

Sans donner ni bal, ni musique,
Sans emprunter chez les marchands,
Et sans débiter rhétorique,
Je plais aux Calistes des champs.

Leur âme n'est pas inhumaine
Pour tirer mes vœux en longueur;
Jamais je n'ai perdu l'haleine
En courant après leur rigueur.

Adieu, pompeuses damoiselles
Que le fard cache aux yeux de tous,
Et qui ne fûtes jamais belles
Que d'un beau qui n'est pas à vous!

J'en veux aux femmes de village,
Je n'aime plus en autre part;
La nature, en leur beau visage,
Fait la figue aux secrets de l'art.

CHANSON

Çà, qu'on me donne une bouteille
Pleine de ce vin qui réveille
Les esprits les plus languissants.
Le nectar lui cède la gloire,
Et les dieux pour en venir boire
Se travestissent en passants.

Je demande sur toutes choses,
Garçon, que les portes soient closes
A qui voudra parler à moi.
Loin d'ici factions et brigues;
Si la couronne a des intrigues,
Laissons-les au conseil du roi.

Mon ambitieuse espérance
D'un des premiers honneurs de France
Ne demande pas le brevet.

Ma barque aura le vent en poupe
Tant que le flacon et la coupe
Seront mes armes de chevet.

Quand un curieux me découvre
Les importants secrets du Louvre,
Je condamne son entretien.
De quelque façon qu'on gouverne,
Pourvu que j'aille à la taverne,
Il me semble que tout va bien.

Mon cœur est un cœur de femelle;
Mais dès que le fils de Sémèle
M'a suffisamment abreuvé,
Je crois qu'à mes faits héroïques
Le plus hardi preux des chroniques
Doit céder le haut du pavé.

Mon orgueil bruit comme un tonnerre;
Il n'est point de roi, sur la terre,
A qui je ne fasse un défi.
A la fierté de mon langage,
Il semble que j'ai mis en cage
Le prêtre Jean et le Sophi.

Devant les gens dont la censure
Veut qu'on boive avecque mesure,
Je disparais comme un lutin.
J'aime à trinquer, la tasse pleine,
Et voudrais pouvoir, d'une haleine,
Humer Octobre et Saint-Martin.

Dès que la mort impitoyable
Aura de sa main effroyable
Saisi ma vieillesse au collet,
Je veux qu'une vive peinture
Embellisse ma sépulture
De l'image d'un gobelet.

ÉPITAPHES

Le temps, par qui tout se consume,
Sous cette pierre a mis le corps
De l'Arétin de qui la plume
Blessa les vivans et les morts;
Son encre noircit la mémoire
Des monarques de qui la gloire
Était indigne du trépas;
Que s'il n'a pas contre Dieu même
Vomi quelque horrible blasphème,
C'est qu'il ne le connaissait pas.

Ci gît Paul qui baissait les yeux
A la rencontre des gens sobres,
Et qui priait toujours les cieux
Que l'année eût plusieurs Octobres.
Ce grand pilier de cabaret
Avecque un hareng soret
Humait des bouteilles sans nombre;
Passant qui t'es ici porté,
Sache qu'il voudrait que son ombre
Eût de quoi boire à ta santé.

ÉPIGRAMMES

Un rare écrivain comme toi
Devrait enrichir sa famille
D'autant d'argent que le feu roi
En avait mis dans la Bastille :

Mais les vers ont perdu leur prix,
Et pour les excellents esprits
La faveur des princes est morte;
Malherbe, en cet âge brutal,
Pégase est un cheval qui porte
Les grands hommes à l'hôpital.

Muses, j'adore vos chansons,
La douceur en est sans pareille;
Mais vous avez des nourrissons
Qui sont ânes à courte oreille.
Je donnerais pour un fétu
Tous les rimeurs à la douzaine;
Ils ont diffamé la vertu
De Pégase et de sa fontaine.
Ces gens mal faits et mal appris
Restent parmi les grands esprits,
Froids et muets comme des marbres,
Et l'excès de leur pauvreté
Les tient, à la façon des arbres,
Nus l'hiver et vêtus l'été.

SONNETS

Rome, qui sous tes pieds as vu toute la terre,
Ces deux fameux héros, ces deux grands conquérans
Qui dans la Thessalie achevèrent leur guerre,
Doivent être noircis du titre de tyrans.

Tu croyais que Pompée armait pour te défendre,
Et qu'il était l'appui de ta félicité.

Un même esprit poussait le beau-père et le gendre;
Tous deux avaient armé contre ta liberté.

Si Jules fût tombé, l'autre, après sa victoire,
Par un nouveau triomphe eût abaissé ta gloire;
Et forcé tes consuls d'accompagner son char.

Je les blâme tous deux d'avoir tiré l'épée,
Bien que le Ciel ait pris le parti de César,
Et que Caton soit mort dans celui de Pompée.

Il est vrai, je le sais, mes vers sont méprisés.
Leur cadence a touché les galants et les belles,
Grâces à la bonté des orateurs frisés
Dont le faux sentiment règne dans les ruelles.

Ils s'efforcent en vain de ravaler mon prix;
Et, malgré leur malice aussi faible que noire,
Mon livre sera lu par tous les beaux esprits;
Et plus il vieillira, plus il aura de gloire.

Tant qu'on fera des vers, les miens seront vivants;
Et la race future, équitable aux savants,
Dira que j'ai connu l'art qui fait bien écrire.

Elle n'aimera pas l'impertinent caquet
Des éloquents fardés que notre siècle admire
Et qui lui font porter le titre de coquet.

Mon âme, il faut partir. Ma vigueur est passée,
Mon dernier jour est dessus l'horizon.
Tu crains ta liberté. Quoi ! n'es-tu pas lassée
D'avoir souffert soixante ans de prison?

Tes désordres sont grands ; tes vertus sont petites,
Parmi tes maux on trouve peu de bien ;
Mais si le bon Jésus te donne ses mérites,
Espère tout et n'appréhende rien.

Mon âme, repens-toi d'avoir aimé le monde,
Et de mes yeux fais la source d'une onde
Qui touche de pitié le monarque des rois.

Que tu serais courageuse et ravie
Si j'avais soupiré, durant toute ma vie,
Dans le désert, sous l'ombre de la croix !

Déserts où j'ai vécu dans un calme si doux,
Pins qui d'un si beau vert couvrez mon hermitage,
La cour, depuis un an, me sépare de vous,
Mais elle ne saurait m'arrêter davantage.

La vertu la plus nette y fait des ennemis.
Les palais y sont pleins d'orgueil et d'ignorance.
Je suis las d'y souffrir, et honteux d'avoir mis
Dans ma tête chenue une vaine espérance.

Ridicule abusé, je cherche du soutien
Au pays de la fraude, où l'on ne trouve rien
Que des piéges dorés et des malheurs célèbres.

Je me veux dérober aux injures du sort,
Et, sous l'aimable horreur de vos belles ténèbres,
Donner toute mon âme aux pensers de la mort.

JEAN DE SCHELANDRE

1585 — 1635

Jean de Schelandre, seigneur de Saumazènes en Verdunois, est de la race des poëtes d'épée, race illustre et vaillante, qui compte en France Thibaut de Champagne et Thibaut de Marly, Eustache Deschamps, Du Bartas, d'Aubigné, Saint-Amand, Scudéry, Racan, Boufflers, Bertin, et que représentent de nos jours M. de Vigny, M. de Molènes, et quelques autres sans doute. Son père, gouverneur de Jametz en 1688, est cité dans l'*Histoire universelle* de d'Aubigné. Sa famille, alliée à plusieurs maisons illustres, et entre autres à la maison de La Mark, était calviniste. Militaire et huguenot, Schelandre se trouve avoir une double affinité avec l'auteur des *Tragiques*, dont il fut, bien que né quelque trente ans plus tard, le contemporain. On peut lui en trouver une encore, autrement glorieuse, l'affinité du talent, qui permet de le considérer comme le second poëte de génie que la Réformation ait donné à la France. Né sur le seuil du XVIIe siècle. Schelandre appartient comme poëte au XVIe. Colletet, son unique biographe, nous apprend qu'il n'aimait pas Malherbe, dont la poésie lui semblait trop molle et trop efféminée ; et qu'il lui préférait Ronsard et Du Bartas, qui, dit-il, *après les plus excellents poëtes grecs et latins étoient ses auteurs favoris.* — *Ses vers*, dit encore Colletet, *n'ont pas véritablement toute la délicatesse de son siècle, mais ils ont en récompense toute la force du siècle précédent ; et comme il n'aimoit que les choses mâles et vigoureuses, ses pensées l'étoient aussi.* Cette identité de goûts et de doctrine qui achève la ressemblance entre Schelandre et d'Aubigné s'explique par la similitude de leur vie : soldats l'un et l'autre, vivant loin de la cour et souvent loin de Paris, ils ne furent poëtes qu'à leurs heures et ne se mêlèrent qu'à distance au mouvement littéraire de l'époque. Les œuvres poétiques de Schelandre étaient rarissimes avant que l'éditeur de la *Bibliothèque elzévirienne* eût réimprimé, dans le tome VIIIe de son Ancien Théâtre français, la tragi-comédie de *Tyr et Sidon, ou les Amours de Belcar et de Méliane*, son plus important ouvrage, un drame audacieux et poétique s'il en fut, où deux actions concomitantes s'enroulent de scène en scène comme une double spirale, ou comme les deux serpents du caducée. Le lecteur passe d'une scène à l'autre, de Tyr à Sidon, et de Sidon à Tyr, pour suivre les aventures des fils des deux rois, celui du roi de Sidon, prisonnier à Tyr et amoureux de la fille de Pharnabaze, l'ennemi de son père; celui du roi de Tyr, prisonnier à Sidon et courtisant une bourgeoise galante, dont le mari, vieillard jaloux, le fait assassiner par deux spadassins. L'amour et la guerre, la politique et la fantaisie, le pathétique et le burlesque sont mêlés à hautes doses dans cette tragi-comédie vraiment digne de son nom, coupée par petites scènes à la façon du *Gœtz de Berlichingen* de Gœthe et écrite dans le style ferme et savant des élèves de Ronsard. Il est même telle scène où la comédie empiète sur la parade ou sur la farce, celle par exemple où le vieux Zarate, époux sidonien, courtise un page habillé en femme, chargé de l'entraîner loin de chez lui pour faire le champ libre au prince de Tyr. La variété des tableaux, où la pleine mer succède aux rochers, les palais aux champs de bataille, donnerait une haute idée de l'habileté des machinistes du XVIe siècle, si quelque renseignement pouvait nous faire croire que la pièce ait été représentée : malheureusement rien n'est moins certain. La tragi-comédie de *Tyr et Sidon*, imprimée pour la première fois en 1608, reparut vingt ans après, précédée d'une préface de François Ogier, prédicateur du Roi, qui est un manifeste des plus surprenants en faveur de la liberté de l'art dramatique. La préface de *Cromwell*, celle des *Études françaises et étrangères* d'Émile Deschamps n'en demandèrent pas tant. Il est curieux de retrouver à deux cents ans de date les mêmes idées et les mêmes tendances. Cette coïncidence permettrait peut-être de penser que la doctrine des unités au théâtre n'est point, autant qu'on l'a dit, essentielle au génie français. Nous avons donné nous-même autrefois dans un journal disparu, l'*Athenæum*, une analyse assez étendue du drame de Schelandre et de la préface de son éditeur; nous n'y reviendrons donc point, d'autant mieux que le texte de l'un et de l'autre peut être aujourd'hui plus facilement rencontré qu'à la date de cet article (mai 1854). Nous croyons néanmoins pouvoir citer comme échantillon du style dramatique de Schelandre, et aussi comme pièce à l'appui de nos éloges, quelques vers d'une des principales scènes de l'ouvrage, celle où Abdolonyme, roi de Sidon, déplore les malheurs de la dignité royale et la préférence d'Héphestion qui l'a fait roi contre son désir.

Depuis qu'un vieil ami du vainqueur Macédon
Mit en mes simples mains le sceptre de Sidon,
Combien ai-je tâché d'ombrager nos contrées
Sous l'aile de la Paix, si longtemps désastrées!
Paix! la fille du Ciel, la mère des Vertus,
Le juste cavesson des mutins abattus,
Nourrice des bons arts, saint nœud de concordance,
Trésor de tout bonheur et corne d'abondance;
Paix, qui peuplant la terre en dépit de la mort,
Rends honteux et désert le Charontide port;
O Paix! mon cher désir, qu'ai-je fait pour t'atteindre,
Et pour ce grand brasier dans mon terroir éteindre?
Qu'ai-je fait pour changer nos douleurs en soulas,
Nos corselets en socs, en faux nos coutelas?
. . . .
. . . .
Mais le plus vain désir dont s'abusent tant d'hommes,
C'est dans l'ambition des grandeurs où nous sommes,
Rois gênés de soucis, qui, parmi nos honneurs,
Sommes toujours en butte aux chagrins, aux frayeurs!
Oh! cent fois plus heureux ceux qui passent leurs âges
A guider un troupeau sur l'émail des herbages!
Si leur sceptre n'est d'or, mais de frêne ébranché,
Si leur corps n'est de pourpre, ains de toile caché,
Si pour mets plus exquis ils ont leur panetière,
Leur hutte pour palais, la paille pour litière,
Pour leur suisse un mâtin; si leur nom n'est connu
Qu'en un chétif hameau dont leur tige est venu;
Aussi sont-ils exempts de la mordante envie,
Leur âme en bas état est d'honneurs assouvie,
Ils dorment en repos sans crainte et sans soupçons;
On n'espionne pas leurs humeurs et façons;
Ils n'ont à contenter tant d'avides sangsues
Qui briguent dans les cours des pensions indues;
Ils sont pleiges d'eux seuls, et ne sont obligés
De répondre en autrui du droit des mal jugés;
Ils n'ont soin de méfaits dont ils ne sont pas cause;
Le fardeau d'un État sur leur dos ne fait pause,
Ils ne sont appelés par blâmes différens,
Si paisibles, couards; si justiciers, tyrans!

Citons encore, dans une gamme plus tendre, ce cri de la plaintive Méliane, au moment où elle se croit abandonnée par son amant.

Tu délaisses, ingrat! celle qui, pour te suivre,
Délaissait librement sa natale maison,
Ses grandeurs, ses amis, et son père grison!
O mer! . . . .
Fais blanchir hautement les béliers de tes flots,
D'un naufrage apparent fais peur aux matelots.
— Je n'ose dire à lui, car il n'est pas croyable!

De telles beautés poétiques, de tels accents nous excuseront peut-être d'avoir restauré avec quelque soin, pour une galerie de la poésie française, cette vieille toile d'un maître inconnu.

CHARLES ASSELINEAU.

Les autres ouvrages de Schelandre sont : la *Stuartide*, poëme dédié à Jacques Ier, roi d'Angleterre. Paris, 1614; les *Sept excellents tableaux de la Pénitence de saint Pierre* publiés à Sedan en 1636; enfin les *Mélanges poétiques* imprimés à la suite de la première édition de *Tyr et Sidon* (1608). Tout un livre de ces mélanges, les *Gayetés*, a été réimprimé à la suite d'une *Notice sur Schelandre*. Paris, 1856. Poulet-Malassis et de Broise.

ADIEUX A LA VILLE D'AVIGNON

Adieu, beau roc où deux palais dressés
Lèvent en l'air une face tant fière;
Adieu, beau pont; adieu, belle rivière;
Adieu, beaux murs, belles tours, beaux fossés.

Adieu, cité, dont je ne puis assez
Chanter la gloire et l'excellence entière;
Adieu, noblesse; adieu, troupe guerrière,
Amis, témoins des mes travaux passés.

Adieu, ballets, danses et mascarades,
Adieu, beautés dont les vives œillades
Ont de ces lieux banni l'obscurité.

Adieu surtout, belle rebelle fille,
Dont les rigueurs me chassent d'une ville
Où vos douceurs m'avaient tant arrêté.

SONNETS AUX POËTES DE CE TEMPS

Beaux esprits de ce temps, qui ravissez les cœurs
Par des pointes en l'air, des subtiles pensées,
Vos paroles de prose, en bon ordre agencées,
Me font rendre à vos pieds : vous êtes mes vainqueurs.

Car moi, je ne suis plus courtisan des Neuf Sœurs;
Des faveurs que j'en ai les modes sont passées :
Peut-être toutefois qu'aux âmes bien sensées
Ma rudesse vaut bien vos modernes douceurs.

J'ai quelques mots grossiers, quelques rimes peu riches;
Mais jamais grand terroir ne se trouva sans friches :
Je vois clocher Virgile, Homère sommeiller.

Chacun fait ce qu'il peut, en vers comme à la danse;
Mais, le bal étant long, il faut tant travailler
Que les meilleurs danseurs y sortent de cadence.

J'aime Du Bartas et Ronsard;
Toute censure m'est suspecte,
Quelque raison que l'on m'objecte,
De celui qui fait bande à part.

C'est fort bien d'enrichir son art,
Pourvu que trop on ne l'affecte;
Mais d'en dresser nouvelle secte,
Notre siècle est venu trop tard.

O censeurs des mots et des rimes,
Souvent vos ponces et vos limes
Otent le beau pour le joli!

En soldat j'en parle et j'en use.
Le bon ressort, non le poli,
Fait le bon rouet d'arquebuse!

CHANSON

Belle, si pour tirer les dames
Au réciproque de nos flammes,
Ce n'est rien de la loyauté
Sans les hameçons d'éloquence,
Que n'ai-je autant de bien-disance
Comme vous avez de beauté!

Ou si votre âme plus subtile,
Jugeant la parole inutile,
Veut voir un amour arrêté
Fidèle en sa persévérance,
Que n'ai-je autant de récompense
Comme j'ai de fidélité!

Ou si votre œil inexorable
Se plaît à voir le misérable
Éternellement tourmenté,
Pour vous complaire en ma souffrance,

Que n'ai-je autant de patience
Que vous avez de cruauté !

Ou si la rumeur du vulgaire
Vous retient de me satisfaire
En l'amoureuse volupté ;
Pour trahir toute médisance,
Ah ! que n'ai-je autant de licence
Comme vous d'opportunité !

LES PIEDS [1]

C'est à ces pieds poupinement petits
Que je consacre, en dépit de l'envie,
Ma voix, mon luth, mon service et ma vie,
Pieds bien formés comme ceux de Téthis !

Pieds dessous qui les cœurs assujettis
Ne plaignent pas leur franchise asservie !
Bien qu'à mon œil la vue en soit ravie,
Je les adore en leurs étuis gentils.

J'ai vu cent fois leurs voltes arrondies,
Leurs branles gais, leurs justes canaries [2]
Rendre en un bal tout le monde étonné.

J'ai vu la fleur, en la plaine émaillée,
Revivre mieux pour en être foulée :
Seul, dessous eux mon espoir est fané !

[1] Schelandre, dans une suite de sonnets amoureux, a célébré toutes les beautés de sa maîtresse, les yeux, le front, les mains, etc.

[2] Nom d'une danse ancienne.

LE TEINT

On me l'a dit ainsi, (l'aurais-je moi jugé?
Tout plaît également au sujet que l'on aime!)
Que sa perfection plus rare et plus extrême,
C'est un teint de vermeil sur le blanc arrangé.

Vermeil! non qui puisse être au masque déchargé,
Lorsqu'un trait de pinceau l'a posé sur le blême;
Blanc, non pas de céruse ou d'un artiste chrême,
Mais un teint naturel, sagement ménagé.

O siéges de pudeur! pleines douillettes joues,
Et toi, menton mignard, exempt de toutes moues,
Votre air et votre teint rend mes maux adoucis.

Et quand le ris se lève entre vos trois pommettes,
Lors, d'aise tout ravi, dans les trois fosselettes
J'enterre pour un temps mes plus âpres soucis.

RACAN

1589 — 1670

La mine d'un fermier, les façons d'un gentillâtre balourd, l'entrain d'un bègue qui grasseyait sitôt qu'il ne bégayait plus, tels sont les traits principaux dont Tallemant a marqué dans nos souvenirs la figure originale d'Honorat de Beuil, chevalier et plus tard marquis de Racan. En France où, sur toutes choses, nous n'hésitons guère qu'entre les diverses formes du convenu, il n'y a pour réussir et pour durer que les images héroïques ou les caricatures : il nous faut des demi-dieux ou des magots. Cette fois, la caricature a prévalu, et si d'aventure le nom de Racan se prononce encore, pour le gros du monde il rappelle surtout quelques grotesques anecdotes ; il fait songer par exemple à la mystification que subirent à la fois la très-docte, très-excellente, très-vieille mademoiselle de Gournay, la fille adoptive de Montaigne, et le chantre des *Bergeries*, le jour où la bonne demoiselle qui espérait la visite de Racan vit d'heure en heure son logis envahi par trois cavaliers d'allures différentes, chacun s'intitulant marquis de Racan, chacun phrasant et périphrasant à ravir, si bien que, malgré les doutes qui lui étaient venus dès la seconde visite, la maîtresse du lieu se laissait docilement surprendre au miracle de cette triade de Racans ; mais quand enfin survint le Racan véritable, gauche, mal en point, et torturant sa langue pour décliner son nom, elle n'y tint plus, elle se répandit en injures, et de ses propres mains poussa dans l'escalier le bouffon grossier qui la voulait jouer... Où vais-je pourtant, et pourquoi reprendre à mon compte les anas du sottisier d'il y a deux siècles ? Ce n'est pas Tallemant qu'il faut interroger sur Racan ; c'est La Fontaine, c'est Despréaux, c'est Malherbe, ou plutôt c'est Racan lui-même.

Les illustres avocats de Racan, et je suis loin de les avoir nommés tous, font quelquefois tort à la cause de leur client, en le prenant sur un ton trop haut, en écrasant de leur pompe artificielle le plus doux et le plus naturel des rêveurs. Boileau qui, lui aussi, eut, en dépit de sa prudence, ses heures d'hyperbole et d'emphase, nous défigure Racan, autant que Tallemant lui-même, quand il s'écrie :

> Tout chantre ne peut pas, sur le ton d'un Orphée,
> Entonner en grands vers la discorde étouffée;
> Peindre Bellone en feu tonnant de toutes parts,
> Et le Belge effrayé fuyant sur ses remparts.
> Sur un ton si hardi, sans être téméraire,
> Racan pourrait chanter à défaut d'un Homère !...

Racan et Homère ! l'avez-vous entendu ? Ces appels de clairon pour ce joueur de flûte ? Si Racan fut page et soldat pendant ses années de jeunesse, est-ce une raison, ô Boileau, pour le condamner à nous recommencer l'Iliade ? Autant vaudrait vous comparer à Polybe et à Végèce, parce que vous ne vous êtes pas battu sous Namur. Les poëmes guerriers de Racan ne foisonnent pas dans le recueil de ses œuvres, et je ne le prendrais pas pour arbitre entre Argos et Ilion, quand il eût écrit plus souvent des strophes pareilles à celles qui suivent. (Il s'agit de Henri IV qui revient au monde pour assister à la conquête de l'Orient par Louis XIII ; ces poëtes pastoraux ont, quand ils s'émancipent, de bien bizarres fantaisies !)

> Il voit dans les choses futures
> Qui sont présentes à ses yeux
> Les glorieuses aventures
> De vos exploits laborieux.
> Il voit déjà les citadelles
> De cent peuplades infidèles
> Cacher sous l'herbe leur sommet;
> Et, dans Byzance reconquise,
> Les fleurs de lis venger l'Église
> Des blasphèmes de Mahomet.
>
> Oh ! que lors, dans ces deux rivages,
> Le Nil oira nos combattants
> Faire jour et nuit des ravages
> Dans les provinces des Sultans;
> Que Biserte dans ses murailles
> Verra faire de funérailles,
> Et que de peuples déconfits
> Pleureront leurs maisons superbes,
> Quand l'on moissonnera les gerbes
> Sur les ruines de Memphis !

Voilà Racan dans son plus beau feu; et ce n'est pas la peine de citer cette traduction du psaume dix-neuvième qu'il avait « accommodé entièrement à la personne du roi et de son règne, jusqu'à y avoir décrit l'artillerie, au lieu des chariots armés de faux dont David semble vouloir parler au verset qui commence: *Hi in curribus.* » On voit de reste que l'immortalité du fils de Chryséis n'a rien à redouter de notre faiseur d'idylles, et que les plus fameux exploits de Racan pourraient bien dater de ces jours où, lieutenant de Malherbe, au campement classique de l'hôtel de Bellegarde, il traitait avec ses frères d'armes « la grande affaire des gérondifs et des participes, comme si c'était celle de deux peuples voisins, jaloux de leurs frontières. » Encore faut-il le confesser, après les plus brillantes escrimes, Racan n'a pas toujours l'heur de contenter son capitaine: « Il a de la force, » dit le juge exact et dur, « mais il ne travaille pas assez ses vers. Le plus souvent, pour s'aider d'une bonne pensée, il prend de trop grandes licences. C'est un hérétique en poésie. » — Bagatelle que cela, mais si vous l'aviez vu à la guerre, aurait sans doute répondu à Malherbe le chef sous qui Racan fit sa première et je crois son unique campagne!

La Fontaine ne s'est pas trompé sur Racan beaucoup moins que Boileau.

> Autrefois à Racan Malherbe l'a conté,
> *Ces deux rivaux d'Horace*, héritiers de sa lyre,
> Disciples d'Apollon, nos maîtres, pour mieux dire...

Ainsi dit-il, au début d'une de ses fables les plus parfaites. Ailleurs, dans cette brillante épître où il raconte à Huet ses études et ses préférences, il revient à son parallèle:

> . . . L'ode qui baisse un peu
> Veut de la patience; et nos gens ont du feu.
> *Malherbe avec Racan* parmi les chœurs des anges,
> Là-haut de l'Éternel célébrant les louanges,
> Ont emporté leur lyre; et j'espère qu'un jour
> J'entendrai leur concert au céleste séjour!

Non, Racan n'était pas le rival d'Horace! non! il ne faut pas ainsi le mêler à tous moments et le confondre avec Malherbe! non! ni l'un ni l'autre n'a rien à voir avec les chœurs des anges! Un critique excellent, M. Fauriel, l'a remarqué ingénieusement, « il est plus facile encore de devenir l'égal d'Horace que d'être son semblable, » et jamais poëte lyrique ne ressembla moins que Racan à l'ami de Mécène. Horace était un érudit, un desservant pieux de l'antiquité, un Romain jaloux de transporter à Tibur les richesses du chant qu'il avait curieusement glanées dans Athènes et dans Syracuse. Lord Macaulay a pu requérir contre Glycère, contre Lydie, contre la bonne Cinara et contre la tendre Chloé, leur dénier la vie, et renvoyer ces ombres mal déguisées par leur vêtement latin aux portiques d'Ionie sous lesquels, en d'autres temps elles eurent de vrais corps et des amants moins philologues. Je n'entre pas dans la querelle; mais que nous sommes loin de Racan, cet ignorant qui ne sut pas assez de latin pour retenir son *confiteor,* ce profane qui, le jour où il prit séance à l'Académie, se hasarda jusqu'à proférer ce blasphème : « Ils ne craignent point d'appeler divin et incomparable le plus fin galimatias de Pindare et de Perse, et se contentent d'appeler agréables et jolis les vers miraculeux de Bertaut et de Malherbe ! » Horace est le plus artiste des poëtes; Racan n'est que le plus inspiré des amateurs, et La Fontaine eût dû mieux en juger, lui qui s'autorisait du nom de Racan pour interdire aux Muses cette science dont Horace n'a jamais fini d'user :

> Nos aïeux, bonnes gens, lui laissaient tout passer
> Et d'érudition ne se pouvaient lasser.
> C'est un vice aujourd'hui : l'on oserait à peine
> En user seulement une fois la semaine...
> Quand il plait au hasard de vous en envoyer,
> Il faut les bien choisir, puis, les bien employer;
> Très-sûrs qu'avec ce soin l'on n'est par sûr de plaire;
> Cet auteur a, dit-on, besoin d'un commentaire :
> On voit bien qu'il a lu; mais ce n'est pas l'affaire,
> Qu'il cache son savoir et montre son esprit;
> Racan ne savait rien, comment a-t-il écrit?

Les différences de Malherbe à Racan ne sont pas moins sensibles, et Boileau, plus avisé, dans sa prose que dans ses vers, les signalait un des premiers : « La nature n'avait pas fait Malherbe grand poëte... Racan avait plus de génie que lui ; mais il est plus négligé et songe trop à le copier. Il excelle surtout, à mon avis, à dire les petites choses; et c'est en quoi il ressemble mieux aux anciens que j'admire surtout par cet endroit. » Mais Boileau oubliait de noter la veine heureuse de sentiment qui met Racan tout à fait à part, sans toutefois l'élever vers ces *chœurs des anges* où l'intronise assez indûment La Fontaine ! Pour séraphiser, Malherbe était trop sec, Racan trop épris de la bonne loi naturelle.

Ni Homère, ni Horace, ni Malherbe ! — Racan serait-il plutôt de la lignée de Théocrite et de Virgile, me demande un curieux qui des *Bergeries* connait au moins le titre? Hélas, point davantage! Malgré le succès incomparable qui accueillit la comédie idyllique du bon Racan, malgré toutes les Iris, les Climène, les Amarante et les Silvie qui vinrent après son Arténice sans la diminuer, je ne saurais pas aisément applaudir à cette fausse conception, à cette poésie sans nouveauté, à ce drame sans mouvement. Ne troublons pas pour si peu de chose les fêtes de la Sicile et du Latium; n'invoquons pas même le Tasse qui chante l'Aminta, Milton qui travestit sans sourire son ami M. King en Lycidas, ou Allan Ramsay qui raconte à l'Écosse enchantée les amours de l'aimable berger! Racan ne s'est pas douté qu'il fallait pour son monde impossible établir au moins une loi idéale, et y rester fidèle. D'Urfé l'avait mieux compris dans l'Astrée, et aussi ce géant que j'ai honte d'introduire en pareille compagnie, celui qui fit l'églogue de la forêt des Ardennes aussi vraie que les tragédies d'Elseneur et de Vérone! « *Musa illa pastoralis non forum modo, verum etiam urbem reformidat.* » C'est Quintilien qui parle ainsi. Qu'eût-il dit de ces bergers qu'un moderne Quintilien a finiment appréciés, « personnages abstraits, généraux et convenus qui ont un chien, une houlette et des moutons, mais qui ne sont d'aucun pays, d'aucun temps, et qui auraient besoin d'écrire sur leur chapeau :

« C'est moi qui suis Guillot, pasteur de ce troupeau ? »

Laissons Racan si nous voulons croire encore aux bergers; relisons Théocrite ou Crabbe; saisissons au vol ces fragments d'hymnes que Linnée mêle, sans y prétendre, aux plus nobles effusions de la science; retournons aux bords de la Mare-au-Diable, ou même dans cette Touraine qu'habitait Racan; allons y écouter le pamphlétaire Paul-Louis qui se délasse de ses luttes et de ses colères, en jetant dans sa gazette de village ce joyeux salut au printemps: « Les rossignols chantent et l'hirondelle arrive! » Nous ne penserons plus guère alors aux bergeries, ce chef-d'œuvre suranné d'une époque que M. de Chateaubriand nommait gaiement « le siècle de Louis XIV encore au pâturage. »

L'originalité de Racan n'est pas plus là qu'elle n'est dans ses psaumes dont M. Patin a rassemblé avec un soin délicat les beautés trop clairsemées. Mais Racan vivra. Il a aimé les champs, le loisir, la retraite. Par trois fois, en racontant ses amours, il a rencontré la note profonde. Il ne ressemble pas à Horace, ai-je dit : mais autant qu'Horace, autant que Chaulieu, plus que Voltaire, il a su donner du charme et presque de l'élévation aux franches confessions de l'épicuréisme, d'autant moins offensant chez lui, qu'il fut dégagé de toute prétention philosophique, et qu'il s'allia, sans trop de discordance, avec les pratiques d'une foi sincère.

Racan, né en 1589, ne mourut qu'en 1670 dans son château de la Roche-Racan. Venu trop tard pour jouer un rôle dans les sanglantes comédies qui affligèrent la France du XVIe siècle, il disparut avant les sombres crépuscules du grand règne. Le patriarche de la pastorale eut le droit de se croire heureux : sa vie s'est écoulée dans l'intervalle de deux tempêtes.

PHILOXÈNE BOYER.

On consultera utilement sur Racan : Pellisson (Histoire de l'Académie) ; Baillet (Jugements des savants) ; M. Sainte-Beuve (Causeries du lundi, tomes VIII et XIII ; M. Antoine de Latour (Revue des Deux Mondes, 1er mars 1835) ; M. Gérusez (Histoire de la littérature française) ; M. Demogeot (Tableau de la littérature française au XVIIe siècle avant Corneille et Descartes) ; M. H. Martin (Mémoires de l'Académie de Caen, 1840, etc.)

Les œuvres de Racan, souvent réimprimées, ont été réunies en 1855 dans la collection Janet par les soins de M. Tenant de Latour.

STANCES

Tircis, il faut penser à faire la retraite.
La course de nos jours est plus qu'à demi faite,
L'âge insensiblement nous conduit à la mort.
Nous avons assez vu sur la mer de ce monde
Errer au gré des flots notre nef vagabonde ;
Il est temps de jouir des délices du port.

Le bien de la fortune est un bien périssable :
Quand on bâtit sur elle, on bâtit sur le sable ;

Plus on est élevé, plus on court de dangers;
Les grands pins sont en butte aux coups de la tempête,
Et la rage des vents brise plutôt le faîte
Des maisons de nos rois que des toits des bergers.

Oh! bienheureux celui qui peut de sa mémoire
Effacer pour jamais ce vain espoir de gloire
Dont l'inutile soin traverse nos plaisirs,
Et qui, loin retiré de la foule importune,
Vivant dans sa maison, content de sa fortune,
A selon son pouvoir mesuré ses désirs!

Il laboure le champ que labourait son père,
Il ne s'informe pas de ce qu'on délibère
Dans ces graves conseils d'affaires accablés;
Il voit sans intérêt la mer grosse d'orages,
Et n'observe des vents les sinistres présages
Que pour le soin qu'il a du salut de ses blés.

Roi de ses passions, il a ce qu'il désire.
Son fertile domaine est son petit empire,
Sa cabane est son Louvre et son Fontainebleau;
Ses champs et ses jardins sont autant de provinces,
Et sans porter envie à la pompe des princes,
Se contente chez lui de les voir en tableau.

Il voit de toutes part combler d'heur sa famille;
La javelle à plein poing tomber sous la faucille,
Le vendangeur ployer sous le faix des paniers,
Et semble qu'à l'envi les fertiles montagnes,
Les humides vallons et les grasses campagnes
S'efforcent à remplir sa cuve et ses greniers.

Il suit, aucune fois, le cerf par les foulées,
Dans ces vieilles forêts du peuple reculées,
Et qui même du jour ignorent le flambeau;
Aucune fois des chiens il suit les voix confuses,

Et voit enfin le lièvre, après toutes ses ruses,
Du lieu de sa naissance en faire le tombeau.

Tantôt il se promène au long de ces fontaines
De qui les petits flots font luire dans les plaines
L'argent de leurs ruisseaux parmi l'or des moissons;
Tantôt il se repose avecque les bergères
Sur des lits naturels de mousse et de fougères
Qui n'ont d'autres rideaux que l'ombre des buissons.

Il soupire en repos l'ennui de sa vieillesse
Dans ce même foyer où sa tendre jeunesse
A vu dans le berceau ses bras emmaillottés;
Il tient par les moissons registre des années,
Et voit de temps en temps leurs courses enchaînées
Vieillir avecque lui les bois qu'il a plantés.

Il ne va point fouiller aux terres inconnues,
A la merci des vents et des ondes chenues,
Ce que nature avare a caché de trésors;
Et ne recherche point, pour honorer sa vie,
De plus illustre mort ni plus digne d'envie
Que de mourir au lit où ses pères sont morts.

Il contemple, du port, les insolentes rages
Des vents de la faveur, auteurs de nos orages,
Allumer des mutins les desseins factieux;
Et voit en un clin d'œil, par un contraire échange,
L'un déchiré du peuple au milieu de la fange
Et l'autre à même temps élevé dans les cieux.

S'il ne possède point ces maisons magnifiques,
Ces tours, ces chapiteaux, ces superbes portiques
Où la magnificence étale ses attraits,
Il jouit des beautés qu'ont les saisons nouvelles,
Il voit de la verdure et des fleurs naturelles
Qu'en ces riches lambris l'on ne voit qu'en portraits.

Crois-moi, retirons-nous hors de la multitude,
Et vivons désormais loin de la servitude
De ces palais dorés où tout le monde accourt.
Sous un chêne élevé les arbrisseaux s'ennuient;
Et devant le soleil tous les astres s'enfuient,
De peur d'être obligés de lui faire la cour.

Après qu'on a suivi sans aucune assurance
Cette vaine faveur qui nous paît d'espérance,
L'envie, en un moment, tous nos desseins détruit;
Ce n'est qu'une fumée; il n'est rien de si frêle.
La plus belle moisson est sujette à la grêle,
Et souvent elle n'a que des fleurs pour du fruit.

Agréables déserts, séjour de l'innocence,
Où, loin des vanités, de la magnificence,
Commence mon repos et finit mon tourment,
Vallons, fleuves, rochers, plaisante solitude,
Si vous fûtes témoins de mon inquiétude,
Soyez-le désormais de mon contentement.

A MONSIEUR

LE COMTE DE BUSSY DE BOURGOGNE

ODE

Bussy, notre printemps s'en va presque expiré;
Il est temps de jouir du repos assuré
Où l'âge nous convie.
Fuyons donc ces grandeurs qu'insensés nous suivons,
Et, sans penser plus loin, jouissons de la vie,
Tandis que nous l'avons.

Donnons quelque relâche à nos travaux passés ;
Ta valeur et mes vers ont eu de nom assez
Dans le siècle où nous sommes.
Il faut aimer notre aise et pour vivre contents
Acquérir par raison ce qu'enfin tous les hommes
Acquièrent par le temps.

Que te sert de chercher les tempêtes de Mars,
Pour mourir tout en vie au milieu des hasards
Où la gloire te mène?
Cette mort qui promet un si digne loyer
N'est toujours que la mort qu'avecque moins de peine
L'on trouve en son foyer.

Que sert à ces galants ce pompeux appareil
Dont ils vont dans la lice éblouir le soleil
Des trésors du Pactole ?
La gloire qui les suit après tant de travaux
Se passe en moindre temps que la poudre qui vole
Du pied de leurs chevaux.

A quoi sert d'élever ces murs audacieux
Qui de nos vanités font voir jusques aux cieux
Les folles entreprises?
Maints châteaux accablés dessous leur propre faix
Enterrent avec eux les noms et les devises
De ceux qui les ont faits.

Employons mieux le temps qui nous est limité ;
Quittons ce fol espoir par qui la vanité
Nous en fait tant accroire.
Qu'amour soit désormais la fin de nos désirs,
Car pour eux seulement les dieux ont fait la gloire,
Et pour nous les plaisirs.

Heureux qui, dépouillé de toutes passions,
Aux lois de son pays règle ses actions
Exemptes d'artifice ;

Et qui, libre du soin qui t'est trop familier,
Aimerait mieux mourir dans les bras d'Arténice
Que devant Montpellier.

POUR UN MARINIER

VERS DE BALLET

Dessus la mer de Chypre où souvent il arrive
Que les meilleurs nochers se perdent dès la rive,
J'ai navigué la nuit plus de fois que le jour:
La beauté d'Uranie est mon pôle et mon phare,
Et, dans quelque tourmente où ma barque s'égare,
Je n'invoque jamais d'autre dieu que l'amour.

Souvent, à la merci des funestes pléiades,
Ce pilote sans peur m'a conduit en des rades
Où jamais les vaisseaux ne s'étaient hasardés;
Et, sans faire le vain, ceux qui m'entendront dire
De quel art cet enfant a guidé mon navire,
Ne l'accuseront plus d'avoir les yeux bandés.

Il n'est point de brouillards que ses yeux n'éclaircissent,
Par ses enchantements les vagues s'adoucissent,
La mer se fait d'azur et le ciel de saphirs;
Et devant la beauté dont j'adore l'image,
En faveur du printemps qui luit en son visage,
Les plus fiers aquilons se changent en zéphirs.

Mais bien que dans ses yeux l'amour prenne ses charmes,
Qu'il y mette ses feux, qu'il y forge ses armes,
Et qu'il ait établi son empire en ce lieu,
Toutefois sa grandeur lui rend obéissance;
Sur cette âme de glace il n'a pas de puissance,
Et seulement contre elle il cesse d'être Dieu.

Je sais bien que ma nef y doit faire naufrage,
Ma science m'apprend à prédire l'orage;
Je connais le rocher qu'elle cache en son sein :
Mais plus j'y vois de morts et moins je m'épouvante;
Je me trahis moi-même, et l'art dont je me vante,
Pour l'honneur de périr en un si beau dessein.

POUR UN CAPITAN

VERS DE BALLET

Enfin, las d'employer la force de mes mains
A punir ici-bas l'audace des humains,
Contre le firmament j'ai planté l'escalade
Pour tirer la raison de la mort d'Encelade.
Les astres effrayés tremblèrent sous mes pas :
Et, n'était que les dieux sont exempts du trépas,
Leur Olympe aujourd'hui serait un cimetière :
Mais, combien que je sois en tous lieux triomphant,
Les yeux d'une déesse aussi belle que fière
Font que je suis vaincu par la main d'un enfant.

A MONSIEUR DARMILLY

GENTILHOMME DE TOURAINE SOUS LE NOM DE DAMER

SONNET

Ne t'étonne, Damer, de voir la conscience,
L'honneur qu'on doit aux lois, la foi ni la raison,
Non plus que des habits qui sont hors de saison,
N'être point approuvés parmi la bienséance;

Ne t'étonne de voir mépriser la science,
L'impiété partout répandre son poison;
Et l'État, dépité contre sa guérison,
Courir à sa ruine avec impatience;

Ne t'étonne de voir le vice revêtu
Des mêmes ornements qui parent la vertu,
La richesse sans choix injustement éparse:

Si le monde fut pris des plus judicieux
Pour une comédie, au temps de nos aïeux,
Peut-être qu'à présent l'on veut jouer la farce.

CONSOLATION

A Mme DE BELLEGARDE SUR LA MORT DE M. DE TERMES SON FRÈRE

. . . .

L'on pardonne les pleurs aux personnes communes,
Mais non pas aux esprits qui, dans les infortunes
Ont si visiblement leur courage éprouvé;
Modère donc l'ennui dont ton âme est touchée,
Et ne regrette point que ton frère ait trouvé
La mort que sa valeur a tant de fois cherchée.

Sa gloire était le but de son ambition,
L'amour de la vertu, la seule passion
Dont il était épris, soit en paix, soit en guerre;
Et, sortant comme toi de la tige des dieux,
Cependant que le sort l'arrêtait sur la terre,
Tous ses vœux ne tendaient qu'à retourner aux cieux.

Désormais ce guerrier est, selon son envie,
Parvenu, par sa mort, à la céleste vie,

Après s'être assouvi des appas de l'honneur.
Les dieux l'ont retiré des mortelles alarmes,
Et si rien à présent peut troubler son bonheur,
C'est de te voir pour lui répandre tant de larmes.

Il voit ce que l'Olympe a de plus merveilleux,
Il y voit, à ses pieds, ces flambeaux orgueilleux,
Qui tournent à leur gré la fortune et sa roue;
Et voit, comme fourmis, marcher nos légions
Dans ce petit amas de poussière et de boue,
Dont notre vanité fait tant de régions.

. . . .

Mais puisque ses travaux ont trouvé leur asile,
Oublie en sa faveur cette plainte inutile,
Dont l'injuste longueur traverse tes plaisirs :
Crois-tu que, jouissant d'une paix si profonde,
Il voulût à présent que, selon tes désirs,
Le ciel le renvoyât aux misères du monde?

Le bonheur d'ici-bas se passe en un moment,
Le sort, roi de nos ans, y règne absolument :
Par lui, ce grand César n'est plus rien que fumée.
Puisqu'en ce changement tu cesses de le voir,
Au lieu de sa dépouille aime sa renommée ;
C'est sur quoi le destin n'aura point de pouvoir.

THÉOPHILE DE VIAU

1590 — 1626

Théophile de Viau est plus connu sous son prénom de Théophile.

A Malherbe, à Racan, préférer Théophile,

dit Boileau, — ce vers et l'hémistiche : « Il en rougit le traître ! » tiré de la tragédie de *Pyrame et Thisbé* que citent tous les traités de rhétorique comme exemple de faux goût, composent à peu près les notions du vulgaire sur le poëte dont nous allons essayer de peindre la physionomie caractéristique. Théophile, si oublié aujourd'hui, fit grand bruit en son temps, comme écrivain et comme libre penseur. Il subit en cette qualité des persécutions dont le prétexte semble obscur, quand on compulse les pièces du procès ; traqué, exilé, emprisonné, condamné à mort et même exécuté en effigie, il eut beaucoup de peine à se tirer sain et sauf des engrenages de la machination dirigée contre lui par un parti puissant, et il mourut jeune dans la retraite que lui avait offerte le duc de Montmorency son protecteur.

Avant de nous occuper du *libertin*, comme on disait alors avec un sens que ce mot n'a plus, parlons du poëte. Théophile de Viau naquit à Boussères Sainte-Radegonde, en 1590, d'une honnête famille, quoique ses détracteurs l'aient prétendu fils d'un cabaretier. Le manoir paternel, que sa tour signalait d'assez loin aux yeux, n'avait rien d'une auberge, et l'hospitalité qu'on y recevait, bien que frugale, était à coup sûr gratuite ; un des ancêtres du poëte avait été secrétaire de la reine de Navarre ; son oncle, nommé par Henri IV, gouverneur de la ville de Tournon. Tout cela est honorable et décent.

Théophile vint à Paris en 1610 ; il avait vingt ans, et son esprit le poussa bien vite parmi les jeunes seigneurs. Il se lia avec Balzac dont il n'eut pas à se louer, voyagea avec lui en Hollande, et, à son retour, composa des vers et des entrées pour les ballets et mascarades de la cour, qui lui firent beaucoup d'honneur par leur tour ingénieux et leurs allusions adroitement amenées. Le poëte avait la répartie alerte, il ne restait jamais à court, et l'impromptu lui jaillissait avec une spontanéité surprenante. Sa conversation était pleine de charme et d'imprévu, les idées hardies et neuves s'y jouaient avec trop d'éclat et de liberté peut-être. Les doctrines littéraires qu'il professe dans ses vers et dans sa prose sont originales et tranchent sur les opinions du temps. Rien de plus moderne, et les novateurs de 1830 n'ont pas mieux dit. Théophile, en cela trop rigoureux sans doute, n'admet pas, chez des chrétiens, et dans des sujets qui ne sont pas grecs ou romains, l'emploi des dieux de la fable; le fatras mythologique lui paraît pédantesque, suranné et hors de propos; il ne veut invoquer ni Phœbus ni les nymphes du Permesse; il plume les ailes du vieil Amour et, se moquant des Iris en l'air, il proclame le nom de Marie comme le plus beau du monde.

Cependant n'allez pas croire que Théophile bannisse les images, les métaphores et veuille réduire la poésie à n'être que de la prose rimée; il a le sens trop net et trop droit pour cela. Seulement il veut que la pensée naisse de la cervelle ou du cœur du poëte, et que les couleurs dont il la revêt soient prises sur la palette de la nature. Le centon perpétuel de l'antiquité l'ennuie et le dégoûte avec raison; il affirme que ce n'est pas la peine de ressasser ce qui a été dit beaucoup mieux, il y a quelque deux mille ans, et de sa part ce n'est point le dédain d'un ignorant qui trouve la science trop verte. L'éducation de Théophile était excellente, il savait du grec et du latin autant qu'un érudit de cabinet; il a traduit le Phédon, écrit des lettres d'une latinité irréprochable, et son histoire de Larissa semble un fragment retrouvé d'Apulée ou de Pétrone. Nourri de la moelle de l'antiquité, il l'avait digérée, et il ne la rendait pas toute crue, comme font les pédants. Chez lui, la poésie n'empêchait pas le sens critique : ses jugements littéraires sont d'une lucidité remarquable.

Tout en rendant à Malherbe la stricte justice qu'il mérite, Théophile se moque des imitateurs de ce sec poëte, en vers pleins d'ironie et de verve, dont Boileau s'est peut-être un peu trop souvenu, et raille ces gratteurs de syllabes, ces peseurs de diphthongues qui cherchent un mois

. . . . Comment à fils
Pourra s'apparier la rime de Memphis.

et s'imaginent avoir fait un monument parce qu'ils ont passé de longues heures à un travail stérile, et barbouillé une rame de papier pour arrondir une strophe.

La tragédie de *Pyrame et Thisbé*, quoiqu'elle ait obtenu du succès et tenu honorablement sa place à la scène, dans un temps où Corneille et Molière n'avaient pas encore régénéré le théâtre, n'est pas une œuvre qui porte le cachet distinctif de l'auteur. Le métier de poëte dramatique n'allait pas à Théophile, il l'avoue lui-même avec une mâle franchise; ce travail l'a longtemps *martyré*, dit-il, son esprit fantasque et vagabond aime mieux la liberté de l'ode et de l'épître; il lui faut tout son loisir pour se promener dans les bois, rêver au murmure des ruisseaux, surprendre au vol le double papillon de la rime, et chercher la chute d'une stance sans avoir à se préoccuper des entrées ou des sorties, et de tous les détails matériels du théâtre.

En effet, Théophile est à la fois lyrique et descriptif. C'est là où il réussit le mieux; dans l'ode, il a le souffle, la période nombreuse, la belle conduite de la strophe, une noblesse sans emphase, des trouvailles de mots pleines de bonheur. Dans la description, il a souvent des détails rares, des couleurs vives, un sentiment vrai de la nature, des touches bien posées à leur place, de l'élégance et de la fraîcheur. Il regarde les objets qu'il peint et ne les copie pas dans les vers de quelque ancien auteur; à ses peintures *ad vivum* il mêle sa propre individualité, et il en fait un fond pour ses personnages et ses pensées.

L'ode intitulée *le Matin* renferme des stances pleines de grâce, des images neuves, des détails observés, et la chute anacréontique, qui la termine, est bien amenée, quoique rappelant un peu l'odelette de Ronsard, *Mignonne, allons voir si la rose.*

La *Solitude* est peut-être la pièce la plus achevée du poëte, dont le défaut était de se laisser trop aller à sa facilité. — C'est une solitude à deux, où les épanchements d'amour se mêlent aux effusions lyriques et aux descriptions des beautés naturelles.

> Dans ce val solitaire et sombre,
> Le cerf qui brame au bruit de l'eau,
> Penchant ses yeux dans un ruisseau,
> S'amuse à regarder son ombre.

Comme ce brusque début vous transporte loin du monde au milieu du calme, du silence, de la fraîcheur et de la solitude, et qu'il fait bon aimer au sein de cette pittoresque retraite! Les concetti à l'italienne, les agudezzas à l'espagnole sont ici plus rares que dans aucune autre pièce de Théophile. La passion vraie y remplace la galanterie, et l'amour de l'âme y relève la tendresse voluptueuse. Pour trouver des accents analogues, il faut descendre jusqu'au renouvellement poétique de ces dernières années.

Les stances *sur une tempeste* ont du mouvement et de la couleur, et l'ode *sur la paix* contient des strophes dont visiblement Malherbe a imité l'allure et le trait avec supériorité, il faut le dire, car le principal défaut de Théophile est de ne pas profiter jusqu'au bout des rencontres heureuses qu'il fait; il se lasse vite et n'a pas le courage de suppléer par le travail les intermittences de l'inspiration. Par malheur pour lui, il ne possède pas l'autre moitié du génie, — la patience.

Bien qu'on trouve chez lui beaucoup de morceaux remarquables, Théophile n'est pas un pur tempérament poétique. C'est un philosophe, un libre penseur : il a une doctrine, il aime à raisonner encore plus qu'à peindre, et dans ses ouvrages l'idée ne s'habille pas toujours avec le vêtement de l'image. Il se contente souvent de l'exprimer avec une netteté qui devient prosaïque; — cela ne suffit pas en vers. Ses odes, plus tendues et d'un essor plus élevé, n'ont pas ce défaut; mais il est sensible en beaucoup de pièces, élégies, discours, dont la forme se rapproche de l'épître. La phrase est bien conduite, la période se déroule sans embarras, le raisonnement se suit avec logique, l'esprit étincelle par places mais les touches colorées, qui ravivent les nuances un peu grises du fond, sont données trop sobrement, — on désirerait çà et là quelque coup d'aile qui enlevât de terre ce sermon pédestre. La chose s'explique naturellement par ceci : — chez Théophile, le poëte contenait un excellent prosateur qui, si sa vie eût été plus longue, eût peut-être fini par prédominer. « Les fragments d'une histoire comique » en sont une preuve irrécusable. On n'écrivait guère alors, en prose, de cette façon ferme, aisée et franche. Chose bizarre, le mauvais goût reproché aux vers de Théophile ne se retrouve pas dans sa prose, et s'y raille au contraire des affectations qu'il ne se refuse pas toujours lorsqu'il écrit en langage métrique. La figure du pédant Sidias est tracée avec une amusante verve bouffonne, et il est permis de croire que de cette caricature charbonnée sur la muraille d'un cabaret, Molière a tiré son Pancrace et son Marphurius. — La question « si odor in pomo est accidens » vaut bien celle des chapeaux.

Maintenant, arrivons aux persécutions qu'eut à subir Théophile. — Dans son Apologie, il les attribue à la rancune des jésuites, qu'il avait irrités en découvrant chez l'un d'eux le vice qu'on lui reprochait à lui-même, et cette raison paraît vraisemblable; — ce jésuite était le Père Voisin; — un autre de la confrérie, le Père Garasse, une de ces fortes gueules qui aboient d'après le mot d'ordre de leur parti, parla contre Théophile en chaire, et composa un in-quarto d'injures à son adresse, intitulé *la Doctrine curieuse*, un vrai catéchisme poissard d'invectives théologiques et pédantes. — Théophile est traité d'ivrogne, de sodomite, d'athée, de veau (allusion délicate à son nom de famille), et des cendres remuées du bûcher de Lucilio Vanini, le bon Père tâche de faire jaillir une étincelle pour allumer les fagots sous le poëte du Parnasse satyrique.

Les doctrines de Théophile sont-elles si damnables que le prétendaient ses adversaires? — Nous ne le pensons pas; du moins, les passages cités comme impies et blasphématoires ont besoin d'être singulièrement forcés et détournés de leur sens naturel pour prêter à des accusations semblables : ce sont, la plupart du temps, des impiétés galantes, des Iris comparées à des anges, les tourments de l'amour jugés plus cruels que ceux de l'enfer, des plaisirs préférés aux joies du Paradis, des imprécations contre le destin et autres gentillesses de ce genre. On en pourrait relever autant dans tous les poëtes de l'époque. Le goût y est plus offensé, ce me semble, que la théologie. — Quant aux pièces tirées du Parnasse des poëtes satyriques, qu'on lui attribuait, nous y viendrons tout à l'heure.

Mais Théophile avait été huguenot, et comme tel, malgré sa conversion, malgré la régularité peut-être affectée avec laquelle il se conformait aux commandements de l'Église, il était suspect d'hérésie. Le libre examen, qui est le fond du protestantisme, pousse à la philosophie et au *libertinage*. Cela, joint au motif particulier que Garasse avoue lui-même et auquel nous avons fait allusion, suffisait, et au delà, à la perte du poëte.

Grâce aux efforts de cette cabale, Théophile fut d'abord banni, et, après un retour de faveur, condamné par le parlement à être brûlé, sentence qui ne s'exécuta qu'en effigie, car le poëte avait pris la fuite. Repris, il fut incarcéré à la tour de Montgommery, dans le propre cachot de Ravaillac où il subit toutes les rigueurs de la prison dure. Il n'en sortit qu'au bout de deux ans, et son arrêt fut commué en exil. Ce fut à Chantilly, chez le duc de Montmorency, son protecteur, qu'il se retira et qu'il mourut à l'âge de trente-six ans.

Les épigrammes licencieuses du Parnasse des poëtes satyriques, un des plus grands griefs contre Théophile et qu'il renia toujours quoiqu'elles portassent son nom, ne nous semblent pas être de lui. On n'en retrouva pas le manuscrit; mais ce n'est pas cette raison qui nous guide. La facture de ces boutades obscènes, de ces priapées bouffonnes dont aucun poëte de ce temps ne se faisait faute et qu'on appelait des *gayetés*, n'a aucun rapport avec celle de Théophile. — Sa manière nette, sèche et nerveuse n'a pas l'embonpoint de ces pièces grasses. — Elles contiennent d'ailleurs des hiatus, des grossièretés de style et des archaïsmes dont il n'était pas capable. — Cette différence est sensible comme celle d'une écriture fine, serrée et propre à une écriture pochée, lourde et négligente. — Il aurait pu faire des vers licencieux comme Maynard, comme Motin, comme Frenicle, comme Ogier, comme Colletet, comme Racan, mais il n'a pas fait ceux-là, et nous le croyons parfaitement sincère lorsqu'il dit dans sa préface : « On a suborné des imprimeurs pour mettre au jour, en mon nom, des vers sales et profanes qui n'ont rien de mon style ni de mon humeur. J'ai voulu que la justice en sût l'auteur pour le punir, mais les libraires n'en connaissent, à ce qu'ils disent, ni le nom ni le visage, et se trouvent eux-mêmes en la peine d'être châtiés pour cet imposteur. »

Nous ne pousserons pas la manie de réhabilitation jusqu'à prétendre que Théophile fut un saint; il ne valait ni plus ni moins, moralement, que la jeunesse de son temps; seulement il avait plus d'esprit, plus de bravoure, plus de franchise, que bien d'autres qu'on n'inquiéta pas. — Son malheur fut « d'être trop connu. »

THEOPHILE GAUTIER.

ODES

AU ROI

SUR SON EXIL

Celui qui lance le tonnerre,
Qui gouverne les éléments,
Et meut avec des tremblements
La grande masse de la terre;
Dieu, qui vous mit le sceptre en main,
Qui vous le peut ôter demain;
Lui qui vous prête sa lumière,
Et qui, malgré les fleurs de lis,
Un jour, fera de la poussière
De vos membres ensevelis;

Ce grand Dieu, qui fit les abîmes
Dans le centre de l'univers,
Et qui les tient toujours ouverts
A la punition des crimes,
Veut aussi que les innocents
A l'ombre de ses bras puissants
Trouvent un assuré refuge,
Et ne sera point irrité
Que vous tarissiez le déluge
Des maux où vous m'avez jeté.

Éloigné des bords de la Seine
Et du doux climat de la Cour,
Il me semble que l'œil du jour
Ne me luit plus qu'avecque peine.
Sur le faîte affreux d'un rocher
D'où les ours n'osent approcher,
Je consulte avec des furies,
Qui ne font que solliciter

Mes importunes rêveries
A me faire précipiter.

. . . .

Justes cieux qui voyez l'outrage
Que je souffre peu justement,
Donnez à mon ressentiment
Moins de mal ou plus de courage!
Dedans ce lamentable lieu,
Fors que[1] de soupirer à Dieu,
Je n'ai rien qui me divertisse.
Job, qui fut tant homme de bien,
Accusa le ciel d'injustice,
Pour un moindre mal que le mien.

. . . .

Je n'ai point failli, que je sache,
Et si j'ai péché contre vous,
Le plus dur exil est trop doux
Pour punir un crime si lâche :
Aussi quels lieux ont ce crédit,
Où, pour un acte si maudit,
Chacun n'ait droit de me poursuivre?
Quel monarque est si loin d'ici,
Qui me veuille souffrir de vivre,
Si mon roi ne le veut aussi?

Quoi que mon discours exécute,
Que ferai-je à mon mauvais sort?
Qu'appliquerai-je que la mort
Au malheur qui me persécute?
Dieu, qui se plaît à la pitié
Et qui, d'un saint vœu d'amitié,
Joint vos volontés à la sienne,
Puis qu'il vous a voulu combler
D'une qualité si chrétienne,
Vous oblige à lui ressembler.

[1] Sinon de...

Comme il fait à l'humaine race
Qui se prosterne à ses autels,
Vous ferez paraître aux mortels
Moins de justice que de grâce.
Moi, dans le mal qui me poursuit,
Je fais des vœux pour qui me nuit :
Que jamais une telle foudre
N'ébranle l'établissement
De ceux qui vous ont fait résoudre
A signer mon bannissement!

Un jour, leurs haines apaisées
Feront caresse à ma douleur,
Et mon sort, loin de mon malheur,
Trouvera des routes aisées.
Si la clarté me dure assez
Pour[1] voir, après ces maux passés,
Un ciel plus doux à ma fortune,
Mon âme ne rencontrera
Aucun souci qui l'importune,
Dans les vers qu'elle vous fera.

. . . .

Là, suivant une longue trace
De l'histoire de tous nos rois,
La Navarre et les monts de Foix
S'étonneront de votre race;
Là, ces vieux portraits effacés,
Dans mes poëmes retracés,
Sortiront de vieilles chroniques,
Et, ressuscités dans mes vers,
Ils reviendront plus magnifiques
En l'estime de l'univers.

. . . .

[1] C'est-à-dire : si je vis assez pour...

LA SOLITUDE

Dans ce val solitaire et sombre,
Le cerf qui brame au bruit de l'eau,
Penchant ses yeux dans un ruisseau,
S'amuse à regarder son ombre.

De cette source une Naïade,
Tous les soirs, ouvre le portal[1]
De sa demeure de cristal,
Et nous chante une sérénade.

Les Nymphes, que la chasse attire
A l'ombrage de ces forêts,
Cherchent les cabinets secrets,
Loin de l'embûche du satyre.

. . . .

Un froid et ténébreux silence
Dort à l'ombre de ces ormeaux,
Et les vents battent les rameaux
D'une amoureuse violence.

. . . .

Ici, l'Amour fait ses études;
Vénus y dresse des autels;
Et les visites des mortels
Ne troublent point ces solitudes.

. . . .

Corinne, je te prie, approche;
Couchons-nous sur ce tapis vert,
Et, pour être mieux à couvert,
Entrons au creux de cette roche.

. . . .

Mon Dieu! que tes cheveux me plaisent!
Ils s'ébattent dessus ton front,

[1] Pour : portail.

Et, les voyant beaux comme ils sont,
Je suis jaloux, quand ils te baisent.

. . . .

Si tu mouilles tes doigts d'ivoire
Dans le cristal de ce ruisseau,
Le Dieu, qui loge dans cette eau,
Aimera, s'il en ose boire.

. . . .

Vois-tu ce tronc et cette pierre?
Je crois qu'ils prennent garde à nous;
Et mon amour devient jaloux
Et de ce myrte et de ce lierre.

Sus, ma Corine! que je cueille
Tes baisers, du matin au soir!
Vois comment, pour nous faire asseoir,
Ce myrte a laissé choir sa feuille!

. . . .

Approche, approche, ma Dryade!
Ici, murmureront les eaux;
Ici, les amoureux oiseaux
Chanteront une sérénade.

Prête-moi ton sein pour y boire
Des odeurs qui m'embaumeront;
Ainsi, mes sens se pâmeront
Dans les lacs de tes bras d'ivoire.

Je baignerai mes mains folâtres
Dans les ondes de tes cheveux,
Et ta beauté prendra les vœux
De mes œillades idolâtres.

Ne crains rien, Cupidon nous garde.
Mon petit ange, es-tu pas mien?
Ha! je vois que tu m'aimes bien:
Tu rougis quand je te regarde.

Dieux! que cette façon timide
Est puissante sur les esprits!

Renauld ne fut pas mieux épris
Par les charmes de son Armide.

Ma Corinne, que je t'embrasse !
Personne ne nous voit qu'Amour;
Vois que même les yeux du jour
Ne trouvent point ici de place.

Les vents, qui ne se peuvent taire,
Ne peuvent écouter aussi;
Et ce que nous ferons ici
Leur est un inconnu mystère.

LES NAUTONIERS

VERS DE BALLET

Les Amours plus mignards, à nos rames se lient,
Les Tritons à l'envi nous viennent caresser,
Les vents sont modérés, les vagues s'humilient
Par tous les lieux de l'onde où nous voulons passer.

Avec notre dessein va le cours des étoiles.
L'orage ne fait point blêmir nos matelots,
Et jamais alcyon, sans regarder nos voiles,
Ne commit sa nichée à la merci des flots.

Notre Océan est doux comme les eaux d'Euphrate;
Le Pactole, le Tage, est moins riche que lui;
Ici, jamais nocher ne craignit le pirate,
Ni d'un calme trop long ne ressentit l'ennui.

Sous un climat heureux, loin du bruit du tonnerre,
Nous passons à loisir nos jours délicieux,
Et là, jamais notre œil ne désira la terre,
Ni sans quelque dédain ne regarda les cieux.

Agréables beautés, pour qui l'amour soupire,
Éprouvez avec nous un si joyeux destin,
Et nous dirons partout qu'un si rare navire
Ne fut jamais chargé d'un si rare butin.

STANCES

Quand tu me vois baiser tes bras
Que tu poses sur tes draps,
Plus blancs que le linge même;
Quand tu sens ma brûlante main
Se promener dessus ton sein,
Tu sens bien, Chloris, que je t'aime.

Comme un dévot devers les cieux,
Mes yeux tournés devers tes yeux,
A genoux auprès de ta couche,
Pressé de mille ardens désirs,
Je laisse, sans ouvrir ma bouche,
Avec toi dormir mes plaisirs.

Le Sommeil, aise de t'avoir,
Empêche tes yeux de me voir,
Et te retient dans son empire,
Avec si peu de liberté,
Que ton esprit, tout arrêté,
Ne murmure, ni ne respire.

La rose, en rendant son odeur,
Le soleil donnant son ardeur,
Diane et le char qui la traine,
Une Naïade dedans l'eau,
Et les Grâces dans un tableau,
Font plus de bruit que ton haleine.

Là, je soupire auprès de toi,
Et, considérant comme quoi
Ton œil si doucement repose,
Je m'écrie : O ciel! peux-tu bien
Tirer d'une si belle chose
Un si cruel mal que le mien?

SUR UNE TEMPÊTE

Parmi ces promenoirs sauvages,
J'ois bruire les vents et les flots,
Attendant que les matelots
M'emportent hors de ces rivages.
Ici, les rochers blanchissants,
Du choc des vagues gémissants,
Hérissent leurs masses cornues
Contre la colère des airs,
Et présentent leurs têtes nues
A la menace des éclairs.

J'ois sans peur l'orage qui gronde,
Et, fût-ce l'heure de ma mort,
Je suis prêt à quitter le port
En dépit du ciel et de l'onde.
Je meurs d'ennui dans ce loisir;
Car un impatient désir
De revoir les pompes du Louvre
Travaille tant mon souvenir
Que je brûle d'aller à Douvre,
Tant j'ai hâte d'en revenir

Dieu de l'onde, un peu de silence!
Un dieu fait mal de s'émouvoir.
Fais-moi paraître ton pouvoir
A corriger ta violence.
Mais à quoi sert de te parler,
Esclave du vent et de l'air,
Monstre confus qui, de nature,
Vide de rage et de pitié,
Ne montre que par aventure
Ta haine, ni ton amitié?

Nochers qui, par un long usage,
Voyez les vagues sans effroi,
Et qui connaissez mieux que moi
Leur bon et leur mauvais visage,

Dites-moi : ce ciel foudroyant,
Ce flot de tempête aboyant,
Les flancs de ces montagnes grosses,
Sont-ils mortels à nos vaisseaux,
Et, sans aplanir tant de bosses,
Pourrai-je bien courir les eaux?
  Allons, pilote, où la fortune
Pousse mon généreux dessein;
Je porte un dieu dedans le sein,
Mille fois plus grand que Neptune:
Amour me force de partir,
Et dût Téthys, pour m'engloutir,
Ouvrir mieux ses mortes entrailles,
Chloris m'a su trop enflammer
Pour craindre que mes funérailles
Se puissent faire dans la mer.
  O mon ange ! ô ma destinée !
Qu'ai-je fait à cet élément,
Qu'il tienne si cruellement
Contre moi sa rage obstinée?
. . . .
Déjà ces montagnes s'abaissent,
Tous les sentiers sont aplanis,
Et sur ces flots si bien unis,
Je vois des alcyons qui naissent.
. . . .
  L'ancre est levée, et le Zéphire,
Avec un mouvement léger,
Enfle la voile et fait nager
Le lourd fardeau de la navire;
Mais quoi ! le temps n'est plus si beau,
La tourmente revient dans l'eau !
Dieu ! que la mer est infidèle !
Chère Chloris, si ton amour
N'avait plus de constance qu'elle,
Je mourrais avant mon retour.

———

BOISROBERT

1592 — 1662

Dans un petit ouvrage de circonstance, imprimé en 1660, à l'Image Saint-Louis, chez Jean Ribou, sous le titre de *la Pompe funèbre de M. Scarron*, on suppose que l'auteur du *Roman comique*, tout près de mourir, est invité comme un conquérant à désigner son successeur. Auprès de son lit, un député de la noblesse spirituelle et galante, un député des libraires, un député des comédiens, assistés d'un tabellion silencieux, attendent respectueusement les dernières volontés du moribond. Qui va-t-il choisir parmi tant de concurrents affamés d'argent et de gloire?

Les trois députés sont admis à proposer des candidats. Le député des comédiens parle le premier : « Puisque vous désirez, monsieur, de faire un testament, veuillez de grâce élire un successeur qui nous puisse faire autant gagner par ses pièces de théâtre que vous avez fait par les vôtres. » Le libraire ajoute qu'il le conjure, par les mêmes raisons, d'accorder un successeur à ses vœux et à ceux de ses confrères. Le jeune seigneur dit ensuite qu'il est urgent pour Scarron de prendre un parti, car les plus galants de la ville ne sauraient plus sans cela où aller se divertir les jours qu'ils auraient été maltraités de leurs maîtresses, ou qu'ils se sentiraient plus chagrins qu'à l'ordinaire.

— Prenez l'auteur des *Rivales*, prenez monsieur Quinault, dit le député des comédiens.

— Véritablement, répond le libraire, monsieur Quinault a de l'esprit, et il a trouvé l'art de réussir au théâtre; mais il n'a pas encore trouvé celui de réussir au Palais.

Et il propose l'auteur de *Dom Bertrand*, de *l'Amour à la mode*, de *Jodelet prince*, monsieur Corneille le jeune.

— Point du tout, réplique le premier, ses pièces coûtent trop cher aux comédiens.

— Je gagne plus, dit le libraire, à des ouvrages qui me coûtent cher et que je vends bien, qu'à d'autres qui me coûtent peu, et qui tiennent si bien dans ma boutique, qu'ils n'en peuvent jamais sortir.

Là-dessus, dispute des deux députés, et proposition de Desmarets, l'auteur des *Visionnaires*, par le représentant de la noblesse.

— Mais il y a longtemps, dit Scarron, que monsieur Desmarets ne travaille plus pour le théâtre.

— Alors, prenez Molière.

— Oh! oh! s'écrie le mourant, celui-là est un bouffon trop sérieux.

— A la fin, dit le jeune seigneur, j'ai trouvé l'illustre qui vous doit succéder. C'est un homme qui sait tous les tours et les détours du Parnasse, qui parle aussi bien qu'il écrit, qui sait agréablement entretenir une compagnie, et qui, après vous, peut se vanter d'être l'incomparable en matière de satire galante : enfin, c'est le fameux monsieur de Boisrobert.

Ce nom, jeté dans le débat, conquiert aussitôt tous les suffrages : monsieur de Boisrobert est proclamé le successeur et l'héritier de Scarron.

S'il eût accepté l'héritage, le fameux Boisrobert n'aurait eu que deux ans à en jouir, car il ne survécut à Scarron que de 1660 à 1662. Méritait-il en effet de recueillir par un vote unanime le sceptre-marotte de l'auteur du *Virgile travesti?* Si l'on décide la question par les écrits, assurément non. Mais ne s'agit-il pas aussi de remplacer Scarron dans l'art de divertir les belles compagnies? Oh! dans cet art-là, Boisrobert est passé maître : il s'est surnommé lui-même un *grand dupeur d'oreilles*, et les oreilles qu'il a dupées ou charmées ne laissaient pas que d'être fort ombrageuses. C'est au pape Urbain VIII, c'est au cardinal de Richelieu, c'est à la régente Anne d'Autriche qu'il lui fallut plaire d'abord, et le grand charmeur réussit. Il obtint d'Urbain VIII à Rome, un petit prieuré en Bretagne, et d'Anne d'Autriche tout ce que le cardinal de Richelieu voulut donner. Or, le tout-puissant cardinal n'eut qu'à exécuter les ordonnances de son médecin Citois pour faire de « l'ardent solliciteur des Muses incommodées » un abbé de Châtillon-sur-Seine, un conseiller d'État ordinaire, et, qui plus est, un favori. L'esprit de Boisrobert était pour le premier ministre le remède souverain, dans tous les cas de maladie. Le docteur Citois prescrivait toujours avec ses drogues, une ou deux drachmes de Boisrobert, et si l'adroit courtisan tombait par hasard en disgrâce, il lui suffisait pour se remettre en bon pied à la cour, de rapporter une ordonnance du docteur avec ces mots décisifs :

« *Recipe Boisrobert.* » Comment Richelieu eût-il résisté? Il y allait vraiment de sa santé, de sa gaieté, de sa vie. Boisrobert reparaissait donc au Palais-Cardinal, à la résidence princière de Limours, et dans les cabinets des reines, aux belles heures du cercle, où, par de bons contes, par ses plaisantes grimaces de mime habile à singer tous les ridicules, par son abondante provision de nouvelles curieuses, et surtout par ses airs de naïveté jouée, de bêtise endormie, le matois normand déridait en un clin d'œil les plus augustes et les plus sévères visages. Il triomphait dans ce rôle et s'y complaisait, quoi qu'il en ait pu dire. Je me garde bien de prendre au sérieux cette ode champêtre adressée à Balzac, où il prétend avoir goûté plus de bonheur

> Entre la Charente et la Touvre
> Que le roi n'en á dans son Louvre.

On peut croire qu'il s'est diverti un instant loin de Paris à boire à longs traits chez son illustre confrère

> De ce vin délicat et frais
> Sur le bord de cette fontaine.

Mais quand il s'écrie tout à coup, dans un bel enthousiasme de courtisan lassé :

> Adieu, jardins de musc et d'ambre,
> Je m'en vais encore à la Cour
> Faire le badin tout le jour
> Sur le coffre d'une antichambre,

je n'ajoute pas plus de foi à ses regrets qu'aux déclarations d'amour qu'il envoie par son petit laquais aux Florice, aux Chrysanthe, aux Crimène, aux Lisimène, aux Parthénice: « Ne me refusez pas l'honneur, en cette extrémité, de mourir par vos propres mains, » ou bien encore : « Je perds le courage et la parole, et si vous ne me rendez l'un et l'autre par un prompt commandement de vous voir, je perds la vie. » Tout cela, galanterie en l'air, devoir de courtisan, et pur badinage de bel esprit! Aimerait-il un peu cette petite reine de village, cette mignonne aux blonds cheveux, le « petit bavolet, dont le visage n'est pas laid »? Oh! que non pas! François Métel de Boisrobert, le conseiller d'État, l'abbé de Châtillon, l'un des cinq auteurs des pièces du cardinal, l'héritier désigné du comique Scarron, n'aime réellement que le jeu, la table et les spectacles. Sa passion pour la comédie l'avait fait surnommer l'abbé Mondori, du nom d'un fameux comédien de ce temps. « Voilà, disait-on, en le montrant du doigt dans une église, voilà l'abbé Mondori qui doit prêcher ce soir à l'hôtel de Bourgogne. »

L'abbé de Boisrobert, malgré ses deux disgrâces, fut peut-être le plus heureux des littérateurs de son temps. Il était né coiffé, comme le dit épigrammatiquement Claude de Maleville, dans son fameux rondeau. Des nouvelles, des épitres, des comédies, des lettres galantes, des odes panégyriques, nous n'avons absolument rien à citer : mais dans le recueil de Toussaint Du Bray, où son nom figure à côté de ceux de Malherbe, de Racan, de Maynard, nous trouvons une très-jolie pièce, remplie de gaieté, d'observation, d'ironie adroite et de franches peintures comiques, *l'Hiver à Paris*. Pour donner au lecteur une idée des belles conversations de Boisrobert, nous citons ici tout entière cette brillante pièce adressée au comte d'Avaux. Boisrobert n'était presque pas un écrivain : c'était, comme le disait Richelieu, un solliciteur des Muses, c'était surtout un causeur.

HIPPOLYTE BABOU.

L'HIVER A PARIS

A MONSIEUR D'AVAUX, MAÎTRE DES REQUÊTES

D'Avaux, qui me vois tout transi,
Trouves-tu pas ce froid ici
Plus grand que celui de décembre,
Et qu'il fait meilleur dans ta chambre,
Le dos tourné devers le feu,
Passer le temps à quelque jeu,
Rire, et se provoquer à boire,
Que, pour aller chercher la foire,
Passer, comme je fais souvent,
Sur le Pont-Neuf, le nez au vent?
L'air qu'on y respire est de glace,
On n'y peut marcher sans grimace,
Le manteau tout autour du cou,
Le nez caché comme un filou,

Qui guette, quand les jours sont troubles,
La laine au bout du Pont-aux-Doubles,
Les doigts dans les ongles gênés,
Et la roupie au bout du nez.
Cette froidure est bien étrange,
Qui fait des rochers de la fange,
Qui fond les massifs fondements
Des plus assurés bâtiments,
Et se roidit contre la Seine
Qui ne va plus qu'avecque peine.
Tout se ressent de son effort.
Les bateaux sont cloués au port;
La Samaritaine enrhumée
N'a plus sa voix accoutumée,
Sa cruche sèche jusqu'au fond
Ne verse plus d'eau sur le pont;
Les moulins, sans changer de place,
Demeurent oisifs sur la glace,
Les crocheteurs demi-troublés
Rappellent, à coups redoublés,
Toutes leurs chaleurs naturelles,
Frappant des bras sous les aisselles;
Les misérables porteurs d'eau,
Tremblants en l'attente du seau
Qui se remplit dans la fontaine,
Chauffent leurs mains à leur haleine;
Les plus pénibles artisans,
Partout chagrins et déplaisants,
Demeurent avec leurs pratiques,
Les bras croisés dans les boutiques.
Les pauvres, gelés et transis,
Contre la terre mal assis,
Aux lieux publics, d'une voix lente,
Et d'une main sèche et tremblante,
Demandent l'aumône aux passans;
Mais le froid leur glace les sens.

Les dames ne font plus la presse,
Comme elles soulaient, à la messe;
Celles qui s'écartent du feu,
La lèvre pâle et le nez bleu,
Paraissent toutes morfondues,
En carrosse, au milieu des rues;
Celles qui restent aux maisons,
Troussent leurs jupes aux tisons,
Et, devant le chien et la chatte,
Montrent leur cuisse délicate.
Le courtisan, tout tailladé,
Gèle dans son satin brodé.
Ceux que la pauvreté dispense
De se porter à la dépense,
De bonne heure se vont coucher,
Parce que le bois est trop cher.
On voit la bourgeoise proprette,
Avec sa petite soubrette,
Qui trottent comme des souris,
Dessus le pavé de Paris;
Les carrefours sont sans tripières,
Les sergens quittent leurs barrières,
Les femmes qui vendent du fruit,
Au marché ne font plus de bruit.
Tout divertissement nous manque;
Tabarin ne va plus en banque;
L'hôtel de Bourgogne est désert:
Chacun se tient clos et couvert,
Et moi, d'Avaux, j'en fais de même,
Car j'ai le visage si blême
Du froid que je viens d'endurer,
Que je suis contraint d'en pleurer;
Et, bien que je sois à mon aise
Auprès de toi, devant la braise,
Pour te conter ces accidents,
J'ai peine à desserrer les dents.

JEAN CHAPELAIN

1595 — 1674

Jean Chapelain, de l'Académie française, est un exemple mémorable des vicissitudes de la renommée littéraire. Considéré pendant sa vie comme le parangon du génie et du savoir, oracle des cercles les plus vantés et les moins accessibles, de l'hôtel de Rambouillet comme de l'hôtel de Longueville, consulté par Colbert, honoré par les cardinaux de Richelieu et de Mazarin, accueilli par les grands, recherché et loué par ses confrères, il s'est vu en quelques années dépouillé de tout prestige et même de toute gloire, et ravalé au rang des écrivains médiocres et ridicules. Il ne faut pas faire aux seules épigrammes de Boileau tout l'honneur de cette décadence : Boileau, dans tout ce qu'il a écrit sur les poëtes de la fin du XVIe siècle et du commencement du XVIIe, n'a été que l'interprète d'une révolution de l'opinion publique, révolution pour ainsi dire fatale, et causée précisément par l'importance subite acquise aux jugements du public sur les ouvrages de poésie et de littérature. La découverte de l'imprimerie, en multipliant progressivement le nombre des lecteurs, rendit tributaires du public les écrivains et les poëtes qui auparavant n'avaient relevé que de leurs pairs, c'est-à-dire des experts et des savants. Les experts n'exigeaient d'eux que d'exceller en prose ou en vers : le public leur imposa, pour première loi, d'être clairs et agréables; tel est, en deux mots, le sens de cette révolution dont Boileau fut non le promoteur, mais l'interprète, ce qui suffit encore à sa gloire. La pédanterie fut mise en déroute, mais non sans quelques pertes pour l'art : il suffit, pour s'en convaincre, de comparer les poëtes d'avant Boileau, les contemporains de Régnier et de Malherbe, aux poëtes de la fin du siècle et du siècle suivant, aux Senecé, aux La Fare, aux Chaulieu, aux Dorat, etc. Aussi est-il arrivé que, si les arrêts de Despréaux ont été en général acceptés par l'opinion publique, quelques-uns ont été, et de son temps et du nôtre, révoqués au tribunal de l'art et de la science. Chapelain méritait-il le blâme et le dédain que lui a infligés Boileau? Le blâme, peut-être; les dédains, nullement. — Sa réhabilitation comme poëte serait, il est vrai, d'autant plus difficile aujourd'hui, que le plus grand obstacle qu'on y trouverait viendrait de Chapelain lui-même. Le poëme de *la Pucelle ou la France délivrée*, ce colosse poétique, cette œuvre d'un poëte trop savant qui attendait tout du travail et de la patience, et qui croyait avoir fait un bon poëme pour avoir fait un bon plan, pèsera éternellement de toute sa masse sur la gloire de Chapelain. Sans *la Pucelle*, et en réduisant son bagage poétique à ses odes, Chapelain se fût soutenu même à côté de Maynard et de Malherbe. Appuyé sur sa réputation de critique et d'érudit, il eût transmis à la postérité une renommée imposante et incontestée, celle d'un Guez de Balzac, d'un Ménage, de ceux qui par leur influence ont été les instituteurs du grand siècle et les pères du monde moderne. « Quand on aura dit qu'il versifioit durement, s'écrie l'abbé d'Olivet dans sa continuation de l'*Histoire de l'Académie française* de Pellisson, tout sera dit. Mais ne connoît-on rien d'excellent, rien d'admirable, que l'art de faire des vers coulants et harmonieux? Pour bien juger de son mérite ne confondons point sa personne avec ses ouvrages. Autrefois, on jugeoit de ses ouvrages sur l'idée qu'on avoit de sa personne; et de là vient que la plupart de ses amis, gens d'ailleurs sensés et de bon goût, estimoient de bonne foi sa *Pucelle*. Aujourd'hui, si l'on vouloit au contraire, sur l'idée qu'on a de ses ouvrages, juger de sa personne, ce seroit une autre injustice, et d'autant plus criante, qu'elle tomberoit sur un homme d'un savoir peu commun et d'une vertu encore plus rare. »

Veut-on savoir cependant comment, du vivant même de Boileau, *la Pucelle* de Chapelain était défendue; par quels arguments, et par qui? Voici ce qu'écrivait, vers 1671, un homme renommé pour son savoir et pour son esprit, un prélat quelque peu mondain, poëte et romancier, un membre de l'Académie française: « Ces poétereaux et ces bouffons qui se sont acharnés sur le poëme de Chapelain n'étoient pas plus capables de comprendre son mérite que d'égaler sa gloire. Ils ont bien prouvé leur ineptie et leur vanité en s'attaquant à une œuvre qu'on peut dire qu'ils ne connaissoient point, puisque la première partie seule en a été publiée. D'où il est constant qu'ils n'ont pu en apprécier ni la fable, ni la conduite, ni l'ordonnance, ni la proportion, en quoi consiste principalement la beauté d'un poëme épique. Il faut néanmoins avouer que Chapelain n'a point assez consulté l'esprit de ce siècle et le caractère de la nation françoise, cette mollesse, cette frivolité qui rend les François de nos jours incapables de toute attention suivie et qui, par conséquent, les éloigne de la majesté et de la sublimité du poëme épique. A peine peuvent-ils sans distraction, sinon sans ennui, aller jusqu'à la fin d'une ode : ils sont tout aux chansonnettes, aux jeux de mots et aux épigrammes. C'est aux femmes toutes-puissantes chez nous qu'il faut imputer cette mollesse qui dégrade les esprits virils et avilit la nation entière. Quant à moi qui ai lu attentivement l'ouvrage de Chapelain et qui l'ai lu tout entier, je puis affirmer qu'il eût eu tout l'honneur qu'il méritoit s'il eût paru dans des temps meilleurs et s'il eût eu pour juges des esprits plus mâles et plus justes. » Ainsi parle dans ses Mémoire Huet, évêque d'Avranches, l'auteur de la traduction d'Origène et de l'Ode sur le Thé, l'ami de La Fontaine et de madame de La Fayettes N'est-ce point là la preuve de ce que nous disions tout à l'heure: que Chapelain a sombré sous une réaction de l'opinion publique? Segrais, quoique ennemi personnel de Chapelain, avait déjà dit dans ses Anas : « *La Pucelle* n'est pas un beau poëme héroïque, il est vrai ; mais en avons nous de meilleurs? Lit-on le *Clovis*, le *Saint Louis* et les autres? Il y a des endroits inimitables dans ce poëme. » Mais que pouvait le plaidoyer esthétique de l'évêque d'Avranches contre le sentiment de la duchesse de Longueville qui osait déclarer tout haut que le poëme de *la Pucelle* était *ennuyeux?* Passons donc condamnation sur le Chapelain de *la Pucelle;* mais honorons, et, s'il se peut, restaurons le Chapelain de l'abbé d'Olivet, c'est-à-dire le critique, l'érudit, l'académicien; le Chapelain des Lettres, le Chapelain de la Critique du Cid, et même le Chapelain des Odes.

Chapelain a eu dans sa vie le même malheur qu'il a eu dans son œuvre. Il était de ceux qui, nés pour la science, n'ont pour ainsi dire point de jeunesse. Les derniers venus de ses contemporains, offusqués sans doute de sa longue dictature, lui ont fait la réputation d'un pédant et surtout d'un avare sordide. Cependant les actes de générosité ne manquent point dans la vie de Chapelain, ni même les actes de courage. Honoré, comme je l'ai dit, de la confiance de Colbert, il fut chargé en 1663 de dresser la liste des écrivains et des savants français et étrangers désignés aux gratifications de Louis XIV. Cette liste que l'histoire a conservée prouve qu'il s'acquitta de sa commission consciencieusement et avec une rare sagacité. Sa correspondance, que l'on commence à connaître, montre qu'il était secourable à l'infortune et qu'il avait à cœur les succès de ses confrères. Ceux qui l'ont taxé d'avarice ont trop oublié qu'en mourant Chapelain laissa une belle et nombreuse bibliothèque et que le goût dispendieux des livres pourrait peut-être suffire à expliquer la mesquinerie de sa vie.

CHARLES ASSELINEAU.

Chapelain était Parisien; il mourut en 1674, âgé de soixante-dix-huit ans et trois mois. Son éloge prononcé par l'abbé d'Olivet se trouve dans la seconde partie de l'*Histoire de l'Académie*. On peut consulter encore l'abbé Goujet dans sa *Bibliothèque françoise* et Titon du Tillet, *Parnasse françois*. La critique moderne s'est souvenue de Chapelain. On peut voir comme elle en parle dans les livres de M. Saint-Marc Girardin (Essai de littérature et de morale); de M. Cousin (Études sur la société française, *passim*); de M. Théophile Gautier (les Grotesques), etc. Mais sur Chapelain, il faudra toujours en revenir, après tant de jugement divers, à Tallemant, et aux Mémoires tirés de ses propres lettres.

ODE

AU CARDINAL DE RICHELIEU

Grand Richelieu, de qui la gloire,
Par tant de rayons éclatants,
De la nuit de ces derniers temps
Éclaircit l'ombre la plus noire;
Puissant esprit, dont les travaux
Ont borné le cours de nos maux,
Accompli nos souhaits, passé notre espérance,
Tes célestes vertus, tes faits prodigieux,
Font revoir en nos jours, pour le bien de la France,
La force des héros et la bonté des dieux.

Le long des rives du Permesse,
La troupe de ses nourrissons
Médite pour toi des chansons

Dignes de l'ardeur qui les presse;
Ils sentent ranimer leurs voix
A l'aspect de tes grands exploits,
Et font de ta louange un concert magnifique.
La gravité s'y mêle avecque les douceurs;
Apollon y préside, et, d'un ton héroïque,
Fait soutenir leur chant par celui des Neuf Sœurs.

Ils chantent quel fut ton mérite,
Quand, au gré de nos matelots,
Tu vainquis les vents et les flots
Et domptas l'orgueil d'Amphitrite;
Quand notre commerce affaibli,
Par toi puissamment rétabli,
Dans nos hâvres déserts ramena l'abondance;
Et que, sur cent vaisseaux maîtrisant les dangers,
Ton nom seul aux Français redonna l'assurance
Et fit naître la crainte au cœur des étrangers.

Ils chantent l'effroyable foudre
Qui, d'un mouvement si soudain,
Partit de ta puissante main
Pour mettre Pignerol en poudre;
Ils disent que tes bataillons,
Comme autant d'épais tourbillons,
Ébranlèrent ce roc jusque dans ses racines,
Que même le vaincu t'eut pour libérateur,
Et que tu lui bâtis, sur ses propres ruines,
Un rempart éternel contre l'usurpateur.

Ils chantent nos courses guerrières,
Qui, plus rapides que le vent,
Nous ont acquis, en te suivant,
La Meuse et le Rhin pour frontières:
Ils disent qu'au bruit de tes faits,
Le Danube crut désormais

N'être pas, en son antre, assuré de nos armes,
Qu'il redouta le joug, frémit dans ses roseaux,
Pleura de nos succès, et, grossi de ses larmes,
Plus vite vers l'Euxin précipita ses eaux.

Ils chantent tes conseils utiles,
Par qui, malgré l'art des méchants,
La paix refleurit dans nos champs,
Et la justice dans nos villes :
Ils disent que les Immortels
De leur culte et de leurs autels
Ne doivent qu'à tes soins la pompe renaissante;
Et que ta prévoyance et ton autorité
Sont les deux forts appuis dont l'Europe tremblante
Soutient et raffermit sa faible liberté.

Je pourrais parler de ta race
Et de ce long ordre d'aïeux
De qui les beaux noms, dans les cieux,
Tiennent une si belle place;
Dire les rares qualités
Par qui ces guerriers indomptés
Ajoutent tant de lustre à nos vieilles histoires,
Et montrer aux mortels, de leur gloire étonnés,
Quel nombre de combats, d'assauts et de victoires
Les rend dignes des rois qui nous les ont donnés.

De quelque insupportable injure
Que ton renom soit attaqué,
Il ne saurait être offusqué :
La lumière en est toujours pure.
Dans un paisible mouvement,
Tu t'élèves au firmament,
Et laisses contre toi murmurer sur la terre.
Ainsi, le haut Olympe, à son pied sablonneux
Laisse fumer la foudre et gronder le tonnerre,
Et garde son sommet tranquille et lumineux.

Tu vois dessous toi l'injustice
Tâcher en vain de t'offenser;
D'un regard tu peux renverser
Et l'insolence et l'artifice.
Ton courage, au monstre fatal,
Est toujours plus fort que le mal;
Sur le solide honneur sa base est établie:
Le droit et la raison l'accompagnent toujours;
Et, sans que sa vigueur soit jamais affaiblie,
Qu'on cède ou qu'on résiste, il va d'un même cours.

Tu n'es point charmé des richesses;
Les dons ne te peuvent tenter,
Et tu n'en saurais accepter
Que pour en faire des largesses.
Si ton prince, outre ton souhait,
T'honore de quelque bienfait,
Soudain tu le répands en des grâces diverses;
Tu n'en as que la fleur, nous en avons le fruit:
Recevant les faveurs, aussitôt tu les verses;
Et le bien, qui te cherche, en même temps te fuit.

Durant la plus fière tempête,
Il abandonne son salut,
Et n'a pour véritable but
Que d'en garantir notre tête.
Avec quelque noire fureur
Que, plein de colère et d'horreur,
Le ciel tonne sur nous, et le sort nous poursuive,
A leurs traits inhumains il s'expose pour nous;
Et, parmi les transports d'une amour excessive,
Il n'est point de tourment qui ne lui semble doux.

Ébloui de clartés si grandes,
Incomparable Richelieu,
Ainsi qu'à notre demi-dieu;
Je te viens faire mes offrandes.

L'équitable siècle à venir
Adorera ton souvenir,
Et du siècle présent te nommera l'Alcide;
Tu serviras un jour d'objet à l'univers,
Aux ministres d'exemple, aux monarques de guide,
De matière à l'histoire, et de sujet aux vers.

FRAGMENT DE *LA PUCELLE*

Loin des murs flamboyants qui renferment le monde,
Dans le centre caché d'une clarté profonde,
Dieu repose en lui-même, et, vêtu de splendeur,
Sans bornes est rempli de sa propre grandeur.
Une triple personne en une seule essence,
Le suprême pouvoir, la suprême science,
Et le suprême amour, unis en trinité,
Dans son règne éternel forment sa majesté.
Un volant bataillon de ministres fidèles,
Devant l'Être infini, soutenu sur ses ailes,
Dans un juste concert de trois fois trois degrés,
Lui chante incessamment des cantiques sacrés.
Sous son trône étoilé, patriarches, prophètes,
Apôtres, confesseurs, vierges, anachorètes,
Et ceux qui par leur sang ont cimenté la foi,
L'adorent à genoux, saint peuple du saint roi.
A sa gauche et debout, la Vierge immaculée,
Qui de grâce remplie et de vertu comblée,
Conçut le Rédempteur dans son pudique flanc,
Entre tous les élus obtient le premier rang.
Au même tribunal, où, tout bon, il réside,
La sage Providence à l'univers préside;
Et plus bas, à ses pieds, l'inflexible destin
Recueille les décrets du jugement divin.

De son être incréé tout est la créature;
Il voit rouler sous lui l'ordre de la nature,
Des éléments divers est l'unique lien,
Le père de la vie et la source du bien.
Tranquille possesseur de sa béatitude,
Il n'a le sein troublé d'aucune inquiétude,
Et voyant tout sujet aux lois du changement,
Seul, par lui-même, en soi, dure éternellement.
Ce qu'il veut une fois, est une loi fatale,
Qui toujours, malgré tout, à soi-même est égale,
Sans que rien soit si fort qu'il le puisse obliger
A se laisser jamais ni fléchir ni changer.
Du pécheur repenti la plainte lamentable,
Seule, peut ébranler son vouloir immuable,
Et, forçant sa justice et sa sévérité,
Arracher le tonnerre à son bras irrité.

CLAUDE DE MALEVILLE

1597 — 1647

Maleville est encore un de ces poëtes courtisans qui firent leur chemin à travers les belles compagnies du commencement du XVIIe siècle. Secrétaire du maréchal de Bassompierre, puis du cardinal de Bérulle, et enfin secrétaire du roi, il mourut à cinquante ans, à Paris, où il était né, après avoir été l'un des premiers membres de l'Académie française.

Maleville avait de l'imagination, du brillant, une facilité heureusement réglée par la belle facture des poëtes de son temps. Il y a telle pièce de lui qui rappelle ces peintures abondantes et compliquées des peintres de la Renaissance où toutes les formes de l'allégorie sont rassemblées pour exprimer un sentiment ou une idée. A cette époque de splendeur pour le sonnet, Maleville eut l'honneur d'être reputé l'un des plus irréprochables *sonneurs :* il eut même la gloire d'effacer Voiture dans l'éclatant tournoi des sonnets de la *Belle matineuse,* dont Ménage a raconté les péripéties et nombré les combattants dans une lettre fameuse, adressée à V. Conrart. (*V.* Œuvres diverses de Ménage.) Maleville avait été l'un des hôtes les mieux accueillis de l'hôtel de Rambouillet; il contribua pour neuf fleurs à la célèbre guirlande de Julie. Ses œuvres se composent de sonnets, de stances, de rondeaux, de paraphrases des psaumes, etc. Nous donnons ici un échantillon de la plupart de ces divisions.

CHARLES ASSELINEAU.

Les poésies de Maleville ont été publiées en 1 vol. in-4. Paris, 1649.

Sur Maleville, il faut surtout consulter les *papiers de Conrart,* que possède la bibliothèque de l'Arsenal, et les historiens modernes de l'hôtel de Rambouillet, MM. V. Cousin, Livet, etc.

PARAPHRASE DU PSAUME XXX

EXALTABO TE, DOMINE

Puisque tu m'as tiré du milieu de la fange,
Et, pour le bien du monde, au monde conservé,
Je veux tâcher, Seigneur, de porter ta louange
Aussi haut que la gloire où tu m'as élevé.

J'ai trompé les méchants dont la rage couverte
Ne trouvait de plaisir qu'en ma seule douleur,
Et lorsqu'ils étaient près de rire de ma perte,
Ils se trouvent réduits à soupirer la leur.

Le soin de ton amour, qui jamais ne sommeille,
A calmé tout les maux dont j'étais agité,
Et sitôt que mes cris ont touché ton oreille,
Je sens que mes douleurs ont touché ta bonté.

Ta main, dont les faveurs ont mon âme assouvie,
Ne verse plus pour moi que des fleuves de miel,
Des ombres de la mort me conduit à la vie,
Et du sein des enfers m'élève dans le ciel.

Favoris du Seigneur, grands saints, faites paraître
Que ses rares bienfaits ne peuvent s'oublier,
Que c'est les mériter que de les reconnaître,
Et payer son amour que de le publier.

Je ne sens pas plutôt les traits de sa colère,
Que sa miséricorde arrive à mon secours :
L'espace d'un moment limite ma misère,
Et ma prospérité dure plus que mes jours.

Si, le soir, j'ai reçu quelque plaie inhumaine,
Le matin j'en guéris par un doux appareil;

Un même temps emporte et la nuit et ma peine,
Et ma santé renaît avecque le soleil.

Je vois de mon esprit la tourmente apaisée
Aussitôt que le jour éclaire dans les cieux;
Et les mêmes rayons qui sèchent la rosée,
Sèchent visiblement les larmes de mes yeux.

Avant que ce grand Dieu m'eût déclaré la guerre,
Toutes sortes de biens me comblaient à la fois;
Je ne redoutais rien, et croyais que la terre
Fût moins ferme que moi, dessus son propre poids.

Et certes, ô Seigneur, en ce point désirable,
Si j'eusse appréhendé quelque injure du sort,
J'offensais ton amour, dont le soin favorable
Était de mon bonheur l'infaillible support.

L'ange à qui tu commets la garde des couronnes,
Faisait dans l'univers reluire ma splendeur;
Et les monts orgueilleux n'étaient que les colonnes
Qui semblaient soutenir le faix de ma grandeur.

Mais quand de ton courroux la mortelle tempête
M'eut caché les rayons dont ta face reluit,
Je vis tomber les fleurs qui couronnaient ma tête,
Et céder ma lumière aux ombres de la nuit.

Je sentis en frayeur changer ma hardiesse,
En fontaine mes yeux, en trouble mon repos,
Ma pompe en déshonneur, mon plaisir en tristesse,
Et mes chants de triomphe en ces tristes propos:

Grand Dieu, si je descends dessous la tombe noire,
Qu'ajoutera ma cendre à ta félicité?
Espères-tu qu'un mort fasse vivre ta gloire?
Et qu'une ombre muette annonce ta clarté?

Rends plutôt à nos cris ton oreille propice,
Accorde un doux regard à nos maux inhumains;
Et fais que ta pitié détourne ta justice
D'abandonner aux vers l'ouvrage de tes mains.

Je n'eus pas réclamé tes bontés souveraines,
Que ta grâce ordinaire accomplit mes désirs;
Et qu'aux lieux où régnaient et les maux et les peines,
Elle fit succéder les biens et les plaisirs.

Pour toutes ces faveurs qui n'ont point de pareilles,
Je te veux, ô Seigneur, à toute heure bénir,
Ressentir ton amour, admirer tes merveilles,
Et consacrer ta gloire aux siècles à venir.

RONDEAU

SUR L'ABBÉ DE BOISROBERT

Coiffé d'un froc bien raffiné,
Et revêtu d'un doyenné
Qui lui rapporte de quoi frire,
Frère René devient messire,
Et vit comme un déterminé.

Un prélat riche et fortuné,
Sous un bonnet enluminé,
En est, s'il le faut ainsi dire,
Coiffé.

Ce n'est pas que frère René
D'aucun mérite soit orné,
Qu'il soit docte, ou qu'il sache écrire,
Ni qu'il dise le mot pour rire;
Mais c'est seulement qu'il est né
Coiffé.

SONNETS

Gombaud, l'honneur du Pinde, et le digne héritier
De ces illustres morts dont le savoir nous guide,
Tu sais que je connais notre divin métier,
Et que j'en vois d'abord le faible et le solide.

Ma plume est agréable à nos meilleurs esprits,
Et tu m'as souvent dit qu'elle n'est pas commune;
Mais je veux mal au dieu qui m'en a tant appris,
Et pleure, tous les jours, de ma bonne fortune.

Je voudrais qu'Apollon ne m'eût jamais fait part
Des secrets merveilleux qu'il cache dans son art;
On m'aurait vu paraître avec plus d'assurance.

Sans craindre de faillir et d'être diffamé,
J'aurais mal fait parler le théâtre de France,
Et le peuple et la cour m'en auraient estimé!

Le silence régnait sur la terre et sur l'onde;
L'air devenait serein et l'Olympe vermeil,
Et l'amoureux Zéphir, affranchi du sommeil,
Ressuscitait les fleurs d'une haleine féconde;

L'Aurore déployait l'or de sa tresse blonde,
Et semait de rubis le chemin du soleil;
Enfin ce dieu venait, au plus grand appareil
Qu'il soit jamais venu pour éclairer le monde;

Quand la jeune Philis, au visage riant,
Sortant de son palais plus clair que l'Orient,
Fit voir une lumière et plus vive et plus belle.

Sacré flambeau du jour, n'en soyez pas jaloux:
Vous parûtes alors aussi peu devant elle,
Que les feux de la nuit avaient fait devant vous.

VOITURE

1598 — 1648

Peut-on oser le dire en ce temps, où une doctrine barbare, éprise du fait et de la lettre, confond le réel avec la vérité même? il y a non-seulement des actions, mais des existences d'homme tout entières qui ne sont pas *vraies*, car les événements n'y répondent pas à la qualité de l'âme qui les a engendrés. Si je demande à Tallemant des Réaux quel fut cet amant passionné et content de mourir qui voulut finir ses jours en l'amour d'Uranie, il me montre un poëte de cour fin, délicat, dameret, spirituel jusqu'au galimatias, flatteur jusqu'à la courtisanerie, se donnant lui-même comme innocent et niais pour avoir le droit de vivre comme un chat favori au coin du feu de l'hôtel de Rambouillet, poussant la familiarité jusqu'à ôter ses galoches en présence de madame la Princesse, et contant fleurette à mademoiselle de Kerveno, âgée de douze ans. Je retrouve bien dans cette agréable historiette le Voiture fils de marchand de vin, réengendré par M. de Chaudebonne, l'amant de la désolée et folle madame Saintôt, le poursuivant de madame Desloges, le plaisant de cour qui trouve joli de faire grimper des ours sur le paravent de son illustre protectrice; j'y vois l'ami jaloux et taquin de la *Lyonne*, l'adversaire héroï-comique du président des Hameaux et de Chavaroche, et enfin le ridicule Vitturius loué avec une emphase grotesque dans la *Pompe funèbre de Sarrasin*. Les témoignages contemporains, les lettres même où l'ami de M. d'Avaux a émietté son esprit de chaque jour, attestent la véracité de Tallemant des Réaux et la ressemblance du portrait; et cependant, en dépit de toute prévention contraire, dès que j'ouvre le livre des poésies, j'y trouve, le dirai-je? en dépit des poésies elles-mêmes, un autre Voiture plus sérieux, plus convaincu, plus grand, plus poëte, plus vrai en un mot, que le Voiture de la réalité et de l'anecdote.

Certes, j'irais trop loin en prétendant que ce rimeur de ruelles, sans cesse occupé de chansonnettes, de balivernes et de jeux de société, ait joué le rôle d'un Brutus et d'un Lorenzaccio de la poésie, et cependant, en dépit de la chanson des *Landriry* et de la chanson des *Lanturlu*, quoiqu'il y ait d'un peu triste à relire aujourd'hui les *Étrennes de quatre animaux* envoyées par une dame à monsieur Esprit, ou la *Plainte des consonnes* qui n'ont pas l'honneur d'entrer au nom de *Neuf-Germain*, ne sentez-vous pas courir à travers ces billevesées le vent lointain de la tempête lyrique?

Sans invoquer ici le tour excellemment français des lettres, modèles d'atticisme et de grâce mondaine où s'est révélée, une fois au moins, après la reprise de Corbie, l'âme d'un historien et d'un politique, je n'ai besoin que de relire les vers enjoués et galants de Voiture pour être certain qu'il y eut en lui un philosophe qui se cachait ou qui s'ignora lui-même.

A-t-il réellement cru n'être en effet que ce railleur à l'eau de rose, né pour écrire les stances à la louange du *soulier d'une dame*, ou celles *sur une dame dont la jupe fut retroussée en versant dans un carrosse, à la campagne?* Ou bien, a-t-il à dessein fardé son esprit, guindé sa muse et abrité derrière un personnage bouffon le poëte qui chantait en lui? Pour moi, j'incline a admettre ce déguisement auquel de plus grands que Voiture se sont tant de fois résignés, afin qu'on leur pardonnât l'inspiration et le génie. Apollon est toujours ici-bas exilé chez Admète; et s'il trahit sa noble origine, c'est seulement lorsqu'un rayon de soleil vient s'embraser à l'or de sa chevelure. Or, cet éclair de jour et de flamme qui signale le dieu, vingt fois, je l'aperçois chez Voiture au moment même où il semble le plus décidément courbé vers la terre. Lorsqu'il s'écrie en commençant quelque sonnet d'amour:

> Des portes du matin l'amante de Céphale,

ou bien:

> Sous un habit de fleurs, la Nymphe que j'adore,

Rien qu'au mouvement, à l'allure héroïque de ce grand vers, je reconnais le poëte lyrique, réduit à se dérober sous le travestissement d'un inventeur de madrigaux et d'un diseur de riens. Chose étrange! à force de raffiner et d'outrer l'élégance, il arrive à la pompe, tandis que tant d'autres, en employant les mêmes moyens, tomberaient, dans un fatras inintelligible et ridicule. Il n'a peut-être rêvé qu'un Olympe de comédie et de ballet, et parfois ses vers laissent entrevoir un radieux

Olympe de poésie et de peinture où véritablement apparaissent, comme des nymphes célestes, vêtues d'écharpes envolées, de satins à la Coypel ondoyant et bouffant dans l'azur, les Aubry, les Clermont, les d'Aigremont, les Maugis, la divine Montmorency, et celle dont il a pu dire en mariant dans un parfait accord la musette et le luth d'ivoire :

L'on jugerait par la blancheur
De Bourbon, et par sa fraîcheur,
 Landrirette ;
Qu'elle a pris naissance des lys,
 Landriry.

Un artiste de notre temps, connu par son excessif amour-propre, aussi bien que par un talent rempli de jeunesse et de grâce, disait un jour à un critique de ses amis : « Si je vis familièrement avec vous, ce n'est pas que je tienne à vos conseils ; les conseils n'ont jamais servi à rien ni à personne, mais vous êtes l'homme de ce temps qui sait le mieux manier l'éloge, et rien n'est plus agréable que de s'entendre louer habilement. » A ce compte, comment nous étonner que l'amitié de Voiture ait été mise à si haut prix dans le plus délicat des mondes ? N'était-il pas parent de cette héroïne des contes de fées qui n'ouvre pas la bouche sans répandre autour d'elle les rubis et les perles ? « Et si les Phrygiens disent vrai lorsqu'ils assurent que tout ce que Midas touchait devenait or, il est encore plus vrai de dire que tout ce qui passait dans l'esprit de Callicrate devenait diamant, étant certain que du sujet le plus stérile, le plus bas et le moins galant, il en tirait quelque chose de brillant et d'agréable. » Ainsi parle mademoiselle de Scudéry dans son *Grand Cyrus*, et ces quelques lignes caractérisent admirablement le côté le plus visible du talent de Voiture. Il semble que ce beau mot *louanges*, l'un des plus riches et des plus nobles de la langue française, ait été inventé exprès pour lui ; il est, par excellence, le poëte des louanges, soit qu'il s'élève au badinage héroïque, comme dans l'admirable *Épître à Monsieur le Prince sur son retour d'Allemagne*, soit qu'il murmure avec une emphase mythologique très-séante en un pareil sujet :

Jamais l'œil du soleil
Ne vit rien de pareil,
Ni si plein de délice,
Rien si digne d'amour
Si ce ne fut le jour
Que naquit Arthenice.

Nul n'a su, si bien que Voiture, amalgamer l'or, la pourpre, l'azur, les pierreries, ces lieux communs de la comparaison poétique, et en faire un ragoût qui n'a rien de vulgaire? Nul ne réussit, comme lui, à humilier les astres et les soleils devant les divinités de son empire poétique, et il a sa place parmi ces immortels qui lui doivent une partie de leur immortalité. En ne songeant qu'à vivre dans le présent, M. Sainte-Beuve l'a noté avec éloquence, « il a su enchâsser son nom dans un moment brillant de la société française et dans cette guirlande des noms de madame de Longueville, de madame de Rambouillet et de madame de Sablé, et, par cette lettre sur Corbie, il a scellé une de ses pages dans le marbre même de la statue du grand Armand. »

Voiture appartient de cœur à la tradition de Marot; il le prouve par plus d'un trait spirituel et naïf, comme ce charmant début de chanson :

Les demoiselles de ce temps
Ont depuis peu beaucoup d'amants...

Il a pris au grand siècle, c'est le XVIe que je veux dire, l'ode, le sonnet, la ballade, ces formes excellentes si souvent condamnées à mourir, et si vivantes encore, Dieu merci. Mais surtout il a été le roi et le maître du rondeau. En ce petit poëme si vif, si léger, si rapide et sémillant d'allure, si net en même temps, et si incisif, personne n'a surpassé ni égalé Voiture. Là est son triomphe absolu ; il a su amener et rattacher le triple refrain avec un art indicible. *Un buveur d'eau*, *Ma foi*, *Le soleil*, *Pour vos beaux yeux*, *Un petit*, *Dans la prison*, *En bon français*, sont des modèles qu'il faut relire et étudier encore si l'on veut ressusciter le rondeau, ce joli poëme *né gaulois* qui vaudra peut-être le sonnet, le jour où il aura trouvé son Pétrarque?

On sait quelle fut la gloire du sonnet d'Uranie, et comment, avec celui de Job, il passionna et partagea les beaux esprits du temps. Dans l'intérêt même de la renommée de nos poëtes, il ne faut pas trop insister sur ces bonnes fortunes d'un jour qui volontiers repousseraient dans l'ombre le reste de leur œuvre. Je ne veux pas voir dans Voiture l'auteur du sonnet d'Uranie; pas plus que je ne veux voir dans Ronsard, toute proportion gardée, le poëte de l'odelette *Mignonne, allons voir si la rose*. Une telle complaisance laisse trop diminuées les gloires éclatantes, elle ne laisserait rien ou presque rien aux célébrités plus modestes.

Voiture fut-il un bon versificateur? Oui, et pourtant ses meilleures pièces sont déparées par des irrégularités, des négligences et des faiblesses de rime impardonnables. Mais il a l'ampleur, cette qualité qui grandit toutes les autres et sans laquelle toutes les autres ne sont rien ; il a le don naturel et inné du vers, cette faculté rhythmique et harmonieuse que rien ne peut nous donner si elle n'est pas en nous ; et c'est pourquoi je m'explique mal comment son nom a pu être rapproché de celui de Voltaire.

J'aurais beaucoup à ajouter sur Voiture ; mais j'aime mieux, en finissant, recopier pour le lecteur un sonnet exquis de M. Ulric Guttinguer, qui lui en dira plus long que mes paroles. Ces vers, dès longtemps célèbres, ne pouvaient pas manquer à cette anthologie ; mais leur auteur nous pardonnera de les placer ici, car ils sont devenus inséparables du livre qui les a inspirés.

A UNE DAME

EN RENVOYANT LES ŒUVRES DE VOITURE

Voici votre Voiture et son galant Permesse ;
Quoique guindé parfois, il est noble toujours ;
On voit tant de mauvais naturel de nos jours,
Que ce brillant monté m'a plu, je le confesse.

On voit (c'est un beau tort) que le commun le blesse,
Et qu'il veut une langue à part pour ses amours ;
Qu'il croit les honorer par d'étranges discours :
C'est là de ces défauts où le cœur s'intéresse.

C'était le vrai pour lui que ce faux tant blâmé ;
Je sens que volontiers, femme, je l'eusse aimé.
Il a d'ailleurs des vers pleins d'un tendre génie.

Tel celui-ci, charmant, qui jaillit de son cœur :
« Il faut finir ses jours en l'amour d'Uranie. »
Saurez-vous, comme moi, comprendre sa douceur ?

THÉODORE DE BANVILLE.

Pinchesne, le neveu de Voiture réunit ses œuvres en 3 volumes in-12, 1649-1658. Elles ont été plusieurs fois réimprimées. M. Ubicini a donné une dernière édition plus complète en 1855. (Collection Janet.)

On lira utilement sur Voiture le Ménagiana (passim) ; Baillet (Jugements des savants) ; Sainte-Beuve (Causeries du lundi, XIIe volume) ; Victor Cousin (Études sur la société du XVIIe siècle) ; Demogeot (Tableau de la littérature française au XVIIe siècle, avant Corneille) ; Hallam (Histoire de la littérature de l'Europe, tome III) ; Charles Labitte *(Revue de Paris, 1835.)*

ÉPITRE A MONSIEUR LE PRINCE

SUR SON RETOUR D'ALLEMAGNE, L'AN 1645

Soyez, Seigneur, bien revenu
De tous vos combats d'Allemagne,
Et du mal qui vous a tenu
Sur la fin de cette campagne,
Et qui fit penser à l'Espagne
Qu'enfin, le ciel, pour son secours,
Était prêt de borner vos jours
Et cette valeur accomplie
Dont elle redoute le cours.
Mais, dites-nous, je vous supplie:

La mort, qui, dans le champ de Mars,
Parmi les cris et les alarmes,
Les feux, les glaives, et les dards,
Le bruit et la fureur des armes,
Vous parut avoir quelques charmes,
Et vous sembla belle autrefois,
A cheval, et sous le harnois;
N'a-t-elle pas une autre mine,
Lorsqu'à pas lents elle chemine
Vers un malade qui languit?
Et semble-t-elle pas bien loide,
Quand elle vient, tremblante et froide,
Prendre un homme dedans son lit?

Lorsque l'on se voit assaillir
Par un secret venin qui tue,
Et que l'on se sent défaillir
Les forces, l'esprit, et la vue;
Quand on voit que les médecins
Se trompent dans tous leurs desseins,

Et qu'avec un visage blême,
On oit quelqu'un qui dit tout bas :
Mourra-t-il ? ne mourra-t-il pas?
Ira-t-il jusqu'au quatorzième?
Monseigneur, en ce triste état,
Confessez que le cœur vous bat,
Comme il fait à tant que nous sommes;
Et que vous autres, demi-dieux,
Quand la mort ferme ainsi vos yeux,
Avez peur comme d'autres hommes.

Tout cet appareil des mourants,
Un confesseur qui nous exhorte,
Un ami qui se déconforte,
Des valets tristes et pleurants,
Nous font voir la mort plus horrible,
Et crois qu'elle était moins terrible
Et marchait avec moins d'effroi,
Quand vous la vîtes aux montagnes
De Fribourg, et dans les campagnes
Ou de Nordlingue, ou de Rocroi.

Vous semblait-il pas bien injuste,
Que, sous l'ombrage des lauriers
Qui mettent votre front auguste
Sur celui de tant de guerriers,
Sous cette feuille verdoyante
Que l'ire du ciel foudroyante
Respecte et n'oserait toucher,
La fièvre chagrine et peureuse,
Triste, défaite et langoureuse,
Eût le cœur de vous approcher,
Qu'elle arrêtât votre courage,
Qu'elle changeât votre visage,
Qu'elle fît trembler vos genoux?
Ce que Bellone détruisante,

Dans le fer, les feux et les coups,
Ni Mars au fort de son courroux,
Ni la mort tant de fois présente,
N'avaient jamais pu dessus vous.

Voyant qu'un trépas ennuyeux
Vous allait mener en ces lieux
Que nous appellons l'onde noire,
Autrement manoir Stygieux,
Vous consoliez-vous sur la gloire
De vivre longtemps dans l'histoire?
Ou sur cette immortalité,
Que nous avons, malgré les âges,
La Sucie et moi, projeté
De vous donner dans nos ouvrages?

De vos faits il eût fait un livre
Bien plus durable que le cuivre;
Et moi, si j'ose m'en vanter,
Je mérite assez de le suivre;
Mais nous eussions eu beau chanter,
Avant que vous faire revivre.
Les neuf filles de Jupiter,
Qui savent tant d'autres merveilles,
Avecque leurs voix nonpareilles
N'ont pas l'art de ressusciter.
La mort ne les peut écouter,
Car la cruelle est sans oreilles.
Dès le vieux temps qu'Orphée harpa
Si doucement qu'il l'attrapa,
Et qu'il lui fit rendre Eurydice,
Le noir Pluton les lui coupa,
Et les conduits en étoupa.

« Ce fut une grande injustice. »
Depuis on a beau la prier,
Beau se plaindre, hurler, et crier,

Blâmer la rigueur de ses armes,
Tout ce bruit n'est point entendu.
Pour nos plaintes et pour nos larmes,
Pour nos cris et pour nos vacarmes,
On ne voit rien qu'elle ait rendu.

Nous autres faiseurs de chansons,
De Phébus sacrés nourrissons,
« Peu prisés au siècle où nous sommes, »
Saurions bien mieux vendre nos sons,
S'ils faisaient revivre les hommes
Comme ils font revivre les noms.
Nous eussions appris votre gloire
A toute la postérité,
Et consacré votre mémoire
Au temple de l'éternité.
Mais de nos œuvres magnifiques,
De nos airs et de nos cantiques,
Seigneur, vous n'eussiez rien ouï,
L'air et le ciel, la terre et l'onde,
Et tout ce qui se fait au monde
Était pour vous évanoui.

Commencez doncques à songer
Qu'il importe d'être et de vivre,
Pensez mieux à vous ménager;
Quel charme a pour vous le danger,
Que vous aimiez tant à le suivre?
Si vous aviez dans les combats
D'Amadis l'armure enchantée,
Comme vous en avez le bras
Et la vaillance tant vantée;
De votre ardeur précipitée,
Seigneur, je ne me plaindrais pas.
Mais en nos siècles où les charmes
Ne font pas de pareilles armes,

Qu'on voit que le plus noble sang,
Fût-il d'Hector ou d'Alexandre,
Est aussi facile à répandre
Que l'est celui du plus bas rang;
Que, d'une force sans seconde,
La mort sait ses traits élancer,
Et qu'un peu de plomb peut casser
La plus belle tête du monde;
Qui l'a bonne y doit regarder.
Mais une telle que la vôtre
Ne se doit jamais hasarder:
Pour votre bien et pour le nôtre,
Seigneur, il vous la faut garder.

C'est injustement que la vie
Fait le plus petit de vos soins;
Dès qu'elle vous sera ravie,
Vous en vaudrez de moitié moins.
Soit roi, soit prince, ou conquérant,
On déchet bien fort en mourant;
Ce respect, cette déférence,
Cette foule qui suit vos pas,
Toute cette vaine apparence
Au tombeau ne vous suivront pas.
Quoi que votre esprit se propose,
Quand votre course sera close,
On vous abandonnera fort,
Et, seigneur, c'est fort peu de chose
Qu'un demi-dieu, quand il est mort.

Du moment que la fière Parque
Nous a fait entrer dans la barque
Où l'on ne reçoit point les corps,
Et la gloire et la renommée
Ne sont que songes et fumée,
Et ne vont point jusques aux morts.

Au delà des bords du Cocyte
Il n'est plus parlé de mérite,
Ni de vaillance, ni de sang :
L'ombre d'Achille ou de Thersite,
La plus grande et la plus petite,
Vont toutes en un même rang.

. . . .

L'âge, qui toute chose efface,
Confond les titres et les noms,
Et ne laisse que quelque trace
De tous ces inutiles sons
Pour qui si fort nous nous pressons;
Les Achilles et les Thésées,
Là-bas, sous les tristes lauriers
Qui parent les Champs Élysées,
Ne sont ni plus grands ni plus fiers,
Ni leurs ombres plus courtisées,
Par toutes ces odes prisées,
Où l'on chante leurs faits guerriers.

Mais je sens que Phébus m'emporte
Plus loin que je n'avais pensé,
Et me prête une voix plus forte
Que celle dont j'ai commencé;
Mon chant s'est bien fort avancé.
Prince, que l'Univers admire,
Il est temps que je me retire;
Des sons si hauts et si hardis
Sont mal accordants à la lyre.
Je m'arrête donc, et vous dis :

Aimez, Seigneur, aimez à vivre,
Et faites que de vos beaux jours
Le long et le fortuné cours
De toutes craintes nous délivre :
Conservez-vous pour l'Univers.

Parmi tant de périls divers,
De vos faits allongez l'histoire;
Et, voyant qu'un destin puissant
Doit à votre bras agissant,
Tous les étés, une victoire,
Pour la France et pour votre gloire,
Tâchez d'en vivre jusqu'à cent.

RONDEAUX

Ma foi, c'est fait de moi, car Isabeau
M'a conjuré de lui faire un rondeau.
Cela me met en une peine extrême.
Quoi! treize vers, huit en eau, cinq en ême!
Je lui ferais aussitôt un bateau.

En voilà cinq pourtant en un monceau.
Faisons-en huit en invoquant Brodeau,
Et puis mettons, par quelque stratagème :
Ma foi, c'est fait.

Si je pouvais encor de mon cerveau
Tirer cinq vers, l'ouvrage serait beau;
Mais cependant je suis dedans l'onzième,
Et ci je crois que je fais le douzième;
En voilà treize ajustés au niveau.
Ma foi, c'est fait.

En bon français politique et dévot,
Vous discourez plus grave qu'un magot;
Votre chagrin de tout se formalise,
Et l'on dirait que la France et l'Église
Tournent sur vous comme sur leur pivot.

A tout propos, vous faites le bigot,
Pleurant nos maux avecque maint sanglot,
Et votre cœur espagnol se déguise
En bon français.

Laissez l'État et n'en dites plus mot,
Il est pourvu d'un très-bon matelot;
Car, s'il vous faut parler avec franchise,
Quoique sur tout votre esprit subtilise,
On vous connaît, et vous n'êtes qu'un sot
En bon français.

SONNETS

Il faut finir mes jours en l'amour d'Uranie;
L'absence ni le temps ne m'en sauraient guérir,
Et je ne vois plus rien qui me pût secourir,
Ni qui pût rappeler ma liberté bannie.

Dès longtemps je connais sa rigueur infinie;
Mais, pensant aux beautés pour qui je dois périr,
Je bénis mon martyre, et, content de mourir,
Je n'ose murmurer contre sa tyrannie.

Quelquefois ma raison, par de faibles discours,
M'invite à la révolte et me promet secours;
Mais, lorsqu'à mon besoin je veux me servir d'elle,

Après beaucoup de peine et d'efforts impuissans,
Elle dit qu'Uranie est seule aimable et belle,
Et m'y rengage plus que ne font tous mes sens.

Des portes du matin l'amante de Céphale
Ses roses épandait dans le milieu des airs,
Et jetait sur les cieux nouvellements ouverts
Ces traits d'or et d'azur qu'en naissant elle étale;

Quand la nymphe divine, à mon repos fatale,
Apparut, et brilla de tant d'attraits divers

Qu'il semblait qu'elle seule éclairait l'univers,
Et remplissait de feux la rive orientale.

Le soleil, se hâtant pour la gloire des cieux,
Vint opposer sa flamme à l'éclat de ses yeux,
Et prit tous les rayons dont l'Olympe se dore.

L'onde, la terre, et l'air s'allumaient alentour,
Mais auprès de Philis on le prit pour l'aurore;
Et l'on crut que Philis était l'astre du jour.

IMPROMPTU

La reine Anne d'Autriche, rencontrant Voiture dans les jardins de Rueil, lui demanda à quoi il pensait; le poëte lui répondit par les vers suivants:

Je pensais que la destinée,
Après tant d'injustes malheurs,
Vous a justement couronnée
De gloire, d'éclat et d'honneurs;

Mais que vous étiez plus heureuse
Lorsque vous étiez autrefois...
Je ne veux pas dire amoureuse,
La rime le veut toutefois.

Je pensais (nous autres poëtes
Nous pensons extravagamment)
Ce que, dans l'humeur où vous êtes,
Vous feriez, si, dans ce moment,

Vous avisiez dans cette place
Venir le duc de Buckinghan,
Et lequel serait en disgrâce
Du duc ou du père Vincent.

GUILLAUME COLLETET

1598 — 1659

« O l'admirable tempérament que celui du complaisant M. Colletet !
« On ne l'a jamais vu en colère ; et en quelque état qu'on le rencontrât,
« on auroit jugé qu'il étoit content et aussi heureux même que Sylla
« qui se vantoit de coucher toutes les nuits avec la fortune. Nous
« allions manger bien souvent chez lui, à condition que chacun y feroit
« porter son pain, son plat, avec deux bouteilles de champagne ou de
« bourgogne ; et par ce moyen, nous n'étions point à charge à notre
« hôte. Il ne fournissoit qu'une vieille table de pierre, sur laquelle
« Ronsard, Jodelle, Belleau, Baïf, Amadis, Jamyn, etc., avoient fait en
« leur temps d'assez bons repas. Et, comme le présent nous occupoit
« seul, l'avenir et le passé n'y entroient jamais en ligne de compte.
« *Claudine* avec quelques vers qu'elle chantoit, y choquoit du verre avec
« le premier qu'elle entreprenoit, et son cher époux, M. Colletet, nous
« récitoit dans les intermèdes du repas, ou quelque sonnet de sa façon,
« ou quelque fragment de nos vieux poëtes, que l'on ne retrouve point
« dans leurs livres.

« C'est assurément un grand dommage que la *Vie des poëtes*, qu'il
« avoit faite, ait été perdue. Il en avoit connu quelques-uns, et par
« tradition qui étoit pour lui de fraîche date, il savoit de certaines par-
« ticularités dont il pouvoit seul nous informer. Ceux qui se propo-
« soient de travailler à son inventaire m'ont assuré qu'il leur en avoit
« évité la peine et qu'il n'avoit laissé à Monsieur son fils que le nom de
« Colletet pour tout héritage ! »

Cette page, que je transcris du *Chevræana*, m'a toujours rempli d'attendrissement. C'est un petit tableau complet, charmant, touchant même. On voit ce digne homme, — il n'était plus déjà très-jeune alors,

— festinant joyeusement et sans façon avec ses amis et sa femme, dans sa maison, la maison de Ronsard! qu'il avait achetée par piété dans un moment de richesse, et que la détresse le força plus tard à revendre; interrompant le service pour parler de ses vers et de ceux des autres et mêlant ainsi sa passion pour la poésie aux plaisirs de la table et aux douceurs de l'amitié; sans embarras de sa pauvreté, qui ne lui permettait d'offrir à ses convives que *la table* littéralement et sa bonne humeur : « Car, dit Chapelain dans ses lettres, il a passé sa vie dans l'innocence entre Apollon et Bacchus, sans souci du lendemain, au milieu des plus fâcheuses affaires. »

La matinée avait été bien remplie : car Colletet était grand travailleur. Passionné pour la poésie, il se fit archéologue pour en écrire l'histoire. Cette vie des poëtes français que Chevreau croyait perdue et qui vient seulement après deux cents ans de trouver un éditeur, est le premier travail d'ensemble qui ait été entrepris sur notre poésie nationale. C'est un ouvrage considérable, plein de recherches, de particularités, d'érudition, et dont plus d'un s'est servi, qui ne s'en est point vanté. Il savait autant que personne de son temps l'italien et l'espagnol; et il est intéressant de lui voir citer dans ses traités didactiques de poésie, non-seulement Pétrarque, mais Dante que, certes, bien peu de ses contemporains avaient lu. Il a traduit du grec le roman des *Amours d'Ismène et d'Isménie*, d'Eustathéus; du latin, le poëme des *Couches de la Vierge*, de Sannazar, la *Doctrine chrétienne*, de saint Augustin, les *Éloges des hommes illustres*, de Gaucher de Sainte-Marthe, le *Discours*, d'Anne Schurmann, *sur l'éducation des femmes*. Et malgré tant de travaux, la poésie, ses amours, fut toujours sa principale occupation. Lui-même, il a peint sa vie dans ce vers :

Mais quand l'utile prose a terminé sa tâche...

Vous voyez d'ici le laborieux poëte, hâtant sa besogne pour revenir plus vite à ses chers loisirs, au travail libre et savoureux de l'inspiration. Colletet, par l'étendue de son savoir et par la variété de ses aptitudes, représente, mieux qu'aucun autre de son temps, le type de l'*homme de lettres*, tel que nous le concevons à présent; c'est-à-dire un homme confondant le plaisir et l'étude et sachant trouver la satisfaction de ses goûts à travailler pour le public. Il est l'ancêtre de tous les polygraphes du XVIIIe siècle et du nôtre, des Fontenelle, des La Harpe et des Charles Nodier. Il y a du Voltaire en lui; et les fameuses stances à madame du Châtelet : *Si vous voulez que j'aime encore,* trouveraient plus d'un pendant dans les *Divertissements* et dans les *Amours de Claudine*. Un détail qu'il ne faut pas oublier dans le portrait de Colletet, c'est qu'il était né à Paris. Ses œuvres, son style ont en effet tout le caractère de l'esprit parisien, un esprit subtil et rapide, qui s'élève rarement jusqu'au génie, à cause même de sa subtilité, mais qui étonnera toujours par sa lucidité et son étendue. Un autre trait dû caractère parisien qu'il faut noter en lui, c'est l'humeur commode et philosophique que tous ses contemporains, petits et grands, indulgents ou caustiques, lui ont reconnue. On l'appelait l'*enfant de la pitié de Boisrobert*, parce qu'il était entré à l'Académie avec l'appui de ce favori du grand ministre, et il s'en moquait. On courtisait sa femme, il s'en riait et disait, comme à propos de Servien : « Elle est trop fine pour eux! » Que de méchantes plaisanteries n'a-t-on pas faites sur les mariages du pauvre homme et sur son cœur trop tendre à la race d'Ève! Chapelain, son ami pourtant, répète trop légèrement que Colletet se maria trois fois et toujours à des servantes. Le vrai est qu'il ne se maria que deux fois : sa première femme, Marie Prunelle, était une bourgeoise; quant à la seconde, Claudine, qu'elle fût servante ou blanchisseuse, selon qu'on l'a dit, pourquoi lui en faire un crime? « Ne vaut-il pas mieux, dit à ce propos Théophile Gautier, posséder librement et à son aise une fille jeune et bien faite, que de faire le pied de grue sous le balcon d'une Philaminte surannée ou d'une duchesse plâtrée qui vous fait manger à l'office après vous avoir fait efficacement remplacer monsieur le duc? » Ce qui relève le choix, c'est l'amour constant, dévoué, chevaleresque dont Colletet honora Claudine jusqu'à sa mort. Belle, ne lui suffisait pas, il la voulut célèbre, et la chanta sur tous les mètres; il la voulut même savante et spirituelle, et poussa le dévouement jusqu'à composer sous son nom des vers qu'elle chantait à table, comme nous le dit Chevreau, et qui lui valaient l'applaudissement des poëtes. N'est-il pas touchant de le voir, à son lit de mort, songer aux destinées de cette gloire apocryphe, et composer avec une prudence admirable des vers où Claudine promettait *d'ensevelir sa plume avec son époux?* Tallemant, qui ne respecte rien, a raconté sur Colletet et sa Claudine de fort vilaines et fort méchantes anecdotes : il ne put toutefois se défendre de quelque sympathie pour ce *bonhomme*, comme il l'appelle. Au reste, l'amour conjugal ne remplissait pas le cœur de Colletet tout entier : l'amour paternel en avait aussi une bonne part. La seconde moitié de sa vie fut en grande partie consacrée à l'éducation de son fils; et bien que ce fils n'ait pas mérité de passer pour un aigle, il est aisé de voir par ses écrits, très-nombreux et très-divers, que cette éducation avait été excellente : « auteur estimable que la satire a flétri, » a dit Nodier dans ses *Mélanges*. C'est en effet François Colletet, et non pas son père, que Boileau a si injustement insulté dans sa première satire.

Chevreau s'est trompé lorsqu'il a dit que Colletet ne laissa à son fils que son nom pour héritage. Ce nom serait déjà quelque chose; mais Colletet put transmettre à son héritier un legs plus positif et plus palpable, sa bibliothèque. Bibliothèque considérable et célèbre même en son temps, au témoignage du P. Jacob, de Châlons, l'auteur du *Traité des plus belles Bibliothèques du monde*, et qu'il sut conserver cinquante ans, malgré son peu de fortune, pour la léguer à ce fils. La pauvreté et les instances de la veuve forcèrent dans le courant de l'année François Colletet à se défaire de son héritage : et les regrets qu'il lui a consacrés seront une conclusion touchante pour cette notice.

« Vente, dit-il, qui tire presque des larmes de mes yeux et des sou-« pirs de ma bouche, toutes les fois que j'y pense, et qui rappelle en ma « mémoire la faiblesse d'un homme intéressé, qui, pouvant me conser-« ver ce seul petit héritage que m'avoit laissé mon père, a mieux « aymé le donner en proye à la justice que de m'en laisser la jouys-« sance; advantage certe qui lui donne bien peu de gloire, aussi bien « qu'à ceux qui, pouvant inspirer à la vefve de nobles et généreux sen-« timents en ma faveur, n'ont pas été fidèles conseillers ny juges équita-« bles dans ma cause. C'est un ressentiment qui me tient trop au cœur « pour l'étouffer; et l'indignation que j'eus dès ce tems-là d'une action « si contraire au sang et à la nature m'inspira une ode de cent vers qui « seront quelque jour imprimez et dont voici le commencement :

Chères délices de mon père,
Livres doctes et précieux,
Qui de ses écrits curieux
Fûtes l'entretien ordinaire;
Vous qu'en quarante ou cinquante ans,
Malgré les misères du temps,
Il acquit avec tant de peine,
Eh quoi ! je ne vous verrai plus !
Puisqu'il faut que cette semaine
A l'encan vous soyez vendus, etc.

« Quoique cent fois supérieurs à l'*Ode à Namur*, ces vers, dit Charles Nodier, sont assez mauvais; mais il y a dans tout ce passage une fleur de sentiment qui fait penser, une mesure d'expression qui fait réfléchir et qui satisfait mieux mon cœur et mon esprit qu'un vain luxe de paroles. L'homme qui n'accuse son spoliateur que de *faiblesse*, qui ne voit dans sa marâtre que la veuve de son père, qui ne trouve dans les conseillers de cette femme que des juges *peu équitables*, valait bien mieux à aimer que ce triste Boileau. Il n'aurait jamais stigmatisé d'un opprobre éternel le malheur d'avoir besoin de pain et d'en demander aux valets, extrémité cruelle sans doute, mais préférable à la honte d'attendre de l'or de leurs maîtres. »

CHARLES ASSELINEAU.

Les ouvrages de Guillaume Colletet sont très-nombreux. Nous renvoyons le lecteur à la liste complète que Pellisson en a donnée dans son *Histoire de l'Académie française*.

Voir sur Colletet les Portraits littéraires, de M. Léon Feugère; Tallemant des Réaux, tom. VII, et Les Grotesques, de M. Théophile Gautier.

SONNETS

Je ne vois rien ici qui ne flatte mes yeux;
Cette cour du balustre est gaie et magnifique,
Ces superbes lions qui gardent ce portique,
Adoucissent pour moi leurs regards furieux.

Le feuillage, animé d'un vent délicieux,
Joint au chant des oiseaux sa tremblante musique;
Ce parterre de fleurs, par un secret magique,
Semble avoir dérobé les étoiles des cieux.

L'aimable promenoir de ces doubles allées,
Qui de profanes pas n'ont point été foulées,
Garde encore, ô Ronsard, les vestiges des tiens.

Désir ambitieux d'une gloire infinie!
Je trouve bien ici mes pas avec les siens,
Mais non pas, dans mes vers, sa force et son génie.

HOMMAGE A UN GRAND POËTE

Afin de témoigner à la postérité
Que je fus en mon temps partisan de ta gloire,
Malgré ces ignorants de qui la bouche noire
Blasphème parmi nous contre ta déité ;

Je viens rendre à ton nom ce qu'il a mérité,
Belle âme de Ronsard, dont la sainte mémoire
Remportera du temps une heureuse victoire,
Et ne se bornera que de l'éternité.

Attendant que le ciel mon désir favorise,
Que je te puisse voir dans les plaines d'Élise [1],
Ne t'ayant jamais vu qu'en tes doctes écrits ;

Belle âme, qu'Apollon ses grâces me refuse,
Si je n'adore en toi le roi des grands esprits,
Le père des beaux vers et l'enfant de la Muse.

AVIS A UN POËTE BUVEUR D'EAU

En vain, pauvre Tircis, tu te romps le cerveau
Pour changer en beaux vers tes rimes imparfaites ;
Tu n'auras point l'ardeur des illustres poëtes,
Si ton esprit d'oison se refroidit dans l'eau.

Va trinquer à longs traits de ce nectar nouveau
Que Lécormié [2] recèle en ses caves secrètes,
Si tu veux effacer ces antiques prophètes
Dont le nom brille encor dans la nuit du tombeau.

[1] Pour : dans les champs Élysées. — [2] Fameux cabaretier du temps.

Bien que les neuf beautés des rives d'Hippocrène
Exaltent la vertu des eaux de leur fontaine,
Les fines, qu'elles sont, ne s'en abreuvent pas;

Là, sous des lauriers verts, ou plutôt sous des treilles,
Les tonneaux de vin grec échauffent leurs repas,
Et l'eau n'y rafraîchit que le cul des bouteilles.

LES ROMANS

J'ai plus d'amour pour toi que pour son Angélique
N'en témoigna jamais le paladin Renaud:
Pour toi, je forcerais un grand pas, un grand ost,
Et rendrais véritable un roman chimérique.

Mais si pour ta beauté mon courage se pique,
Mon esprit sans orgueil, ma bonté sans défaut,
T'allument d'un brasier si constant et si chaud,
Que d'amant et d'aimé j'ai le nom magnifique.

Nous n'avons jamais bu de ces noires liqueurs,
Que, pour troubler les sens et diviser les cœurs,
Un démon répandit dans les forêts d'Ardenne.

Mais, ô beauté que j'aime, et qui m'aime à son tour,
Nous avons bu tous deux dans la claire fontaine,
Que l'on nomme en forêts [1] la fontaine d'amour.

[1] Allusion au roman de Perceforest.

RODOMONTADE AMOUREUSE

Claudine, avec le temps tes grâces passeront,
Ton jeune teint perdra sa pourpre et son ivoire;
Le ciel, qui te fit blonde, un jour te verra noire,
Et, comme je languis, tes beaux yeux languiront.

Ceux que tu traites mal te persécuteront,
Ils riront de l'orgueil qui t'en fait tant accroire;
Ils n'auront plus d'amour, tu n'auras plus de gloire;
Tu mourras, et mes vers jamais ne périront.

O cruelle à mes vœux, ou plutôt à toi-même,
Veux-tu forcer des ans la puissance suprême,
Et te survivre encore au delà du tombeau?

Que ta douceur m'oblige à faire ton image,
Et les ans douteront qui parut le plus beau,
Ou mon esprit, ou ton visage.

SAINT-AMANT

1599 — 1660

L'anathème de Boileau pèse toujours sur la mémoire de Saint-Amant, et bien que plusieurs critiques modernes aient protesté contre cette condamnation, la postérité injuste ne l'a pas encore levé, tant a de force un jugement sommaire résumé en quelques vers dédaigneusement brefs et qui se retiennent aisément. Nous n'espérons pas redorer les rayons de cette gloire et rendre à Saint-Amant la place qu'il mérite, mais ce fut un poëte dans la vraie acception du mot, et de plus célèbres que tout le monde admire et cite sont loin de le valoir.

Si la funeste réaction commencée par Malherbe n'avait pas prévalu, Saint-Amant eût gardé sa réputation et son lustre, mais la langue qu'il parle tomba en désuétude. Ronsard fut regardé comme barbare, Regnier comme trivial; l'idiome si riche, si abondant dont ils se servaient, passé au crible, y laissa ses mots les plus colorés et les plus significatifs avec l'image, la métaphore et la substance même de la poésie. Les grammairiens l'emportèrent, et le français entre leurs mains devint la langue par excellence de la prose, des mathématiques et de la diplomatie, jusqu'au glorieux mouvement littéraire qui éclata vers mil huit cent trente.

Saint-Amant ne savait à fond ni le latin ni le grec, mais en revanche il possédait l'espagnol, l'anglais et l'italien. On ne trouve donc pas chez lui ces fastidieux centons d'antiquité dont abusent jusqu'à la nausée les versificateurs dits classiques; il copie directement la nature et la reproduit avec des formes qui lui sont propres; il est moderne et sensible aux objets qui l'entourent. La lecture de ses œuvres si variées de ton vous fait vivre au plein cœur de son époque; on voit ce qu'il dit, et mille physionomies dessinées d'un trait caractéristique, colorées d'une touche vive et brusque, vous passent devant les yeux en feuilletant ses vers, comme si l'on regardait ces cahiers d'estampes où Abraham Bosse a reproduit d'une pointe si nette et si instructive les intérieurs, les ameublements, les costumes, les particularités et les habitudes de la vie familière au temps de Louis XIII. Ses doctrines littéraires qu'il explique dans la préface du *Moïse sauvé* prêchent la liberté de l'art, la recherche du nouveau, les cadences brisées de rhythme, et même çà et là l'emploi de quelque mot suranné sous prétexte « qu'une grande et vénérable chaise à l'antique a quelquefois très-bonne grâce et tient fort bien son rang dans une chambre parée des meubles les plus superbes et les plus à la mode; » il pense aussi que l'esprit humain peut produire quelque chose encore après Homère et Virgile, et que le monde n'est pas devenu complétement idiot depuis ces grands hommes qu'il respecte d'ailleurs comme il convient. Ces doctrines ne pouvaient plaire au législateur du *Parnasse*, et il donna de la férule sur les doigts si rudement au pauvre poëte que le luth dont il tirait pourtant de si mélodieux accords lui échappa et que les cordes s'en rompirent.

Nous n'avons pas à faire ici la biographie de Saint-Amant, qui se réduirait à un petit nombre de détails peu intéressants en eux-mêmes, mais à donner une idée de son tempérament poétique et de sa manière.

Ce n'est pas un élégiaque, ni un pleurard à nacelle que Saint-Amant; — c'est un gros garçon jovial, bien portant, haut en couleur, aux cheveux blonds frisés, à la moustache en croc, aux yeux bleus où nage souvent l'humide paillette de l'ivresse. — Comme physique, il rappelle ces braves soudards épanouis qu'aime à peindre Terburg, tendant leur vidrecome au vin que leur verse une accorte servante et qui, s'ils ont un œil pour la fille, en ont un autre plus tendre encore pour la bouteille. Cette santé fleurie de l'homme se retrouve dans le poëte. Son vers plein, robuste, sonore, aviné parfois, s'empourpre comme la joue du buveur. Il est transparent, mais d'une transparence de rubis et non d'eau claire.

Attaché au maréchal d'Harcourt, qui, parmi la bande joyeuse dont il s'accompagnait volontiers, portait le nom de guerre de Cadet la Perle, Saint-Amant voyagea beaucoup, pratiqua le monde, et sa vie de débauche, celle de tous les seigneurs à cette époque, le mit en contact avec les hommes et les choses; la vie de cabinet, où parmi les paperasses poudreuses les littérateurs ordinaires s'atrophient et ne perçoivent la réalité qu'à travers les livres, lui fut pour ainsi dire inconnue, quoique son bagage poétique soit assez pesant.

Comme ses courses sur terre et sur mer avaient mis à sa disposition un grand nombre d'images, comme il possédait un vocabulaire immense, et le plus riche dictionnaire de rimes que jamais poëte ait eu dans la cervelle, il travaillait avec une grande facilité à travers des dissipations qui eussent distrait tout autre. Saint-Amant appartenait d'ailleurs à ces esprits dont la verve a besoin pour s'allumer d'un excitant physique : chez ces natures, le vin est un philtre merveilleux ; le généreux sang de la vigne semble se mêler au sang de leurs veines et y faire circuler avec sa chaleur la flamme de l'inspiration. Un homme intérieur auquel l'autre sert d'enveloppe, ranimé par le puissant breuvage, sort du sommeil et prononce au hasard des paroles magiques : les idées, après avoir battu un moment les vitres de leurs ailes empourprées, viennent se ranger d'elles-mêmes dans la cage de la stance ; les rimes, ces fermoirs parfois si difficiles à joindre, s'agrafent toutes seules en rendant un son clair, les mots vibrent et flamboient, harmonies et rayons, et l'œuvre presque inconsciente se trouve achevée avec une perfection dont l'auteur à jeun serait incapable. Mais il ne suffit pas de boire pour atteindre ce résultat, et les sommeliers n'apportent pas toujours la poésie en bouteilles. Un sonnet ne se verse pas comme une rasade. C'est un don fatal comme tous les dons que cette inspiration dans l'ivresse : Hoffmann et Edgar Poë en sont morts, et si Saint-Amant y a résisté, c'est que les estomacs du XVIIe siècle étaient plus robustes et qu'il ne buvait que du vin !

Le nombre est une des qualités de notre poëte ; son vers retentit et sonne comme un timbre ou comme une pièce d'or sans paille sur un marbre ; il avait l'oreille musicale et pour cause, car il jouait du luth, non pas en amateur, mais en virtuose, et quand il parle de son luth, ce n'est pas une simple figure de poésie : ce don est rare chez les versificateurs français, peu musiciens de leur nature.

A l'élément descriptif Saint-Amant joignait l'élément grotesque dont plus tard les imitateurs de Scarron firent un si triste et si ennuyeux abus ; ce n'était pas chez lui l'amour des pasquinades, des équivoques et des plaisanteries plus ou moins grossières, mais un sentiment pittoresque assez semblable à celui des Jan Steen, des Ostade, des Teniers et des Callot. Il a fait en ce genre de merveilleux petits tableaux devant lesquels Louis XIV eût pu dire comme devant ceux des peintres flamands : « Emportez ces magots, » mais ces magots, que l'art a touchés, vivent d'une vie plus intime et plus profonde que la plupart des grandes machines mythologiques qu'on leur préférait alors.

La chambre du débauché est la plus chaude, la plus libre et la plus amusante pochade que puisse imaginer la fantaisie travaillant d'après nature. Quelle verve espagnole et picaresque dans ces détails de burlesque misère, quelle force de couleur, quelle justesse de ton, quelle franchise de touche! Comme tout cela est plein d'esprit, de ragoût et d'humour! La langue française que l'on dit si bégueule arrive là à rendre avec une intensité étonnante une foule d'objets indescriptibles et qu'un mot hardi va chercher comme une paillette de lumière sous les glacis bitumineux des fonds.

Quel caprice à la Callot que cette caricature de poëte crotté! La pointe du graveur lorrain n'eût pas égratigné d'un trait plus vif sur le vernis noir de cette silhouette ridicule! Le cuistre, le bohême et le capitan se fondent dans cette figure falote de la manière la plus bouffonne et la plus réjouissante. Au reste, nulle méchanceté ne tache de son fiel cette charge de bon aloi et d'une extravagance joyeusement en dehors du possible malgré sa vérité aisément reconnaissable.

C'est aussi une pièce de franche originalité que la boutade où le poëte frappe Rome de la belle manière et, sans respect pour les enthousiasmes de commande, fait de la ville éternelle une critique dont beaucoup de détails sont encore vrais aujourd'hui; rien n'est plus drôlatique que ce dithyrambe à l'envers où la moquerie verveuse fait si bien justice des admirations badaudes et tire la langue aux antiquailles. L'on conçoit chez un esprit prime-sautier comme Saint-Amant cette horreur des lieux communs et ce parti pris de dénigrement. Rien ne lui eût été plus facile que de faire de Rome une description sérieusement belle. Les couleurs pour cela n'eussent pas manqué sur sa palette. Mais la seule chose qu'il trouve à louer dans la patrie de Romulus, c'est la polenta au parmesan arrosée de montefiascone.

La Crevaille, excusez ce titre d'un goût hasardeux qui dans le vocabulaire bachique du temps signifiait une débauche à outrance, est un morceau d'une fougue, d'une ébriété et d'un lyrisme extraordinaires; comme d'une gigantesque corne d'abondance vidée par le dieu Gaster, ruissellent les mets et les vins avec un scintillement de couleur à éblouir les yeux. Les rimes résonnent comme des verres qui s'entrechoquent et semblent se porter des santés.

Il y a de belles choses dans le *Moïse sauvé*, cette idylle héroïque que Boileau, d'un coup de patte, a replongée dans la mer Rouge avec le Pharaon et ses trois cents chariots de guerre; le combat de Moïse et de l'Égyptien, le bain de la princesse Termuth, la comparaison de la couleuvre et de l'oiseau, les larmes de Jocabed et même le passage de la mer, malgré le petit enfant qui veut montrer à sa mère le caillou qu'il a ramassé, sont des morceaux à détacher et à mettre dans une anthologie.

Saint-Amant fut de l'Académie et on le dispensa du discours de réception, à charge de s'occuper de la partie grotesque du Dictionnaire. C'était pourtant un poëte beaucoup plus sérieux que la plupart de ceux qui semblaient lui faire comme une sorte de grâce en l'admettant, car ce n'est pas le genre qui importe en poésie, mais bien le style. Telle pièce grotesque de Saint-Amant, un sonnet comme les *Goinfres*, par exemple, a plus de valeur et se rattache bien plus à l'art qu'une ode ou qu'un poëme d'une platitude correcte. L'auteur de la *Solitude*, du *Contemplateur* et de la *Chambre du Débauché*, avait l'image, le nombre, la rime, la fougue, le caprice; il peignait gras, tantôt avec un éclat pourpré à la Rubens, tantôt avec ce ton de hareng fumé verni d'or des peintres hollandais et flamands; dans la moindre de ses esquisses s'accuse une vie abondante et forte, une plénitude de rime qui témoignait de la plus robuste santé poétique. Un tel tempérament ne devait pas plaire aux secs, aux difficiles, aux malingres, et Saint-Amant, vivement critiqué par un goût méticuleux plus sensible aux défauts qu'aux beautés, tomba peu à peu en désuétude. Il sembla turbulent, grossier et bachique aux puristes incapables de comprendre son mérite. Est-ce à dire que Saint-Amant soit un poëte parfait? Non, mais c'est un poëte, ce que ne furent pas de plus irréprochables et de plus célèbres.

THÉOPHILE GAUTIER.

LA SOLITUDE

ODE A ALCIDON

Que j'aime la solitude !
Que ces lieux sacrés à la nuit,
Éloignés du monde et du bruit,
Plaisent à mon inquiétude !
Mon Dieu ! que mes yeux sont contents
De voir ces bois, qui se trouvèrent
A la nativité du temps,
Et que tous les siècles révèrent,
Être encore aussi beaux et verts,
Qu'aux premiers jours de l'univers.

Un gai zéphire les caresse
D'un mouvement doux et flatteur.
Rien que leur extrême hauteur
Ne fait remarquer leur vieillesse.
Jadis Pan et ses demi-dieux
Y vinrent chercher du refuge,
Quand Jupiter ouvrit les cieux
Pour nous envoyer le déluge,
Et, se sauvant sur leurs rameaux,
A peine virent-ils les eaux.

Que sur cette épine fleurie,
Dont le printemps est amoureux,
Philomèle, au chant langoureux,
Entretient bien ma rêverie !
Que je prends de plaisir à voir
Ces monts pendants en précipices
Qui, pour les coups du désespoir,
Sont aux malheureux si propices

Quand la cruauté de leur sort
Les force à rechercher la mort !

Que je trouve doux le ravage
De ces fiers torrents vagabonds,
Qui se précipitent par bonds
Dans ce vallon vert et sauvage ;
Puis, glissant sous les arbrisseaux
Ainsi que des serpents sur l'herbe,
Se changent en plaisants ruisseaux,
Où quelque naïade superbe
Règne comme en son lit natal
Dessus un trône de cristal !

Que j'aime ce marais paisible !
Il est tout bordé d'aliziers,
D'aunes, de saules et d'osiers,
A qui le fer n'est point nuisible.
Les nymphes, y cherchant le frais,
S'y viennent fournir de quenouilles,
De pipeaux, de joncs et de glais
Où l'on voit sauter les grenouilles
Qui, de frayeur, s'y vont cacher,
Sitôt qu'on veut s'en approcher.

Là, cent mille oiseaux aquatiques
Vivent sans craindre, en leur repos,
Le giboyeur fin et dispos,
Avec ses mortelles pratiques.
L'un, tout joyeux d'un si beau jour,
S'amuse à becqueter sa plume
L'autre alentit le feu d'amour
Qui dans l'eau même se consume,
Et prennent tout innocemment
Leur plaisir en cet élément.

Jamais l'été ni la froidure
N'ont vu passer dessus cette eau
Nulle charrette ni bateau
Depuis que l'un et l'autre dure;
Jamais voyageur altéré
N'y fit servir sa main de tasse;
Jamais chevreuil désespéré
N'y finit sa vie à la chasse;
Et jamais le traître hameçon
N'en fit sortir aucun poisson.

Que j'aime à voir la décadence
De ces vieux châteaux ruinés,
Contre qui les ans mutinés
Ont déployé leur insolence!
Les sorciers y font leur sabbat;
Les démons follets s'y retirent,
Qui d'un malicieux ébat
Trompent nos sens et nous martirent;
Là se nichent en mille trous
Les couleuvres et les hibous.

L'orfraie, avec ses cris funèbres,
Mortels augures des destins,
Fait rire et danser les lutins
Dans ces lieux remplis de ténèbres.
Sous un chevron de bois maudit,
Y branle le squelette horrible
D'un pauvre amant qui se pendit
Pour une bergère insensible
Qui, d'un seul regard de pitié,
Ne daigna voir son amitié.

Aussi le ciel, juge équitable
Qui maintient les lois en vigueur,

Prononça contre sa rigueur
Une sentence épouvantable :
Autour de ces vieux ossements,
Son ombre, aux peines condamnée,
Lamente en longs gémissements
Sa malheureuse destinée,
Ayant, pour croître son effroi,
Toujours son crime devant soi.

Là, se trouvent sur quelques marbres
Des devises du temps passé;
Ici l'âge a presque effacé
Des chiffres taillés sur les arbres;
Le plancher du lieu le plus haut
Est tombé jusques dans la cave,
Que la limace et le crapaud
Souillent de venin et de bave;
Le lierre y croît au foyer,
A l'ombrage d'un grand noyer.

Là-dessous s'étend une voûte
Si sombre en un certain endroit,
Que, quand Phébus y descendroit,
Je pense qu'il n'y verrait goutte;
Le Sommeil aux pesans souris,
Enchanté d'un morne silence,
Y dort, bien loin de tous soucis,
Dans les bras de la Nonchalance,
Lâchement couché sur le dos,
Dessus des gerbes de pavots.

Au creux de cette grotte fraîche,
Où l'Amour se pourrait geler,
Écho ne cesse de brûler
Pour son amant froid et revêche.

Je m'y coule sans faire bruit,
Et par la céleste harmonie
D'un doux luth, aux charmes instruit,
Je flatte sa triste manie,
Faisant répéter mes accords
A la voix qui lui sert de corps.

Tantôt, sortant de ces ruines,
Je monte au haut de ce rocher
Dont le sommet semble chercher
En quel lieu se font les bruines;
Puis, je descends tout à loisir
Sous une falaise escarpée,
D'où je regarde avec plaisir
L'onde qui l'a presque sapée,
Jusqu'au siége de Palémon,
Fait d'éponges et de limon.

Que c'est une chose agréable
D'être sur le bord de la mer,
Quand elle vient à se calmer
Après quelque orage effroyable;
Et que les chevelus tritons,
Hauts sur les vagues secouées,
Frappent les airs d'étranges tons
Avec leurs trompes enrouées,
Dont l'éclat rend respectueux
Les vents les plus impétueux!

Tantôt l'onde, brouillant l'arène,
Murmure et frémit de courroux,
Se roulant dessus les cailloux
Qu'elle apporte et qu'elle rentraine.
Tantôt, elle étale en ses bords,
Que l'ire de Neptune outrage,

Des gens noyés, des monstres morts,
Des vaisseaux brisés du naufrage,
Des diamants, de l'ambre gris,
Et mille autres choses de prix.

Tantôt, la plus claire du monde,
Elle semble un miroir flottant,
Et nous représente à l'instant
Encore d'autres cieux sous l'onde;
Le soleil s'y fait si bien voir,
Y contemplant son beau visage,
Qu'on est quelque temps à savoir
Si c'est lui même ou son image,
Et d'abord il semble à nos yeux
Qu'il s'est laissé tomber des cieux.

Bernières, pour qui je me vante
De ne rien faire que de beau,
Reçois ce fantasque tableau
Fait d'une peinture vivante.
Je ne cherche que les déserts,
Où, rêvant tout seul, je m'amuse
A des discours assez diserts
De mon génie avec la muse;
Mais mon plus aimable entretien,
C'est le ressouvenir du tien.

Tu vois dans cette poésie,
Pleine de licence et d'ardeur,
Les beaux rayons de la splendeur
Qui m'éclaire la fantaisie:
Tantôt chagrin, tantôt joyeux,
Selon que la fureur m'enflamme
Et que l'objet s'offre à mes yeux,
Les propos me naissent en l'âme

Sans contraindre la liberté
Du démon qui m'a transporté.

Oh ! que j'aime la solitude !
C'est l'élément des bons esprits ;
C'est par elle que j'ai compris
L'art d'Apollon, sans nulle étude.
Je l'aime pour l'amour de toi,
Connaissant que ton humeur l'aime ;
Mais, quand je pense bien à moi,
Je la hais pour la raison même :
Car elle pourrait me ravir
L'heur de te voir et te servir.

LA DÉBAUCHE

Nous perdons le temps à rimer,
Amis, il ne faut plus chômer ;
Voici Bacchus qui nous convie
A mener bien une autre vie ;
Laissons là ce fat d'Apollon,
Ch... dedans son violon ;
Nargue du Parnasse et des Muses,
Elles sont vieilles et camuses ;
Nargue de leur sacré ruisseau,
De leur archet, de leur pinceau,
Et de leur verve poétique,
Qui n'est qu'une ardeur frénétique ;
Pégase enfin n'est qu'un cheval,
Et pour moi je crois, cher Laval,
Que qui le suit et lui fait fête,
Ne suit et n'est rien qu'une bête.

Morbleu! comme il pleut là dehors!
Faisons pleuvoir dans notre corps
Du vin, tu l'entends sans le dire,
Et c'est là le vrai mot pour rire;
Chantons, rions, menons du bruit,
Buvons ici toute la nuit,
Tant que demain la belle aurore
Nous trouve tous à table encore.
Loin de nous sommeil et repos;
Boissat, lorsque nos pauvres os
Seront enfermés dans la tombe
Par la mort sous qui tout succombe
Et qui nous poursuit au galop,
Las! nous ne dormirons que trop.
Prenons de ce doux jus de vigne;
Je vois Faret qui se rend digne
De porter ce dieu dans son sein,
Et j'approuve fort son dessein.

Bacchus! qui vois notre débauche,
Par ton saint portrait que j'ébauche
En m'enluminant le museau
De ce trait que je bois sans eau;
Par ta couronne de lierre,
Par la splendeur de ce grand verre,
Par ton thyrse tant redouté,
Par ton éternelle santé,
Par l'honneur de tes belles fêtes,
Par tes innombrables conquêtes,
Par les coups non donnés, mais bus,
Par tes glorieux attributs,
Par les hurlemens des Ménades,
Par le haut goût des carbonnades,
Par tes couleurs blanc et clairet,
Par le plus fameux cabaret,
Par le doux chant de tes orgies,

Par l'éclat des trognes rougies,
Par table ouverte à tout venant,
Par le bon carême prenant,
Par les fins mots de ta cabale,
Par le tambour et la cymbale,
Par tes cloches qui sont des pots,
Par tes soupirs qui sont des rots,
Par tes hauts et sacrés mystères
Par tes furieuses panthères,
Par ce lieu si frais et si doux,
Par ton bouc paillard comme nous,
Par ta grosse garce Ariane,
Par le vieillard monté sur l'âne,
Par les satyres tes cousins,
Par la fleur des plus beaux raisins,
Par ces bisques si renommées,
Par ces langues de bœuf fumées,
Par ce tabac, ton seul encens,
Par tous les plaisirs innocens,
Par ce jambon couvert d'épice,
Par ce long pendant de saucisse,
Par la majesté de ce broc,
Par masse, toppe, cric et croc,
Par cette olive que je mange,
Par ce gai passe port d'orange,
Par ce vieux fromage pourri,
Bref, par Gillot, ton favori,
Reçois-nous dans l'heureuse troupe
Des francs chevaliers de la coupe,
Et, pour te montrer tout divin,
Ne la laisse jamais sans vin.

SONNETS

Assis sur un fagot, une pipe à la main,
Tristement accoudé contre une cheminée,
Les yeux fixés vers terre, et l'âme mutinée,
Je songe aux cruautés de mon sort inhumain.

L'espoir, qui me remet du jour au lendemain,
Essaye à gagner temps sur ma peine obstinée,
Et, me venant promettre une autre destinée,
Me fait monter plus haut qu'un empereur romain.

Mais à peine cette herbe est-elle mise en cendre,
Qu'en mon premier état il me convient descendre,
Et passer mes ennuis à redire souvent :

Non, je ne trouve point beaucoup de différence
De prendre du tabac à vivre d'espérance,
Car l'un n'est que fumée et l'autre n'est que vent.

LE PARESSEUX

Accablé de paresse et de mélancolie,
Je rêve dans un lit où je suis fagoté
Comme un lièvre sans os qui dort dans un pâté,
Ou comme un don Quichotte en sa morne folie.

Là, sans me soucier des guerres d'Italie,
Du comte Palatin, ni de sa royauté,
Je consacre un bel hymne à cette oisiveté
Où mon âme en langueur est comme ensevelie.

Je trouve ce plaisir si doux et si charmant
Que je crois que les biens me viendront en dormant,
Puisque je vois déjà s'en enfler ma bedaine,

Et hais tant le travail, que, les yeux entr'ouverts,
Une main hors des draps, cher Baudoin, à peine
Ai-je pu me résoudre à t'écrire ces vers.

LES GOINFRES

Coucher trois dans un drap, sans feu ni sans chandelle,
Au profond de l'hiver, dans la salle aux fagots,
Où les chats, ruminant le langage des Goths,
Nous éclairent sans cesse en roulant la prunelle;

Hausser notre chevet avec une escabelle,
Être deux ans à jeun comme les escargots,
Rêver en grimaçant ainsi que les magots
Qui, bâillant au soleil, se grattent sous l'aisselle;

Mettre au lieu d'un bonnet la coiffe d'un chapeau,
Prendre pour se couvrir la frise d'un manteau
Dont le dessus servit à nous doubler la panse;

Puis souffrir cent brocards d'un vieux hôte irrité,
Qui peut fournir à peine à la moindre dépense.
C'est ce qu'engendre enfin la prodigalité.

GOMBERVILLE

1600 — 1674

Marin le Roy, sieur de Gomberville et du Parc-aux-Chevaux, membre de l'Académie française, a plus fait parler de lui par ses romans et par sa dispute *sur le car*, que par ses poésies. Ses vers qu'il n'a jamais réunis en volume, mais qu'on trouve en assez grand nombre dans les recueils du temps, ont néanmoins obtenu l'approbation de ses contemporains, et la méritaient. Maynard et Tristan l'Hermite, ses amis, luiont adressé des sonnets élogieux, et il s'acquitta plus tard envers Maynard, en écrivant la préface de ses œuvres. Gomberville est un tout autre poëte que Gombaud, Sarrazin et Voiture et tous les enflammés et les fantasques du XVIIe siècle : c'est un poëte-philosophe, qui a plus souci des idées que des images. Il est vrai qu'il n'était point Saintongeois comme Gombaud, Picard comme Voiture, Caennais comme Sarrazin ou Malherbe. C'était un Parisien, et des plus sages, un Parisien comme Boileau et Molière. Il était gentilhomme, quoi qu'en en ait dit Ménage, et il est porté en cette qualité dans l'*État de la France de* 1658. Il avait fréquenté la bonne compagnie et l'hôtel de Rambouillet; c'est le *Gobrias* du *Grand Dictionnaire des Précieuses*. Ménage ne lui a pas moins fait de tort en l'accusant de ne pas savoir le latin; ce que Goujet réfute suffisamment en prouvant que Gomberville a fréquemment traduit et imité les poëtes de l'antiquité romaine, et qu'il est l'auteur d'un avertissement en latin, placé en tête des poésies du P. Cossart.

Les romans de Gomberville, *Polexandre*, *Caritie*, *Cythérée*, tous cousins plus ou moins germains des *Cyrus* et des *Clélie*, furent dans leur temps très-recherchés et très-lus. Sorel, dans sa *Bibliothèque française*, loue les inventions hautes et magnifiques, le langage fort, le savoir et l'art de l'auteur; il ajoute ce renseignement singulier sur le *Polexandre* qu'à chaque nouvelle édition le roman changeait de scène et de personnages; de façon que le héros est tour à tour Charles Martel, puis un prince de la cour de Charles IX, enfin un grand seigneur contemporain de Charles VIII et de Louis XII. « ..... *Mais, dit Sorel, ceux qui ont lu le Polexandre sous ces diverses formes ont témoigné de les tant aimer chacune, qu'ils eussent voulu qu'on en eût fait trois ou quatre romans différents.* » Gomberville a reçu quelquefois des approbations plus hautes. Chapelain, dans son Mémoire à Colbert sur les écrivains dignes des gratifications du roi, l'a honoré de cette apostille : *C'est un homme qui écrit très-purement sa langue, et les romans qu'on a vus de lui en sont la preuve.*

Gomberville était janséniste : il se retira, sur la fin de sa vie, à Port-Royal, un peu tourmenté, nous dit-on, du souvenir de ses anciens succès; encore n'aimait-il pas qu'on fût trop de son avis là-dessus. Le romancier, qui se détestait pour avoir fait des romans, ne voulait point qu'on les trouvât détestables. Il essaya, en expiation de ses péchés littéraires, d'écrire un roman édifiant intitulé la *Jeune Alcidiane*. Une lettre de Pontchâteau le Solitaire nous a conservé quelques vers de lui que M. Sainte-Beuve estime être ses meilleurs et qu'il serait injuste de ne point citer ici :

« Que ne puis-je imiter les chastes tourterelles
« Qui pleurent dans les bois la mort de leur époux!
« Mais pour suivre leur vol et pour gémir comme elles,
« Il faut avoir leur cœur, il faut avoir leurs ailes ;
« Et je ne puis, mon Dieu ! les avoir que de vous. »

CHARLES ASSELINEAU.

Sur Gomberville, on trouvera mille curieux détails dans le *Port-Royal* de Sainte-Beuve (*passim*). Il sera utile aussi de consulter Dunlop (*History of Fiction*, tome II, aux notes.)

AU CARDINAL DE RICHELIEU

Par tes hautes vertus et tes faits héroïques,
Tu changes le destin, les hommes et le temps;
Et, malgré la rigueur des astres inconstants,
Tu détournes le cours des misères publiques.

Tu détruis l'espérance et les desseins tragiques
Dont l'Espagne nourrit ses orgueilleux Titans;
Tu fais par tes conseils vaincre nos combattants.
Et portes notre empire à ses bornes antiques.

Je l'avais bien pensé, que ces fameux mortels,
A qui le siècle d'or consacra des autels,
Dans nos siècles de fer n'auraient point de semblables!

Mais, ô l'œil de la France et l'âme de ton roi,
Comparant à leurs faits tes faits inimitables,
Je vois que le temps seul les a mis devant toi.

SUR L'EXPOSITION DU SAINT SACREMENT

Tel qu'aux jours de ta chair, tu parus sur la terre,
Tel montre-toi, grand Dieu, dans ce siècle effronté,
Où des hommes, armés contre ta vérité,
Osent impunément te déclarer la guerre.

Tu t'ouvris un chemin au travers de la pierre,
Pour porter dans les cieux ton corps ressuscité;
Romps cet autre tombeau, reprends ta majesté,
Et sors comme un soleil de cette urne de verre.

Illumine la terre aussi bien que les cieux;
En m'échauffant le cœur, éclaire-moi les yeux;
Et ne sépare plus ta clarté de ta flamme.

Mais que dis-je? Seigneur, pardonne à mes transports.
C'est assez que la Foi montre aux yeux de mon âme
Ce qu'un peu de blancheur cache aux yeux de mon corps.

SAINT-PAVIN

1600 — 1670

Voici un épicurien, un *libertin*, un goutteux très-précieux, un gassendiste piquant et galant ; mais le plus hardi de tous, le plus net, le plus vif et le plus sincère ! Denis Sanguin de Saint-Pavin fut longtemps regardé comme le premier disciple de Desbarreaux, et même de Théophile. On a même raconté une anecdote fort dramatique d'après laquelle sa conversion aurait été opérée par une espèce de miracle. La nuit où mourut Théophile, Saint-Pavin, couché dans son lit, fut réveillé, dit-on, par un cri épouvantable, le cri suprême et désespéré d'un moribond. Ce moribond, c'était Théophile lui-même dont l'âme déjà poursuivie par le feu éternel venait donner un avertissement salutaire à son disciple endurci. Saint-Pavin effrayé abandonna l'athéisme et se réfugia tout tremblant dans les bras de la pénitence. L'anecdote est bien contée. Il est vraiment fâcheux qu'elle soit démentie par le simple rapprochement de deux dates : celle de la mort de Théophile et celle de la conversion de Saint-Pavin. Entre l'une et l'autre, Saint-Pavin aurait eu le temps de se damner cent fois. Quand le libre poëte, fatigué de ses erreurs, se remit de lui-même entre les mains de M. Claude Joli, curé de Saint-Nicolas des Champs, quand il résolut d'expier sa vie mondaine par des legs pieux, il eut certainement tout le mérite de son tardif repentir. Ne lui disputons pas l'honneur d'avoir fini décemment une vie assez peu chrétienne qui avait inspiré à Boileau ce cruel défi :

« On pourra voir la Seine à la Saint-Jean glacée,
Arnauld à Charenton devenir huguenot,
Saint-Sorlin janséniste, et Saint-Pavin bigot. »

Boileau du reste ne fut pas le seul à tenir le plus vif des gassendistes pour un franc libertin. Le matois Guy-Patin, cité par Bayle, raconte assez ironiquement la conversion et la fin du poëte : « Il est mort ici depuis quelques jours, écrit-il à un ami, *un grand serviteur de Dieu*, grand camarade de Desbarreaux, qui est un autre fort illustre Israélite, *si credere fas est.* » Au reste, le *grand camarade de Desbarreaux* ne se ménageait pas trop lui-même, ainsi que le prouvent les vers suivants, qui sont de sa façon :

> Je n'ai l'esprit embarrassé
> De l'avenir ni du passé ;
> Ce qu'on dit de moi peu me choque,
> *De force choses je me moque*,
> Et, sans contraindre mes désirs,
> Je me donne entier aux plaisirs ;
> Le jeu, l'amour, la bonne chère...

L'aveu n'est pas *tremblé*, comme on voit ! Saint-Pavin, je l'ai déjà dit, montre hardiment partout une grande franchise de caractère et une égale franchise d'expression. C'est par ce trait qu'il se distingue, au milieu des demi-railleurs qui languissent encore de son temps sur les bords déserts du Lignon. Pour bien connaître notre homme, il suffit de lire son portrait en vers, signé de sa main, qui n'eut jamais la goutte, que je sache.

> J'ai le nez pointu, je l'ai long,
> Je l'ai mal fait ; mais je l'ai bon.

C'est un nez qui *sent de loin venir les choses*. Enfin, ce n'est pas *le nez d'un sot*. Saint-Pavin a de plus deux prunelles noires, deux prunelles étincelantes, et une chevelure qui ne blanchit pas (le fou !). Quant au reste de sa personne, il l'abandonne volontiers aux quolibets. Jambes et bras de singe, épaules de bossu, petit corps entassé, une apparence de moulin à vent; le tout fort combustible. Saint-Pavin se moque tout le premier de sa guenille. Quant à son esprit, c'est une autre affaire. Ici la vanité du poëte éclate naïvement ·

> « Je l'ai vif dans les reparties
> Et plus piquant que les orties. »

Il y a de lui un quatrain où cette vivacité de flèche et ce piquant d'ortie témoignent énergiquement de la sincérité du poëte. Saint-Pavin avait le talent de l'épigramme ; il y était sans peine supérieur à Boileau, qui n'aurait jamais tiré de son carquois les quatre flèches suivantes :

Tircis fait cent vers en une heure ;
Je vais moins vite, et n'ai pas tort.
Les siens mourront avant qu'il meure,
Les miens vivront après ma mort.

Qui est ce Tircis? Je l'ignore : mais je connais parfaitement le Silvandre du sonnet suivant :

Silvandre, grimpé sur Parnasse,
Avant que personne en sût rien,
Trouva Régnier avec Horace
Et rechercha leur entretien.

Sans choix et de mauvaise grâce
Il pilla presque tout leur bien ;
Il s'en servit avec audace,
Et s'en para comme du sien.

Jaloux des plus fameux poëtes,
Dans ses satires indiscrètes
Il choque leur gloire aujourd'hui.

En vérité, je lui pardonne :
S'il n'eût jamais choqué personne,
On n'eût jamais parlé de lui.

Silvandre répondit ; Silvandre-Despréaux, à qui l'auteur de ce piquant sonnet n'avait pas pardonné « le Saint-Pavin bigot » de la satire. Voici la réplique du pesant archer :

Alidor assis dans sa chaise,
Médisant du ciel à son aise,
Peut bien médire aussi de moi.
Je ris de ses discours frivoles :
On sait fort bien que ses paroles
Ne sont pas articles de foi.

Silvandre-Despréaux est méchant, tandis qu'Alidor-Saint-Pavin n'est que malin. Attaqué sur ses titres littéraires, Boileau injurie la personne et le caractère de son adversaire. Saint-Pavin avait dit : « Vous êtes un copiste » et Boileau qui se fâche lui crie publiquement : « Vous êtes un goutteux et un athée. » De quel côté sont les convenances, de quel côté les armes élégantes, la fine escrime, le bon goût? Il me semble voir ici (j'en demande pardon au grand classique) le duel d'un galant homme et d'un butor. Je ne veux pas faire à Silvandre un crime de sa bourgeoisie : mais je tiens compte à Saint-Pavin de sa noblesse. En littérature et en poésie, on ne devrait jamais distinguer le noble du vilain. Il ne faut que des esprits libres dans la république des lettres, qui restera toujours, à moins de devenir marchande, une société *galante*, une société polie.

Le charmant perclus dont nous faisons le portrait correspondait de son fauteuil avec madame de Sévigné. Il avait le tour d'esprit libre et prompt, la politesse aisée et maligne, l'âme diligente et bonne de la marquise. Étant de ce monde-là, qui n'était ni Versailles ni Paris, mais quelque chose d'exquis et d'indépendant entre la cour et la ville, il y tenait son rang avec une originalité sans apprêt. Je me le figure dans son cabinet, comme un autre Scarron, qui n'avait rien de grossier, et rien de grotesque. Il amuse ses gens par des récits, par des lectures, par les mille accidents d'une conversation dont il fait galamment tourner le fil. Mais aucune tyrannie de sa part, aucun tribut d'éloges souverainement imposé aux visiteurs.

« Parler sans se faire écouter, »

voilà son plaisir de causeur; et s'il lit quelqu'une de ses pièces qu'on retrouvera plus tard dans le *Recueil de Sercy*, dans le *Recueil de Barbin*, ou dans ce *Recueil des pièces très-plaisantes du sieur Théophile*, qui est rempli de vilaine prose rimée sur les airs du rigodon de Galathée, de l'Adieu de Cadmus, des Fanfares, des Trembleurs, des Lampons, etc. ; s'il récite lui-même quelque fine et leste épigramme, polie comme un madrigal, et franche comme une satire, ne craignez pas que son regard de poëte-comédien s'en aille quêter à la ronde les sourires extatiques de tous les assistants. Il tient à de certains suffrages et à de certains applaudissements, l'homme au nez pointu, l'homme d'esprit à l'œil noir : mais que tel ou tel l'approuve ou l'admire, que lui importe?

J'aime beaucoup mieux qu'on me fronde.
Qui cherche à plaire à tout le monde,
Ne plaît pas aux honnêtes gens.

Il plut aux honnêtes gens du XVIIe siècle, comme il le voulait. J'espère bien qu'il aura de quoi plaire encore à quelques honnêtes gens de celui-ci.

HIPPOLYTE BABOU.

Les poésies de Saint-Pavin, rassemblées dans le *Recueil de Sercy*

(1655), furent éditées par Saint-Marc, en 1749. On peut lire aussi les plus élégantes pièces du gentil poëte dans le *Recueil des plus belles pièces des poëtes français depuis Villon jusqu'à Benserade* (5 volumes, Barbin, 1692, et seconde édition, 6 volumes, in-12, 1752). C'est, comme on sait, Fontenelle qui ordonna cette Anthologie : on voudra relire la notice précise et fine qui précède le choix de Saint-Pavin.

La critique contemporaine n'a point dédaigné les vers piquants ou tendres de Saint-Pavin. On en aura la preuve en consultant M. Sainte-Beuve : *Une ruelle poétique sous Louis XIV* (Revue des Deux Mondes, 15 octobre 1839), et *Portraits de femmes*. Nous indiquerons encore une page très-nette et très-judicieuse de M. Demogeot, *Tableau de la littérature française au* XVII*e siècle avant Corneille et Descartes.*

SONNETS

N'écoutez qu'une passion;
Deux ensemble, c'est raillerie.
Souffrez moins la galanterie,
Ou quittez la dévotion.

Par tant de contradiction
Votre conduite se décrie;
Avec moins de bizarrerie
Suivez votre inclination.

Tout le monde se met en peine
De vous voir toujours incertaine,
Sans savoir à quoi vous borner.

Vous finirez comme une sotte,
Vous ne serez jamais dévote,
Vous ne pourrez jamais aimer.

Quittez cette dévote humeur,
Ne faites pas tant la mauvaise;
Car je prétends, ne vous déplaise,
Une place dans votre cœur.

A soixante ans, un directeur
Prêche les gens bien à son aise :
Vous n'en avez que quinze ou seize;
Trop tôt le diable vous fait peur.

Me défendre que je vous aime,
C'est vous faire tort à vous-même;
Malgré vous, je vous aimerai.

Rarement la jeunesse est sage;
Quand vous serez un peu sur l'âge,
Alors je vous obéirai.

Il ne faut point tant de mystère;
Rompons, Iris, j'en suis d'accord.
Je vous aimais, vous m'aimiez fort;
Cela n'est plus, sortons d'affaire.

Un vieil amour ne saurait plaire;
On voudrait déjà qu'il fût mort.
Quand il languit, ou qu'il s'endort,
Il est permis de s'en défaire.

Ce n'est plus que dans les romans
Qu'on voit de fidèles amants;
L'inconstance est plus en usage.

Si je vous quitte le dernier,
N'en tirez pas grand avantage;
Je fus dégoûté le premier.

CONTRE UNE COQUETTE

Je commence à vous méconnaître ;
Vous me fuyez, ingrate ! eh quoi !
Votre cœur si tendre pour moi
Pourrait-il donc ne le plus être ?

Je crains bien que ce petit traître
Ne m'ait déjà manqué de foi ;
On le croit souvent tout à soi,
Qu'on n'en est pas toujours le maître.

Le changement vous est si doux
Que, quand on est bien avec vous,
On n'ose s'en donner la gloire.

Celui qui vous peut arrêter
A si peu de temps pour le croire,
Qu'il n'en a pas pour s'en vanter.

ADAM BILLAUT

1600 — 1662

Ce *menuisier* chantait du matin jusqu'au soir,
C'était merveille de le voir !
Merveille de l'ouïr ! il faisait des passages,
Plus content qu'aucun des sept sages.

Il vivait de son métier, dans sa ville natale, lorsqu'en 1628, à l'âge d'environ vingt-huit ans (la date de sa naissance est incertaine), il se mit à rimer mille joyeusetés. Cela dura dix ans, et ce fut le plus heureux temps de sa vie. Il chantait, comme l'oiseau dans les bois, et n'était entendu que de créatures aussi simples que lui. Mais notre homme était marié, et malheureusement sa femme avait un curateur contre lequel il fallut plaider ; pour cela, il dut aller à Paris, et à Paris, au lieu de plaider, le malheureux fit des vers, les adressa à de grands seigneurs. Le voilà applaudi, protégé, conseillé par les doctes. Ce fut sa perte. Il devint célèbre dans le beau monde ; chez les précieuses, à la cour même, on s'entretenait du menuisier de Nevers. Quoi ! l'on avait de l'esprit en province ! Corneille venait d'y faire le Cid, ce qui, après tout, se concevait encore ; Corneille avait étudié, c'était un homme de robe ; mais le moyen d'admettre qu'on pût tracer des vers *d'un doigt pousse-rabot* et monter au Parnasse *d'un pied chausse-sabot ?* — car c'est dans ce beau style que l'on commença à parler du menuisier-poëte. — On criait au miracle. Le dieu du jour, Richelieu, pensionna cet homme étrange, que l'on voulut même, en l'affublant de titres, attirer à la cour. Mais notre menuisier répondit prudemment, comme Jean La Fontaine :

Prenez le titre et laissez-moi la rente.

Son bon sens, de ce côté, l'emporta sur tous les conseils : il voulut rester peuple, garder son rabot et ses sabots, sachant bien que le travail et la simplicité seraient ses meilleurs protecteurs. On a dit qu'il eut le bon esprit de ne pas s'élever au-dessus de sa profession; il fallait dire qu'il eut la fierté de n'en vouloir pas descendre. Il livra aux grands sa fantaisie — ses Muses, comme on disait alors, — mais rien ne lui put faire abandonner la varlope, gagne-pain sacré de la famille. D'ailleurs, s'il aimait les vers, s'il était trop sensible aux éloges de la cour, il aimait aussi, et bien plus profondément, son établi, son échoppe, les joyeux apprentis et le verre de vin qu'après le travail il buvait en chantant avec eux et les anciens compagnons. Il leur rhythmait des contes, leur apprenait son joyeux chant du Trinq :

A table rien ne m'étonne, etc.

Sage, trois fois sage, s'il n'eût été le poëte que de ces gens-là! Mais les Mécènes, princes, princesses, tournèrent un tantinet la tête au pauvre homme. Les sots les plus illustres du siècle, avides de se voir célébrés en vers (suivant la mode du temps) lui demandaient de tous les côtés rondeaux, sonnets, ballades, quatrains, odes, épigrammes, stances, épîtres, acrostiches qu'il n'osait refuser et dont il finit même, je crois, par faire trafic. Il le fallut bien puisque, par toutes ces poésies de commande, on l'enlevait si souvent aux travaux du rabot, travaux plus lucratifs que les vers, car, malgré les petites pensions et les cadeaux nombreux que lui valurent les Muses, que de fois il pesta contre elles!

Gredines du mont Parnasse,
Muses, qui, dans l'univers,
Faites porter la besace
A tant de faiseurs de vers.
. . . .
. . . .
J'abandonne vos trophées,
Pégase et votre vallon,
Vos Amphyons, vos Orphées,
Phébus et son violon;
Je fulmine, je déteste
Contre l'ardeur qui me reste,
Et, méprisant vos douceurs,
Je retourne à mes chevilles,
Espérant d'un jeu de quilles
Gagner plus que des neuf Sœurs.

Heureusement il n'éprouvait pas plus de vergogne à réclamer son dû pour des vers que pour une escabelle ou des quilles.

Le prince de Conti, un maître sot, passant à Nevers, pour témoigner de sa munificence, remet à maître Adam un brevet de pension de cent écus; mais il part et ne lui laisse que le parchemin. Notre poëte, fort de son titre, envoie au prince, sous forme de sonnet, une petite sommation polie. Quinze mois se passent dans une attente vaine. Deuxième, troisième, quatrième et cinquième sonnet. Point d'affaires! Maître Adam tient bon; il expédie un long placet en vers. Nulle réponse! L'expérience sera poussée jusqu'au bout. Maître Adam vient en personne, à Paris, trouver Monseigneur et lui remet ce billet :

> Prince plus grand qu'Alexandre,
> Tu m'as promis cent écus;
> Je suis venu pour les prendre.
> Que réponds-tu là-dessus ?

Sonnets, placets, chansons, démarches, tout est inutile; la bourse du prince reste fermée. Alors, maître Adam réunit toutes ses sommations poétiques, les imprime et termine leur publication par cette stance au lecteur :

> Lecteur, toutes mes paroles,
> Mes vers et mon entretien
> Passèrent pour dits frivoles,
> Le prince ne donna rien;
> J'eus pourtant le vent en poupe
> Jusqu'à ce point de grandeur
> De lui voir manger sa soupe
> Et d'en ressentir l'odeur.

Le menuisier, cette fois, était redevenu peuple; il se vengeait du prince et riait dans sa barbe.

Maître Adam Billaut, malgré l'étonnement et l'admiration qu'il cause à ses contemporains, n'est pas, au XVIIe siècle, le seul artisan poëte; il a pour émules et pour amis (ce qui leur fait honneur à tous trois) le pâtissier Ragueneau et le serrurier Réault.

Le premier volume des poésies d'Adam Billaut, publié sous ce titre : *Les chevilles de maître Adam, menuisier de Nevers*, était précédé d'une *Approbation du Parnasse* composée de soixante-cinq pièces de vers adressées à l'auteur par les célébrités du temps. Hélas! hélas! qui eût cru alors que la plupart d'entre elles iraient beaucoup moins loin dans la postérité que maître Adam lui-même?

Voici quelques-uns de ces brevets de gloire délivrés à notre menuisier. Le plus précieux est de la main même de Corneille :

SONNET

Le dieu de Pythagore et sa métempsycose
Jetant l'âme d'Orphée en un poëte françois :
« Par quel crime, dit-elle, ai-je offensé vos lois,
Digne du triste sort que leur rigueur m'impose ?

Les vers font bruit en France, on les loue, on en cause ;
Les miens en un moment auront toutes les voix,
Mais j'y verrai mon homme, à toute heure, aux abois,
Si, pour gagner du pain, il ne sait autre chose.

— Nous savons, dirent-ils, le pouvoir d'un métier,
Il sera fameux poëte et fameux menuisier,
Afin qu'un peu de bien suive beaucoup d'estime. »

A ce nouveau parti, l'âme les prit au mot,
Et s'assurant bien plus au rabot qu'à la rime,
Elle entra dans le corps de maître Adam Billaut.

Qu'on me laisse aussi recueillir celui-ci, signé du pâtissier gueneau :

SONNET

Je croyais être seul de tous les artisans
Qui fût favorisé des dons de Calliope ;
Mais je me range, Adam, parmi tes partisans,
Et veux que mon Rouleau le cède à ta Varlope.

Je commence à connaître, après plus de dix ans,
Que dessous moi Pégase est un cheval qui choppe,
Je vais donc mettre en pâte et perdrix et faisans,
Et contre le fourgon me noircir en cyclope.

Puisque c'est ton métier de fréquenter la cour,
Donne-moi tes outils pour échauffer mon four ;
Car tes Muses ont mis les miennes en déroute.

Tu souffriras pourtant que je me flatte un peu :
Avecque plus de bruit tu travailles sans doute ;
Mais pour moi je travaille avecque plus de feu.

Voici encore une épigramme de Delisle, qui est bien du temps :

Muses, vous allez partout dire
Que Phébus est un vrai falot
De quitter l'archet et la lyre
Pour prendre en sa main un rabot :

Tout beau, troupe savante et belle,
Le rabot vaut bien la truelle,
Pour ce divin faiseur de vers.
Il veut que tout le monde croie,
S'il fut jadis maçon à Troie,
Qu'il est menuisier à Nevers.

Enfin, notons ces vers de De Charpy :

Un simple menuisier aujourd'hui nous devance
Et nous fait avouer, à l'honneur de la France,
Qu'il y a des héros parmi les artisans.

Et ces stances de De L'Étoile :

Tu prouves mieux que cent raisons
Qu'on est savant dès la naissance,
Et que tout ce que nous disons
N'est rien qu'une réminiscence.

Serviette en tête et verre en main,
Entre le fromage et la poire,
En rêvant tu remets soudain
Quelque belle œuvre en ta mémoire.

Mais pour qui prend instruction
Dans l'école de la Nature,
Un jour de méditation
Vaut-il pas un an de lecture ?

Les œuvres de maître Adam forment trois volumes : 1° *Les Chevilles;* 2° *Le Villebrequin,* publié après la mort de l'auteur, bien supérieur aux *Chevilles* comme versification; mais les *Chevilles* n'en contiennent pas moins les deux chefs-d'œuvre : *Aussitôt que la lumière,* et le rondeau : *Pour te guérir....* 3° Enfin, *le Rabot. Le Villebrequin* contient aussi plusieurs jolies gaillardises, entre autres l'épigramme :

Du temps que j'étais jouvenceau
Et que vous étiez jouvencelle,

qu'aucun éditeur ne voudrait maintenant publier, tant nous sommes devenus chastes.

Je ne sais au juste combien Adam Billaut eut d'enfants; mais je lui vois trois fils; la mort de l'un d'eux lui inspira le sonnet : *Mon fils, tu ne vis plus...* Les deux autres étudièrent chez les jésuites, et l'un des deux devint curé. Du reste, les œuvres de maître Adam ne contiennent que très-peu d'allusions à ses aventures personnelles. On y trouve pourtant deux pièces sur sa mère, morte de la peste dans une île près de Nevers. Quant à ses ascendants, on sait seulement qu'il naquit de Pierre Billaut et de Jeanne More, tous deux originaires du village de Saint-Bénin-des-Bois dans le Nivernais. Nuls détails sur son éducation, ni sur son enfance; c'est pourtant là ce qu'on aimerait à savoir.

Ajoutons que, parmi tant de pièces adressées à de hauts personnages, une seule offre vraiment l'accent de l'enthousiasme, ce sont les stances au duc d'Enghien, après les victoires de Fribourg et de Nordlingue ·

> Préférant un rabot aux lauriers du Parnasse,
> De crainte de porter une infâme besace,
> Je n'étais plus ému du feu qui fait rimer....

Les grands poëtes du temps commençaient à influer sur lui.

L'événement de la vie de maître Adam fut un voyage en Italie, fait singulier; les hommes de lettres au XVIIe siècle étaient très-casaniers, bien différents de leurs hardis devanciers du XVIe siècle. Il ne nous est resté aucuns détails sur ce voyage du menuisier-poëte, et l'on n'en retrouve que bien peu de traces dans ses poésies. Du reste, il faut bien le dire, ce qui plaît de lui, c'est moins le talent que le caractère; et le menuisier fit le succès du poëte. Il fut une des gaietés de ce siècle grave; on retrouvait en lui une étincelle gauloise. Avec cela, homme plein de franchise, bon, fidèle à ses amis et si sociable, dit un ancien biographe, qu'il eût fait boire ensemble à sa table Épicure et Zénon.

EUGÈNE NOEL.

Les *Chevilles* de maître Adam parurent à Paris, 1644, in-4°, et à Rouen, 1654, petit in-8°; le *Villebrequin*, à Paris, 1662, in-12. Une édition choisie a été publiée à Paris en 1806. M. Ferdinand Denis a réuni avec une curiosité intelligente tous les documents qui peuvent éclairer la biographie du menuisier de Nevers et la critique de ses œuvres (Revue de Paris, novembre 1831). On lira encore, non sans utilité et sans plaisir, une notice de M. Dumersan (Chants et chansons populaires de la France), et deux articles du *Fraser's Magazine Songs of France*, octobre et novembre 1834.

RONDEAU

Pour te guérir de cette sciatique
Qui te retient, comme un paralitique,
Dedans ton lit, sans aucun mouvement,
Prends-moi deux brocs d'un fin jus de sarment;
Puis lis comment on le met en pratique.

Prends-en deux doigts, et bien chaud les applique
Dessus l'externe où la douleur te pique,
Et tu boiras le reste promptement,
Pour te guérir.

Sur cet avis ne sois point hérétique,
Car je te fais un serment authentique,
Que, si tu crains ce doux médicament,
Ton médecin, pour ton soulagement,
Fera l'essai de ce qu'il communique
Pour te guérir.

CHANSON BACHIQUE

Que Phœbus soit dedans l'onde
Ou dans son oblique tour,
Je bois toujours à la ronde;
Le vin est tout mon amour.
Soldat du fils de Semèle,
Tout le tourment qui me poind,
C'est quand mon ventre grommelle,
Faute de ne boire point.

Aussitôt que la lumière
Vient redorer les coteaux,
Poussé d'un désir de boire
Je caresse les tonneaux.
Ravi de revoir l'aurore,
Le verre en main, je lui dis :
Voit-on plus au rive more,
Que sur mon nez, de rubis?

Si, quelque jour, étant ivre,
La Parque arrête mes pas,
Je ne veux point, pour revivre,
Quitter un si doux trépas;
Je m'en irai dans l'Averne
Faire enivrer Alecton,
Et planterai ma taverne
Dans la chambre de Pluton.

Le plus grand de la terre,
Quand je suis au repas,
S'il m'annonçait la guerre,
Il n'y gagnerait pas.
Jamais je ne m'étonne,
Et je crois, quand je boi,
Que, si Jupiter tonne,
C'est qu'il a peur de moi.

La nuit n'est point chassée
Par l'unique flambeau,
Qu'aussitôt ma pensée
Est de voir un tonneau;
Et lui tirant la bonde,
Je demande au soleil :
As-tu bu, dedans l'onde,
D'un élément pareil?

. . . .

De ce nectar delectable
Les damnés estant vaincus,
Je ferai chanter au diable
La musique de Bacchus;
J'apaiserai de Tantale
La grande alteration,
Et, quittant l'onde infernale,
Viendrai boire à Ixion.

Il existe de cette franche et rude chanson du poëte-menuisier une version moderne, la seule qui soit aujourd'hui connue. Pour montrer combien, malgré les incorrections et les rimes défectueuses, la verve naïve de maître Adam est supérieure à la rhétorique banale des poëtes du Caveau, nous citerons le dernier couplet de cette maladroite copie; le lecteur y trouvera un échantillon curieux des additions disparates infligées au texte original.

De marbre ni de porphyre
Qu'on ne fasse mon tombeau:
Pour cercueil je ne désire
Que le contour d'un tonneau,
Et veux qu'on peigne ma trogne
Avec ces vers alentour:
Ci gît le plus grand ivrogne
Qui jamais ait vu le jour.

De tous les poëtes qui ont précédé Adam Billaut, un seul, Olivier Basselin, le fameux maître foulon de Vire, mérite les honneurs de la citation. Nous n'avons de lui, par malheur, que des chansons rajeunies dans la forme par l'avocat Jean Lehoux, son compatriote, qui les publia vers la fin du XVIe siècle, bien que le fond appartienne incontestablement au maître foulon. En l'absence de tout document précis sur ce poëte du XVe siècle, nous avons dû nous abstenir de lui consacrer une place à part dans notre livre; mais nous n'avons pas voulu renoncer au plaisir de faire entrer dans notre recueil ses trois plus remarquables chansons, que nous ne craignons pas d'estimer égales, par la franchise de la verve et du style, à tout ce que ce genre, trop peu littéraire en France, a produit, même de nos jours. (*Note de l'éditeur.*)

CHANSONS D'OLIVIER BASSELIN

Ayant le dos au feu et le ventre à la table,
Estant parmy les pots pleins de vin delectable,
Ainsi comme un poulet,
Je ne me laisseray mourir de la pepie [1],
Quand en devrays avoir la face cramoisie
Et le nez violet.

Quand mon nez deviendra de couleur rouge ou perse [2],
Porteray les couleurs que cherit ma maistresse;
Le vin rend le teint beau.
Vaut-il pas mieux avoir la couleur rouge et vive,
Riche de beaux rubis que si pasle et chetive,
Ainsi qu'un beuveur d'eau ?

On m'a defendu l'eau, au moins en beuverie,
De peur que je ne tombe en une hydropisie;
Je me pers si j'en boy.
En l'eau n'y a saveur, prendray-je pour breuvage
Ce qui n'a point de goust? Mon voisin, qui est sage,
Ne le faist, que je croy.

Qui aime bien le vin est de bonne nature;
Les morts ne boivent plus dedans la sepulture.
Hé! qui sçait s'il vivra
Peut-estre encor demain ? Chassons melancholie,
Je vais boire d'autant à ceste compagnie;
Suive, qui m'aymera!

A SON NEZ

Beau nez dont les rubis ont cousté mainte pipe [3]
De vin blanc et clairet,

[1] La pépie, pellicule blanche, espèce d'écaille qui vient quelquefois au bout de la langue des oiseaux, particulièrement des poules, et qui les empêche de boire. — [2] Bleu foncé. — [3] Espèce de futaille.

Et duquel la couleur richement participe
Du rouge et violet.

Gros nez! qui te regarde à travers un grand verre,
Te juge encor plus beau;
Tu ne ressembles pas au nez de quelque here
Qui ne boit que de l'eau.

Un coq d'Inde sa gorge à toy semblable porte.
Combien de riches gens
N'ont pas si riche nez! Pour te peindre en la sorte,
Il faut beaucoup de temps.

Le verre est le pinceau duquel on t'enlumine;
Le vin est la couleur
Dont on t'a peint ainsi plus rouge qu'une guisne [1],
En beuvant du meilleur.

On dit qu'il nuit aux yeux; mais seront-ils les maistres?
Le vin est guerison
De mes maux : j'ayme mieux perdre les deux fenestres,
Que toute la maison.

LE SIÈGE DE VIRE

Tout à l'entour de nos rempars,
Les ennemis sont en furie;
Sauvez nos tonneaux, je vous prie!
Prenez plus tost de nous, soudards,
Tout ce dont vous aurez envie;
Sauvez nos tonneaux, je vous prie!

[1] Sorte de cerise bâtarde. On écrit aujourd'hui guigne.

Nous pourrons après, en beuvant,
Chasser nostre melancholie;
Sauvez nos tonneaux, je vous prie!
L'ennemi, qui est ci-devant [1],
Ne nous veut faire courtoisie;
Vuidons nos tonneaux, je vous prie!

Au moins, s'il prend nostre cité,
Qu'il n'y trouve plus que la lie;
Vuidons nos tonneaux, je vous prie!
Deussions-nous marcher de costé,
Ce bon sidre n'épargnons mie;
Vuidons nos tonneaux, je vous prie!

[1] Ici, devant nous.

TRISTAN

1601 — 1655

Tristan était fort bon gentilhomme, du moins le disait-il, et pour faire voir l'ancienneté de sa maison, il s'efforçait de prouver qu'il descendait du bourreau de Louis XI, Tristan l'Hermite. Pourvu qu'elle remontât bien haut, toute origine, on le voit, était bonne en ce temps-là. Gaston d'Orléans le garda longtemps attaché à sa personne; il fut de l'Académie française, où il succéda, en 1643, à M. de Colomby; il composa sept tragédies : *Marianne*, qui eut la gloire de tuer Mondory et d'être refaite par Voltaire, après avoir été corrigée par J.-B. Rousseau; *Panthée*, la *Mort de Sénèque*, la *Mort de Crispe*, la *Mort du grand Osman*, que son élève Quinault fit jouer et publier après sa mort; et enfin la *Folie du sage*. Il fit encore une comédie en cinq actes, *le Parasite*, qui ne parut aussi qu'après sa mort, grâce à Quinault; il accommoda pour le théâtre, avec le titre nouveau d'*Amarillis*, la *Célimène* de Rotrou; il écrivit un gros volume de lettres; il fut, pour une bonne part, dans le roman de *la Coromène*, histoire orientale; il rima trois volumes de poésies : les *Amours*, la *Lyre*, les *Vers héroïques;* travaillant pour l'autel et pour le théâtre, mais moins heureux que Pellegrin, ne vivant ni de l'un ni de l'autre, il écrivit, en même temps que ses tragédies : l'*Office de la Vierge en françois;* que vous dirai-je? il fit de tout, même sa propre notice, dans un roman auto-biographique intitulé *le Page disgracié*, et il n'en est pas plus connu pour cela.

Ce *Page disgracié*, c'est Tristan, comme on l'apprend par les notes mises à la fin de la première et de la seconde partie, et qui semblent être du frère de l'auteur, Jean-Baptiste l'Hermite, sieur de Vauzelle, plus infatué de noblesse que Tristan lui-même, ce qui ne l'avait pourtant pas empêché, comme on le verra, d'être comédien.

Lorsque Tristan, dans son livre, prend la qualité de *page*, c'est pour se déguiser, ou, selon son frère, par modestie [1]. Il était mieux que cela; son titre était celui de gentilhomme d'honneur auprès du petit marquis de Verneuil, fils naturel de Henri IV et de Gabrielle. C'est le roi lui-même qui l'avait attaché à la personne de son bâtard, et qui, tout exprès, l'avait fait venir du château de Souliers dans la Marche, où il était né en 1601. Ce doit être en 1610, dernière année de la vie du roi, que Tristan fut ainsi appelé à Paris; car un gentilhomme d'honneur, quelle que fût sa noblesse, et quel que fût aussi l'âge de celui qu'il allait servir, ne pouvait avoir moins de neuf ans. Pour l'audace et l'esprit, il en valait de plus âgés; certain écolier débauché, qu'il connut trop tôt, lui ayant donné des leçons dont sa malice aurait pû se passer, il ne tarda pas à faire voir ce dont il était capable en fait d'espièglerie. Quelques-uns des premiers chapitres du *Page disgracié* sont remplis du récit des tours de toute sorte qu'il fit à un bon gentilhomme normand, Claude Du Pont, qu'on avait donné pour précepteur au petit marquis et à ses pages. Quand la punition menaçait, Tristan l'évitait, en cherchant refuge auprès d'une compagnie assez peu édifiante; c'était la troupe des comédiens de l'hôtel de Bourgogne, dont Valeran et Vautray [2] étaient les principaux [3], et « qui, dit Tristan, venoient representer trois ou quatre fois par semaine, devant toute cette cour, où mon maistre tenoit un des premiers rangs [4]. » Il apprit, en les fréquentant, de quelle manière ces messieurs de la Comédie traitaient alors celui qu'ils appelaient leur poëte, et qui n'était en réalité que le plus humble de leurs serviteurs, toujours berné, toujours bafoué à leur fantaisie. Ce poëte des comédiens était Hardy, « qui composoit pour eux à trois pistolles la pièce [5]. » Il en fit près de huit cents, et n'en fut pas plus riche, ce qui n'empêcha pas son exemple d'être suivi, même par Tristan qui avait vu pourtant, mieux que personne, sa misère et ses avanies. Le prestige théâtral, qui fut toujours si grand pour les jeunes esprits, l'emporta sur le reste, et, si Tristan écrivit plus tard des tragédies, c'est à l'époque dont nous parlons qu'il en prit le goût.

Ses premières pièces furent des tragédies véritables. Un soir, le cuisinier du marquis s'étant avisé de lui faire peur en prenant des airs de fantôme, il lui donna six fois de l'épée au travers du corps [6]. Un autre jour « qu'il estoit dans une des maisons royalles, » et qu'il se prome-

[1] *Le Page disgracié*. Paris, 1667, in-12, tom. I, p. 347. — [2] *Id.*, p. 348. — [3] *Id.*, p. 54. — [4] *Id.* — [5] *Id.*, p. 57-349. — [6] *Id.*, p. 90-97.

nait en rêvant, quelqu'un qui rêvait aussi le heurta rudement. Une querelle s'ensuivit, et, se termina par un nouveau coup d'épée, de la part de Tristan, qui s'était emparé de l'arme d'un laquais[1]. Cette fois, il fallut fuir, et tout de bon. C'est alors que ses aventures commencèrent réellement. *Le Page disgracié* les raconte toutes, mais nous ne l'imiterons pas; nous ne dirons que les principales. Il se rendit à Londres, y fut, comme il dit, l'esclave d'une grande dame; s attira par là plus de dangers que de bonheur, car les rivaux puissants ne lui manquaient pas; fut contraint de fuir encore, malgré « les générosités amoureuses de sa maîtresse[2]; » alla jusqu'en Écosse, puis jusqu'en Norvége, revint à Londres, pour tomber en de nouveaux périls, et de là médita de passer en Espagne, pour s'attacher au connétable de Castille, Jean de Velasque, son parent. Il lui fallut, pour s'y rendre, traverser la France, incognito; or, comme il était en Poitou, l'argent vint à lui manquer tout à fait, « en sorte, dit Pellisson[3], qu'il se mit entre les mains de la fortune. » Elle ne tarda pas à le tirer d'affaire, en lui faisant rencontrer un honnête gentilhomme, neveu de Scévole-de-Sainte-Marthe, qui, après l'avoir gardé quelque temps, le plaça dans la maison de son oncle, à Loudun. « Ce noble vieillard, dit Pellisson[4] qui va nous dispenser de résumer nous-même la dernière partie du *Page disgracié*, avoit toujours fait son amusement de la poésie; il fut charmé de retenir un jeune homme vif, amusant, porté aux bonnes connoissances, et qui d'ailleurs pouvoit, en faisant auprès de lui l'office de lecteur, lui être d'un grand secours. Tristan passa dans cette maison, c'est-à-dire au sein des lettres, quinze ou seize mois. Après quoi, par les bons offices de messieurs de Sainte-Marthe, il devint secrétaire du marquis de Villars-Montpezat, qui fesoit sa demeure au grand Précigny en Touraine. A quelque temps de là, ce marquis fut appelé par le duc de Mayenne à Bordeaux[5], et y mena son secrétaire; la cour y passa en 1620; Tristan, qui jusqu'alors avoit déguisé à ses maîtres son nom et sa naissance, fut enfin reconnu par M. d'Humières[6], premier gentilhomme de la chambre, et Louis XIII, à la prière de ces seigneurs, non-seulement lui accorda sa grâce, mais encore lui fit amitié[7]. »

Ici finissent les deux premiers livres du *Page disgracié*. Tristan en avait promis deux autres, qu'il ne fit pas, ce qui nous laisse dans une ignorance presque complète du reste de sa vie, dont nous connaissons

[1] *Le Page disgracié*. Paris, 1667, in-12, tom. I, p. 101-102. — [2] *Id.* — [3] *Histoire de l'Academie françoise*, édit. Ch. Livet, t. I, p. 304. — [4] *Id.* — [5] *Le Page disgracié*, tom. II, p. 135-328. — [6] *Id.*, p. 220-331. — [7] *Id.*, 276 332.

si bien le commencement. « Tout ce qu'on sait, dit encore Pellisson, c'est qu'étant poëte, joueur de profession et gentilhomme de Gaston, duc d'Orléans, aucun de ces trois métiers ne l'enrichit. » Rien de plus vrai, mais rien de plus simple aussi, car les trois sources de fortune auxquelles puisait Tristan étaient, ou peu s'en faut, négatives. Le jeu a toujours eu la réputation d'enlever plus d'argent qu'il n'en rapporte, à moins qu'il ne soit corrigé par des mains trop habiles, et Tristan était trop gentilhomme pour avoir cet excès d'habileté; tout ce qu'il se permettait c'était de perdre honnêtement, même l'argent qu'il n'avait pas. D'un autre côté, Gaston, à qui, peu de temps après la présentation à Bordeaux, Louis XIII l'avait donné [1], faisant ainsi un plus joli présent au maître qu'au domestique, Gaston payait fort mal tous ceux qui étaient de sa maison [2]; et enfin, la troisième ressource du poëte-gentilhomme, le théâtre, alors rapportait fort peu. Qu'arriva-t-il donc? Quoiqu'il fût au service du frère du roi; quoiqu'il eût de l'esprit, autant et plus que beaucoup d'autres, bien qu'il rimât mieux que pas un, Tristan ne cessa jamais d'être aux expédients. Il avait tout, excepté un habit honnête, dont il ne put jamais économiser le prix sur l'argent que lui rapportaient ses pièces, et sur celui qu'il recevait de ses Mécènes. Le jeu, que Pellisson tout à l'heure mettait, avec tant d'ironie, au rang des ressources du pauvre poëte, l'empêchait de pourvoir à cette pénurie extérieure. Un jour qu'il portait un manteau plus râpé que ne l'était celui de Chapelain, il reçut de M. de Saint-Aignan une somme de mille pistoles: il courut dans un tripot et perdit tout, même l'argent de l'habit neuf. Sa pauvreté, qui fut, il faut bien le dire, un peu volontaire, et dont sa piteuse toilette était la déplorable enseigne, devint proverbiale. C'est à lui que Boileau pensait lorsqu'il parla, dans les premiers vers de sa première satire [3], de ce poëte

> ... Qui, n'étant vêtu que de simple bureau,
> Passe l'été sans linge et l'hiver sans manteau...

Tristan supportait cette misère en gentilhomme, avec une philosophie mêlée de dignité qui fit l'admiration de Cyrano. Pour ce burlesque enthousiaste, personne n'était plus digne d'estime : « Il est, dit-il très-sérieusement en son *Histoire comique* [4], il est tout esprit, il est tout cœur, et il a toutes ces qualités, dont une jadis suffisoit à marquer un

[1] *Le Page disgracié*, tom. II, p. 336. — [2] *Id.* — [3] Édit. Viollet-le-Duc, 1823, in-8, p. 38, note de Brossette. — [4] *Ancienne édition*, p. 48.

héros.... Véritablement, ajoute-t-il, il faut que je vous avoue que quand je vis une vertu si haute, j'appréhendai qu'elle ne fût pas reconnue. C'est pourquoy je taschai de lui faire accepter trois phioles, la première étoit pleine d'huile de talc, l'autre de pouldre de projection, et la dernière d'or potable; mais il les refusa avec un desdain plus généreux que Diogène ne reçut les compliments d'Alexandre. Enfin, je ne puis rien ajouter à l'éloge de ce grand homme, sinon que c'est le seul poëte, le seul philosophe, et le seul homme libre que vous ayez. »

La famille de Tristan qui était « de Marche en famine, » comme a dit Scarron pensant peut-être à lui, ne pouvait lui être d'aucun secours. Son frère, l'Hermite de Vauzelle, dont nous avons déjà parlé, s'était fait comédien dans la troupe nomade des Béjart, où il eut Molière pour camarade [1], et son autre frère, tué au siége de Royan, avait laissé si peu de fortune que sa veuve fut obligée, pour vivre, d'établir dans le pays de Caux une fabrique de girasol [2]. Les protecteurs étaient donc nécessaires à Tristan, et il n'en manqua jamais. Il leur dut d'avoir toujours, sinon un habit convenable, du moins le vivre et le couvert. Après avoir logé chez Gaston, au Luxembourg, il passa dans l'hôtel de Guise, aujourd'hui le Palais des Archives de l'empire, où ceux qui s'occupaient de comédie, soit pour en écrire, soit pour en jouer, étaient toujours sûr de trouver l'hospitalité, grâce au comte de Modène, premier gentilhomme du duc, et longtemps l'amant de la Béjart, dont il eut une fille, la femme de Molière. Corneille avait une chambre à l'hôtel de Guise, du temps qu'il composait Othon [3]; Molière, Beys et tous ceux de l'*Illustre Théâtre* y avaient reçu un fort beau présent d'habits pour leurs représentations [4]; Tristan, qui n'était pas plus fier, quoique plus noble, pouvait donc bien, sans déroger, s'y donner aussi un asile. C'est là qu'il mourut le 7 septembre 1655, comme nous l'apprend Loret dans sa *Gazette* du 11 du même mois :

Mardi, cet auteur de mérite
Que l'on nomme Tristan l'Hermite,
Qui, faisant aux Muses la cour,
Donnait aux vers un si bon tour,
Si vertueux, si gentilhomme,
Et qui, d'être un fort honnête homme
Avait en tout lieu le renom,
Décéda du mal du poumon,

[1] P. Lacroix, *La Jeunesse de Molière*, 1858, in-18, p. 76. — [2] Subligny, *La Muse Dauphine*, p. 222. — [3] Tallemant des Réaux, *Historiettes*, 2e édit., tom. X, p. 235. — [4] Bazin, *Notes historiques sur la vie de Molière*, 2e édit., p. 24-25.

Dans le très-noble hôtel de Guise,
Où ce prince, que chacun prise
Pour ses admirables bontés,
Ses soins et générosités,
Dès longtemps s'était fait paraître
Son bienfaiteur, seigneur et maître.

On a répété partout que Tristan s'était fait sa propre épitaphe, en écrivant le sixain que voici :

Ébloui de l'éclat de la splendeur mondaine,
Je me flattai toujours d'une espérance vaine,
Faisant le chien couchant auprès d'un grand seigneur.
Je me vis toujours pauvre en tâchant de paraître;
Je vécus dans la peine, attendant le bonheur,
Et mourus sur un coffre, en attendant mon maître.

Ce que nous avons dit de lui suffit pour prouver que ces vers ne lui conviennent en rien; d'abord, il leur donne pour titre : *Prosopopée d'un courtisan,* et personne ne fut moins courtisan que lui ; il parle du désir de *paraître,* et nul n'en afficha moins que lui, qui fut toujours si mal vêtu; il montre ce chien couchant d'antichambre, mourant sur un coffre, en attendant son maître, et jamais on ne lui vit perdre son temps en de pareilles attentes. C'est à la peine qu'il succomba, c'est sur la brèche qu'il mourut. La Beauchâteau avait eu l'idée de mettre sur notre scène, pour avoir un bon rôle, la comédie espagnole, le *Triomphe d'amour et de fortune;* elle le dit à Tristan, qui, bien que malade, se mit à l'œuvre. Il arriva jusqu'à la fin du quatrième acte, mais ne put aller plus loin; le mal avait empiré, et, peu de jours après, il était mort. Scarron, qui n'était guère mieux portant, reprit l'ouvrage et l'acheva, mais ni le mort, ni le malade n'en ont eu l'honneur; la pièce qui fut appelée : *Les Coups d'amour et de fortune*, a toujours été attribuée à Quinault [1]. L'erreur vient sans doute de ce que celui-ci s'entremit pour la représentation de cette comédie, en 1656, et y donna tous ses soins, comme si elle eût été son propre ouvrage. Il ne devait pas moins à la mémoire de Tristan, qui, après la mort de son fils unique, lui avait donné sa place dans son affection. Du pauvre petit garçon boulanger Tristan avait fait un poëte, il l'avait poussé au théâtre, et pour le faire arriver mieux, il avait présenté sa première pièce, *Les Rivales*, comme étant de lui-même. Les comédiens, lorsqu'ils apprirent la ruse, ne voulurent plus payer pour Quinault la somme qu'ils avaient promise pour Tristan. Celui-ci obtint alors qu'au

[1] Léris, *Dictionnaire portatif des théâtres*, 1763, in-8, p. 128.

lieu d'une somme une fois donnée, ils permettraient au nouveau venu de toucher le neuvième de la recette, tant qu'on jouerait la pièce. Les *droits d'auteurs* n'ont pas d'autre origine. Ce service, et le talent de Quinault, sont, sans contredit, ce que nous devons de mieux à Tristan l'Hermite.

ÉDOUARD FOURNIER.

L'*Histoire du Théâtre-Français*, des frères Parfait, le livre très-étudié de M. Guizot, *Corneille et son temps*, et la *Bibliothèque poétique*, de M. Viollet-le-Duc, ont mis dans tout son jour la figure un peu pâlie de Tristan.

LA COMÉDIE DES FLEURS

STANCES

« L'auteur étant prié par des belles dames de leur faire promptement une pièce de théâtre pour représenter la campagne, et se voyant pressé de leur écrire le sujet qu'il avait choisi pour cette comédie, à laquelle il n'avait point pensé, leur envoya les vers qui suivent : »

Puisqu'il vous plaît que je vous die
Le sujet de la comédie
Que je médite pour vos sœurs,
Les images m'en sont présentes :
Les personnages sont des fleurs,
Et vous êtes des fleurs naissantes.

Un Lis, reconnu pour un prince,
Arrive dans une province ;
Mais, comme un prince de son sang,
Il est beau sur toute autre chose ;
Et vient, vêtu de satin blanc,
Pour faire l'amour à la Rose.

Pour dire quelle est sa noblesse
A cette charmante maîtresse
Qui s'habille de vermillon,
Le Lis, avec des présents d'ambre,
Délègue un jeune papillon,
Son gentilhomme de la chambre.

Ensuite le prince s'avance
Pour lui faire la révérence.
Ils se troublent à leur aspect;
Le sang leur descend et leur monte:
L'un pâlit de trop de respect,
L'autre rougit d'honnête honte.

Mais cette infante de mérite,
Dès cette première visite,
Lui lance des regards trop doux.
Le Souci, qui brûle pour elle
En même temps, en est jaloux;
Ce qui fait naître une querelle.

On arme pour les deux cabales;
On n'entend plus rien que timbales,
Que trompettes et que clairons:
Car, avec tambour et trompette,
Les bourdons et les moucherons
Sonnent la charge et la retraite.

Enfin, le Lis a la victoire;
Il revient, couronné de gloire,
Attirant sur lui tous les yeux.
La Rose, qui s'en pâme d'aise,
Embrasse le victorieux,
Et le victorieux la baise.

De cette agréable entrevue,
L'Absinthe fait, avec la Rue,

Un discours de mauvaise odeur :
Et la jeune Épine-vinette,
Qui prend parti pour la pudeur,
Y montre son humeur aigrette.

D'autre côté, madame Ortie,
Qui veut être de la partie
Avec son cousin le Chardon,
Vient citer une médisance
D'une jeune Fleur de Melon,
A qui l'on voit enfler la panse.

Mais la Rose enfin la fait taire
Par un secret bien salutaire,
Approuvé de tout l'univers.
Et, dissipant tout cet ombrage,
La Buglose met les couverts
Pour le festin du mariage.

Tout contribue à cette fête.
Sur le soir, un ballet s'apprête
Où l'on oit des airs plus qu'humains :
On y danse, on s'y met à rire ;
Le Pavot vient, on se retire.
Bonsoir, je vous baise les mains.

LE PROMENOIR DES DEUX AMANTS

ODE

Auprès de cette grotte sombre
Où l'on respire un air si doux,
L'onde lutte avec les cailloux,
Et la lumière avec l'ombre.

Ces flots, lassés de l'exercice
Qu'ils ont fait dessus ce gravier,
Se reposent dans ce vivier
Où mourut autrefois Narcisse.

C'est un des miroirs où le Faune
Vient voir si son teint cramoisi,
Depuis que l'amour l'a saisi,
Ne serait point devenu jaune.

L'ombre de cette fleur vermeille
Et celle de ces joncs pendants
Paraissent être là dedans
Les songes de l'eau qui sommeille.

Les plus aimables influences
Qui rajeunissent l'univers,
Ont relevé ces tapis verts
De fleurs de toutes les nuances.

Dans ce bois ni dans ces montagnes
Jamais chasseur ne vint encor :
Si quelqu'un y sonne du cor,
C'est Diane avec ses compagnes.

Ce vieux chêne a des marques saintes :
Sans doute, qui le couperait,
Le sang chaud en découlerait,
Et l'arbre pousserait des plaintes.

Ce rossignol, mélancolique
Du souvenir de son malheur,
Tâche de charmer sa douleur,
Mettant son histoire en musique.

Il reprend sa note première
Pour chanter, d'un art sans pareil,
Sous ce rameau que le soleil
A doré d'un trait de lumière.

Sur ce frêne deux tourterelles
S'entretiennent de leurs tourments,
Et font les doux appointements
De leurs amoureuses querelles.

Un jour, Vénus avec Anchise
Parmi ces forts[1] s'allait perdant,
Et deux Amours, en l'attendant,
Disputaient pour une cerise.

Dans toutes ces routes divines,
Les nymphes dansent aux chansons,
Et donnent la grâce aux buissons
De porter des fleurs sans épines.

Jamais les vents ni le tonnerre
N'ont troublé la paix de ces lieux,
Et la complaisance des dieux
Y sourit toujours à la terre.

Crois mon conseil, chère Climène;
Pour laisser arriver le soir,
Je te prie, allons nous asseoir
Sur le bord de cette fontaine.

N'ois-tu pas soupirer Zéphire
De merveille et d'amour[2] atteint,
Voyant des roses sur ton teint,
Qui ne sont pas de son empire?

Sa bouche, d'odeur toute pleine,
A soufflé sur notre chemin,
Mêlant un esprit de jasmin
A l'ambre de ta douce haleine.

[1] Endroits où un bois est le plus épais. — [2] D'admiration.

Penche la tête sur cette onde
Dont le cristal paraît si noir;
Je t'y veux faire apercevoir
L'objet le plus charmant du monde.

Tu ne dois pas être étonnée
Si, vivant sous tes douces lois,
J'appelle ces beaux yeux mes rois,
Mes astres et ma destinée.

. . . .
. . . .
. . . .
. . . .

Veux-tu, par un doux privilége,
Me mettre au-dessus des humains?
Fais-moi boire au creux de tes mains,
Si l'eau n'en dissout point la neige.

Ah! je n'en puis plus, je me pâme,
Mon âme est prête à s'envoler;
Tu viens de me faire avaler
La moitié moins d'eau que de flamme.

. . . .

Climène, ce baiser m'enivre,
Cet autre me rend tout transi;
Si je ne meurs de celui-ci,
Je ne suis pas digne de vivre.

SONNET

Venir à la clarté sans force et sans adresse,
Et, n'ayant fait longtemps que dormir et manger,
Souffrir mille rigueurs d'un secours étranger,
Pour quitter l'ignorance en quittant la faiblesse;

Après, servir longtemps une ingrate maîtresse
Qu'on ne peut acquérir, qu'on ne peut obliger,
Ou qui, d'un naturel inconstant et léger,
Donne fort peu de joie et beaucoup de tristesse;

Cabaler à la cour, puis, devenu grison,
Loin du monde et du bruit attendre, en sa maison,
Ce qu'ont ses derniers ans de maux inévitables:

Tel est le sort de l'homme. O misérable sort!
Tous ces attachements sont-ils considérables,
Pour aimer tant la vie et craindre tant la mort?

JEAN-FRANÇOIS SARRAZIN

1603 — 1654

On a dit de Sarrazin et de Voiture qu'ils avaient créé la *littérature de société*. C'est un jugement qu'il est bon de contrôler aujourd'hui qu'on s'est habitué à entendre par ces mots une littérature en quelque sorte improvisée, plus semblable à une conversation qu'à un ouvrage de poëte ou d'artiste. Au moins faudrait-il tenir compte de ce qu'étaient la société pour laquelle rimèrent Voiture et Sarrazin, et l'époque où ils vécurent : la société de l'hôtel de Rambouillet et de l'hôtel de Longueville, l'époque de Corneille, de Balzac, de Richelieu, de Condé, de Descartes; c'est-à-dire une époque où tout était grand, une société exquise et grave, habituée à ne supporter en rien le médiocre ni le vulgaire et qui, jusque dans les productions les plus légères de l'esprit, exigeait de l'art et du génie. Aussi ne trouvons-nous pas dans les œuvres les plus badines de Sarrazin la négligence, le lâché auxquels s'accoutumèrent les poëtes de la cour de Sceaux et de la société du Temple, et généralement tous les poëtes du XVIIIe siècle. Sarrazin, comme Voiture, est un artiste qui n'élude aucune des difficultés de son art, et qui, au contraire, les accepte et les résout avec une sûreté admirable. C'est donc le petit nombre de ses œuvres en vers et leur frivolité, plutôt que leur imperfection, qui l'a fait mettre au rang des poëtes de second ordre. On sait ce que pensait Balzac de la prose de Sarrazin qu'il croyait destiné à donner à la France un Salluste : la *Conspiration de Walstein* a été réimprimée par Nodier dans sa collection des *Petits classiques françois* [1]. Et dernièrement encore, M. Victor Cousin disait de ce morceau et de la *Relation du siége de Dunkerque*,

[1] Paris. Delangle, 1825. 8 vol. in-16.

du même auteur, qu'ils étaient les meilleures pages d'histoire écrites en français au XVIIe siècle [1]. Le ton, le bon choix des mots, la disposition y font deviner la main, l'art d'un écrivain éprouvé à la gymnastique poétique. Tout en rabattant un peu sur les éloges de Balzac, on peut encore aujourd'hui proposer les deux morceaux comme d'excellents modèles de style officiel et d'histoire diplomatique.

Le petit nombre des poésies de Sarrazin, leur brièveté, leur frivolité tiennent à de tout autres causes qu'à l'infécondité et au manque d'étendue de l'esprit. Sarrazin, secrétaire du prince de Conti, tout comme Voiture, le diplomate, avait été mêlé aux affaires et avait vu de près les hommes d'État et les hommes de guerre. Au milieu de ces graves intérêts et de ces périls, si l'esprit s'affermit, si la raison mûrit, l'enthousiasme, la foi, l'illusion poétique faiblissent considérablement ; en présence de ces ambitions hautaines qui entraînent le destin des empires, le poëte peut quelquefois douter de sa grandeur et de sa mission. La poésie n'est plus pour lui qu'une distraction et qu'un plaisir ; il ne s'y livre que par échappée et, pour ainsi dire, en cachette de la Muse.

Et voilà comment Sarrazin, quoique doué d'assez de talent et même d'assez de génie pour s'élever jusqu'à la haute poésie, n'a laissé que quelques œuvres légères. Il aura du moins eu cette gloire ou ce mérite d'avoir excellé dans un genre de poésie particulier qui n'est pas proprement la poésie satirique, pour lequel le mot *badinage* employé par Boileau ne dit pas assez, et qu'on pourrait définir la poésie *sceptique*, poésie mêlée de rire et de pleurs, car le poëte par intervalle se raille lui-même, comme le poëte antique se raillait, par la voix du bouffon, pour prévenir les moqueries de la foule; genre de poésie essentiel chez une nation tour à tour sarcastique et chevaleresque, et qu'illustrent à travers notre histoire littéraire les noms de Villon, de Marot, de Voiture, de La Fontaine; mais qui ne peut vivre dans le souvenir, — et c'est la grande leçon qu'on peut tirer de la renommée de Sarrazin et de Benserade, — qu'à la condition d'être relevée par un travail exquis et par un art inflexible. Qu'on y réfléchisse, c'est le manque d'art qui a fait évaporer dans l'oubli tout l'esprit, tout le sentiment que les poëtes du XVIIIe siècle, les élèves de Voltaire et Voltaire lui-même ont mis dans tant de compositions gracieuses, mais négligées. C'est pour avoir arboré le vers *libre*, c'est-à-dire pour avoir violé les règles, que

[1] *La Société française au XVIIe siècle*, tom. I.

ces poëtes n'ont pas vécu. Cette perfection du travail se retrouve partout dans Sarrazin, même dans les pièces les plus badines, telles que celle que nous extrayons de la *Pompe funèbre de Voiture*, et qu'un mot un peu osé, qu'une plaisanterie de carnaval devaient peut-être faire écarter d'une Anthologie; nous l'y maintenons, pour faire voir tout ce que l'art peut sauver et tout ce que supportait dans les mots une société d'ailleurs polie et raffinée.

CHARLES ASSELINEAU.

Pellisson a écrit la vie de Sarrazin, en tête de ses œuvres. Voyez encore les *Mémoires* de Niceron, Goujet, *Bibliothèque;* et le livre de M. Cousin intitulé : *De la Société française au* XVIIe *siècle.*

A MONSEIGNEUR LE DUC D'ENGHIEN

ODE

Grand duc, qui d'Amour et de Mars
Portes le cœur et le visage,
Digne qu'au trône des Césars
T'élève ton noble courage,

Enghien, délices de la cour,
Sur ton chef éclatant de gloire,
Viens mêler le myrte d'amour
A la palme de la victoire.

Ayant fait triompher les lis
Et dompté l'orgueil d'Allemagne,
Viens commencer pour ta Philis
Une autre sorte de campagne.

Ne crains point de montrer au jour
L'excès de l'ardeur qui te brûle;

Ne sais-tu pas bien que l'amour
A fait un des travaux d'Hercule?

Toujours les héros et les dieux
Ont eu quelques amours en tête ;
Jupiter même, en mille lieux,
En a fait plaisamment la bête.

Achille, beau comme le jour,
Et vaillant comme son épée,
Pleura neuf mois pour son amour,
Comme un enfant pour sa poupée.

O dieux! que Renaud me plaisait!
Dieux! qu'Armide avait bonne grâce!
Le Tasse s'en scandalisait,
Mais je suis serviteur au Tasse.

Et nos seigneurs les Amadis,
Dont la cour fut si triomphante,
Et qui tant joutèrent jadis,
Furent-ils jamais sans infante?

Grand duc, il n'y va rien du leur,
Et je le dis sans flatterie;
Tu les surpasses en valeur,
Passe-les en galanterie.

Viens donc hardiment attaquer
Philis, comme tu fis Bavière;
Tu la prendras sans y manquer,
Fût-elle mille fois plus fière.

Nous t'en verrons le possesseur,
Pour le selon moins l'apparence;
Car je crois que ton confesseur
Sera seul de ta confidence.

Cependant fais qu'en de beaux vers,
La plus galante renommée
Débite, par tout l'univers,
Les grâces de ta bien-aimée.

Choisis quelque excellente main
Pour une si belle aventure :
Prends la lyre de Chapelain,
Ou la guitare de Voiture.

A chanter ces fameux exploits
J'emploîrais volontiers ma vie;
Mais je n'ai qu'un filet de voix,
Et ne chante que pour Sylvie.

BALLADE

Maître Vincent nous avait retirés,
Par ses beaux vers faits à notre manière,
Des dents des vers, nos ennemis jurés,
Du long oubli, d'une sale poussière.
Lorsque jadis nous tenions cour plénière,
Tout gentil cœur composait un rondeau.
Vieille ballade était un fruit nouveau;
Les triolets avaient grosse pratique;
Tout nous riait; mais tout est à vau-l'eau :
Voiture est mort, adieu la muse antique.

Bien est raison que soyons éplorés
Quand Atropos, la Parque safranière,
En retranchant les beaux filets dorés
Où tant se plut sa sœur la filandière,
A fait tomber Voiture dans la bière.

Bien nous faut-il prendre le chalumeau,
Et tristement, ainsi qu'au renouveau,
Le rossignol au bocage rustique,
Chacun chanter, en pleurant comme un veau :
Voiture est mort, adieu la muse antique.

Or, nous serons partout déshonorés.
L'un sera mis en cornets d'épicière,
L'autre exposé dans les lieux égarés
Où les mortels, d'une posture fière,
Lui tourneront, par mépris, le derrière.
Plusieurs seront balayés au ruisseau ;
Maint, au foyer traînant en maint lambeau,
Sera brûlé comme un traître hérétique.
Chacun de nous aura part au gâteau :
Voiture est mort, adieu la muse antique.

ENVOI

Prince Apollon, un funeste corbeau,
En croassant au sommet d'un ormeau,
A dit trois fois, d'une voix prophétique :
Bouquins, bouquins, rentrez dans le tombeau !
Voiture est mort, adieu la muse antique.

BALLADE D'ENLEVER EN AMOUR

SUR L'ENLÈVEMENT DE MADEMOISELLE DE BOUTEVILLE PAR MONSIEUR DE COLIGNY

Ce gentil joli jeu d'amours,
Chacun le pratique à sa guise.
Qui[1] par rondeaux et beaux discours,
Chapeau de fleurs, gente cointise,
Tournois, bals, fêtes ou devise,
Pense les belles captiver;
Mais je pense, quoi qu'on en dise,
Qu'il n'est rien tel que d'enlever.

C'est bien des plus merveilleux tours
La passe-route et la maîtrise;
Au mal d'aimer, c'est bien toujours
Une prompte et souëfve[2] crise;
C'est au gâteau de friandise
De Vénus la fève trouver.
L'amant est fou qui ne s'avise
Qu'il n'est rien tel que d'enlever.

Je sais bien que les premiers jours
Que bécasse est bridée et prise,
Elle invoque Dieu au secours,
Et ses parents à barbe grise;
Mais si l'amant qui l'a conquise
Sait bien la rose cultiver,
Elle chante en face d'Église,
Qu'il n'est rien tel que d'enlever.

[1] C'est-à-dire : il y a des gens qui... — [2] Suave, douce.

ENVOI

Prince, use toujours de main mise,
Et te souviens, pouvant trouver
Quelque jeune fille en chemise,
Qu'il n'est rien tel que d'enlever.

ANTOINE GODEAU

1605 — 1672

Le clergé et l'épiscopat français ont, en tout temps, beaucoup donné à la littérature et à la poésie. Depuis Fortunat jusqu'au cardinal de Bernis, combien ne compterait-on pas de prélats qui, par le génie ou le talent, par un savoir délicat ou par un goût judicieux, se placent de siècle en siècle à côté des grands écrivains et des grands poëtes! Davy Du Perron à côté de Ronsard, Bertaud auprès de Du Bellay, François de Sales au-dessus de d'Urfé, Pierre Camus à côté de mademoiselle de Scudery, Amyot près de Montaigne, Huet entre Bayle et Ménage, Fléchier non loin de Montesquieu, Fénelon au-dessus de tous! Glorieux filon, étincelant dans sa diversité et qui montre qu'en France la conquête des âmes n'est jamais complète sans la domination des esprits. Filon brillant, disais-je, et dont, pour l'honneur de la France et de son Église, l'éclat est pur. Car, si, par le talent comme par la doctrine, l'épiscopat français marche de pair avec toutes les principautés intellectuelles du pays, le bon sens national, la passion de l'honneur et de l'estime publique l'ont sans cesse préservé des excès de l'imagination et de la débauche d'esprit. On ne trouverait pas chez nous de cardinal Bibbiena écrivant et faisant représenter des comédies obscènes.

Antoine Godeau, évêque de Grasse et de Vence, et qui fut plus tard académicien, a conquis et doit garder sa place parmi les illustrations littéraires du clergé français : il l'a conquise comme littérateur et comme poëte, et comme poëte *versifiant*. Boileau, qui l'estimait, lui a reproché d'être toujours à jeûn et de ne point s'échauffer assez. Quant à moi, qui viens de relire ses trois volumes de poésies chrétiennes, et qui serais peut-être embarrassé pour en multiplier les extraits, à cause d'une certaine monotonie de sentiment et de style que j'expliquerai tout à l'heure, je crains que Boileau, fort compétent d'ailleurs pour juger du jeûne, n'ait pas assez tenu compte à Godeau des sentiments dans lesquels il écrivait et surtout qu'il ne lui ait pas assez tenu compte de sa vie ; de sa vie qui ne fut jamais une vie paisible, mais une vie pacifiée. Sa jeunesse avait été joyeuse, turbulente, libertine; Tallemand nous apprend qu'il était enclin à l'amour, changeant, volage, et qu'il tenait tête aux Allemands, le verre en main. Il ne faudrait pas croire que le surnom de *Nain de Julie* qu'il porta à l'hôtel de Rambouillet lui fût donné par mépris de sa personne et parce qu'on le trouvait sans conséquence : les anecdotes de Des Réaux en disent là-dessus tout autant qu'il en faut pour nous le faire juger un amoureux passionné, très-persévérant et même très-pétulant; partant, un amant fort dangereux.

En 1636, il avait trente et un ans, lorsque le cardinal de Richelieu, pour le récompenser d'une paraphrase qu'il avait composée du psaume *Benedicite opera Domini*, lui fit don d'un évêché. Dès lors, toute cette jeunesse, toute cette étourderie, toute cette pétulance tombèrent : l'Esprit-Saint envahit cette âme tendre : il n'y eut plus qu'un excellent prêtre, qu'un pasteur édifiant par ses bonnes œuvres et par sa vie apostolique. Godeau partit pour son siége de Vence et ne le quitta plus.

Il négligea même de faire régulariser canoniquement la jonction de cet évêché avec celui de Grasse que le cardinal lui avait accordé aussi; et je vois dans cette négligence une preuve de sa charité qui ne voulait pas se partager, et peut-être de son humilité. C'est alors qu'il fut véritablement poëte : il est facile de comprendre cette mélancolie un peu monotone, cette note de résignation et d'humilité qui sert comme de basse continue à ses chants; ses poëmes, ses paraphrases, ses églogues sont des hymnes, des hymnes d'actions de grâces et, plus souvent, de pénitence. Quant à ses vers d'amour, il avait écrit à son ami Conrart qui en était le dépositaire, pour qu'il les brûlât. Il est touchant de le voir quinze ans plus tard, en 1650, quitter son siége épiscopal pour venir donner les dernières consolations à la belle Angélique Paulet, qu'il avait aimée d'amour dans sa jeunesse, et pour qui ce sentiment s'était changé, dans l'éloignement et dans l'exercice des vertus pastorales, en charité évangélique. J'ai dit que Godeau était bon littérateur; il a traité l'un des premiers cette question, tant controversée depuis, de la puissance poétique de l'idéal chrétien opposé à l'Olympe. Son discours de la *Poésie chrétienne* mérite d'être lu, même après le *Génie du christianisme*.

CHARLES ASSELINEAU.

La meilleure édition des œuvres poétiques de Godeau est celle de Paris, 1660-63, en 3 vol in-12.

En dehors des biographies spéciales (Baillet, Niceron, Goujet, etc.), il faut demander des renseignements sur Godeau aux divers historiens de l'hôtel de Rambouillet, Walckenaër (Mémoires sur madame de Sévigné). M. Cousin, M. Livet, d'autres encore, et avant tout Rœderer (Mémoires sur la Société polie), ont esquissé au moins le profil du *Nain de Julie*. M. Demogeot (Tableau de la littérature française au XVIIe siècle) est allé jusqu'à une glorification presque complète du petit homme.

PARAPHRASE DU PSAUME CXLVIII

LAUDATE DOMINUM DE CŒLIS

Messagers du Dieu des batailles
De qui le bras victorieux,
Dans l'assaut le plus furieux,
Défend nos plus faibles murailles,
Guides des Hébreux égarés,
Beaux astres qui les retirez
De leurs ténèbres criminelles,
Anges, dans votre heureux séjour,
Louez les bontés immortelles
De celui qui vous brûle et vous nourrit d'amour.

Globes d'airain, miroirs mobiles,
Où l'on voit la Divinité,
Sans que son ardente clarté
Éblouisse nos yeux débiles,
Cieux, à qui, par des nœuds cachés,
Les éléments sont attachés,
Sacré séjour de l'harmonie,
Voiles semés de diamants,
Louez la Sagesse infinie
Qui d'un ordre éternel règle vos mouvements.

Roi des campagnes azurées,
Qui des astres fais tes maisons,
Grand flambeau, par qui les saisons
Sont si justement mesurées,
Ame dont le monde est le corps,
Soleil, qui de tant de trésors
Rends partout les plaines fécondes;
Lorsque, couronné de splendeur,
Tu sortiras du sein des ondes,
Du Dieu qui te conduit adore la grandeur.

Bénis sa main toute-puissante,
Toi qui, d'un cours si diligent,
Sur un char d'ébène et d'argent,
Fournis ta carrière inconstante;
Astre que le silence suit,
Lune, qui de l'obscure nuit
Illumines les sombres voiles,
Qui, régnant au ciel à ton tour,
Te fais un trône des étoiles,
Et consoles nos yeux de la perte du jour.

Palais du monarque du monde,
Ciel, près de qui les autres cieux
De honte ferment tous ces yeux
Qui brillent dans la nuit profonde;
Ciel, qui par un heur sans pareil,
As Dieu même pour ton soleil,
Bénis ce grand roi qui t'habite,
Et qui, d'un serment solennel,
Nous jure qu'un petit mérite
Y trouve par sa grâce un bonheur éternel.

Mer, qui, dans les plus grands orages,
Où meurt l'espoir des matelots,
Connais du maître de tes flots
Le doigt écrit sur tes rivages;

Et vous qui, sur le firmament,
Sans pesanteur, sans mouvement,
Tenez un lieu qui nous étonne,
Eaux, dont le cristal est si pur,
Adorez celui qui vous donne,
Pour un paisible lit, des champs d'or et d'azur.

Toi que nous voyons couronnée
De tant de bouquets précieux,
Lorsque, après l'hiver ennuyeux,
Le printemps rajeunit l'année;
Riche centre de l'univers,
Qui combles de présents divers
Le laboureur qui te déchire;
Corps d'éternelle fermeté,
Terre, notre premier empire,
Du Dieu qui te soutient bénis la majesté.

Vous qui, sous vos cimes chenues,
Voyez dans les plaines des airs
Les tonnerres et les éclairs
Sortir du rouge sein des nues:
Superbes monts, qui vomissez,
Entre mille rochers glacés,
Des flammes de soufre mêlées,
Adorez ce Dieu merveilleux
Qui peut aux plus basses vallées
Égaler la hauteur de vos fronts orgueilleux.

Vous qui d'une riche verdure
Revêtez vos bras tous les ans,
Lorsque les zéphires plaisants
Chassent l'importune froidure,
Arbres, dont les fruits et les fleurs
Par de différentes couleurs
Forment un émail admirable,
Mêlez-vous à nos saints accords,

Et louez la main favorable
Qui seule sait produire et garder vos trésors.

Fontaines, qui, dans nos prairies,
Roulez un mobile cristal,
Et que dans votre lieu natal
La chaleur n'a jamais taries;
Et vous qui, grosses de ruisseaux,
Entrant dans l'empire des eaux,
Semblez lui déclarer la guerre,
Nourrices des grandes cités,
Rivières, doux sang de la terre,
Louez Dieu qui préside à vos flots argentés.

Hôtes des plaines embrasées,
Où les voyageurs égarés
N'ont sur les sablons altérés
Jamais vu tomber de rosées;
Fiers dragons, basilics brûlants,
Qui dans vos yeux étincelants
Portez un venin redoutable,
Louez l'auteur de l'Univers,
Dont la puissance inimitable
Vous a d'écailles d'or si richement couverts.

Vous dont les ailes émaillées
Fendent l'air si légèrement,
Vous qu'on vit, d'un ton si charmant,
Chanter sous les vertes feuillées;
Amoureuses troupes d'oiseaux,
Qui faites entre les rameaux
Vos nids d'admirable structure,
Désormais, à votre réveil,
Louez le Dieu de la nature,
Et ne saluez plus que ce divin soleil.

Humides citoyens des ondes,
Légers et fertiles poissons,

Qui, sans crainte des hameçons,
Nagez dans vos grottes profondes;
Et vous, que Dieu fit en beautés
Aussi divers qu'en qualités
Pour peupler la terre nouvelle,
Animaux farouches et doux,
Louez la sagesse immortelle,
Qui ne dédaigne pas de prendre soin de vous.

Feu, qui voles devant sa face,
Et qui par ses commandements,
Des plus superbes bâtiments
A peine laisses quelque trace;
Tempêtes, par qui le courroux
D'un monarque amant et jaloux
Fait des ravages si funestes;
Flèches de son rouge carquois,
Foudres, louez les bras célestes
Qui vous savent lancer sur la tête des rois.

Vents, dont les forces redoutées,
Troublant la bonace des flots,
Font perdre à l'art des matelots
L'espoir des rives souhaitées;
Grêles, ravines, tourbillons
Qui de nos fertiles sillons
Coupez les richesses tremblantes,
Louez Dieu qui conduit vos coups,
Lorsque nos fautes insolentes
Contraignent sa justice à s'armer contre nous.

Froid, qui fais un cristal solide
Du cristal liquide des eaux,
Frein des fleuves et des ruisseaux,
Glace, sur qui l'hiver préside,
Et vous, qui, durant la saison
Où les zéphyrs sont en prison,

Échauffez nos froides campagnes;
Mères des torrents furieux,
Blanches couronnes des montagnes,
Neiges, louez celui qui vous répand des cieux.

Vous, que la loi de la naissance
Élève au trône paternel,
Vous, dont le choix de l'Éternel
Fait la souveraine puissance,
Portraits de la Divinité,
Rois, de qui le bras irrité
Lance un redoutable tonnerre,
Révérez au pied des autels
Celui fait trembler la terre,
Et songez tous les jours qu'il vous a faits mortels.

Peuples, rendez-lui vos hommages,
Et ne manquez jamais de foi
A ceux qui portent comme moi
L'illustre nom de ses images;
L'abus de leur sacré pouvoir
Des lois d'un fidèle devoir
Ne peut dispenser leurs provinces:
Fuyez les rebelles projets,
Et sachez qu'à des mauvais princes,
Le seigneur vous défend d'être mauvais sujets.

Vierges, dont les yeux pleins de flammes
Lancent un funeste poison,
Et dérobent à la raison
Le juste hommage de nos âmes;
Ne vous vantez plus des appas
Que le temps n'exemptera pas
De son injurieux empire;
Louez l'auteur de vos attraits,
Et que votre étude n'aspire
Qu'à gagner des beautés qui ne meurent jamais.

Enfants, de qui les destinées,
A fils tissus diversement,
Ourdissent le commencement
De vos incertaines années;
Vous, dont l'âge est plus vigoureux,
Qui sentez un sang généreux
Bouillir dans le fond de vos veines,
N'ayez qu'à Dieu votre recours,
Car sans lui vos forces sont vaines,
Et lui seul peut étendre ou raccourcir vos jours.

Qu'il soit votre attente dernière,
Vieillards, de qui les ans légers,
Au milieu de tant de dangers,
Ont conduit leur longue carrière;
Troncs séchés, sépulcres mouvants,
Qui n'êtes ni morts, ni vivants,
Plaintives ombres de vous-mêmes,
Rendez grâces, d'un cœur ardent,
Au Dieu dont les bontés suprêmes
Ont si loin du matin marqué votre occident.

Enfin, adorez votre Maître,
O corps si divers en beauté,
Qui ne devez qu'à sa bonté
Les richesses d'un nouvel être:
Sa parole vous fit de rien,
Vous n'avez pour votre soutien
Que cette féconde parole
Elle peut tout comme autrefois,
Et tout, sous l'un et l'autre pôle,
Suit les commandements de ses premières lois.

Israël, de son assistance
Tu sens les effets tous les jours,
Il est armé pour ton secours,
Il est l'auteur de ta constance;

Par ses favorables regards,
Il dissipe tous les brouillards
Qui veulent obscurcir ta gloire;
Et tes barbares ennemis
Qui se promettaient la victoire
Sous ton joug redouté sont maintenant soumis.

Doncques consacrons-lui nos veilles,
Nos corps, nos esprits et nos biens,
Et que nos plus doux entretiens
Soient de ces divines merveilles;
Pour en laisser le souvenir
Aux siècles qui sont à venir,
Érigeons partout des trophées;
Gravons sur le marbre et l'airain
Que de nos guerres étouffées
La gloire n'appartient qu'à son bras souverain.

Mais qu'en des termes magnifiques,
Et que, d'un art ingénieux,
Notre zèle dévotieux
Lui présente mille cantiques;
Reconnaissons que son pouvoir,
Qui fait tout vivre et tout mouvoir,
Est au-dessus de nos louanges,
Et ne craignons point d'avouer,
Ce que confessent tous les anges,
Que, se connaissant seul, lui seul se peut louer.

LES LONGUES VEILLES

L'astre qui fait le jour dort dans le sein des eaux.
Un silence profond règne en toutes les plaines,
Et les zéphyres seuls, par de faibles haleines,
D'un petit tremblement agitent les rameaux.

On n'oit plus dans les bois les concerts des oiseaux,
Et l'aimable enchanteur des soucis et des peines,
Le sommeil, au doux bruit des paisibles fontaines,
Charme de ses douceurs et bergers et troupeaux.

Je suis seul qui, pressé d'une douleur cruelle
Vois fuir loin de mes yeux le sommeil que j'appelle;
Les veilles m'ont conduit au bord du monument.

A quel joug la nature en l'homme est asservie!
Il faut pour être heureux perdre le sentiment,
Et mourir chaque nuit pour conserver sa vie.

D'ACEILLY

1604 — 1673

Charles Nodier, dans la *Collection des petits classiques français*, a fait revivre le nom et les poésies du chevalier d'Aceilly. Le nom tombait dans l'oubli ; les poésies étaient dispersées dans les recueils de Barbin et de La Monnoye, ou perdues dans des compilations indigestes de pièces galantes. A peine trouvait-on, dans quelques bibliothèques, la seconde édition de ces œuvres. Pour l'édition originale, imprimée en 1667 à Paris, sous les yeux de l'auteur, et que nous avons découverte après de longues recherches, Charles Nodier la déclarait introuvable. Ce fut donc avec la passion du bibliophile qu'il édita ce livre rare; il en fit un petit chef-d'œuvre où rien ne fut oublié : choix du papier, beauté des caractères, grâce des encadrements. Mais, obéissant à la pureté de son goût plus encore qu'à son amour pour les livres oubliés, il ne put se résoudre à publier toutes les épigrammes du chevalier d'Aceilly; il omit les plus faibles et les moins délicates; s'il ne satisfit pas ainsi ceux qui veulent avoir jusqu'au moindre mot d'un écrivain, son édition en fut plus gracieuse, plus agréable à la lecture, et plus propre à faire revivre le poëte.

Ce qui, chez d'Aceilly, frappait Charles Nodier, ce qui lui donne en effet une physionomie distincte, c'est une observation fine unie à la naïveté de l'expression. Ses vers, au premier aspect, n'ont que de la bonhomie, et l'on craint à chaque instant d'y voir quelque négligence; il faut les étudier de plus près. On les trouve fermes et pleins, sans longueurs, sans remplissages. Ils n'ont ni les vibrations, ni la rapidité du trait qui vole; ils manquent de mouvement et d'éclat; mais ils vont droit au but.

Plus d'une fois, d'Aceilly fut accusé de reproduire ou d'imiter les épigrammes des anciens; il répondit spirituellement et avec succès à ses adversaires. Leur querelle était injuste. Il est impossible en effet de le comparer à Martial, dont l'épigramme violente, âcre, personnelle, obscène, irrite ou surprend le lecteur, et le domine avec une force presque sauvage. Il n'est pas moins impossible de le comparer aux épigrammatistes français qui l'ont précédé. Regnier, Sigognes, Théophile, s'ils n'égalent pas toujours la vigueur du poëte latin, luttent avec lui d'emportement et d'impudence. D'Aceilly plus calme, plaisante, joue et raille, mais ne s'irrite jamais; soit qu'il manque de force, ou qu'il ne veuille pas s'en servir, il ne fait pas de blessures. Souvent son épigramme s'adresse à des vices, à des ridicules généraux; ailleurs, elle se change en maxime. Il ménage toujours les personnes; il fait connaître ceux qu'il loue; il cache le nom qu'on attend au-dessous de ses portraits satiriques. Ses plaisanteries sont quelquefois un peu vives, mais elles ne vont pas au-delà de ce libertinage de l'esprit que tous les âges classiques ont autorisé, et s'arrêtent à la limite du bon ton. On y sent toujours le gentilhomme, le protégé de Colbert, l'habitué de la cour de Louis XIV.

Il se respectait en effet lui-même autant qu'il respectait les autres. Bien que sa noblesse ne fût pas très-ancienne, et remontât au plus aux lettres patentes de Charles VII — s'il est vrai, comme on l'assure, qu'il descendait de la famille de Jeanne d'Arc, — il eut une délicate pudeur pour cette noble origine, et ne voulut pas attacher à son véritable nom le souvenir de quelques bouffonneries triviales, qui se mêlent à ses petites pièces presque toujours fines et délicates. C'est ainsi que, pour les lecteurs de son temps et pour la postérité, le chevalier de Cailly devint, par un anagramme, le chevalier d'Aceilly. S'il faut l'en croire, il poussa plus loin ce sentiment de timide réserve, et il ne publia ses poésies que lorsqu'il y fut forcé par ses amis, gens d'honneur et beaux esprits. Mais il ne veut pas qu'on se trompe sur l'importance qu'il y attache. Ce sont des choses qui lui ont si peu coûté, que quelque disgrâce qui puisse leur arriver, elle ne passera pas jusqu'à lui. Il assure « qu'il les a trouvées dans son esprit par hasard, sans y fouiller, qu'il les a écrites en se divertissant, que les vers se faisaient d'eux-mêmes, et que les rimes nécessaires venaient de leur plein gré se placer justement à l'endroit où elles devaient être. »

Il y a dans ces lignes une exagération d'insouciance et de facilité, que le poëte dément lui-même lorsqu'il se vante d'avoir évité avec soin « la rencontre de deux syllabes semblables en deux mots différents, et de s'être étudié a reléguer à la fin du vers tous les mots qui finissent par deux voyelles dont il se fait deux syllabes. »

Sans doute, le naturel est la principale qualité des petits poëmes de d'Aceilly, mais, à y regarder de près, ce naturel est souvent le résultat d'un travail voulu ; il s'allie à une concentration de la pensée qui va parfois jusqu'à la recherche, et, dans quelques passages qui ne dépareraient pas un recueil des plus fins madrigaux, la naïveté apparente, unie à la préciosité, produit ces effets gravement comiques, dont se moquait trop légèrement peut-être l'époque de Boileau, et auxquels se plaisent surtout quelques poëtes raffinés du XIXe siècle.

JEAN MOREL.

La première édition des œuvres du chevalier de Cailly fut imprimée chez André Cramoisy, *Au sacrifice d'Abraham*, Paris, rue Saint-Jacques, et parut sous ce titre : *Diverses petites poésies du chevalier d'Aceilly*. Paris, 1667, 1 vol. in-12. La deuxième édition est datée de 1708 ; Amsterdam, chez de Coup. En 1825, parurent les *Petites poésies choisies du chevalier d'Aceilly*, éditées aux frais et par les soins de Charles Nodier et N. Delangle.

—

Ne dis plus que la faim fasse mourir les gens ;
Ce poëte a vécu jusqu'à quatre-vingts ans.

—

Alfana vient d'Equus sans doute;
Mais il faut avouer aussi
Qu'en venant de là jusqu'ici,
Il a bien changé sur la route.

—

Mon cher frère, disait Sylvie,
Si tu quittais le jeu, que je serais ravie !
Ne le pourras-tu point abandonner un jour?
— Oui, ma sœur, j'en perdrai l'envie
Quand tu ne feras plus l'amour.
— Va, méchant, tu joûras tout le temps de ta vie.

—

Rien ne te semble bon, rien ne saurait te plaire ;
Veux-tu de ce chagrin te guérir désormais?
Fais des vers, tu pourras ainsi te satisfaire ;
Jamais homme n'en fit qu'il ait trouvés mauvais.

—

Dis-je quelque chose assez belle ?
L'antiquité, tout en cervelle,
Me dit : Je l'ai dit avant toi.
C'est une plaisante donzelle;
Que ne venait-elle après moi !
J'aurais dit la chose avant elle.

—

Ci-gît qui, puissant dans l'Église,
Et très-redouté dans ce lieu,
Rendit enfin son âme à Dieu;
Mais je ne sais si Díeu l'a prise.

Quand je vous donne vers et prose,
Grand ministre, je le sais bien,
Je ne vous donne pas grand'chose,
Mais je ne vous demande rien.

A UNE DAME

Donner à vos moineaux des baisers savoureux
En leur pressant le bec de vos lèvres de roses,
N'est-ce pas vous tromper dans l'usage des choses,
Et leur donner un bien qui n'est pas fait pour eux?

Aussitôt que j'entre chez vous,
Jeune divinité dont mon cœur est le temple,
Votre moineau me flatte, il me fait les yeux doux;
Il me donne du bec deux ou trois petits coups.
O le moineau de bon exemple!

P. CORNEILLE

1606 — 1684

> Le génie de Corneille a tout créé en France.
>
> VOLTAIRE.

En lisant les *OEuvres diverses* de P. Corneille, recueillies pour la première fois plus d'un demi-siècle après sa mort, on s'étonne qu'il n'ait pas été plus souvent cité parmi nos lyriques. Il excelle pourtant dans ces poésies diverses où le lyrisme tient une si grande place; mais une partie de ses œuvres disparaît sous la gloire des autres; il se fait tort à lui-même, et son génie de poëte dramatique nous a fermé les yeux sur ses autres mérites. Tout le monde dira : Corneille, le premier de nos tragiques; mais personne n'ajoutera : et l'un de nos meilleurs lyriques. Ce style unique de vigueur et de fierté, que depuis deux cents ans nous admirons au théâtre dans la bouche de Rodrigue ou du vieil Horace, nous sommes sourds à le reconnaître dans la bouche même du poëte. Cette grandeur, que nous applaudissions dans la fiction, semble, dans la réalité, nous devenir importune. Il est vrai que Corneille lui-même, n'ayant foi en son génie que pour le théâtre, a donné lieu, le premier, à cette injustice pour ses poésies volantes, à force de les déprécier. On l'a cru sur parole, et pourquoi? Parce que, même en se dépréciant, il restait admirable. De qui sommes nous dupes ici? De son propre génie.

D'où lui venait cette prédilection exclusive pour ses œuvres dramatiques? Peut-être de ce que sa grande âme ne se trouvait à l'aise que dans l'*action*, et que discourir seul à seul avec le lecteur, et même avec le roi, ne suffit plus à qui peut émouvoir tout un peuple. Corneille sentait en cela la supériorité de la poésie dramatique sur les autres genres, qu'il prisait peu; mais cela n'empêchait pas que, dans ces autres genres, il ne trouvât encore des accents dignes de son génie.

Ces poésies ont pour nous ceci de précieux, qu'elles dévoilent la personnalité même du poëte; et, chose admirable, il nous y apparaît grand comme ses héros. Leur fierté, leur noblesse, vous les retrouverez dans ses discours au roi, dans ses épîtres, dans l'*Excuse à Ariste*, et même dans quelques pièces adressées à des dames.

Ces sentiments nous expliquent la force de son style et, en même temps, ses irrégularités. Il procède, dans ces poésies, aussi bien qu'au théâtre, par élans sublimes: la pensée faiblit-elle? aussitôt, le style baisse : il ne parle que de la plénitude du cœur. L'art souvent fait défaut chez Corneille, mais il se relève par le trait héroïque. Il paraît quelquefois languir, et tout à coup, d'un seul vers, d'un seul mot, il nous emporte à des hauteurs que lui seul sait atteindre. Cela est vrai et de ses œuvres dramatiques et de tout ce qu'il écrit, car partout il reste lui-même. Poésie, caractère, sentiment, tout se confond; l'homme en lui ne se peut séparer de l'artiste; aussi, dans les écrits d'aucun autre de nos poëtes, on ne sent au même degré les vicissitudes de l'âge; son talent grandit et décroît comme ses propres forces; mais les sentiments nobles et fiers précèdent chez lui le génie et y survivent. Les qualités héroïques éclatent dès ses premiers essais (si informes!), et se retrouvent encore dans ses derniers travaux.

Grand poëte parce qu'il eut un grand cœur, les poëmes de Corneille sont la pâture des forts. Tout est grand sous sa plume, même un sonnet, même un madrigal, celui par exemple à mademoiselle Serment, même un simple quatrain, celui sur Richelieu. Mais la *fierté cornélienne*, ce mot est resté, se montre surtout dans les discours *au roi*. Voyez en quels termes il y parle de ses deux fils, soldats l'un et l'autre.

Corneille, dans ses poésies, est le frère et l'égal de ses héros.

Ce n'est pourtant là qu'une des faces de ce génie si divers. Il excelle dans les chants religieux, dans les psaumes, et même dans ces *Louanges de la Vierge*, traduction d'un vieux chant latin de saint Bonaventure, qu'il orne des magnificences de sa poésie. Il traduit, vers la fin de sa vie, l'*Imitation de Jésus-Christ*, qui est encore une œuvre importante, non sans doute par l'ensemble, mais par les traits qui, çà et là, éclatent et emportent l'esprit du lecteur.

Corneille, quoi qu'il en pût dire, avait si bien le génie lyrique qu'au théâtre il y a recours et emploie quelquefois les stances régulières (tout le monde sait par cœur celles de Rodrigue et de Polyeucte); mais il ne les emploie qu'aux moments solennels où l'âme, frappée à la fois de quelque catastrophe et de quelque grande passion, s'élève, dans la solitude, à cette forme musicale. C'est une sorte de recueillement intérieur et presque de prière qui devait, non pas se *dire*, mais se chanter, comme ces mélopées du théâtre antique, qui fut aussi un théâtre lyrique. Ces chants sont véritablement l'*Ode*. Corneille, dans ces strophes, égale Malherbe pour la beauté du rhythme et pour l'harmonie, et il le surpasse par la poésie et par le sentiment. C'est véritablement ici une âme qui s'épanche, et dont la plainte ou la joie semble trouver des échos dans toute la nature. Quelques-uns de ces puissants effets se retrouvent dans l'*Imitation*, dans les *Louange de la Vierge*, et, parfois, dans ses psaumes en vers.

Qui se lasserait d'admirer, dans ces chants religieux, la variété du rhythme? On ne peut les lire, sans se sentir, dès les premières cadences, saisi d'une sorte d'inspiration musicale. Le lyrisme est tel, que ces vers, d'eux-mêmes, vous imposent le chant.

On a parlé avec admiration des chœurs de Racine, et l'on a eu raison; mais on a trop oublié les beautés lyriques de Corneille. Peut-être devrais-je dire un mot ici des scènes chantées d'*Andromède* et de *la Toison d'or;* peut-être devrais-je citer d'Andromède les stances à Vénus?

> Dans nos campagnes et nos bois,
> Toutes les voix
> Béniront vos douces atteintes.
> Etc.

Ajoutons que l'auteur de tant de poésies grandioses écrivait quelquefois pour ses amis les plus jolis badinages, tant il est vrai que le talent de Corneille, j'ai presque dit son cœur, savait prendre les tons les plus aimables, les plus familiers. Sa *Muse*, si tragique, si majestueuse au théâtre, et si noble lorsqu'elle s'adresse *au roi*, se délasse et sourit dans l'intimité.

Ce n'est pas tout: au besoin, il aura le mordant de l'épigramme, la grâce du rondeau; mais dans les moindres bagatelles, on voit poindre le sentiment héroïque; le chef-d'œuvre, en ce genre, ce sont les stances célèbres, *Marquise, si mon visage...*

Dans ses *OEuvres diverses*, comme dans son théâtre, il rend à la la langue appauvrie et trop aristocratisée par Malherbe une partie de ses richesses et de sa vigueur plébéiennes; et, en même temps, il ratifie et consacre à jamais sa métrique. Il crée non-seulement le théâtre, mais encore le discours en vers, et trouve des beautés lyriques inconnues jusqu'à lui.

Il fut donc, à tous égards, le père des lettres françaises, et seul il suffirait, par le génie et le caractère, à les rendre sacrées.

EUGÈNE NOEL.

Les poésies de P. Corneille se trouvent dans toutes les éditions de ses œuvres complètes, et notamment dans celle de Renouard, Paris, 1817, 12 vol. in-8°, et dans celle de Lefebvre, Paris, 1824, 12 vol. in-8°.

On n'a pas ici la prétention de dresser, même par à peu près, la liste des biographes et des critiques de Corneille. Qu'il nous soit pourtant permis d'indiquer parmi tant d'autres historiens du fier génie : Racine (Discours à l'Académie française, lors de la réception de Thomas Corneille); Saint-Évremond (De la vraie et fausse beauté des ouvrages d'esprit; observations sur la tragédie française); Madame de Sévigné (*passim*); Fontenelle (Éloge de Pierre Corneille); Vauvenargues (Corneille et Racine); Voltaire (Siècle de Louis XIV, ch. XXXII, et catalogue des écrivains de ce siècle; Commentaires sur Corneille, etc.); La Harpe (Lycée); Lemercier (Cours analytique de littérature générale, tomes I et II); Victorin Fabre (Éloge de Corneille); Geoffroy (Cours de littérature dramatique, tome I); Taschereau (Histoire de la vie et des ouvrages de Corneille); Onésime Leroy (Développement du génie de Corneille); Sainte-Beuve (Portraits littéraires, tome I, et Port-Royal, premier volume); Viguier (Anecdotes sur Corneille); Saint-Marc Girardin (Cours de littérature dramatique); Nisard (Histoire de la littérature française); Gustave Levavasseur (Vie de Pierre Corneille); Henri Martin (Histoire de France, tome XII); Philarète Chasles (Études sur l'Espagne); Vinet (Discours sur l'histoire littéraire de la France); etc., etc.

Hors de France, Corneille a, plus d'une fois, rencontré de bons juges. Citons au moins Hallam (Histoire de la littérature de l'Europe); Frédéric Schlegel (Histoire de la littérature); William Schlegel (Cours de littérature dramatique).

Parmi les poëtes qui ont offert à la gloire du noble ancêtre l'hommage filial de leurs vers, nous nous reprocherions de ne pas nommer Ducis, qui a peint avec une piété sincère l'intérieur patriarcal du maître héroïque, et Théophile Gautier, dont les mâles alexandrins ont moulé avec un vif relief la figure du grand vieillard. (Prologue en vers, récité sur la scène de la Comédie-Française, juin 1852.)

PARAPHRASE

D'UN CHAPITRE DE *L'IMITATION DE J.-C.*

QUE LA VÉRITÉ PARLE AU DEDANS DU CŒUR
SANS AUCUN BRUIT DE PAROLES

(Livre III, ch. II.)

Parle, parle, Seigneur, ton serviteur écoute :
Je dis ton serviteur, car enfin je le suis ;
Je le suis, je veux l'être, et marcher dans ta route,
Et les jours et les nuits.

Remplis-moi d'un esprit qui me fasse comprendre
Ce qu'ordonnent de moi tes saintes volontés,
Et réduis mes désirs au seul désir d'entendre
Tes hautes vérités.

Mais désarme d'éclairs ta divine éloquence,
Fais-la couler sans bruit au milieu de mon cœur ;
Qu'elle ait de la rosée et la vive abondance
Et l'aimable douceur.

Vous la craigniez, Hébreux, vous croyiez que la foudre,
Que la mort la suivît, et dût tout désoler,
Vous qui dans le désert ne pouviez vous résoudre
A l'entendre parler.

« Parle-nous, parle-nous, disiez-vous à Moïse,
« Mais obtiens du Seigneur qu'il ne nous parle pas ;
« Des éclats de sa voix la tonnante surprise
« Serait notre trépas. »

Je n'ai pas ces frayeurs alors que je te prie;
Je te fais d'autres vœux que ces fils d'Israël,
Et, plein de confiance, humblement je m'écrie
Avec ton Samuel :

« Quoique tu sois le seul qu'ici-bas je redoute,
« C'est toi seul qu'ici-bas je souhaite d'ouïr :
« Parle donc, ô mon Dieu! ton serviteur écoute,
« Et te veut obéir. »

Je ne veux ni Moïse à m'enseigner tes voies,
Ni quelque autre prophète à m'expliquer tes lois;
C'est toi qui les instruis, c'est toi qui les envoies,
Dont je cherche la voix.

Comme c'est de toi seul qu'ils ont tous ces lumières
Dont la grâce par eux éclaire notre foi,
Tu peux bien sans eux tous me les donner entières,
Mais eux tous rien sans toi.

Ils peuvent répéter le son de tes paroles,
Mais il n'est pas en eux d'en conférer l'esprit,
Et leurs discours sans toi passent pour si frivoles
Que souvent on s'en rit.

Qu'ils parlent hautement, qu'ils disent des merveilles,
Qu'ils déclarent ton ordre avec pleine vigueur :
Si tu ne parles point, ils frappent les oreilles
Sans émouvoir le cœur.

Ils sèment la parole obscure, simple et nue;
Mais dans l'obscurité tu rends l'œil clairvoyant,
Et joins du haut du ciel à la lettre qui tue
L'esprit vivifiant.

Leur bouche sous l'énigme annonce le mystère,
Mais tu nous en fais voir le sens le plus caché;
Ils nous prêchent tes lois, mais ton secours fait faire
Tout ce qu'ils ont prêché.

Ils montrent le chemin, mais tu donnes la force
D'y porter tous nos pas, d'y marcher jusqu'au bout;
Et tout ce qui vient d'eux ne passe point l'écorce,
Mais tu pénètres tout.

Ils n'arrosent sans toi que les dehors de l'âme,
Mais sa fécondité veut ton bras souverain;
Et tout ce qui l'éclaire et tout ce qui l'enflamme
Ne part que de ta main.

Ces prophètes enfin ont beau crier et dire;
Ce ne sont que des voix, ce ne sont que des cris,
Si, pour en profiter, l'esprit qui les inspire
Ne touche nos esprits.

Silence donc, Moïse, et toi, parle en sa place,
Éternelle, immuable, immense vérité;
Parle, que je ne meure enfoncé dans la glace
De ma stérilité.

C'est mourir en effet qu'à ta faveur céleste
Ne rendre point pour fruit des désirs plus ardents;
Et l'avis du dehors n'a rien que de funeste
S'il n'échauffe au dedans.

Cet avis écouté seulement par caprice,
Connu sans être aimé, cru sans être observé,
C'est ce qui vraiment tue, et sur quoi ta justice
Condamne un réprouvé.

Parle donc, ô mon Dieu! ton serviteur fidèle,
Pour écouter ta voix, réunit tous ses sens,

Et trouve les douceurs de la vie éternelle
En ses divins accents.

Parle, pour consoler mon âme inquiétée ;
Parle, pour la conduire à quelque amendement ;
Parle, afin que ta gloire, ainsi plus exaltée,
Croisse éternellement.

AU ROI

SUR CINNA, POMPÉE, HORACE, SERTORIUS, ŒDIPE, RODOGUNE,

Qu'il a fait représenter de suite devant lui, à Versailles, en octobre 1676.

Est-il vrai, grand monarque, et puis-je me vanter
Que tu prennes plaisir à me ressusciter,
Qu'au bout de quarante ans, Cinna, Pompée, Horace
Reviennent à la mode, et retrouvent leur place ;
Et que l'heureux brillant de mes jeunes rivaux
N'ôte point leur vieux lustre à mes premiers travaux ?

Achève : les derniers n'ont rien qui dégénère,
Rien qui les fasse croire enfants d'un autre père ;
Ce sont des malheureux étouffés au berceau,
Qu'un seul de tes regards tirerait du tombeau.
On voit Sertorius, Œdipe, et Rodogune,
Rétablis par ton choix dans toute leur fortune ;
Et ce choix montrerait qu'Othon et Suréna
Ne sont pas des cadets indignes de Cinna.

Sophonisbe à son tour, Attila, Pulchérie,
Reprendraient pour te plaire une seconde vie;
Agésilas en foule aurait des spectateurs:
Et Bérénice enfin trouverait des acteurs.
Le peuple, je l'avoue, et la cour, les dégradent;
Je faiblis, ou du moins ils se le persuadent,
Pour bien écrire encor j'ai trop longtemps écrit,
Et les rides du front passent jusqu'à l'esprit.
Mais contre cet abus que j'aurais de suffrages,
Si tu donnais les tiens à mes derniers ouvrages!
Que de tant de bonté l'impérieuse loi
Ramènerait bientôt et peuple et cour vers moi!

Tel Sophocle à cent ans charmait encore Athènes,
Tel bouillonnait encor son vieux sang dans ses veines,
Diraient-ils à l'envi, lorsque Œdipe aux abois
De ses juges pour lui gagna toutes les voix.
Je n'irai pas si loin; et si mes quinze lustres
Font encor quelque peine aux modernes illustres,
S'il en est de fâcheux jusqu'à s'en chagriner,
Je n'aurai pas longtemps à les importuner.
Quoi que je m'en promette, ils n'en ont rien à craindre:
C'est le dernier éclat d'un feu prêt à s'éteindre;
Sur le point d'expirer, il tâche d'éblouir,
Et ne frappe les yeux que pour s'évanouir.
Souffre, quoi qu'il en soit, que mon âme ravie
Te consacre le peu qui me reste de vie:
L'offre n'est pas bien grande, et le moindre moment
Peut dispenser mes vœux de l'accomplissement.
Préviens ce dur moment par des ordres propices;
Compte mes bons désirs comme autant de services.

Je sers depuis douze ans, mais c'est par d'autres bras
Que je verse pour toi du sang dans nos combats;
J'en pleure encore un fils, et tremblerai pour l'autre
Tant que Mars troublera ton repos et le nôtre:

Mes frayeurs cesseront enfin par cette paix
Qui fait de tant d'États les plus ardents souhaits.
Cependant, s'il est vrai que mon service plaise,
Sire, un bon mot, de grâce, au Père de La Chaise.

STANCES

Marquise, si mon visage
A quelques traits un peu vieux,
Souvenez-vous qu'à mon âge
Vous ne vaudrez guère mieux.

Le temps aux plus belles choses
Se plaît à faire un affront,
Et saura faner vos roses
Comme il a ridé mon front.

Le même cours des planètes
Règle nos jours et nos nuits :
On m'a vu ce que vous êtes,
Vous serez ce que je suis.

Cependant j'ai quelques charmes
Qui sont assez éclatants
Pour n'avoir pas trop d'alarmes
De ces ravages du temps.

Vous en avez qu'on adore;
Mais ceux que vous méprisez
Pourraient bien durer encore
Quand ceux-là seront usés.

Ils pourront sauver la gloire
Des yeux qui me semblent doux,
Et, dans mille ans, faire croire
Ce qu'il me plaira de vous.

Chez cette race nouvelle
Où j'aurai quelque crédit,
Vous ne passerez pour belle
Qu'autant que je l'aurai dit.

Pensez-y, belle marquise :
Quoiqu'un grison fasse effroi,
Il vaut bien qu'on le courtise,
Quand il est fait comme moi.

STANCES DE DON RODRIGUE [1]

(*Le Cid*, *acte Ier.*)

Percé jusques au fond du cœur
D'une atteinte imprévue aussi bien que mortelle,

[1] Nous nous sommes interdit, par les raisons indiquées dans l'avant-propos du premier volume, les citations empruntées à la poésie dramatique proprement dite : mais nous croyons devoir faire entrer dans ce recueil quelques extraits des morceaux lyriques que Corneille et Racine ont introduits dans leurs tragédies. Nous citons les stances du *Cid* qui nous paraissent supérieures à celles de *Polyeucte*, et nous donnons à la suite un remarquable chœur tiré d'une tragédie de Robert Garnier, l'un de nos plus anciens poëtes dramatiques. Il n'a écrit que des tragédies, et ne pouvait, par cette raison, avoir une place à part dans notre recueil; nous nous serions reproché toutefois d'omettre, dans un recueil de la poésie française, des vers d'un accent si ferme, et, vu l'époque où ils furent écrits, d'une correction presqu'irréprochable. C'est du reste le seul morceau vraiment digne d'être cité que nous ayons trouvé dans les nombreuses œuvres des prédécesseurs de Corneille. Deux émules de Garnier, Jodelle et Hardy, ont également, à l'imitation des anciens, introduit des chœurs dans leurs tragédies; mais c'est à peine si l'on glanerait chez le premier quelques strophes d'un tour plus élégant qu'énergique, et si, chez le second, on en trouverait une seule qui échappe au reproche de platitude et de prolixité que tous les critiques ont, avec raison, adressé à ce trop fécond improvisateur. (*Note de l'éditeur.*)

Miserable vengeur d'une juste querelle,
Et malheureux objet d'une injuste rigueur,
Je demeure immobile, et mon âme abattue
Cède au coup qui me tue.
Si près de voir mon feu récompensé,
O Dieu, l'étrange peine!
En cet affront mon père est l'offensé,
Et l'offenseur le père de Chimène.

Que je sens de rudes combats!
Contre mon propre honneur mon amour s'intéresse:
Il faut venger un père, et perdre une maîtresse.
L'un m'anime le cœur, l'autre retient mon bras.
Réduit au triste choix ou de trahir ma flamme,
Ou de vivre en infâme,
Des deux côtés mon mal est infini.
O Dieu, l'étrange peine!
Faut-il laisser un affront impuni?
Faut-il punir le père de Chimène?

Père, maîtresse, honneur, amour,
Noble et dure contrainte, aimable tyrannie,
Tous mes plaisirs sont morts, ou ma gloire ternie.
L'un me rend malheureux, l'autre indigne du jour.
Cher et cruel espoir d'une âme généreuse,
Mais ensemble amoureuse,
Digne ennemi de mon plus grand bonheur,
Fer qui causes ma peine,
M'es-tu donné pour venger mon honneur?
M'es-tu donné pour perdre ma Chimène?

Il vaut mieux courir au trépas.
Je dois à ma maîtresse aussi bien qu'à mon père.
J'attire en me vengeant sa haine et sa colère;
J'attire ses mépris en ne me vengeant pas.
A mon plus doux espoir l'un me rend infidèle,
Et l'autre indigne d'elle.

Mon mal augmente à le vouloir guérir;
Tout redouble ma peine.
Allons, mon âme; et, puisqu'il faut mourir,
Mourons du moins sans offenser Chimène!

Mourir sans tirer ma raison[1]!
Rechercher un trépas si mortel à ma gloire,
Endurer que l'Espagne impute à ma mémoire
D'avoir mal soutenu l'honneur de ma maison!
Respecter un amour dont mon âme égarée
Voit la perte assurée!
N'écoutons plus ce penser suborneur,
Qui ne sert qu'à ma peine.
Allons, mon bras, sauvons du moins l'honneur,
Puisqu'après tout il faut perdre Chimène!

Oui, mon esprit s'était déçu.
Je dois tout à mon père avant qu'à ma maîtresse:
Que je meure au combat, ou meure de tristesse,
Je rendrai mon sang pur comme je l'ai reçu.
Je m'accuse déjà de trop de négligence,
Courons à la vengeance,
Et, tout honteux d'avoir tant balancé,
Ne soyons plus en peine,
Puisque aujourd'hui mon père est l'offensé,
Si l'offenseur est père de Chimène!

[1] C'est-à-dire : sans me venger.

CHŒUR DE SOUDARTS

EXTRAIT DE LA TRAGÉDIE DE ROBERT GARNIER, INTITULÉE : *PORCIE.*

(*Acte III.*)

Soudarts, puisque les ennemis,
Pour leur parricide commis,
De leurs corps mesurent la terre,
Ayons ce qu'on nous a promis,
Devant que d'aller à la guerre.
Ne laschons nos princes vainqueurs,
Qu'ils ne guerdonnent [1] nos labeurs.
Un vaillant soudart ne guerroye,
Si quant et quant [2] ses empereurs [3]
Ne laschent de quelque proye.
Nous offrons tous les jours nos corps
A cent et cent diverses morts,
Et toutes fois pour recompense
De tant de belliqueux efforts,
Nous n'emportons qu'une indigence.
Depuis vingt ans combien de fois
Avons-nous vestu le harnois!
Combien de fois sur nos espaules
Avons-nous porté le pavois,
Depuis que nous vismes les Gaules
C'est aux estranges [4] regions,
Qu'il fait bien [5] pour les legions;
C'est dedans ces terres barbares
Que, faisant guerre, nous pouvions
Saouler [6] nos courages avares.

. . . .

[1] Récompensent. — [2] En même temps, au fur et à mesure. — [3] Généraux, *imperatores.* — [4] Pour : étrangères. — [5] Pour : qu'il fait bon. — [6] Rassasier.

Il n'est trepas plus glorieux,
Que de mourir audacieux
Parmy les troupes combatantes;
Que de mourir devant les yeux
De tant de personnes vaillantes.

O trois et quatre fois heureux,
Ceux qui, d'un fer avantureux,
Se voyent arracher la vie,
Avecques un cœur genereux
Se consacrans à la patrie!

De ceux-là les os enterrez
Ne seront de l'oubly serrez [1].
Ains [2], recompensez d'une gloire,
Revivront tousjours honorez
Dedans le cœur de la Memoire.

Ah! que je hais le soudart
Qui a le courage couart,
Et qui, par une lasche fuite,
Se trouvant au commun hasard,
Le danger de la mort evite!

. . . .

[1] Recouverts, ensevelis. — [2] Mais.

SCARRON

1610 — 1660

Scarron, c'est tout autre chose qu'un poëte ou un bel esprit : c'est un phénomène de l'histoire littéraire. On ne sait vraiment comment le définir, comment l'apprécier et le juger, si l'on oublie un seul instant ses infirmités, ses malheurs, et cet étrange cahos de la Fronde où il apparaît comme un farfadet, comme un gnome, comme un esprit vif et malsain, aimable et repoussant, comique et cynique jusqu'à la folie. Tous les contrastes se heurtent dans ce simulacre d'existence qui ressemble à un mauvais rêve plein de cris de douleur et d'éclats de rire. Supposez, si vous l'osez, Thersite et Job fondus ensemble, Apollon et Marsyas inséparablement unis pour s'écorcher l'un l'autre; imaginez un tronçon de l'Arétin soudé à un fragment d'Ésope ou de Triboulet, à un débris de Diogène ou de Lucien ; eh bien ! vous n'aurez encore qu'une idée fort incomplète de cet affreux et charmant gamin du Marais ; de cet incurable bouffon, si pétulant dans son fauteuil de paralytique ; de ce poëte-quêteur trônant à sa table, au milieu des gens de cour; de ce petit monstre bourgeois qui épouse une merveille de noblesse et de grâce, et qui a pour amies tout à la fois les courtisanes et les saintes, les Ninon de Lenclos et les Hautefort. La plaisante cervelle de Scarron logea, plus de trente ans, cinq cents diables cornus qui firent sabbat dans leur logis comme dans une vieille ruine ; mais parmi ces démons enragés il y eut au moins un bon diable : celui qui hébergea les deux sœurs du possédé, qui secourut mademoiselle Céleste de Palaiseau, et qui eut pitié de la jeune Françoise d'Aubigné, la future marquise de Maintenon.

Né pour être riche, Scarron vécut pauvre. Fils d'un conseiller au parlement qui jouissait de vingt bonnes mille livres de rente, il se trouva de bonne heure réduit à envier le sort des enfants exposés au parvis Notre-Dame. Chassé de la maison paternelle à l'âge de douze ou treize ans par sa belle-mère, Françoise de Plaix, il passa quelque temps à Metz, revint à Paris où il endossa le petit collet sans recevoir les ordres, et fit un voyage en Italie avant de songer à prendre position dans le monde. C'est à cette belle saison de sa vie qu'il songeait tristement en 1655, lorsqu'il écrivait à Marigny : « Quand je songe que j'étais né assez bien fait pour avoir mérité les respects des Boisrobert de mon temps, quand je songe que j'ai été assez sain jusqu'à l'âge de vingt-sept ans pour avoir bu souvent à l'allemande ; que j'ai encore le dedans du corps si bon que je bois de toutes sortes de liqueurs, et mange de toutes sortes de viandes avec aussi peu de retenue que feraient les plus grands gloutons ; quand je songe que je n'ai point l'esprit faible, pédant, ni impertinent, que je suis sans ambition et sans avarice, et que si le ciel m'eût laissé des jambes qui ont bien dansé, des mains qui ont su peindre et jouer du luth, et enfin un corps très-adroit, je pouvais mener une vie heureuse quoique peut-être un peu obscure, je vous jure, mon cher ami, que s'il m'était permis de me supprimer moi-même, il y a longtemps que je me serais empoisonné. »

Scarron beau danseur, Scarron joueur de luth et peintre, Scarron leste et bien fait comme un Boisrobert ! On a bien de la peine aujourd'hui à se représenter ainsi le semblant d'homme que la tradition nous représente comme un cul-de-jatte, et qui a donné de lui-même ce portrait définitif au lecteur, au moment où il lui adressa ses œuvres, à l'âge de trente ans : « J'ai eu la taille bien faite, quoique petite. Ma maladie l'a raccourcie d'un bon pied. Ma tête est un peu grosse pour ma taille..... J'ai la vue assez bonne quoique les yeux gros ; je les ai bleus ; j'en ai un plus enfoncé que l'autre, du côté que je penche la tête. J'ai le nez d'assez bonne prise. Mes dents, autrefois perles carrées, sont de couleur de bois, et seront bientôt couleur d'ardoise..... Mes jambes et mes cuisses ont fait premièrement un angle obtus, et puis un angle égal, et enfin un aigu. Mes cuisses et mon corps en font un autre, et ma tête se penchant sur mon estomac, je ne ressemble pas mal à un Z. J'ai les bras raccourcis aussi bien que les jambes, et les doigts aussi bien que les bras. Enfin je suis un raccourci de la misère humaine. Voilà à peu près comme je suis fait. »

En rapprochant l'un de l'autre les deux portraits, on commence à s'expliquer et même à excuser les défauts, les travers, les bassesses, les vices de Scarron. Dépouillé de sa fortune peu de temps après son retour de Rome, et presque aussitôt atteint de paralysie, de sciatique et de rhumatismes, le pauvre abbé se mit à crier famine pardessus les toits; car ayant un estomac trop actif, il eut vraiment peur de ne pouvoir le rassasier. Dès lors plus de repos : il endossa la besace, il tendit la sébile, il adressa aux ministres, à Richelieu, à Mazarin, à la reine, à M. de Bellièvre, à Fouquet, aux princes du sang, aux souverains étrangers, requête sur requête, placet sur placet, suppliques et remerciments, madrigaux et chansons, épîtres dédicatoires, sonnets, rondeaux et billets. Il obtint par l'entremise de mademoiselle de Hautefort un bénéfice dans le diocèse du Mans et le titre de malade de la reine. Une dédicace à M. de Bellièvre lui valut cent pistoles; une autre, à mademoiselle de Montpensier, cinquante; d'autres, de belles promesses sans effet; ce qui lui fit écrire en manière de plaisanterie une épître dédicatoire à Guillemette, la chienne de sa sœur. Il n'eut rien de Mazarin, soit parce qu'il était lié avec le coadjuteur, soit parce que le cardinal-ministre se croyait presque de moitié dans les libéralités de la reine. Scarron se vengea par la *Mazarinade*, une pièce infâme, illisible, perdit la pension de la reine, et tâcha de la rattraper en faisant amende honorable à Mazarin. Mais si le poëte était rancunier, le ministre était vindicatif : la pension demeura supprimee. Pellisson heureusement fut l'intermédiaire de Scarron auprès de Fouquet. Scarron eut dès lors un véritable patron, que les vers et la prose burlesques poursuivirent en tous lieux. Fouquet souriait et payait.

Nous goûtons médiocrement aujourd'hui ce qu'on appelait alors en littérature le genre burlesque. Mais il paraît bien qu'à cette époque rien n'était beau que le burlesque, le burlesque seul était aimable. Le mot est venu de Sarrazin, dit-on, qui l'avait pris aux Italiens et aux Espagnols; le genre a été inventé par Scarron, dont les turlupinades improvisées firent fureur. Les copistes du maître allèrent si loin que, selon le témoignage de Pellisson, un libraire du Palais osa publier une *Passion de Notre-Seigneur* en vers burlesques. Déjà l'*Énéide burlesque* ou le *Virgile travesti* avait été suivi d'un *Claudien travesti*, d'un *Ovide en belle humeur,* d'une *Épître burlesque de Pénélope à Ulysse*, et de la *Pharsale burlesque*. D'Assouci, Brébeuf, Picou et vingt autres flattaient à l'envi le goût singulier que Scarron avait imposé au public. Aucun des disciples, il faut le dire, n'avait la verve pétulante, la bouffonnerie naturelle, et le diabolique imprévu de l'auteur de *Typhon*, qui se moquait bellement de ses imitateurs et de lui-même. Le Père Vavasseur, jésuite, ayant écrit un traité contre le burlesque *(De ludicra dictione)*, Scarron écrit à un autre jésuite que le Révérend Père a bien fait. « Après les mauvaises haleines et les mauvais plaisants, ajoute-t-il, je ne connais point de plus grande incommodité que les vers burlesques; et puisque je suis cause en quelque façon du grand débordement qui s'en est fait, le Père Vavasseur n'aurait peut-être pas mal fait de s'en prendre à moi. Ceux qui vous ont dit que j'en étais en colère contre lui ne me connaissent pas : et j'ignorerais encore qu'il eût écrit contre les insectes du Parnasse, si vous ne me l'aviez appris. Tout le public lui doit être obligé d'avoir fait un ouvrage qui va à une réformation d'un si grand abus. Vous devriez bien me le faire voir, pour réparer le tort que vous m'avez fait, en me croyant capable d'une grande impatience. » On ne peut se tourner plus galamment contre soi-même. Scarron ne rimait, en vérité, que pour avoir une occasion de dédier ses rimes. Il écrivait pour vivre, hélas ! et la poésie burlesque lui semblait un simple jeu de castagnettes, une parade du Pont-Neuf, un tour de baladin famélique et débraillé. Quant à la vraie poésie, il l'avait en haute estime, il s'en faisait une noble idée, comme le prouvent les vers suivants, où perce le regret amer de la gloire durable :

Les Muses hautaines et braves
Ne travaillent point en esclaves,
Et l'ingrat métier de rimeur
Veut du loisir et de l'humeur;
Faire des vers à la journée,
C'est une rude destinée,
J'en puis parler comme savant,
Moi qui les fais ainsi *souvent*.

Souvent? Pourquoi ne dit-il pas *toujours?* Ah ! c'est qu'en effet il a essayé quelquefois de se mesurer, de se contraindre, de penser et d'écrire, pour obtenir le suffrage de ses amis Pellisson, Ménage, Sarrazin et Segrais. « Je me souviens, raconte ce dernier, qu'étant allé le voir un jour avec l'abbé Franquetot : *Prenez un siége,* nous dit-il, *et mettez-vous là, que j'essaye mon Roman comique.* En même temps il prit quelques cahiers de son ouvrage, et nous lut quelque chose, et lorsqu'il vit que nous riions : *Bon,* dit-il, *voilà qui va bien : mon livre sera bien reçu, puisqu'il fait rire des personnes si habiles ;* et alors il commença à recevoir nos compliments. Il appelait cela essayer son roman, de même que l'on essaye un habit. » Ce qu'il essayait ainsi, vers ou prose, ce n'était certes pas du burlesque : c'était du Scarron. L'épreuve a dû être faite, comme pour le *Roman comique,* pour ces vives et franches satires, ces épîtres chagrines où petille le gros sel de Regnier, où retentit déjà la franche parole de Molière.

Quoi qu'il en soit de ses vers, même tout à fait burlesques, il est certain que les juges les plus difficiles en ont éprouvé, sous la Fronde et peut-être encore longtemps après la guerre de Paris, le charme rapide et fugitif, la grâce pétulante et passagère. « Je suis marchand mêlé, » disait Scarron, et il n'avait pas tort. Le pavillon de la gaieté couvrait toujours sa marchandise. Sur son caractère ainsi que sur ses œuvres, il nous reste deux témoignages sérieux qui le vengent des puritains aussi bien que des pédants : celui du philosophe Sorbière, et celui de Balzac.

Voici d'abord le jugement de Sorbière : « De même que dans la peinture, le griffonnage et les grotesques de Callot et de Rainbrandt *(sic)*, et de ces autres touches hardies, ne sont admirés que des maîtres de l'art, qui voient la symétrie des postures parmi le ridicule et l'irrégularité, qui seule est remarquée du vulgaire : aussi dans cette adroite ironie, dans ce jeu d'esprit, et dans cette folie pleine de sagesse, ce qu'il y a de bas et d'absurde est le plus en vue, ce qui frappe les yeux du commun, et ce à quoi il est malaisé de prendre garde. Mais les personnes judicieuses et intelligentes découvrent, sous cette écorce, des pensées exquises, des connaissances profondes et des raisonnements d'une haute philosophie..... Paul Scarron *sapit et ridet*, d'une méthode bien contraire à celle de quelques modernes, dont la tétrique sagesse affecte le tourment et la gêne d'esprit..... » Comparer Scarron à Callot et surtout à Rembrandt nous paraît maintenant fort extraordinaire : mais le *sapit et ridet* peut encore être justement appliqué à l'auteur du *Roman comique*.

La lettre de Balzac à Costar sur les œuvres de Scarron est peut-être plus curieuse et plus précise que les réflexions de Sorbière : « .....Puisque vous voulez savoir les différentes pensées que j'avais de ce malade, et que vous m'en demandez un chapitre, je dis, monsieur, que c'est l'homme le plus dissimulé, ou le plus constant. Je dis qu'il porte témoignage contre la mollesse du genre humain, ou que la douleur le traite plus doucement que les autres hommes..... Je dis qu'à le voir rire comme il fait au milieu du mal, j'ai quelque opinion que le mal ne le pique pas, mais que seulement il le chatouille. Je dis enfin que le Prométhée, l'Hercule, et le Philoctète des fables, sans parler du Job de la vérité, disent bien de grandes choses dans la violence de leurs tourments, mais qu'ils n'en disent point de plaisantes; que j'ai bien vu en plusieurs lieux de l'antiquité des douleurs constantes, des douleurs modestes, voire des douleurs sages, et des douleurs éloquentes ; mais que je n'en ai point vu de si joyeuse que celle-ci, mais qu'il ne s'était point encore trouvé d'esprit qui sût danser la sarabande et les matassins dans un corps paralytique..... Concluons donc à l'honneur du *malade de la reine*, ou qu'il y a de l'extase et de la possession en sa maladie, et que l'âme fait ses affaires à part, sans être mêlée dans la matière; ou qu'il y a de la fermeté et de la vigueur extraordinaires, et que l'âme lutte contre le corps avec tout l'avantage que le plus fort a sur le plus faible..... » Oui, Balzac a raison, il y a dans les œuvres de ce singulier poëte, il y a tout à la fois de la sarabande, de l'extase, de la possession, une lutte de l'âme contre le corps, et une victoire de l'âme! C'est par là qu'il nous touche, ce soldat mutilé dans la bataille de la vie; par cette gaieté du stoïcisme français qui, au lieu de serrer les dents et de composer son visage comme le stoïcisme antique, hausse doucement les épaules et rit au nez de la douleur. Malgré la misère, malgré la paralysie, malgré les déceptions, malgré le sort enfin, Paul Scarron conserve toujours l'allégresse native de son esprit. Il a beau s'écrier dans un moment d'humeur, qu'il est

> Triste comme un grand deuil, chagrin comme un damné,

ce n'est pas qu'il soit vaincu par la douleur physique, c'est qu'on l'a laissé seul!

> J'étais seul l'autre jour dans ma petite chambre.. .
> . . . .
> Pestant, et maudissant le jour que je suis né.

Il est seul, et voilà pourquoi il enrage, il peste, il maudit! Mais que le coadjuteur vienne se coucher auprès de lui sur son lit de damas jaune, que M. de Villarceaux lui présente ses beaux petits enfants, que mademoiselle du Lude mette un genou en terre pour lui montrer son gracieux visage de quinze ans, que la jeune madame Scarron dise, les yeux baissés, quelque bon conte, ou que le peintre Mignard découpe à la table de son ami les pâtés de perdrix et les chapons manceaux envoyés par la *sainte Hautefort* ou l'*infante d'Escars*, aussitôt le damné entonne une *chanson à manger*, une *chanson à boire* de huit pieds, de dix pieds et même de treize, comme cette pièce bachique où se détache le fameux distique tant cité :

Jetons nos chapeaux et nous coiffons de nos serviettes,
Et tambourinons de nos couteaux sur nos assiettes.

Alors, quoique madame Scarron plisse un peu les lèvres, toute la licence bourbeuse de la Fronde éclate cyniquement en vers fescennins. Ne nous scandalisons pas trop, nous autres modernes. Madame de Hautefort, la sainte, souriait innocemment à son étrange épithalame qui ferait rougir de honte nos Manon Lescaut. C'était l'époque où les antichambres même de l'hôtel de Rambouillet étaient pleines d'immondices, où l'eau des égouts coulait à ciel ouvert jusqu'à la Seine, l'époque où Scarron rimait sa *Mazarinade* et sa *Baronade*. Mais Scarron mourait en 1660, l'année du mariage du roi. Les dernières impuretés de la Fronde s'exhalaient. Les sarabandes burlesques allaient s'effacer devant le menuet royal.

HIPPOLYTE BABOU.

Voir l'édition Lefebvre de Saint-Marc, 1786; consulter le *Sorberiana*, le *Segresiana*, le *Menagiana*, etc.

SONNET

Superbes monuments de l'orgueil des humains,
Pyramides, tombeaux dont la vaine structure
A témoigné que l'art, par l'adresse des mains
Et l'assidu travail, peut vaincre la nature!

Vieux palais ruinés, chefs-d'œuvre des Romains,
Et les derniers efforts de leur architecture,
Côlisée, où souvent ces peuples inhumains
De s'entr'assassiner se donnaient tablature;

Par l'injure des ans vous êtes abolis,
Ou du moins, la plupart, vous êtes démolis;
Il n'est point de ciment que le temps ne dissoude.

Si vos marbres si durs ont senti son pouvoir,
Dois-je trouver mauvais qu'un méchant pourpoint noir,
Qui m'a duré deux ans, soit percé par le coude?

ÉPITRE CHAGRINE

A M. D'ELBÈNE

J'étais seul, l'autre jour, dans ma petite chambre,
Couché sur mon grabat, souffrant en chaque membre,
Triste comme un grand deuil, chagrin comme un damné,
Pestant, et maudissant le jour que je suis né:
Quand un petit laquais, le plus grand sot en France,
Me dit: Monsieur un tel vous demande audience.
Bien que monsieur un tel ne me fût pas connu,
Je répondis pourtant: qu'il soit le bienvenu.

Alors je vis entrer un visage d'eunuque
Rajustant à deux mains sa trop longue perruque,
Hérissé de galants rouges, jaunes et bleus;
Sa rhingrave était courte, et son genou cagneux;
Il avait deux canons, ou plutôt deux rotondes,
Dont le tour surpassait celui des tables rondes;
Il chantait en entrant je ne sais quel vieux air,
S'appuyait d'une canne, et marchait du bel air.
Après avoir fourni sa vaste révérence,
Se balançant le corps avecque violence,
Il me dit en fausset, et faisant un souris :
« Je suis l'admirateur de vos divins écrits,
Monsieur, et, de ma part, quelquefois je me pique
De vous suivre de près dans le style comique;
Je vous rends donc visite en qualité d'auteur,
Et, de plus, comme étant votre humble serviteur. »
Je lui fis prendre un siége; il tira sa pincette,
Pincetta son menton, et, sa barbe étant faite,
S'efforça de briller par ses discours pointus.
Pour moi, je brillai peu; car souvent je me tus,
Et je gagerais bien que mon maudit silence
Lui donna grand mépris pour mon peu d'éloquence :
Il aurait bien été sans déparler un mois,
Que j'aurais parlé peu dans l'humeur où j'étois.
Il me hocha la bride : à toutes ses semonces
Tantôt oui, tantôt non, fut toutes mes réponses.
Mais étant grand parleur, dont, ma foi, bien lui prit,
Je me mis bien par là sans doute en son esprit.
Il me questionna de toutes les manières;
« Êtes-vous visité de monsieur de Linières?
Me dit-il; ce qu'il fait est satirique et beau,
Et je le croirais bien comparable à Boileau.
Qu'estimez-vous le plus de Clélie ou Cassandre?
Quant à moi, le vers fort me plaît plus que le tendre.
Tout ce que fait Quinault est, ma foi, fort galant.
Mais qu'est-ce donc, monsieur, qu'Œdipe a d'excellent?

Je l'ai lu plusieurs fois : mais j'ose bien vous dire
Que je n'y trouve pas le moindre mot pour rire :
Quelque bruit qu'il ait fait, Corneille a fort baissé,
Et la cour, cependant, l'a bien récompensé.
Boisrobert se retranche au genre épistolaire.
C'est un digne prélat. J'estimais fort son frère.
J'ai relu mille fois ses contes ramassés,
Et n'ai rien vu de tel dans les siècles passés.
Nous ne voyons plus rien du docte Ménardière.
Colletet m'a fait boire avecque Furetière,
J'ai fumé quelquefois avecque Saint-Amant.
N'achèverez-vous point votre joli roman?
Et n'avez-vous point fait de portrait à la mode?
Je tiens le bout-rimé plus malaisé que l'ode.
J'ai fait pour le théâtre, en l'espace d'un an,
La mort de Ravaillac, l'ânesse de Balam,
La reine Brunehaut, Marc-Aurèle et Faustine,
Lusignan, autrement l'infante Mellusine :
L'héroïne sera moitié femme et poisson,
Et cela surprendra d'une étrange façon.
Baledens m'a promis place en l'académie :
Je ne gâterai rien dans cette compagnie,
Je suis marchand mêlé, je sais de tout un peu,
Et tout ce que j'écris n'est qu'esprit et que feu.
J'entreprends un travail pour le clergé de France,
Dont j'attends une belle et grande récompense :
C'est, mais n'en dites rien, les conciles en vers,
Le plus hardi dessein qui soit dans l'univers.
Je n'en suis pas encore au troisième concile,
Et j'ai déjà des vers plus de quatre cent mille.
Pour diversifier, je les fais inégaux,
Et j'y fais dominer surtout les madrigaux;
Ainsi je mêlerai le plaisant à l'utile.
L'ouvrage fait déjà grand bruit en cette ville,
Et sans ce fâcheux bruit, dont je suis enragé,
J'eusse agréablement surpris tout le clergé. »

A ce dernier discours du plus grand fou de France,
Je m'éclatai de rire, et rompis le silence.
« Vous riez? me dit-il. C'est l'ordinaire effet
Que sur tous mes amis mon entreprise a fait :
Mais vous savez qu'il est divers motifs de rire.
On rit quand on se moque, on rit quand on admire;
Et je gagerais bien que votre bon esprit
Admire mon dessein, dans le temps qu'il en rit.
— Votre dessein, monsieur, si je m'y puis connaître,
Est grand, lui repartis-je, autant qu'il le peut être;
Jamais homme vivant n'a fait un tel dessein :
Mais il vous faut du temps pour le conduire à fin.
— Que dites-vous? j'y joins l'histoire universelle.
A moi cent mille vers sont une bagatelle :
Je conduirai l'ouvrage à sa perfection,
Dans deux ans, au plus tard. — Et pour l'impression?
Lui dis-je. — Ah! pour l'honneur du royaume de France
Doutez-vous que la cour n'en fasse la dépense?
Plus de vingt partisans, si le roi le permet,
Prendront, quand je voudrai, cette affaire à forfait. »
Il entra là-dessus des dames dans ma chambre;
Le gant de Martial, l'éventail chargé d'ambre
Exhalèrent dans l'air une excellente odeur :
Mon pauvre bel esprit en changea de couleur.
« Je suis bien malheureux qu'à l'abord de ces belles,
Leur parfum m'ait causé des syncopes mortelles,
Me dit-il : quoiqu'en tout je sois un vrai Dion,
Les parfums me font peur comme à feu Bullion;
Sans cela j'aurais lu, devant ces belles dames,
Sur les noces du roi cinq cents épithalames.
Je m'en vais donc, monsieur; un trésorier de Tours
M'attend à Luxembourg pour me mener au cours :
Je vous reviendrai voir demain à la même heure,
Et vous visiterai tous les jours, ou je meure. »
Il sortit là-dessus : sa canne s'accrocha
Dans l'un de ses canons, et mon homme broncha.

« Ce n'est rien, » cria-t-il, et se mit dans la rue.
Et moi, je meurs de peur, ou la peste me tue,
Que ce diable d'auteur, dont j'ai perdu le nom,
Promettant de me voir, n'ait parlé tout de bon.
Tous les fous me font peur; j'ai pour eux de la haine,
Par la raison, peut-être, ô cher ami d'Elbène,
Que poëtes et fous sont d'un même métier,
Et qu'entre compétents il n'est point de quartier.
Celui-ci que mes vers viennent de te dépeindre,
S'il me revisitait, me donnerait à craindre.
En certains temps, peut-être est-il fou furieux;
Il peut me trouver seul et m'arracher les yeux.
J'ai cru que la nouvelle et naïve peinture
De cette véritable et grotesque aventure
Ferait dans ton esprit quelque diversion
De huit chevaux perdus, cruelle affliction!
Il vaudrait mieux pour toi, dans le temps où nous sommes,
Au lieu de huit chevaux d'avoir perdu huit hommes.
J'eusse dit huit laquais : mais tu sais, cher ami,
Qu'en rimant on ne dit les choses qu'à demi,
Ou que l'on dit parfois plus que l'on ne veut dire:
Sur nous la rime exerce un tyrannique empire.
A-t-on fait un vers fort? elle en fait faire un bas,
Et fait dire au rimeur tout ce qu'il ne veut pas.
Ce soir, si nous joignons nos deux soupers ensemble,
Je possède un jambon si tendre, que je tremble
Que les valets friands, quittes pour le nier,
N'osent, pendant la nuit, me le diminuer;
Et je possède encore une énorme saucisse,
Où Bologne la grasse a dispensé l'épice
D'un tel tempérament, que son goût, quoique haut,
Quoique roide de poivre, est pourtant tel qu'il faut.
C'est le présent d'un duc des bords de la Garonne,
Qui ne soutient pas mal la bravoure gasconne.

ÉPITAPHE

Celui qui ci maintenant dort
Fit plus de pitié que d'envie,
Et souffrit mille fois la mort
Avant que de perdre la vie.
Passant, ne fais ici de bruit,
Prends garde qu'aucun ne l'éveille;
Car voici la première nuit
Que le pauvre Scarron sommeille.

BLOT

Guy-Joli a dit dans ses *Mémoires* après avoir parlé de l'un des plus sérieux épisodes de la Frondé : « On ne laissoit pourtant pas de se resjouir à Paris : il ne se passoit pas de jour qu'il ne se fît quelque chanson nouvelle contre le cardinal Mazarin, la plupart fort spirituelles et de la façon de M. de Marigny. » Celles qui n'étaient pas de Marigny, avaient pour auteur le coupletier dont nous allons vous parler, Blot, baron de Chauvigny. Ce sont ses seules œuvres, c'est sa seule gloire.

Il était d'une bonne maison de l'Auvergne, et il jouait déjà un certain rôle à Paris du temps de Richelieu, dont, avec Bautru et Boisrobert, il était un des amuseurs. Le cardinal n'aimait pas seulement son esprit, il paraît avoir eu confiance en son bon sens. Quand la mort du Père Joseph l'eût laissé sans conseiller, c'est, entre autres personnes, à Blot qu'il s'adressa pour lui trouver quelqu'un qui pût lui tenir lieu de l'éminence grise, et c'est de sa main qu'il prit certain pauvre cadet d'Église, à peine connu alors par quelques négociations assez habilement ménagées entre la France et le Piémont. Ce petit prêtre, devenu plus tard le cardinal Mazarin, oublia son passé misérable et Blot en même temps. Blot se vengea par des chansons. Personne ne se lança

[1] La date de la naissance de ce poëte est incertaine, et ce n'est que par induction et d'une manière approximative que nous pouvons lui assigner sa place dans notre recueil. Ses rapports avec le cardinal de Richelieu nous autorisent à supposer qu'il était, à l'époque où éclata la Fronde (1647), dans toute la force de l'âge ; en d'autres termes, qu'il naquit vers 1610. (*Note de l'éditeur.*)

plus avant dans la Fronde, et mieux armé de cet esprit, qui, pendant la folle guerre, fit feu bien plus souvent et à coups plus sûrs que les canons et les mousquets.

Blot, qu'on appelait l'*esprit*, du nom de sa marchandise, n'arrêta plus la mousquetade, du moment qu'il l'eut commencée; il allait en batteur d'estrade sur tous les domaines; enfant perdu de la satire et du couplet, il tiraillait à tort et à travers, même sur ses amis, sur ses patrons. Gaston se l'était attaché, et il chansonnait Gaston et ses maîtresses.

« Ce prince, dit P. Le Gouz, dans son supplément manuscrit du *Ménagiana*, le réprimandoit un jour vivement au sujet de quelques vaudevilles qui couroient sur une de ses amies, et dont il le croyoit l'auteur. Blot nia le fait sans façon : « Mais de qui donc sont ces couplets? » dit le prince. Blot ayant essayé inutilement de jeter le soupçon sur d'autres: « Ma foi! Monseigneur, dit-il, voulez-vous que je parle naturellement, je crois qu'ils se font tout seuls. »

Gaston ne lui tint pas rancune; il le garda dans sa maison, où Blot, qui avait une main dans les deux partis, laissant son esprit indépendant rire et planer au milieu, vivota, jusqu'à sa mort, et des bienfaits du prince et d'une pension de deux mille livres que Mazarin avait fini par lui infliger, sans parvenir à le faire taire.

C'est à Blois, chez Gaston, qu'il mourut le 13 mars 1655. Les derniers moments, suivant Chapelle et Bachaumont, furent « d'une âme sensée; » ce qui, n'étant dit qu'à propos de sa mort, donnerait à croire que sa vie n'avait pas toujours été de même. Chapelle et son ami tenaient la preuve de cette fin édifiante, de la bouche même de M. Colomb. qu'ils avaient vu peu de temps après, lors de leur passage à Blois.

Du temps de Blot, on n'imprima rien de ce qu'il avait écrit, si ce n'est dans quelques *Mazarinades*[1] dont les auteurs crurent bon de se faire de l'esprit avec le sien. Il riait, il rimait, il chantait en courant, ne s'inquiétant pas de ce qu'il laissait derrière lui, et le laissant ramasser aux autres. Des collectionneurs, dont le nombre était déjà grand alors, eurent le soin qu'il n'avait pas voulu prendre. Ils recueillirent, mais, fidèles à leur instinct, ils ne publièrent pas. De temps à autre ils montraient leur recueil avec une délectation égoïste, puis le resserraient bien vite en avares, Lancelot, de l'*Académie des inscriptions*, en avait un de ce genre; Segrais en avait un autre : « Segrais, dit madame de Sé-

[1] V. Moreau, *Bibliographie des Mazarinades*, t. I, p. 76, 278; III, 29, 225.

vigné [1], nous montra un recueil qu'il a fait des chansons de Blot; elles ont le diable au corps; mais je n'ai jamais vu tant d'esprit. » Ce mot-là donne bien des désirs, bien des regrets, d'autant que ce que nous connaissons des chansons de Blot ne le justifie pas assez. C'est, à ce qu'il paraît, le bon qui s'est perdu; un souffle a emporté la fleur du panier. Peut-être aussi la passion du temps, qui n'était pas encore tout à fait éteinte en 1670, prêtait-elle aux chansons de Blot un esprit et une verve qu'elles n'avaient pas d'elles-mêmes. Alors les fusées de ce feu d'artifice pouvaient se ralumer et pétiller encore; nous n'en avons plus que les tubes de carton noirci.

ÉDOUARD FOURNIER.

[1] *Lettres* du 1er mai 1670.

CHANSON

Que vous nous causez de tourment
Fâcheux Parlement!
Que vos arrêts
Sont ennemis de tous nos intérêts!
Le cardinal a perdu tous ses charmes;
Tout est en armes,
Et les Amours
Sont effrayés par le bruit des tambours.

La guerre a chassé l'amour
Ainsi que la cour;
Et de Paris
La peur bannit et les Jeux et les Ris.
Adieu le bal, adieu les promenades,
Les sérénades,
Car les Amours
Sont effrayés par le bruit des tambours.

Mars est un fort mauvais galant;
Il est insolent,
Et la beauté
Perd tous ses droits auprès de La Ferté.
On ne peut pas accorder les trompettes
Et les fleurettes,
Car les Amours
Sont effrayés par le bruit des tambours.

Mars ôte tous les revenus
A dame Vénus;
Les chères sœurs
N'ont à présent ni argent, ni douceurs.

On séduirait pour un sac de farine
La plus divine,
Car les Amours
Sont effrayés par le bruit des tambours.

Place Royale, où tant d'amants
Montraient leurs tourments,
Où leur destin
Était toujours flatté par Constantin,
On n'entend plus, au lieu de tant d'aubades,
Que mousquetades,
Et les Amours
Sont effrayés par le bruit des tambours.

Que de plaisirs fait le blocus
A tant de cocus!
Car désormais
Ils n'auront plus chez eux tant de plumets.
Les cajoleurs, ces diseurs de sornettes,
Font leurs retraites,
Et les Amours
Sont effrayés par le bruit des tambours.

MARIGNY[1]

Le gros Marigny fut un homme singulier : par l'adresse qu'il eut de s'attacher à deux personnages puissants, le cardinal de Retz et le prince de Condé, il conquit l'indépendance et l'impunité des bouffons de cour, d'un Triboulet ou d'un l'Angely. Marigny pourtant valait mieux qu'un bouffon. Sa gaieté spirituelle, son humeur légère et bachique, sa verve de causeur et de rimeur, lui donnèrent partout ses grandes entrées, au moment de folie héroï-comique où l'on s'abordait en chantant :

Êtes-vous du parti,
Mon ami,
De Condé, Longueville et Conti ?

C'était le moment des Mazarinades, pamphlets en prose et en vers, qui s'envolaient chaque matin des galeries du Palais et du Pont-Neuf, ainsi que le remarque Naudé dans son *Mascurat*, comme des essaims de mouches et de frelons qu'auraient engendrés les plus grandes chaleurs, « *quam sit muscarum et crabronum, quum calet maxime.* » Les écrivains de la Samaritaine, les secrétaires de Saint-Innocent, tous ces pauvres diables qui mettaient leur plume au service des libraires, gagnaient à peine quelques sols tapés à ce vil métier de libelliste. Encore même ne les payait-on fort souvent qu'au retour des colporteurs et crieurs, lorsque ceux-ci avaient complétement vidé le panier d'osier où ils entassaient leurs feuilles volantes. Marigny n'eut affaire

[1] Les dates de sa naissance et de sa mort sont incertaines. En l'absence de tout document positif, il nous a paru naturel de placer auprès de Blot, son émule et son contemporain, le seul poëte de la Fronde qui, par son talent, ait également mérité d'échapper à l'oubli. (*Note de l'édit.*)

pour ses triolets, ballades et vaudevilles, qu'à Nicolas Vivenay, l'imprimeur du prince de Condé. Il avait dans sa bourse, assurément, plus de justes que de sols tapés, lui qui aima toujours à être récompensé par des mains princières,

Belles, blanches et libérales.

En servant les intérêts de ses protecteurs, en amusant Retz ou Condé, il ne prenait d'ailleurs nul souci, et se donnait au contraire les violons à lui-même en chantant ses ariettes pour les chefs de la Fronde. Prose ou vers, rien ne lui coûtait; et tout lui était facile, tout l'amusait aisément. Voici un de ses mots expressifs, qu'il disait en italien, comme un vrai Pasquin qu'il était, « *Io fo la commedia per mi,* » et qui a été répété en français par Costar : « Je joue la comédie pour moi et pour en être le spectateur. » Guy-Patin, dans ses Lettres, parle de Marigny comme d'un homme d'esprit. Dans une épître à Chapelain, je trouve ce vers de Ménage :

L'adorable Balzac, l'aimable Marigny.

Et le même Ménage renchérissait lui-même sur cet éloge, par cette exclamation italienne qui lui échappa un jour dans la conversation : « *L' é un gran improvisatore, questo signor di Marigny.* » Grand improvisateur en effet, qui avait le défaut de tous les improvisateurs, celui de ne pas trop savoir ce qu'ils disent, ni ce qu'ils font. Dans le *Choix de Mazarinades*, publié par M. C. Moreau, il y a une étrange pièce intitulée : « *Le tarif du prix dont on est convenu dans une assemblée des notables... pour récompenser ceux qui délivreront la France de Mazarin...* » Cette pièce a de quoi faire frémir, M. C. Moreau a bien raison de le remarquer, et pourtant elle ne fut imprimée que pour faire rire, puisque, d'après Sautreau de Marsy *(Nouveau siècle de Louis XIV)*, elle sauva la vie au grand ministre dont elle mettait la tête à l'encan. L'innocence de Marigny, qui en est l'auteur, ne me semble pas très-évidente. Le ton plaisant de ce morceau n'empêche pas qu'on n'y encourage ouvertement l'assassinat, comme dans ce *Traité politique,* attribué par Guy-Patin à Marigny, où il est prouvé par l'exemple de Moïse et autres, que tuer un tyran n'est pas un crime. Sans doute, à cette époque, les plus tendres héroïnes et les plus nobles héros, une Longueville, un Condé, auraient ordonné en souriant ce qu'on appelait une Concinade. Tuer Mazarin, pour des frondeurs c'était pure bagatelle! On en badinait d'avance, entre soi, comme d'une joyeuse équipée; on aurait peut-être embrassé sur les deux joues l'adroit gentilhomme qui aurait expédié galamment l'Éminence sicilienne. Nous avons bien de la peine aujourd'hui à comprendre le comique de ces galantes expéditions. Marigny nous ferait peut-être l'effet d'un coquin, si nous le jugions après avoir lu son *Tarif* ou son *Traité*. Il vaut mieux le voir tel que nous le peint son ami Saint-Amand dans le poëme de la *Vigne:*

> Marigny, rond en toutes sortes,
> Qui parmi les brocs te transportes,
> Et dont l'humeur que je chéris
> M'a pu faire quitter Paris...

ou tel qu'il se peint lui-même dans une lettre au duc d'Enghien : « ... Pour moi, Monseigneur, tandis que vous vidiez toutes les difficultés de la plus subtile philosophie, je vidois tous les plus grands verres d'un buffet, car les thèses que nous soutenons en ce pays-ci (il était alors à Francfort) ne sont que bachiques, et si l'on y mêle quelque chose de logique, ce n'est qu'en cette manière, tenant un verre en chaque main et disant : *Bonum est antecedens, ergo bonum est consequens*. Si celui à qui on porte la santé pense se sauver en ne buvant qu'une flûte, et dire *transeat antecedens, sed nego consequens*, c'est un bachicologicien déshonoré, tant on est rigoureux dans nos écoles d'Allemagne..... » Voilà le vrai Marigny que nous aimons, franc buveur et porteur de brindes, étourdi et familier avec les Altesses qui lui plaisent, très-capable de se faire bâtonner pour une saillie, et d'encourir pour un bon mot la haine vengeresse des Barberini à Rome, du prince d'Orange en Hollande, du chancelier de Suède à la cour de la reine Christine, et de M. Servien à Francfort. C'est le gai rimeur qui chansonne le duc d'Elbeuf sur un signe du cardinal de Retz, et le cardinal à son tour sur un signe de M. le Prince; c'est l'auteur de cette ballade en *na, ne, ni, no, nu* que, d'après Mailly (*Esprit de la Fronde*), M. le Prince reçut comme il n'aurait peut-être pas reçu un chef-d'œuvre de Racine ou de Corneille; c'est le correspondant de mesdemoiselles de Wilse, chanoinesses de Mons et de Maubeuge, à qui il demande si plaisamment une place d'aumônier et de directeur dans leur couvent :

> Je ne suis pas de ces porteurs de mitres,
> Dont l'importune austérité
> Pourrait troubler la gayeté
> Qu'on voit régner dans vos chapitres.
> Je sais l'ordre de vos maisons.

. . . .
Et que vos fondateurs, par une loi bien sage
Qu'appuyaient cent bonnes raisons,
N'obligèrent qu'à des chansons
Les beaux chanoines de votre âge.

C'est l'ennemi décidé (je cite son expression) des carabins de morale, l'amusant satiriste des marguilliers dans ce joli poëme du *Pain bénit* qui se lit encore après le *Lutrin;* c'est enfin le tranquille épicurien pour qui le désespoir en amour est toujours une vilaine chose :

Les yeux d'Aminte m'ont charmé,
Mon cœur brûle et languit pour elle,
Et je ne puis en être aimé :
Ma flamme serait immortelle,
Si la pitié voulait quelque jour m'exaucer;
Elle est adorable, elle est belle,
Mais elle est cruelle,
Il faut s'en passer.

Jacques Carpentier de Marigny, né dans un village du Nivernais, était bon gentilhomme à son avis, quoique de mauvaises langues, à la cour et à la ville, aient cherché à le faire passer pour le fils d'un marchand de fer et le petit-fils d'un mercier,

Débitant le lacet, le dé, l'aiguille fine,
Qu'il disait achetés à des gens de marine,
Autrement des forêts; car pour des fiefs, chez lui,
S'il en eut, ils étaient cachés dans son étui,
J'entends dans le ballot qu'il portait en besace...

Ce qui est certain, c'est que sa noblesse fut reconnue quand il revint de Bruxelles, à la paix. Toutes proportions gardées, il nous paraît en son temps un gentilhomme et un homme d'esprit d'aussi bon aloi que le fut plus tard Rivarol. Ses bons mots eurent certainement autant de succès que ses vers. Il disait de M. de Bautru, bien connu pour ses mensonges, qu'il était né d'une fausse couche, qu'il avait été baptisé avec du faux sel, qu'il ne logeait jamais que dans les faubourgs, qu'il passait toujours par de fausses portes, qu'il cherchait toujours des faux-fuyants et ne chantait jamais qu'en faux-bourdon. Marigny entra de bonne heure dans les ordres, et fut pourvu d'un bon canonicat. Il vécut heureux, sauf les coups de bâton qu'on lui donna par ordre de M. de Beauvais, et les dangers qu'il courut d'être étrillé par les gens de M. le duc d'Elbeuf. Sa querelle avec les marguilliers de Saint-Paul, sa paroisse, lui donna l'occasion de composer le poëme du *Pain bénit*. Il parut alors une *Réponse au Pain bénit*, dont nous avons déjà cité quelques vers, et qui dut être fort désagréable à l'abbé de Marigny, vivement attaqué dans sa naissance, dans ses mœurs, dans sa façon de vivre. Dans cette petite satire mal écrite, où se trouvent pourtant quelques jolis traits, on appelle tout crûment l'abbé Marigny escroc, écornifleur, cuistre de Saint-Amand, et pis encore :

Il s'est fait un asile au palais d'un héros,
D'un premier magistrat il a surpris l'estime,
Faisant tout sans raison tomber dessous sa rime,
Traitant les grands seigneurs de pair, de compagnon...

Je ne cite pas les vers suivants et pour cause. Le défenseur anonyme des marguilliers m'est suspect, et pourtant je trouve un accent de vérité dans le passage suivant de sa *Réponse :*

Voyons ce qu'il a fait qui soit digne d'envie,
Et touchons seulement le plus beau de sa vie;
Quel sermon a-t-il fait? quels actes de vertu
L'ont du titre d'abbé dignement revêtu ?
A-t-il d'un saint Jérôme imité la sagesse,
Comme un saint Augustin gourmandé sa jeunesse?...
Est-ce qu'il est chargé par son canonicat
De donner tous les ans un sujet à l'Etat?...
A l'abri de ses vers, il évite le pendre (sic!!!)...

Marigny ne mérita pas précisément d'être pendu, surtout en ce temps-là, mais sa conduite, il est vrai, ne fut jamais celle d'un saint. Il vécut sous Mazarin, ne l'oublions pas, et fut pour le moins un aussi digne abbé que le cardinal de Retz, son protecteur, fut un bon archevêque. La date de sa mort est inconnue : on sait seulement qu'il fut emporté par une attaque d'apoplexie. En réalité, quoique Marigny, après avoir eu la joie de brinder avec Saint-Amand, ait pu goûter le plaisir d'applaudir Molière, on peut dire que son existence s'est terminée avec celle de Mazarin. Les frondeurs avaient pris pour devise : « *Quærimus nostrum regem.* » Ils cherchaient leur roi, disaient-ils. Quand ils l'eurent trouvé face à face, un peu malgré eux sans doute, il fallut se retirer et se taire. La parole et l'action appartenaient désormais à d'autres personnages.

Malgré la facilité, l'agrément et quelquefois le piquant de ses triolets, de ses ballades, de ses stances, de ses petits et grands vers de toute sorte, nous n'affirmerons pas que notre gros abbé doive être regardé comme un vrai poëte. Il nous semble cependant très-supérieur aux Jean Duval, aux abbé Laffemas et aux autres rimeurs des Mazarinades. Marigny représente mieux que personne, à notre avis, l'esprit versifié de la Fronde. En fallait-il davantage pour justifier ce portrait de Marigny?

HIPPOLYTE BABOU.

On consultera utilement les *Mémoires du cardinal de Retz*, le *Ménagiana*, le *Parnasse français*, le *Nouveau siècle de Louis XIV*, la *Bibliographie* et le *Choix des Mazarinades*, l'*Esprit de la Fronde*.

Voici les éditions des œuvres de Marigny :

Le Pain bénit, 1673. Œuvres mêlées de vers et de prose, chez Sercy, 1679. Autre édition moins complète, 1658.

Ses Mazarinades reconnues sont : en prose, *le Tarif du prix dont on est convenu dans une assemblée de notables... pour récompenser ceux qui délivreront la France du Mazarin...* et la *Relation véritable de ce qui se passa le 2 juillet, au faubourg Saint-Antoine;* en vers, les *Ballades pour servir à l'histoire*, et quelques triolets indiqués par Sautreau de Marsy dans les *Triolets du temps* et les *Triolets de Saint-Germain*.

FRAGMENT

DU POËME : *LE PAIN BÈNIT*

. . . .
. . . .
Comme ils raisonnaient de la sorte,
Quelqu'un vînt frapper à la porte,
L'on ouvrit et quelqu'un entra;
Les marguilliers le saluèrent,
Et civilement le prièrent
De s'approcher; il s'avança:
A l'envi, chacun le pressa
De prendre la meilleure place.
Comme il fut au bout du bureau,
Il s'assit, remit son chapeau,
Et leur dit d'assez bonne grâce :

— Messieurs, je venais de chez vous
Pour de certains frais funéraires.
A la fin, comment ferons-nous?
Ne sortirons-nous point d'affaires?
— Nous voulons bien les terminer,
Monsieur, voilà notre mémoire;
Si vous ne voulez nous en croire,
Vous n'avez qu'à l'examiner :
Nous l'avons extrait sur nos livres;
Le tout monte à deux mille livres.

— Si vous ne vous êtes mépris,
Il fait cher mourir à Paris.
Deux mille francs ! la somme est forte,
Je n'en donnerai jamais tant.

J'aimerais, ma foi, presque autant
Que ma femme ne fût point morte.

— Deux mille francs, nous les aurons.

— Eh bien! messieurs, nous plaiderons,
Et vous n'en serez pas les maîtres

— Monsieur, vous eûtes le grand chœur,
Foi d'homme de bien et d'honneur.
— On ne compta que trente prêtres.
— Ah! monsieur le reste a suivi,
Et l'on vous a fort bien servi;
Et même nous pourrions vous dire
Qu'on en fait payer tout autant
Lorsque le chœur n'est pas si grand,
Et qu'aucun n'y trouve à redire.
On n'en a jamais murmuré,
Et vous parlant avec franchise,
C'est ce qu'on appelle, à l'église,
Le revenant-bon du curé;
Mais, enfin, il est assuré
Que, de longtemps, pompe funèbre
Ne fut plus belle et plus célèbre.
Tout le convoi fut fort heureux;
Aucun critique n'y peut mordre.
Les enfants gris, rouges et bleus,
Marchèrent dans un fort bel ordre.
Grande cour, chambre et escalier
Bien garnis de tapisserie;
Vous eûtes nos grands chandeliers,
Et notre belle argenterie,
Nos beaux ornements bien brodés
Que monsieur de Langre a donnés;
Et, puisqu'il faut qu'on vous le die,
La croix de Fieubet a marché

Avec la grosse sonnerie.
Vous n'aurez pas meilleur marché.

— Monsieur, vous allez un peu vite.
Voyons, s'il vous plaît, lentement
Chaque article séparément,
Puisque la chose le mérite.

— Monsieur, nous n'aurions jamais fait,
Et puisqu'enfin c'est une affaire
Que nous avons prise à forfait,
Le détail n'est pas nécessaire;
L'on vous dit à la bonne foi
Comme la chose se pratique
Pourvu que l'on soit magnifique;
Il en coûte pour un convoi.
Qu'est-il besoin qu'on vous explique
Les articles gros et menus
Dont nos messieurs sont convenus,
Par un résultat authentique,
Pour augmenter les revenus
De la cure et de la fabrique?
Il est vrai que jamais les lois
N'ont autorisé tous les droits,
Mais nous avons pour nous l'usage
Qui nous tient lieu de règlement,
Et nos paroisses autrement
Deviendraient cures de village.
Ici, l'on ne fait rien pour rien,
Et sitôt qu'il meurt un chrétien,
Auparavant que l'on l'enterre,
Il faut que messieurs ses parents
Commencent de donner cent francs
Pour l'ouverture de la terre.

— Mais s'il meurt sans laisser de bien,
Qu'avez-vous coutume de faire,

Suivant votre honnête manière
De ne faire rien pour rien?
— Sans prières ni luminaire
On le fait porter comme un chien
Dans quelque coin du cimetière.
Et de plus sachez qu'en ce cas,
L'exactitude est si précise,
Que même nous ne souffrons pas
Que le corps passe par l'église.

— Vraiment, messieurs, vous m'étonnez
Du bel ordre que vous tenez,
J'admire votre politique;
Quelque pauvre ecclésiastique
Trouverait tout cela bien dur,
Et c'est selon votre fabrique
Le christianisme tout pur.
Que ne prend-on pour l'exercice
D'un si saint et chrétien métier,
Quelque suisse pour marguillier,
Puisque point d'argent, point de suisse,
Et point d'argent, point de service
Pour le pauvre sans héritier?

BALLADE

Si l'amour est un doux servage,
Si l'on ne peut trop estimer
Les plaisirs où l'amour engage,
Qu'on est sot de ne pas aimer!

Mais si l'on se sent enflammer
D'un feu dont l'ardeur est extrême
Et qu'on n'ose pas l'exprimer,
Qu'on est sot, alors que l'on aime!

Si, dans la fleur de son bel âge,
Une qui pourrait tout charmer
Vous donne son cœur en partage,
Qu'on est sot de ne pas aimer!

Mais s'il faut toujours s'alarmer,
Craindre, rougir, devenir blême,
Aussitôt qu'on s'entend nommer,
Qu'on est sot alors que l'on aime!

Pour complaire au plus beau visage
Qu'amour puisse jamais former,
S'il ne faut rien qu'un doux langage,
Qu'on est sot de ne pas aimer!

Mais, quand on se voit consumer,
Si la belle est toujours de même
Sans que rien la puisse animer,
Qu'on est sot alors que l'on aime!

ENVOI

En amour si rien n'est amer,
Qu'on est sot de ne pas aimer!
Si tout l'est au degré suprême,
Qu'on est sot alors que l'on aime!

SONNET

Docteur à la douzaine, esprit plein d'embarras,
Faux gîte de savoir, repaire de vermine,
Qui, pour faire à nos yeux pompe de ta doctrine,
Craches plus de mots grecs que tu ne fais de pas;

Grand Cormont, dont le nez flaire les bons repas,
Illustre écornifleur, écumeur de cuisine,
Qui portes en tous lieux avec toi la famine,
Et de rage engloutis et la viande et les plats;

Bien qu'un peuple envieux d'ignorance t'accuse,
Compose, fais des vers en dépit de la Muse,
Écorche Cicéron au milieu des pédants.

Lors qu'on te voit ouvrir ta gueule épouvantable
Pour ronger jusqu'à l'os tout ce qu'on met sur table,
On dit : ce parasite est savant jusqu'aux dents.

TRIOLETS

SUR LE PRINCE D'ELBEUF ET SES ENFANTS

Monseigneur le prince d'Elbeuf
Qui n'avait aucune ressource
Et qui ne mangeait que du bœuf,
Monseigneur le prince d'Elbeuf
A maintenant un habit neuf
Et quelques justes dans sa bourse,
Monseigneur le prince d'Elbeuf
Qui n'avait aucune ressource.

Monsieur d'Elbeuf et ses enfants
Ont fait tous quatre des merveilles;
Ils sont pompeux et triomphants,
Monsieur d'Elbeuf et ses enfants!
On dira jusqu'à deux mille ans,
Comme une chose sans pareilles :
Monsieur d'Elbeuf et ses enfants
Ont fait tous quatre des merveilles.

Ils se promènent, ces Césars,
Tout chamarrés d'or, par les rues;
Oui, comme de petits dieux Mars,
Ils se promènent, ces Césars;
Alors qu'au milieu des hasards,
Nos braves ont leurs dagues nues,
Ils se promènent, ces Césars,
Tout chamarrés d'or par les rues.

Vous et vos enfants, duc d'Elbeuf
Qui logez près de la Bastille,
Valez tous quatre autant que neuf,
Vous et vos enfants, duc d'Elbeuf.

Le rimeur qui vous mit au bœuf
Méritait quelque coup d'étrille,
Vous et vos enfants, duc d'Elbeuf
Qui logez près de la Bastille.

Rentrez, bourgeois, ne donnez pas;
On a trop soin de votre vie:
Monsieur d'Elbeuf ne le veut pas;
Rentrez, bourgeois, ne donnez pas.
Puisque vous remplissez ses plats
Et rendez sa table garnie,
Rentrez, bourgeois, ne donnez pas,
On a trop soin de votre vie.

SUR L'ABBE DE GONDI [1]

Monsieur notre Coadjuteur
Vend sa crosse pour une fronde;
Il est vaillant et bon pasteur,
Monsieur notre Coadjuteur!
Sachant qu'autrefois un frondeur
Devint le plus grand roi du monde,
Monsieur notre Coadjuteur
Vend sa crosse pour une fronde.

Monsieur notre Coadjuteur
Veut avoir part au ministère:
On dit qu'il est fourbe et menteur
Monsieur notre Coadjuteur!

[1] Alors coadjuteur de l'archevêque de Paris, et depuis, cardinal de Retz.

Le petit frère avec la sœur
Seront fourbes, c'est chose claire :
Monsieur notre Coadjuteur
Veut avoir part au ministère.

Monsieur notre Coadjuteur
Est à la tête des cohortes;
Comme un lion, il a du cœur,
Monsieur notre Coadjuteur!
En sortant, il est en fureur :
Mais s'il faut regarder les portes,
Monsieur notre Coadjuteur
Est à la tête des cohortes.

Corinthien, c'est trop de chaleur!
Vous avez l'esprit trop alerte;
Un chapeau de rouge couleur!
Corinthien, c'est trop de chaleur!
Quand vous ne seriez pas pasteur,
Il en faudrait de couleur verte,
Corinthien, c'est trop de chaleur!
Vous avez l'esprit trop alerte.

Coadjuteur, qu'il te sied mal
De nous exciter à la guerre,
En faisant le brave à cheval!
Coadjuteur, qu'il te sied mal!
Tu devrais être le canal
Des grâces de Dieu sur la terre!
Coadjuteur, qu'il te sied mal
De nous exciter à la guerre!

LE DUC DE BEAUFORT

Le brave monsieur de Beaufort
Est, pour le moins, roi de la halle;
Il est courtois, il est accort,
Le brave monsieur de Beaufort!
Mais si Louis est le plus fort
Et que la France se cabale,
Le brave monsieur de Beaufort
Est, pour le moins, roi de la halle.

Beaufort, qui n'est point endormi
Alors qu'il s'agit de combattre,
Devait craindre son ennemi;
Beaufort, qui n'est point endormi!
A vaillant, vaillant et demi;
Je crains qu'il ne se fasse battre,
Beaufort qui n'est point endorm
Alors qu'il s'agit de combattre.

Considérant cet amiral,
Dirait-on pas voir Barberousse?
Le sort lui serait-il fatal,
Considérant cet amiral?
Non, non, il n'aura point de mal:
Il n'est amiral que d'eau douce.
Considérant cet amiral,
Dirait-on pas voir Barberousse?

BENSERADE

1612 — 1691

Fin, délicat, ingénieux, toujours pur et correct, souvent pompeux et fort comme si sa muse allait enfin déployer de véritables ailes, il semble que ce gentilhomme porteur de lyre ait réellement vécu la vie de contes de fée que rêvent les pauvres poëtes, assis près de leur foyer solitaire.

Toute sa biographie, toute son œuvre a des façons de royaume de Cappadoce et de duché de Trébizonde. Son premier bon mot le rend célèbre le jour où il reçoit le sacrement de la Confirmation, et ce sacrement lui est conféré par l'évêque de Dardanie, afin que cette vie bizarrement luxueuse ait tout d'abord sa couleur étrange.

A peine sorti du collége, il aborde tout de suite le théâtre, si difficile en tout temps à escalader pour les poëtes lyriques; mais les arbres peints, les grottes magiques, les demeures de nymphes et de naïades, tout cet univers de la comédie que plus tard Marivaux et Watteau devaient comme lui mêler à la vie réelle, cet Eldorado de la poésie incarnée et parlée n'était-il pas naturellement la patrie d'Isaac de Benserade, si évidemment prédestiné à écrire le *Ballet royal de la nuit*, le *Ballet des amours malades* et le *Ballet des plaisirs de l'île enchantée?*

Il fait jouer *la Mort d'Achille et la Dispute de ses armes*, *Iphis et Ianthe*, mais pour lui, comme pour tous les chercheurs d'amour qui doivent trouver dans les coulisses leur île d'Alcine, le véritable attrait du théâtre c'était l'amour des comédiennes. Il quittait la Sorbonne en compagnie de l'abbé d'Armantières pour aller courtiser à l'hôtel de Bourgogne la belle Valiote et la belle Rose. Plus tard, ses comédiennes se nommeront la duchesse de Montbazon, mademoiselle de Mancini, mademoiselle d'Arquien, madame de Mortemart, mademoiselle d'Aumale, mademoiselle de La Vallière. Dans cette fête galante de vingt années qui remplira les parcs et les appartements de Versailles, il imposera sa poésie à ces lèvres de nymphes et de déesses, comme Molière mettra la sienne sur les lèvres de mademoiselle Béjart et de mademoiselle de Brie; le comte de Guiche, le duc de Mercœur, le duc de Candale, seront ses comparses, comme le roi sera son premier comédien.

Benserade est né pour être l'architecte, le Pindare, l'historiographe de cet élysée presque réel, ou les actrices ne sont plus de pauvres baladines parées de verroteries et de guenilles, mais des déesses de race aussi noble et divine que celles dont elles parodient les grâces. En ces heures d'enivrement et de fêtes où des grottes de cristal et des arcs de fleurs s'élancent mille Vénus aussi dignes de ce nom que la fille immortelle d'Homère, à ce moment inouï où la fiction est vraie, où un homme mène les chevaux enflammés du dieu Phébus, et où le soleil se lève à Versailles dans une poussière d'or et de pierreries, qui pourrait dire qu'à certaines minutes, et pour la durée d'un éclair, Benserade n'a pas été lui-même Ovide et Virgile? Parfois, en une strophe, en un vers soudainement jailli, il a leur puissance, leur divination aussitôt évanouie; il est un grand poëte comme un soleil d'artifice est un astre du ciel.

A distance, la gloire du faiseur de ballets mythologiques, et surtout la célébrité excessive du sonnet de Job empêchent d'apercevoir Benserade poëte lyrique. Il existe cependant bien plus naïvement, bien plus résolûment que Voiture. Benserade est le poëte de cour par excellence, remerciant pour une voie de bois aussi noblement qu'il écrira à mademoiselle d'Hautefort pour le roi, et qu'il chantera la naissance du duc de Bourgogne, ou l'heureuse opération faite au roi. Il n'y a pas de petit événement, tout est sérieux pour lui, tout est historique dans cette cour qui est sa patrie et son ciel. Voiture semble se diminuer et se rapetisser à plaisir pour se mettre à la portée de son public aristocratique, comme une grande personne qui cause avec un enfant; chez Benserade, rien de pareil. Malgré la voie de bois qui fut *une si heureuse voie à lui toucher le cœur*, malgré le secours des *dames riches et libérales* dont parle son biographe Tallemant, Benserade n'est jamais un homme de lettres chez les grands seigneurs. Par l'essence de son esprit, il fait partie lui-même de ce peuple brillant qu'il célèbre en stances éblouies. Dans son aimable carnaval, Voiture déguise en divinités ses Éliantes et ses Iris; Benserade croit à leur origine céleste, et les chante avec la religion d'un Hésiode en perruque blonde.

Sa mère ne voulait pas être une La Porte; il consentit, lui, à cette parenté, pour obtenir une pension du cardinal de Richelieu; mais, en vrai gentilhomme qu'il était, il sacrifia et la pension et la protection de la duchesse d'Aiguillon à moins que rien, à un quatrain.

Les pensions ne devaient pas manquer à Benserade. A peine nommé, le cardinal Mazarin trouva de la ressemblance entre les vers de notre poëte et les vers italiens que lui-même avait faits dans sa jeunesse. On sait que Benserade fut presque ambassadeur à Stockholm; il ne riait pas et ne faisait rire personne en écrivant la *Lettre de l'ambassadeur de Suède à la reine de Natolie*.

On reproche à Benserade de n'avoir jamais souffert la contradiction à propos de ses ouvrages; n'est-ce pas de sa part un trait de génie? Il vivait dans un rêve, et ne voulait pas qu'on l'éveillât. D'ailleurs, à l'époque où la duchesse de Longueville envoyait les sonnets de Job et d'Uranie à l'Académie de Caen, avec une lettre dans laquelle on priait les doctes membres de *mettre fin à un schisme qui avait mis en émoi tout le royaume;* à l'époque où, du fond de sa retraite d'Angoulême, Balzac imprimait à la fin de son *Socrate chrétien* un examen critique des deux sonnets, Benserade était un roi, presque un demi-dieu; pourquoi ne se serait-il pas senti blessé par une feuille de rose?

Jamais rien ne représentera mieux le poëte grand seigneur que certaines pièces du recueil lyrique de Benserade. Les stances intitulées *Rupture, Jalousie*, celles adressées *à mademoiselle de Brionne*, celles *Pour les filles de la reine* sont des monuments d'élégance heureuse, et des perles de versification.

Quelquefois, et ce n'est pas un de ses caractères les moins frappants, son vers éclate en un sentiment tout moderne. Ainsi, ne dirait-on pas que les vers suivants ont été écrits, et surtout pensés par un contemporain :

Que fait-elle à l'heure qu'il est?
Possible entre les bras d'un homme,
Et d'un homme qui lui déplait.

Souvent Benserade, supérieur à lui-même, trouve de suite cinq ou six vers d'une facture cornélienne. Tel cet élan :

Condé meurt dans son lit et sa gloire en murmure...

Tel encore ce cri d'un cœur blessé dans l'élégie à Iris :

Je ne puis supporter sans une horrible envie
Qu'ils meurent de ma mort et vivent de ma vie;
Que mon feu soit leur flamme, et mon soin leur souci;
Croyez qu'on aime bien, dès que l'on hait ainsi.

Si cet habile rimeur a parfois une étincelle de Corneille, son vers s'éclaire parfois aussi d'un reflet de La Fontaine.

On pourrait multiplier les passages où l'auteur de la *Plainte du cheval Pégase* rencontre, par occasion, la simplicité et le trait heureux du grand fabuliste. Nous ne citerons que celui-ci, mais il est décisif. C'est dans le rondeau intitulé *les Muses en oiseaux.*

Ces pauvres sœurs marchaient dans un désert;
Il pleuvait fort et l'on ne voyait goutte;
On les logea, ce n'est pas peu sans doute
Que d'être Muse et d'avoir le couvert.

Tel morceau du poëme *Sur l'accomplissement du mariage de Leurs Majestés :*

Et laissons là Louis avec Thérèse...

rappelle par son ironie résignée le ton d'Amphitryon, tout en conservant une originalité charmante. On voit que dans le grand siècle Benserade a de qui tenir.

L'idée de mettre en rondeaux les *Métamorphoses d'Ovide* ne fut pas heureuse, et le succès ne vint pas l'absoudre. Il y avait quelque chose de choquant dans cette légèreté avec laquelle un poëte venait travestir des chefs-d'œuvre. Mais cette idée venait du roi; un caprice qui avait traversé l'esprit de Louis était à l'instant réalisé. Dans des circonstances analogues, Molière mit toute sa gloire à obéir, et à obéir vite. Il est vrai qu'il obéissait en vainqueur, mais aussi jamais le roi ne lui avait imposé des programmes aussi redoutables que celui-là. La profanation une fois admise et conçue, il était impossible d'achever ce méchant travail avec plus d'invention et de bonne humeur que ne le fit Benserade. Lui-même, dans le *Rondeau en errata* qui termine le recueil, il fait de son ouvrage la meilleure de toutes les critiques:

Pour moi, parmi des fautes innombrables,
Je n'en connais que deux considérables,
C'est l'entreprise et l'exécution,
A mon avis, fautes irréparables
Dans ce volume.

Et il se condamne justement. Mais *Pandore*, *Phaéton*, *la Couronne d'Ariane*, *Amphion*, *Hermaphrodite*, *le Corbeau d'Apollon* n'en restent pas moins des bagatelles adorables. D'ailleurs Benserade n'est pas seul coupable du travestissement que nous devons lui reprocher. Ce n'est pas lui, c'est tout son siècle qui a affublé Diane, Vénus, Calisto, Hébé de ces draperies de soie tordues au vent, et de ces colliers de perles rares. Ne crions pas trop à la convention. Mais pourrait-on affirmer en toute sûreté qu'il y ait plus de réalité d'art dans les figures roides, guindées et pauvres qu'on nous donne aujourd'hui comme la vérité de l'antiquité héroïque ?

Nous le répétons encore, dans le ballet, Benserade s'est élevé souvent à la vraie poésie. Sur ce terrain, en dépit des querelles de Molière, Benserade était inattaquable. Ses inventions de mythologie et de chevalerie, soit qu'il évoque Roger, Bradamante, Médor, Angélique, soit que, d'un vol plus haut, il s'élance vers cette patrie sereine de la fable où Thétis, Vulcain et les Cyclopes, la Discorde, Janus, Thémis, et la Lune sur son char, amoureuse du duc de Joyeuse-Endymion, réunissent leurs conjurations magiques dans le *Ballet royal de la nuit*, sont des miracles d'esprit et de noblesse. Benserade a su, comme nul avant lui, amalgamer dans un type idéal le personnage représenté et son interprète.

Quand madame de Montespan et madame de Villequier représentent des Muses et des Piérides, elles parlent à la fois le langage de Versailles et celui du sacré vallon. Mais les plus beaux vers de ces chefs-d'œuvre fugitifs, ceux qui méritent une renommée presque durable, ce sont ceux que Benserade met dans la bouche du roi. L'admiration fière, la hardiesse heureuse, la juste réserve imposée par le sentiment de la dignité royale, font de ces morceaux des odes exquises. Les vers du *Furieux* et du *Soleil levant* dans le *Ballet royal de la nuit*, ceux du *Courtisan* et de *la Guerre* dans les *Noces de Thétis et de Pélée*, ceux de *Cyrus* dans le *Ballet des Muses*, resteront comme des modèles de louange héroïque.

Benserade a eu le rare bonheur d'être justement à la hauteur du rôle que les circonstances lui avaient donné. Sans être ridicule, il a pu, tant la convention était la réalité pour lui, se plaindre de sa pauvreté, tout en possédant un carrosse que, dit son biographe, il tenait toujours au service des dames. Il mourut laissant sa trace à la cour, dans le monde, à l'Académie, dont il était un des membres les plus choyés et les plus assidus, et l'abbé Tallemant put écrire sans inconvenance cette phrase qui nous semble aujourd'hui si excessive : « On regardait alors comme originaux trois poëtes du temps, savoir Corneille, Voiture et Benserade. » Ne sourions pas trop d'une pareille exagération. Benserade n'eut pas le génie sans doute, mais il posséda ces qualités qui y touchent de si près, l'esprit, la précision, la noblesse, l'allure indépendante et hardie, la verve féconde et infatigable. S'il est impossible de le laisser au premier rang, on ne pourrait pas non plus supprimer son œuvre sans appauvrir d'un de ses fleurons la couronne poétique du XVIIe siècle.

THÉODORE DE BANVILLE.

Les ouvrages de Benserade ont été imprimés à Paris, 2 vol. in-12, 1697, et en Hollande, 1698.

Consulter sur Benserade, Ch. Perrault (Parallèle des anciens et des modernes); Senecé (Histoire du Théâtre-Français); d'Olivet (Histoire de l'Académie française); Goujet (Bibliothèque française); Niceron (Mémoires).

SONNET

Job, de mille tourments atteint,
Vous rendra sa douleur connue,
Et raisonnablement il craint
Que vous n'en soyez point émue.

Vous verrez sa misère nue;
Il s'est lui-même ici dépeint :
Accoutumez-vous à la vue
D'un homme qui souffre et se plaint.

Bien qu'il eût d'extrêmes souffrances,
On voit aller des patiences
Plus loin que la sienne n'alla.

Il souffrit des maux incroyables;
Il s'en plaignit, il en parla;
J'en connais de plus misérables.

ENTRÉES DE BALLETS

POUR LE ROI

QUI DEVAIT REPRÉSENTER UN COURTISAN

Ce parfait courtisan a la mine si haute,
Qu'en le croyant un roi, si c'est faire une faute,
C'est conscience aussi de la vouloir punir;
Il est jeune, il se pousse, il entreprend, il ose,
Et n'a rien tant à cœur comme de parvenir;
Je crois qu'il fera quelque chose.

A son âge, il possède une charge honorable,
Un établissement assez considérable,
De moins ambitieux s'en tiendraient à cela :
Mais à plus de grandeur sa vertu se dispose,

L'apparence n'est pas qu'il en demeure là ;
Je crois qu'il fera quelque chose.

Il passe d'assez loin les titres ordinaires,
Il serait beaucoup mieux qu'il n'est dans ses affaires,
N'était son grand procès contre un proche parent :
On sait le demêlé du Lis et de la Rose ;
S'il peut venir à bout de ce vieux différend,
Je crois qu'il fera quelque chose.

C'est le plaisir des yeux et la douleur des âmes ;
Tout ce qu'on voit briller de filles et de femmes,
Ont pour lui, dans le cœur, d'étranges embarras :
Et s'il prend quelque part à la peine qu'il cause,
Que je lui vois tomber d'affaires sur les bras !
Je crois qu'il fera quelque chose.

POUR *MADAME* [1]

REPRÉSENTANT PALLAS

A voir la dignité, la pompe, les richesses,
L'éclat de la personne et la splendeur du nom,
Et tout ce qui convient aux premières déesses,
Diriez-vous pas que c'est la superbe Junon?

A voir comme on la suit en adorant ses traces ;
Comme elle enchaîne ceux qui d'elle sont connus,
Comme elle a dans ses yeux les amours et les grâces ;
Diriez-vous pas que c'est la charmante Vénus?

C'est Pallas elle-même, ou quelque autre héroïne,
Qui cache sa fierté sous beaucoup de douceur :

[1] Henriette d'Angleterre, duchesse d'Orléans, femme de *Monsieur*, frère de Louis XIV.

Et, sans en affecter la redoutable mine,
Elle en a les vertus, l'esprit, le noble cœur.

Si Pâris revenait, nous verrions ce jeune homme
Bien moins embarrassé qu'il ne fut autrefois :
Il n'aurait qu'à donner à celle-ci la pomme,
S'il voulait être quitte envers toutes les trois.

POUR MADAME LA PRINCESSE DE CONTI

REPRÉSENTANT ARIANE

Ce n'est point Ariane aux solitaires bords,
Qui gémit et se plaint d'un amant infidèle;
Celle-ci ne connaît l'amour ni ses remords;
Elle est jeune, elle est pure, elle est vive, elle est belle,
Et le monde et la cour ne sont faits que pour elle.

Bacchus est le premier de ceux qu'elle a vaincus,
Bacchus est trop heureux de l'avoir épousée,
Leur chaîne par le temps ne saurait être usée,
Et l'on dira toujours : Ariane et Bacchus,
Mais l'on ne dira point : Ariane et Thésée.

ÉPITAPHE D'UNE JEUNE FILLE

Ci-gît qui n'avait que quinze ans,
Qui voulait plaire au monde et qu'on la trouvât belle.
Quel dommage pour lui! quel dommage pour elle!
Que de beaux jours perdus, aimables et plaisants!..

CHARLEVAL

1612 — 1693

Poëte et amoureux sans verve ni tempérament, Charleval avait en partage la complexion négative du bel esprit. Il en eut conscience, et fort soucieux de sa frêle personne, il ne voulut pas d'autre emploi. C'est à ce titre, selon Tallemant, qu'il figurait parmi les amants de madame de Courcelles. « Elle avait Brancas pour *brave*, Barillon pour payeur; » Du Boulay était l'amant du cœur, et Charleval le *bel esprit*. La cour ainsi se trouvait complète. Chez Ninon, Charleval n'avait pas non plus d'autre bagage; aussi, comme il fallait plus, pour y obtenir droit de séjour durable, Tallemant ne nous le montre-t-il que parmi les *passants* de cette maison galante où tant de gens passèrent. Charleval, en un mot, fut le Voisenon de son temps, moins le petit collet, et moins aussi la verve en toutes choses. Voisenon passa toute sa vie à mourir d'un asthme, comme lui-même le disait, et Charleval mit quatre-vingts ans à tâcher de vivre de sa mauvaise santé. Né en 1612, il ne mourut qu'en 1693.

« M. de Charleval, lisons-nous dans les *Mélanges de Vigneul Marville*[1], était d'une si faible complexion, qu'on ne pensait pas qu'il dût vivre : cependant par son bon régime, il a prolongé ses jours jusqu'à quatre-vingts ans, amusant tout doucement l'espérance de ses héritiers, qui regardaient, dès son enfance, sa succession comme une chose toute prête. La nature, qui lui avait donné un corps si délicat, et si bon tout ensemble, lui avait fait l'esprit de même. Il aima toute sa vie les belles-lettres avec tendresse, et les posséda avec jalousie, ne se communiquant pas facilement à tout le monde. Les gens de son temps les plus polis chérissaient sa personne et recherchaient son entretien. »

[1] 1699, in-8, p. 234.

Somaize, en son *Dictionnaire des Précieuses*[1], où Charleval est appelé Cléonyme, porte le même témoignage de ses succès comme *alcoviste* ou galant diseur de vers dans les ruelles, et de l'empressement qu'on avait partout à surprendre au vol les petites pièces que laissait échapper sa muse trop avare : « Cléonyme est, dit-il, un homme de qualité, fréquentant les alcôves et chérissant les gens d'esprit : il fait fort bien des vers, et ses œuvres courent parmi les ruelles et ornent les tablettes des plus spirituelles. » La chambre jaune de Scarron était un des lieux du Marais où on le rencontrait le plus souvent. Il y était venu avant le mariage du poëte, et il y vint davantage après. Son cœur, où ne brûlèrent jamais que des feux de paille, s'était tout d'abord épris de la beauté de madame Scarron. Elle le traitait comme un ami, mais lui, que ce titre eût pourtant dû satisfaire, s'il eût voulu se connaître mieux, lui répétait : Prenez-garde :

> Bien souvent l'amitié s'enflamme,
> Et je sens qu'il est malaisé
> Que l'ami d'une belle dame
> Ne soit un amant déguisé[2].

Elle n'en prit pas plus d'épouvante; sa fierté lui servait de défense contre de plus terribles assaillants, et cela sans qu'elle se dispensât d'être aimable. Aussi, en des stances où dès le titre il l'appelle une *prude galante*[3], mots qui peignent si bien ce qu'elle devait être à cette époque de sa vie, Charleval lui dit-il :

> Vous modérez votre fierté
> Par une douceur qui m'enchante;
> Jamais je n'ai vu de beauté
> Si sévère ni si galante.

Scarron, lors même qu'il eût été d'humeur à prendre ombrage de quelqu'un, n'en eût pas pris de Charleval. Quelle peur pouvait lui faire ce dameret dont la muse, comme il disait, n'était nourrie « que d'eau de poulet et de blanc manger ; » et qui se tenait au même régime que sa muse? Les femmes au reste ne l'honoraient pas plus de leur constance que les maris de leur jalousie. Ce n'était qu'un amoureux *passant*, comme on disait chez Ninon, et qui n'avait par conséquent à espérer que des amours de passage. Il coquetait, et l'on coquetait avec lui ;

[1] Édit. Ch. Livet, t. I, p. 62-63. — [2] *Poésies de Charleval*, 1759, in-12, p. 89. — [3] *Ib.*, p. 90-91.

Sarrasin, son ami, à qui l'on voit qu'il s'en plaignit souvent, lui dit fort bien son fait à ce sujet, en de certaines *stances*[1] dont voici les dernières :

Ton bel esprit, ta grâce, tes beaux vers,
Charme des cœurs, délices de la France,
Mériteraient, en un temps moins pervers,
Beaucoup d'amour et beaucoup de constance.

Mais toutefois, pour ne te point flatter,
Il faut qu'enfin je te dise à l'oreille :
Tu ne fais rien partout que coqueter ;
Et ta Chloris te traite à la pareille.

Charleval d'ailleurs s'absentait trop de Paris ; et l'absence donne si beau jeu à l'infidélité ! A toutes les belles saisons, il s'en allait en Normandie, dans la terre patrimoniale de Charleval, à laquelle il devait son nom. Il s'y reposait des rudes fatigues de galanterie qu'il s'était données plus par imagination qu'en réalité. De là, il écrivait à ses amours des vers comme ceux-ci :

Au doux bruit des ruisseaux, dans les bois je respire ;
C'est là que sur les fleurs j'aime à me reposer :
Je ne quitterais pas ces lieux pour un empire;
Mais je les quitterais, Iris, pour un baiser[2]...

Qu'eût-il fait si on l'eût pris au mot ? Ses hivers se passaient à Paris, et plus qu'ailleurs chez Ninon, dans la rue des Tournelles. Joyeux de se voir en si belle compagnie de galanterie, où l'amour, ne connaissant pas de saisons, laissait toujours ses ardeurs survivre à celles de l'été, il s'écriait, comme s'il eût été de complexion à prendre sa part de cette infatigable éternité de passion :

Je ne suis plus oiseau des champs,
Mais de ces oiseaux des Tournelles
Qui parlent d'amour en tout temps,
Et qui plaignent les tourterelles
De ne se baiser qu'au printemps.

Il avait trop longtemps été de la maison de mademoiselle de Lenclos, pour avoir en quoi que ce fût le moindre pédantisme. Cependant,

[1] *Œuvres de Sarrasin*, 1656, in-8, p. 389. — [2] *Poésies de Charleval*, p. 94.

comme sa seule vraie passion fut pour les lettres, et comme, en fin de compte, les pédants sont des lettrés, moins le goût, la mesure et le tact, il voulut bien quelquefois passer sur le défaut, à cause de la qualité. De chez Ninon, on le vit donc souvent aller en des maisons pédantes. Les contrastes plaisent aux blasés, Charleval n'avait peut-être pas le droit de l'être, mais en cela du moins il prouvait qu'il avait le goût de ceux qui le sont. C'est dans le ménage de Dacier qu'on le rencontra surtout. Il y avait été pris par son faible : sa préférence déclarée pour Horace, ce délicat, dont faute du reste il avait un peu l'épicuréisme d'imagination et le sensualisme en idée. Quand Dacier publia sa traduction du poëte, Charleval écrivit tout exprès un discours qui servit de préface.

On vivait mal dans ce ménage, où la raison de Chrysalde ne tempérait pas les excès de littérature auxquels s'abandonnait Philaminte. Charleval ne tarda pas à s'apercevoir de la large place que la science y avait laissée à la misère, et sa première pensée fut une offre généreuse. Dacier voulait retourner à Castres, sa ville natale; le poëte, qui avait plus que l'*aurea mediocritas* de leur cher Horace, lui porta dix mille livres en or, et fit tant qu'il accepta et ne partit point. Charleval avait vu par là que la science des livres n'est pas celle de la vie, et je croirais volontiers que c'est alors qu'il écrivit :

Lire et repasser souvent
Sur Athènes et sur Rome,
C'est de quoi faire un savant;
Mais non pas un habile homme.

Méditez incessamment,
Dévorez livres sur livres;
C'est en vivant seulement,
Que vous apprendrez à vivre.

Avant qu'en savoir les lois,
La clarté nous est ravie.
Il faudrait vivre deux fois
Pour bien conduire sa vie[1].

Quoique l'esprit de conduite ne lui eût jamais manqué, il crut s'apercevoir, sur la fin, qu'il aurait pu lui-même faire plus, sinon mieux; l'ambition le prit. Mais il était trop tard. Se repentir de sa paresse, avec une complexion comme la sienne, n'était-ce pas d'ailleurs se repentir de son bonheur? Il ne fit donc que se fatiguer par un effort

[1] *Poésies de Charleval*, p. 108.

inutile. Les maladies, que son régime prudent avait toujours tenues à distance, arrivèrent alors. Il voulut les combattre et ne fit que les aggraver. Au premier remède, le mal empira; au second, le malade fut emporté. Il avait pris force rhubarbe, pour un affaiblissement d'estomac dont il souffrait beaucoup, et il lui fallut bientôt recourir à la saignée pour apaiser la fièvre que lui avait donnée cette rhubarbe. Ce fut la fin : « Ah! dit le médecin, croyant au succès de sa saignée, voilà le mal qui s'en va. — C'est plutôt le malade, » dit Thevenot, qui se trouvait là. Une heure après, en effet, Charleval était mort.

Il n'avait pas pris le soin de mettre en ordre et de publier ce qu'il avait écrit. Le seul recueil, fort mince, que nous ayons de ses vers a été fait par Saint-Marc, qui glana tout ce qu'il nous y a donné dans les recueils des libraires Barbin et de Sercy, où ces poésies avaient trouvé asile du vivant de l'auteur, mais le plus souvent à son insu. Ce n'est qu'une faible partie de ce qu'il avait fait. Le tout, après sa mort, tomba dans les mains de son neveu, le premier président de Ris, et y resta. M. de Ris partageait au sujet de la dérogeance qu'amenait le commerce des lettres, pour tout bon gentilhomme, le sot préjugé qui était alors en faveur[1]; « il s'imagina, dit Vigneul-Marville[2], que le nom d'auteur joint à celui de Charleval serait une tache dans sa famille; » et rien ne parut. Voltaire[3] traite de conte cette anecdote qui fut répétée par L. Moréri. Cependant comme il ne donne pas une autre cause à la non-publication des œuvres de Charleval, je ne vois pas pourquoi nous n'accepterions pas celle-là, qui est tout à fait dans les idées du temps. Comme il lui arrive trop souvent, après avoir mis nettement en doute l'opinion d'un autre, Voltaire en risque une, à son tour, qu'il ne soutient pas avec moins de vigueur. Il a vu dans les papiers du conseiller d'État Caumartin une copie de la *Conversation du maréchal d'Hocquincourt, du père Canaye*, faite de la main de Charleval, et cela lui suffit pour qu'il affirme que ce morceau charmant n'est pas de Saint-Évremond, mais de Charleval. A la fin, il trouve quelques pages faibles : celles où l'auteur disserte sur le molinisme et le jansénisme, et bien qu'elles fussent de la même main, il prend encore sur lui de dire que « si le reste est de Charleval, ceci est bien de M. Évremond. » Saint-Marc, qui avait cru pouvoir répéter sans la moindre hési-

[1] Furetière, *Roman bourgeois*, édit. Elzévir, p. 219, note.
[2] *Mélanges*, 1re édit., p. 235.
[3] *Siècle de Louis XIV*, catalogue de la plupart des écrivains français, etc.

tation, l'anecdote de Vigneul-Marville, niée par Voltaire, nie en revanche, et preuve en main, l'anecdote de Voltaire. Nous ferons comme lui : nous laisserons à Saint-Évremond son spirituel chef-d'œuvre, et quant à la perte des œuvres de Charleval, nous n'en chercherons pas la cause autre part que dans la sotte fierté du président de Ris.

Édouard Fournier.

SONNET

CONTRE LA COUR

Une troupe servile, inconstante, folâtre,
Au service d'autrui passe ses plus beaux jours,
Et croit avoir grand' part à la splendeur des cours
Où l'on voit que le luxe a doré jusqu'au plâtre.

Si la vertu n'est là que vertu de théâtre,
Le vice y tient l'empire et porte le velours;
Les fourbes sont adroits, les bons des esprits lourds;
Enfin, pour s'avancer, il faut être idolâtre.

Pour moi, je m'en retire, instruit à mes dépens
Que de vivre en esclave est un malheur extrême
Qu'accompagnent toujours mille soucis flottants.

Aux autres j'ai vécu, je veux vivre à moi-même,
Sans avoir de mes faits l'univers pour témoin.
Si j'ai moins de plaisir, je n'ai pas tant de soin.

STANCES A UNE DAME

SUR L'INCONSTANCE D'UN AMANT ET LA MORT D'UN AMI

Au plus fort de votre douleur
Qui pourtant n'était pas sans charmes,
Vous m'avez confié vos larmes
Et le secret de votre cœur.

Vos beaux yeux pleuraient tendrement,
Avec une douleur mortelle,

L'infidélité d'un amant
Et la mort d'un ami fidèle.

Vos pensers, ennemis du jour,
Confondaient, durant les ténèbres,
Le désespoir de votre amour
Avec des souvenirs funèbres.

De votre esprit tout attristé
J'ai vu les lumières ternies,
Esprit qui, dans les compagnies,
Brillait comme un soleil d'été.

Nos désirs changent à toute heure,
Mais je plains un cœur désolé
Qui sent que son amour demeure,
Quand son amant s'en est allé.

Cependant, j'ai beau raisonner,
Je ne sais pas sur quoi se fonde
L'ingrat qui peut abandonner
Le cœur le plus noble du monde.

Avec ce trésor précieux,
Lui seul, en ce siècle où nous sommes,
Possédait la gloire des dieux
Et le souhait de tous les hommes.

Il est vrai qu'il est des erreurs
Dont il ne faut pas qu'on s'étonne :
Combien a-t-on vu d'empereurs
Se démettre de leur couronne!

Triste Iris, ne soupirez plus
Les malheurs d'une ingrate flamme;
Et des passions de votre âme
Tâchez de faire des vertus.

Sans m'insinuer en flatteur,
Je prends la figure d'un sage,
Et, scrupuleux observateur
Des bienséances de mon âge,

Je n'en veux qu'à votre amitié:
C'est une faveur singulière.
Ne m'obligez pas qu'à moitié;
Accordez-la moi tout entière.

BRÉBEUF

1618 — 1661

Dom Bonaventure d'Argonne (Vigneul-Marville), remarque, en ses *Mélanges*, que la Normandie est, de toutes les provinces de France, celle où les poëtes *naissent le plus facilement :* il cite Jean Marot, Malherbe, Patris, Sarrasin, Segrais, Georges et Madeleine de Scudéry, Saint-Amand, les deux Corneille, Brébeuf, Benserade et le cardinal Davy Duperron; et il conclut de cette quantité de poëtes que le tempérament flegmatique, le plus commun en Normandie, est le plus favorable à la *fureur poétique.*

S'il a jamais été permis de mêler la nosologie à la littérature, c'est bien à propos de Brébeuf, qui, à la difformité près, fut aussi maltraité d'Esculape que Scarron, et qui, selon ses biographes, ne put donner au travail que les heures d'intervalle que lui laissait une fièvre lente qui le mina pendant vingt ans. Ses lettres à ses amis sont pleines de doléances sur ses maux, sur les rhumatismes qui l'accablent, sur les douleurs de dents qui le torturent, sur la fièvre et l'insomnie qui l'épuisent! Tellement qu'il est merveilleux, comme le dit avec raison Goujet, qu'accablé de tant d'infirmités il ait pu faire encore ce que nous voyons. Et en effet l'œuvre de Brébeuf, qui forme, en y comprenant ses ouvrages posthumes, sept à huit volumes dont un de poésie épique, n'est point inférieure pour le nombre à celles de la plupart des poëtes de son temps; surtout si l'on considère que ce valétudinaire mourut à quarante-trois ans. Assurément, ce mauvais état de santé a dû laisser des traces dans l'œuvre de Brébeuf; non pas à la vérité celles qu'ont relevées les critiques de son siècle et du siècle suivant, qui tous ont attribué à la maladie la négligence et l'inégalité tant reprochées au style de Brébeuf. Un littérateur de nos jours, M. Gabriel

Montigny, a, dans un remarquable article de la *Revue de Paris*, décidé ce point en quelques lignes qui sont une appréciation excellente du caractère et du génie de Brébeuf : « Bien que sa mort prématurée, dit-il, après une vie de souffrances, ne lui ait pas permis de revoir ses ouvrages, il ne faut pas croire pour cela qu'il les eût beaucoup améliorés s'il eût vécu. Nous ne pensons pas qu'avec les années, Brébeuf eût jamais produit quelque chose d'achevé. Son talent inégal, son travail irrégulier, la légèreté même avec laquelle il se justifie du reproche d'incorrection, ne doivent laisser aucun doute à cet égard. *C'était un homme qui marchait toujours devant lui, sans jamais revenir en arrière pour mettre la dernière main à son travail.* » Tel était Brébeuf en effet; il avait l'humeur audacieuse, la hauteur quelque peu castillane des poëtes de la haute Normandie, qu'ils s'appellent Corneille ou Scudéry, et dont Malherbe a donné plus d'une preuve. Il confesse dans ses préfaces qu'il abandonne les taches de ses ouvrages aux *censeurs pointilleux*. Il avait dit, avant un de nos poëtes contemporains, qu'il lui était plus aisé de se corriger dans un nouvel ouvrage que de perfectionner un ouvrage déjà fait; et sans doute, dans sa poursuite constante du sublime, il lui était indifférent de laisser voir par où il avait passé pour l'atteindre :

Malgré son fatras obscur
Souvent Brébeuf étincelle!

Boileau avait vu juste dans sa caricature; seulement, il ne devait pas comprendre que l'on consentît à être parfois obscur, au prix de quelques splendeurs.

La *Pharsale*, cette sombre fresque illuminée d'éclairs, avait de quoi plaire à Brébeuf, comme aussi à Corneille. Lucain, d'ailleurs, avait un attrait naturel et particulier pour les âmes généreuses qui avaient traversé la Fronde, et qui, comme Brébeuf, qui ne s'en défend pas dans ses lettres, avaient conservé de ces luttes civiles une humeur quelque peu républicaine. La traduction de Brébeuf fit événement et provoqua un tournoi de dissertations et de critiques. Pour prendre aujourd'hui la hauteur de ce débat, il suffit de dire que la *Pharsale* fut agréée de Corneille, de Chapelain et de Mézeray, et qu'elle eut pour détracteurs Boileau, Baillet et le père Rapin (Goujet resta neutre). Entre les deux jugements il y a toute une révolution poétique : celle qui sous la pression du public envahissant, accru par la découverte de l'imprimerie, entreprit de subordonner l'art et l'imagination au bon sens et à l'esprit, et prépara ainsi pour le siècle suivant le triomphe de la muse didactique et épistolaire.

Brébeuf est un des rares poëtes qui tentèrent au XVIIe siècle de donner à notre langue le ton et la tournure de l'épopée. Aussi, sa *Pharsale* est-elle un des monuments les plus intéressants et les plus remarquables de la poésie française. Obligé par la pauvreté autant que par la maladie de vivre éloigné de Paris, il conserva dans la solitude la virginité de l'enthousiasme. Une piété ardente, militante, remplaça, dans les dernières années de sa vie, la passion du bien public et des vertus civiles. Le Romain se fit apôtre. Son dernier ouvrage, qu'il ne put achever, était un livre de polémique religieuse, la *Défense de l'Église romaine*. Ses poésies diverses, ses *Éloges*, ses *Entretiens solitaires*, achèvent de le montrer tel qu'il était, poëte énergique, imaginatif et savant : les *Entretiens*, œuvre de ses dernières années, et qui sont comme l'ex-voto du poëte chrétien, ont souvent l'allure et la hauteur grave des meilleures strophes de Malherbe.

Brébeuf mourut, comme Desaix, avec le regret de n'avoir pas assez fait pour la postérité. — « Pourtant, s'écrie-t-il dans une de ses lettres, on ne peut faire un crime à un malade de ne se porter pas bien ! »

CHARLES ASSELINEAU.

LA FORÊT DE MARSEILLE

On voit auprès du champ une forêt sacrée,
Formidable aux humains et des temps révérée,
Dont le feuillage sombre et les rameaux épais
Du dieu de la clarté font mourir tous les traits.
Sous la noire épaisseur des ormes et des hêtres,
Les faunes, les sylvains, ou les nymphes champêtres
N'y vont point accorder aux accents de la voix
Le son des chalumeaux ou celui des hautbois.
Cette ombre destinée à de plus noirs offices
Cache aux yeux du soleil ses cruels sacrifices,
Et les vœux criminels qui s'offrent en ces lieux
Offensent la nature en révérant les dieux.
Là, du sang des humains on voit suer les marbres,
On voit fumer la terre, on voit rougir les arbres;
Tout y parle d'horreur; et même les oiseaux
Ne se perchent jamais sur ces tristes rameaux.
Les cruels sangliers, les bêtes les plus fières,
N'osent pas y chercher leur bouge ou leurs tanières.
La foudre, accoutumée à punir des forfaits,
Craint ce lieu si coupable et n'y tombe jamais.
Là, de cent dieux divers les grossières images
Impriment l'épouvante, et forcent les hommages.
La mousse et la pâleur de leurs membres hideux
Semblent mieux attirer les respects et les vœux.
Sous un air plus connu la divinité peinte
Trouverait moins d'encens et ferait moins de crainte,
Tant aux faibles mortels il est bon d'ignorer
Les dieux qu'il leur faut craindre et qu'il faut adorer!
Là, d'une obscure source il coule une onde obscure
Qui semble du Cocyte emprunter la teinture;

Souvent un bruit confus trouble ce noir séjour,
Et l'on entend mugir les roches d'alentour.
Souvent du triste éclat d'une flamme ensoufrée
La forêt est couverte et non pas dévorée;
Et l'on a vu cent fois les troncs entortillés
De cérastes hideux et de dragons ailés.
Les voisins de ce bois si sauvage et si sombre
Lui laissent à la fois son horreur et son ombre,
Et le druide craint, en abordant ces lieux,
D'y voir ce qu'il adore, et d'y trouver ses dieux.

Il n'est rien de sacré pour des mains sacriléges;
Les dieux mêmes, les dieux n'ont point de priviléges.
César veut qu'à l'instant leurs droits soient violés,
Les arbres abattus, les autels dépouillés;
Et de tous les soldats les âmes étonnées
Craignant de voir contre eux retourner leurs cognées,
Il gourmande leur crainte, il frémit de courroux,
Et, le fer à la main, porte les premiers coups.
« Quittez, quittez, dit-il, l'effroi qui vous maîtrise;
Si les bois sont sacrés, c'est moi qui les méprise :
Seul j'offense aujourd'hui le respect de ces lieux,
Et seul je prends sur moi tout le courroux des dieux. »

A ces mots, tous les siens, cédant à la contrainte,
Dépouillent le respect, sans dépouiller la crainte.
Les dieux parlent encore à ces cœurs agités;
Mais quand César commande, ils sont mal écoutés.
Alors, on voit tomber sous un fer téméraire
Des chênes et des ifs aussi vieux que leur mère;
Des pins et des cyprès dont les feuillages verts
Conservaient le printemps au milieu des hivers.
A ces forfaits nouveaux, tous les peuples frémissent;
A ce fier attentat, tous les prêtres gémissent :
Marseille seulement, qui le voit de ses tours,
Du crime des Romains fait son plus grand secours;

Elle croit que les dieux, d'un éclat de tonnerre,
Vont foudroyer César et terminer la guerre.
Mais hélas! que les traits, qui partent de leurs mains,
Se baignent à regret dans le sang des humains!
Leur justice balance, et sur les plus coupables
Ses coups sont aussi lents qu'ils sont inévitables.

(*La Pharsale.*)

ÉPIGRAMMES

Le premier jour qu'André voulut m'entretenir,
Il me dit tout au long l'histoire de sa vie,
Et, sans s'être informé si j'en avais envie,
Me conta le passé, le présent, l'avenir,
Ce qu'il fut, ce qu'il est, ce qu'il se promet d'être,
Sa maison, ses parents, ses affaires, son maître,
Sans me donner le temps de repartir un mot;
Mais comme il me dit plus qu'il n'est aisé d'entendre,
Il m'apprit plus aussi qu'il ne voulut m'apprendre :
Car, dès le premier jour, je sus que c'est un sot.

SUR UNE DAME FARDÉE

— Quel âge a cette Iris dont on fait tant de bruit
Me demandait Cliton naguère.
— Il faut, dis-je, vous satisfaire :
Elle a vingt ans le jour, et cinquante ans la nuit.

MAUCROIX

1619 — 1708

Madrigaux, épigrammes, odes, élégies, romances, chansons, airs, tel est le bagage poétique de François Maucroix, l'ami de Boileau et de Racine, de Patru, de La Fontaine et de Tallemant des Réaux. Avec ses menues poésies et ses jolies lettres familières, il serait facile d'écrire un livre très-piquant qui aurait pour titre : *Une vie de chanoine au* XVII*e siècle*. Les études de Maucroix, ses distractions, ses amours, son rôle diplomatique à Rome, ses fonctions de secrétaire gallican à l'Assemblée du clergé, ses liaisons avec les personnages académiques et les chevaliers errants du monde littéraire, formeraient autant de chapitres variés de cette amusante histoire. On y verrait clairement qu'en plein XVIIe siècle, il s'est rencontré de galants abbés dignes de donner la main aux petits collets du XVIIIe, et que les Chaulieu, les Bernis, n'ont fait que badiner sur la trace légère des Maucroix.

Ce fut à Noyon, patrie du grave Calvin, que naquit le joyeux Maucroix ; mais ce fut à Reims, le pays des bons vins et des gentilles galloises, comme disait La Fontaine, ce fut à l'ombre sévère de la vieille église Saint-Remi que le bon compagnon vint dresser sa tente. Une jolie petite tente chrétienne, ouverte à tous les souffles ailés du monde païen ! Là, paresseux et amoureux, rimant et babillant comme une Muse antique déguisée en nonnette, Maucroix, sans ambition, sans souci et sans vanité, s'amusa pendant un demi-siècle aux bagatelles de la poésie et de la galanterie. Ce fut un papillon en soutane, un Zéphire et un Amour en rochet et camail. Il vécut en voltigeant des fleurettes du Parnasse aux bosquets d'Idalie, et s'endormit tous les soirs, après les douces fatigues de la journée, sur ce bon oreiller dont parle en riant l'avocat Patru : « Un bréviaire mal récité et bien payé. »

Avant d'être chanoine à Reims, Maucroix essaya d'être avocat à Paris. On le vit quelque temps fort assidu au Palais. Mais il faisait la moue aux gros dossiers ; la poussière du lieu lui serrait la gorge. On le rencontrait à la buvette plus souvent qu'à l'audience. Il plaida cependant deux ou trois fois, et, comme il remarqua sans doute que cela l'altérait de déclamer, il revint plus que jamais à la buvette. Il avait d'ailleurs un joli filet de voix qu'il eût été dommage de gâter. Ce fut à la buvette sûrement qu'il fit la connaissance de Patru et de ses amis, gens d'esprit et gens de goût, philosophes légers et bons chrétiens de peu de foi, dont on eût pu dire en bloc ce que Maucroix dit plus tard de leur maître, en guise d'épitaphe :

Il a sagement discouru,
Mais peu de la seconde vie;
Heureux s'il n'a trouvé que ce qu'il en a cru !

Disciple de Patru, Maucroix ne renia pas ses doctrines dans les beaux vignobles de Reims. Ce n'est pas son ami La Fontaine qui eût pu le convertir, lui qui dédia cette leste chanson à l'avocat devenu chanoine :

Tandis qu'il était avocat
Il n'a pas fait gain d'un ducat,
Mais vive le canonicat,
Alleluia !

Il lui rapporte force écus
Qu'il vient offrir au dieu Bacchus,
Ou bien en faire des c....,
Alleluia !

On a prétendu qu'un amour malheureux l'avait jeté dans les ordres. Maucroix ne quitta le barreau que par une sainte horreur de la chicane, et s'il acheta une prébende vacante au chapitre de Reims, ce fut tout simplement, comme on dirait aujourd'hui, pour avoir une position. Il eût volontiers acheté une prébende parisienne, s'il avait été plus riche. Mais on n'était pas chanoine dans la cité à si bon compte qu'à Reims. Maucroix ne changea de robe, il est vrai, qu'après le mariage de sa *Diane*, de sa *Philis*, de son *Iris*. Seulement il avait dans l'intervalle recherché et trouvé de plus douces distractions que n'auraient pu lui donner ni les assemblées ni les querelles de chapitre.

D'autres *Iris*, d'autres *Philis* avaient remplacé l'infidèle. Cependant il n'avait pas oublié son premier roman, puisque, étant chanoine, il y ajouta de nouveaux chapitres, toutes les fois que son héroïne le permit.

Cette héroïne était fort singulière et fort capricieuse dans ses rapports avec Maucroix, comme l'étaient d'ailleurs en ce temps-là les dames de qualité qui voulaient bien tenir en laisse des soupirants bourgeois. Charlotte-Henriette faisait de son amoureux ce que madame de Sévigné faisait de l'abbé Ménage. Elle lui abandonnait ses bras, parce qu'elle était aumônière et libérale; elle lui dispensait fort poliment de petites faveurs sans conséquence; elle allait même un peu plus loin que la spirituelle marquise, parce que son abbé Ménage était plus jeune et moins pédant. « Je suis votre martyr! s'écriait Ménage en baisant les bras de mademoiselle de Rabutin. — Et moi, votre vierge! » disait la belle en riant aux éclats. Que de variantes à ce dialogue dans les poésies de Maucroix! Que de dizains, que de douzains, que de quatrains, que de madrigaux, que d'élégies et d'épigrammes où reparaît sous mille formes cette plainte mélancolique :

Il reste encor le dernier point!...

Le dernier point ne fut jamais accordé, mais on sut toujours le tenir suspendu au fil brillant de l'espérance. Maucroix passa successivement, en prose et en vers, par toutes les alternatives d'une passion romanesque; ce qui, pour une nature aussi frivole que la sienne, était le seul moyen d'arriver à concevoir un sentiment de quelque durée.

Ses relations avec la famille de Joyeuse, à laquelle appartenait son héroïne, avaient commencé par une espèce de patronage. Ces Joyeuse l'avaient admis dans leur maison en sa triple qualité d'avocat, de poëte et d'aimable causeur. Il arrangeait les affaires du marquis, chantait et causait avec la marquise, et donnait par-ci par-là quelques leçons à leur fille, Charlotte-Henriette, alors âgée de quinze ans. M. de Joyeuse avait une maîtresse venue de Paris; mademoiselle de Joyeuse n'avait pas des mœurs bien sévères; Maucroix était donc tout à fait libre d'apprendre à son élève ce qu'il savait le mieux : l'art d'aimer. Charlotte-Henriette écoutait volontiers son précepteur, qui lui exprimait sa passion dans la langue mignonne et raffinée de l'hôtel de Rambouillet. Ce badinage se prolongea innocemment jusqu'au jour où Henriette devint le point de mire des épouseurs.

On ne pouvait songer à la donner à un poëte; elle fut fiancée à un marquis, M. de Lenoncourt, qui demanda à notre pauvre amoureux de lui faire un madrigal pour Henriette. Quelle humiliation pour un bel esprit éconduit! Maucroix se résigna au madrigal et s'en vengea par une épigramme.

Sur ces entrefaites, une mousquetade atteignit Lenoncourt au siége de Thionville, et voilà mademoiselle de Joyeuse réduite à l'état de veuve avant d'être mariée. Maucroix, qui s'était brouillé aux fiançailles, se raccommoda le lendemain du veuvage, et railla Lenoncourt de s'être laissé tuer sottement la veille de ses noces :

. . . . Ne valait-il pas mieux
Mourir entre ses bras que dans une tranchée?

A peine raccommodé, il se vit obligé de rompre encore avec mademoiselle de Joyeuse, qui épousa presque aussitôt un homme roux, brutal, vicieux, Tiercelin, marquis de Brosses.

Le voilà de nouveau plongé dans le plus joli désespoir. Son élégante douleur s'échappa heureusement par de petites ouvertures poétiques, comme les jets d'eau d'un petit jardin sentimental. Le galant désolé se consolait en pensant

Que la moitié d'un vilain homme
Est une vilaine moitié.

Quelquefois aussi il ajoutait, en se piquant d'en fournir la preuve,

Que le changement de corbeille,
Ainsi que le proverbe dit,
Fait appétit de pain bénit.

Dès que sa douleur semblait éteinte, et sa veine poétique épuisée, Henriette reparaissait, et venait ranimer l'amoureux et le poëte par de nouvelles coquetteries. Alors, quoique chanoine, Maucroix recommençait à faire sa cour et à rimer, tant et si bien, que M. de Joyeuse, alarmé, se décidait un jour à en écrire à son gendre pour faire chasser le galant. — « Comment! s'écriait alors Tiercelin, M. de Joyeuse veut me tyranniser! » Et il s'attachait de plus belle à Maucroix. Mais, hélas! la cruelle Henriette persistait toujours à refuser le *dernier point*, sous prétexte que son amoureux était chanoine, et que c'eût été commettre un sacrilége. Pour éviter ce gros péché, elle eut à Paris des amants laïques : ce qui fut pour Maucroix l'occasion de nouveaux désespoirs et de nouvelles élégies. Quelle Laure, et pour quel Pétrarque!

Enfin, après bien des équipées, enlaidie par la maladie. abandonnée sans un sou par le Tiercelin, elle s'en vint mourir en terre champenoise, dans le logis du chanoine. Sur la tombe de la marquise, au lieu de se dessécher, Maucroix reverdit. Mais il tint à honneur de garder, au milieu de ses distractions galantes, le souvenir de son premier amour, le reflet de sa muse. Trente ans plus tard, il écrivait à l'une de ses amies, en regardant le portrait retrouvé de Charlotte-Henriette :

— « Toutes mes plaies se sont rouvertes, je suis tout rouge de sang, ma pauvre chère... faites-les-moi venir, tous ces Céladons; après quarante années auraient-ils l'effronterie de soutenir la comparaison?... »

Ah! que le portrait d'Henriette aurait paru froid à Maucroix, s'il ne lui avait rappelé toute une kyrielle de jolis vers! La fidélité de l'amoureux ne tenait vraiment, je le crains, qu'à la vanité du poëte. A tout prendre, d'ailleurs, n'est-ce point un charmant spectacle que celui d'une belle passion embaumée, et pour ainsi dire éternisée par la séve de poésie qu'elle a fait jaillir d'un cœur bien épris?

Et pourtant, malgré *ses plaies ouvertes*, quoique *tout rouge de sang*, le pauvre chanoine, selon sa maxime, vivait à ventre déboutonné, courtisait assidûment l'abbesse de Saint-Étienne, et fêtait les vins de Reims, dans son canonicat, avec La Fontaine, Racine et Boileau, quand ces illustres de Paris venaient le visiter. A la mort de La Fontaine, il demanda, pour tout héritage, le cilice de son ami; mais je ne sache pas qu'il s'en servît jamais. Le goût des plaisirs et des petits vers, la société des femmes, ses correspondances avec les hommes de lettres parisiens, ne lui laissaient guère le temps de songer à la pénitence.

La vie de chanoine lui plaisait. Il était devenu tout à fait Rémois. Pellisson voulut l'arracher aux loisirs de province, et lui fit donner, avec le titre d'abbé de Croissy, une mission secrète à Rome, où il alla représenter les intérêts de Fouquet. La disgrâce du surintendant le ramena bientôt à Reims, qu'il ne quitta plus que pour aller remplir, sous les yeux de Bossuet, les fonctions de secrétaire général de l'Assemblée du clergé.

Le poëte galant (qui aurait pu le prévoir?) collabora sans broncher à la fameuse déclaration des Quatre-Articles. C'était bien sérieux pour lui. Aussi se moquait-il tout le premier de son importance passagère :

— « Nous avons établi, écrivait-il en riant à son ami le chanoine Favart, trois nouveaux bureaux : l'un pour la religion, le deuxième pour les mœurs, le troisième pour les réguliers. La morale s'en va être secouée comme il faut! Adieu la *probabilité!* J'ai pour ma part un moine sur l'assiette tous les jours! Dire que ce sera moi qui leur remettrai la tête dans le capuchon! »

Et tout en *secouant la morale,* il narguait les foudres de Rome : — « Nos cousines y prendront-elles garde de sitôt? écrivait-il encore au même chanoine... Elles voient bien des huguenots, des juifs, des Turcs! Pensez que nous ne serons pas pis que tous ces gens-là. Pour un peu d'excommunication, les voilà bien alarmées! »

L'Assemblée terminée, il s'en retourna « cousu de pistoles » dans sa bonne ville de Reims, où, après avoir encore rimé de petits vers, écrit beaucoup de traductions dans le goût des *Belles infidèles* malgré les conseils de Boileau, il trépassa fort décemment comme tout bon chanoine doit le faire. S'il eût pu toujours habiter Paris, il aurait été académicien, comme les traducteurs Sacy et Mirabaud, et comme certains poëtes de cour, de ruelle et de ballet, qui n'avaient ni sa gaieté, ni sa verve leste et facile.

Quelque temps avant sa mort, comme il se plaisait encore au badinage galant : — « Ah! monsieur de Maucroix, lui disait un jour la belle La Framboisière, parler sans cesse amour avec cet habit, et à votre âge! » Ce reproche amical peut bien lui servir à la fois de panégyrique et d'oraison funèbre.

HIPPOLYTE BABOU.

La meilleure édition de Maucroix a été publiée récemment par M. Louis Pâris, sous ce titre: *Maucroix, ses œuvres diverses,* 2 vol. in-18, Paris, Techener, 1854.

ODES

A M. CONRART

Conrart, quand finiront ces guerres obstinées
Qui depuis deux fois dix années
Coûtent tant de pleurs à nos yeux?
Entendrons-nous toujours l'aigre son des trompettes,
Et les douces musettes
Sont-elles pour jamais absentes de ces lieux?

Les obscures forêts et les antres humides
Pour cacher nos bergers timides
Ont à peine assez de buissons :
De chardons hérissés nos plaines sont couvertes,
Et nos granges désertes
Attendent vainement le retour des moissons.

De combien de châteaux et de cités superbes
A-t-on mis à l'égal des herbes
Les murs jusqu'aux astres montés!
Que le glaive en nos champs a fait de cimetières!
Que nos calmes rivières
Ont vu mêler de sang à leurs flots argentés!

Vain fantôme d'honneur, c'est pour toi que l'épée;
Sans cesse au massacre occupée,
A mis tant de guerriers à bas;
C'est pour toi qu'au mépris des plus mortelles armes,
Ils volent aux alarmes,
Et semblent n'avoir peur que de ne mourir pas.

Étrange aveuglement de la race des hommes!
Pourquoi, malheureux que nous sommes,
Avancer la fin de nos jours?

D'où se forme en nos cœurs cette brutale envie
D'abréger une vie
Dont le plus long espace a des termes si courts?

La mort de ses rigueurs ne dispense personne :
L'auguste éclat d'une couronne
Ne peut en exempter les rois;
N'espère pas, Conrart, que ton mérite extrême
Ni la Muse qui t'aime
Te mettent à couvert de ses fatales lois.

Ta sagesse, il est vrai, fait honneur à notre âge :
Mais, de quelque rare avantage
Dont un mortel soit revêtu,
Son terme est limité; le nocher de la Parque,
Dans une même barque,
Passe indifféremment le vice et la vertu.

A M. PATRU

Maintenant que l'hiver désole les campagnes,
Que la neige blanchit prés, forêts et montagnes,
Et cache au laboureur l'espoir de ses moissons,
Que les fleuves gelés sont durs comme des marbres,
Et qu'on voit aux branches des arbres
Pendre le cristal des glaçons;

N'épargne point le bois, et, bien clos dans ta chambre,
D'un feu continuel fais la guerre à Décembre.
Oublie un peu la gloire et les soins de Thémis.
Assez de fois, Patru, ta fameuse éloquence
A sauvé la faible innocence
Des piéges de ses ennemis.

Pour moi, près d'un foyer étincelant de braise,
Je tâche à composer une œuvre qui te plaise;
C'est ce qu'à mes travaux je propose de prix :
Mais aussi quelquefois ma fidèle mémoire
Fait céder tout penser de gloire
Au doux penser de mon Iris.

Elle occupe en mon cœur toujours la même place;
Pour toute autre beauté mon cœur est tout de glace;
Mon Iris est toujours ce que j'aime le mieux.
Je me soumets sans peine au joug de cette belle;
Patru, je ne puis aimer qu'elle;
Elle seule plaît à mes yeux.

Malheureux que je suis! pourquoi l'ai-je perdue?
Que fais-je dans ces lieux, éloigné de sa vue,
Que traîner à regret des jours pleins de langueurs?
Qu'un amant est heureux, quelque mal qui le presse,
Quand il meurt pour une maîtresse,
Et lui peut dire : je me meurs!

ÉPITRE

A M. CASSANDRE

Cassandre, j'ai lu ton épître;
Car de vouloir nommer regître
Un gentil ouvrage de vers,
C'est parler un peu de travers:
Regître est un mot d'écritoire,
Haï des Filles de Mémoire.
Mais passons. Voudrais-tu savoir
Ce que je fais, matin et soir,
Depuis la fâcheuse journée
Que la perverse destinée

M'a fait voisin de Landreci?
Je ne manque pas de souci:
Toujours je crains pour la Champagne
Les rouges escadrons d'Espagne,
Et m'est avis que les Walons
Sont déjà dessus mes talons;
Mais je jure sainte Brigide,
Si devers nous ils tournent bride,
Que les drôles ne m'auront pas,
Si leurs chevaux ne vont bon pas;
Quelque sot attendrait ces drilles
Plus malfaisants que des chenilles.
Tu vois, par ce vaillant discours,
Que je me ressemble toujours,
Et que mon habit, cher Cassandre,
Ne cache pas un Alexandre.
Chacun a son humeur, dit-on,
La mienne est d'être un peu poltron;
Cela sied bien aux gens d'église.
Aussi j'ai pris pour ma devise:
Courir bien et partir à point
Sauve le moule du pourpoint.

STANCES

A MADEMOISELLE SERMENT

Chloris, je vous le dis toujours,
Ces faiseurs de pièces tragiques,
Ces chantres de gens héroïques
Ne chantent pas bien les amours.

De beaux mots leurs œuvres sont pleines,
Ils sont sages comme Catons,

Ils sont discrets pour les Hélènes,
Et muets pour les Jeannetons !

Tout ce qu'on nomme bagatelle
Déplaît à ces rares esprits;
On dirait qu'ils sont en querelle
Avec les Grâces et les Ris.

Pour moi qui hais la muse austère
Et la gravité de ses tons,
Je vous ai choisi, ma bergère,
Pour le sujet de mes chansons.

Au doux murmure des fontaines
Je mêlerai des airs si doux
Que les dieux des prés et des plaines
Deviendront amoureux de vous.

Mais gardez bien d'être infidèle
A votre fidèle berger;
Car, ma Chloris, pour être belle,
Il n'est pas permis de changer.

ÉPIGRAMME

Ami, je vois beaucoup de bien
Dans le parti qu'on me propose;
Mais toutefois ne pressons rien.
Prendre femme est étrange chose;
Il y faut penser mûrement.
Sages gens, en qui je me fie,
M'ont dit que c'est fait prudemment
Que d'y songer toute sa vie.

MONTREUIL

1620 — 1692

Quel Montreuil? me dit-on. Est-ce Jean de Montreuil, avocat au Parlement, qui fit, en 1606, un poëme de trois cents vers, intitulé *le Tombeau de M. Philippe des Portes?* Est-ce Bernardin, son second fils, qui écrivit beaucoup d'assez mauvais français sur du grec du Bas-Empire? Est-ce un autre Jean de Montreuil, fils aîné de Bernardin, ou bien est-ce son frère Mathieu? C'est celui-ci, puisqu'il nous faut un poëte. Quant à son frère, le second Jean, dont nous aurons à parler à cause de lui, c'est quelqu'un de l'Académie, comme on disait alors.

Il était facile de se perdre dans cette confusion des Montreuil. L'abbé d'Artigny [1] qui, avant nous, voulut la débrouiller, faillit ne pas s'y retrouver. « Voilà, dit-il comme soulagé, après avoir laborieusement dressé sa liste, voilà tous les Montreuil que j'ai pu découvrir. On voit qu'il est aisé de s'y tromper et de prendre l'un pour l'autre. »

On ne sait pas au juste en quel endroit ni à quelle époque naquit Mathieu de Montreuil; on pense toutefois que ce fut en Bretagne, vers 1620 [2]. Il fut abbé, mais seulement pour le bénéfice, ce qui ne l'empêcha pas d'avoir grand équipage [3], de porter fièrement l'épée [4], de courir les aventures, et surtout de faire l'amour. On trouve une passion à chaque coin de sa vie. Il voyagea beaucoup; or, quelqu'un l'a dit, « il changeoit de maîtresse comme de séjour [5]. » Il avait tout ce qu'il faut pour plaire partout : « Une physionomie revenante [6]; » de belles dents, auxquelles il tenait fort; de l'esprit qu'il gaspillait en pro-

[1] *Nouveau Mémoire d'histoire, de critique et de littérature*, 1752, in-8, tom. V, p. 230-233. — [2] Michault, *Mélanges historiques et philosophiques*, 1754, in-12, t. I, p. 87. — [3] Montreuil, *Œuvres*, p. 25, 82. — [4] *Id.*, p. 98-99. — [5] Michault. tom. I, p. 87. — [6] *Id.*, p. 90.

digne, mais non plus volontiers que son argent, « car sa volupté étoit d'un gros entretien [1]; » un vif désir de plaire et un grand talent pour se faire aimer, ce qui n'est pas, comme il l'a dit [2], « un mauvais signe qu'on est aimable; » puis voltigeant sur tout cela une étourderie de linotte, qui d'avance justifiait ses inconstances, en laissant croire qu'elles n'étaient que les oublis d'un distrait; beaucoup de cœur au fond, et du plus tendre, du plus sensible, ce qui l'eût rendu parfois bien malheureux, si son étourderie à tire-d'aile ne l'eût toujours sauvé. Il lui arrive de se dire triste, mélancolique [3], et il faut le croire. Sa mélancolie ne dura peut-être que le temps qu'il met à en parler, mais, tout ce temps-là du moins, elle est sincère. La meilleure preuve qu'il a vraiment du cœur en amour, c'est qu'il en demande à celles qu'il aime. Plus de bel esprit alors; il en oublie la langue du moment qu'il aime bien, et il supplie qu'on ne la lui parle pas. « Ne vous amusez plus, dit-il par exemple à une femme qui croyait devoir se mettre en de tels frais pour lui, ne vous amusez plus à m'écrire des lettres si belles. Quand elles ne viennent que de votre esprit, elles ne vont point à mon cœur [4]. »

Toute son histoire est dans ses amours. Que fait-il pendant la Fronde? Il aime. Il est pourtant déjà d'âge raisonnable; et il serait bon qu'en raison de son rang, il prît parti pour l'une ou l'autre cause. Ce ne sont point là ses affaires; il veut bien une fois, une seule, parler politique, et s'expliquer sur M. le Prince, qui, par ses façons de rebelle, gâte un peu sa gloire de vainqueur; mais il n'en écrit que quelques lignes à peine. Tout s'arrangera, il l'espère, et il se console ainsi. Sans l'espérance en effet, où en serait-on? « Il faudrait, dit-il [5], songer que nous pourrions manquer de pain. » Ce dernier point qui n'est pas sans importance, est pourtant au fond le moindre souci de Montreuil. Pourvu qu'on l'aime, il passera sur tout, même sur la famine. Ses amours sont à Paris, et les troubles, en occupant la curiosité des importuns, lui laissent, auprès de sa belle, les plus heureux loisirs; il aime donc la guerre civile, et ne craint rien tant que de la voir finir:

Toute la France a beau se plaindre, et désirer
Que la guerre finisse et qu'on quitte les armes.
En l'état misérable où m'ont réduit vos charmes
Il ne faut que cela pour me désespérer.

[1] Michault, tom. I, p. 88. — [2] Montreuil, *Œuvres*, p. 138. — [3] *Id.*, p. 11, 103. — [4] *Id.*, p. 103. — [5] *Id.*, p. 244.

En retardant la paix, c'est ma mort qu'on retarde.
Cette ville à mes yeux n'aura plus rien de doux.
Votre père importun n'ira plus à la garde,
Et moi, belle Philis, je n'irai plus chez vous.

C'était bien en effet pour contenter mes yeux,
Que dans votre balcon je vous demandais place;
Mais vous seule, Philis, me rendiez curieux,
Non le bourgeois armé, qui passe et qui repasse.

Quand on a vu deux fois filer dans une rue
Des gens et des chevaux, on en est bientôt las:
Mais vous, lorsqu'en un jour cent fois je vous ai vue,
Je songe que demain je ne vous verrai pas.

. . . .

A présent que je suis auprès de vos tisons,
Au seul bruit d'un tambour on court à la fenêtre;
Vos servantes, vos sœurs, tout vient à disparaître,
Et l'on n'écoute plus ce que nous nous disons.

Accuse qui voudra mon cœur de barbarie,
De pouvoir sans pitié voir tant de malheureux,
L'amour ne reconnaît ni parents, ni patrie;
Je ne suis pas cruel, mais je suis amoureux.

Qu'on pille dans les champs les maisons de ma mère,
Et que tous les fermiers ne lui payent plus rien,
Que m'importe cela? Philis, laissons-les faire,
Pourvu que vous m'aimiez, je n'ai que trop de bien.

Qu'on prenne nos convois, qu'on manque de farine,
Que le pain, hors de prix, augmente chaque jour,
Ce n'est pas mon souci; je crains peu la famine,
Je sais bien que mon sort est de mourir d'amour.

On ne sait de quelle maîtresse Montreuil parle dans ces vers. Il y a pour lui confusion d'amours, comme de pseudonymes. Mais c'est dans la magistrature qu'il semble avoir surtout promené ses bonnes fortunes. Celle qui compta le plus, du moins pour la durée, fut sa longue aventure avec la sénéchale de Rennes. Il la voyait en Bretagne, il la voyait à Paris; et le mari étant toujours là, les entraves continuelles de cet amour en expliquent la constance. Montreuil était toute passion, comme en rendirent témoignage les petits vers en grand nombre qu'il fit pour la sénéchale et que le libraire Sercy glana pour ses *Recueils*, sans dissimuler, en les publiant, le nom de l'adorateur ni celui de l'adorée. Plus tard, Montreuil rassembla lui-même toutes ces pièces éparses, débris d'un amour passé, mais il oublia le nom de celle qu'il avait aimée dans ces vers, et qu'il n'aimait plus. Toutes celles à qui son cœur était allé depuis purent croire que ces madrigaux, sans adresse, avaient été faits pour elles! L'erreur était d'autant plus facile, qu'il y est souvent parlé d'un mari importun, et que chacune de ces belles, courtisées par Montreuil, traînait cette gêne après soi. Il aima beaucoup dans les ménages. Après la sénéchale de Rennes, peut-être bien en même temps, il eut une liaison de cœur avec certaine dame restée inconnue, et dont, chose singulière, l'infidélité semble avoir devancé la sienne. Montreuil en fut piqué; il voyait bien que si on le quittait, ce n'était pas pour retourner au mari; il sentait un autre amour sous jeu : « Ou vous avez déjà un amant, lui écrivit-il, ou vous en ferez bien tost. Je connois la nature de ces choses-là. Quand on a une fois aimé bien tendrement, on aime toute sa vie; et quand on se voit le cœur vuide d'une belle passion, on la remplit d'une autre. Un mary ne va point jusque-là; l'amour d'un mary est trop tiède pour bien occuper cette place, surtout à une femme de votre humeur. Vous êtes de toutes les dames, que je connois la moins propre à faire l'amour en faisant votre devoir[1]. »

Madame Burin n'était pas de même; elle connut le devoir avant l'amour, et ce fut la faute du mari si l'un lui fit oublier l'autre. La manie de M. Burin, par malheur, était, si je puis parler ainsi, le *dilettantisme* du bel esprit; il sentait que sa femme en avait autant et plus que personne, mais à bas bruit, sans être connue; et, pour sa gloire, il lui tardait qu'elle le fût. A ce Candaule de la *préciosité* il fallait un Gigès; ce fut Montreuil. D'abord notre commis, — M. Burin n'était pas en effet autre chose près de M. Jérôme de Nouveau de Fromont, surintendant des postes[2], — mena sa femme chez Ninon. C'était, de prime saut, la faire entrer dans le grand jeu de la galanterie; elle tint bon, et, sincèrement vertueuse, elle sembla ne plus vouloir hanter le bel esprit qui se donnait une telle maison pour sanctuaire. Le mari ne se rebuta point; il introduisit chez lui ce que sa femme ne voulait pas aller chercher dehors : « Ce fut, dit Tallemant brusquant l'indiscrétion comme toujours[3], ce fut Burin qui mena Montreuil à sa femme, disant qu'il falloit attirer les gens d'esprit. Elle ne songeoit pas avant cela à la galanterie. » Ce qui veut dire que depuis elle y songea beaucoup. Qu'arriva-t-il en effet? « Peu de chose, écrit M. Paul Mantz, dans une excellente notice sur notre poëte[4]; Montreuil fut trop bien

[1] *Œuvres*, p. 13-14. — [2] Ch. Livet, *Dictionnaire des Précieuses*, t. II, p. 184. — [3] Tallemant, *Historiette de madame de Champie*. — [4] *L'Artiste*, 1849, p. 29.

reçu, et c'est justice! Il n'est pas mauvais qu'on démontre parfois aux maris complaisants que, pour les galantes escalades, les gens d'esprit, quoi qu'on dise, sont presque aussi dangereux que les imbéciles. »

Les hantises de Montreuil chez Burin, et le bon accueil que lui faisait la dame, ne furent bientôt plus un secret pour personne. Les vers qu'en étourdi, Montreuil laissa courir, achevèrent de révéler ce que ses visites avaient trahi. Ce fut bientôt chose si avérée que Somaize lui-même en parla dans son *Dictionnaire des Précieuses*[1], avec des réticences, il est vrai, mais faites de telle sorte que leur demi-jour éclaire toute la vérité. Voici l'article qu'il consacre à Montreuil dans son livre. Il l'appelle *Mitrane*, et le nom de *Bertraminde* déguise celui de madame Burin. « Mitrane, dit-il, est d'une profession qui semble estre attachée à la galanterie; aussi est-ce un fort galant homme. Il a un art tout particulier pour se faire estimer des dames; entre autres Bertraminde est une de celles dans la confidence de qui il a esté le plus avant; je ne voudrois pas dire qu'il en ait esté aimé, car je jure qu'il ne m'en a jamais fait confidence; mais je sçais bien qu'il a fait des vers fort touchants et fort estimez de tout le monde, que l'on disoit estre faits à ce sujet. Il réussit admirablement en matière de tendresse, et se tire à son honneur de tout ce qu'il entreprend dessus d'autres matières. » Si, touchant le dernier point, ce que dit Somaize est vrai, il serait prouvé une fois de plus que l'étourderie dans les manières ne nuit pas autant qu'on pourrait le croire au sérieux de l'esprit, et que la grande adresse est peut-être de concilier l'un avec l'autre, c'est-à-dire, comme l'a écrit Montesquieu, « d'être sage et de paraître fou. » Montreuil, à ce compte, avait au moins la moitié de la sagesse. Madame de Sévigné, qui le connut beaucoup, ne parle jamais de lui sans quelque mot sur son air éventé. Montreuil, dit-elle, par exemple, est douze fois plus étourdi qu'un hanneton. Tallemant n'en dit pas moins; l'on sait par lui que la folie de Montreuil servoit à le faire distinguer de ses frères : « Montreuil surnommé le fou, » écrit-il[2], et il ajoute « le fou de madame Burin. »

Folie et indiscrétion sont assez germaines; celle-ci se donne même d'autant plus de licence qu'elle espère que l'autre sera son excuse. Montreuil était donc un grand indiscret; il ne fallait lui confier, comme on dit, que les choses à perdre, et encore trouvait-il moyen quelquefois de perdre ce qu'on ne lui confiait pas. En 1646, Ménage, qu'il connaissait

[1] Édit. de Ch. Livet, tom. I, p. 152. — [2] Tallemant, *Historiette de Conrart.*

dejà, s'était donné le plaisir sournois d'une vive satire contre l'Académie française, qui tardait trop à lui ouvrir ses portes, et que, de cette façon, il se ferma pour toujours[1]. Cette satire était la *Requeste des Dictionnaires*[2]; il n'en parlait qu'à huis clos, et ne la lisait qu'à ses amis, sûr qu'elle parviendrait ainsi à se faire connaître des quarante tout juste autant qu'il fallait, et non davantage. Il comptait sans Montreuil. La bombe qui devait le servir en se contentant d'être menaçante, et le perdre en éclatant, fit explosion, et tout fut en effet perdu. Un jour Ménage écrivit tout effaré à son ami Trublé, à Grenoble : « La *Requeste des Dictionnaires* court par Paris depuis quelques jours; Girault me fait des serments horribles qu'il n'en a pas donné de copie. D'un autre costé je suis plus assuré de vostre fidélité que de la mienne propre. Mais, quoi qu'il en soit, la pièce est publique. Cela me fait plus de tort et m'attriste plus que je ne saurois vous dire[3]. » Qui donc avait fait le coup? Ménage le sut plus tard[4]; c'était Montreuil. Il avait un matin escroqué à ce pauvre Girault, qui avait en garde les papiers de Ménage, le manuscrit de la satire, et il en avait fait une copie qui en avait elle-même enfanté une foule d'autres. Le texte ainsi pris au vol ne pouvait être que fort défectueux. C'est ce dont Ménage s'affligea le plus, et ce qui l'obligea d'achever de tout compromettre. L'amour du purisme le fit indiscret contre lui-même : en 1649, pour avoir raison des mauvaises copies qui couraient partout, il publia le texte authentique, et de cette façon se déclara, ce que tout le monde savait, le véritable auteur.

Montreuil, de qui venait tout le mal, était pourtant, je l'ai dit, l'ami de Ménage, qui avait mis en *concetti* italiens plusieurs des madrigaux[5], et qui, sur sa recommandation, n'avait jamais compris dans ses épigrammes le frère de cet indiscret, Jean de Montreuil, fait académicien en ce même temps-là parce qu'il avait été ambassadeur. Tout cela méritait bien quelque reconnaissance; mais Montreuil fut ingrat, comme il avait été indiscret, par pure étourderie. On eût dit qu'il avait plaisir à prendre le contre-pied des choses. Par exemple, s'il jouait à Ménage, son ami, le mauvais tour que je viens de dire, il avait en revanche mille amitiés pour Despréaux qui, dans une satire, l'avait effleuré de la pointe

[1] *Recueil des factums de Feretiem*, édition de Ch. Asselineau, tom. III, p. 333. — [2] Elle a été imprimée avec des notes fort curieuses dans l'excellente édition des *Factums* que je viens de citer. — [3] Matter, *Lettres et pièces rares ou inédites*, 1846, in-8, p. 228. — [4] V. son *Anti-Baillet*. — [5] Montreuil, *Œuvres*, p. 451.

de sa griffe[1]. Il y gagna de n'être, il est vrai, attaqué qu'une fois, et de recevoir de Boileau lui-même ses œuvres sitôt qu'elles paraissaient[2].

Montreuil ne dirigea pas mieux sa fortune que sa conduite et ses amitiés. Après avoir mené grand train, s'être mêlé à des fêtes royales, telles que celles des négociations du mariage du jeune Louis XIV, dans l'île des Faisans[3], et avoir jeté dans ce gouffre de dispendieux plaisirs plus d'argent qu'il n'en pouvait disposer, il se vit obligé de recourir à la libéralité des Mécènes. Afin d'éviter les poursuites que les traitants, à certaines époques, n'avaient pas épargnées à son frère l'ambassadeur[4], il se fit parasite et quémandeur, puis finit même par se mettre aux gages des puissants. Dans la dédicace de son recueil à M. Molé, il ne craint pas d'avouer ce qu'il doit à ce conseiller du roi : « Mon dessein, écrit-il à la fin de sa très-révérencieuse épître, n'est pas de dire icy du bien de vous, mais de faire sçavoir à toute la France que vous m'en avez fait. Quoyque j'eusse desjà le nécessaire, la vie ne m'estoit pas trop agréable ; on n'est heureux que du superflu. » Le trouva-t-il chez l'évêque de Valence, ce singulier Daniel de Cosnac, qui fut son dernier patron ? Du moins, il y rencontra de l'esprit, des sujets d'indiscrétions, et des occasions d'aimer encore. N'était-ce pas le bonheur ? Aussi ne dut-il pas être trop regardant pour les gages. Il aima donc, mais non plus cependant avec les folles ivresses et l'abandon de son passé. L'âge avait pour lui transformé l'amour, et l'avait fait un peu tourner du doux à l'amer. « A vingt ans, dit-il dans une lettre de ce temps-là, je me contentois d'estre le maistre d'un cœur, à vingt-cinq j'ai voulu m'en faire le roy, aujourd'huy j'en suis devenu le tyran[5]. » En somme, ses vrais plaisirs alors furent la bonne chère pour lui et ses amis, quand quelques-uns, comme madame de Sévigné en octobre 1673[6], venaient faire un séjour plus ou moins long à Valence ; puis l'esprit surtout. Cosnac en avait tant, et Montreuil était si bien fait pour lui donner à point la réplique ! Une chose est regrettable, c'est qu'il n'est rien resté de ces spirituelles joutes. Cosnac ne nomme pas une seule fois Montreuil dans ses *Mémoires*, et Montreuil n'a pas rapporté un seul mot, ni raconté une seule aventure de Cosnac. C'est une perte que le premier biographe du prélat n'a pas manqué de déplorer. « Il est dommage, dit-il[7], que Montreuil, qu'il avait auprès de lui, n'ait pas ra-

[1] Satire VII, vers 83. — [2] Notes de Brossette sur le passage dont il s'agit ici. — [3] Il en a donné une très-curieuse relation, sous forme de lettre, *Œuvres*, p. 354. — [4] *Id.*, 1-2. — [5] *Id.*, p. 141. — [6] *Lettres*, édit. Lefèvre, in-12, t. II, p. 124-125. — [7] Cette notice est à la suite des *Mém. de Cosnac*, publiés par la *Soc. de l'Hist. de France*, t. II, p. 243.

massé toutes les choses vives et singulières dont sa conversation ordinaire et toute sa vie ont été remplies. »

En 1687, M. de Cosnac passa du siége de Valence à l'archevêché d'Aix. Montreuil l'y suivit et y mourut cinq ans après, en juillet 1692. Ce que nous avons dit suffit, je crois, pour bien faire connaître sa vie. Nous n'insisterons donc pas davantage, même sur ce qu'il a écrit : le poëte en lui, plus qu'en beaucoup d'autres du même temps, moins vrais et moins naïfs, ne fut qu'un reflet de l'homme. Avoir montré l'un, c'est avoir fait voir l'autre.

ÉDOUARD FOURNIER.

SONNET

Ne crains plus désormais, Tircis, que je soupire :
Mon bonheur a passé celui de mes rivaux,
J'ai bien des envieux, mais je n'ai point d'égaux ;
Et mon bien est si grand que je n'ose le dire.

Tu fus le confident de mon cruel martyre ;
Sache donc mes plaisirs, puisque tu sus mes maux.
Mon Iris, l'autre jour, paya tous les travaux
Que je souffris jamais sous son cruel empire.

La faveur que j'en eus eût contenté les dieux,
Elle eût charmé les cœurs les plus ambitieux ;
J'en demeurai surpris, mon âme en fut ravie.

J'en retiendrai toujours et le temps et le lieu ;
J'y songerai, Tircis, tout le temps de ma vie :
Elle me regarda quand je lui dis adieu.

STANCES

C'est un amant, ouvrez la porte ;
Il est plein d'amour et de foi.
Que faites-vous ? êtes-vous morte ?
Ou ne l'êtes-vous que pour moi ?

Si vous n'êtes pas éveillée,
Je ne veux point quitter ce lieu ;
Si vous n'êtes point habillée,
Que je vous voie, et puis, adieu !

Voulez-vous qu'ici je demeure
Demi-mort, tremblant et jaloux ?
Hélas ! s'il vous plaît que je meure,
Que ce soit au moins devant vous !

Quelque autre amant rempli de gloire
Me fait-il perdre ici mes pas ?
Je ne saurais vivre et le croire,
Et ne puis ne le croire pas.

Ha ! vous ouvrez, belle farouche ;
J'entends la clef, c'est votre voix !
O belle main, ô belle bouche,
Que je vous baise mille fois !

JEAN DE LA FONTAINE

1621 — 1695

Comme un dieu même de la poésie, appuyé sur ses ouvrages que le temps embellit sans cesse d'un éclat nouveau, sur ces ouvrages qui ont le don de faire encore des envieux après deux cents années de gloire, mais qui *sont pour eux d'airain, d'acier, de diamant*, La Fontaine offre ce spectacle inouï d'un homme de génie qui a pu réaliser complétement, et dans sa perfection absolue, l'œuvre qu'il avait rêvée. Accord du sentiment et de l'imagination, l'œil ouvert sur le monde visible et l'œil ouvert sur le monde idéal, invention inépuisable et féconde et talent d'artiste si accompli, qu'il devient exempt du procédé et de la manière et arrive à se dissimuler lui-même, La Fontaine a possédé tous les dons les plus rares et les plus exquis, le goût, la grâce, la force, la tendresse, le vif esprit qui tout à coup éclaire d'un jet le tableau, et l'habileté minutieuse qui en fait vivre les moindres détails; peintre, musicien, mosaïste inimitable; mais surtout et avant tout, il a été ce faiseur de miracles qui tire de son sein une creation durable; il a été le poëte. Y a-t-il un secret dans l'admiration universelle qu'inspire le chantre *des héros dont Ésope est le père?* Je dis universelle, et jamais ce mot ne fut plus justement appliqué, car il est de vérité élémentaire que les œuvres du fabuliste plaisent aux pauvres déshérités qui font profession de haïr l'art des vers, autant peut-être qu'elles ravissent les hommes de pensée et d'imagination. Il n'est pas rare de voir les sots se passionner pour un bel ouvrage, parce qu'ils s'attachent seulement aux exagérations et aux traits de mauvais goût qui le déparent; mais cette pâture grossière, jetée aux appétits de la foule, on ne la trouverait pas chez La Fontaine qui garde partout la noblesse et la sobriété du génie.

Que j'ai toujours haï les pensers du vulgaire!

s'écrie-t-il dans un mouvement sublime, et ce mot est d'autant plus beau qu'il a le droit de le prononcer sans forfanterie; non-seulement il hait les pensers du vulgaire, mais il ne pactise jamais avec lui; il le redoute, il l'éloigne, il s'en sépare violemment et ne se plaît que là où est sa place, dans la compagnie aristocratique des esprits supérieurs et des hautes pensées. Pourquoi donc plaît-il au vulgaire? Parce qu'il possède au degré le plus éminent un don à l'intelligence duquel la foule a toujours été accessible, le don de la comédie et du drame. Voyez-le tel qu'il est et comme il se peint lui-même,

. . . . Faisant de cet ouvrage
Une ample comédie à cent actes divers,
Et dont la scène est l'univers.
Hommes, dieux, animaux, tout y fait quelque rôle,
Jupiter comme un autre. . . . .

L'erreur de bien des critiques a été d'entendre ces vers au sens figuré, lorsqu'il faut les lire tout à fait dans le sens propre et au pied de la lettre. Dans les âges modernes, quand le temps des épopées est fini, tout grand poëte contient nécessairement un dramatiste. Si l'ineptie ou les préjugés de ses contemporains l'empêchent d'écrire son drame pour le théâtre, il l'écrit pour le livre, mais en tout cas il fera vivre et remuer des personnages, avec leurs passions, avec leurs vices, avec leurs ridicules, et il donnera l'homme avide et rusé en pâture à lui-même. Avec cet instinct prime-sautier qui voit de haut et tout de suite, La Fontaine devina que l'instrument de la poésie moderne serait le mélange du style dramatique et lyrique; ce mélange, il l'a fait avec la puissance de l'ouvrier qui amalgame les durs métaux, et, dans la réalité, il a été le premier poëte romantique et actuel. Il fait mouvoir ses acteurs, mais en même temps, avec le son, avec la couleur, il traduit la nature agitée et mélodieuse, il ouvre des perspectives sur l'âme et sur l'infini; son théâtre a toujours ce qui manque parfois à celui de Racine et de Molière, une fenêtre ouverte sur le ciel. Quant à ses personnages, que sont-ils? Rien qu'au dégoût et au désappointement douloureux qui nous saisit quand nous entendons des critiques superficiels relever chez La Fontaine les erreurs d'histoire naturelle, et telle hérésie à propos des mœurs bien connues d'un animal, nous comprenons bien que le monarque lion, le vieux chat rusé, le compère loup, la couleuvre qui reproche si justement à l'homme son ingratitude, et la mouche du coche et l'agneau égorgé au bord d'une onde pure, ne sont pas des animaux réels, car le premier mot d'un tel reproche nous frappe comme une sottise *réaliste*, aussi lourde que le pavé de l'ours. Sont-ils des hommes en chair et en os? Le renard signifie-t-il tout bonnement un intrigant rusé et le lion un monarque sanguinaire? Alors pourquoi la brutale mascarade, imaginée par Grandville, aurait-elle blessé si cruellement les âmes délicates? C'est qu'en effet les personnages des fables ne sont ni des animaux, ni des hommes, mais des masques bouffons et comiques. Ils vivent au même titre qu'Arlequin, Scapin, Mascarille et Dorante, aussi naïvement dépravés que les animaux, aussi humains que l'âme humaine elle-même; leur modèle est partout, mais il n'est nulle part aussi, et en voulant les matérialiser, on les dépouille de leur vie immortelle. Mettre en cause La Fontaine, parce que, chez lui, le rat ou la belette ne se gouverne pas absolument comme chez Buffon, c'est justement comme si quelque pédant, l'histoire grecque à la main, venait accuser Shakspeare d'avoir tronqué Thésée dans *le Songe d'une nuit d'été*, et de n'avoir pas représenté au naturel le vainqueur de Cercyon et de Sinnis. D'autre part, faire de cette adorable troupe comique si folle, spirituelle et agile, des hommes lourdement empêtrés dans la vie brutale, n'est-ce pas s'en tirer par une explication mille fois trop simple, car en quelques vers le même personnage change dix fois d'allure, ondoyant et complexe comme le génie même de La Fontaine? Si je me laisse aller à l'illusion de sa voix humaine, c'est alors que tout à coup il me montre son mufle d'animal, avide ou narquois, et semble me dire : Ne cherche pas plus longtemps, je suis un personnage de fable, pas autre chose, une marionnette comique dont le génie tient les fils. D'ailleurs, comment voir une simple comédie humaine dans ce théâtre enchanté où tout vit, la forêt, la source et l'étoile, où un insecte peut tenir en échec Jupiter et où le chêne parle au roseau d'une voix si éloquente?

Mais si je m'attaque, à propos de La Fontaine, aux jugements stéréotypés et aux opinions toutes faites, par où commencerais-je? et comment pourrais-je me contenter de l'espace réservé à cette courte notice? A propos du fabuliste, l'aimable mot naïveté vient tout de suite sous la plume. Il est très-vrai qu'il arrive à la naïveté à force d'art; mais de là, mille écrivains ont conclu que La Fontaine était un homme naïf, s'ignorant lui-même et produisant ses fables à la grâce de Dieu, comme un champ produit des coquelicots et des pâquerettes. Ce n'est pas là-dessus, hélas! qu'on trompera un versificateur de profession, qui peut apprécier les formidables efforts qu'a demandés la création du *vers libre*, où le lecteur vulgaire ne voit qu'une succession de vers inégaux assemblés. sans règle et au caprice du poëte! Cette fusion intime de tous les rhythmes, où le vêtement de la pensée change avec la pensée elle-même, et qu'harmonise la force inouïe du mouvement, c'est le dernier mot de l'art le plus savant et le plus compliqué, et la seule vue de difficultés pareilles donne le vertige. D'ailleurs, comme La Fontaine avait créé son instrument, il l'a emporté avec lui; tous ceux de ses prétendus successeurs qui ont cru se servir du *vers libre* nous ont donné un chaos risible et puéril; non-seulement ils en ignoraient l'esprit, l'allure, le mouvement harmonieux et rapide, mais ils n'en ont même pas compris le mécanisme. La Fontaine ignorant de lui-même! lui pour qui l'apologue est un don qui vient des immortels, lui qui s'écrie avec une juste conscience de sa grandeur:

Grâce aux filles de Mémoire,
J'ai chanté les animaux;
Peut-être d'autres héros
M'auraient acquis moins de gloire.
Le loup, en langue des dieux,
Parle au chien dans mes ouvrages.

Quelle astuce, quelle fermeté, quelle volonté inébranlable ne fallut-il pas à La Fontaine pour jouer toute sa vie un rôle, pour faire croire à tous et pour laisser croire à ses meilleurs amis qu'il était original faute de pouvoir faire mieux, et pour accepter le reproche de sa prétendue incorrection! Mais ne luttait-il pas seul contre une mer démesurée qui allait ensevelir tout le passé, l'esprit français, le moyen âge, Marot, Rabelais, Ronsard lui-même et tout ce XVIe siècle que, pareil à Camoëns, La Fontaine tenait élevé dans sa main, combattant de l'autre le flot envahissant! Sans doute il portait seul la destinée de nos conteurs, de nos poëtes épiques, de toute notre vieille France, et à la même heure il est le seul fils légitime d'Homère, car lui seul écrivait en ce temps-là *le Lion terreur des forêts, le Héron au long bec, Phébus aux crins dorés*, mêlant au style familier la grande épithète homérique, et donnant ces grands vers moulés d'un seul jet qui ne furent retrouvés que deux cents ans plus tard, tels que: *La femme du lion mourut*, ou *Nous ne conversons plus qu'avec des ours affreux!* Ni Racine, ni Boileau n'auraient fait dire à Progné: *Depuis le temps de Thrace,* car ils demandaient aux tragédies le sens de l'antiquité que La Fontaine va chercher à la source même, à la grande source épique. Mais qui peut relire *le Loup et l'Agneau*, *les Deux Amis*, *le Chêne* et *le Roseau*, *le Paysan du Danube*, sans être touché du côté grandiose qui domine chez La Fontaine, et n'est-on pas tenté d'appliquer à son œuvre même le portrait de l'arbre démesuré,

> . . . . . De qui la tête au ciel était voisine,
> Et dont les pieds touchaient à l'empire des morts.

Poëte, il le fut, non pas dans son œuvre seulement, mais dans sa vie, se refusant à toute chaîne, n'acceptant aucun devoir sinon envers la Muse, car il comprenait qu'il lui devait chaque souffle de sa respiration et chaque goutte de son sang, n'approchant de chez les rois qu'avec répugnance, et mendiant plutôt que de vivre, car La Fontaine chez Madame de La Sablière ou chez Hervart, c'est encore la besace et le bâton d'Homère. S'il peut adresser au Dauphin, à un enfant dont la grâce le charme, ces admirables dédicaces qui resteront comme des modèles de louange et d'élégance, s'il trouve *les Nymphes de Vaux,* cette élégie en pleurs, pour Fouquet abattu, et s'il écrit des contes nouveaux pour le petit nez retroussé de la duchesse de Bouillon, en revanche, ni les instances de madame de Montespan, ni celles de madame de Thianges ne peuvent le rapprocher du grand roi. On a accusé, on accuse encore La Fontaine de basse flatterie; est-il possible que quelqu'un ait sincèrement méconnu la sombre ironie et la résignation désespérée qui se cachent si mal sous la flatterie de commande? Ainsi Hésiode et Homère flattent les dieux implacables, persécuteurs des malheureux mortels voués aux souffrances et à la mort; ainsi La Fontaine lui-même flatte le pouvoir souverain, *ne pouvant l'attaquer avec le bras d'Hercule,* mais n'entendez-vous pas le cri de sa haine dans ces paroles amères:

> Les grands se font honneur alors qu'ils nous font grâce,
> Jadis l'Olympe et le Parnasse
> Étaient frères et bons amis.

Ce mont sacré, coupé de sources vives, où les Muses étaient les égales des dieux, La Fontaine le voit sans cesse, et s'il flatte, c'est comme un de ces rois d'Homère, exilés et mendiants, qui se souviennent du trône en s'inclinant devant un seuil étranger. Louis XIV, lui, ne s'y trompa jamais, et ce n'est pas par hasard qu'il se faisait le protecteur de Boileau contre La Fontaine. Tous deux, le roi et le poëte, avaient un instinct vif et sûr de leur personnage; pour Louis, le fabuliste était l'incarnation de l'aristocratie populaire du génie; pour La Fontaine, le roi-soleil sur son trône pompeux était l'ennemi né et nécessaire de la pensée, l'admirateur de Voiture et des ballets royaux, malgré son apparente prédilection pour Molière et Racine. Il en est de l'égoïsme de La Fontaine comme de ses flatteries : voyez, dit-on, comme il proclame le règne de la force, la toute-puisssance de l'or, la nécessité pour le petit de se faire humble et de se soumettre! Oui, sans doute, en apparence du moins, l'or et la force gouvernent le monde; La Fontaine savait bien qu'il y a, savait bien qu'il possédait lui-même une arme plus puissante que celles-là; mais si naïf qu'on ait voulu faire le bonhomme, il eût été par trop naïf de dire crûment son arrière-pensée. Pour juger son cœur, il faut relire encore la fable des *Deux amis* et l'épilogue des *Deux Pigeons*, ce morceau inouï de grâce et de tendresse, qui remplit nos yeux de larmes si douces, cet élan où l'enthousiasme de l'amour arrive à la grandeur d'un culte. Mais, quoi! il faut relire au hasard; il n'est pas une fable de La Fontaine qui ne vous donne le sentiment de la présence d'un ami. Certes le fabuliste a trop connu les hommes pour les estimer beaucoup, ou du moins pour les croire conformes au faux idéal que perpétue inexorablement l'hypocrisie humaine; mais il les plaint, mais il les aime, mais il est indulgent à tous les entraînements et à toutes les faiblesses. Il louait, et avec quelle délicatesse! *le Livre des Maximes*, ce canal dont la beauté nous attire et nous force à regarder notre image. Dans ses fables aussi, dans ce grand fleuve enchanté, notre image nous apparaît, mais non pas enlaidie et forcée, comme par le cruel moraliste. Comme ceux de La Rochefoucauld, les acteurs de sa comédie sont gloutons, peureux, avides, égoïstes, mais avec gaieté, avec bonne humeur, tout naïvement; ce sont des marionnettes vicieuses, non pas des marionnettes scélérates comme celles de son voisin. Après avoir lu le livre des *Maximes*, on est tenté de faire comme Alceste, de rompre en visière à tout le genre humain; en quittant le livre des fables, nous sommes entraînés malgré nous à jeter les yeux sur la besace de derrière pour y voir un peu nos défauts, après avoir complaisamment regardé les défauts d'autrui dans la besace de devant. L'un est un maître qui nous châtie, l'autre un père qui nous aime et à qui nous sommes reconnaissants de nous avoir réprimandés, car il mêle toujours à ses leçons un sourire ou une larme. Il aime tant le petit, le pauvre, le faible! Il est si bien pour l'escarbot contre l'aigle, pour le moucheron contre le lion; et quel attendrissement dans ce brin d'herbe jeté par la colombe pour sauver une fourmi!

Voici le théâtre, un théâtre où le rideau ne se lève jamais, et où il est toujours levé sur le décor vaste, immense, infini, varié, contenant le champ, la maison, la rivière, la forêt, le buisson touffu, le ciel même, le logis de Jean Lapin comme celui de Jupiter, la caverne du prince brigand et la maison de l'homme, car chacun ici jouera son rôle au naturel, le monarque convoquant ses sujets pour les croquer à belles dents en cet antre où l'on entre si bien et d'où l'on sort si peu, le courtisan au museau pointu conseillant la robe de chambre sanglante, le héron faisant fi d'un maigre dîner, le loup préférant la solitude affamée au cou pelé du chien courtisan, le paysan du Danube cachant sous sa ceinture de joncs marins un cœur où vit le souffle des dieux, la fille dédaignant mille partis pour épouser un malotru, l'ami offrant sa bourse, son épée et son esclave, et le pigeon parlant de fidèles amours avec une voix si élégiaque, si douce! Ainsi, sous les yeux des filles de Mémoire, tous parleront, agiront, comme dans le rêve visible de la vie, chacun avec le langage de son état, de sa condition, de son allure, tigres, mouches, grenouilles, même les objets inanimés, même ceux où s'éveille à peine une âme indécise, la lime d'acier comme le peuplier et le roseau, tous les êtres, toutes les choses auxquels l'éternel mouvement de la matière a imposé une forme; toutes les voix seront traduites et aussi le silencieux murmure qui s'élève de la création emprisonnée. Mais par quel art, par quelle méthode d'induction le poëte devinera-t-il la pensée qui s'agite sous l'écorce des pierres, sous le flot des sources, et même dans l'âme vague de ces agiles comédiens, singes, léopards, tortues opiniâtres, ânes résignés et doux, coursiers aux flottantes crinières? Quelle ruse l'introduira dans le conseil tenu par les rats et dans la discussion des grenouilles? Quel historien, quel naturaliste lui apprendra quels animaux sont poëtes, guerriers, marchands, industriels, artisans, artistes, saltimbanques, comment ils débattent leurs intérêts entre eux, passent des marchés, exécutent et violent des conventions, comme ils naissent, comme ils se marient, comme ils meurent et comme ils parlent aux dieux et aux hommes? Nul naturaliste. Buffon a décrit magnifiquement les bêtes, mais il ne sait rien de leurs affaires, et s'il avait quelque arrangement à conclure avec messire loup ou avec dame Belette, il serait incapable de s'en tirer tout seul. La Fontaine, lui, a vécu dans l'intimité de ces êtres; animaux paysans et laboureurs, animaux ducs et chefs d'armée, animaux vivant de travail ou de rapine, il sait leurs mœurs, leurs coutumes, le langage de leurs professions diverses. Et par quel miracle? En vertu de ce génie d'observation qui nous fait saisir des analogies sans nombre entre les facultés de l'âme et l'expression des sentiments et des passions par la mimique. Si l'homme avare affecte tel geste, tel animal qui reproduit le même geste sera un avare; de même pour le héros, pour le courtisan, pour le bouffon, pour l'hypocrite; l'attitude, l'expression du visage indique et définit une âme dont le poëte s'empare. Tel est le syllogisme qui répond à toutes les nécessités, et qui tout de suite crée un monde. Et qui en doute? rien qu'en jugeant ses comédiens par leur pantomime, le poëte se trompera moins souvent que le classificateur en manchettes; à coup sûr, il n'accueillera pas les historiettes d'Androclès et du lion de Florence. Les animaux ont des gestes humains, des expressions humaines; donc, en l'appliquant aux exigences de leur vie, ils ont le droit de parler le langage des hommes. D'autre part, l'homme, si souvent, si profondément bestial, l'homme, chez qui parfois apparaissent par éclairs la crinière lumineuse du lion, le sourire rusé du renard, le fin museau du rat, l'œil du bœuf majestueux et stupide, l'homme peut, sans déroger, parler avec les bêtes et comme les bêtes; de même il peut parler à la nature, comme lui captive, comme lui affamée de lumière et d'azur, au ruisseau qui veut boire le ciel, à l'arbre qui lève vers l'azur ses bras éperdus, à la pierre qui voudrait se mouvoir, à la fleur qui ouvre sa corolle comme une lèvre avide. Ainsi, par un éclatant miracle, l'harmonie s'établit entre les créatures humaines et les créatures bestiales; elle enveloppe même les personnages qui sont le décor, l'arbre, le rocher, le fleuve, la nature sans cesse débordante de vie, brisée de douleur, ivre d'amour; et l'enchantement sera complet quand le poëte, quand le magicien implacable y aura fait entrer la personnalité divine. Pour cela, un seul moyen, faute duquel la chaîne serait rompue. Le poëte, chrétien convaincu et fervent, gardera sa religion dans le sanctuaire de sa pensée; à cet océan de vérité il prendra seulement la haine de l'injustice, l'amour des faibles, le respect du devoir et du sacrifice; pour tout le reste, et de par son droit de créateur, il sera païen et franchement païen. En toute poésie bien construite, les dieux grecs sont les seuls dieux possibles du poëte; jeunes, beaux, rayonnants de joie, livrant au vent du ciel leurs chevelures ambroisiennes, couverts de crimes et d'incestes, braves, jaloux, vindicatifs, héroïques, ils ont tout de l'homme et tout de la bête féroce; ils sont les parents du serpent et du lion, comme ils sont les parents de la race humaine, et, de droit, ils entrent dans la fable en vertu de la loi souveraine qui proportionne l'un à l'autre les éléments d'une création artistique. Ce que fit La Fontaine donnant aux plantes, à l'homme, aux dieux une âme commune, l'antiquité l'avait fait, célébrant chez la reine des immortels des yeux de génisse, cachant des divinités sous la chair des arbres plaintifs, et sur le bord des eaux mélodieuses unissant la femme et le cygne, ces deux chefs-d'œuvre de la grâce idéale. De celui qui tient la foudre au vermisseau le plus chétif, la chaîne se tient, pas un anneau n'est brisé. Après les peintres et les poëtes de la Renaissance, La Fontaine, en son drame universel, affirme cet immense hyménée de toutes choses, et la science moderne lui donne raison. Son rhythme, ce bronze inouï produit par la fusion et l'amalgame de tous les métaux poétiques, son rhythme, ce prétendu vers libre, résultat de calculs prodigieux, et où les esprits superficiels voient l'effet du hasard, est le portrait même de son univers, où toute molécule matérielle et divine est entraînée dans le même tourbillon de vie. Il est son, couleur, mouvement, rire et sanglot; l'ode, l'épître, l'épopée, le conte, broyés et mêlés ensemble par une main de diamant, donnent une langue nouvelle, infinie, à la fois vraie, idéale et fugitive, qui est la comédie vivante et lyrique; cette langue, la même! c'est celle des dieux assis sur les nuées et celle de la grenouille qui coasse au fond des marais; l'hysope la peut parler comme le cèdre, et elle convient aussi à l'homme qui porte comme les forêts une chevelure, et qui conquiert comme un dieu les mondes et les étoiles. Bonhomme s'il en fut, le montreur de ce spectacle, où tout est représenté, renvoie naïvement les images qui se sont reflétées en lui, et il atteste qu'un homme de génie peut, sans en être ni troublé, ni orgueilleux, contenir l'univers entier dans son cerveau et tout entier, le reproduire avec la parole, qui est plus grande à elle seule que la création monstrueuse. N'est-il pas un Gaulois, comme ce Rabelais qui a eu l'étoffe de dix Homères, et qui dans la paume de sa main de géant fait jouer les Olympes et leurs habitants, comme de petits acteurs sculptés par caprice? Il est Gaulois, et il en profitera pour garder le masque naïf et railleur, pour ne s'embarquer ni dans les grands mots, ni dans les grandes phrases, pour rester gai comme l'alouette, fin comme la vigne poussée en pleine pierre à fusil, spirituel comme on est forcé de l'être quand on se voit depuis cinq cents ans ruiné par la dîme et par la gabelle, berné par le curé et par le seigneur, roué par le juge qui toujours avale l'huître et toujours vous tend gravement la même écaille, sans avoir autre chose pour se consoler qu'un petit bout de chanson! Cette petite chanson de la France, c'est ce qui fait la loi au monde entier, c'est ce qui enfante le présent et l'avenir; mieux que personne La Fontaine l'a entendue, mieux que personne il l'a chantée d'une voix attendrie, narquoise, héroïque et doucement enfantine, et c'est la même que ses petits-fils fredonnent encore au bruit de l'orage et au bruit tumultueux du tambour! Enfin, La Fontaine a été le poëte même et l'esprit même de cette France qui ne veut pas être poëte; il a su unir les deux natures dans la suprême divinité du génie.

La liste des auteurs dans lesquels La Fontaine a puisé les sujets de ses fables contient près de cent noms, les poëtes de l'univers entier, toutes les contrées et tous les âges, l'*Iliade* et les *Mille et une Nuits*, Bonaventure Desperiers et Louise Labé, Bidpay et Regnier, Denys d'Halicarnasse et Rabelais; elle va d'Hésiode à Guichardin en passant par Tabarin et Grattelard. On voit que La Fontaine prenait son bien où il le trouvait, et qu'il le trouvait partout, comme dans la maison même de Phèdre ou d'Ésope. En cela, La Fontaine a montré, une fois pour toutes, qu'il comprenait le rôle du poëte, et qu'il savait à quoi s'en tenir sur ce qu'on nomme l'invention. On ne trouve pas, on n'invente pas de sujets; les mêmes ont servi depuis le commencement et serviront jusqu'à la fin du monde. Tout au plus appartiennent-ils à celui qui sait les revêtir d'une forme victorieuse et définitive, au Dante, qui résume les épopées antérieures à la sienne, au Gœthe, qui dérobe le docteur Faust aux marionnettes de la foire, au Molière, qui prend des farces de tréteau et de grand chemin et qui en fait *les Fourberies de Scapin* et *Sganarelle*. L'invention, c'est le tour des pensées, c'est la vie des personnages, ce sont ces traits qui peignent, qui jugent, qui ravissent; c'est cette personnalité du poëte, éclatant d'autant plus qu'il s'efface mieux derrière ses personnages: c'est cette puissance de création et d'incarnation qui rend La Fontaine inimitable. Qu'on retrouve quatre vers inédits de La Fontaine, tout le monde en nommera l'auteur du premier coup, et aucun pastiche ne pourra supporter une seule minute la comparaison. De ce que l'expression est toujours naturelle et vraie dans les fables, de ce que la justesse, le rapport exact de la pensée avec le mot y établissent une merveilleuse harmonie, on a dit bien à tort qu'elle est toujours simple; au contraire, elle est souvent grandiose, épique, parfois lyrique ou élégiaque, essentiellement variée; mais tous ces tons divers sont fondus avec une puissance qui fait illusion. Le poëte héroïque d'*Adonis* et de la *Captivité de Saint-Malo* se retrouve partout dans les fables, et on y revoit sans cesse l'écrivain fécond qui dans tant de poëmes, d'élégies, de ballades, suffisants pour la gloire de vingt poëtes, fait résonner d'une main émue et si hardie les cordes les plus héroïques, les plus tendres, les plus passionnées de la lyre. Mais plutôt que de restituer aux fables leur vrai caractère, on a mieux aimé oublier ou dédaigner ces ouvrages remplis d'éclatantes beautés, qui font pâlir, malgré tout, la renommée des fables, lumineuse comme le soleil. Apollon s'ennuie sur le Parnasse, dans la verdoyante vallée de Phocide où la fontaine Castalie murmure son chant de cristal, et, pour se distraire, il veut entendre une histoire d'amour racontée en beaux vers; mais, par le plus adorable et le plus excessif raffinement d'esprit, il veut que chacune des neuf Muses lui dise à son tour ce même conte: Clio, tenant à la main son clairon hardi, Melpomène armée du poignard, Thalie au brodequin d'or, Uranie couronnée d'étoiles, Érato possédée du démon lyrique, et toutes leurs sœurs, chacune selon l'habitude de son génie, et Terpsichore elle-même arrêtera le vol de ses petits pieds bondissants pour se mêler à ce tournoi du bien dire et aux jeux de cette divine cour d'amour. Recommencer neuf fois le même récit! est-il possible d'imaginer un problème littéraire plus audacieux, plus effroyable à résoudre? et quel autre que La Fontaine eût osé le rêver? Il est tout entier dans une pareille conception; et je sais plus d'un grand poëte qui, après lui, l'a mesurée en frémissant et qui a senti son cœur faiblir devant la tâche démesurée. Eh! bien, ce chef-d'œuvre accompli avec un bonheur et une science dignes de l'entreprise, ce rare diamant aux facettes étincelantes, c'est... *Clymène*, une comédie reléguée, inconnue, oubliée dans les œuvres diverses du fabuliste, *Clymène*, où se trouve ce vers digne des temps héroïques:

Portez-en quelque chose à l'oreille des dieux!

Comédie, écrit La Fontaine, et *Clymène* est en effet une comédie, mais de celles qui sont faites pour être jouées devant un parterre de princesses et de poëtes, dans un décor de verdure fleurie, avec une rampe de lucioles et d'étoiles autour de laquelle voltige le chœur aérien des fées dans les blancs rayons de lune. O la ravissante surprise de voir Thalie et Melpomène en personne devenir des comédiennes, contrefaisant celle-ci Clymène et celle-là Acanthe sur le tréteau élevé en plein Parnasse, à deux pas de l'Hippocrène, Melpomène et Thalie se mettant du rouge parfumé d'ambroisie, et interrogeant d'un pied impatient quelque souffleur divin, Silène peut-être ou le dieu Pan, caché dans une boîte de rocher! Pour moi, je ne me sens pas de joie quand le terrible dieu de Claros prie Clio de chanter à son tour l'héroïne Clymène en une ballade à la manière de Marot :

> Montez jusqu'à Marot et point par delà lui,
> Même son tour suffit. . . . .

Il suffit en effet, et plût aux dieux que nous pussions monter jusqu'à lui! Au temps où La Fontaine créait ces enchantements, pour lesquels Louis XIV ne prêta pas les bosquets et les eaux jaillissantes de Versailles, les mots de fantaisie et de poëte fantaisiste n'étaient pas inventés.

> Diversité, c'est ma devise,

se bornait à dire le magicien qui, non content d'avoir créé pour ses fables une langue lyrique plus sonore et plus diverse que le cours ondoyant des fleuves, ressuscitait le rondeau, le dizain, la ballade amoureuse, volait Boccace à l'Italie pour en faire un poëte bien français, et transformait les récits du *Décameron* en ces contes franchement gaulois où avaient tenu déjà l'Arioste, Rabelais et les *Cent Nouvelles Nouvelles*. Ces contes, ornement et gloire de notre langue, a-t-on pu avec justice les condamner au nom de la morale? Pour moi, mauvais juge en ces matières, il me semble qu'ils doivent être absous pour l'art de conter avec charme, pour le style naturel et sain, pour l'esprit familier dont ils débordent. Plaisanteries un peu vives contre les « nonnes, » gaillardises un peu lestes, tout cela est dit gaiement, délicatement, sans malice, et n'attaque sérieusement ni la vertu, ni le bon Dieu. C'est le dernier écho du moyen âge, la dernière satire de Jacques Bonhomme un peu animé contre son seigneur et contre son évêque : au demeurant le meilleur fils du monde. En ces contes surtout abondent ce qu'on a appelé les négligences de La Fontaine; regardez-y d'un peu près, ces négligences si obstinément reprochées n'existent pas; les apparentes défaillances du style et de la rime ne sont qu'un art de plus, art si subtil qu'il trompe complétement les faux connaisseurs, les critiques de demi-science. Ayant à parcourir en ses descriptions un immense clavier de sentiments et de passions, il a ajouté des cordes à sa lyre, voulant une langue qui répondît à toutes les nécessités de son inspiration, et faisant de la rime non pas un grelot sonore et toujours le même, mais une note variée à l'infini, dont le chant augmente d'éclat et d'intensité selon ce qu'elle doit peindre et selon l'effet qu'elle doit produire. La rime de La Fontaine est comme une muse dansante qui suit et accompagne le chant du poëte, changeant d'instrument selon les exigences de la pensée, tantôt prenant le sistre ou le luth, ou la simple flûte de roseau, tantôt faisant résonner le tambourin ou les crotales d'or.

Les contes de La Fontaine! Ces cinq mots réunis sont arrivés à constituer une formule magique, une sorte de phrase enchantée qui représente à notre esprit quelque chose comme la parole devant laquelle s'ouvrent les portes d'airain des cavernes remplies de trésors, de riches étoffes et de pierres précieuses? Eût-il été juste d'anéantir en leur temps ces trésors et de refermer à jamais sur eux la porte de bronze? Si les contes n'avaient pas gagné leur procès à force de génie et à force de joie, il faudrait leur pardonner encore pour *le Faucon* et pour *la Courtisane amoureuse*, deux histoires d'amour qu'on relira tant que les langues humaines existeront, et tant que l'amour sera le supplice et la félicité des mortels. Si quelqu'un sait des sacrifices plus attendrissants que le sacrifice de Fédéric et que l'humiliation de Constance, si quelqu'un sait de plus beaux discours que le discours de Constance à Camille et que celui de Fédéric à Clitie, que celui-là mette le feu aux contes de La Fontaine et nous n'aurons rien à regretter! Quand je songe à toutes les douces larmes que ces deux contes ont arrachées à tous les grands cœurs, je me sens plein de respect et de reconnaissance pour le grand poëte qui les a écrites. Quant à la langue, quant à l'art de conter, quant au divin tissu de ces deux chefs-d'œuvre, qu'en dire? Ici la passion monte à l'héroïsme, et pourtant ce n'est pas seulement de l'admiration qu'inspirent les deux femmes immortelles, c'est de l'amour, de l'amour passionné et chevaleresque. Toujours les jeunes hommes de vingt ans apporteront leur cœur à ces divines créatures, toujours ils serviront Clitie assise à table et ils laisseront tomber des pleurs brûlants sur les pieds nus de Constance. Constance! la nuit où ses amers sanglots lui rendirent le printemps de son âme, l'aurore qui la vit pardonnée et triomphante, dureront autant que le monde, et les pâles roses de ses joues ne peuvent plus mourir. Ne serait-il pas au premier rang parmi tous, le poëte de la courtisane amoureuse, lors même qu'il n'eût pas imaginé une de ses fables? Et, sans un seul mot de description, que Constance et Clitie sont belles! Cette Constance, comme on voit bien son noble visage digne de ses habits,

> Corps piqué d'or, garnitures de prix,
> Ajustement de princesse et de reine.

Et que de choses ont été entrevues à l'éclair de ce poignard avec lequel la pauvrette coupe sans regrets ces habits *que le sexe aime plus que sa vie*. Non, rien de plus beau que ces héroïnes dont La Fontaine ne nous a pas décrit ni détaillé le visage! mais cela, le don de créer la beauté avec une parole, les vieilles fées gauloises l'en avaient doué dans son berceau, car la duchesse de Bouillon et Madame de La Sablière ne nous apparaissent-elles pas dans toute la splendeur d'une apothéose, parce que La Fontaine écrit leur nom en tête d'un livre de contes ou de fables? Iris, comme Sévigné, nous sourit ainsi que le poëte l'a voulu sous les traits d'une déesse, et quant à lui, fils d'Homère et de l'antiquité sacrée, peintre de son temps et de tous les temps, père des poëtes qui viendront, ami de quiconque sentira son cœur battre pour l'amour et pour l'amitié sainte, de quiconque sent en lui une étincelle du bien et du beau, il sourit comme ses déesses en regardant son œuvre, une immense campagne verte, coupée d'eau murmurante, où la troupe des animaux et des hommes joue sa comédie aux cent actes divers, tandis que par une échappée apparaît le sacré vallon avec les Muses, les Nymphes demi-nues et le dieu même du vert laurier prêtant l'oreille à quelque chant de Daphné ou de Clymène, dont les accents font tressaillir les cordes amoureuses de la grande lyre. Et si, malgré l'ineffable douceur de ses yeux, la fine lèvre du fabuliste se relève encore avec une expression narquoise, c'est parce que le drame des *Animaux malades de la Peste* continue à être représenté dans un coin du tableau, à la grande satisfaction de la foule, qui n'a pas de pitié pour le martyre des ânes. Cet ironique sourire, c'est la vengeance des animaux contre messire Loup et contre son altesse le Lion. Il leur fait plus de peur assurément que le javelot de Thésée et que la massue d'Hercule, car ces brigands illustres sont parfois plus forts que toutes les armes de bois et d'acier, mais comment se défendraient-ils contre le fugitif rayon qui éclaire cette bouche amicale, contre le suave, contre le contagieux et imperceptible sourire?

THÉODORE DE BANVILLE.

Le premier recueil des Fables de La Fontaine, dédiées au Dauphin, parut en un volume in-4, Paris, 1668; la seconde partie, dédiée à madame de Montespan, fut publiée en 1679; la troisième, dédiée au duc de Bourgogne, en 1693. Les Contes et Nouvelles en vers, in-12, Paris, 1662; deuxième partie, 1666; troisième, 1671. — Depuis ces éditions primitives, l'œuvre de La Fontaine, cette poésie ouverte à tous, cette morale familière de la France, n'a pas cessé d'être remise en lumière sous toutes les formes et dans tous les formats. Ne pouvant citer, même par à peu près, ces réimpressions innombrables, indiquons du moins l'édition en deux volumes, de 1818, où Charles Nodier mit au service du fabuliste sa science ingénieuse et son goût delicat de commentateur; et l'édition complète de 1827, où Walckenaër rassembla les résultats d'un long et sérieux labeur. On ne peut davantage essayer une bibliographie de la critique à propos de La Fontaine. Toutefois, nous signalerons parmi tant de témoignages sur l'homme et sur le livre, l'abbé d'Olivet, (*Histoire de l'Académie française*); Baillet, (*Jugement des Savants*); Ch. Perrault, (*Hommes illustres*); Moreri, (*Dictionnaire*); Cizeron Rival, (*Récréations littéraires*); La Harpe, (*Cours de littérature*); Chamfort, (*Eloge de La Fontaine*); Walckenaër, (*Histoire de la Vie et des Ouvrages de La Fontaine*); Robert, (*Les Fables de La Fontaine rapprochées de celles de tous les auteurs qui avaient avant lui traité les mêmes sujets*); Sainte-Beuve, (*Globe, 15 septembre 1827, Portraits littéraires,* tome I, et *Causeries du lundi,* tome VII); Nisard, (*Histoire de la Littérature française,* tome III); Taine, (*La Fontaine et ses Fables*); Vinet, (*Chrestomathie française,* tomes I et III); Edgar Quinet enfin, en une page exquise de son plus récent poëme (*Merlin l'enchanteur*).

FABLES

LE LOUP ET LE CHIEN

Un loup n'avait que les os et la peau,
Tant les chiens faisaient bonne garde.
Ce loup rencontre un dogue aussi puissant que beau,
Gras, poli, qui s'était fourvoyé par mégarde.
L'attaquer, le mettre en quartiers,
Sire loup l'eût fait volontiers;
Mais il fallait livrer bataille,
Et le mâtin était de taille
A se défendre hardiment.
Le loup donc l'aborde humblement,
Entre en propos, et lui fait compliment
Sur son embonpoint, qu'il admire.
— Il ne tiendra qu'à vous, beau sire,
D'être aussi gras que moi, lui repartit le chien.
Quittez les bois, vous ferez bien :
Vos pareils y sont misérables,
Cancres, hères, et pauvres diables,
Dont la condition est de mourir de faim.
Car, quoi! rien d'assuré! point de franche lippée!
Tout à la pointe de l'épée!
Suivez-moi, vous aurez un bien meilleur destin.
Le loup reprit : — Que me faudra-t-il faire?
— Presque rien, dit le chien: donner la chasse aux gens
Portant bâtons, et mendiants;
Flatter ceux du logis, à son maître complaire :
Moyennant quoi votre salaire
Sera force reliefs de toutes les façons,
Os de poulets, os de pigeons;
Sans parler de mainte caresse.

Le loup déjà se forge une félicité
    Qui le fait pleurer de tendresse.
Chemin faisant, il vit le cou du chien pelé.
—Qu'est-ce là? lui dit-il.—Rien.—Quoi! rien?—Peu de chose.
— Mais encor? — Le collier dont je suis attaché
— De ce que vous voyez est peut-être la cause.
— Attaché! dit le loup : vous ne courez donc pas
  Où vous voulez? — Pas toujours : mais qu'importe?
— Il importe si bien, que de tous vos repas
    Je ne veux en aucune sorte,
Et ne voudrais pas même à ce prix un trésor.
Cela dit, maître loup s'enfuit, et court encor.

LA GÉNISSE, LA CHÈVRE, ET LA BREBIS

EN SOCIÉTÉ AVEC LE LION

La génisse, la chèvre, et leur sœur la brebis,
Avec un fier lion, seigneur du voisinage,
Firent société, dit-on, au temps jadis,
Et mirent en commun le gain et le dommage.
Dans les lacs de la chèvre un cerf se trouva pris.
Vers ses associés aussitôt elle envoie.
Eux venus, le lion par ses ongles compta,
Et dit : Nous sommes quatre à partager la proie.
Puis en autant de parts le cerf il depeça ;
Prit pour lui la première en qualité de sire.
Elle doit être à moi, dit-il; et la raison,
    C'est que je m'appelle lion :
    A cela l'on a rien à dire.
La seconde, par droit, me doit échoir encor :
Ce droit, vous le savez, c'est le droit du plus fort :
Comme le plus vaillant, je prétends la troisième.
Si quelqu'une de vous touche à la quatrième,
    Je l'étranglerai tout d'abord.

LE CHÊNE ET LE ROSEAU

Le chêne un jour dit au roseau :
Vous avez bien sujet d'accuser la nature;
Un roitelet pour vous est un pesant fardeau;
Le moindre vent qui d'aventure
Fait rider la face de l'eau,
Vous oblige à baisser la tête;
Cependant que mon front, au Caucase pareil,
Non content d'arrêter les rayons du soleil,
Brave l'effort de la tempête.
Tout vous est aquilon, tout me semble zéphyr.
Encor si vous naissiez à l'abri du feuillage
Dont je couvre le voisinage,
Vous n'auriez pas tant à souffrir;
Je vous défendrais de l'orage :
Mais vous naissez le plus souvent
Sur les humides bords des royaumes du vent.
La nature envers vous me semble bien injuste.
Votre compassion, lui répondit l'arbuste,
Part d'un bon naturel; mais quittez ce souci :
Les vents me sont moins qu'à vous redoutables;
Je plie, et ne romps pas. Vous avez jusqu'ici
Contre leurs coups épouvantables
Résisté sans courber le dos;
Mais attendons la fin. Comme il disait ces mots,
Du bout de l'horizon accourt avec furie
Le plus terrible des enfants
Que le nord eût portés jusque-là dans ses flancs.
L'arbre tient bon; le roseau plie.
Le vent redouble ses efforts,
Et fait si bien qu'il déracine
Celui de qui la tête au ciel était voisine,
Et dont les pieds touchaient à l'empire des morts.

LE MEUNIER, SON FILS ET L'ANE

A M. D. M.[1]

L'invention des arts étant un droit d'aînesse,
Nous devons l'apologue à l'ancienne Grèce :
Mais ce champ ne se peut tellement moissonner
Que les derniers venus n'y trouvent à glaner.
La feinte est un pays plein de terres désertes;
Tous les jours nos auteurs y font des découvertes.
Je t'en veux dire un trait assez bien inventé :
Autrefois à Racan Malherbe l'a conté.
Ces deux rivaux d'Horace, héritiers de sa lyre,
Disciples d'Apollon, nos maîtres, pour mieux dire,
Se rencontrant un jour tout seuls et sans témoins
(Comme ils se confiaient leurs pensers et leurs soins),
Racan commence ainsi : Dites-moi, je vous prie,
Vous qui devez savoir les choses de la vie,
Qui par tous ses degrés avez déjà passé,
Et que rien ne doit fuir en cet âge avancé,
A quoi me résoudrai-je? Il est temps que j'y pense.
Vous connaissez mon bien, mon talent, ma naissance :
Dois-je dans la province établir mon séjour,
Prendre emploi dans l'armée, ou bien charge à la cour?
Tout au monde est mêlé d'amertume et de charmes :
La guerre a ses douceurs, l'hymen a ses alarmes.
Si je suivais mon goût, je saurais où buter;
Mais j'ai les miens, la cour, le peuple à contenter.
Malherbe là-dessus : Contenter tout le monde!
Écoutez ce récit avant que je réponde.

[1] Ces initiales signifient : à monsieur de Maucroix. C'était comme on sait, un poëte éminent et un ami de La Fontaine. Nous lui avons consacré quelques pages, dans ce volume. (V. plus haut, p. 649.)

J'ai lu dans quelque endroit qu'un meunier et son fils,
L'un vieillard, l'autre enfant, non pas des plus petits,
Mais garçon de quinze ans, si j'ai bonne mémoire,
Allaient vendre leur âne, un certain jour de foire.
Afin qu'il fût plus frais et de meilleur débit,
On lui lia les pieds, on vous le suspendit;
Puis cet homme et son fils le portent comme un lustre.
Pauvres gens! idiots! couple ignorant et rustre!
Le premier qui les vit, de rire s'éclata :
Quelle farce, dit-il, vont jouer ces gens-là?
Le plus âne des trois n'est pas celui qu'on pense.
Le meunier, à ces mots, connaît son ignorance;
Il met sur pied sa bête, et la fait détaler.
L'âne, qui goûtait fort l'autre façon d'aller,
Se plaint en son patois. Le meunier n'en a cure;
Il fait monter son fils, il suit : et, d'aventure,
Passent trois bons marchands. Cet objet leur déplut.
Le plus vieux au garçon s'écria, tant qu'il put :
« Oh là! oh! descendez, que l'on ne vous le dise,
Jeune homme, qui menez laquais à barbe grise!
C'était à vous de suivre, au vieillard de monter. »
Messieurs, dit le meunier, il vous faut contenter.
L'enfant met pied à terre, et puis le vieillard monte;
Quand trois filles passant, l'une dit : « C'est grand'honte
Qu'il faille voir ainsi clocher ce jeune fils,
Tandis que ce nigaud, comme un évêque assis,
Fait le veau sur son âne, et pense être bien sage. »
« Il n'est, dit le meunier, plus de veaux à mon âge ;
Passez votre chemin, la fille, et m'en croyez. »
Après maints quolibets coup sur coup renvoyés,
L'homme crut avoir tort, et mit son fils en croupe.
Au bout de trente pas, une troisième troupe
Trouve encore à gloser. L'un dit : Ces gens sont fous!
Le baudet n'en peut plus; il mourra sous leurs coups.
Et quoi! charger ainsi cette pauvre bourrique!
N'ont-ils point de pitié de leur vieux domestique?

Sans doute qu'à la foire ils vont vendre sa peau.
Parbleu! dit le meunier, est bien fou de cerveau
Qui prétend contenter tout le monde et son père.
Essayons toutefois si par quelque manière
Nous en viendrons à bout. Ils descendent tous deux.
L'âne se prélassant marche seul devant eux.
Un quidam les rencontre, et dit : Est-ce la mode
Que baudet aille à l'aise, et meunier s'incommode?
Qui de l'âne ou du maître est fait pour se lasser?
Je conseille à ces gens de le faire enchâsser.
Ils usent leurs souliers, et conservent leur âne!
Nicolas, au rebours; car, quand il va voir Jeanne,
Il monte sur sa bête; et la chanson le dit.
Beau trio de baudets! Le meunier repartit :
Je suis âne, il est vrai, j'en conviens, je l'avoue;
Mais que dorénavant on me blâme, on me loue,
Qu'on dise quelque chose ou qu'on ne dise rien,
J'en veux faire à ma tête. Il le fit, et fit bien.

Quant à vous, suivez Mars, ou l'Amour, ou le prince,
Allez, venez, courez; demeurez en province;
Prenez femme, abbaye, emploi, gouvernement :
Les gens en parleront, n'en doutez nullement.

LES ANIMAUX MALADES DE LA PESTE

Un mal qui répand la terreur,
Mal que le ciel en sa fureur
Inventa pour punir les crimes de la terre,
La peste (puisqu'il faut l'appeler par son nom),
Capable d'enrichir en un jour l'Achéron,
Faisait aux animaux la guerre.
Ils ne mouraient pas tous, mais tous étaient frappés :
On n'en voyait point d'occupés

A chercher le soutien d'une mourante vie;
Nul mets n'excitait leur envie;
Ni loups ni renards n'épiaient
La douce et l'innocente proie;
Les tourterelles se fuyaient :
Plus d'amour, partant plus de joie.
Le lion tint conseil, et dit : Mes chers amis,
Je crois que le ciel a permis
Pour nos péchés cette infortune.
Que le plus coupable de nous
Se sacrifie aux traits du céleste courroux;
Peut-être il obtiendra la guérison commune.
L'histoire nous apprend qu'en de tels accidents
On fait de pareils dévouements.
Ne nous flattons donc point; voyons sans indulgence
L'état de notre conscience.
Pour moi, satisfaisant mes appétits gloutons,
J'ai dévoré force moutons.
Que m'avaient-ils fait? nulle offense;
Même il m'est arrivé quelquefois de manger
Le berger.
Je me dévouerai donc, s'il le faut : mais je pense
Qu'il est bon que chacun s'accuse ainsi que moi;
Car on doit souhaiter, selon toute justice,
Que le plus coupable périsse.
Sire, dit le renard, vous êtes trop bon roi;
Vos scrupules font voir trop de délicatesse.
Eh bien! manger moutons, canaille, sotte espèce,
Est-ce un péché? Non, non. Vous leur fites, seigneur,
En les croquant, beaucoup d'honneur;
Et quant au berger, l'on peut dire
Qu'il était digne de tous maux,
Étant de ces gens-là qui sur les animaux
Se font un chimérique empire.
Ainsi dit le renard; et flatteurs d'applaudir.
On n'osa trop approfondir

Du tigre, ni de l'ours, ni des autres puissances,
Les moins pardonnables offenses.
Tous les gens querelleurs, jusqu'aux simples mâtins,
Au dire de chacun, étaient de petits saints.
L'âne vint à son tour, et dit : J'ai souvenance
Qu'en un pré de moines passant,
La faim, l'occasion, l'herbe tendre, et, je pense,
Quelque diable aussi me poussant,
Je tondis de ce pré la largeur de ma langue ;
Je n'en avais nul droit, puisqu'il faut parler net.
A ces mots, on cria haro sur le baudet.
Un loup, quelque peu clerc, prouva par sa harangue
Qu'il fallait dévouer ce maudit animal,
Ce pelé, ce galeux, d'où venait tout leur mal.
Sa peccadille fut jugée un cas pendable.
Manger l'herbe d'autrui ! quel crime abominable !
Rien que la mort n'était capable
D'expier son forfait. On le lui fit bien voir.

Selon que vous serez puissant ou misérable,
Les jugements de cour vous rendront blanc ou noir.

LE HÉRON

Un jour, sur ses longs pieds, allait, je ne sais où,
Le héron au long bec emmanché d'un long cou.
Il côtoyait une rivière.
L'onde était transparente ainsi qu'aux plus beaux jours ;
Ma commère la carpe y faisait mille tours
Avec le brochet son compère.
Le héron en eût fait aisément son profit :
Tous approchaient du bord ; l'oiseau n'avait qu'à prendre.
Mais il crut mieux faire d'attendre
Qu'il eût un peu plus d'appétit :
Il vivait de régime, et mangeait à ses heures.

Après quelques moments l'appétit vint : l'oiseau,
    S'approchant du bord, vit sur l'eau
Des tanches qui sortaient du fond de ces demeures.
Le mets ne lui plut pas ; il s'attendait à mieux,
    Et montrait un goût dédaigneux
    Comme le rat du bon Horace.
Moi, des tanches ! dit-il, moi, héron, que je fasse
Une si pauvre chère ! Et pour qui me prend-on ?
La tanche rebutée, il trouva du goujon.
Du goujon ! c'est bien là le dîner d'un héron !
J'ouvrirais pour si peu le bec ! aux dieux ne plaise !
Il l'ouvrit pour bien moins : tout alla de façon
    Qu'il ne vit plus aucun poisson.
La faim le prit : il fut tout heureux et tout aise
    De rencontrer un limaçon.

    Ne soyons pas si difficiles :
Les plus accommodants, ce sont les plus habiles ;
On hasarde de perdre en voulant trop gagner.
    Gardez-vous de rien dédaigner,
Surtout quand vous avez à peu près votre compte.
Bien des gens y sont pris. Ce n'est pas aux hérons
Que je parle : écoutez, humains, un autre conte :
Vous verrez que chez vous j'ai puisé ces leçons.

LA LAITIÈRE ET LE POT AU LAIT

Perrette, sur sa tête ayant un pot au lait
    Bien posé sur un coussinet,
Prétendait arriver sans encombre à la ville.
Légère et court vêtue, elle allait à grands pas
Ayant mis ce jour-là, pour être plus agile,
    Cotillon simple et souliers plats.
    Notre laitière ainsi troussée
    Comptait déjà dans sa pensée

Tout le prix de son lait, en employait l'argent;
Achetait un cent d'œufs, faisait triple couvée :
La chose allait à bien par son soin diligent.
Il m'est, disait-elle, facile
D'élever des poulets autour de ma maison;
Le renard sera bien habile
S'il ne m'en laisse assez pour avoir un cochon.
Le porc à s'engraisser coûtera peu de son;
Il était, quand je l'eus, de grosseur raisonnable :
J'aurai, le revendant, de l'argent bel et bon.
Et qui m'empêchera de mettre en notre étable,
Vu le prix dont il est, une vache et son veau,
Que je verrai sauter au milieu du troupeau?
Perrette là-dessus saute aussi, transportée :
Le lait tombe; adieu veau, vache, cochon, couvée.
La dame de ces biens, quittant d'un œil marri
Sa fortune ainsi répandue
Va s'excuser à son mari,
En grand danger d'être battue.
Le récit en farce en fut fait;
On l'appela le Pot au lait.

Quel esprit ne bat la campagne?
Qui ne fait des châteaux en Espagne?
Picrochole, Pyrrhus, la laitière, enfin tous,
Autant les sages que les fous.
Chacun songe en veillant; il n'est rien de plus doux :
Une flatteuse erreur emporte alors nos âmes;
Tout le bien du monde est à nous,
Tous les honneurs, toutes les femmes.
Quand je suis seul, je fais au plus brave un défi;
Je m'écarte, je vais détrôner le sophi;
On m'élit roi, mon peuple m'aime,
Les diadèmes vont sur ma tête pleuvant :
Quelque accident fait-il que je rentre en moi-même;
Je suis Gros-Jean comme devant.

LE CHAT, LA BELETTE, ET LE PETIT LAPIN

Du palais d'un jeune lapin
Dame belette, un beau matin,
S'empara : c'est une rusée.
Le maître étant absent, ce lui fut chose aisée.

Elle porta chez lui ses pénates, un jour
Qu'il était allé faire à l'aurore sa cour
Parmi le thym et la rosée.
Après qu'il eut brouté, trotté, fait tous ses tours,
Jeannot lapin retourne aux souterrains séjours.
La belette avait mis le nez à la fenêtre.
O dieux hospitaliers! que vois-je ici paraître?
Dit l'animal chassé du paternel logis.
Holà! madame la belette,
Que l'on déloge sans trompette,
Ou je vais avertir tous les rats du pays.
La dame au nez pointu répondit que la terre
Était au premier occupant.
C'était un beau sujet de guerre,
Qu'un logis où lui-même il n'entrait qu'en rampant!
Et quand ce serait un royaume,
Je voudrais bien savoir, dit-elle, quelle loi
En a pour toujours fait l'octroi
A Jean, fils ou neveu de Pierre ou de Guillaume,
Plutôt qu'à Paul, plutôt qu'à moi.
Jean lapin allégua la coutume et l'usage.
Ce sont, dit-il, leurs lois qui m'ont de ce logis
Rendu maître et seigneur, et qui, de père en fils,
L'ont de Pierre à Simon, puis à moi Jean, transmis.
Le premier occupant, est-ce une loi plus sage?
Or bien, sans crier davantage,
Rapportons-nous, dit-elle, à Raminagrobis.

C'était un chat, vivant comme un dévot ermite,
Un chat faisant la chattemite,
Un saint homme de chat, bien fourré, gros et gras,
Arbitre expert sur tous les cas.
Jean lapin pour juge l'agrée
Les voilà tous deux arrivés
Devant sa majesté fourrée.
Grippeminaud leur dit : Mes enfants, approchez,
Approchez, je suis sourd, les ans en sont la cause.
L'un et l'autre approcha, ne craignant nulle chose.
Aussitôt qu'à portée il vit les contestants,
Grippeminaud, le bon apôtre,
Jetant des deux côtés la griffe en même temps,
Mit les plaideurs d'accord en croquant l'un et l'autre.

Ceci ressemble fort aux débats qu'ont parfois
Les petits souverains se rapportant aux rois.

LE SAVETIER ET LE FINANCIER

Un savetier chantait du matin jusqu'au soir :
C'était merveille de le voir,
Merveille de l'ouïr ; il faisait des passages,
Plus content qu'aucun des sept sages.
Son voisin, au contraire, étant tout cousu d'or,
Chantait peu, dormait moins encor :
C'était un homme de finance.
Si sur le point du jour parfois il sommeillait,
Le savetier alors en chantant l'éveillait ;
Et le financier se plaignait
Que les soins de la Providence
N'eussent pas au marché fait vendre le dormir,
Comme le manger et le boire.
En son hôtel il fait venir

Le chanteur, et lui dit : Or çà, sire Grégoire,
Que gagnez-vous par an? Par an! ma foi, monsieur,
Dit avec un ton de rieur
Le gaillard savetier, ce n'est point ma manière
De compter de la sorte; et je n'entasse guère
Un jour sur l'autre : il suffit qu'à la fin
J'attrape le bout de l'année;
Chaque jour amène son pain. —
Et bien! que gagnez-vous, dites-moi, par journée? —
Tantôt plus, tantôt moins : le mal est que toujours
(Et sans cela nos gains seraient assez honnêtes),
Le mal est que dans l'an s'entremêlent des jours
Qu'il faut chômer; on nous ruine en fêtes;
L'une fait tort à l'autre; et monsieur le curé
De quelque nouveau saint charge toujours son prône.
Le financier, riant de sa naïveté,
Lui dit : Je vous veux mettre aujourd'hui sur le trône.
Prenez ces cent écus; gardez-les avec soin,
Pour vous en servir au besoin.
Le savetier crut voir tout l'argent que la terre
Avait, depuis plus de cent ans,
Produit pour l'usage des gens.
Il retourne chez lui : dans sa cave il enserre
L'argent, et sa joie à la fois.
Plus de chant : il perdit la voix
Du moment qu'il gagna ce qui cause nos peines.
Le sommeil quitta son logis :
Il eut pour hôtes les soucis,
Les soupçons, les alarmes vaines.
Tout le jour il avait l'œil au guet; et la nuit,
Si quelque chat faisait du bruit,
Le chat prenait l'argent. A la fin le pauvre homme
S'en courut chez celui qu'il ne réveillait plus :
Rendez-moi, lui dit-il, mes chansons et mon somme,
Et reprenez vos cent écus.

LE PAYSAN DU DANUBE

Il ne faut point juger des gens sur l'apparence.
Le conseil en est bon ; mais il n'est pas nouveau.
Jadis l'erreur du souriceau
Me servit à prouver le discours que j'avance :
J'ai, pour le fonder à présent,
Le bon Socrate, Ésope, et certain paysan
Des rives du Danube, homme dont Marc-Aurèle
Nous fait un portrait fort fidèle.
On connaît les premiers : quant à l'autre, voici
Le personnage en raccourci.
Son menton nourrissait une barbe touffue ;
Toute sa personne velue
Représentait un ours, mais un ours mal léché :
Sous un sourcil épais il avait l'œil caché,
Le regard de travers, nez tortu, grosse lèvre,
Portait sayon de poil de chèvre,
Et ceinture de joncs marins.
Cet homme ainsi bâti fut député des villes
Que lave le Danube. Il n'était point d'asiles
Où l'avarice des Romains
Ne pénétrât alors, et ne portât les mains.
Le député vint donc, et fit cette harangue :
Romains, et vous sénat assis pour m'écouter,
Je supplie avant tout les dieux de m'assister :
Veuillent les immortels, conducteurs de ma langue,
Que je ne dise rien qui doive être repris !
Sans leur aide, il ne peut entrer dans les esprits
Que tout mal et toute injustice :
Faute d'y recourir, on viole leurs lois.
Témoin nous que punit la romaine avarice :
Rome est, par nos forfaits, plus que par ses exploits,
L'instrument de notre supplice.

Craignez, Romains, craignez que le ciel quelque jour
Ne transporte chez vous les pleurs et la misère;
Et mettant en nos mains, par un juste retour,
Les armes dont se sert sa vengeance sévère,
    Il ne vous fasse, en sa colère,
    Nos esclaves à votre tour.
Et pourquoi sommes-nous les vôtres? Qu'on me die
En quoi vous valez mieux que cent peuples divers.
Quel droit vous a rendus maîtres de l'univers?
Pourquoi venir troubler une innocente vie?
Nous cultivions en paix d'heureux champs; et nos mains
Étaient propres aux arts, ainsi qu'au labourage.
    Qu'avez-vous appris aux Germains?
    Ils ont l'adresse et le courage:
    S'ils avaient eu l'avidité,
    Comme vous, et la violence,
Peut-être en votre place ils auraient la puissance,
Et sauraient en user sans inhumanité.
Celle que vos préteurs ont sur nous exercée
    N'entre qu'à peine en la pensée.
    La majesté de vos autels
    Elle-même en est offensée;
    Car sachez que les immortels
Ont les regards sur nous. Grâces à vos exemples,
Ils n'ont devant les yeux que des objets d'horreur,
    De mépris d'eux et de leurs temples,
D'avarice qui va jusques à la fureur.
Rien ne suffit aux gens qui nous viennent de Rome:
    La terre et le travail de l'homme
Font pour les assouvir des efforts superflus.
    Retirez-les: on ne veut plus
    Cultiver pour eux les campagnes.
Nous quittons les cités, nous fuyons aux montagnes;
    Nous laissons nos chères compagnes;
Nous ne conversons plus qu'avec des ours affreux,
Découragés de mettre au jour des malheureux,

Et de peupler pour Rome un pays qu'elle opprime.
Quant à nos enfants déjà nés,
Nous souhaitons de voir leurs jours bientôt bornés :
Vos préteurs au malheur nous font joindre le crime.
Retirez-les : ils ne nous apprendront
Que la mollesse et que le vice;
Les Germains comme eux deviendront
Gens de rapine et d'avarice.
C'est tout ce que j'ai vu dans Rome à mon abord.
N'a-t-on point de présent à faire,
Point de pourpre à donner; c'est en vain qu'on espère
Quelque refuge aux lois : encor leur ministère
A-t-il mille longueurs. Ce discours, un peu fort,
Doit commencer à vous déplaire.
Je finis. Punissez de mort
Une plainte un peu trop sincère.
A ces mots, il se couche; et chacun étonné
Admire le grand cœur, le bon sens, l'éloquence
Du sauvage ainsi prosterné.
On le créa patrice; et ce fut la vengeance
Qu'on crut qu'un tel discours méritait. On choisit
D'autres préteurs; et par écrit
Le sénat demanda ce qu'avait dit cet homme,
Pour servir de modèle aux parleurs à venir.
On ne sut pas longtemps à Rome
Cette éloquence entretenir.

LE VIEILLARD ET LES TROIS JEUNES HOMMES

Un octogénaire plantait.
Passe encor de bâtir; mais planter à cet âge!
Disaient trois jouvenceaux, enfants du voisinage :
Assurément il radotait.
Car, au nom des dieux, je vous prie,

Quel fruit de ce labeur pouvez-vous recueillir?
Autant qu'un patriarche il vous faudrait vieillir.
    A quoi bon charger votre vie
Des soins d'un avenir qui n'est pas fait pour vous?
Ne songez désormais qu'à vos erreurs passées;
Quittez le long espoir et les vastes pensées;
    Tout cela ne convient qu'à nous.
    Il ne convient pas à vous-mêmes,
Repartit le vieillard. Tout établissement
Vient tard, et dure peu. La main des Parques blêmes
De vos jours et des miens se joue également.
Nos termes sont pareils par leur courte durée.
Qui de nous des clartés de la voûte azurée
Doit jouir le dernier? Est-il aucun moment
Qui vous puisse assurer d'un second seulement?
Mes arrière-neveux me devront cet ombrage:
    Eh bien! défendez-vous au sage
De se donner des soins pour le plaisir d'autrui?
Cela même est un fruit que je goûte aujourd'hui:
J'en puis jouir demain, et quelques jours encore;
    Je puis enfin compter l'aurore
    Plus d'une fois sur vos tombeaux.
Le vieillard eut raison: l'un des trois jouvenceaux
Se noya dès le port, allant à l'Amérique;
L'autre, afin de monter aux grandes dignités,
Dans les emplois de Mars servant la république,
Par un coup imprévu vit ses jours emportés;
    Le troisième tomba d'un arbre
    Que lui-même il voulut enter;
Et, pleurés du vieillard, il grava sur leur marbre
    Ce que je viens de raconter.

LES DEUX PIGEONS

Deux pigeons s'aimaient d'amour tendre :
L'un d'eux, s'ennuyant au logis,
Fut assez fou pour entreprendre
Un voyage en lointain pays.
L'autre lui dit : Qu'allez-vous faire?
Voulez-vous quitter votre frère?
L'absence est le plus grand des maux :
Non pas pour vous, cruel! Au moins, que les travaux,
Les dangers, les soins du voyage,
Changent un peu votre courage.
Encor, si la saison s'avançait davantage!
Attendez les zéphyrs : qui vous presse? un corbeau
Tout à l'heure annonçait malheur à quelque oiseau.
Je ne songerai plus que rencontre funeste,
Que faucons, que réseaux. Hélas! dirai-je, il pleut :
Mon frère a-t-il tout ce qu'il veut,
Bon soupé, bon gîte, et le reste?
Ce discours ébranla le cœur
De notre imprudent voyageur :
Mais le désir de voir et l'humeur inquiète
L'emportèrent enfin. Il dit : Ne pleurez point;
Trois jours au plus rendront mon âme satisfaite :
Je reviendrai dans peu conter de point en point
Mes aventures à mon frère;
Je le désennuierai. Quiconque ne voit guère
N'a guère à dire aussi. Mon voyage dépeint
Vous sera d'un plaisir extrême.
Je dirai : J'étais là; telle chose m'advint :
Vous y croirez être vous-même.
A ces mots, en pleurant, ils se dirent adieu.
Le voyageur s'éloigne : et voilà qu'un nuage
L'oblige de chercher retraite en quelque lieu.

Un seul arbre s'offrit, tel encor que l'orage
Maltraita le pigeon en dépit du feuillage.
L'air devenu serein, il part tout morfondu,
Sèche du mieux qu'il peut son corps chargé de pluie;
Dans un champ à l'écart voit du blé répandu,
Voit un pigeon auprès : cela lui donne envie;
Il y vole, il est pris : ce blé couvrait d'un lacs
Les menteurs et traîtres appâts.
Le lacs était usé; si bien que, de son aile,
De ses pieds, de son bec, l'oiseau le rompt enfin :
Quelque plume y périt; et le pis du destin
Fut qu'un certain vautour, à la serre cruelle,
Vit notre malheureux, qui, traînant la ficelle
Et les morceaux du lacs qui l'avait attrapé,
Semblait un forçat échappé.
Le vautour s'en allait le lier, quand des nues
Fond à son tour un aigle aux ailes étendues.
Le pigeon profita du conflit des voleurs,
S'envola, s'abattit auprès d'une masure,
Crut pour ce coup que ses malheurs
Finiraient par cette aventure;
Mais un fripon d'enfant (cet âge est sans pitié)
Prit sa fronde, et d'un coup tua plus d'à moitié
La volatile malheureuse,
Qui, maudissant sa curiosité,
Traînant l'aile et tirant le pied,
Demi-morte et demi-boiteuse,
Droit au logis s'en retourna :
Que bien, que mal, elle arriva
Sans autre aventure fâcheuse.
Voilà nos gens rejoints; et je laisse à juger
De combien de plaisirs ils payèrent leurs peines.

Amants, heureux amants, voulez-vous voyager?
Que ce soit aux rives prochaines.
Soyez-vous l'un à l'autre un monde toujours beau,
Toujours divers, toujours nouveau;

Tenez-vous lieu de tout, comptez pour rien le reste.
J'ai quelquefois aimé : je n'aurais pas alors,
    Contre le Louvre et ses trésors,
Contre le firmament et sa voûte céleste,
    Changé les bois, changé les lieux
Honorés par les pas, éclairés par les yeux
    De l'aimable et jeune bergère
    Pour qui, sous le fils de Cythère,
Je servis, engagé par mes premiers serments.
Hélas! quand reviendront de semblables moments?
Faut-il que tant d'objets si doux et si charmants
Me laissent vivre au gré de mon âme inquiète!
Ah! si mon cœur osait encor se renflammer!
Ne sentirai-je plus de charme qui m'arrête?
    Ai-je passé le temps d'aimer?

LES DEUX AMIS

Deux vrais amis vivaient au Monomotapa;
L'un ne possédait rien qui n'appartînt à l'autre.
    Les amis de ce pays-là
    Valent bien, dit-on, ceux du nôtre.
Une nuit que chacun s'occupait au sommeil,
Et mettait à profit l'absence du soleil,
Un de nos deux amis sort du lit en alarme;
Il court chez son intime, éveille les valets:
Morphée avait touché le seuil de ce palais.
L'ami couché s'étonne; il prend sa bourse, il s'arme,
Vient trouver l'autre, et dit : Il vous arrive peu
De courir quand on dort; vous me paraissiez homme
A mieux user du temps destiné pour le somme :
N'auriez-vous point perdu tout votre argent au jeu?
En voici. S'il vous est venu quelque querelle,
J'ai mon épée; allons. Vous ennuyez-vous point

De coucher toujours seul? Une esclave assez belle
Était à mes côtés; voulez-vous qu'on l'appelle?
Non, dit l'ami; ce n'est ni l'un ni l'autre point:
    Je vous rends grâce de ce zèle.
Vous m'êtes, en dormant, un peu triste apparu;
J'ai craint qu'il ne fût vrai; je suis vite accouru.
    Ce maudit songe en est la cause.
Qui d'eux aimait le mieux? Que t'en semble, lecteur?
Cette difficulté vaut bien qu'on la propose.
Qu'un ami véritable est une douce chose!
Il cherche vos besoins au fond de votre cœur;
    Il vous épargne la pudeur
    De les lui découvrir vous-même :
    Un songe, un rien, tout lui fait peur
    Quand il s'agit de ce qu'il aime.

LE SONGE D'UN HABITANT DU MOGOL

Jadis certain Mogol vit en songe un vizir
Aux champs élysiens possesseur d'un plaisir
Aussi pur qu'infini, tant en prix qu'en durée :
Le même songeur vit en une autre contrée
    Un ermite entouré de feux,
Qui touchait de pitié même les malheureux.
Le cas parut étrange, et contre l'ordinaire :
Minos en ces deux morts semblait s'être mépris.
Le dormeur s'éveilla, tant il en fut surpris.
Dans ce songe pourtant soupçonnant du mystère,
    Il se fit expliquer l'affaire.
L'interprète lui dit : Ne vous étonnez point;
Votre songe a du sens; et, si j'ai sur ce point
    Acquis tant soit peu d'habitude,
C'est un avis des dieux. Pendant l'humain séjour,
Ce vizir quelquefois cherchait la solitude;
Cet ermite aux vizirs allait faire sa cour.

Si j'osais ajouter au mot de l'interprète,
J'inspirerais ici l'amour de la retraite :
Elle offre à ses amants des biens sans embarras,
Bien purs, présents du ciel, qui naissent sous les pas.
Solitude, où je trouve une douceur secrète,
Lieux que j'aimai toujours, ne pourrai-je jamais,
Loin du monde et du bruit, goûter l'ombre et le frais!
Oh! qui m'arrêtera sous vos sombres asiles!
Quand pourront les neuf Sœurs, loin des cours et des villes,
M'occuper tout entier, et m'apprendre des cieux
Les divers mouvements inconnus à nos yeux,
Les noms et les vertus de ces clartés errantes
Par qui sont nos destins et nos mœurs différentes!
Que si je ne suis né pour de si grands projets,
Du moins que les ruisseaux m'offrent de doux objets!
Que je peigne en mes vers quelque rive fleurie!
La Parque à filets d'or n'ourdira point ma vie.
Je ne dormirai point sous de riches lambris :
Mais voit-on que le somme en perde de son prix?
En est-il moins profond, et moins plein de délices?
Je lui voue au désert de nouveaux sacrifices.
Quand le moment viendra d'aller trouver les morts,
J'aurai vécu sans soins, et mourrai sans remords.

ÉPITAPHE DE LA FONTAINE

FAITE PAR LUI-MÊME

Jean s'en alla comme il était venu,
Mangea le fonds avec le revenu,
Tint les trésors chose peu nécessaire.
Quant à son temps, bien sut le dispenser :
Deux parts en fit, dont il soulait passer
L'une à dormir, et l'autre à ne rien faire.

LE FAUCON

NOUVELLE TIRÉE DE BOCCACE

Je me souviens d'avoir damné jadis
L'amant avare; et je ne m'en dédis.
Si la raison des contraires est bonne,
Le libéral doit être en Paradis :
Je m'en rapporte à messieurs de Sorbonne.
Il était donc autrefois un amant
Qui dans Florence aima certaine femme.
Comment aimer! c'était si follement,
Que, pour lui plaire, il eût vendu son âme.
S'agissait-il de divertir la dame,
A pleines mains il vous jetait l'argent :
Sachant très-bien qu'en amour comme en guerre,
On ne doit plaindre un métal qui fait tout,
Renverse murs, jette portes par terre,
N'entreprend rien dont il ne vienne à bout;
Fait taire chiens, et, quand il veut, servantes,
Et, quand il veut, les rend plus éloquentes
Que Cicéron, et mieux persuadantes :
Bref, ne voudrait avoir laissé debout
Aucune place, et tant forte fût-elle.
Si laissa-t-il sur ses pieds notre belle.
Elle tint bon; Fédéric échoua
Près de ce roc, et le nez s'y cassa;
Sans fruit aucun vendit et fricassa
Tout son avoir, comme l'on pourrait dire,
Belles comtés, beaux marquisats de Dieu,
Qu'il possédait en plus et plus d'un lieu.
Avant qu'aimer on l'appelait Messire
A longue queue; enfin, grâce à l'Amour,
Il ne fut plus que Messire tout court.

Rien ne resta qu'une ferme au pauvre homme,
Et peu d'amis; même amis, Dieu sçait comme!
Le plus zélé de tous se contenta,
Comme chacun, de dire: c'est dommage.
Chacun le dit, et chacun s'en tint là :
Car de prêter, à moins que sur bon gage,
Point de nouvelles: on oublia les dons,
Et le mérite, et les belles raisons
De Fédéric, et sa première vie.
Le protestant de madame Clitie
N'eut du crédit qu'autant qu'il eut du fonds.
Tant qu'il dura, le bal, la comédie
Ne manqua point à cet heureux objet :
De maints tournois elle fut le sujet;
Faisant gagner marchands de toutes guises,
Faiseurs d'habits, et faiseurs de devises.
Musiciens, gens du sacré vallon,
Fédéric eut à sa table Apollon.
Femme n'était, ni fille dans Florence
Qui n'employât, pour débaucher le cœur
Du cavalier, l'une un mot suborneur,
L'autre un coup d'œil, l'autre quelque autre avance :
Mais tout cela ne faisait que blanchir.
Il aimait mieux Clitie inexorable
Qu'il n'aurait fait Hélène favorable.
Conclusion, qu'il ne la put fléchir.
Or, en ce train de dépense effroyable,
Il envoya les marquisats au diable
Premiérement; puis en vint aux comtés,
Titres pour lui plus qu'aucuns regrettés,
Et dont alors on faisait plus de compte.
Delà les monts, chacun veut être comte,
Ici marquis, baron peut-être ailleurs.
Je ne sais pas lesquels sont les meilleurs;
Mais je sais bien qu'avecque la patente
De ces beaux noms, on s'en aille au marché,

L'on reviendra comme on était allé :
Prenez le titre, et laissez-moi la rente.
Clitie avait aussi beaucoup de bien,
Son mari même était grand terrien.
Ainsi, jamais la belle ne prit rien,
Argent ni dons; mais souffrit la dépense
Et les cadeaux, sans croire, pour cela,
Être obligée à nulle récompense.
S'il m'en souvient, j'ai dit qu'il ne resta
Au pauvre amant rien qu'une métairie,
Chétive encore, et pauvrement bâtie.
Là Fédéric alla se confiner;
Honteux qu'on vît sa misère en Florence;
Honteux encor de n'avoir su gagner,
Ni par amour, ni par magnificence,
Ni par six ans de devoirs et de soins,
Une beauté qu'il n'en aimait pas moins.
Il s'en prenait à son peu de mérite,
Non à Clitie; elle n'ouït jamais,
Ni pour froideurs, ni pour autres sujets,
Plainte de lui, ni grande ni petite.
Notre amoureux subsista, comme il put,
Dans sa retraite, où le pauvre homme n'eut
Pour le servir qu'une vieille édentée,
Cuisine froide et fort peu fréquentée;
A l'écurie un cheval assez bon,
Mais non pas fin : sur la perche un faucon
Dont, à l'entour de cette métairie,
Défunt marquis s'en allait, sans valets,
Sacrifiant à sa mélancolie
Mainte perdrix, qui, las! ne pouvait mais!
Des cruautés de madame Clitie.
Ainsi vivait le malheureux amant;
Sage s'il eût, en perdant sa fortune,
Perdu l'amour qui l'allait consumant;
Mais de ses feux la mémoire importune

Le talonnait; toujours un double ennui
Allait en croupe à la chasse avec lui.
Mort vint saisir le mari de Clitie.
Comme ils n'avaient qu'un fils pour tous enfants,
Fils n'ayant pas pour un pouce de vie,
Et que l'époux, dont les biens étaient grands,
Avait toujours considéré sa femme,
Par testament il déclare la dame
Son héritière, arrivant le décès
De l'enfançon, qui, peu de temps après,
Devint malade. On sait que, d'ordinaire,
A ses enfants mère ne sait que faire,
Pour leur montrer l'amour qu'elle a pour eux;
Zèle souvent aux enfants dangereux.
Celle-ci, tendre et fort passionnée,
Autour du sien est toute la journée
Lui demandant ce qu'il veut, ce qu'il a;
S'il mangerait volontiers de cela,
Si ce jouet, enfin si cette chose
Est à son gré. Quoi que l'on lui propose
Il le refuse; et pour toute raison
Il dit qu'il veut seulement le faucon
De Fédéric; pleure et mène une vie
A faire gens de bon cœur détester :
Ce qu'un enfant a dans la fantaisie,
Incontinent il faut l'exécuter,
Si l'on ne veut l'ouïr toujours crier.
Or, il est bon de savoir que Clitie
A cinq cents pas de cette métairie,
Avait du bien, possédait un château :
Ainsi l'enfant avait pu de l'oiseau
Ouïr parler : on en disait merveilles;
On en contait des choses nonpareilles :
Que devant lui jamais une perdrix
Ne se sauvait, et qu'il en avait pris
Tant ce matin, tant, cette après-dînée;

Son maître n'eût donné pour un trésor
Un tel faucon. Qui fut bien empêchée,
Ce fut Clitie. Aller ôter encor
A Féderic l'unique et seule chose
Qui lui restait! et supposé qu'elle ose
Lui demander ce qu'il a pour tout bien,
Auprès de lui méritait-elle rien?
Elle l'avait payé d'ingratitude :
Point de faveurs; toujours hautaine et rude,
En son endroit. De quel front s'en aller
Après cela, le voir et lui parler,
Ayant été cause de sa ruine?
D'autre côté, l'enfant s'en va mourir,
Refuse tout, tient tout pour médecine :
Afin qu'il mange, il faut l'entretenir
De ce faucon : il se tourmente, il crie ;
S'il n'a l'oiseau, c'est fait que de sa vie.
Ces raisons-ci l'emportèrent enfin.
Chez Féderic la dame, un beau matin,
S'en va sans suite, et sans nul équipage.
Federic prend pour un ange des cieux
Celle qui vient d'apparaître à ses yeux.
Mais cependant, il a honte, il enrage,
De n'avoir pas chez soi pour lui donner
Tant seulement un malheureux dîner.
Le pauvre état où sa dame le treuve
Le rend confus. Il dit donc à la veuve :
Quoi! venir voir le plus humble de ceux
Que vos beautés ont rendus amoureux!
Un villageois, un hère, un misérable!
C'est trop d'honneur: votre bonté m'accable.
Assurément, vous alliez autre part.
A ce propos nostre veuve repart :
Non, non, Seigneur, c'est pour vous la visite.
Je viens manger avec vous ce matin.
Je n'ai, dit-il, cuisinier ni marmite :

Que vous donner? N'avez-vous pas du pain,
Reprit la dame. Incontinent, lui-même
Il va chercher quelque œuf au poulailler,
Quelque morceau de lard en son grenier.
Le pauvre amant, en ce besoin extrême,
Voit son faucon, sans raisonner le prend,
Lui tord le cou, le plume, le fricasse,
Et l'assaisonne, et court de place en place.
Tandis la vieille a soin du demeurant;
Fouille au bahut, choisit pour cette fête
Ce qu'ils avaient de linge plus honnête,
Met le couvert, va cueillir au jardin
Du serpolet, un peu de romarin,
Cinq ou six fleurs, dont la table est jonchée.
Pour abréger, on sert la fricassée.
La dame en mange, et feint d'y prendre goût.
Le repas fait, cette femme résout
De hasarder l'incivile requête,
Et parle ainsi : Je suis folle, Seigneur,
De m'en venir vous arracher le cœur
Encore un coup; il ne m'est guère honnête
De demander à mon défunt amant
L'oiseau qui fait son seul contentement,
Doit-il pour moi s'en priver un moment?
Mais excusez une mère affligée,
Mon fils se meurt : il veut votre faucon.
Mon procédé ne mérite un tel don :
La raison veut que je sois refusée.
Je ne vous ai jamais accordé rien.
Votre repos, votre honneur, votre bien,
S'en sont allés aux plaisirs de Clitie.
Vous m'aimiez plus que votre pauvre vie :
A cet amour j'ai très-mal répondu :
Et je m'en viens, pour comble d'injustice,
Vous demander... et quoi? c'est temps perdu;
Votre faucon. Mais non, plutôt périsse

L'enfant, la mère, avec le demeurant,
Que de vous faire un déplaisir si grand!
Souffrez sans plus que cette triste mère,
Aimant d'amour la chose la plus chère
Que jamais femme au monde puisse avoir,
Un fils unique, une unique espérance,
S'en vienne au moins s'acquitter du devoir
De la nature, et, pour toute allégeance,
En votre sein décharge sa douleur.
Vous savez bien, par votre expérience,
Que c'est d'aimer; vous le savez, seigneur.
Ainsi, je crois trouver chez vous excuse.
Hélas! reprit l'amant infortuné,
L'oiseau n'est plus; vous en avez dîné.
L'oiseau n'est plus! dit la veuve confuse.
Non, reprit-il; plût au ciel vous avoir
Servi mon cœur, et qu'il eût pris la place
De ce faucon! mais le sort me fait voir
Qu'il ne sera jamais en mon pouvoir
De mériter de vous aucune grâce.
En mon pailler rien ne m'était resté;
Depuis deux jours la bête a tout mangé,
J'ai vu l'oiseau; je l'ai tué sans peine:
Rien coûte-t-il quand on reçoit sa reine?
Ce que je puis pour vous, est de chercher
Un bon faucon; ce n'est chose si rare
Que dès demain nous n'en puissions trouver.
Non, Fédéric, dit-elle, je déclare
Que c'est assez. Vous ne m'avez jamais
De votre amour donné plus grande marque.
Que mon fils soit enlevé par la Parque,
Ou que le ciel le rende à mes souhaits,
J'aurai pour vous de la reconnaissance.
Venez me voir, donnez-m'en l'espérance:
Encore un coup, venez nous visiter.
Elle partit, non sans lui présenter

Une main blanche, unique témoignage
Qu'amour avait amolli ce courage.
Le pauvre amant prit la main, la baisa,
Et de ses pleurs quelque temps l'arrosa.
Deux jours après, l'enfant suivit le père.
Le deuil fut grand : la trop dolente mère
Fit, dans l'abord, force larmes couler.
Mais, comme il n'est peine d'âme si forte
Qu'il ne s'en faille à la fin consoler,
Deux médecins la traitèrent de sorte
Que sa douleur eut un terme assez court :
L'un fut le Temps, et l'autre fut l'Amour.
On épousa Fédéric en grand'pompe,
Non seulement par obligation,
Mais, qui plus est, par inclination,
Par amour même. Il ne faut qu'on se trompe
A cet exemple, et qu'un pareil espoir
Nous fasse ainsi consumer notre avoir :
Femmes ne sont toutes reconnaissantes.
A cela près, ce sont choses charmantes ;
Sous le ciel n'est un plus bel animal.
Je n'y comprends le sexe en général :
Loin de cela, j'en vois peu d'avenantes.
Pour celles-ci, quand elles sont aimantes,
J'ai les desseins du monde les meilleurs :
Les autres n'ont qu'à se pourvoir ailleurs.

PHILÉMON ET BAUCIS

Sujet tiré des Métamorphoses d'Ovide

A MONSEIGNEUR LE DUC DE VENDÔME

Ni l'or ni la grandeur ne nous rendent heureux.
Ces deux divinités n'accordent à nos vœux

Que des biens peu certains, qu'un plaisir peu tranquille :
Des soucis dévorants c'est l'éternel asile;
Véritables vautours que le fils de Japet
Représente, enchaîné sur son triste sommet.
L'humble toit est exempt d'un tribut si funeste.
Le sage y vit en paix, et méprise le reste :
Content de ses douceurs, errant parmi les bois,
Il regarde à ses pieds les favoris des rois;
Il lit au front de ceux qu'un vain luxe environne
Que la Fortune vend ce qu'on croit qu'elle donne.
Approche-t-il du but, quitte-t-il ce séjour;
Rien ne trouble sa fin : c'est le soir d'un beau jour.

Philémon et Baucis nous en offrent l'exemple :
Tous deux virent changer leur cabane en un temple.
Hyménée et l'Amour, par des désirs constants,
Avaient uni leurs cœurs dès leur plus doux printemps :
Ni le temps ni l'hymen n'éteignirent leur flamme;
Clothon prenait plaisir à filer cette trame.
Ils surent cultiver, sans se voir assistés,
Leur enclos et leur champ, par deux fois vingt étés.
Eux seuls, ils composaient toute leur république :
Heureux de ne devoir à pas un domestique
Le plaisir ou le gré des soins qu'ils se rendaient!
Tout vieillit : sur leur front les rides s'étendaient;
L'amitié modéra leurs feux sans les détruire,
Et par des traits d'amour sut encor se produire.

Ils habitaient un bourg plein de gens dont le cœur
Joignait aux duretés un sentiment moqueur.
Jupiter résolut d'abolir cette engeance.
Il part avec son fils, le dieu de l'éloquence;
Tous deux en pèlerins vont visiter ces lieux.
Mille logis y sont, un seul ne s'ouvre aux dieux.
Prêts enfin à quitter un séjour si profane,
Ils virent à l'écart une étroite cabane,
Demeure hospitalière, humble et chaste maison.

Mercure frappe : on ouvre. Aussitôt Philémon
Vient au-devant des dieux, et leur tient ce langage :
Vous me semblez tous deux fatigués du voyage,
Reposez-vous. Usez du peu que nous avons;
L'aide des dieux a fait que nous le conservons:
Usez-en. Saluez ces pénates d'argile :
Jamais le ciel ne fut aux humains si facile,
Que quand Jupiter même était de simple bois;
Depuis qu'on l'a fait d'or, il est sourd à nos voix.
Baucis, ne tardez point : faites tiédir cette onde :
Encor que le pouvoir au désir ne réponde,
Nos hôtes agréeront les soins qui leur sont dus.
Quelques restes de feu sous la cendre épandus
D'un souffle haletant par Baucis s'allumèrent :
Des branches de bois sec aussitôt s'enflammèrent.
L'onde tiède, on lava les pieds des voyageurs.
Philémon les pria d'excuser ces longueurs :
Et, pour tromper l'ennui d'une attente importune,
Il entretint les dieux, non point sur la fortune,
Sur ses jeux, sur la pompe et la grandeur des rois,
Mais sur ce que les champs, les vergers et les bois
Ont de plus innocent, de plus doux, de plus rare.
Cependant par Baucis le festin se prépare.
La table où l'on servit le champêtre repas
Fut d'ais non façonnés à l'aide du compas :
Encore assure-t-on, si l'histoire en est crue,
Qu'en un de ses supports le temps l'avait rompue.
Baucis en égala les appuis chancelants
Du débris d'un vieux vase, autre injure des ans.
Un tapis tout usé couvrit deux escabelles :
Il ne servait pourtant qu'aux fêtes solennelles.
Le linge orné de fleurs fut couvert, pour tout mets,
D'un peu de lait, de fruits, et des dons de Cérès.

Les divins voyageurs, altérés de leur course,
Mêlaient au vin grossier le cristal d'une source.

Plus le vase versait, moins il s'allait vidant.
Philémon reconnut ce miracle évident;
Baucis n'en fit pas moins : tous deux s'agenouillèrent;
A ce signe d'abord leurs yeux se dessillèrent.
Jupiter leur parut avec ces noirs sourcils
Qui font trembler les cieux sur leurs pôles assis.
Grand dieu ! dit Philémon, excusez notre faute :
Quels humains auraient cru recevoir un tel hôte?
Ces mets, nous l'avouons, sont peu délicieux :
Mais, quand nous serions rois, que donner à des dieux?
C'est le cœur qui fait tout : que la terre et que l'onde
Apprêtent un repas pour les maîtres du monde;
Ils lui préféreront les seuls présents du cœur.
Baucis sort à ces mots pour réparer l'erreur.
Dans le verger courait une perdrix privée,
Et par de tendres soins dès l'enfance élevée;
Elle en veut faire un mets, et la poursuit en vain :
La volatille échappe à sa tremblante main;
Entre les pieds des dieux elle cherche un asile.
Ce recours à l'oiseau ne fut pas inutile :
Jupiter intercède. Et déjà les vallons
Voyaient l'ombre en croissant tomber du haut des monts.

Les dieux sortent enfin, et font sortir leurs hôtes.
De ce bourg, dit Jupin, je veux punir les fautes :
Suivez-nous. Toi, Mercure, appelle les vapeurs.
O gens durs ! vous n'ouvrez vos logis ni vos cœurs !
Il dit : et les autans troublent déjà la plaine.
Nos deux époux suivaient, ne marchant qu'avec peine;
Un appui de roseau soulageait leurs vieux ans :
Moitié secours des dieux, moitié peur, se hâtants,
Sur un mont assez proche enfin ils arrivèrent.
A leurs pieds aussitôt cent nuages crevèrent.
Des ministres du dieu les escadrons flottants
Entraînèrent, sans choix, animaux, habitants,
Arbres, maisons, vergers, toute cette demeure;

Sans vestiges du bourg, tout disparut sur l'heure.
Les vieillards déploraient ces sévères destins.
Les animaux périr! car encor les humains,
Tous avaient dû tomber sous les célestes armes:
Baucis en répandit en secret quelques larmes.

Cependant l'humble toit devient temple, et ses murs
Changent leur frêle enduit aux marbres les plus durs.
De pilastres massifs les cloisons revêtues
En moins de deux instants s'élèvent jusqu'aux nues;
Le chaume devient or, tout brille en ce pourpris[1].
Tous ces événements sont peints sur le lambris.
Loin, bien loin, les tableaux de Zeuxis et d'Apelle!
Ceux-ci furent tracés d'une main immortelle.
Nos deux époux, surpris, étonnés, confondus,
Se crurent, par miracle, en l'Olympe rendus.
Vous comblez, dirent-ils, vos moindres créatures:
Aurions-nous bien le cœur et les mains assez pures
Pour présider ici sur les honneurs divins,
Et, prêtres, vous offrir les vœux des pèlerins!
Jupiter exauça leur prière innocente.
Hélas! dit Philémon, si votre main puissante
Voulait favoriser jusqu'au bout deux mortels,
Ensemble nous mourrions en servant vos autels.
Clothon ferait d'un coup ce double sacrifice;
D'autres mains nous rendraient un vain et triste office;
Je ne pleurerais point celle-ci, ni ses yeux
Ne troubleraient non plus de leurs larmes ces lieux.
Jupiter à ce vœu fut encor favorable.
Mais oserai-je dire un fait presque incroyable?
Un jour qu'assis tous deux dans le sacré parvis,
Ils contaient cette histoire aux pèlerins ravis,
La troupe à l'entour d'eux debout prêtait l'oreille;
Philémon leur disait: Ce lieu plein de merveille
N'a pas toujours servi de temple aux immortels:

[1] Enceinte. Ce mot a vieilli.

Un bourg était autour, ennemi des autels,
Gens barbares, gens durs, habitacle[1] d'impies;
Du céleste courroux tous furent les hosties[2].
Il ne resta que nous d'un si triste débris:
Vous en verrez tantôt la suite en nos lambris;
Jupiter l'y peignit. En contant ces annales,
Philémon regardait Baucis par intervalles,
Elle devenait arbre, et lui tendait les bras;
Il veut lui tendre aussi les siens, et ne peut pas.
Il veut parler, l'écorce a sa langue pressée.
L'un et l'autre se dit adieu de la pensée :
Le corps n'est tantôt plus que feuillage et que bois.
D'étonnement la troupe ainsi qu'eux perd la voix.
Même instant, même sort à leur fin les entraîne;
Baucis devient tilleul, Philémon devient chêne.
On les va voir encore, afin de mériter
Les douceurs qu'en hymen Amour leur fit goûter.
Ils courbent sous le poids des offrandes sans nombre.
Pour peu que deux époux séjournent sous leur ombre,
Ils s'aiment jusqu'au bout, malgré l'effort des ans.
Ah! si... Mais autre part j'ai porté mes présents.
Célébrons seulement cette métamorphose.
De fidèles témoins m'ayant conté la chose,
Clio me conseilla de l'étendre en ces vers,
Qui pourront quelque jour l'apprendre à l'univers.
Quelque jour on verra chez les races futures,
Sous l'appui d'un grand nom passer ces aventures.
Vendôme, consentez au lôs[3] que j'en attends,
Faites-moi triompher de l'Envie et du Temps:
Enchaînez ces démons; que sur nous ils n'attentent,
Ennemis des héros et de ceux qui les chantent.
Je voudrais pouvoir dire en un style assez haut
Qu'ayant mille vertus vous n'avez nul défaut.
Toutes les célébrer serait œuvre infinie;

[1] Demeure, séjour. — [2] Les victimes. — [3] A la louange.

L'entreprise demande un plus vaste génie :
Car quel mérite enfin ne vous fait estimer?
Sans parler de celui qui force à vous aimer.
Vous joignez à ces dons l'amour des beaux ouvrages;
Vous y joignez un goût plus sûr que nos suffrages:
Don du ciel, qui peut seul tenir lieu des présents
Que nous font à regret le travail et les ans.
Peu de gens élevés, peu d'autres encor même,
Font voir par ces faveurs que Jupiter les aime.
Si quelque enfant des dieux les possède, c'est vous;
Je l'ose dans ces vers soutenir devant tous.
Clio, sur son giron, à l'exemple d'Homère,
Vient de les retoucher, attentive à vous plaire:
On dit qu'elle et ses sœurs, par l'ordre d'Apollon,
Transportent dans Anet tout le sacré vallon :
Je le crois. Puissions-nous chanter sous les ombrages
Des arbres dont ce lieu va border ses rivages!
Puissent-ils tout d'un coup élever leurs sourcils,
Comme on vit autrefois Philémon et Baucis!

DISCOURS

A MADAME DE LA SABLIÈRE

Désormais que ma muse, aussi bien que mes jours,
Touche de son déclin l'inévitable cours,
Et que de ma raison le flambeau va s'éteindre,
Irai-je en consumer les restes à me plaindre,
Et, prodigue d'un temps par la Parque attendu,
Le perdre à regretter celui que j'ai perdu?
Si le ciel me réserve encor quelque étincelle
Du feu dont je brillais en ma saison nouvelle,
Je la dois employer; suffisamment instruit
Que le plus beau couchant est voisin de la nuit.
Le temps marche toujours; ni force, ni prière,

Sacrifices ni vœux, n'allongent la carrière :
Il faudrait ménager ce qu'on va nous ravir.
Mais qui vois-je, que vous, sagement s'en servir?
Si quelques-uns l'ont fait, je ne suis pas du nombre;
Des solides plaisirs je n'ai suivi que l'ombre;
J'ai toujours abusé du plus cher de nos biens.
Les penseurs amusants, les vagues entretiens,
Vains enfants du loisir, délices chimériques;
Les romans et le jeu, peste des républiques,
Par qui sont dévoyés les esprits les plus droits,
Ridicule fureur qui se moque des lois;
Cent autres passions, des sages condamnées,
Ont pris comme à l'envi la fleur de mes années.

L'usage des vrais biens réparerait ces maux;
Je le sais, et je cours encore à des biens faux.
Je vois chacun me suivre : on se fait une idole
De trésors ou de gloire, ou d'un plaisir frivole.
Tantales obstinés, nous ne portons les yeux
Que sur ce qui nous est interdit par les cieux.
Si faut-il qu'à la fin de tels pensers nous quittent;
Je ne vois plus d'instants qui ne m'en sollicitent,
Je recule, et peut-être attendrai-je trop tard :
Car, qui sait les moments prescrits à son départ?
Quels qu'ils soient, ils sont courts; à quoi les emploierai-je?

Si j'étais sage, Iris (mais c'est un privilége
Que la nature accorde à bien peu d'entre nous),
Si j'avais un esprit aussi réglé que vous,
Je suivrais vos leçons, au moins en quelque chose :
Les suivre en tout, c'est trop; il faut qu'on se propose
Un plan moins difficile à bien exécuter,
Un chemin dont sans crime on se puisse écarter.
Ne point errer est chose au-dessus de mes forces :
Mais aussi, de se prendre à toutes les amorces,
Pour tous les faux brillants courir et s'empresser!

J'entends que l'on me dit : Quand donc veux-tu cesser?
Douze lustres et plus ont roulé sur ta vie :
De soixante soleils la course entresuivie
Ne t'a pas vu goûter un moment de repos :
Quelque part que tu sois, on voit à tous propos
L'inconstance d'une âme en ses plaisirs légère,
Inquiète, et partout hôtesse passagère ;
Ta conduite et tes vers, chez toi tout s'en ressent :
On te veut là-dessus dire un mot en passant.
Tu changes tous les jours de manière et de style ;
Tu cours en un moment de Térence à Virgile :
Ainsi rien de parfait n'est sorti de tes mains.
Eh bien ! prends, si tu veux, encor d'autres chemins ;
Invoque des neuf Sœurs la troupe tout entière ;
Tente tout, au hasard de gâter la matière :
On le souffre, excepté tes contes d'autrefois.
J'ai presque envie, Iris, de suivre cette voix ;
J'en trouve l'éloquence aussi sage que forte.
Vous ne parleriez pas ni mieux, ni d'autre sorte :
Serait-ce point de vous qu'elle viendrait aussi?
Je m'avoue, il est vrai, s'il faut parler ainsi,
Papillon du Parnasse, et semblable aux abeilles
A qui le bon Platon compare nos merveilles :
Je suis chose légère, et vole à tout sujet ;
Je vais de fleur en fleur, et d'objet en objet ;
A beaucoup de plaisirs je mêle un peu de gloire.
J'irai plus haut peut-être au temple de Mémoire,
Si dans un genre seul j'avais usé mes jours ;
Mais, quoi ! je suis volage en vers comme en amours.

En faisant mon portrait, moi-même je m'accuse,
Et ne veux point donner mes défauts pour excuse ;
Je ne prétends ici que dire ingénument
L'effet bon ou mauvais de mon tempérament.
A peine la raison vint éclairer mon âme
Que je sentis l'ardeur de ma première flamme.

Plus d'une passion a depuis, dans mon cœur,
Exercé tous les droits d'un superbe vainqueur.

Tel que fut mon printemps, je crains que l'on ne voie
Les plus chers de mes jours aux vains désirs en proie.
Que me servent ces vers avec soin composés?
N'en attends-je autre fruit que de les voir prisés?
C'est peu que leurs conseils, si je ne sais les suivre :
Et qu'au moins vers ma fin je ne commence à vivre,
Car je n'ai pas vécu; j'ai servi deux tyrans;
Un vain bruit et l'amour ont partagé mes ans.
Qu'est-ce que vivre, Iris? vous pouvez nous l'apprendre.
Votre réponse est prête; il me semble l'entendre :
C'est jouir des vrais biens avec tranquillité;
Faire usage du temps et de l'oisiveté;
S'acquitter des honneurs dûs à l'Être suprême;
Renoncer aux Phyllis en faveur de soi-même;
Bannir le fol amour et les vœux impuissants,
Comme hydres dans nos cœurs sans cesse renaissants.

A MGR L'ÉVÊQUE DE SOISSONS

EN LUI DONNANT UN QUINTILIEN DE LA TRADUCTION D'ORAZIO TOSCANELLA

Je vous fais un présent capable de me nuire.
Chez vous Quintilien s'en va tous nous détruire :
Car enfin qui le suit? qui de nous aujourd'hui
S'égale aux anciens tant estimés chez lui?
Tel est mon sentiment, tel doit être le vôtre.
Mais, si votre suffrage en entraîne quelque autre,
Il ne fait pas la foule; et je vois des auteurs
Qui, plus savants que moi, sont moins admirateurs.
Si vous les en croyez, on ne peut, sans faiblesse,
Rendre hommage aux esprits de Rome et de la Grèce.

Craindre ces écrivains! on écrit tant chez nous!
La France excelle aux arts, ils y fleurissent tous;
Notre prince avec art nous conduit aux alarmes;
Et sans art nous louerions le succès de ses armes!
Dieu n'aimerait-il plus à former des talents?
Les Romains et les Grecs sont-ils seuls excellents?
Ces discours sont fort beaux, mais fort souvent frivoles;
Je ne vois point l'effet répondre à ces paroles;
Et, faute d'admirer les Grecs et les Romains,
On s'égare en voulant tenir d'autres chemins.

Quelques imitateurs, sot bétail, je l'avoue,
Suivent en vrais moutons le pasteur de Mantoue.
J'en use d'autre sorte; et, me laissant guider,
Souvent à marcher seul j'ose me hasarder.
On me verra toujours pratiquer cet usage.
Mon imitation n'est point un esclavage :
Je ne prends que l'idée, et les tours, et les lois
Que nos maîtres suivaient eux-mêmes autrefois.
Si d'ailleurs quelque endroit, plein chez eux d'excellence,
Peut entrer dans mes vers sans nulle violence,
Je l'y transporte, et veux qu'il n'ait rien d'affecté.
Tâchant de rendre mien cet air d'antiquité,
Je vois avec douleur ces routes méprisées :
Art et guides, tout est dans les Champs Élysées.
J'ai beau les évoquer, j'ai beau vanter leurs traits,
On me laisse tout seul admirer leurs attraits.
Térence est dans mes mains; je m'instruis dans Horace;
Homère et son rival sont mes dieux du Parnasse.
Je le dis aux rochers; on veut d'autres discours;
Ne pas louer son siècle est parler à des sourds.
Je le loue, et je sais qu'il n'est pas sans mérite;
Mais, près de ces grands noms, notre gloire est petite :
Tel de nous, dépourvu de leur solidité,
N'a qu'un peu d'agrément, sans nul fonds de beauté.
Je ne nomme personne : on peut tous nous connaître.

Je pris certain auteur autrefois pour mon maître ;
Il pensa me gâter. A la fin, grâce aux dieux,
Horace, par bonheur, me dessilla les yeux.
L'auteur avait du bon, du meilleur ; et la France
Estimait dans ses vers le tour et la cadence.
Qui ne les eût prisés ? J'en demeurai ravi ;
Mais ses traits ont perdu quiconque l'a suivi.
Son trop d'esprit s'épand en trop de belles choses :
Tous métaux y sont or, toutes fleurs y sont roses.
On me dit là-dessus : De quoi vous plaignez-vous ?
De quoi ? Voilà mes gens aussitôt en courroux ;
Ils se moquent de moi, qui, plein de ma lecture,
Vais partout prêchant l'art de la simple nature.
Ennemi de ma gloire et de mon propre bien,
Malheureux, je m'attache à ce goût ancien.
Qu'a-t-il sur nous, dit-on, soit en vers, soit en prose ?
L'antiquité des noms ne fait rien à la chose,
L'autorité non plus, ni tout Quintilien.
Confus à ces propos, j'écoute, et ne dis rien.
J'avouerai cependant qu'entre ceux qui les tiennent
J'en vois dont les écrits sont beaux, et se soutiennent.
Je les prise, et prétends qu'ils me laissent aussi
Révérer les héros du livre que voici.
Recevez leur tribut des mains de Toscanelle.
Ne vous étonnez pas qu'il donne pour modèle
A des ultramontains un auteur sans brillants.
Tout peuple peut avoir du goût et du bon sens,
Ils sont de tous pays, du fond de l'Amérique ;
Qu'on y mène un rhéteur habile et bon critique,
Il fera des savants. Hélas ! qui sait encor
Si la science à l'homme est un si grand trésor ?

Je chéris l'Arioste, et j'estime le Tasse ;
Plein de Machiavel, entêté de Boccace,
J'en parle si souvent qu'on en est étourdi.
J'en lis qui sont du Nord, et qui sont du Midi.

Non qu'il ne faille un choix dans leurs plus beaux ouvrages.
Quand notre siècle aurait ses savants et ses sages,
En trouverai-je un seul approchant de Platon?
La Grèce en fourmillait dans son moindre canton.
La France a la satire et le double théâtre;
Des bergères d'Urfé chacun est idolâtre :
On nous promet l'histoire, et c'est un haut projet.
J'attends beaucoup de l'art, beaucoup plus du sujet :
Il est riche, il est vaste, il est plein de noblesse;
Il me ferait trembler pour Rome et pour la Grèce.
Quant aux autres talents, l'ode qui baisse un peu,
Veut de la patience; et nos gens ont du feu.
Malherbe avec Racan, parmi les chœurs des anges,
Là-haut de l'Éternel célébrant les louanges,
Ont emporté leur lyre; et j'espère qu'un jour
J'entendrai leur concert au céleste séjour.
Digne et savant prélat, vos soins et vos lumières
Me feront renoncer à mes erreurs premières :
Comme vous je dirai l'auteur de l'univers.
Cependant agréez mon rhéteur et mes vers.

MOLIÈRE

1622 — 1673

Ce n'est pas l'auteur de comédies, dont on a tant parlé sans tout dire cependant, que nous allons étudier en Molière, c'est l'homme même, en le cherchant surtout dans la passion qui le posséda le plus, et tout entier: l'amour. S'il entra dans la voie où l'attendaient tant d'épreuves et tant de gloire, c'est que l'amour l'y entraîna. Si, parmi tant d'œuvres admirées, il en est quelques-unes où le sentiment humain éclate encore mieux qu'ailleurs et sur lesquelles il semble qu'on entende retentir *« ce rire amer, »* véritable accent de l'humaine comédie, dont parlait Boileau après avoir écouté Molière dans certaines parties du *Misanthrope;* c'est que, pour ces œuvres supérieures aux autres, parce qu'il y laissa plus de lui-même, l'amour, avec ses dépits, ses douleurs et ses désespoirs, l'inspirait.

Je sais, parmi les chants de la Grèce héroïque, une chanson dansée, où la comédie primitive cueillit toutes faites quelques-unes de ses plus folies scènes d'amour, et qui nous donne aussi, en sa fleur la mieux épanouie, la partie amoureuse de l'œuvre de Molière. La connaissait-il? Je le crois, car, parmi les choses de l'antiquité, il en est peu qu'il ignorât; mais son cœur aussi pur, aussi vrai que celui des hommes primitifs à qui l'idée en était venue, aurait pu la trouver de lui-même. Cette chanson tout égayée de danse est, ce qu'on appelait, dans Égine, Athènes, ou Sicyone, le *chant amœbée.* Au milieu d'un cercle de belles jeunes filles et de beaux adolescents s'avançaient un jeune homme armé d'un glaive d'or, et une vierge couverte d'un voile et couronnée de fleurs. Ils chantent, ils dansent, et leurs danses et leurs chants expriment l'amour dont ils sont épris. Mais voilà qu'ils se séparent, le dépit éclate dans leurs paroles et sur leurs visages. Ils se fuient, puis reviennent, mais pour se fuir de nouveau. Encore quelques instants, et le dépit deviendra de la colère ; des larmes, de vraies larmes couleront ; mais non, un sourire a brillé, et la rosée qui perlait déjà s'évanouit sous ce gai rayon. Les mains se reprennent, les bras s'enlacent ; la danse recommence avec la chanson, et les deux amoureux, fiancés par ce retour de tendresse, gagnent, en se caressant toujours, la couche nuptiale. Toute la comédie de l'amour est dans cette scène antique, où se trouve aussi l'image fidèle de la vie amoureuse de Molière. Partout où nous le rencontrons, il aime ; partout où il aime, il trouve moins des occasions de bonheur tranquille que des occasions de dépit jaloux, et cependant, il ne cesse jamais d'aimer. Ainsi sa vie se passe dans ces continuelles variations du *chant amœbée ;* mais toujours soigneux de cacher ses tristesses, n'oubliant jamais sous ses propres ennuis le rire dont il a fait son art, il ne prend de ce chant, moitié rieur et moitié triste, que la note souriante pour en faire comme le refrain de ses comédies.

Depuis l'une des premières jusqu'à l'une des dernières ; depuis *le Dépit amoureux* jusqu'au *Bourgeois gentilhomme,* nous le suivons ce refrain de l'admirable esprit, trop rempli des pensées qui l'oppressent pour ne pas les faire déborder sur ce qu'il écrit, mais trop bon aussi pour en communiquer l'amertume, et s'appliquant alors à traduire en sourires pour le public toutes ses secrètes mélancolies. Si Molière n'était qu'un esprit, l'âcre satire ne lui coûterait pas ; elle serait l'expression naturelle et complète de ce qu'il souffre ; mais c'est un cœur aussi, et comme le fiel ne sort jamais du cœur, on n'en trouve pas dans ses œuvres. Il sent qu'il doit au monde, puisque sa mission est de l'instruire, la confidence de ce qu'il souffre ; mais il lui vient du cœur je ne sais quelle crainte de communiquer sa souffrance en l'exprimant avec toute son amertume, et il n'en prend pour la montrer aux autres que ce qui peut leur être une leçon mêlée d'amusement. Ses pensées sont amères, mais le miel est sur ses lèvres, et tout s'adoucit en y passant. Ainsi, dans le *Misanthrope* même, où il est tout entier avec toutes ses peines, on ne trouve, sauf quelques éclats de ce rire désespéré dont je parlais tout à l'heure, que l'expression d'un chagrin qui craint d'être contagieux en se faisant trop voir ; qui aime mieux faire rire que se faire plaindre, et au fond duquel on sent bien moins la haine du mal que des regrets pour l'absence du bien.

Et là pourtant, je le répète, toute son âme aurait dû éclater en sanglots, car il souffrait alors, à ce moment du *Misanthrope,* tout ce qu'un cœur aimant peut souffrir. Époux, il était odieusement trahi par Armande Béjart ; poëte, il était persécuté : sa comédie du *Tartufe* se trouvait prise dans les piéges des faux dévots; ami, il était trompé : Racine le quittait pour la scène de l'hôtel de Bourgogne, et lui enlevait l'*Alexandre*, quoiqu'il l'eût déjà joué plusieurs fois sur son théâtre. Ce n'est pas tout, la maladie, dont il devait mourir sept ans après, commençait à le torturer, et comme ses acteurs ne pouvaient rien sans lui, il fallait qu'il suspendît, pendant deux mois, ses représentations ! Ainsi, malade lui-même d'âme et de corps; souffrant en outre de toutes les misères que l'inaction allait faire endurer à ceux dont il était moins le chef que le père et l'ami, voilà Molière à l'heure du *Misanthrope*. Il faudrait à d'autres de bien moindres douleurs pour se croire le sujet d'une tragédie ou d'un mélodrame ! Il ne fit, lui, qu'une comédie, et il s'y représenta dans un personnage qui semble inviter moins à s'apitoyer sur ses chagrins qu'à rire de ses brusqueries. Est-il possible de pousser plus loin le dévouement envers son art, et d'avoir plus gaiement la force du genie en ses expériences sur lui-même ? On peut dire de Molière, en ses luttes, ce que Sarrazin a dit d'Henri IV en ses batailles : son courage riait ! C'est que tous les deux, le comédien et le roi, étaient des esprits d'essence vraiment française.

Si c'est ainsi qu'en usait le courageux grand homme avec ses douleurs les plus profondes, on comprend avec quelle facilité il devait se faire un jeu des menues peines de l'amour, de ces dépits dont je parlais, et qui semblent avoir été l'accident quotidien de ses passions si nombreuses et si diverses. Ses comédies, en plus d'une scène, en ont, comme je l'ai dit, gardé le reflet et l'écho. Éraste du *Dépit amoureux*, dans la scène de fâcherie et de raccommodement avec Lucile, c'est Molière; et Gros-René avec Marinette, c'est Molière aussi. Dans *Tartufe*, Valère querellant Marianne, puis revenant à elle, c'est encore lui; dans *les Amants magnifiques*, Climène et Philinte « qui font en musique une petite scène d'un dépit amoureux, » c'est Molière qui s'inspire du *Donec gratus eram* d'Horace pour s'égayer sur ce qu'il souffre; dans *le Bourgeois gentilhomme*, Cléonte se prenant de colère boudeuse contre une autre Lucile, mais n'attendant qu'un sourire pour se rengager, c'est lui encore, toujours lui. Il se faisait déjà vieux à cette dernière fois; c'était trois ans avant sa mort, mais il n'avait rien désappris de l'amour; son cœur était une source inépuisable de tendresse, comme la conduite de sa femme une source non moins intarissable de colères et de dépits.

Ce fut une bien cruelle douleur pour cet homme, de souffrir dans sa trop sérieuse réalité ce qu'il avait tant de fois tourné en raillerie, et de trouver pour soi-même, dans ce thème comique, qu'il exploita si bien pour les rires de la foule, un sujet de larmes véritables. Si je vous dis qu'il pleura, c'est que lui-même ne s'en est caché jamais, hormis pourtant au théâtre. Le comédien voulait faire croire qu'il ne savait que rire, mais l'homme avouait qu'il savait pleurer. Un billet qu'il écrivit à La Mothe Le Vayer nous révèle ce que ses plus sérieuses comédies même ne laissaient pas soupçonner; ce plaisir qu'il trouvait dans les larmes, en se disant, comme Ovide : *Est quædam flere voluptas.*

C'était en 1664, La Mothe Le Vayer venait de perdre son fils, qui avait été l'un des meilleurs amis de Molière. Celui-ci s'empressa de lui adresser, avec un sonnet qu'on trouvera plus loin, la lettre que voici, retrouvée par M. Monmerqué dans les manuscrits de Conrart, à l'Arsenal : « Vous voyez bien, Monsieur, que je m'écarte fort du chemin qu'on suit d'ordinaire en pareille rencontre, et que le sonnet que je vous envoie n'est rien moins qu'une consolation. Mais j'ai cru qu'il fallait en user de la sorte avec vous, et que c'est consoler un philosophe que de lui justifier ses larmes, et de mettre sa douleur en liberté. Si je n'ai pas trouvé d'assez fortes raisons pour affranchir votre tendresse des sévères leçons de la philosophie, et pour vous obliger à pleurer sans contrainte, il en faut accuser le peu d'éloquence d'un homme qui ne saurait persuader ce qu'il sait si bien faire. »

Molière connut ces mêmes douleurs dont il console ici La Mothe Le Vayer en lui conseillant les larmes, et l'une de ses œuvres reçut, comme toujours, la confidence de cette peine.

Il eut trois enfants dont un seul, une fille, survécut. La mort de l'aîné, qui était un fils, lui fut un profond chagrin. Quand eut-il le malheur de le perdre? On ne le sait; mais ce qu'il fait dire au père de sa *Psyché*, dont le cœur souffre d'une peine semblable, indiquerait que l'époque où il fit sa part dans cette pièce est celle aussi où son fils lui fut enlevé.

Il en est toujours ainsi avec lui. Si un fait de sa vie échappe, on peut, en cherchant bien, le retrouver dans ses œuvres. Par ses œuvres, on connaît son cœur; par son cœur, on connaît sa vie. Ce premier fils devait avoir huit ans à peu près, quand il mourut. C'est assez pour qu'on ait eu le temps de mettre tout son espoir dans un enfant, surtout lorsque, comme Molière, on est contraint de ne demander au ménage d'autres joies que celles de la paternité; surtout lorsque, sachant trop bien que la femme infidèle à son devoir d'épouse ne devra pas en bien remplir d'autres, le père se fait un bonheur d'être, à lui seul, toute une famille pour son enfant. Molière eut donc bien des larmes pour ce premier-né. Vous les allez sentir dans celles qu'il fait répandre au père de *Psyché*[1], à l'une des trop rares scènes de cet ouvrage, qui soient bien de lui. Son cœur se l'était gardé. *En lui*, dit le père, parlant de son enfant perdu,

> En lui j'ai renfermé par des soins assidus
> Tous les plus beaux trésors que fournit la sagesse;
> A lui, j'ai de mon âme attaché la tendresse;
> J'en ai fait de ce cœur le charme et l'allégresse,
> La consolation de mes sens abattus,
> Le doux espoir de ma vieillesse;
> Ils m'ôtent tout cela, ces dieux!
> Et tu veux que je n'aie aucun sujet de plainte
> Sur cet affreux arrêt, dont je souffre l'atteinte!
> Ah! leur pouvoir se joue avec trop de rigueur
> Des tendresses de notre cœur.
> Pour m'ôter leur présent, me fallait-il attendre
> Que j'en eusse fait tout mon bien?
> Ou plutôt, s'ils avaient dessein de le reprendre,
> N'eût-il pas été mieux de ne me donner rien?

Dans un autre temps, il aurait pu se distraire, sinon se consoler, mais l'heure de ces distractions était passée, parce que l'heure des chagrins que rien n'efface était venue. Ce temps dont je parle est celui de la jeunesse qui effleure et qui n'appuie pas; le temps où l'on a les ressources de l'inconstance, où la joie d'être infidèle fait oublier le malheur d'être amoureux et jaloux; le temps où l'on croit au bonheur parce qu'on chante le plaisir. Molière connut ce temps-là, et même le mit en chansons. S'il n'eût obéi qu'à sa nature, il ne s'y fût pas arrêté longtemps, mais des amis qui croyaient plus que lui à ces plaisirs, lui en prolongèrent le prestige.

C'est lors d'un séjour qu'il fit à Paris, de 1650 à 1653, entre deux courses dans les provinces, qu'il dut, ce nous semble, se lier plus étroitement avec les amis dont je parle, qui pouvaient plaire à sa jeunesse, encore gaie quoique méditative, mais dont se fût moins accommodée sa maturité plus pensive et plus triste, avec son ancien camarade Chapelle et les libres penseurs de sa société; avec Des Barreaux, avec le fils de La Mothe Le Vayer, avec Du Broussin, etc., tous gassendistes, tous épicuriens. C'est alors aussi que la secte à laquelle son *Tartufe*

[1] Acte II, sc. I.

devait si bien répondre commença de lui reprocher son penchant vers la libre pensée appelée alors *libertinage* [1]. Le fameux dîner à la *Croix de Lorraine*, où, suivant Chapelle, Molière, cédant à la contagion de l'ivresse,

. . . . Buvait assez
Pour, vers le soir, être en goguettes,

doit être de cette époque.

C'est un détail curieux dans sa vie, en ce qu'il explique un des côtés joyeux de son talent et nous apprend comment cet homme, que la délicatesse de sa santé reduisit pendant longtemps au régime du laitage, put toutefois mettre tant de verve dans le rôle de Sganarelle, l'ivrogne fagotier, et surtout dans la chanson qu'il lui fait chanter :

Qu'ils sont doux!
Bouteille, ma mie,
Qu'ils sont doux!
Tes petits glougloux;
Mon sort ferait bien des jaloux
Si vous étiez encor remplie;
Ah! bouteille ma mie,
Pourquoi vous videz-vous?

L'air de cette chanson, qu'on ne chante plus au Théâtre Français et qui est facile à retrouver [2], avait été écrit par Charpentier, le même qui fit la musique du *Malade imaginaire*, lorsque Molière, trompé par Lulli dans une affaire qu'il n'est pas besoin de raconter ici, dut renoncer à sa collaboration.

Molière avait écrit bien d'autres chansons qui, pour la plupart, sont perdues. Les unes avaient été mises en musique par quelque musicien de l'époque; les autres avaient été faites sur quelques-uns de ces airs populaires dont il aimait tant la franchise; on le sait par ce que dit Alceste de la chanson du *Roi Henri*.

Plusieurs couplets faits par lui sur le vieil air *lon lan la landerirette*, fort en vogue en ce temps-là, ont été retrouvés, il y a six ans, dans un manuscrit appartenant au roi Louis-Philippe, et n'ont pas encore été joints à ses œuvres [3]. Nous allons en citer trois ou quatre. Le poëte se plaint d'une cruelle et lui dit :

[1] Voy. Cousin, *Madame de Sablé*, prem. édit., p. 117. — [2] Voy. la *Clef des chansonniers*, 1722, in-12, tom. I, p. 74. — [3] Ils n'ont été publiés que dans le *Bulletin du bibliophile*, 1853-1854, p. 365-368.

Au penchant qui nous engage
Pourquoi vouloir résister?
Dans le printemps de son âge,
Ne doit-on pas profiter
De son lan la, landerirette?

. . . .

De pitié votre âme atteinte
S'attendrit à mes discours,
Mais que me sert votre plainte
Si vous refusez toujours?...

Pendant une nuit paisible,
En vain je me crois heureux;
Le songe le plus sensible
Ne peut soulager les feux
De mon lan la, etc.

Qu'un bonheur plus véritable
Comble enfin tous mes plaisirs;
La nuit la plus favorable
Laisse encor trop de désirs...

Un autre couplet de Molière, qui n'a pas non plus été recueilli, se trouve dans les *Aventures* de Dassoucy, qui se vante d'avoir achevé la chanson et d'avoir mis le tout en fort belle musique. Ce couplet n'est pas un chef-d'œuvre, car Molière, qui connaissait son collaborateur, voulait rester à son niveau. Nous ne le citerons pas moins :

Loin de moi, loin de moi, tristesse,
Sanglots, larmes, soupirs,
Je revois la princesse
Qui fait tous mes désirs.
O célestes plaisirs!
Doux transports d'allégresse!
Viens, mort, quand tu voudras,
Me donner le trépas!
J'ai revu ma princesse [1].

Ce couplet, qui prouve que rien n'était impossible à Molière, et qu'il pouvait, au besoin, anticiper sur les platitudes de l'opéra comique, fut écrit par lui dans le temps qu'il était à Béziers avec sa troupe, augmentée de Dassoucy et de ses deux pages de musique. C'est alors aussi, ce qui vaut mieux, qu'il faisait jouer pour la première fois sa comédie

[1] *Aventures burlesques* de Dassoucy, édit. Colombey, p. 240-241.

du *Dépit amoureux*, dont l'imbroglio lui avait été presque en entier fourni par de vieilles comédies italiennes, mais dont l'état de son cœur et les péripéties de sa vie à ce moment même lui avaient seuls inspiré toute la partie amoureuse.

L'amitié, le vin et les chansons ne suffisaient pas pour remplir le vide d'un cœur comme le sien. Il lui fallait l'amour pour le consoler de l'amour. A l'époque où nous vous le montrons, dans l'année 1650, nous ne lui connaissons pas moins de quatre amours à la fois. C'est l'aînée des Béjart d'abord, Madeleine, sa première passion, qui, en l'engageant dans l'amour, l'engagea du même coup dans la comédie, et avec laquelle l'âge et l'habitude n'ont pu complétement le faire rompre. Leurs intérêts d'ailleurs sont trop mêlés, trop mariés ensemble pour qu'il ne subsiste pas toujours entre eux les apparences d'une liaison. C'est mademoiselle de Brie ensuite, puis mademoiselle Du Parc, et enfin une plus modeste et plus inconnue, mademoiselle Menou, qui joue alors près de lui, moins la coquetterie, le rôle qu'Armande jouera trop victorieusement plus tard, et qui satisfait ce goût du fruit vert qu'il eut toujours en amour. Ainsi, sans presque sortir de ce que j'appellerai son premier ménage, il peut parcourir toute la gamme du cœur féminin, aimant celle-ci une heure, cette autre l'heure suivante, trouvant à chacune son charme particulier, car il l'a dit, d'après Lucrèce, en un célèbre passage du *Misanthrope* :

> ... L'on voit les amants toujours vanter leur choix...
> Et dans l'objet aimé tout leur devient aimable.

Une lettre de son ami Chapelle, trop peu remarquée, nous a initié à cette complication de tendresses et, par conséquent, de jalousies. Sans lui, nous connaîtrions même à peine l'existence de mademoiselle Menou. Nous saurions seulement, grâce à un exemplaire de l'*Andromède*, possédé par M. de Soleinne[1], qu'elle faisait partie de la troupe de Molière quand il joua cette pièce à machines, et qu'elle y était chargée du rôle presque muet d'Éphyre la Néréide. Ce n'était certes pas assez pour que nous nous intéressions à elle; mais la lettre de Chapelle est venue éveiller cet intérêt et le rendre fort vif. On y découvre ce que devait être mademoiselle Menou : une toute jeune personne, je l'ai dit, un vrai fruit vert, comme devait les aimer Molière qui, plus tard, livra si bien tout son cœur à l'adoration de la jeunesse d'Armande.

[1] *Catal. de la biblioth. Soleinne*, tom. I, p. 251.

Les hommes de cette trempe supérieure se plaisent dans les amours qui leur permettent de protéger en aimant. Ils ont du bonheur à sentir la faiblesse qui les recherche pour s'appuyer sur eux, et, d'un autre côté, leur naturelle défiance semble ne trouver de repos que dans ces passions précoces où l'âge du moins devrait leur garantir l'innocence. Si donc Molière aima la modeste Éphyre de l'*Andromède*, la pauvre comparse, c'est à cause de sa faiblesse et de son humilité même, qui le reposaient des grands airs de ses autres comédiennes, j'allais presque dire de ses autres sultanes. Chapelle, dans sa lettre, donne à entendre tout cela. Il parle de la première verdure du printemps, qui, dit-il,

Jeune et faible rampe par bas,
Dans le fond des prés, et n'a pas
Encor la vigueur et la force
De pénétrer la tendre écorce
Du saule qui lui tend les bras.
La branche amoureuse et fleurie,
Pleurant pour ses naissants appas,
Toute en séve et larmes, l'en prie,
Et, jalouse de la prairie,
Dans cinq ou six jours se promet
De l'attirer à son sommet.

« Vous montrerez, ajoute-t-il, ces beaux vers à mademoiselle Menou seulement. Aussi bien, sont-ils la figure d'elle et de vous. » Il lui recommande ensuite de ne pas faire lire cette lettre « à ses femmes, » à cause de certains vers qui la terminent et qui ne sont pas trop à leur louange. « Je les ai faits, ajoute-t-il, pour répondre à cet endroit de votre lettre, où vous particularisez le déplaisir que vous donnent les partialités de vos trois grandes actrices pour la distribution de vos rôles. Il faut être à Paris pour en résoudre ensemble, et, tâchant de faire réussir l'application de vos rôles à leur caractère, remédier à ce démêlé qui vous donne tant de peine. En vérité, grand homme, vous avez besoin de toute votre tête en conduisant les leurs, et je vous compare à Jupiter pendant la guerre de Troie[1]. »

On devine quel charme et quel repos il devait trouver au sortir de cet enfer, dans le doux entretien de la modeste mademoiselle Menou. Mais il dut la sacrifier, du moins tout le donne à croire, car on ne la trouve pas longtemps dans la troupe de Molière. En 1658, lorsque cette troupe, après une dernière tournée dans le Midi, revient à Paris, mademoiselle Menou n'en fait plus partie. Nous ne savons ce qui la fit

[1] *Œuvres de Chapelle*, édition elzevirienne, p. 202-203.

renvoyer, mais nous pouvons, pour cela, nous en rapporter à l'altière jalousie de ses trois rivales. Molière resta seul entre elles. C'était du courage; il tint bon pourtant, armé qu'il était de douceur et de philosophie, et grâce à ce système qui lui faisait tout prendre en patience, du moment que, dans ses ennuis même, il y avait pour son art une source d'études et d'observations. Ses premières pièces sont remplies du contraste de ces trois caractères féminins qu'il fut si bien à même d'étudier, en plein tapage, à ses risques et périls. Dans *Don Garcie*, dona Elvire, à qui les jaloux déplaisent, c'est mademoiselle Du Parc, tandis que Madeleine Béjart joue le rôle d'Élise, à qui la jalousie ne déplaît pas. Par malheur, elle n'est plus guère d'âge à espérer des amants jaloux. Dans *les Fâcheux*, mademoiselle Du Parc, qui joue Orante, tient un rôle semblable à l'autre et non moins conforme à son humeur, tandis que mademoiselle de Brie, d'un caractère différent, est chargée du rôle de Climène, dont la nuance est aussi toute contraire.

C'était une nature de femme plus compatissante et plus douce, n'ayant rien de la hauteur un peu façonnière[1] qui avait fait donner à sa rivale, mademoiselle Du Parc, le surnom de *Marquise*. Celle-ci pouvait plaire à l'humeur un peu guindée et apprêtée de Racine, qui fut en effet son amant; mais mademoiselle de Brie, avec ses manières indulgentes, devait paraître bien plus aimable à Molière; en effet, il l'aima longtemps. Sa passion pour la du Parc ne fut qu'un caprice; celle qu'il eut pour la de Brie fut plus qu'un amour, ce fut une amitié. Dans ses plus amers ennuis, c'est toujours à elle qu'il revint.

Quand les infidélités d'Armande l'affolèrent de douleur, sa confidente, sa consolatrice fut cette ancienne maîtresse, qui voulut bien oublier qu'on l'avait délaissée et ne voir que le cœur au désespoir. Aussi, dans le *Misanthrope* est-ce pour elle que fut le beau rôle. Célimène, vous le savez déjà, c'est Armande; Arsinoé, c'est mademoiselle Du Parc, qui, transfuge ingrate de la troupe de Molière, qu'elle venait de quitter alors pour l'hôtel de Bourgogne, ne méritait que trop de se voir mise ainsi en scène; mais la bonne et délicate Éliante, c'est mademoiselle de Brie.

Nous finirons par ce dernier retour vers le chef-d'œuvre où Molière est tout lui-même. Puisque nous n'avions à le montrer que dans ses amours, dans ses souffrances, c'est à cette œuvre, où son cœur se résume, que nous devions revenir.

ÉDOUARD FOURNIER.

[1] Dans l'*Impromptu de Versailles*, il dit *qu'elle est naturelle*, mais c'est pure ironie.

CLIMÈNE, PHILINTE

PHILINTE.

Quand je plaisais à tes yeux,
J'étais content de ma vie,
Et ne voyais rois ni dieux
Dont le sort me fît envie.

CLIMÈNE.

Lorsqu'à toute autre personne
Me préférait ton ardeur,
J'aurais quitté la couronne
Pour régner dessus ton cœur.

PHILINTE.

Un autre a guéri mon âme
Des feux que j'avais pour toi.

CLIMÈNE.

Un autre a vengé ma flamme
Des faiblesses de ta foi.

PHILINTE.

Chloris, qu'on vante si fort,
M'aime d'une ardeur fidèle;
Si ses yeux voulaient ma mort,
Je mourrais content pour elle.

CLIMÈNE.

Myrtil, si digne d'envie,
Me chérit plus que le jour;
Et moi, je perdrais la vie
Pour lui montrer mon amour.

PHILINTE.

Mais si d'une douce ardeur
Quelque renaissante trace
Chassait Chloris de mon cœur
Pour te remettre en sa place?

CLIMÈNE.

Bien qu'avec cette tendresse
Myrtil me puisse chérir,
Avec toi, je le confesse,
Je voudrais vivre et mourir.

TOUS DEUX ENSEMBLE.

Ah! plus que jamais aimons-nous,
Et vivons et mourons en des liens si doux.

TOUS LES PERSONNAGES DE LA COMÉDIE.

Amants, que vos querelles
Sont aimables et belles;
Qu'on y voit succéder
De plaisir, de tendresse!
Querellez-vous sans cesse,
Pour vous raccommoder.

(*Les Amants magnifiques*, 1re entrée de ballet.

CHANSON DES SATYRES

PREMIER SATYRE.

Aux amants qu'on pousse à bout,
L'Amour fait verser des larmes,
Mais ce n'est pas notre goût,
Et la bouteille a des charmes
Qui nous consolent de tout.

SECOND SATYRE.

Notre amour n'a pas toujours
Tout le bonheur qu'il désire;
Mais nous avons un secours,
Et le bon vin nous fait rire,
Quand on rit de nos amours.

TOUS LES PERSONNAGES.

Champêtres divinités,
Faunes, Dryades, sortez
De vos paisibles retraites;
Mêlez vos pas à mes sons,
Et tracez sur les herbettes
L'image de nos chansons.

(*Les Amants magnifiques,* 3me intermède, scène V.)

LE MOINEAU DE MYRTIL

MYRTIL.

Innocente petite bête,
Qui, contre ce qui vous arrête
Vous débattez tant à mes yeux,
De votre liberté ne plaignez point la perte :
Je vous ai pris pour Mélicerte,
Elle vous baisera, vous prenant dans sa main
Et de vous mettre en son sein
Elle vous fera la grâce.
Est-il un sort au monde, et plus doux et plus beau,
Et qui des rois, hélas! heureux petit moineau,
Ne voudrait être en votre place?

(*Mélicerte*, acte I, scène V.)

FRAGMENT

DU POËME INTITULÉ : *LA GLOIRE DU DOME DU VAL-DE-GRACE*

. . . .
Source des beaux débris des siècles mémorables,
O Rome, qu'à tes soins nous sommes redevables
De nous avoir rendu, façonné de ta main,
Ce grand homme, chez toi devenu tout Romain [1],
Dont le pinceau célèbre, avec magnificence,
De ses riches travaux vient parer notre France;
Et, dans un noble lustre y produire à nos yeux,
Cette belle peinture inconnue en ces lieux,
La fresque, dont la grâce à l'autre préférée,
Se conserve un éclat d'éternelle durée,
Mais dont la promptitude, et les brusques fiertés
Veulent un grand génie à toucher ses beautés!
De l'autre qu'on connaît la traitable méthode
Aux faiblesses d'un peintre aisément s'accommode;
La paresse de l'huile, allant avec lenteur,
Du plus tardif génie attend la pesanteur;
Elle sait secourir, par le temps qu'elle donne,
Le faux pas que peut faire un pinceau qui tâtonne;
Et pour cette peinture, on peut, pour faire mieux,
Revenir, quand on veut, avec de nouveaux yeux.
Cette commodité de retoucher l'ouvrage
Aux peintres chancelants est un grand avantage;
Et ce qu'on ne fait pas en vingt fois qu'on reprend,
On peut le faire en trente, on peut le faire en cent.
  Mais la fresque est pressante, et veut, sans complaisance,
Qu'un peintre s'accommode à son impatience,
La traite à sa manière, et, d'un travail soudain,
Saisisse le moment qu'elle donne à sa main.

[1] Mignard, surnommé le *Romain*.

La sévère vigueur de ce moment qui passe
Aux erreurs d'un pinceau ne fait aucune grace;
Avec elle, il n'est point de retour à tenter,
Et tout, au premier coup, se doit exécuter.
Elle veut un esprit, où se rencontre unie
La pleine connaissance avec le grand génie,
Secouru d'une main propre à le seconder,
Et maîtresse de l'art, jusqu'à le gourmander,
Une main prompte à suivre un beau feu qui la guide,
Et dont, comme un éclair, la justesse rapide
Répande dans ses fonds, à grands traits non tâtés,
De ses expressions les touchantes beautés.
C'est par là que la fresque, éclatante de gloire,
Sur les honneurs de l'autre emporte la victoire,
Et que tous les savants, en juges délicats,
Donnent la préférence à ses mâles appas.

SEGRAIS

1624 — 1701

Parmi les poëtes du XVIIe siècle, Segrais garde encore une place charmante. Il n'est certes pas au premier rang : mais celui qu'il occupe est fort enviable, surtout quand on songe à tant de beaux esprits célèbres de ce temps, que les révolutions du goût ont plongés subitement dans l'obscurité. Les écrivains que Boileau, le grand justicier, a déclarés indignes de leur gloire, ne sont aujourd'hui, malgré de vains essais de réhabilitation, que de simples curiosités de l'histoire littéraire. Inconnus du public, ils existent à peine pour les lettrés. Segrais a trouvé grâce auprès du terrible Despréaux :

> Que Segrais dans l'églogue enchante les forêts!

C'est à ses églogues, en effet, que le poëte normand a dû son salut. Ni ses odes, ni ses chansons, ni ses madrigaux, ni ses sonnets, ni ses portraits, ni ses élégies ne l'auraient sauvé de la proscription, quoiqu'il y eût dans ces divers écrits beaucoup de facilité, d'esprit naturel, et un vrai talent de versificateur. Par ses églogues, il a heureusement attaché son nom à un genre, et, sans presque y songer, il s'est trouvé dans le grand courant, dans la tendance générale des classiques, comme Racine, Boileau, La Fontaine, Molière, La Bruyère, qui tous poursuivaient le même but : la conquête des anciens par les modernes. L'esprit de Virgile a porté bonheur à Segrais. Cela lui a valu de passer à la postérité, avec un sauf-conduit de Boileau. Un vers de *l'Art poétique* l'a rendu sacré. On a regardé le chantre d'*Amire* et de *Timarette*, dès le XVIIe siècle, comme un petit classique. Huet et Ménage ont célébré en vers latins le poëte bucolique, et le poëte bucolique seulement.

La Monnoie l'a comparé, dans une jolie épigramme française, à Virgile lui-même :

> Quand Segrais, affranchi des terrestres liens,
> Descendit plein de gloire aux Champs Élyséens,
> Virgile en bon français lui fit une harangue ;
> Et comme à ce discours Segrais parut surpris :
> Si je sais, lui dit-il, le fin de votre langue,
> C'est vous qui me l'avez appris.

Le Virgile de La Monnoie a des façons un peu trop galantes : mais les églogues de Segrais, à tout prendre, valent bien un compliment de Virgile, et un compliment sans cérémonie.

Jean Regnauld de Segrais, né à Caen le 22 août 1624, sortit du collége des Jésuites avec le dessein formé d'être un grand poëte. La renommée de Corneille et de Malherbe, deux Normands, enflammait alors toutes les jeunes imaginations normandes. C'était à Caen surtout, la ville savante et littéraire de la Normandie, que s'était éveillé l'enthousiasme poétique. Il courait à Paris même ce dicton : « Qu'on faisait des vers dans les autres parties de la France, mais qu'on en tenait boutique à Caen. » Jean Segrais s'avisa, tout jeune encore, de vérifier pour son compte le proverbe si honorable pour ses concitoyens. Dès l'âge de vingt ans, il avait publié en province des poésies lyriques et une tragédie sur la mort d'Hippolyte, sans compter les deux premières parties d'un roman de Bérénice. Il rêvait à la fois de Corneille et de Malherbe, et peut-être aussi de La Calprenède, de mademoiselle de Scudéry, d'Honoré d'Urfé, le nom le plus illustre alors d'un bout de la France à l'autre. Sur ces entrefaites, vint à Caen, pour y passer une saison d'exil, un courtisan disgracié, le comte de Fiesque, dont la mère était gouvernante de mademoiselle de Montpensier. Le comte vit par hasard le jeune poëte normand, l'entretint souvent, s'en éprit, et, rappelé à Paris, l'emmena dans son carrosse, lui fit voir la cour, et le donna comme gentilhomme ordinaire à Mademoiselle. Pour Segrais, c'était la fortune, et, avec elle, la gloire. Il n'avait pas vingt-quatre ans lorsqu'il entra au Luxembourg, et lorsqu'il en sortit pour accepter un appartement chez madame de La Fayette, il était déjà depuis dix ans membre de l'Académie française. Sans la protection de Mademoiselle, il est fort probable qu'on ne lui eût pas donné si tôt « le cordon bleu des beaux esprits. » Chez madame de La Fayette il demeura jusqu'en 1769, époque où il se maria dans son pays, s'y fixa presque riche, et devint le premier échevin de la ville de Caen. Madame de Maintenon, qu'il avait connue chez Scarron, voulut le tirer de là pour le mettre auprès du duc du Maine. Mais le fin Normand refusa. Il avait honnêtement de quoi vivre dans l'indépendance, raconte-t-il lui-même ; son beau-père et sa belle-mère qui étaient fort âgés et qu'il consulta là-dessus lui représentèrent qu'il avait raisonnablement de quoi se contenter, qu'ils étaient d'un âge à croire que Dieu les appellerait bientôt, et qu'alors il pourrait vivre sans avoir rien à souhaiter. Segrais considéra, de son côté, qu'il avait déjà 55 ans, et qu'il lui faudrait attendre au moins dix ans la récompense des services qu'il rendrait à M. le duc du Maine. Il s'excusa finalement sur ce qu'il était un peu sourd. La sœur de madame de Montespan, madame de Fontevrault, eut beau insister en lui mandant qu'il ne s'agissait pas d'écouter le prince, mais de lui parler. « Je fis réponse, ajoute Segrais, que je savais par expérience que, dans un pays comme celui-là, il fallait avoir bons yeux et bonnes oreilles. En effet, il faut y connaître parfaitement son monde et parler plus souvent à l'oreille qu'à haute voix. Ainsi je demeurai comme j'étais. » Et *comme il était,* le gentil poëte, il vivait à merveille, plein de considération, d'honneur, très-recherché, très-entouré, très-indépendant, presque tout-puissant dans sa ville, où il faisait bâtir une église, élevait une statue à Malherbe, et recevait chez lui, dans un appartement consacré à leurs assemblées, les membres de l'Académie de Caen. De plus, quand il lui prenait envie de sortir et de visiter les honnêtes gens, il trouvait nombreuse et belle compagnie chez M. Foucault, l'intendant de la généralité.

« Il y avait pour lui, raconte La Monnoie, une place de réserve auprès d'une tapisserie, derrière laquelle un homme de confiance était caché, qui écrivait ce qu'il disait... »

Et c'est ainsi qu'à travers ces libres conversations nous pouvons suivre Segrais dans les divers milieux où il s'est développé, à Paris : chez Mademoiselle, au Luxembourg ; au Marais, chez Scarron ; à l'hôtel de Rambouillet ; enfin chez madame de La Fayette.

« Il n'y a qu'à monter Segrais, disait M. de Matignon, et à le laisser aller. » M. l'intendant Foucault savait sans doute ce mot-là. Tenons-nous derrière sa tapisserie, et laissons à notre tour le bonhomme Segrais défiler posément ses souvenirs.

Quels étaient les sujets sur lesquels le premier échevin de Caen aimait surtout à s'épancher ? Toutes les anecdotes qu'il raconte ont trait à la condition des hommes de lettres, à l'Académie, aux opinions littéraires de la société de madame de La Fayette. De Mademoiselle et de son monde, presque rien ! C'est pourtant durant son séjour chez elle, à la maison de campagne de Saint-Fargeau, qu'il composa ses églogues, ses chansons et d'autres menues poésies.

Mademoiselle de Montpensier, au reste, ne parle guère que deux ou trois fois de son gentilhomme ordinaire, dans ses *Mémoires*. Encore se contente-t-elle de le mentionner comme le premier venu, sans attention particulière et sans compliment. Elle ne s'occupe de lui avec quelque détail qu'au moment où elle le chasse pour avoir fait une démarche contre Lauzun auprès de M. de Champvallon, archevêque de Paris. Segrais nie cette démarche, et ne réussit pas à expliquer à son honneur comment il fut congédié par sa protectrice. Il y aurait assurément de curieux rapprochements à noter, si l'on comparait les œuvres poétiques de l'écrivain normand avec ses libres propos. On verrait d'un côté la fiction et les louanges; de l'autre, la vérité avec un brin de satire. Dans son *Hymne* à Mademoiselle, le poëte bâtit un temple pour y adorer l'incomparable princesse. Il la célèbre comme une merveille de perfection, comme une divinité qui a pour cortége les plus grandes figures de l'histoire de France : Charles Martel, Philippe-Auguste, Charles VII, la Pucelle d'Orléans, Henri IV; il l'appelle mythologiquement Diane et Pallas : elle a la beauté, la grâce, la générosité, le génie. Mais que chez l'intendant Foucault il détaille en prose les mérites de sa princesse, aussitôt le prestige s'évanouit. Nous entendons Guilloire, le secrétaire des commandements, dire hautement à Mademoiselle : « Vous êtes la risée et l'opprobre de toute l'Europe. » Nous voyons dans la fille de Gaston une créature sans passion, sans caractère, sans volonté, sans dignité, sans grandeur, qui n'aime réellement ni son amant ni ses amis. Quoiqu'elle prétende à la gloire littéraire, elle ignore tout à fait l'art d'écrire, et son domestique Segrais est obligé à grand'peine d'effacer les *mais*, les *car* et les *parce que*, dans la noble prose des *Portraits* et de la *Princesse de Paphlagonie*. Est-il au moins bien récompensé de ce rebutant travail de correction ? Nous devinons que le pauvre gentilhomme ne mangeait même pas tout son soûl, comme il le raconte finement chez M. Foucault :

« J'ai pris, dit-il, la coutume de ne manger qu'à midi, dès le temps que j'étais à Mademoiselle, ne mangeant le soir avant que de me coucher, si j'en avais besoin, que du fruit et un morceau de pain que je faisais prendre par mon valet; car comme je me trouvais au souper de Mademoiselle avec d'autres messieurs de la maison, les dames nous donnaient toujours en cachette quelque chose du dessert que nous mangions entre nous; et mon valet profitait de la provision qu'il m'avait faite. C'est par ce moyen que j'ai toujours eu les entrailles libres, et que je n'ai point amassé d'humeurs qui me causent aucune incommodité considérable. »

Ah! le pauvre poëte! voilà donc les revenants-bons de sa domesticité? Il maintenait *ses entrailles libres* et *n'amassait point d'humeurs*, en vivant des bribes de dessert que les dames lui donnaient *en cachette*, tandis qu'on servait à Mademoiselle d'excellentes carpes de 80 ans, pêchées dans les étangs de son château d'Eu. La plupart des hommes de lettres, qui appartenaient à quelqu'un, en ce temps-là, n'étaient guère mieux traités par leurs maîtres. A part Benserade et Voiture, ils avaient le sort de M. de Segrais chez Mademoiselle, ou de Sarrasin chez M. de Chavigny. Sarrasin se plaignait, et Segrais souriait, tout en ruminant ses chers projets d'indépendance. Aussi quand il fut reçu à l'Académie, le gentilhomme de Mademoiselle ne se montra-t-il pas très-favorable à l'élection des grands seigneurs. « Il n'y aurait voulu, dit-il avec sa matoiserie normande, que sept à huit gens de qualité. »

Son passage chez madame de La Fayette fut pour lui une halte agréable entre la dépendance et l'entière liberté. Ici encore il avait des devoirs, mais point de servitude. Il se loue sans restriction de son agréable commerce avec M. de La Rochefoucauld et son amie, avec madame de Sévigné, à laquelle il a adressé de si jolis vers. Dans cette société galante sans fadeur, polie sans bassesse et franche quelquefois jusqu'à la *vérité vraie*, on n'aimait des nouvelles gloires du siècle que Molière. Racine y était sacrifié à Corneille, et Boileau n'y trouvait que des contradicteurs. Un ami de Boileau et de Racine, Valincour, n'avait-il pas osé critiquer *la Princesse de Clèves?* Or, nous savons par le Père Lelong que Segrais, quoiqu'il s'en défende, n'était pas étranger à cette œuvre charmante, qui aurait dû être goûtée, sinon par Boileau, du moins par Racine. « Trois beaux esprits, dit le Père Lelong, ont contribué à la composition de ce roman, qui est bien écrit et a eu beaucoup de succès: François VI, duc de La Rochefoucauld, en a fourni les sentiments; les maximes et les intrigues sont de l'invention de Marie-Madeleine de La Vergne, comtesse de La Fayette, et le tout a été mis en œuvre avec autant d'esprit que de délicatesse par Jean Regnauld de Segrais. » Est-ce aussi madame de La Fayette qui a fourni les intrigues et les maximes de *Zaïde?* Segrais réclame cette fois la propriété de l'ouvrage : mais telle n'est pas l'opinion de son ami Huet qui, dans ses *Origines de Caen*, donne entièrement *Zaïde* à madame de La Fayette : « Je l'ai vue, dit-il, souvent occupée à ce travail, et elle me le communiqua tout entier pièce à pièce, avant que de le rendre public. Et comme ce fut pour cet ouvrage que je composai le traité de l'*Origine des romans*, qui fut mis à la tête, elle me disait souvent que nous avions marié nos enfants ensemble. » Quoi qu'il en soit de *la Princesse de Clèves* et de *Zaïde*, il est bien certain que ni madame de La Fayette ni La Rochefoucauld ne peuvent réclamer aucune part des églogues ; et les églogues, nous le répétons, sont le vrai titre de gloire de Segrais.

Timarette et *Amire* sont de petits chefs-d'œuvre. « Tout le monde convient, dit Baillet, qu'il a bien pris le caractère de l'églogue, et qu'il a su attraper ce point de la simplicité et de la pudeur, que les anciens avaient su exprimer, sans pourtant avoir rien de la bassesse et des manières niaises où sont tombés plusieurs de nos faiseurs d'églogues françaises... Ses figures sont douces, ses mouvements y sont tempérés... Les pensées y sont ingénues, la diction y est pure et sans affectation, les vers y sont coulants. Ce sont des manières tout unies et des discours tout naturels. Enfin on juge qu'il est très-difficile de bien écrire en ce genre avec plus de douceur, de tendresse, et d'agrément. »

Oui, c'est bien cela : pureté, simplicité, ingénuité, noblesse et tendresse, et, par-dessus tout, ce qu'on appelait agrément jadis, ce que nous appelons aujourd'hui le charme ! Baillet n'a rien exagéré, quoiqu'il n'ait pas un sentiment bien net de la poésie. Il aurait plutôt négligé ou méconnu ce qui ne s'analyse pas : la grâce virgilienne ravivée par je ne sais quelle fraîche senteur de notre seizième siècle. Dans les citations que je donne ici du chantre d'*Amire*, on reconnaîtra aussi, je l'espère, comme je l'ai reconnu, quelque chose de plus moderne et de plus intime que la poésie de nos siècles classiques. Je ne sais si je me trompe, mais il me semble qu'à travers Segrais, comme à travers La Fontaine, on entend déjà quelquefois le chant pastoral d'André Chénier, et même certains accents d'Alfred de Musset. L'impression générale de ses églogues nous laisse, en résumé, l'idée d'un Virgile traduit ou imité par un petit-fils d'Amyot. Segrais, d'ailleurs, avait pris fort au sérieux, comme la plupart de ses contemporains, son titre de Virgile normand. Il disait, en variant un célèbre distique : *Cadomus me genuit*, etc. Que Mantoue ne se fâche pas, et que le divin Mantouan lui pardonne !

HIPPOLYTE BABOU.

Voir l'édition de Segrais, 1755 ; consulter les *Jugements des savants*, de Baillet, le *Boleiana*, le *Segraisiana*, les *Mémoires* de mademoiselle de Montpensier, etc.

STANCES

SUR UN DÉGAGEMENT

Comme un feu qui s'éteint faute de nourriture,
Faute d'espoir, enfin, s'est éteint mon amour :
Mais, tant qu'il put durer, sa flamme claire et pure
Brilla, comme à midi, brille l'astre du jour.

Du juste et vain regret de vous avoir aimée,
S'il s'allume en mon cœur quelque secret courroux,
Du feu de ce courroux la plus noire fumée
Ne noircit point un nom qui m'est encor si doux.

J'ai pu me repentir comme j'ai dû le faire,
Mais sans murmure, enfin, je me suis retiré;
Sans blasphémer les dieux, auteurs de ma misère,
Ni profaner l'autel que j'ai tant adoré.

Même en vous déclarant que votre orgueil me chasse,
Tout outré que je suis des maux que j'ai soufferts,
Je ne vous reviens point montrer avec audace
Un captif insolent d'avoir brisé ses fers.

Sans vous rien reprocher de mes peines souffertes,
Il me plaît seulement de m'en entretenir;
Le nocher, dans le port, consolé de ses pertes,
Des plus affreux périls aime le souvenir.

Je sais de vos appas la divine puissance :
Mais de quelques appas qu'on puisse être charmé,
Qui peut toujours servir sans nulle récompense?
Qui peut toujours aimer et n'être pas aimé?

Je vous aimais, Olympe, et d'une amour si forte,
Que ma raison séduite en vain montre à mon cœur
Que de votre prison elle a rompu la porte.
Tant ce cœur insensé s'aimait dans sa langueur!

Triomphez-en, cruelle, au moment que je songe
Combien fut vain l'espoir par qui je fus surpris;
Ce malheureux voudrait qu'un si plaisant mensonge
Pût encore abuser ses crédules esprits.

Mais je vois son erreur et je sais qui l'anime;
Et je sais encor mieux qu'au dessein que je fais,
Quand la rébellion peut être légitime,
Avecque son tyran il ne faut point de paix.

Cesse donc, vain effort de mon âme insensée,
Repentir d'un dessein sagement entrepris;
Viens seul, viens pour jamais occuper ma pensée,
Digne ressentiment d'un indigne mépris.

Que la douleur passée est douce à la mémoire!
Et qu'on doit dans son sort trouver peu de rigueur,
Quand on n'a pu jouir d'une juste victoire,
D'être du moins sauvé des chaînes du vainqueur!

AMIRE

ÉGLOGUE

A MADEMOISELLE DES VERTUS

Tandis que je vais voir mon adorable Amire,
Garde bien mes troupeaux, mon fidèle Tityre;
L'astre heureux et brillant de la mère d'Amour
De l'Aurore vermeille annonce le retour :

Il est temps de partir ; adieu, mon cher Tityre,
Garde bien mes troupeaux, je vole vers Amire.

Soit, quand je reviendrai, tout le ciel en courroux,
S'il me donne en allant un temps serein et doux !
Pourvu qu'enfin j'arrive, et qu'au moins je la voie,
Que je meure aussitôt ; je mourrai plein de joie.
Qui peut en être vu d'un regard amoureux
Ne peut jamais avoir un destin malheureux.

Que fait-elle à présent ? De quoi s'entretient-elle ?
Où dois-je en arrivant rencontrer cette belle ?
Sera-ce sous ces pins, aux rameaux toujours verts,
Où j'ai gravé nos noms en cent chiffres divers ;
Sera-ce aux bords fleuris de la claire fontaine
Où je lui découvris mon amoureuse peine ?
Et que doit mieux sentir un véritable amour,
Ou l'ennui de l'absence, ou l'aise du retour ?

Enfant maître des dieux, qui, d'une aile légère,
Tant de fois, en un jour, voles vers ma bergère,
Dis-lui combien loin d'elle on souffre de tourment ;
Va, dis-lui mon retour, puis, reviens promptement
(Si pourtant on le peut, quand on s'éloigne d'elle,)
M'apprendre comme elle a reçu cette nouvelle.

O dieux ! que de plaisir, si, quand j'arriverai,
Elle me voit plus tôt que je ne la verrai,
Et, du haut du côteau qui découvre ma route,
En s'écriant : C'est lui, c'est lui-même sans doute !
Pour descendre en la rive elle ne fait qu'un pas,
Vient jusqu'à moi peut-être, et, me tendant les bras,
M'accorde un doux baiser de sa bouche adorable,
Baiser frivole et vain, et pourtant délectable ;
Et qui marque si bien à mes douces langueurs
L'inestimable prix de plus grandes faveurs !

Inutiles pensers, ou peut-être mensonges !

Un amant sans dormir se forme bien des songes.
Qui ne sait que tout change en l'empire amoureux,
Et qui peut être absent et s'estimer heureux?
Mais pourquoi s'affliger d'une crainte mortelle,
Pouvant tout espérer de mon amour fidèle?
Espoir qui seul fais vivre un malheureux amant,
Ne m'abandonne pas en cet éloignement!
Tu pourrais adoucir la plus cruelle absence,
Si tu ne venais point avec l'impatience.

Que, loin de sa bergère, on sent durer les jours,
Et qu'auprès d'elle aussi les plus longs semblent courts!
Assis tous deux à l'ombre, au pied de ce grand hêtre,
Où, par son jugement, ma musette champêtre
Sur nos jeunes bergers la guirlande gagna,
Lorsqu'un si grand dépit Alcandre en témoigna :
Chante, me dira-t-elle, et ne cesse de dire
La chanson que tu fis pour ta fidèle Amire;
Ton chant me charme plus que celui des oiseaux,
J'aime, moins que ta voix, le doux bruit des ruisseaux.
Alors, la regardant et la voyant si belle,
Amour m'échauffera d'une flamme nouvelle;
Peut-être aussi qu'alors Amour la touchera,
Elle voudra répondre, et sa chanson sera :
« Qui chantera, berger, si ton Iris ne chante,
Iris, dont ton amour rend l'âme si contente? »
Elle accompagnera l'aimable nom d'Iris
D'un regard languissant, d'un gracieux souris,
Interprètes du cœur, qui sembleront me dire :
Sans la peur de rougir, elle aurait dit : Amire.
Ainsi puisse couler le reste de mes jours,
Adorant son village, admirant ses discours!
O les discours charmants! ô les divines choses,
Qu'un jour disait Amire en la saison des roses!
Doux zéphirs qui régniez alors dans ces beaux lieux,
N'en portâtes-vous rien aux oreilles des dieux?

Tels étaient les pensers de l'amoureux Cléandre
Retournant vers les bords du celtique Méandre;
Car quiconque a vu l'Orne aux tortueux détours,
Au Méandre fameux a comparé son cours.

Daignez prêter l'oreille à ma muse rustique,
Digne sang de nos dieux et des dieux d'Armorique,
Dont toutes les vertus ont le grand cœur orné,
A qui, jusqu'à leur nom, elles ont tout donné.

CHAPELLE

1626 — 1686

Ivresse et paresse, toute la destinée de Chapelle est comprise en ces deux mots. Huit mille livres de rente, qui lui furent laissées par son père, François Luillier, maître des comptes, aidèrent l'élève de Gassendi à mener joyeusement, dans une complète indépendance, une existence de franc épicurien. Son amitié pour le vin ne l'empêcha pas d'être admis dans les belles compagnies, ni sa paresse de battre l'estrade en Italie et en France. Le voyage qu'il fit en France, et dont il écrivit avec Bachaumont la relation badine, peut faire regretter qu'il n'ait point donné le récit de son voyage en Italie. Nous remarquerons en passant qu'il ne fut pas en son temps le seul homme de lettres à qui il prit envie de passer les Alpes. Maynard, Boisrobert et Scarron allèrent aussi à Rome, où Claude-Emmanuel Chapelle se conduisit de telle sorte que d'Assoucy se crut le droit de lui rappeler plus tard « les victoires insignes qu'il avait remportées Place Navone. à la barbe des quatre parties du monde. » Ce d'Assoucy fut, avec le baron de Blot, chansonnier libertin, le maître en poésie de cet insouciant rimeur à qui Voltaire fait très-justement adresser cette semonce, dans le *Temple du goût :*

Réglez mieux votre passion
Pour ces syllabes enfilées
Qui, chez Richelet étalées
Quelquefois sans intention,
Disent avec profusion
Des riens en rimes redoublées.

Ni ce fameux *Voyage*, qui eut à son apparition tant de succès, ni toutes ces syllabes enfilées qu'on a pris la peine de transcrire d'après les recueils de Sercy, Barbin, La Monnoie, le *Ménagiana*, les portefeuilles de la duchesse de Bouillon et les manuscrits du prince d'Auvergne, aucune de ces improvisations, négligemment lâchées entre les fumées du tabac et du vin, ne peuvent en effet démentir, en quoi que ce soit, l'arrêt sévère de Voltaire. C'est l'homme d'esprit et l'homme de jugement qui recommandent encore à la postérité les vers presque fortuits du rimeur. L'esprit de Chapelle, à la Croix de Lorraine, à la Croix Blanche, aux petites réunions de la rue du Vieux-Colombier, jaillissait, entre chien et loup, comme une subite illumination de gaieté. Il amusait Boileau, déridait Racine, consolait Molière, et ravissait les jeunes seigneurs, comme MM. de Nantouillet, de Lignon et de Jonzac, admis à ces mystérieux banquets. Son excellent jugement fut plus d'une fois consulté avec fruit par les trois poëtes, ses amis. Chapelle donnait toujours librement son opinion sur leurs écrits, bien qu'il s'intéressât vivement à leur gloire. Il se permit un jour contre le satirique cette leste épigramme :

Tout bon fainéant du Marais
Fait des vers qui ne coûtent guère.
Pour moi, c'est ainsi que j'en fais,
Et si je les voulais mieux faire,
Je les ferais bien plus mauvais;
Mais pour notre ami Despréaux,
Il en *compose* de plus beaux.

Chez Segrais, au Luxembourg, il critiqua si obstinément un vers du *Lutrin*, que Boileau courroucé s'enfuit, en refusant de continuer la lecture de son poëme. A propos de *Bérénice*, sur laquelle il était interrogé par l'auteur, il faillit se brouiller avec Racine par cette réponse si connue :

Marion pleure, Marion crie,
Marion veut qu'on la marie.

Ni Racine, ni Boileau ne lui gardèrent rancune, à ce qu'il paraît. Molière plus susceptible, à cause de sa maladie et de ses chagrins, se lassa d'entendre répéter que Chapelle était son collaborateur. Chapelle, à son gré, ne démentait pas assez nettement les bruits injurieux qui couraient par la ville. Molière lui donna un plan du *Tartufe*, et le défia de le mener à bien. Le *Tartufe* de Chapelle nous ferait bien rire aujourd'hui si on le retrouvait. Et la scène de Caritidès dans les *Fâcheux?*

Molière, on le sait, ne put en rien tirer, et il fit dire à son prétendu collaborateur par Despréaux, qu'il eût à démentir sérieusement les mauvais bruits, sinon qu'il le forcerait de montrer à tout le monde sa misérable scène de Caritidès. Incapable d'une attention prolongée, impropre à tout travail d'esprit, Chapelle n'avait du génie que dans l'impromptu, au cabaret, à travers les hasards de la conversation. Ses bons mots sont innombrables : on en pourrait faire un recueil qui serait cent fois meilleur que celui de ses poésies. Mais ce n'est pas ici le lieu de les citer. Nous renvoyons les curieux de saillies aux Mémoires pour la vie de Chapelle, insérés dans l'édition de 1755. Ils trouveront là de quoi se satisfaire et de quoi s'égayer. Pour nous, qui ne nous occupons que des vers du maître de Chaulieu, nous nous contenterons de reproduire le fameux *Rondeau sur les métamorphoses d'Ovide mises en rondeaux par Benserade*, pièce attribuée quelquefois au sieur Pierre Du Bosc, ministre du saint Évangile, mais qui nous paraît d'un gassendiste plutôt que d'un protestant. Somme toute, on peut dire avec justesse que les meilleurs vers de Chapelle sont les plus mauvais de Chaulieu.

HIPPOLYTE BABOU.

Voir l'édition de 1755; consulter surtout le *Bolæana*.

LETTRE

A MADEMOISELLE DE LENCLOS

LE DESSUS

A Ninon, de qui la beauté
Méritait une autre aventure,
Et qui devrait avoir été
Femme ou maitresse d'Épicure.

LA LETTRE

Si c'est à bonne intention
Qu'à tes lois tu me veux soumettre,
Réponds à mon affection
Lorsque tu réponds à ma lettre.

Mon cœur pour toi forme des vœux,
Mes yeux te trouvent sans seconde;
Et, si je ne suis amoureux,
Je suis le plus trompé du monde.

Mon âme languit tout le jour;
J'admire ton luth et ta grâce;
J'ai du chagrin, j'ai de l'amour:
Dis-moi, que veux-tu que j'en fasse?

Ton entretien attire à soi,
Je n'en trouve point qui le vaille;
Il pourrait consoler un roi
De la perte d'une bataille,

Je me sens toucher jusqu'au vif,
Quand mon âme voluptueuse

Se pâme au mouvement lascif
De ta sarabande amoureuse.

Socrate, et tout sage et tout bon,
N'a rien dit qui tes dits égale;
Au prix de toi, le vieux barbon
N'entendait rien à la morale.

Tu possèdes les qualités
Dont un cœur ne peut se défendre.
Peut-on avoir tant de beautés,
Et n'en avoir point à revendre?

Je sais quel nombre de galants
De ton affection se pique;
Trop de Médors, trop de Rolands
Font l'amour à mon Angélique.

Je modère ainsi mon courroux
De ne pouvoir faire des rimes.
Je les voudrais dignes de vous;
Et de pareils souhaits ne sont pas légitimes.

RONDEAU

SUR LES MÉTAMORPHOSES D'OVIDE

Mises en rondeaux par Benserade

A la fontaine où l'on puise cette eau
Qui fait rimer et Racine et Boileau,
Je ne bois point, ou bien je ne bois guère;
Dans un besoin, si j'en avais affaire,
J'en boirais moins que ne fait un moineau.

Je tirerai pourtant de mon cerveau
Plus aisément, s'il le faut, un rondeau,
Que je n'avale un plein verre d'eau claire
A la fontaine.

De ces rondeaux un livre tout nouveau
A bien des gens n'a pas eu l'heur de plaire;
Mais quant à moi, j'en trouve tout fort beau:
Papier, dorure, images, caractère,
Hormis les vers, qu'il fallait laisser faire
A La Fontaine.

PAVILLON

1632 — 1705

Neveu de l'évêque d'Aleth, Étienne Pavillon reçut une éducation très-solide. Sa famille le destinait aux grands emplois. Il fut d'abord avocat général au parlement de Metz, et peu s'en fallut que Mazarin ne le désignât pour la charge d'avocat général au parlement de Paris. La fortune sembla un moment le réserver au rôle d'un Omer Talon : mais son humeur prit le dessus sur les ambitions de famille et les avances de la destinée. Il se sentit doucement entraîné du côté de Voiture, et suivit sans le moindre regret cette pente fleurie. Étienne Pavillon, qui aurait pu devenir un grand magistrat, peut-être un ministre, devint tout uniment un charmant poëte, un aimable discoureur, un spirituel académicien. Connaissant mieux que personne le Droit romain, les ordonnances royales, les constitutions de l'État, les décrets des papes, les décisions des conciles et les libertés de l'Église gallicane, il profita de tous ces avantages sérieux pour choisir le métier d'oisif, de bel esprit, d'épicurien, de rimeur. On l'a traité de *libertin*, lui aussi ; je garantis qu'il fut aussi éloigné du libertinage que de la dévotion. Mondain, galant, insouciant et même bachique, à la bonne heure ! Il adressa, du haut de sa chaise de goutteux très-précieux, à Mlle Antoinette-Thérèse Deshoulières, les mêmes préceptes de métaphysique amoureuse que Jean Hesnault avait adressés déjà à la mère de cette jeune muse :

Ne condamnez donc plus les maux que l'amour cause.
. . . .
Sans examiner autre chose,
Jeune Amarante, engagez-vous.
Vous avez l'esprit grand, le cœur droit et sincère,
Tel qu'il doit être enfin pour bien aimer;
Tel l'avait votre illustre mère,
Tel est celui d'Iris : il s'est laissé charmer.

L'auteur de ces faciles couplets, écrits à la dérive, avait bien tout ce qu'il fallait pour rédiger avec un brin d'innocente raillerie cette gazette galante qui figure dans ses œuvres et qui est si joliment datée tantôt de l'île des Passions, le 1er du mois d'Inclination, ou de la ville de Beauté, le 18 du mois d'Attachement, tantôt du pays de Grand'Dot le 14 du mois Fortuné, ou du camp devant Cruauté, le 8e jour du mois de Désespoir, ou enfin de la république de Jouissance, le 18 du mois de Délices. Je doute que ce badinage eût entièrement agréé à Mlle Scudéry, qui n'entendait pas raillerie sur la géographie amoureuse. Mais Étienne Pavillon était homme à prendre son parti d'un peu de ressentiment. Il savait parfaitement, lui qui ne se brouilla jamais avec personne, qu'on ne pouvait jamais se brouiller avec lui. Qui fut à cette époque plus conciliant et plus doux, plus ménager de ses amitiés et moins homme de parti dans les lettres, que l'ami de Mme Deshoulières et de Racine, de Furetière et de Charpentier, de Saint-Pavin et de Boileau, oui de Boileau lui-même, quoique la satire déplût à l'épicurien, ainsi qu'il le témoigne dans une espèce de rêve de paix et de vertu, par cette pensée de bon chrétien :

La charité saurait effacer la satire ?

Mais quoi ! Ne faut-il pas même de la charité à l'égard des satiriques ? Chapelle n'est-il pas lié avec Boileau, et Pavillon avec Chapelle ?

L'épicurien Pavillon, qui se montre excellent chrétien à ses heures, regrettera un beau matin d'avoir trop mis en pratique la philosophie qui l'a rendu goutteux ; car, si nous avions été toujours vertueux, dit-il avec une espèce d'onction évangélique :

. . . . . . Dans cette arrière-saison
Qui nous appelle à la retraite,
. . . .
Nous ne sentirions point cette crainte secrète
Qu'un remords dévorant fait naître dans nos cœurs.

Il craint sérieusement le remords, ce galant homme ; il est édifié aux oraisons funèbres de Fléchier ; il admire la sainteté de Mme de Miramion. Il va quelquefois jusqu'à attaquer le bel esprit, sous prétexte que tout bel esprit est athée. « Voulez-vous, dit-il à l'abbé de Francheville, obtenir le brevet de bel esprit ?

Ne désespérez point, allez, je vous en quitte ;
Tâchez de ne point croire en Dieu,
Et cela seul vous tiendra lieu
De toute espèce de mérite. »

En galanterie même, il demeure orthodoxe et catholique, car il reproche quelque part à une dame

De recevoir l'hommage
D'un protestant à cheveux gris !

Un protestant ! L'épicurien Pavillon le condamnerait sans merci, fût-il blondin. Pavillon, qui aime la religion, aime aussi le roi passionnément, ce roi Louis XIV, dont le portrait lui a inspiré ces vers heureux :

Il est le seul sujet des plus belles harangues,
Il remplit l'univers et d'amour et d'effroi ;
Il protége toutes les langues,
Et parle le français en roi !

Si l'hérésie eût triomphé, si Louis XIV ne l'eût pas vaincue, adieu la paix intérieure, cette douce paix du foyer qui laisse aux Pavillon le loisir de rimer ou de causer sans peur dans un cabinet plein d'amis.

HIPPOLYTE BABOU.

SOUHAITS

POUR IRIS

Que vos jours, par Clotho filés d'or et de soie,
Au milieu des plaisirs coulent toujours en joie,
Sans que d'aucun malheur votre sort soit atteint;
Et que le temps, enfin, qui détruit toutes choses,
Respecte, s'il se peut, et ces lis et ces roses
Dont la nature seule a paré votre teint.
Qu'on se plaise à vous voir, et plus à vous entendre.
Soyez partout aimée, et vivez sans amour.
Dormez toute la nuit, travaillez peu le jour.
Gardez avec grand soin ce qu'on ne peut vous rendre.
Laissez parler le monde, et faites toujours bien.
    Ne prêtez point, n'empruntez rien.
    Toujours égale, toujours saine.
Un revenu commode et des plaisirs sans peine.
    Soyez dévote sans excès.
    Nulle affaire, point de procès.
    Exempte de haine et d'envie,
    Et contente de votre sort,
    Vivez sans crainte de la mort,
    Mourez sans regretter la vie.

Iris, voilà les vœux que mon cœur fait pour vous;
    S'ils ne répondent point aux vôtres,
    Parlez : il lui sera plus doux
    Et plus aisé d'en faire d'autres.

LETTRE DE L'AUTRE MONDE

A MADEMOISELLE DE LA VIGNE

Je viens de ressusciter, Mademoiselle. Après avoir passé quelques jours en l'autre monde, je viens encore en celui-ci, et le premier plaisir que j'y aurai sera de vous raconter une petite aventure qui pourra vous divertir et vous instruire tout ensemble. Lisez-la, mais surtout profitez-en.

Vers les bords du fleuve fatal
Qui porte les morts sur son onde,
Et qui roule son noir cristal
Dans les plaines de l'autre monde;

Dans une forêt de cyprès
Sont des routes tristes et sombres,
Que la nature a fait exprès
Pour la promenade des ombres.

Là, malgré la rigueur du sort,
Les amans se content fleurettes,
Et font revivre, après leur mort,
Leurs amours et leurs amourettes.

Arrivé dans ce bas séjour
(Comme j'ai le cœur assez tendre),
Je résolus d'abord d'apprendre
Comment on y traitait l'amour.

J'allai dans cette forêt sombre,
Douce retraite des amants,
Et j'en aperçus un grand nombre
Qui poussaient les beaux sentiments.

Les uns se faisaient des caresses,
Les autres étaient aux abois

Auprès de leurs fières maîtresses,
Et mouraient encore une fois.

Là des beautés tristes et pâles,
Maudissant leurs feux violents,
Murmuraient contre leurs galants
Ou se plaignaient de leurs rivales.

Là, défunts messieurs les abbés,
Avecque leurs discrètes flammes,
Allaient, dans les lieux dérobés,
Cajoler quelques belles âmes.

Parmi tant d'objet amoureux
Je vis une âme désolée;
Elle s'arrachait les cheveux
Dans le fond d'une sombre allée.

Mille soupirs qu'elle poussait
Montraient qu'elle était amoureuse;
Cependant elle paraissait
Aussi belle que malheureuse.

Tout le monde disait : voilà
Cette âme triste et misérable;
Et, quoiqu'elle fût fort aimable,
Tout le monde la laissait là.

Ombre pleureuse, ombre crieuse,
Hélas, lui dis-je en l'abordant
D'une manière sérieuse,
Qu'est-ce qui te tourmente tant?

Chez les morts, sans cérémonie,
On se parle ainsi librement,
Et, dès qu'on sort de cette vie,
On ne fait plus de compliment.

Qui que tu sois, dit-elle, hélas!
Tu vois une âme malheureuse,
Furieusement amoureuse,
Et qui n'aime que des ingrats.

Dans l'autre monde j'étais belle,
Mais rien ne me pouvait toucher,
J'étais fière, j'étais cruelle,
Et j'avais un cœur de rocher.

J'étais preste, j'étais rieuse,
Je traitais abbés et blondins
D'impertinents et de badins,
Et je faisais la précieuse.

Ils venaient humblement m'offrir
Et leur estime et leur tendresse,
Ils disaient qu'ils souffraient sans cesse,
Et moi je les laissais souffrir.

Je rendais leur sort déplorable
Lorsqu'ils se rangeaient sous ma loi;
Et dès qu'ils se donnaient à moi
Je les faisais donner au diable.

C'était en vain qu'ils s'enflammaient.
Maintenant les dieux me punissent;
Je haïssais ceux qui m'aimaient,
Et j'aime ceux qui me haïssent.

Mon cœur n'y saurait résister,
Je n'ai plus ni pudeur ni honte,
Je cherche partout qui m'en conte;
Personne ne m'en veut conter.

En vain, je soupire et je gronde;
Mes destins le veulent ainsi,

Et les prudes de l'autre monde
Sont les folles de celui-ci.

Là, cette ombre amoureuse et folle
Poussa mille soupirs ardents,
Se plaignit, pleura quelque temps,
Puis, en m'adressant la parole :

Pauvre âme, dit-elle, à ton tour,
Te voilà peut-être forcée
De venir payer à l'amour
Ton indifférence passée.

De nos cendres froides il sort
Une vive source de flammes
Qui s'attache à nos froides âmes,
Et nous ronge après notre mort.

Si tu fus jadis des plus sages,
Tu deviendras fou malgré toi;
Et tu viendras dans ces bocages
Te désespérer comme moi.

Ombre, lui dis-je, ce présage
Ne m'a pas beaucoup alarmé:
Je n'aimerai pas davantage;
Je n'ai déjà que trop aimé.

Mais je connais une insensible
Dans le monde que j'ai quitté,
Plus cruelle et plus inflexible
Que vous n'avez jamais été.

Galants, abbés, blondins, grisons,
Sont tous les jours à sa ruelle,
Lui content toutes leurs raisons,
Et n'en tirent aucune d'elle.

L'un lui donne des madrigaux,
Des épigrammes, des devises,
Lui prête carrosse et chevaux,
Et la mène dans les églises.

L'autre admire ce qu'elle dit,
Lui sourit d'un air agréable,
Et la traite de bel esprit,
Et trouve sa jupe admirable.

Tel l'a prêché des jours entiers
Sur les doux plaisirs de la vie,
Et tel autre lui sacrifie
Toutes les belles de Poitiers.

Tel avec sa mine discrète
Plus dangereux, à ce qu'il croit,
Lui fait connaître qu'il sauroit
Tenir une flamme secrète.

Jamais rien n'a pu la fléchir;
Vers, prose, soins et complaisance,
Discrétion, persévérance,
Tout cela ne fait que blanchir.

Elle se rit, cette cruelle,
Des vœux et des soins assidus;
Les soupirs qu'on pousse pour elle
Sont autant de soupirs perdus.

On a beau lui faire l'éloge
De ceux qui l'aiment tendrement;
Cœurs français, gascon, allobroge,
Ne la tentent pas seulement.

Que je plains, dit l'ombre étonnée,
Cette belle au cœur endurci!

Nous la verrons, un jour, ici
Souffrir comme une âme damnée.

Hélas! hélas! un jour viendra
Que la prude sera coquette,
Et croit-elle qu'on lui rendra
Tous les amants qu'elle rejette?

Mille soins la déchireront,
Elle séchera de tendresse,
Et ceux qui la suivent sans cesse
Éternellement la fuiront.

Ombres sans couleur et sans grâce,
Ombres noires comme charbon,
Ombres froides comme la glace;
Qu'importe, tout lui sera bon?

A tous les morts qu'elle verra
Elle ira faire des avances,
Leur disant mille extravagances,
Et pas un ne l'écoutera.

Alors, cette fille perdue
Sans espérance de retour,
Sans pudeur et sans retenue
Voudra toujours faire l'amour.

D'une si violente flamme
Ne crains pas pourtant les efforts,
Nous avons les peines de l'âme
Sans avoir les plaisirs du corps.

Malgré le feu qui nous dévore
Tous nos désirs sont superflus,
Les passions restent encore,
Et les plaisirs ne restent plus.

Tu sais ce qu'elle devrait faire :
Et, si tu peux l'en informer,
Dis-lui qu'elle soit moins sévère,
Et qu'elle se hâte d'aimer ;

Qu'aussi bien les destins terribles
La forceront avec le temps
D'aimer quelques morts insensibles :
Qu'elle aime quelques bons vivans.

A ces mots, la malheureuse ombre
Se tut, rêvant à son destin,
Et, retombant dans son chagrin,
Reprit son humeur triste et sombre.

Les dieux veulent vous exempter,
Iris, de ce malheur extrême,
Et je viens de ressusciter
Pour vous en avertir moi-même.

Quittez l'erreur que vous suivez,
Craignez que le ciel ne s'irrite;
Aimez pendant que vous vivez,
Et songez que je ressuscite.

FIN DU TOME DEUXIÈME.

Note 1.

Nous nous sommes jusqu'ici strictement conformés à l'orthographe des textes que nous citions, si bizarre qu'elle fût; c'est ainsi que le lecteur a rencontré fréquemment, dans le cours de ces deux premiers volumes, le même mot écrit d'une manière différente chez des poëtes de la même époque. Cette transcription littérale nous a paru indispensable à l'intelligence de pages écrites en vieux langage, hérissées de difficultés grammaticales, pleines de mots tombés en désuétude. Elle faisait partie intégrante, selon nous, des vieux textes; la supprimer ou la modifier, c'était les défigurer. Mais nous voici maintenant parvenus à une période où la formation de la langue est un fait accompli. Elle est devenue ce qu'elle restera. Les chefs-d'œuvre mêmes qu'elle va produire arrêtent son développement à ce moment glorieux. Toutes les variations qu'elle pourra encore subir ne la modifieront qu'à la surface et par des côtés secondaires. La langue du xviie et du xviiie siècle, la langue de Malherbe, de Racine, et à plus forte raison de Voltaire, est, par le fond, identique à celle que parle le xixe siècle. Pourquoi dès lors conserver avec une scrupuleuse servilité la vieille orthographe, qui n'a plus de raison d'être? La transition de celle du xvie siècle à la nôtre a été lente et sans cesse entravée par les caprices de chaque écrivain, l'incorrection des imprimeurs et le bon plaisir des éditeurs posthumes.

Il nous a paru plus simple et plus rationnel de sortir résolûment de ce chaos en accomplissant d'un seul coup, et de la façon la plus radicale, une réforme qui n'a été complétement terminée qu'au bout de deux siècles. L'intelligence des textes en devient plus facile et plus sûre. Le lecteur ne sera pas à chaque instant arrêté par le contraste disparate de la langue et de l'orthographe. Ne serait-ce pas contrarier bien gratuitement ses habitudes que de ne pas lui offrir dans notre recueil, tels qu'il les trouve dans presque toutes les réimpressions modernes, les chefs-d'œuvre classiques du xviie et du xviiie siècle?

(*Note de l'éditeur.*)

TABLE DES MATIÈRES

CONTENUES

DANS LE TOME DEUXIÈME

SEIZIÈME SIÈCLE

Pages

Pierre de Ronsard. Notice. — (M. Théodore de Banville) 1

Sonnets 14
Élégie. Contre les bûcherons de la forêt de Gastine 18
Odes 21
L'Alouette 32

Pontus de Tyard. Notice. — (M. Abel Jeandet) 35

Sonnet. Au Sommeil 44
Ode. Le Jour des bacchanales 44
Chanson 45

Olivier de Magny. Notice. — (M. Charles Asselineau) 47

Odes 51
Sonnets 53

Du Bellay. — (C.-L.) 55

Sonnets 63
Vœux rustiques 71
D'un Vanneur de bled aux vents 71
De Deux Amants à Vénus 72

Pages.
Villanelle. 72
Bayser 73
Épitaphe d'un chat. 74

Louise Labé. Notice. — (M. Hippolyte Babou). 79
Sonnets. 83
Fragments de l'Élégie III. 86

Jacques Tahureau. Notice. — (M. Pierre Malitourne) 87
Sonnets. 96
Baisers. 98

Remy Belleau. Notice. — (M. Charles Asselineau). 101
Fragments du poëme intitulé : *les Amours et Nouveaux Eschanges des pierres précieuses*, vertus et propriétés d'icelles (l'améthyste). 107
La Coupe de crystal. 109
Avril 113
Odes traduites d'Anacréon. 116

Étienne de La Boétie. Notice — (M. Philoxène Boyer). 119
Sonnets. 124

Antoine de Baïf. Notice. — (M. Charles Asselineau). 129
Du Printemps 135
Dialogue. Violin-Lize. 137
A sa Muse. 139
Sonnets. 140
Épitaphes 142
Imité de Bion 143
Gaillardise 143

Étienne Jodelle. Notice. — (M. Pierre Malitourne). 145
A sa Muse 154
Aux cendres de Claude Collet. 156
Sonnets. Contre les ministres de la nouvelle opinion. 157

Passerat. Notice. — (M. Valéry Vernier). 159
La Journée de Senlis 164
Sauve-garde pour la maison de Baignolet contre les reistres 165
Ode. Du Premier Jour de mai. 166
J'ai perdu mes tourterelles. 168

Pages.

NICOLAS RAPIN. Notice. — (M. VALÉRY VERNIER) 160

Sonnet. Au Roy 172
Chanson 174

VAUQUELIN DE LA FRESNAYE. Notice. — (M. HIPPOLYTE BABOU) 177

Fragment de l'Art poétique français 183
A Monsieur de La Fresnaye 183
Au sieur d'Yveteaux 185
Épigramme 186
Sonnets 186
Idillies 189

LES DAMES DES ROCHES. Notice. — (M. ÉDOUARD FOURNIER) 195

Sonnets 200
Chanson 202

AMADIS JAMIN. Notice. — (M. VALÉRY VERNIER) 205

Sonnets 209
Stances 213
Chansons 213

JEAN DE LA TAILLE et JACQUES DE LA TAILLE. Notice. — (M. PIERRE MALITOURNE) 216

Chanson 223
Fragments du poëme intitulé : *le Courtisan retiré* 225
Sonnet. A un sien amy 228

DU BARTAS. Notice. — (M. PHILOXÈNE BOYER) 229

Fragments des deux poëmes intitulés : *la Première et la Seconde Sepmaine* 235
Fragment du poëme intitulé : *le Triomphe de la Foy* 242
Sonnets 243

DESPORTES. Notice. — (M. PHILOXÈNE BOYER) 245

Sonnets 261
Contre une Nuit trop claire 263
Villanelle 265
Chansons 266
Épigramme 271
Stances. Sur le Mariage 271
Plainte 273

Pages.

TABOUROT. Notice. — (M. ABEL JEANDET) 275

Vaudeville 287
Épître à Maumisert, mon valet. 289
Stances. 291

D'AUBIGNÉ. Notice — (M. HIPPOLYTE BABOU). 293

Fragment du poëme intitulé : *les Tragiques*. 300
L'Hyver. 323
Prière et Confession 325
Sonnet 326

GILLES DURANT. Notice. — (M. VALÉRY VERNIER). 327

A madempiselle ma Commère sur le trespas de son asne. 333
Ode. Sur le Soulcy. 337

MALHERBE. Notice. — (M. EUGÈNE NOEL). 339

Fragment du poëme intitulé : *les Larmes de saint Pierre*. 346
A l'Ombre de Damon. 347
Paraphrase du Psaume CXLV. 349
Consolation à M. Du Périer. 350
Chanson. Sur le Départ de la vicomtesse d'Auchy. 351
Sonnet 352

DU PERRON. Notice. — (M. VALÉRY VERNIER). 353

Le Temple de l'Inconstance. 358
Paraphrase du Psaume XIX. 359

REGNIER. Notice. — (M. HIPPOLYTE BABOU) 361

A M. Rapin. 368
Macette. 376
Stances. 385

CHASSIGNET[1]. Notice. — (M. VALÉRY VERNIER). 389

Paraphrase du Psaume LXXXVII. 396
Sonnets. 399

OGIER DE GOMBAUD. Notice. — (M. CHARLES ASSELINEAU). 400

Sonnets. 402

[1] Pour que les renvois de la table correspondent exactement à la pagination du volume, nous ne corrigeons pas, mais nous signalons au lecteur une erreur de mise en page qui a placé Chassignet avant Ogier de Gombaud, bien que ce dût être l'inverse, d'après l'ordre chronologique des naissances, adopté par nous comme règle dans le classement des notices. (*Note de l'edit.*)

Pages.

MAYNARD. Notice. — (M. CHARLES ASSELINEAU). 405

La Belle Vieille. 408
A Alcippe. 411
Ode. 414
Chanson 415
Épitaphes. 417
Épigrammes. 417
Sonnets. 418

SCHELANDRE. Notice. — (M. CHARLES ASSELINEAU). 421

Adieux à la ville d'Avignon. 424
Sonnets. Aux Poëtes de ce temps. 425
Chanson 426
Les pieds. 427
Le Teint. 428

RACAN. Notice. — (M. PHILOXÈNE BOYER). 429

Stances. 434
A Monsieur le comte de Bussy de Bourgogne 437
Pour un Marinier (vers de ballet). 439
Pour un Capitan (vers de ballet). 442
A Monsieur Darmilly. 443
Consolation à Monseigneur de Bellegarde sur la mort de M. de Termes, son frère. 441

THÉOPHILE DE VIAU. Notice. — (M. THÉOPHILE GAUTIER). 443

Odes. Au Roi, sur son exil 449
La Solitude. 450
Les Nautoniers (vers de ballet). 454
Stances. 455
Sur une Tempête. 456

BOISROBERT. Notice. — (M. HIPPOLYTE BABOU). 458

L'Hiver à Paris. — A Monsieur d'Avaux, maître des requêtes. . . . 461

CHAPELAIN. Notice. — (M. CHARLES ASSELINEAU). 464

Ode. Au cardinal de Richelieu 467
Fragment de *la Pucelle*. 471

MALEVILLE. Notice. — (M. CHARLES ASSELINEAU). 473

Paraphrase du Psaume XXX. 474

Pages.

Rondeau sur l'abbé de Boisrobert. 476
Sonnets. 477

Voiture. Notice. — (M. Théodore de Banville). 470
Épitre à Monsieur le Prince sur son retour d'Allemagne. 484
Rondeaux 490
Sonnets. 491
Impromptu. 492

Guillaume Colletet. Notice. — (M. Charles Asselineau). 493
Sonnets. 497
Hommage à un grand poëte 498
Avis à un poëte buveur d'eau. 498
Les Romans 499
Rodomontade amoureuse 500

Saint-Amant. Notice. — (M. Théophile Gautier). 501
La Solitude, ode à Alcidon. 506
La Débauche. 512
Sonnets. Le Paresseux 515
Les Goinfres. 516

Gomberville. Notice. — (M. Charles Asselineau). 517
Au Cardinal de Richelieu. 519
Sur l'Exposition du Saint-Sacrement. 519

Saint-Pavin. Notice. — (M. Hippolyte Babou). 520
Sonnets. 524
Contre une Coquette. 526

Adam Billaut. Notice. — (M. Eugène Noel). 527
Rondeaux. 533
Chanson bachique 533

Chansons d'Olivier Basselin. 536
A son nez. 536
Le Siége de Vire 537

Tristan. Notice. — (M. Édouard Fournier). 539
Stances. La Comédie des Fleurs 545
Le Promenoir des deux amants 547
Sonnet 551

Pages.

SARRAZIN. Notice. — (M. CHARLES ASSELINEAU). 552
- *Ode*. A Monseigneur le duc d'Enghien. 554
- *Ballade*. 556
- *Ballade*. De l'enlever en amour. 558

GODEAU. Notice. . — (M. CHARLES ASSELINEAU). 560
- Paraphrase du Psaume CXLVIII. 562
- Les Longues Veilles 570

D'ACEILLY. Notice. — (M. JEAN MOREL). 571
- *Épigrammes* 574

P. CORNEILLE. Notice — (M. EUGÈNE NOEL). 576
- Paraphrase d'un chapitre de l'*Imitation de Jésus-Christ*. 580
- Au Roi. 583
- *Stances*. 585
- *Stances* de don Rodrigue. 586

POÉSIES DE ROBERT GARNIER. 589
- Chœur de Soudarts 589

SCARRON. Notice. . — (M. HIPPOLYTE BABOU). 591
- *Sonnet* 598
- Épître chagrine à M. d'Elbène. 598
- *Épitaphe* 603

BLOT. Notice. — (M. ÉDOUARD FOURNIER). 604
- *Chanson* 607

MARIGNY. Notice. — (M. HIPPOLYTE BABOU). 609
- Fragment d'un poëme : *le Pain bénit*. 615
- *Ballade*. 619
- *Sonnet* 620
- *Triolets*. Sur le prince d'Elbeuf et ses enfants. 621
  - Sur l'abbé de Gondi 622
  - Sur le duc de Beaufort. 624

BENSERADE. Notice. — (M. THÉODORE DE BANVILLE). 625
- *Sonnet* 631
- *Entrées de ballets*. Pour le Roi. 631
  - Pour Madame. 632

Pages.

Pour Madame la princesse de Conti. 633

Épitaphe d'une jeune fille. 633

CHARLEVAL. Notice. — (M. ÉDOUARD FOURNIER). 634

Sonnet. Contre la Cour. 640

Stances. A une Dame, sur l'Inconstance d'un amant et la Mort d'un ami. 640

BRÉBEUF. Notice. — (M. CHARLES ASSELINEAU). 643

La Forêt de Marseille. 646

Épigrammes. 648

Sur une Dame fardée. 648

MAUCROIX. Notice. — (M. HIPPOLYTE BABOU). 649

Odes. A M. Conrart. 655

A M. Patru. 656

Épître. A M. Cassandre. 657

Stances. A Mademoiselle Serment. 658

Épigramme. 659

MONTREUIL. Notice. — (M. ÉDOUARD FOURNIER). 660

Sonnet 667

Stances. 668

LA FONTAINE. Notice. — (M. THÉODORE DE BANVILLE). 669

Fables. Le Loup et le Chien 684

La Génisse, la Chèvre et la Brebis, en société avec le Lion. 685

Le Chêne et le Roseau. 686

Le Meunier, son Fils et l'Ane. 687

Les Animaux malades de la peste. 689

Le Héron. 691

La Laitière et le Pot au lait. 692

Le Chat, la Belette et le Petit Lapin. 694

Le Savetier et le Financier. 695

Le Paysan du Danube. 697

Le Vieillard et les Trois Jeunes Hommes 699

Les Deux Pigeons. 701

Les Deux Amis. 703

Le Songe d'un habitant du Mogol. 704

Épitaphe de La Fontaine, faite par lui-même. 705

Le Faucon, nouvelle tirée de Boccace. 706

Philémon et Baucis, sujet tiré des Métamorphoses d' Ovide. 713

Pages.

Discours. A Madame de La Sablière. 719
A Monseigneur l'Évêque de Soissons, en lui donnant un *Quintilien* de la traduction d'Orazio Toscanella. 722

MOLIÈRE. Notice. — (M. ÉDOUARD FOURNIER). 726
Dialogue. Climène, Philinte. 736
Chanson des Satyres. 737
Le Moineau de Myrtil. 738
Fragment du poëme intitulé : *la Gloire du Val-de-Grâce*. 739

SEGRAIS. Notice. — (M. HIPPOLYTE BABOU). 741
Stances. Sur un dégagement. 747
Églogue. Amire — A Mademoiselle des Vertus. 748

CHAPELLE. Notice. — (M. HIPPOLYTE BABOU). 752
Lettre à Mademoiselle de Lenclos. 755
Rondeaux. Sur les Métamorphoses d'Ovide, mises en rondeaux par Benserade. 756

PAVILLON. Notice. — (M. HIPPOLYTE BABOU). 758
Souhaits pour Iris. 761
Lettre de l'autre monde à Mademoiselle de Lavigne. 762

FIN DE LA TABLE DES MATIÈRES

DU TOME DEUXIÈME

ERRATA

Page 187, vers 3. — *Au lieu de :* toy qui voulant, *lisez :* toy qui voulois.

— 400, ligne 26. — *Au lieu de :* comme toutes celles qui servirent, *lisez :* qui survivent.

— 412, vers 11. — *Au lieu de :* ombre, *lisez :* ambre.

— 565, vers 25. — *Au lieu de :* Vous qu'on vit d'un ton si charmant *lisez :* Vous qu'on oit (qu'on entend).

— 574. — Le titre : ÉPIGRAMMES, qui doit précéder les citations, manque.

PARIS. — IMPRIMERIE DE J. CLAYE, RUE SAINT-BENOIT, 7.

Lightning Source UK Ltd.
Milton Keynes UK
UKHW030622290419
341788UK00007B/844/P